教育部高等学校文科计算机基础教学指导分委员会立项教材
中央高校基本科研业务费专项资金（北京语言大学校级项目）批准号：18PT02、17PT01
教学名师支持计划资助项目 编号OTP201607

互联网+制造企业信息化应用微课系列教程

从书主编 李吉梅

企业生产制造应用
——基于用友ERP产品微课教程

李吉梅　等 编著

清华大学出版社
北京

内容简介

本书是一本以工业企业的典型生产制造活动及相关供应链活动为原型设计的、适用于移动学习的互动图书，其教辅网站支持微学习和无缝学习。本书突出“利用碎片时间学习、在场景中理解业务、利用虚拟机掌握操作”的理念，基于用友 ERP-U8 V10.1 软件，以“强化实践、培养技能”为目标，将企业的生产制造活动及相应的供应链、财务活动案例贯穿始终，力求使读者通过微视频可视化地学会使用信息化手段处理企业生产制造业务的技能，更好地理解在信息化环境下企业的业务流、资金流和信息流的集成性、实时性和共享性的内涵书。

本书可作为高等院校(含高职)会计、管理、物流、电子商务、信息管理与信息系统等相关专业的生产制造应用类课程的教学用书，也可作为用友 ERP 认证系列和相关技能竞赛的实验用书，还可作为企业财务人员、业务人员、管理人员了解企业信息系统实务的参考书。

图书在版编目(CIP)数据

企业生产制造应用：基于用友 ERP 产品微课教程/李吉梅等编著．—北京：清华大学出版社，2017(2021.8重印)
(互联网＋制造企业信息化应用微课系列教程)
ISBN 978-7-302-46200-2

Ⅰ．①企… Ⅱ．①李… Ⅲ．①财务软件—教材 Ⅳ．①F232

中国版本图书馆 CIP 数据核字(2017)第 128233 号

责任编辑：汪汉友　徐跃进
封面设计：常雪影
责任校对：白　蕾
责任印制：宋　林

出版发行：清华大学出版社
网　　址：http://www.tup.com.cn，http://www.wqbook.com
地　　址：北京清华大学学研大厦 A 座　　**邮　　编**：100084
社 总 机：010-62770175　　**邮　　购**：010-83470235
投稿与读者服务：010-62776969，c-service@tup.tsinghua.edu.cn
质量反馈：010-62772015，zhiliang@tup.tsinghua.edu.cn
课件下载：http://www.tup.com.cn，010-83470236
印 装 者：涿州市京南印刷厂
经　　销：全国新华书店
开　　本：185mm×260mm　　**印　张**：20　　**字　　数**：475 千字
版　　次：2017 年 8 月第 1 版　　**印　　次**：2021 年 8 月第 4 次印刷
定　　价：49.00 元

产品编号：072569-01

本教材出版得到以下项目资助和支持

中央高校基本科研业务费专项资金(北京语言大学校级项目)批准号：18PT02,17PT01

教学名师支持计划资助项目 编号 OTP201607

序　言

本系列图书是适用于移动学习的互动图书，是根据教育部高等教育司组织、由高等学校文科计算机基础教学指导委员会编写的《高等学校文科类专业大学计算机基本要求（第6版，2011年版）》有关企业信息系统（EIS）的基本要求，以及教育部高等学校管理科学与工程类学科专业教学指导委员会与国际信息系统协会中国分会课题组编制的《中国信息系统学科课程体系2011》（2011年版）有关EIS原理及应用的教学要求编写而成的。

EIS是一种系统全面的企业资源规划（ERP）与管理的系统，它将企业的物流、资金流和信息流统一起来进行管理，对企业所拥有的人力、资金、材料、设备、方法（生产技术）、信息和时间等各项资源进行综合平衡和充分考虑，最大限度地利用企业现有的资源以取得更大的经济效益，科学有效地管理企业人、财、物、产、供、销等各项具体工作。目前，绝大多数跨国企业、国内大中型企业都在使用或实施EIS。用友ERP产品是一款国内企业广泛使用的EIS软件，并有多达2700所高校在利用该产品进行EIS应用类课程的教学。

在高等教育中，应用性实践教学是巩固理论知识和加深对理论认识的有效途径，是培养具有创新意识的高素质工程技术人员的重要环节，是理论联系实际、培养学生掌握科学方法和提高动手能力的重要平台。我国在"国家中长期人才发展规划纲要（2010—2020年）"、"国家中长期教育改革和发展规划纲要（2010—2020年）"以及"关于实施高等学校本科教学质量与教学改革工程的意见（教高[2011]6号）"中，均明确指出要"大力加强实验、实践教学改革"、"以强化实践教学为重点，整合各类实验实践教学资源"，所以本系列图书强调实践性和软件应用性，进行基于用友ERP产品的企业业务信息化处理。

同时，为帮助学生理解企业业务以及业务与软件操作之间的关系，本系列图书模拟现代商业社会环境中企业的经营与管理，对典型业务进行了虚拟场景设计。

另外，随着移动互联网的发展和泛在学习的普及，碎片化、可视化学习越来越受到大家的关注，所以本系列图书实现了互动性，将企业业务在用友ERP产品中的应用操作，按知识点和业务场景录制了微视频。

总之，本系列图书突出"利用碎片时间学习、在场景中理解业务、利用虚拟机掌握操作"的理念，以"强化实践实训、突出技能培养"为目标，将企业经营活动的业务，先以情景剧的形式体现，然后在业务分析和知识点讲解的基础上，以用友ERP-U8软件为工具，进行处理方法和操作流程的讲解，并给出了相应的操作录屏（10分钟以内的微视频），使读者可以通过微视频可视化地学会使用信息化手段处理企业业务的技能，更深入地理解企业的业务流、资金流和信息流的集成性、实时性和共享性的内涵。

本系列图书的教辅网站，支持学员的微学习、无缝学习和自适应学习等，支持教师的在线开课和学习管理等。

互联网＋制造企业信息化应用微课系列教程编委会

2016年8月于北京

前言

本书是一本以工业企业的典型生产制造活动为原型设计的，将企业的生产制造及相关的供应链、财务业务活动案例贯穿始终，重点讲解在信息化管理环境下，工业企业生产制造典型业务在用友 ERP-U8 V10.1 中的处理方法和处理流程，涉及物料清单、销售、主生产计划、需求规划、产能管理、采购、委外、生产订单、车间管理、库存、存货核算、应收与应付 12 个功能模块。

由于用友 ERP 软件体现了业务流程的思想，在进行各项任务的信息化处理时，涉及多个模块和多项功能命令的使用，所以本书在给出操作流程的基础上，按章节或业务录制了微视频，以分解业务处理流程和降低学习难度。

本书的微视频，全部按章节和操作流程，存放在本书的教辅网站上。教辅网站支持无缝学习和微学习，学员可在网站上自主地选择学习、通过搜索知识点进行精准学习，以及参加教师的课程进行系统学习等；教师可基于本书的在线资料和微视频，进行在线开课、课程管理和学员的学习管理等。

为了更好地支持教与学活动和移动学习，本书还提供了配套的可在笔记本电脑上运行的实验环境和按章存放的账套备份文件，以提高读者的实验环境搭建效率和业务操作的效率与效果。

总之，本书突出“利用碎片时间学习、在场景中理解业务、利用虚拟机掌握操作”的理念，以“强化实践实训、突出技能培养”为目标，注重提高读者的使用效率与效果。

本书由 13 章组成，分为 4 部分，第 1 部分是实验准备，包括第 1～4 章，主要讲解实验环境的搭建、案例企业的管理体系与制度、案例企业的基础档案和案例企业对用友 ERP 软件中各个业务模块的初始设置；第 2 部分是生产规划与产能管理，包括第 5～8 章，主要讲解物料清单、销售预测与资源需求计划、销售订货与 MPS 计划，以及物料需求规划与能力需求计算；第 3 部分是物料供应与生产管理，包括第 9～11 章，主要讲解采购与委外管理、生产与车间管理，以及销售与账务管理；最后一部分是月末处理与综合实验，包括第 12 章月末处理和第 13 章综合实验，其中综合实验用于检验学员对相关业务的理解程度和操作熟练程度。

本书在每章开头给出本章概要、授课时间建议以及实验目的与要求，并在理论知识较多的章节中，增加“预备知识”部分。例如，在第 5 章中增加“5.1 预备知识”，讲解物料清单中的关键术语、低阶码的作用等。

本书中的业务设计，按岗位分工进行，但在操作时以账套主管的身份进行，以降低学习难度。本书共设计了 9 个岗位（即场景中的人物），包括账套主管、采购主管、采购业务员、销售主管、销售批发员、生产主管、生产员、仓库主管和仓库管理员，以仿真企业实际。

本书的授课时间建议 48～72 课时，业余时间与课堂的学时比例至少为 2∶1，建议进行混合模式教学，即学生业余时间通过微视频学习操作，课堂进行理论讲解、实操经验交流和完成实验报告。

本书主要由李吉梅编写，参与本书编写的还有李康、刘大斌、张昭君、张忠伟、陈麒麟、陶艺雯、刘兆平、马骋宇、宋彤、于海宝、吴金昊、白雪玉、柏梦涵、董熙、靳晰淅、李昕和王涵等(排名不分前后)。本书的微视频后期制作与相关网页编辑，由北京神州明灯教育科技有限公司完成，全书最后由李吉梅统稿和审定。

本书在编写过程中，得到了新道科技股份有限公司李林坤客户经理的技术支持与帮助，北京神州明灯教育科技有限公司的微视频播放与在线学习支持，合一集团(优酷土豆股份有限公司)的微视频存放与播放支持；在出版过程中得到了清华大学出版社的全方位协助，并获北京语言大学院级科研项目(中央高校基本科研业务专项资金资助，项目编号16YJ030001)和教学名师支持计划(项目编号 OTP201607)的资助，在此一并表示感谢！

书中难免会有不妥和错误之处，敬请同行与读者不吝指正。

联系方式：E-mail：ljm@blcu.edu.cn 或 290105757@qq.com

QQ 群：190665520(ERP 微学习之 U8)

李吉梅

2017 年 2 月于北京

教辅资料与网站说明

欢迎使用《企业生产制造应用——基于用友 ERP 产品微课教程》(以下简称“本教程”)。

本教程的编者在百度网盘空间中,存放并共享了实验环境用友 ERP-U8 V10.1 新道教学版的虚拟机软件和数据文件(网盘地址为 https://pan.baidu.com/s/1kWTtuaN,密码为 rn89),教学课件、案例企业的数据账套,以及业务操作的微视频访问说明等(网盘地址为 https://pan.baidu.com/s/lgeHBntp,密码为 nxsm)。

另外,以本教程为主要参考资料的中国大学慕课“ERP 原理与应用”课程(网站地址:https://www.icourse163.org/course/BLCU-1206308832),支持微学习和无缝学习,可支持教师在线开课和资料共享以及学员多终端的在线个性化学习与交流。

1. 用友 ERP-U8 V10.1 新道教学版实验环境

本教程是在新道教学版的用友 ERP-U8 V10.1 软件中操作的,用户必须有实验环境才能进行实验操作。该实验环境可以有以下两种方式搭建:

- 安装用友 ERP-U8 V10.1 新道教学版软件。
- 安装虚拟机软件,然后在虚拟机中导入用友 ERP-U8 V10.1 新道教学版的数据文件。

一般学校的用友 ERP 实验室中教学用机上都安装有此软件,在此不再赘述。若需要在个人计算机上使用,因用友 ERP-U8 V10.1 的安装步骤和所需要的组件较多,而且对计算机上的其他软件限制较多,所以本教程给出了利用虚拟机软件搭建实验环境的方法(详见第 1 章),百度网盘空间中的“新道 101 虚拟机”文件夹中主要包括以下 3 个文件:

- VirtualBox.exe 虚拟机软件, V5.0.16 绿色版;
- VirtualBoxHelp.pdf 虚拟机软件的安装说明和帮助手册;
- seentao101.ova 用友 ERP-U8 V10.1 新道教学版的虚拟机数据文件。

2. 数据账套使用方法

百度网盘空间中的“实验账套数据”文件夹中,账套备份文件均为压缩文件。

使用前,需要首先将相应的压缩文件从网盘中下载到本地硬盘上,再用解压缩工具进行解压(建议使用 WinRAR 3.42 或以上版本),得到相应可引用的账套数据文件。

用户可以在做实验前引入相应的账套,然后在引入的账套上进行业务操作;或者将自己实验的结果与备份账套核对,以验证实验的正确性。

3. 微视频观看方法

本教程配套的微视频,均存放在北京神州明灯教育科技有限公司和合一集团(优酷土豆股份有限公司)网站上,相应的访问说明请参见百度网盘中的“微视频访问说明.doc” 和“如何获取与管理账号.doc”文件。

目　录

第一部分　实验准备

第二部分　生产规划与产能管理

第三部分 物料供应与生产管理

第四部分　月末处理与综合实验

第一部分　实验准备

第 1 章　实验环境搭建与建账

第 2 章　企业基础档案之人与财务

第 3 章　企业基础档案之物与制造资料

第 4 章　期初设置与记账

第1章 实验环境搭建与建账

ERP(Enterprise Resources Planning，企业资源规划）是从制造企业的管理需求出发开发并完善起来的。制造业的关键流程是从接受客户订单开始，依据主生产计划(MPS)和物料需求规划(MRP)，计算出物料净需求，根据物料属性生成采购、委外、生产计划，发出采购订单、委外订单及生产订单，收料、发料、生产完工，到产成品出货给客户为止。

用友 ERP-U8 提供了覆盖企业各个经营及管理环节、高颗粒度的应用方案及产品，包括供应链管理、生产制造、财务管理、企业协同、产品生命周期管理、客户关系管理、人力资源管理、成本管理、资金管理、商业分析和移动应用等。

用友 U8 是成长型企业互联网应用的平台架构，为成长型企业提供了十二大互联网应用模式，包括营销服务一体化、电子商务、供应链协同、设计制造一体化、精益生产、精细管控、人力资源、办公协同、移动应用、大数据分析、社交化协同和云服务等。

本教程是在用友 ERP-U8 V10.1 新道教学版中操作的，所以必须要有实验环境才能完成本教程中的实验任务。该实验环境可以有两种方式搭建，一是安装用友 ERP-U8 V10.1 新道教学版软件；二是安装虚拟机软件，然后在虚拟机软件中导入用友 ERP-U8 V10.1 新道教学版的数据文件，以虚拟计算机的方式运行。

由于一般学校的用友 ERP 实验室中的教学用机上，都安装有用友 ERP-U8 V10.1 软件，其安装步骤不再赘述。若需要在个人计算机上使用，因用友 ERP-U8 V10.1 的安装步骤和所需要的组件较多，而且对计算机上的其他软件限制较多，所以 1.1.1 节将给出利用虚拟机软件 VirtualBox 搭建实验环境的方法和相应数据文件所在的云盘地址。

用友 U8 软件产品，是由多个子产品组成的，由于这些子产品是为同一个主体(如企业、事业单位或独立核算部门)的不同层面服务的，因此就要求这些子产品具备如下特点：

(1) 具备公用的基础信息；

(2) 操作员和操作权限集中管理，并且进行角色的集中管理；

(3) 业务数据共用一个数据库。这个共用的数据库，在用友 U8 中命名为账套。1.1.2 节将对账套、角色、权限等名词进行解释；1.2 节和 1.3 节将简介本教程中 U8 的服务主体(北京亮康眼镜有限公司)及其权限体系和公用基础信息。

本章实验操作完成的账套备份压缩文件(01 新建账套.rar)，存放在百度网盘空间的“实验账套数据”文件夹中(网盘地址为 https://pan.baidu.com/s/1RYhQLt7jZn9lFsZJD9I55g 提取码：eh69)，用户可随时下载和参照使用。

本章授课的时间，建议理论讲课 2～4 学时、实验 2 学时。若课时不足，可跳过本章实验。其中，理论部分主要讲解账套、权限等基本概念，案例企业的基本情况和管理体制，系统管理的功能等，内容可参见 1.1～1.3 节的相关讲解和本教程配套的课件；实验的目的与要求如下：

- 搭建用友 ERP 实验环境；
- 学会“系统管理”的启动与退出；

• 学会创建企业账套；
• 掌握编辑操作员功能权限与数据权限的操作；
• 了解账套的自动备份；
• 掌握账套的输出与引入；
• 学会查阅操作结果。

1.1 实验准备与预备知识

用友(集团)成立于1988年，是亚太地区领先的软件、云服务、金融服务提供商，是中国最大的ERP、CRM、人力资源管理、商业分析、内审、小微企业管理软件和财政、汽车、烟草等行业应用解决方案提供商(用友官网 http://www.yonyou.com)。

截至2014年，中国及亚太地区超过220万家企业与公共组织，通过使用用友企业应用软件、企业互联网服务及互联网金融服务，实现了精细管理、敏捷经营和商业创新。其中，中国500强企业超过60%是用友的客户。

用友的软件，有面向大型企业的用友NC6、用友U9、用友HCM和电商通等，面向中型及成长型企业的用友U8、用友PLM、用友CRM等，以及面向小微企业的畅捷通T+、畅捷通T1、畅捷通T3和畅捷通T6。

用友U8提供了覆盖企业各个经营及管理环节、高颗粒度的应用方案及产品，包括供应链管理、生产制造、财务管理、企业协同、产品生命周期管理、客户关系管理、人力资源管理、成本管理、资金管理、商业分析和移动应用等。

本教程是以用友U8 V10.1产品的新道教学版为软件工具，设计并讲解工业企业的供应链典型活动及其相关的财务活动的。因用友U8 V10.1的安装步骤和所需要的组件较多，而且对计算机上的其他软件限制较多，同时为便于读者的移动学习，所以本教程提供了利用虚拟机软件VirtualBox搭建实验环境的方法和相关文件，1.1.1节将讲解实验环境的搭建。相应的软件和数据文件，存放在百度网盘空间(网盘地址为 http://pan.baidu.com/s/lmiczJ7M，密码为l4gr)，用户可随时下载使用。

用友U8软件产品，是由多个产品组成，各个产品之间相互联系、数据共享，共同实现财务业务一体化的管理。由于用友U8软件所含的各个产品，是为同一个主体的不同层面服务的，因此就要求这些产品的业务数据共用一个数据库。这个共用的数据库，在用友U8中命名为账套。1.1.2节将对账套、角色、权限等名词进行解释。

用友U8的操作，从账套管理到账套中的基础档案、业务数据的管理，它们既相互关联又相互独立，本教程的1.1.3节将给出完整的操作流程。

本教程的各个章节和业务，既可以顺序完成，也可以根据需要任选业务或章节开始而不影响操作，本教程的1.1.4节将给出实验流程的设计与建议。

1.1.1 利用VirtualBox搭建用友U8实验环境

VirtualBox是一款开源的虚拟机软件，是由德国Innotek公司开发、由Sun Microsystems公司出品的软件，在Sun公司被Oracle公司收购后正式更名为Oracle VM VirtualBox。使用者可以在VirtualBox上安装并且执行Solaris、Windows、DOS、Linux、

OS/2 Warp、BSD 等系统作为客户端操作系统。

1. VirtualBox 的特点

VirtualBox 简单易用，可虚拟的系统包括 Windows（从 Windows 3.1 到 Windows 10、Windows Server 2012，所有的 Windows 系统都支持）、Mac OS X、Linux、OpenBSD、Solaris、IBM OS2，甚至 Android 等操作系统，使用者可以在 VirtualBox 上安装并且运行上述的这些操作系统。

与同类的 VMware 及 Virtual PC 相比，VirtualBox 还包括对远端桌面协定（RDP）、iSCSI 及 USB 的支持，其主要特点如下：

- 在主机端与客户端间建立分享文件夹（须安装客户端驱动）；
- 能够在主机端与客户端共享剪贴簿（须安装客户端驱动）；
- 无缝视窗模式（须安装客户端驱动）；
- 支持 64 位客户端操作系统，即使主机使用 32 位 CPU；
- 支持 SATA 硬盘 NCQ 技术；
- 虚拟硬盘快照；
- 内建远端桌面服务器，实现单机多用户；
- 支持 VMware VMDK 磁盘文档及 Virtual PC VHD 磁盘文档格式；
- 3D 虚拟化技术支持 OpenGL（2.1 版后支持）、Direct3D（3.0 版后支持）、WDDM（4.1 版后支持）；
- 最多虚拟 32 颗 CPU（3.0 版后支持）；
- 支持 VT-x 与 AMD-V 硬件虚拟化技术；
- iSCSI 支持；
- USB 与 USB2.0 支持。

目前 VirtualBox 软件已更新到 5.1.14 正式版，本次更新后支持配置 HTTP 代理、支持快捷键重新分配，增强对各种 Linux 发行版的支持，支持 Linux kernel 4.3 内核。

2. VirtualBox 的安装

VirtualBox 的安装文件，可以从其官方网站（https://www.virtualbox.org/）下载与用户计算机（以下简称“主机”）的操作系统对应的安装文件。本教程的配套资料存放于百度网盘空间中，其中也存放有 VirtualBox 的安装文件，用户可以将其复制到主机运行。

运行 VirtualBox 的安装文件，将开启一个简单的安装向导，允许用户定制 VirtualBox 特性，选择任意快捷方式并指定安装目录。

安装成功之后，桌面上会增加 Oracle VM VirtualBox 桌面图标，双击该图标，系统将打开“Oracle VM VirtualBox 管理器”窗口（参见图 1-1）。

3. 导入虚拟电脑

在 VirtualBox 中创建虚拟电脑，可以按照用户个人的应用情况选择配置。由于篇幅的限制，虚拟计算机的创建步骤，请参阅本教程配套资料中的帮助文件，在此仅讲解虚拟电脑的导入和设置。

在导入 seentao101 虚拟电脑前，请首先将百度网盘空间（网盘地址为 kWTtuaN，密码为 rn89）中“seentao101 虚拟机”文件夹下的 seentao101.ova 下载到计算机。seentao101.ova 数据文件，是编者通过 Oracle VM VirtualBox 管理器的“导出虚拟电脑”功能，导出已安装了用友 ERP-U8 V10.1 新道教学版的虚拟电脑数据文件,它本身不可直接运行,但将其导入 VirtualBox 软件成功之后,便可直接使用用友 ERP-U8 V10.1 软件了。

导入虚拟电脑的操作步骤如下:

(1) 打开"Oracle VM VirtualBox 管理器"窗口。双击桌面上的 Oracle VM VirtualBox 图标,系统打开"Oracle VM VirtualBox 管理器"窗口(见图 1-1)。

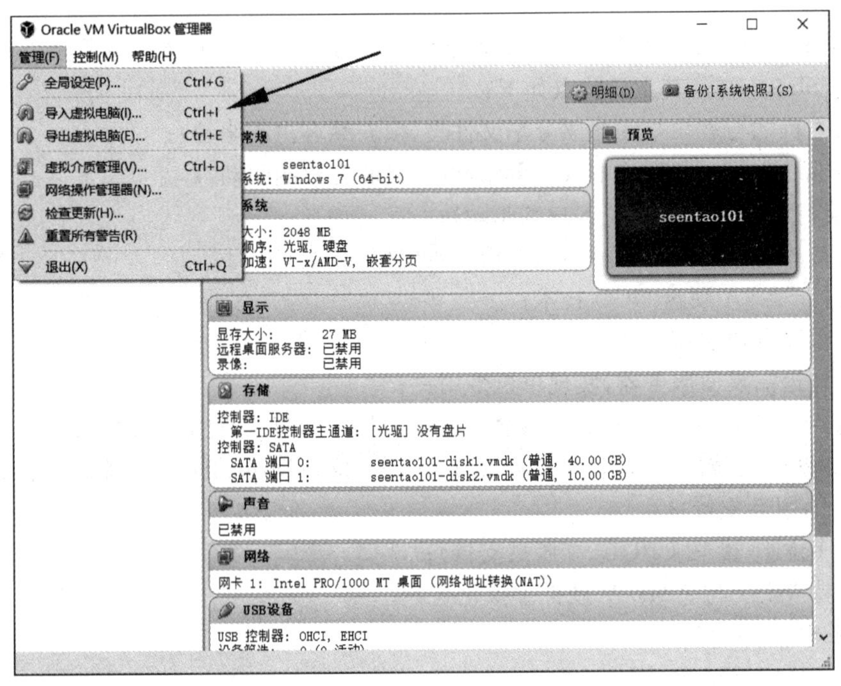

图 1-1 "Oracle VM VirtualBox 管理器"窗口

(2) 单击"管理/导入虚拟电脑"菜单项,在"要导入的虚拟电脑"对话框中找到计算机上的 seentao101.ova 数据文件。

(3) 单击"下一步"按钮,弹出"虚拟电脑导入设置"对话框,如图 1-2 所示,其中默认虚拟电脑的名称为 seentao101,内存为 2048MB,虚拟硬盘有 2 个,其默认的路径为 C:\Users\lijimeiBlcu\VirtualBox VMs\seentao101\seentao101 -disk1. vmdk 和 C:\Users\lijimeiBlcu\VirtualBox VMs\seentao101\ seentao101-disk2. vmdk。

(4) 设置虚拟电脑的内存在"虚拟电脑导入设置"对话框中,双击"内存"所在行,可输入自己拟建的虚拟电脑的内存大小。因为 VirtualBox 不支持内存过量使用,所以不能给一个虚拟电脑分配超过主机内存大小的内存值,建议分配给虚拟电脑的内存不超过计算机内存的一半,但至少 1024MB,否则用友 ERP-U8 V10.1 软件无法运行。

(5) 设置虚拟硬盘的位置。在"虚拟电脑导入设置"对话框中,双击"虚拟硬盘"所在行,可修改系统默认的虚拟电脑文件存放的位置,可以根据计算机存储空间分布情况设置该路径。

(6) 开始导入。单击"虚拟电脑导入设置"对话框中的"导入"按钮,系统会弹出图 1-3 所示的导入进度条,开始导入 seentao101。

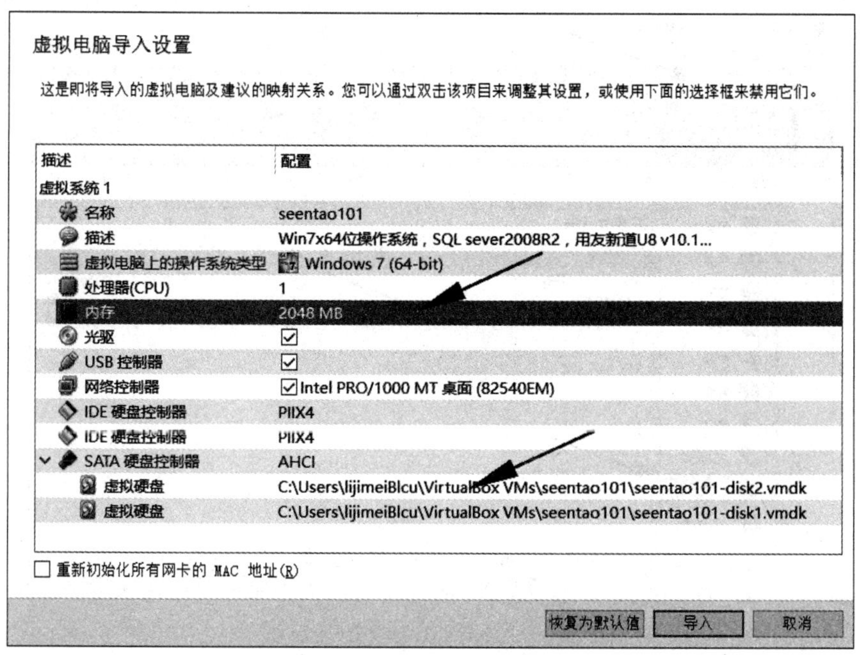

图 1-2 “虚拟电脑导入设置”对话框

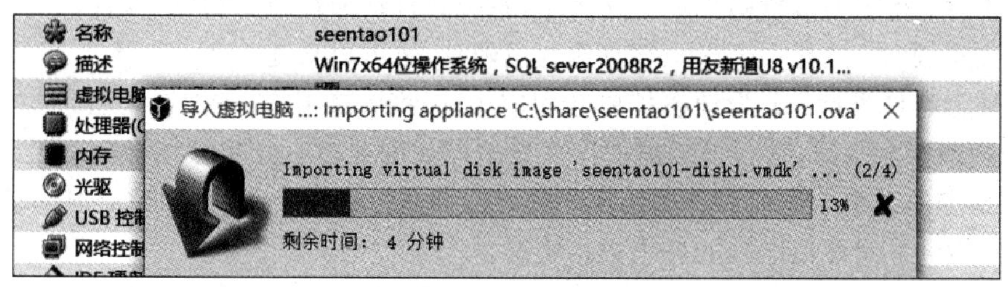

图 1-3 虚拟机导入进度条

(7) 完成。导入成功后，系统返回“Oracle VM VirtualBox 管理器”窗口，参见图 1-4。

4. 设置虚拟电脑

虚拟电脑关闭时，可以编辑虚拟电脑的设置并更改硬件。虚拟电脑与主机的数据交换，最便捷的方式便是通过共享文件夹。

设置共享文件夹的操作步骤如下：

(1) 在“Oracle VM VirtualBox 管理器”窗口中，在 seentao101 虚拟电脑关闭的情况下，先单击左侧的 seentao101 虚拟机，再单击工具栏的“设置”按钮，系统弹出“seentao101-设置”对话框，参见图 1-4。

(2) 在“seentao101-设置”对话框中，单击其左侧的“共享文件夹”，右侧显示已有的共享文件夹，在此可单击已有的进行修改，也可单击右上角的＋按钮，以增加一个共享文件夹。

(3) 单击“确定”按钮，退出该对话框，系统返回“Oracle VM VirtualBox 管理器”窗口，设置完成。

VirtualBox 虚拟机的参数，有以下 5 类，用户可以根据需要自主设置。

(1) 虚拟电脑名称：虚拟电脑名(如 seentao101)是虚拟电脑的唯一标识，用来区分虚拟

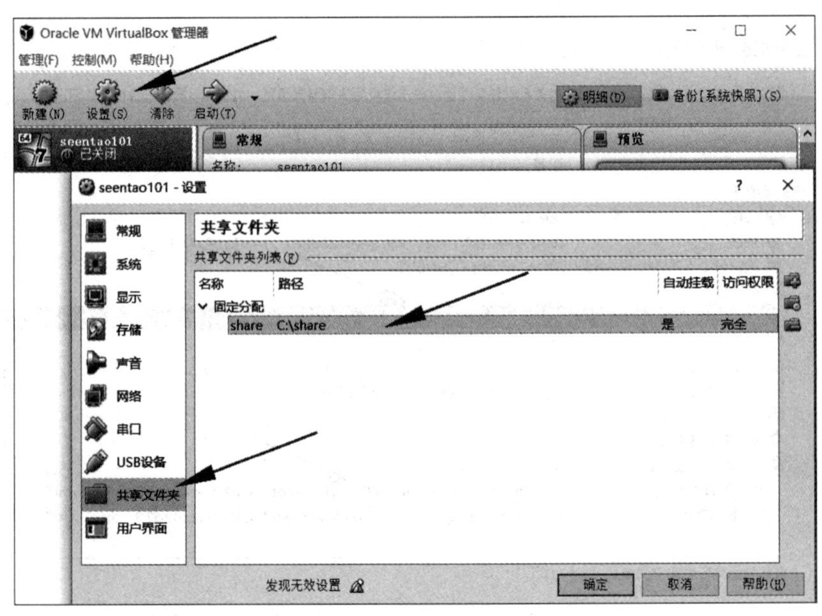

图 1-4 "seentao101-设置"对话框

电脑的硬件配置、操作系统、软件等数据。

(2) 内存：指定虚拟电脑可用内存大小，系统会自动分配，也可自行设置。

(3) 虚拟硬盘：选择一个虚拟硬盘作为主硬盘，也可以新建一个。

(4) 硬盘存储类型：分为动态扩展和固定大小两种，其中动态扩展类型最初只需占用非常小的物理硬盘空间，然后根据虚拟计算机的实际需求动态分配；固定大小类型就是建立时就分配指定的大小给虚拟计算机使用。后者在性能上有一定优势，但建立时间较长。

(5) 摘要：显示虚拟电脑的各项数据情况。

小贴士：在 Windows 10 系统中，在 VirtualBox 管理器中运行虚拟电脑时，若出现图 1-5 所示的错误提示，可单击"明细"前的箭头以展开其错误说明，然后根据说明修改主机或虚拟机的相关设置之后，或直接单击"确定"按钮返回后，再次打开一般就能正常开机了。若一直出现问题，可以"删除"后再次"导入虚拟电脑"。

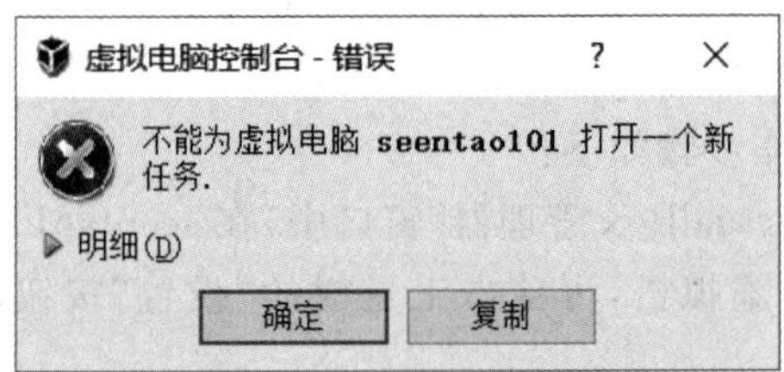

图 1-5 虚拟电脑启动时可能出现的错误提示

1.1.2 名词解释

1. 账套与账套库

用友 U8 系统中，一个账套对应一个经营实体或核算单位，对于拥有多个核算单位的企业，可以拥有多个账套(最多可以拥有 999 个账套)。

用友 U8 的账套，是由一个或多个账套库组成的，一个账套库含有一年或多年的使用数据。企业是持续经营的，因此企业的日常工作也是一个连续性的工作，U8 支持在一个账套库中保存连续多年数据，理论上一个账套可以在一个账套库中一直使用下去。但是由于某些原因，例如需要调整重要基础档案、调整组织机构、调整部分业务等，或者一个账套库中数据过多影响业务处理性能，需要使用新的账套库并重置一些数据，这样就需要新建账套库。

账套是账套库的上一级，账套中的某个账套库对应这个经营实体的某年度区间内的业务数据。例如，某单位建立账套"001 正式账套"后在 2016 年使用，而且在 2017 年的期初新建账套库，则"001 正式账套"具有两个账套库即"2016—2016"和"2017—2017"；如果希望连续使用也可以不建新库，直接录入 2017 年数据，则"001 正式账套"只有一个账套库，即"2016—2017"。

账套库的建立，是在已有账套库的基础上，通过新账套库建立，自动将老账套库的基本档案信息结转到新的账套库中。

2. 角色与权限

企业的员工都有自己的工作权限，例如，会计有据以原始单据记账、制单等的权限，采购员有填制、修改、查看、统计采购订单等的业务权限，采购主管除了具有采购员的权限外，还具有审核、弃审等管理权限。

用友 ERP 支持按角色分工管理的理念。在用友 U8 中，会计、采购员、采购主管等是角色的名称。用友 U8 在定义这些角色后，也定义了角色的相应权限。

角色是指在企业管理中拥有某一类职能的组织，这个角色组织可以是实际的部门，可以是由拥有同一类职能的人构成的虚拟组织。例如，实际工作中最常见的会计和出纳两个角色(他们可以是一个部门的人员，也可以不是一个部门但工作职能是一样的角色统称)，以及账套主管、系统管理员、系统安全员等。角色管理的优点是方便控制操作员权限，可以依据职能统一进行权限的划分。

用友 U8 中的权限，可分为 3 类：

- 功能级权限管理，包括各功能模块相关业务的查看和分配权限，相关操作详见 1.3.3 节。
- 数据级权限管理，该权限可以通过两个方面进行权限控制，一个是字段级权限控制，另一个是记录级的权限控制。
- 金额级权限管理，该权限主要用于完善内部金额控制，实现对具体金额数量划分级别，对不同岗位和职位的操作员进行金额级别控制，限制他们制单时可以使用的金额数量。

3. 用户(操作员)

用友 ERP-U8 中，只有设置了具体的用户才能进行相关的操作，只有合法用户才能进入和使用 ERP 系统，用户也称为操作员。用友 ERP 的用户(操作员)，类似于 Windows 系统的用户，在用户进行登录操作时，系统要进行相关的合法性检查。

在 U8 中设置角色后，可以定义角色的权限。如果用户归属此角色，则他相应地具有该角色的所有权限。

用户和角色的设置，可以不分先后顺序。但若需要自动传递权限，则应该首先设定角色，然后分配权限，最后进行用户的设置。这样在设置用户的时候，如果选择其归属某个角色，则其自动具有该角色的权限。

一个角色可以拥有多个用户，一个用户也可以分属于多个不同的角色，而且还可以额外增加角色中没有赋予的权限。

若修改了用户的所属角色，则该用户对应的权限也跟着角色的改变而相应改变。

1.1.3 用友 U8 的操作流程

作为新用户，用友 U8 操作流程为：启动“系统管理”窗口，以系统管理员（Admin）的身份登录，创建“新建账套”（启用各相关子系统，如采购管理、销售管理），增加用户和角色（若需要），设置角色、用户权限，录入基础档案，设置系统参数和录入期初余额，然后进行日常业务处理、月末处理、数据备份与账簿打印。

1. 新建账套

账套指的是一组相互关联的数据。每个企业或每个独立核算部门的数据，在 ERP-U8 中都表现为一个账套。一个账套的基本信息包括账套信息、单位信息、核算类型、基础信息、编码方案、数据精度 6 个方面。

新建账套前，需要先以系统管理员（Admin）的身份登录（请参见图 1-10，操作步骤详见 1.3.1 节）启动“系统管理”窗口（请参见图 1-11），再执行“账套/建立”，详细步骤请参见 1.3.2 节。

“系统管理”窗口的主要功能包括新建账套、新建年度账、账套修改和删除、账套备份，根据企业经营管理中的不同岗位职能建立不同角色、新建操作员，以及权限的控制与分配等功能。

2. 增加用户与设置用户权限

为了保证系统数据的安全与保密，用友 U8 的“系统管理”模块提供了用户及其功能权限的集中管理功能。但在进行权限设置之前，首先要添加系统用户信息，然后企业管理者可以根据用户的不同岗位分工来设置其操作权限。这样一方面可以避免与业务无关的人员进入系统进行非法操作，另一方面可以按照企业需求对各个用户进行管理授权，以保证各负其责，使得工作流程清晰顺畅。

增加用户与设置用户权限的操作，详见 1.3.1 节和 1.3.3 节。

3. 录入基础档案

在开始日常业务之前，必须设置所用到的所有基础数据，这些数据之间有一定的勾稽关系，需要遵循一定的顺序，具体的录入顺序如图 1-6 所示，相应的操作步骤详见第 2 章和第 3 章。

4. 设置系统参数和录入期初余额

系统参数，即业务处理控制参数，是指在企业业务处理过程中所使用的各种控制参数，系统参数的设置将决定用户使用系统的业务流程、业务模式和数据流向，所以在进行系统参数设置之前，一定要详细了解选项开关对业务处理流程的影响，并结合企业的实际业务需要进行设置。由于有些选项在日常业务开始后不能随意更改，所以企业最好在业务开始前进行全盘考虑，尤其一些对其他系统有影响的选项，更要考虑清楚。

账簿都应有期初数据，以保证其数据的连贯性。初次使用时，应先输入采购、销售、库存、存货、应收、应付和总账的期初数据。采购和存货核算系统，还需要进行期初记账操作。

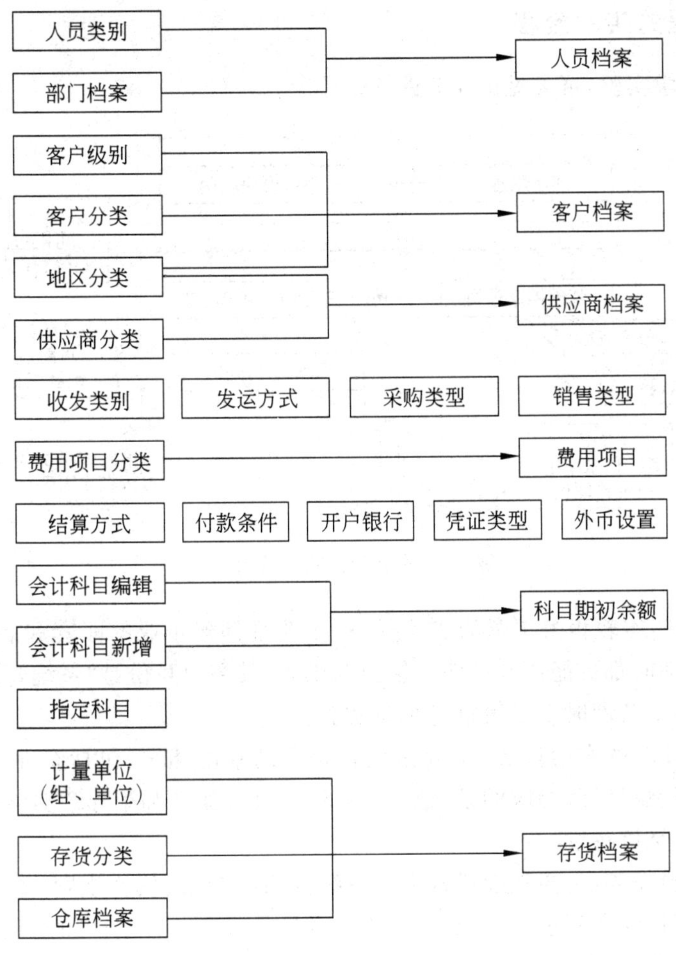

图 1-6　基础档案录入顺序图

期初记账之后的业务和数据，系统才会将其作为本期业务处理。

第 4 章的实验任务，是对已经启用的各个子系统进行系统参数和业务规则设置，以及期初数据的录入与记账，以保证手工业务与软件处理的衔接，以及各个子系统间数据的连贯。

5. 日常业务处理

日常业务包括物料清单、销售、MPS/MRP 规划、产能管理、采购、委外、库存、生产订单、车间管理、存货核算等业务，以及应收、应付、总账等相关的账务处理。案例企业的典型业务活动及其操作，详见第 5～11 章，在此从略。

6. 月末处理

企业业务活动的月末处理，是指在月末时对各个子系统进行结转处理，把一定时期内应记入账簿的经济业务全部登记入账后，计算本期发生额及期末余额，并将本月余额结转至下期或新的账簿。详细的操作步骤请见第 12 章，在此从略。

7. 数据备份

账套建立后，可以根据实际情况进行修改完善和备份，包括对账套的引入、输出等备份操作。账套的修改操作步骤，详见 1.3.4 节；账套的引入、输出等备份操作，详见 1.3.5 节。

1.1.4 本教程的实验流程

本教程的教学实验，可参见图 1-7 进行设计。

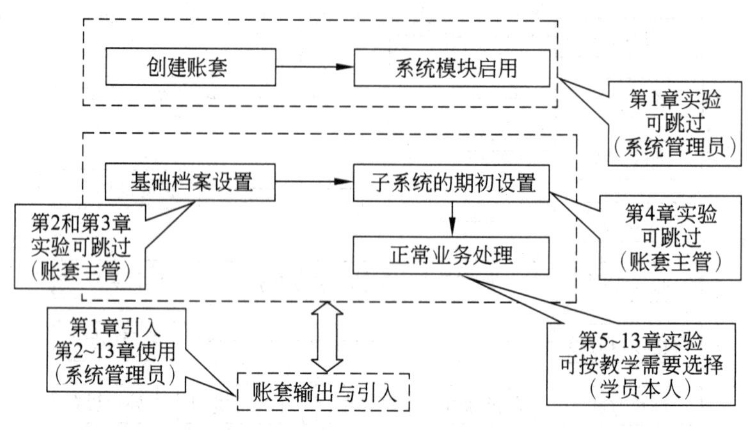

图 1-7 本教程的教学设计示意

由图 1-7 可知，本教程第 1 章的实验任务，主要是创建企业的账套和启用系统模块，以及第 2～13 章中随时都可能用到的账套输出与引入，其用户身份是“系统管理员”，操作模块是“系统管理”窗口，若课时不足可跳过本章实验。

第 2 章和第 3 章的实验任务，主要是设置企业的基础档案，包括企业员工、供应商、客户、会计科目、银行账号等，相应的录入顺序参见图 1-6。第 2 和第 3 章实验的用户身份是账套主管，若课时不足可跳过。

第 4 章的实验任务，主要是设置各个子系统的系统参数、核算规则、单据的编号设置和格式设置，以及期初的余额录入与记账，其用户身份是账套主管，若课时不足可跳过。

第 1～4 章的实验，完成了企业的建账基础工作。第 5～8 章是生产规划与产能管理的原理与应用，第 9～11 章是物料供应与生产管理的操作，它们是本教程的主体，建议用学员自己的用户名（账套主管角色），登录企业应用平台进行操作。本教程在网盘上存放按章备份的账套文件，学员可随时下载进行参照和对比。网盘地址为 https://pan.baidu.com/s/1RYhQLt7jZn9lFsZJD9I55g 提取码：eh69。

第 12 章是月末处理，用于对案例企业的各个模块进行月末处理；第 13 章是综合实验，用于检验学员对相关业务的理解程度和操作熟练程度。

1.2 案例企业情况简介

本节的内容包括案例企业的基本情况、公司所采用的内部会计制度，以及企业员工的岗位分工情况。

1.2.1 基本情况

1. 公司简介

北京亮康眼镜有限公司（简称“亮康公司”），是专门从事眼镜生产、批发和零售的制造企业，位于北京市昌平区。该公司开户银行为中国工商银行北京市昌平支行，账号为1102020526782987908，该公司为一般纳税人，纳税登记号为210019995461202，电话为010-60228226，邮箱为liangkang@163.com。

2. 组织结构

公司的注册类型为有限责任公司，股东由三个自然人组成。其中，李吉棕出资额占70%，由其出任公司董事长兼总经理，是公司的法人代表；赵飞和刘静各占15%，均为董事会成员。总经理下设四位部门主管，其中赵飞担任销售主管，刘静担任采购主管，曾志伟担任财务主管，陈虹担任行政主管，组织结构图1-8所示。

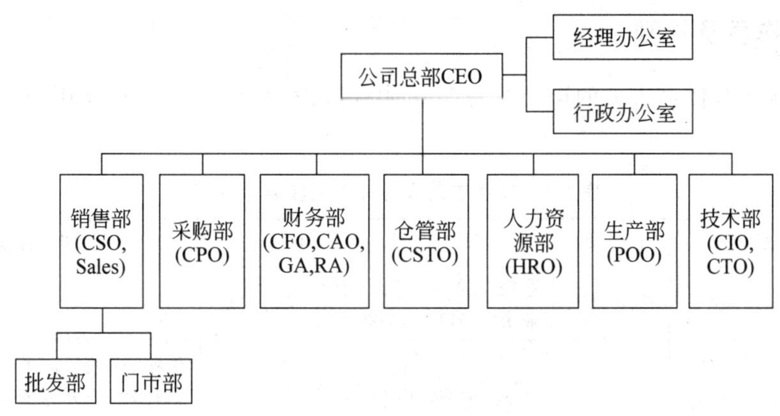

图1-8　案例企业组织结构图

1.2.2　企业会计制度

1. 会计科目设置规定

（1）会计科目编码。会计科目编码采用4-2-2方式，即一级科目4位字长，二级科目2位字长，三级科目2位字长。

（2）会计科目设置要求。"库存现金"科目是现金日记账科目；"应付账款"科目下设"暂估应付账款"和"一般应付账款"两个二级科目，其中一般应付账款设置为受控于应付款系统，暂估应付账款科目设置为不受控于应付款系统。其他一级科目的辅助账类型设置要求、二级科目的增加和辅助账类型设置要求，以及三级科目的增加和辅助账类型设置要求参见2.8节的表2-16。

（3）项目核算。本案例企业不设置科目的项目核算。若希望学习项目核算相关的操作，请参见本系列教程之《企业供应链高级应用——基于用友ERP产品微课教程》。

2. 内部会计政策

（1）会计核算的基本规定。企业采用科目汇总表账务处理程序，每月月末编制科目汇总表并登记一次总账；公司采用复式记账，按单一格式填制凭证。会计凭证按月连续编号；公司开设总分类账、明细分类账、现金和银行存款日记账及银行结算票据备查簿；公司按规定编制资产负债表、利润表、现金流量表和所有者权益变动表。

（2）货币资金的核算方法。每日终了，对库存现金进行实地盘点，确保现金账面余额与实际库存相符。银行存款每月根据银行对账单进行核对清查。若发现不符，及时查明原因，做出处理。公司采用的结算方式包括现金、现金支票、转账支票、银行承兑汇票、商业承兑汇票、电汇、同城特约委托收款等。

(3) 存货的核算方法。企业存货包括各种眼镜(包括太阳镜和老花镜)、包装物,以及办公用品类的低值易耗品;各类存货采用永续盘存制,按照实际成本核算;在核算过程中,存货采用移动平均法计算成本。

其他的内部会计政策,如固定资产的核算方法、职工薪酬的核算方法、税务的会计处理、利润分配规定和坏账损失的核算方法,以及案例企业的会计岗位职责等,可参见本系列教程之《企业会计信息化应用——基于用友 ERP 微课教程》的 1.2.2 节,在此从略。

1.2.3 操作员及权限

案例企业账套使用人员的岗位分工与功能权限设置,详见表 1-1,其用户类型均为“普通用户”。

表 1-1 软件应用人员分工及权限分配表

编码	人员姓名	职　务	操作权限	所属角色	功能权限修改
0800	赵技巩	技术总监	系统初始设置、所有业务单据审核与批复	账套主管	
0100	李吉棕	总经理	总账、应收、应付、销售、采购、委外、库存、存货、生产制造		总账、应收、应付、销售管理、采购管理、委外管理、库存管理和存货核算;物料清单、主生产计划、物料需求规划、产能管理、车间管理、订单管理等
1100	读者姓名(如丁一)		所有业务和财务的单据填制、审核与批复	账套主管	为便于教师组织实验和检查实验结果,建议每位学员将自己设置为账套主管,并在实验时以自己的身份登录操作

备注:

- 操作员的初始密码均为空,用户类型均为“普通用户”。
- 总经理李吉棕具有采购、销售、库存、存货核算、应收、应付与总账管理的全部操作权限,以简化教学和实验操作。
- 实际工作中需要根据本单位的实际情况授权,本系列教程之《企业会计信息化应用——基于用友 ERP 产品微课教程》中,是按照虚拟业务场景中人物的工作需要进行功能权限设置和数据权限设置,并基于各自的权限在企业账套中操作。

1.3 建账及账套备份

本节的主要任务是建立企业账套的公用基本信息以及对账套信息进行管理,并在“系统管理”功能模块中进行相关操作。

本账套建立时间为 2017 年 4 月 1 日,各子系统启用时间为 2017 年 4 月 1 日。本案例企业发生业务活动的时间均为 2017 年 4 月,建账的操作流程可参见图 1-9。

需要说明的是:

(1) 本教程的所有业务实验操作都有配套的微视频,可以通过扫描二维码,或者到指定的网页去观看。

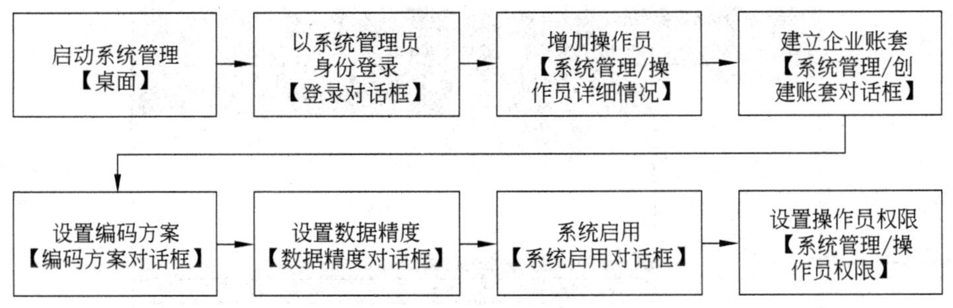

图 1-9　建账流程图

(2) 本节的实验操作,因其是基础数据,没有做相应的视频录制,已经完成的账套数据(01 新建账套. rar),存放在百度网盘空间的“实验账套数据”文件夹中(网盘地址为 https://pan. baidu. com/s/1RYhQLt7jZn9lFsZJD9I55g 提取码: eh69)。

(3) 实验操作前,需要将系统时间调整为 2017 年 4 月 1 日。如果没有调整系统时间,则在建账过程中和启用子系统时,注意修改时间为 2017 年 4 月 1 日。

1.3.1 添加操作员

本案例企业的操作员详见表 1-1。本任务是按照表 1-1 的资料,在系统管理中添加操作员。在操作之前,请确认系统日期为 2017 年 4 月 1 日。

操作步骤:

(1) 启动系统管理,以系统管理员(admin)身份注册。

① 打开“系统管理”窗口。双击桌面的“系统管理”快捷方式,系统打开“系统管理”窗口,可参见图 1-11。

② 打开“登录”对话框。在“系统管理”窗口中,单击“系统/注册”菜单项,系统打开系统管理的“登录”对话框,如图 1-10 所示。

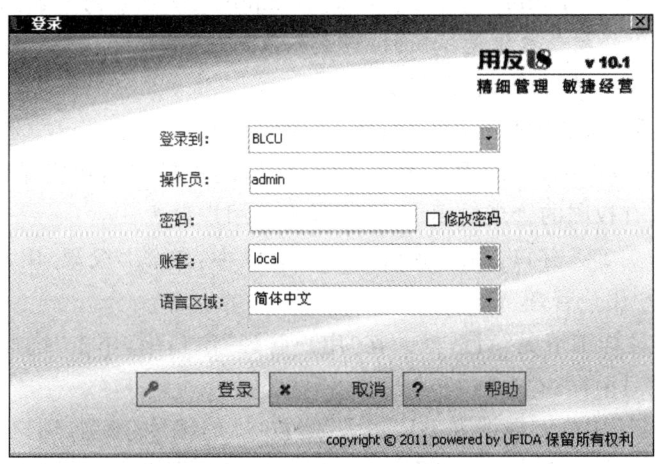

图 1-10　系统管理的“登录”对话框

③ 以系统管理员(admin)身份注册。编辑或确认“操作员”为 admin,密码为空,然后单击“登录”按钮,系统退出对话框返回“系统管理”窗口,如图 1-11 所示。

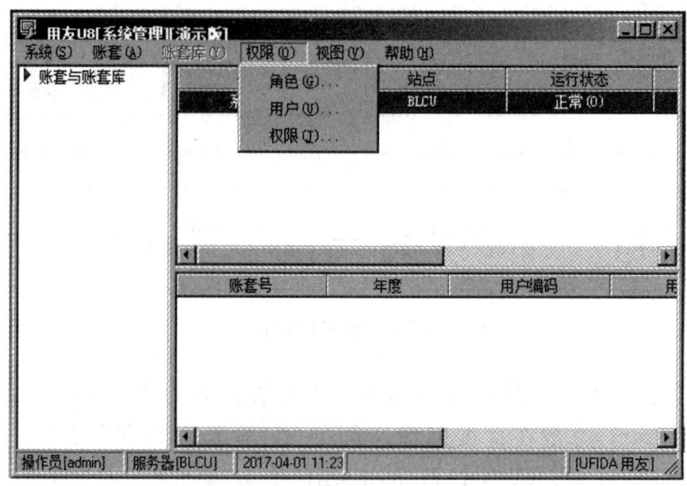

图 1-11　系统管理窗口示意

提示：

- “系统管理”窗口的使用者(即操作员)为企业的信息管理人员，包括系统管理员Admin、安全管理员Sadmin、管理员用户和账套主管。
- 对于系统管理员(Admin)、安全管理员(SAdmin)、管理员用户和账套主管，看到的“登录”界面是有差异的，系统管理员、安全管理员登录界面只包括服务器、操作员、密码、语言区域；而管理员用户、账套主管则包括服务器、操作员、密码、账套、操作日期、语言区域。
- 系统管理员(Admin)的密码默认为空。若需要修改，则在登录时，在密码栏中先输入正确的密码，然后在“修改密码”栏选中√，单击“确定”按钮，在提示窗口输入并确定新密码。
- 对于系统管理员(Admin)、安全管理员(SAdmin)、管理员用户和账套主管，在“系统管理”窗口中的操作权限是不同的，详见本系列教程之《企业供应链高级应用——基于用友ERP微课教程》的表1-2。

(2) 增加操作员(以增加账套主管“赵技巩”为例)。

注意，由于还未建账套，所以无法录入功能权限，此步只增加相应操作员并设置角色。只有系统管理员或有权限的管理员用户，才可以进行用户设置。

① 打开“用户管理”窗口。在“系统管理”窗口中，单击“权限/用户”菜单项(参见图1-11)，系统打开“用户管理”窗口。

② 打开“操作员详细情况”对话框。在“用户管理”窗口中，单击“增加”按钮，系统打开“操作员详细情况”对话框。

③ 增加“赵技巩”用户。根据表1-1，输入“赵技巩”的编号、姓名、用户类型(已默认为普通用户)和所属角色(账套主管)，参见图1-12(图中的口令即密码，因初始密码为空，故不输入)，然后单击“增加”按钮。

提示：

- 只有“账套主管”需要此时设置角色，其他操作员将在1.3.3节中设置。

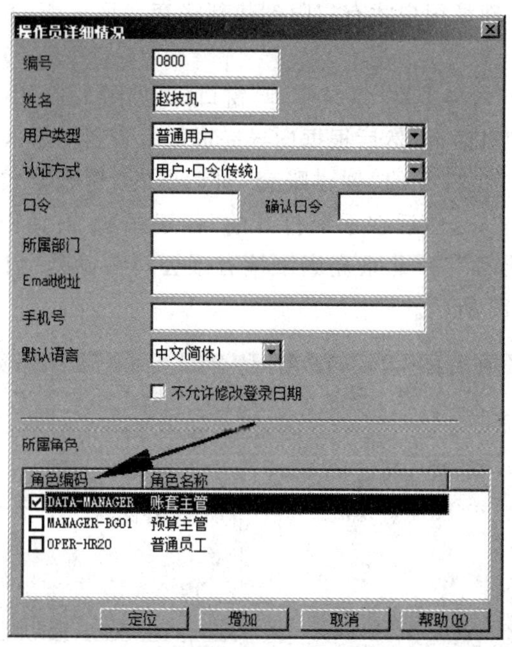

图 1-12 “操作员详细情况”对话框

- 用户类型分为普通用户和管理员用户。

普通用户：指登录企业应用平台、进行各种业务处理的一般用户。

管理员用户：进行账套管理、协助系统维护的用户，他们只能登录【系统管理】进行操作，为系统管理员 Admin 分担一部分管理工作，可以有账套库备份、升级、用户/角色管理、权限管理、任务管理等权限。

④ 重复步骤③，按照表 1-1，完成其他操作员（即编号为 1100 和 0100 用户）的编辑工作。

⑤ 退出。单击对话框的“取消”按钮，系统退出对话框返回“用户管理”窗口，再单击“退出”按钮，返回 “系统管理”窗口。

提示：

- 若修改了用户的所属角色，则该用户对应的权限也跟着角色的改变而相应改变。
- 对于已经登录门户、正在使用产品的用户，不能删除，不能修改任何信息。

1.3.2 建立案例企业账套

在使用系统之前，首先要新建本单位的账套。一个账套对应一个经营实体或核算单位，对于拥有多个核算单位的企业，可以拥有多个账套（最多可以拥有 999 个账套）。用友 U8 的账套，是由一个或多个账套库组成的，一个账套库含有一年或多年的使用数据。

本任务是依据 1.2 节的资料，在用友 ERP-U8 中建立案例企业的账套，并启用相应的功能模块，包括总账、应收、应付、销售管理、采购管理、委外管理、库存管理、存货核算、物料清单、主生产计划、物料需求规划、产能管理、车间管理和订单管理。

具体地，本案例企业账套的账套号为 617，账套名称为“北京亮康眼镜有限公司”，账套路径默认为“C:\U8SOFT\Admin\”，启用会计期为 2017 年 4 月。

请注意，只有系统管理员用户才有权限创建新账套。

操作步骤：

(1) 打开“创建账套”向导。在“系统管理”窗口(参见图 1-11)中，单击“账套/建立”菜单项，系统打开“创建账套”对话框，然后根据向导完成账套资料的录入。

(2) 编辑账套信息。在打开的“创建账套”对话框的“建账方式”中，默认“新建空白账套”，直接单击“下一步”按钮，然后在系统打开的“创建账套”对话框的“账套信息”中，编辑“账套号”为 617，“账套名称”为“北京亮康眼镜有限公司”，确认“启用会计期”为 2017 年 4 月，其他项默认，如图 1-13 所示。

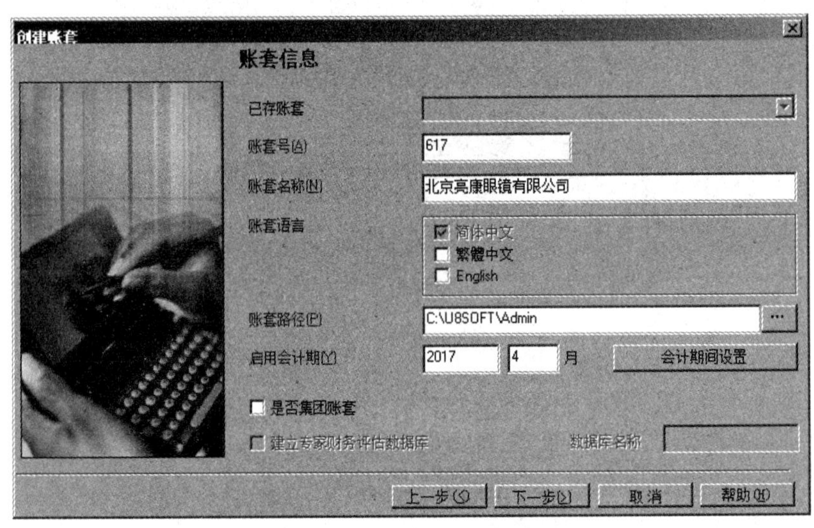

图 1-13 “创建账套”对话框

(3) 编辑单位信息。单击“下一步”按钮，在“创建账套”对话框的“单位信息”中，编辑“单位名称”为“北京亮康眼镜有限公司”(在此应录入企业的全称，以便打印发票时使用)，“机构代码”为 168306659，“单位简称”为“亮康眼镜”，“单位地址”为“北京市昌平区”，“法人代表”为“李吉棕”，“邮政编码”为 100022，“联系电话”为 400812345678，“电子邮件”为 liangkang@163.com，“税号”为 1101082121202，“备注一”为“眼镜生产”，“备注二”为“眼镜批发与零售”。

(4) 编辑核算类型。单击“下一步”按钮，在“创建账套”对话框的“核算类型”中，编辑“本位币”为 RMB(人民币)，“企业类型”为“工业”；“行业性质”为“2007 年新会计制度科目”，“账套主管”为 0800，并选择“按行业性质预置科目”。

(5) 编辑基础信息。单击“下一步”按钮，在“创建账套”对话框的“基础信息”中，增加选择“有无外币核算”，确认选中“存货是否分类”、“客户是否分类”和“供应商是否分类”，然后单击“下一步”按钮，系统打开“创建账套”对话框的“开始”页面。

(6) 创建账套。单击“完成”按钮，系统弹出“可以创建账套了吗?”提示框，单击“是”按钮，系统开始创建账套，初始创建完成之后打开“编码方案”对话框。

(7) 设置编码方案。在“编码方案”对话框，对“科目编码级次”，录入第 2 级和第 3 级的位长为 2，其他的编码分类采用系统默认值。

(8) 设置数据精度。单击“确定”按钮系统保存编码设置，再单击“取消”按钮，系统打开

“数据精度”对话框。

(9) 数据精度全部采用默认值，所以直接单击“取消”按钮，系统退出“数据精度”对话框，此时系统创建账套成功，并弹出“现在进行子系统启用的设置吗?”信息提示框。

(10) 单击“是”按钮，系统打开“系统启用”对话框；在该对话框中依次打钩启用总账、应收款管理、应付款管理、销售管理、采购管理、库存管理、存货核算、委外管理、物料清单、主生产计划、需求规划、生产订单、产能管理、车间管理，启用时间均为“今天”，参见图 1-14。

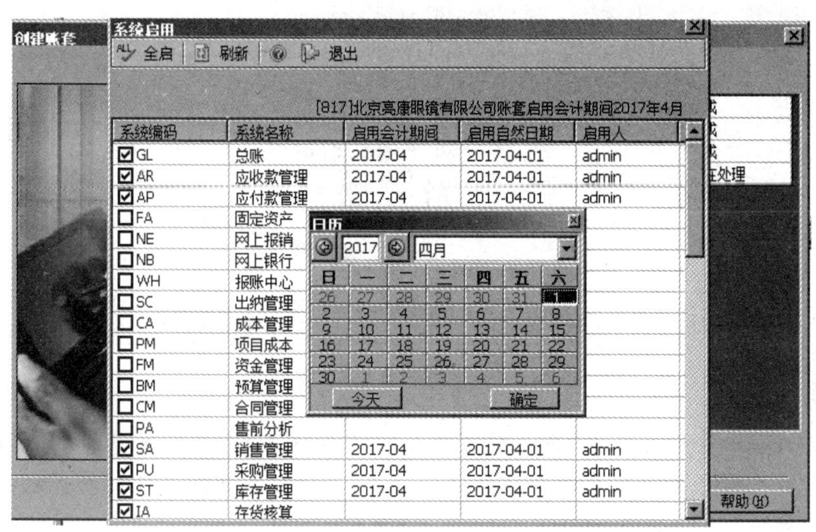

图 1-14　系统启用

(11) 单击“系统启用”和“创建账套”对话框的“退出”按钮，系统返回“系统管理”窗口。

1.3.3　设置操作员权限

本任务是依据表 1-1 的资料，设置操作员的功能权限。操作步骤如下：

(1) 打开“操作员权限”窗口。在“系统管理”窗口中，单击“权限/权限”菜单项，系统打开“操作员权限”窗口。

(2) 编辑李吉棕的功能权限。在打开的“操作员权限”窗口中，在左窗格选择操作员“李吉棕”，单击窗口工具栏的“修改”按钮，在窗口右侧选择或确认账套为“[617]…”、年度为2017—2017，然后依据表 1-1 中的“功能权限修改”列，增加选中需要的功能项目。李吉棕的功能权限设置如图 1-15 所示。

(3) 单击“保存”按钮，完成其功能权限的修改。

(4) 退出。单击“操作员权限”窗口工具栏的“退出”按钮，退出该窗口返回“系统管理”窗口。

提示：

- 账套主管拥有所有模块的权限。由于在建立账套时已经指定“赵技巩”为账套主管了，所以无须再设置。
- 功能级权限分配，在“系统管理”窗口中完成。在为用户赋予权限时，可一次性选择大的模块即可实现所有的下属模块权限的赋予。

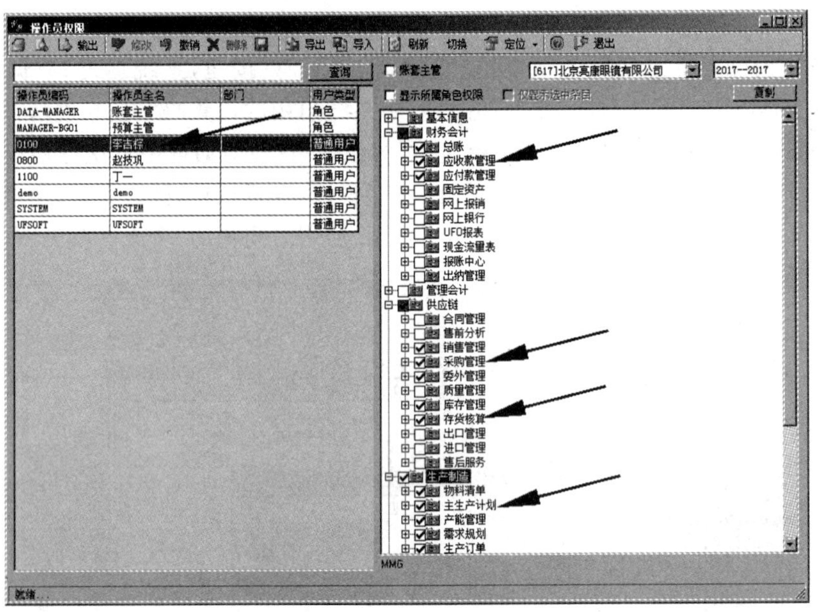

图 1-15 “操作员权限”窗口

• 数据权限和金额权限在“企业应用平台”的“系统服务”标签页下的“数据权限”中进行分配。对于数据级权限和金额级的设置，必须是在系统管理的功能权限分配之后才能进行。

1.3.4 修改账套信息

修改账套信息的工作，应由“账套主管”在“系统管理”中完成。

操作步骤：

(1) 以账套主管“赵技巩”的身份注册系统管理(说明：也可用本人的姓名或编号 1100 注册系统管理)。

① 注销现有的系统登录。在“系统管理”窗口中，单击“系统/注销”菜单项以注销系统管理员身份的注册。

② 打开“登录”对话框。单击“系统/注册”菜单项，系统打开“系统管理”的“登录”对话框。

③ 设置登录信息。编辑“操作员”为 0800 或“赵技巩”，密码为空，选择“账套”为“[617]…”，“操作日期”为当前系统日期 2017-04-01。

④ 登录。单击“登录”按钮，系统退出对话框返回“系统管理”窗口，窗口菜单中显示为黑色字体的部分为账套主管可以操作的功能。

(2) 修改账套信息。

① 打开“修改账套”对话框。在“系统管理”窗口中，单击“账套/修改”菜单项，系统打开“修改账套”对话框，可以修改的账套信息以白色显示，不可修改的以灰色显示。

② 修改账套信息。类似于创建账套，在此按照向导逐步完成账套信息的修改，然后单击“完成”按钮，系统弹出提示“确认修改账套了?”。

③ 完成并退出。单击“是”按钮，并在“分类编码方案”和“数据精度”对话框中直接单击

"取消"按钮,完成账套修改。

1.3.5 账套备份

1. 设置系统自动备份计划

注意:该工作可由"账套主管"或"系统管理员"在"系统管理"中完成。

操作步骤:

(1) 在 E 盘新建"账套备份"文件夹。

(2) 打开"备份计划详细情况"对话框。在"系统管理"窗口中,单击"系统/设置备份计划",打开"备份计划设置"对话框,再单击工具栏的"增加",系统打开"备份计划详细情况"对话框。

(3) 编辑备份计划。编辑"计划编号"为 2017-617,"计划名称"为"617 亮康眼镜",选择"发生频率"为"每周",录入"开始时间"为 00:00:00,"发生天数"为 1(表示每周日 0 点开始备份)。

(4) 选择保存路径。单击对话框中间的"增加"按钮,系统弹出"请选择账套备份路径"对话框,选择"E:\账套备份"文件夹为备份路径,然后单击"确定"按钮返回,此时在"请选择备份路径"区中增加了一行,其右侧出现"浏览"按钮(单击它可打开"请选择账套备份路径"对话框)。

(5) 选择备份账套。在"请选择账套和年度"区,选中 617 账套,如图 1-16 所示。

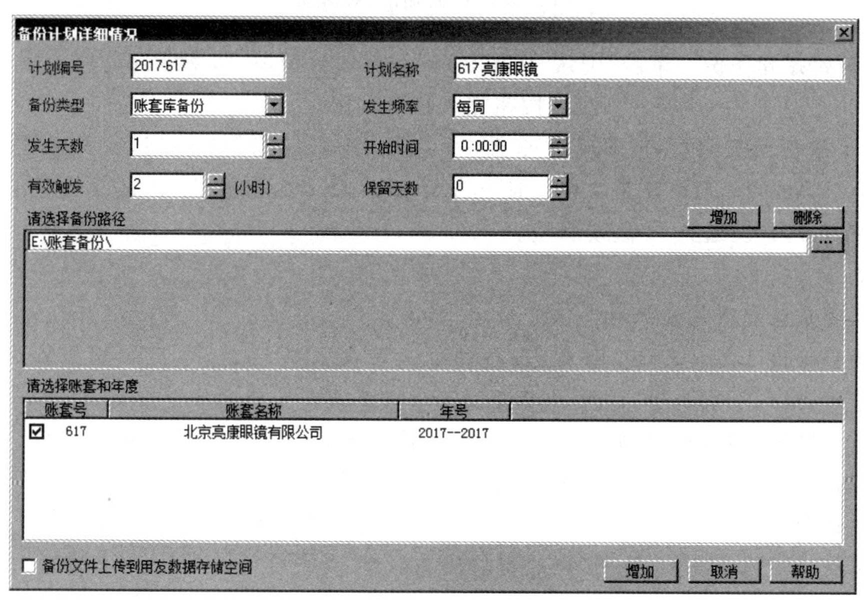

图 1-16 "备份计划详细情况"对话框

(6) 确认并保存备份计划。单击对话框底部的"增加"按钮,完成该备份计划的设置。

(7) 退出。单击"取消"按钮退出"备份计划详细情况"对话框,返回"备份计划设置"对话框;再单击"退出"按钮返回"系统管理"窗口。

2. 账套输出

为能让每次实验具有连续性,以完成完整的流程操作,建议您每完成 1 节或 1 章的实验之后，将实验结果备份保存在E盘或自己的U盘、网盘上。

为此，需要在每次实验之后，先进行企业账套的输出，并将输出的结果压缩后保存。然后在下次实验前，再将上次的操作成果引入系统。

操作步骤：

(1) 以系统管理员身份注册并打开“系统管理”窗口。若“系统管理”窗口没有打开，请双击桌面上的“系统管理”图标打开该窗口；若已经打开，则选择“系统管理”的“系统/注销”菜单项；然后单击“系统/注册”菜单项打开“登录”对话框，最后以系统管理员(admin)身份注册并打开“系统管理”窗口。

(2) 设置账套输出路径。在“系统管理”窗口中，单击“账套/输出”，打开“账套输出”对话框；选定“账套号”和“输出文件位置”后，确认没有选择“删除当前输出账套”复选框，如图1-17所示。

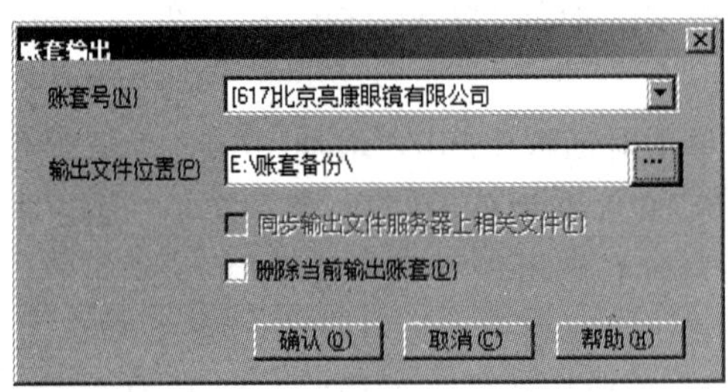

图1-17 “账套输出”对话框

(3) 开始账套备份。单击“确认”按钮，一般等待3分钟左右，系统自动完成账套输出的任务并弹出信息提示框，单击“确定”按钮完成账套输出。

(4) 压缩备份文件。在资源管理器中，打开“账套备份”文件夹，将列出两个文件：UFDATA.BAK(1.5GB左右)和UfErpAct.Lst(1KB)，将这两个文件压缩成一个包(150MB左右)，并发送到U盘或网盘。

提示：

- 只有系统管理员(admin)才能“输出”账套。
- 账套输出只是做了账套备份，现有的账套还在ERP系统中，可继续操作；但若删除了账套，则下次必须“引入”账套后才能继续操作。
- 账套删除和账套输出的操作基本相同，区别只是在“账套输出”对话框中，需要选择“删除当前输出账套”复选框，且在系统提示：“真要删除该账套吗?”时，单击“确认”按钮即可，若“取消”则不删除当前输出的账套，下次可继续使用该账套。
- 正在使用的账套，系统的“删除当前输出账套”是灰色的，即不允许选中。

3. 引入(恢复)账套

操作步骤：

(1) 启动系统管理，以系统管理员(admin)身份注册。

(2) 引入账套。

① “请选择账套备份文件”对话框。在“系统管理”窗口中，单击“账套/引入”菜单项，系统弹出“请选择账套备份文件”对话框。

② 设置备份文件的路径。在该对话框中，选择“E:\账套备份\UfErpAct.Lst”，然后单

击“确定”按钮，系统弹出“系统管理”信息提示框，提示账套引入的默认路径。

③ 设置账套的路径。直接单击“确定”按钮，系统弹出“请选择账套引入的目录”对话框，选择“C:\U8SOFT”文件夹，如图 1-18 所示。

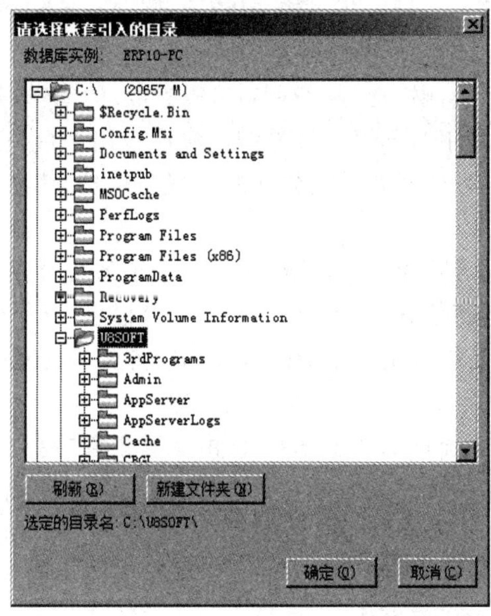

图 1-18 账套引入目录选择对话框

④ 账套引入。单击“确定”按钮，系统弹出“账套引入”信息提示框，一般等待 3 分钟左右，系统弹出信息提示框，提示账套“引入成功”。

⑤ 退出。直接单击“确定”按钮，退出该信息提示框，返回“系统管理”窗口。

提示：只有系统管理员(admin)才能“引入”账套。

1.4 实验报告内容

(1) 查看 ERP-U8 系统中的操作员列表，并将结果界面拷屏后粘贴在实验报告中。

(2) 查看“采购主管”角色的“采购管理”相关的权限设置页面，并将结果界面拷屏后粘贴在实验报告中。

(3) 查看您设置的自动备份计划，并将结果界面拷屏后粘贴在实验报告中。

(4) 查看案例企业的“系统启用”情况，并将结果界面拷屏后粘贴在实验报告中。

(5) 查看案例企业的编码方案，并将结果界面拷屏后粘贴在实验报告中。

(6) 比较操作员的功能权限与数据权限的功能差异(即作用的不同)。

(7) 比较操作员的功能权限与数据权限的操作差异。

(8) 比较账套删除与账套输出的操作差异。

(9) 比较账套删除与账套输出的操作结果的差异。

第 2 章　企业基础档案之人与财务

企业的基础档案(包括人、财、物、业务和制造等参数)的编辑，是在“企业应用平台”中进行操作的。企业应用平台是用友 ERP-U8 系统的集成应用平台，它是进行企业账套管理的唯一入口，可以实现企业基础档案和基础数据的设置与维护、信息的及时沟通和传输、信息的统计分析等。

企业的基础档案设置，是设置用友 ERP-U8 各个子系统公用的基础档案信息，主要包括企业部门及人员档案、客商信息、财务信息、收付结算信息、存货档案、生产制造参数等。

本章实验的主要任务是设置案例企业的人员和财务相关的基础信息。物料档案与生产制造方面的基础档案，将在第 3 章中完成相应的设置。

本章的操作应该是在系统日期 2017-04-01、由账套主管“赵技巩”(或者读者本人)登录到“企业应用平台”，并在第 1 章完成的账套中进行。所以在实验操作前，需要将系统时间调整为 2017 年 4 月 1 日。如果没有调整系统时间，则在登录“企业应用平台”时需要修改“操作日期”为 2017 年 4 月 1 日；如果操作日期与账套建账时间之间的跨度超过 3 个月，则该账套在演示版状态下不能执行任何操作。

如果没有完成第 1 章的建账和设置权限的任务，可以到百度网盘空间(网盘盘地址为 https://pan.baidu.com/s/1RYhQLt7jZn9lFsZJD9I55g 提取码：eh69)的“实验账套数据”文件夹中，将“01 新建账套.rar”下载到实验用机上，然后“引入”(操作步骤详见 1.3.5 节)到 ERP-U8 系统中。此外，本章完成的账套，其输出的压缩文件名为“02 人员与财务资料.rar”。

需要说明的是：

(1) 因网盘中的账套备份文件均为压缩文件，所以下载完成后引入前，需要用解压缩工具进行解压(建议用 WinRAR 3.42 或以上版本)，得到相应可以引入的账套数据文件。

(2) 本教程的所有业务实验操作，都有配套的微视频，可以通过扫描二维码，或者到指定的网页去观看。但本章的实验操作，因其是基础档案，没有录制相应的视频。

本章的授课时间建议理论讲课 2～4 学时、实验 2 学时。若课时不足，可跳过本章的讲解与实验。理论部分主要讲解基础档案中各个部分的作用和数据之间的关系，内容可参见 2.1 节～2.8 节的相关讲解和本教程配套的课件。实验的目的与要求如下：

- 理解企业中人、财、物基础数据的重要性。
- 理解存货的计价方式(如移动平均法、全月平均法、个别计价法)。
- 掌握 ERP 软件中编辑企业利益相关者(如员工、客户、供应商、银行)档案的操作。
- 掌握编辑企业财务相关档案(如会计科目、付款条件、开户银行、结算方式、凭证类别)的操作。
- 掌握编辑企业业务基础档案(如收发类别、发运方式、采购类型、销售类型)的操作。
- 学会对相关报表的查询。

2.1　部门与人员档案设置

企业一般对其人员类别进行分类设置和管理，本案例企业是按树状层次结构分类的(详见表 2-1)。根据企业各部门的实际情况，案例企业已经设置了各职位具体人员的职责(详见表 2-2)。

1. 人员类别设置

表 2-1 是本案例企业的人员类别设置情况。本任务是按照表 2-1 来完成案例企业在用友 ERP-U8 中"正式工"人员类别的子类设置(新建账套时，系统已预置"正式工"、"合同工"和"实习生"3 个人员类别)。

表 2-1　人员类别

人员类别	档案编码	档案名称
101 正式工	1011	企管人员
	1012	采购人员
	1013	销售人员
	1014	生产人员
102 合同工		
103 实习生		

操作步骤：

(1) 打开"企业应用平台"窗口。双击桌面的"企业应用平台"快捷方式，在系统打开的"登录"对话框中，设置"操作员"为 1100，密码为空，账套为"[617]…"，然后单击"登录"按钮，系统打开"企业应用平台"窗口。

(2) 打开"人员类别"窗口。在"企业应用平台"的"基础设置"页签下，依次单击"基础档案"→"机构人员"→"人员类别"菜单项，打开"人员类别"窗口。

(3) 打开"增加档案项"对话框。先单击左窗格的"正式工"，然后单击工具栏的"增加"按钮，系统弹出"增加档案项"对话框。

(4) 编辑"企管人员"类别。编辑"档案编码"为 1011、"档案名称"为"企管人员"，再单击"确定"按钮。

(5) 完成人员类别设置。重复步骤(4)，录入完成表 2-1 中的 1012、1013 和 1014 后，单击"取消"按钮，返回"人员类别"窗口。

(6) 退出。先单击"增加档案项"对话框中的"取消"按钮，再单击工具栏中的"退出"按钮，返回企业应用平台窗口。

2. 部门档案与人员档案设置

ERP-U8 中的"部门"，是指账套主体(如案例企业)下辖的需要进行独立的财务核算或业务管理要求的单元体，可以是实际中的部门机构，也可以是虚拟的核算单元。

ERP-U8 中的"人员"，是指企业各职能部门中需要进行独立财务核算和业务管理的职员信息，必须先设置好部门档案才能在这些部门下设置相应的职员档案。除了固定资产和成本管理产品外，其他产品均需使用职员档案。如果企业不需要对职员进行核算和管理要求，则可以不设置职员档案。

表 2-2 是本案例企业的部门档案和人员档案。本任务是按照表 2-2 来完成案例企业的部门档案和人员档案在用友 ERP-U8 中的设置。

为减少录入工作量，可以只录入人员编号为 0100 和 0800 的员工信息。

表 2-2 部门档案与人员档案

一级部门	二级部门	人员类别	人员编码及姓名	性别	雇佣状态	银行及银行账号	是否操作员	是否业务员
1 公司总部	101 经理办公室	企管人员	0100 李吉棕	女	在职	工行 6222020220332016001	是	
	102 行政办公室	企管人员	0101 陈虹	女	在职	工行 6222020220332016002		
2 财务部		企管人员	0200 曾志伟	男	在职	工行 6222020220332016003	是	
		企管人员	0201 张兰	女	在职	工行 6222020220332016004	是	
		企管人员	0202 罗迪	女	在职	工行 6222020220332016005	是	
3 销售部	301 批发部	销售人员	0300 赵飞	男	在职	工行 6222020220332016006	是	是
		销售人员	0301 夏于	男	在职	工行 6222020220332016007	是	是
	302 门市部	销售人员	0302 李华	男	在职	工行 6222020220332016008	是	是
4 采购部		采购人员	0400 刘静	女	在职	工行 6222020220332016009	是	是
		采购人员	0401 张新海	男	在职	工行 6222020220332016010	是	是
5 仓管部		企管人员	0500 李莉	女	在职	工行 6222020220332016011	是	
		企管人员	0501 赵林	男	在职	工行 6222020220332016012	是	
		企管人员	0502 李东	男	在职	工行 6222020220332016013	是	
6 人力资源部		企管人员	0600 王军	男	在职	工行 6222020220332016014	是	
		企管人员	0601 梁京	女	在职	工行 6222020220332016015		
7 生产部		生产人员	0700 刘正	男	在职	工行 6222020220332016016		
		生产人员	0701 李江	男	在职	工行 6222020220332016017		是
8 技术部		企管人员	0800 赵技巩	男	在职	工行 6222020220332016018	是	

操作步骤：

(1) 打开“部门档案”窗口。在“基础档案”的“机构人员”菜单下，双击“部门档案”菜单项，系统打开“部门档案”窗口。

(2) 编辑“公司总部”。单击工具栏的“增加”按钮，录入部门编码为1、部门名称为“公司总部”，然后单击“保存”按钮。

(3) 完成部门编辑。重复步骤(2)，按照表2-2的第1列和第2列，将部门档案全部录入，完成后单击“部门档案”窗口右上角的“关闭”按钮，退出该窗口并返回企业应用平台。

(4) 打开“人员档案”窗口。双击“人员档案”菜单项，系统打开“人员档案”窗口。

(5) 新增一张人员档案单据。单击“增加”按钮，系统进入新增状态，并新增一张人员档案表。

(6) 编辑人员档案。编辑“人员编码”为0100、“人员姓名”为“李吉棕”、“性别”为“女”、“行政部门”为“101”(经理办公室)、“雇佣状态”为“在职”、“人员类别”为“企管人员”、“银行”为“中国工商银行”、“账号”为6222020220332016001，同时选择“是否为操作员”复选框，如图2-1所示。

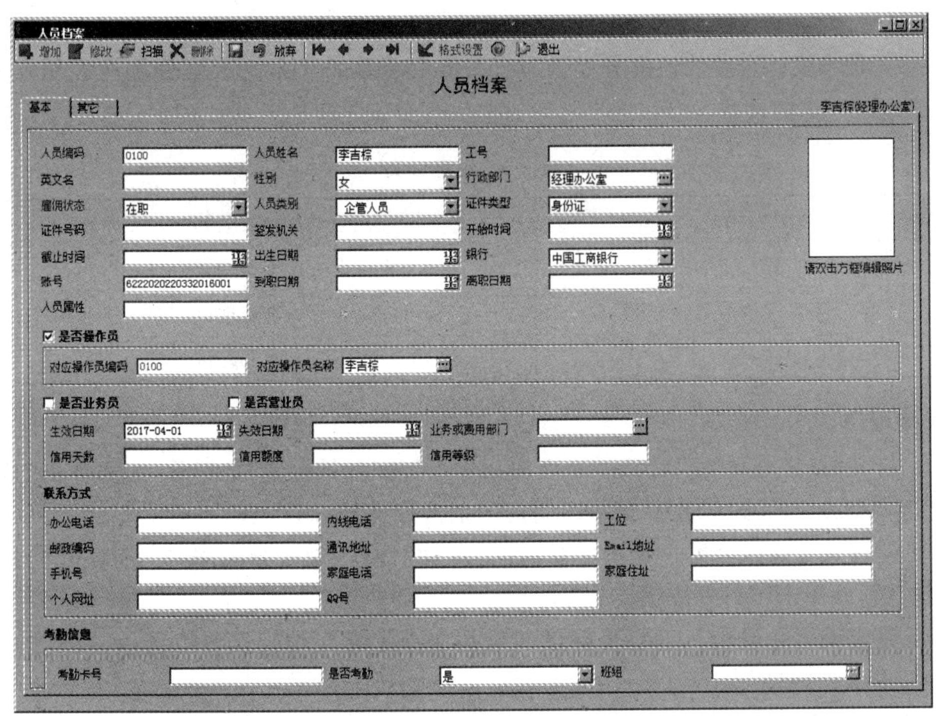

图2-1 “人员档案”窗口

(7) 保存。单击“保存”按钮，若该人员已经是用友ERP软件的操作员，则系统弹出提示框“人员信息已改，是否同步修改操作员的相关信息?”，单击“是”按钮，系统保存人员信息并新增一张人员档案表。

(8) 完成人员档案编辑。重复步骤(6)和(7)，依据表2-2将人员档案全部录入(或再录入0800的员工信息)完成后，单击工具栏的“退出”按钮，返回“人员档案”窗口。

备注：因为本教程的操作，均由账套主管完成，所以录入0800(赵技巩)员工信息后，就不影响第3～13章的业务操作了。如果希望学习按岗位操作，可参见本系列教程之《企业会计信息化应用——基于用友ERP产品微课教程》。

(9) 退出。单击“人员档案”窗口右上角的“关闭”按钮，关闭退出该窗口。

提示：

- 部门指某使用单位下辖的具有分别进行财务核算或业务管理要求的单元体，可以是实际中的部门机构，也可以是虚拟的核算单元。
- 人员编码不能修改，人员的名称可随时修改。
- 是“业务员”的需要添加“业务或费用部门”；若在增加时设置为“业务员”，则有与其“行政部门”相同的默认部门。

2.2 地区分类及客商档案设置

本节是按照表2-3～表2-7来完成案例企业在用友ERP-U8中的地区分类、供应商分类、供应商档案、客户分类和客户档案的设置。

1. 地区分类

表2-3是本案例企业的地区分类。本任务是按照表2-3来完成案例企业在用友ERP-U8中的地区分类的设置。

表2-3 地区分类

分类编码	分类名称
01	华北地区
02	华东地区
03	西北地区

操作步骤：

(1) 打开“地区分类”窗口。在“企业应用平台”的“基础设置”页签下，依次单击“基础档案”→“客商信息”→“地区分类”菜单项，打开“地区分类”窗口。

(2) 新增一个地区分类。单击工具栏的“增加”按钮，录入分类编码为01、分类名称为“华北地区”，并单击“保存”按钮。

(3) 完成编辑并退出。重复步骤(2)，依据表2-3录入地区分类信息，完成后单击“退出”按钮，退出该窗口。

2. 客户分类与供应商分类

表2-4是本案例企业的客户和供应商分类。本任务是按照表2-4来完成案例企业在用友ERP-U8中的客户和供应商分类的设置。

操作步骤：

(1) 打开“供应商分类”窗口。在“基础档案”的“客商信息”菜单下，双击“供应商分类”菜单项，系统打开“供应商分类”窗口。

(2) 新增一个供应商分类。单击工具栏的“增加”按钮，录入分类编码为01、分类名称为“供应商”，并单击“保存”按钮。

表 2-4　客户分类与供应商分类

<table>
<tr><th>类别名称</th><th>一级分类编码与名称</th><th>二级分类编码与名称</th></tr>
<tr><td rowspan="4">供应商</td><td rowspan="2">01 主要供应商</td><td>01001 商品供应商</td></tr>
<tr><td>01002 材料供应商</td></tr>
<tr><td>02 委外商</td><td></td></tr>
<tr><td>03 其他供应商</td><td></td></tr>
<tr><td rowspan="6">客　户</td><td>01 代销商</td><td></td></tr>
<tr><td rowspan="3">02 批发商</td><td>02001 山西省批发商</td></tr>
<tr><td>02002 北京市批发商</td></tr>
<tr><td>02003 上海市批发商</td></tr>
<tr><td>03 零售商</td><td></td></tr>
<tr><td>04 其他客户</td><td></td></tr>
</table>

(3) 完成供应商分类编辑。重复步骤(2),依据表 2-4 录入供应商分类信息,完成后单击"退出"按钮。

(4) 打开"客户分类"窗口。双击"客户分类"菜单项,系统打开"客户分类"窗口。

(5) 新增一个客户分类。单击工具栏的"增加"按钮,录入分类编码为 01、分类名称为"代销商",并单击"保存"按钮。

(6) 完成客户分类编辑。重复步骤(5),依据表 2-4 录入客户分类信息,完成后单击"退出"按钮。

3. 供应商档案

企业设置往来供应商的档案信息,有利于对供应商资料管理和业务数据的统计与分析。在 ERP-U8 中建立供应商档案,主要是为企业的采购管理、委外管理、库存管理、应付账管理服务的。在填制采购入库单、采购发票和进行采购结算、应付款结算和有关供货单位统计时都会用到供货单位档案,因此必须先设立供应商档案。在输入单据时,如果单据上的供货单位不在供应商档案中,则必须先建立该供应商的档案。如果在建立账套时选择了供应商分类,则必须在设置完成供应商分类档案的情况下才能编辑供应商档案。

表 2-5 是本案例企业的供应商档案。本任务是按照表 2-5 完成案例企业在用友 ERP-U8 中的供应商档案的设置。

表 2-5　供应商档案

供应商编码与名称	供应商简称	所属地区	所属分类	税　号	开户银行与账号	邮编与地址	电　话
001 北京大运眼镜公司	大运公司	01	01001	200106653865211	工行朝阳支行 1102020526782987123	100045 北京朝阳十里堡 8 号	010-82282263
002 上海吉祥眼镜公司	吉祥公司	02	02	310115549876477	工行浦东支行 1102020526782987135	200332 上海浦东新区东方路 1 号	021-62338258
003 北京塑料二厂	塑料二厂	01	01002	200106756865001	招行昌平支行 6225880126782987908	100046 北京昌平区大新路 33 号	010-80228229

续表

供应商编码与名称	供应商简称	所属地区	所属分类	税　号	开户银行与账号	邮编与地址	电　话
004 宁夏螺钉厂	螺钉厂	03	01002	100106539465724	工行银川支行 1102020526782985703	333571 宁夏银川市和信区富民路 23 号	0951-5122822
005 河北硅胶三厂	硅胶三厂	01	01002	300106224160365	工行燕郊支行 1102020526782987351	100050 河北省燕郊经济开发区 20 号	010-61598220
006 河北极速商贸公司	极速公司	01	03	300106224160389	工行燕郊支行 1102020526782987379	100050 河北省燕郊经济开发区 25 号	010-61598228
007 北京光明眼镜公司	光明公司	01	01001	200106653865885	工行海淀支行 6227000526782987908	100077 北京海淀学院路 1 号	010-62338229
008 上海顺丰速递有限公司	上海顺丰速递	02	03	310125549876478	工行浦东支行 1102020526782987155	200332 上海浦东新区东方路 11 号	021-54658233

备注：

- 所有供应商的结算币种均为人民币。
- 供应商属性(采购/委外/服务/国外)均为“采购”,另外“吉祥公司”增加“委外”属性。
- 在录入“开户银行”时,其“所属银行”为“开户银行”所在银行,如“工行海淀支行”的“所属银行”为“中国工商银行”。

操作步骤：

(1) 打开“供应商档案”窗口。在“基础档案”的“客商信息”菜单下,双击“供应商档案”菜单项,打开“供应商档案”窗口。

(2) 新增一个供应商。单击“增加”按钮,增加一张供应商档案单据,编辑供应商档案的“基本”和“联系”信息,包括编码、名称、简称、分类、币种、所属地区等。以表 2-5 第 1 行为例,其“基本”选项卡的结果参见图 2-2。

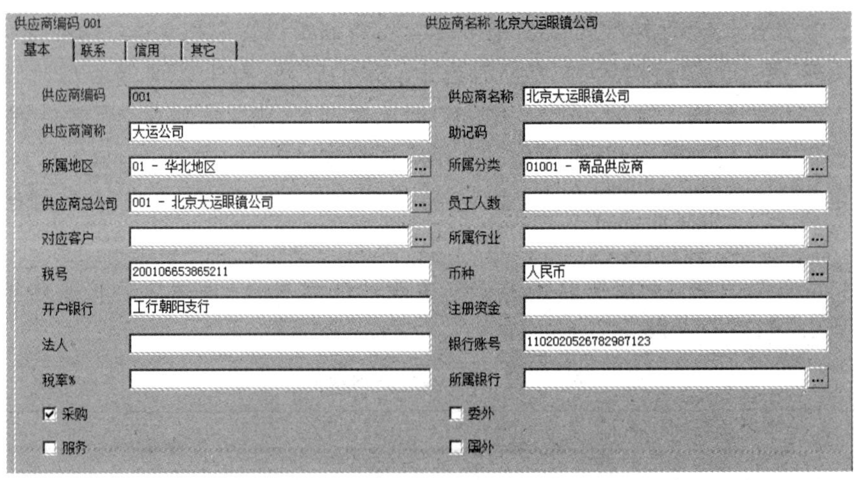

图 2-2　供应商档案“基本”选项卡示意图

(3) 保存并新增。单击“保存并新增”按钮,系统保存该供应商信息并增加一张供应商档案。

(4) 完成编辑。重复步骤(2)和(3),将表 2-5 中所有供应商档案全部录入后,单击“退出”按钮退出该窗口。

提示：已停用的供应商(即供应商档案的停用日期小于当前单据日期的供应商)，输入单据时不能再参照，否则系统提示“此供应商已停用，请选择其他供应商”。在进行单据或账表查询时，已停用的供应商仍可继续查询。

4. 客户级别及档案

建立客户档案主要是为企业的销售管理、库存管理、应收账管理服务的。ERP-U8 中，客户档案功能用于设置往来客户的档案信息，以便于对客户资料管理和业务数据的录入、统计、分析，比如在填制销售发货单、销售发票和进行应收款结算时，都会用到客户档案。在输入单据时，如果单据上的采购单位不在客户档案中，则必须先建立该客户的档案。

如果在建立账套时选择了客户分类，则必须在设置完成客户分类档案的情况下才能编辑客户档案。表 2-6 是本案例企业的客户级别，表 2-7 是客户档案。本任务是按照表 2-6 和表 2-7，完成案例企业在用友 ERP-U8 中的客户级别及档案的设置。

表 2-6　客户级别

客户级别编码	名　称	客户级别编码	名　称
01	VIP 客户	03	一般客户
02	重要客户		

表 2-7　客户档案

客户编码与名称	客户简称	所属地区	所属分类	客户级别编码	税　号	开户银行与账号	邮码与地址	电话	信用额度
001 北京光明眼镜公司	光明公司	01	02002	01	200106653865885	工行海淀支行 6227000526782987908	100077 北京海淀学院路 1 号	010-62338229	250 万
002 上海雪亮眼镜公司	雪亮公司	02	02003	03	310104712121774	工行徐汇支行 1102020526782987158	200032 上海徐汇天平路 8 号	021-84658236	50 万
003 北京同方眼镜公司	同方公司	01	02002	02	200121554863995	光大银行海淀支行 6227000526782987973	100088 北京海淀成府路 3 号	010-82338278	170 万
004 山西华飞眼镜公司	华飞公司	01	02001	03	411135871135557	光大银行太原支行 6227000526782987984	250001 山西太原天桥区成府路 3 号	0351-4019813	50 万
006 山西明乐贸易公司	明乐公司	01	02001	03	411135871135687	工行晋城支行 6227000526030287586	250001 山西晋城汉王路 8 号	0351-7019816	50 万
900 零散客户	零散客户		04						

备注：

- 所有客户的结算币种均为人民币，属性均为“国内”。
- 表 2-7 中的“开户银行”均是默认的结算银行。
- 在录入“开户银行”时，需要在“增加客户档案”对话框中，单击工具栏的“银行”按钮，然后在打开的对话框中，录入相关信息，其“所属银行”为“开户银行”所在银行，如“工行海淀支行”的“所属银行”为“中国工商银行”。

操作步骤：

(1) 打开“客户级别分类”窗口。在“基础档案”的“客商信息”菜单下，双击“客户级别”菜单项，系统打开“客户级别分类”窗口。

(2) 新增 VIP 客户类别。单击工具栏的“增加”按钮，编辑客户级别的相关信息，以表 2-6 第 1 行为例，在表体中录入客户级别编码为 01、客户级别名称为“VIP 客户”，并单击“保存”按钮。

(3) 完成客户类别编辑。重复步骤(2)，客户级别全部录入完成后，单击“退出”按钮退出该窗口。

(4) 打开“客户档案”窗口。双击“客户档案”菜单项，打开“客户档案”窗口。此时左窗格中显示已经设置的客户分类，单击选中某一客户分类，右窗格中显示该分类下的所有客户列表。

(5) 新增一个客户并编辑基本信息。单击“增加”按钮，打开“增加客户档案”对话框，在“基本”选项卡中编辑客户档案相关信息，包括客户编码、客户名称、简称等，表 2-7 第 1 行的客户基本信息编辑结果如图 2-3 所示。

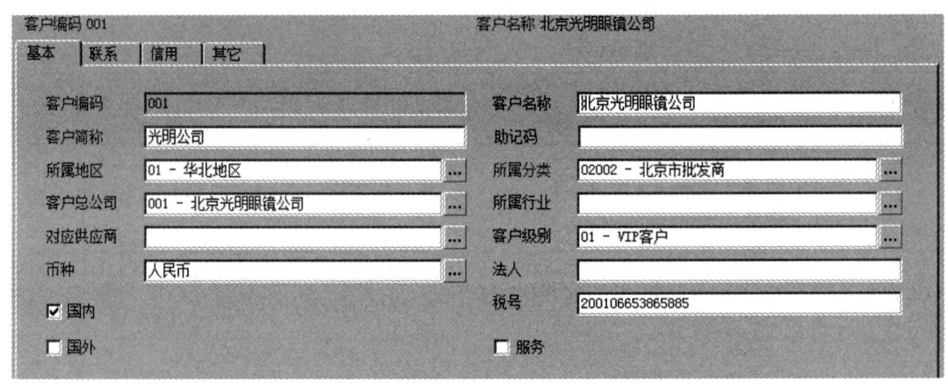

图 2-3　客户档案“基本”选项卡示意图

(6) 编辑客户的信用信息。在“增加客户档案”对话框的“联系”选项卡中编辑邮政编码和地址，在“信用”选项卡中编辑信用额度。

(7) 编辑客户的银行信息。在“增加客户档案”对话框中，单击工具栏中的“银行”按钮，弹出“客户银行档案”对话框，单击“增加”按钮，以表 2-7 第 1 行为例，选择所属银行为“中国工商银行”并录入开户银行为“工行海淀支行”、银行账号为 6227000526782987908、“默认值”为“是”，然后保存并退出该对话框。

(8) 保存并新增。单击工具栏的“保存并新增”按钮，保存该客户信息并新增一张客户档案单据。

(9) 完成客户信息编辑。重复步骤(5)～(8)，依据表 2-7 完成客户档案的录入。

(10) 退出。单击“关闭”按钮，关闭退出“客户档案”窗口。

提示：

- 已停用的客户(即客户档案的停用日期小于当前单据日期的客户)，输入单据时不能再参照，否则系统提示“此客户已停用，请选择其他客户”。但在进行单据或账表查询时，已停用的客户仍可继续查询。

- 档案增加指定默认的币种，将在销售订单等单据中直接带出。
- 当客户的基本信息编辑完成并保存后，方可使用"银行"的编辑功能，来编辑此客户的银行信息。

2.3 收发类别与发运方式设置

1. 收发类别设置

收发类别设置，是为了对材料的出入库情况进行分类汇总统计而设置的，表示材料的出入库类型。用友 ERP-U8 规定：收发类型只有两种，即收和发，编辑时单选确定。请注意入库的"收发类别标志"为"收"，出库的"收发类别标志"为"发"。

在用友 ERP-U8 中设置案例企业的仓库收发类别，参见表 2-8。

表 2-8 收发类别

收发类别编码	收发类别名称	收发类别标志	收发类别编码	收发类别名称	收发类别标志
1	正常入库	收	3	正常出库	发
11	采购入库		31	销售出库	
12	委外入库		32	委外领料	
13	半成品入库		33	生产领料	
14	产成品入库		34	销售退货	
2	非正常入库		4	非正常出库	
21	盘盈入库		41	盘亏出库	
22	其他入库		42	其他出库	

操作步骤：

(1) 打开"收发类别"窗口。在"企业应用平台"的"基础设置"页签下，依次单击"基础档案"→"业务"→"收发类别"菜单项，打开"收发类别"窗口。

(2) 新增一个收发类别。单击"增加"按钮，在右窗格中编辑收发类别相关信息。以表 2-8 第 1 行为例，录入"收发类别编码"为 1、"收发类别名称"为"正常入库"，并选择"收"，然后单击"保存"按钮。

(3) 完成收发类别的编辑。重复步骤(2)，将表 2-8 中所有的收发类别录入并保存。

(4) 退出。单击"收发类别"窗口的"退出"按钮，退出该窗口。

【主要栏目说明】

- 类别编码，必须输入且唯一。系统规定收发类别最多可分三级，最大位数 5 位。必须逐级定义，即定义下级编码之前必须先定义上级编码。
- 类别名称，最多 12 位，相同级次且上级级次相同的类别名称不可相同。

2. 发运方式设置

用户在处理采购业务或销售业务中的运输方式时，应先设定这些运输方式。表 2-9

是本案例企业的发运方式，本任务将完成案例企业在用友 ERP-U8 中的发运方式的设置。

表 2-9　发运方式

发运方式编码	发运方式名称	发运方式编码	发运方式名称
01	公路	03	航空
02	铁路	04	水运

操作步骤：

(1) 打开“发运方式”窗口。在“业务”菜单下，双击“发运方式”菜单项，打开“发运方式”窗口。

(2) 新增一个发运方式。单击工具栏的“增加”按钮，录入发运方式编码 01、发运方式名称“公路”，然后单击“保存”按钮。

(3) 完成发运方式编辑。重复步骤(2)，将表 2-9 中的发运方式全部录入并保存。

(4) 退出。单击“发运方式”窗口的“退出”按钮，退出该窗口。

2.4　采购和销售类型设置

如果企业需要按采购类型进行统计，那就应该建立采购类型项目。采购类型是由用户根据企业需要自行设定的项目。用户在使用用友采购管理系统，填制采购入库单等单据时，会涉及采购类型。采购类型不分级次，企业可以根据实际需要进行设立。例如，从国外购进、国内纯购进、从省外购进、从本地购进，或者从生产厂家购进、从批发企业购进、为生产采购、为委托加工采购、为在建工程采购等。

用户在处理销售业务时，可以根据自身的实际情况自定义销售类型，以便于按销售类型对销售业务数据进行统计和分析。

案例企业的采购类型与销售类型，参见表 2-10。

表 2-10　采购与销售类型

采购类型编码	采购类型名称	入库类别	是否默认值	是否委外默认值	销售类型编码	销售类型名称	出库类别	是否默认值
01	普通采购	11(采购入库)	是	否	01	批发销售	31(销售出库)	是
02	委外加工	12(委外入库)	否	是	02	门市零售	31(销售出库)	否
					03	销售退回	34(销售退货)	否

操作步骤：

(1) 打开“采购类型”窗口。在“业务”菜单下，双击“采购类型”菜单项，系统打开“采购类型”窗口。

(2) 新增一个采购类型。单击工具栏的“增加”按钮，编辑采购类型相关信息，包括采购类型编码、名称及入库类别。以表 2-10 左侧第 1 行为例，在表体中填制“采购类型编码”为

01、“采购类型名称”为“普通采购”，选择“入库类别”为“11(采购入库)”、“是否默认值”为“是”，“是否委外默认值” 为“否”，其他项默认，然后单击“保存”按钮。

(3) 完成采购类型编辑。重复步骤(2)，依据表 2-10 左侧内容，将采购类型全部录入并保存。

(4) 退出。单击“采购类型”窗口的“退出”按钮，退出该窗口。

【主要栏目说明】

- 采购类型编码，只有 2 位字长，必须输入且唯一，区分大小写。
- 入库类别：设定填制采购入库单时默认的入库类别，以便加快录入速度。
- 是否默认值：设定某个采购类型是填制采购单据默认的采购类型，对于最常发生的采购类型，可以设定该采购类型为默认的采购类型。
- 是否委外默认值：设定某个采购类型是填制委外单据默认的采购类型，对于最常发生的委外加工的采购类型，可以设定该采购类型为默认的委外类型。

(5) 打开“销售类型”窗口。在“业务”菜单下，双击“销售类型”菜单项，打开“销售类型”窗口。

(6) 新增一个销售类型。单击工具栏的“增加”按钮，编辑销售类型相关信息，包括销售类型编码、名称及出口类别。以表 2-10 右侧的第 1 行为例，在表体中填制“销售类型编码”为 01、“销售类型名称”为“批发销售”，选择“出库类别”为“31(销售出库)”、“是否默认值”为“是”，然后单击“保存”按钮。

(7) 完成销售类型编辑。重复步骤(6)，依据表 2-10 右侧内容，将销售类型全部录入并保存。

(8) 退出。单击“销售类型”窗口的“退出”按钮，退出该窗口。

【主要栏目说明】

- 销售类型编码，只有 2 位字长，必须输入且唯一，区分大小写。
- 出库类别：输入销售类型所对应的出库类别，以便销售业务数据传递到库存管理系统和存货核算系统时进行出库统计和财务制单处理。
- 是否默认值：标识销售类型在单据录入或修改被调用时，是否作为调用单据的销售类型的默认取值。

2.5 费用项目设置

用户若需处理销售业务中的代垫费用、销售支出费用，则应先设定这些费用项目。费用项目分类是将同一类属性的费用归集成一类，以便统计和分析。

案例企业的费用项目分类和费用项目，参见表 2-11。

1. 费用项目分类设置

操作步骤：

(1) 打开“费用项目分类”窗口。在“企业应用平台”的“基础设置”页签下，依次单击“基础档案”→“业务”→“费用项目分类”菜单项，打开“费用项目分类”窗口。

表 2-11 费用分类及其项目

分类编码	分类名称	费用项目编码	费用项目名称
1	购销	01	运输费
		02	装卸费
		03	包装费
2	管理	04	业务招待费

(2) 新增一个费用项目分类。单击"增加"按钮,然后编辑费用项目分类相关信息,包括分类编码和名称。以表 2-11 第 1 行为例,在右窗格中输入"分类编码"为 1、"分类名称"为"购销",单击"保存"按钮。

(3) 完成费用项目分类编辑。重复步骤(2),完成表 2-11 中"管理"分类的录入与保存。

(4) 退出。单击"费用项目分类"窗口的"退出"按钮,退出该窗口。

2. 费用项目设置

操作步骤:

(1) 打开"费用项目"窗口。在"业务"菜单下,双击"费用项目"菜单项,打开"费用项目"窗口。

(2) 新增一个费用项目。单击"增加"按钮,然后编辑费用项目相关信息,包括费用项目编码、名称及分类名称。以表 2-11 第 1 行为例,在右窗格的费用项目表体中输入"费用项目编码"为 01、"费用项目名称"为"运输费",选择"费用项目分类名称"为"购销",再单击"保存"按钮。

(3) 完成费用项目的编辑。重复步骤(2),依据表 2-11 将费用项目全部录入并保存。

(4) 退出。单击"费用项目"窗口的"退出"按钮,退出该窗口。

2.6 凭证类别与外币设置

许多单位为了便于管理或登账,会对记账凭证进行分类编制,但各单位的分类方法不尽相同,所以用友 ERP-U8 中提供了"凭证类别"功能。

汇率管理是专为外币核算服务的,用友 ERP-U8 中提供了"外币设置"功能。

1. 凭证类别设置

如果是第一次进行凭证类别设置,可以按以下几种常用分类方式进行定义:

- 记账凭证。
- 收款、付款、转账凭证。
- 现金、银行、转账凭证。
- 现金收款、现金付款、银行收款、银行付款、转账凭证。
- 自定义凭证类别。

"限制科目"(参见表 2-12)是指某些类别的凭证在制单时,对科目有一定限制,用友 ERP-U8 系统有 7 种限制类型供选择,具体如下所示。

- 借方必有:制单时,此类凭证借方至少有一个限制科目有发生。

- 贷方必有：制单时，此类凭证贷方至少有一个限制科目有发生。
- 凭证必有：制单时，此类凭证无论借方还是贷方至少有一个限制科目有发生。
- 凭证必无：制单时，此类凭证无论借方还是贷方不可有一个限制科目有发生。
- 无限制：制单时，此类凭证可使用所有合法的科目限制科目由用户输入，可以是任意级次的科目，科目之间用逗号分割，数量不限；也可参照输入，但不能重复录入。
- 借方必无：即金额发生在借方的科目集必须不包含借方必无科目。可在凭证保存时检查。
- 贷方必无：即金额发生在贷方的科目集必须不包含贷方必无科目。可在凭证保存时检查。

若限制科目为非末级科目，则在制单时，其所有下级科目都将受到同样的限制。

表 2-12　凭证类别

类别字	类别名称	限制类型	限制科目
记	记账凭证	无限制	（空）

操作步骤：

（1）在“企业应用平台”的“基础设置”页签中，依次单击“基础档案”→“财务”→“凭证类别”菜单项，系统弹出“凭证类别”选择对话框。

（2）确认选择该对话框中的“分类方式”为“记账凭证”，然后单击“确定”按钮，系统打开“凭证类别”编辑对话框。

（3）确认该对话框表体中的“类别字”为“记”、“类别名称”为“记账凭证”、“限制类型”为“无限制”。

（4）退出。单击工具栏的“退出”按钮，退出该对话框。

提示：

- 已使用的凭证类别不能删除，也不能修改类别字。
- 若选有科目限制（即“限制类型”不是[无限制]），则至少要输入一个限制科目。若“限制类型”选[无限制]，则不能输入限制科目。
- 表格右侧的上下箭头按钮可以调整凭证类别的前后顺序，它将决定明细账中凭证的排列顺序。例如，凭证类别设置中凭证类别的排列顺序为收、付、转，则在查询明细账、日记账时，同一日的凭证，将按照收、付、转的顺序进行排列。

2. 外币设置

在用友 ERP-U8 的“外币设置”功能中，可以对本账套所使用的外币进行定义（设置界面可参见图 2-4），其中主要参数含义如下：

- 外币折算方式分为直接汇率与间接汇率两种，直接汇率即“外币×汇率＝本位币”，间接汇率即“外币/汇率＝本位币”。
- 汇率分为固定汇率与浮动汇率，选择“固定汇率”即可录入各月的月初汇率，选择“浮动汇率”即可录入所选月份的各日汇率。
- 记账汇率是在平时制单时，系统自动显示的。如果用户使用固定汇率（月初汇率），则记账汇率必须输入，否则制单时汇率为 0。
- 调整汇率即月末汇率，在期末计算汇兑损溢时用，平时可不输，等到期末可输入期末时汇率,用于计算汇兑损溢,本汇率不作其他用途。

在用友 ERP-U8 中,在"填制凭证"中所用的汇率应先在此进行定义,以便制单时调用,减少录入汇率的次数和差错。当汇率变化时,应预先在此进行定义制单时不能录入汇率。对于使用固定汇率(即使用月初或年初汇率)作为记账汇率的用户,在填制每月的凭证前,应预先在此录入该月的记账汇率,否则在填制该月外币凭证时,将会出现汇率为零的错误。对于使用浮动汇率(即使用当日汇率)作为记账汇率的用户,在填制当天的凭证前,应预先在此录入该天的记账汇率。

本案例企业需要增加美元($)外币,按固定汇率设置 2017.04 的记账汇率为 6.5。

操作步骤:

(1) 打开"外币设置"对话框。在"财务"功能模块,双击"外币设置"菜单项,打开"外币设置"对话框,参见图 2-4。

(2) 设置外币的币符和币名。将"币符"设置为 $,"币名"设置为"美元",单击"确认"按钮。

(3) 设置汇率。选中窗体中部的"固定汇率"单选按钮,然后在 2017.04 的"记账汇率"栏中录入 6.5,并单击其他区域以保存汇率设置,如图 2-4 所示。

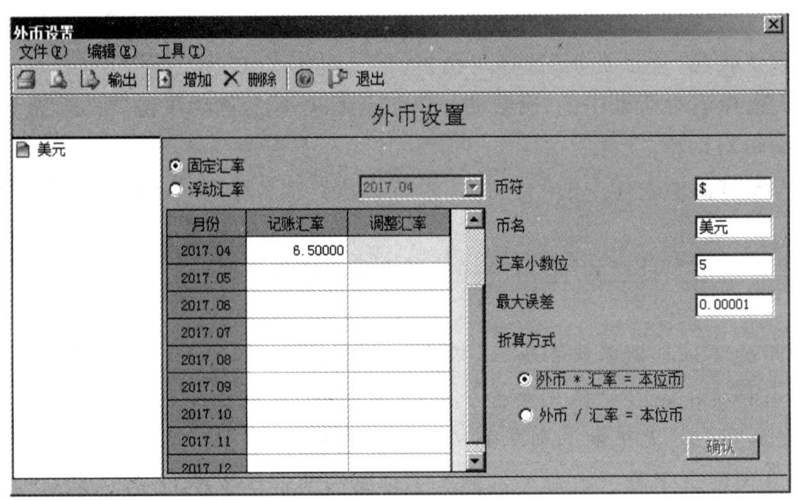

图 2-4 "外币设置"对话框

(4) 退出。单击"退出"按钮退出该对话框。

提示: 此处仅供用户录入固定汇率与浮动汇率,并不决定在制单时是使用固定汇率还是浮动汇率,在"总账"系统"选项"对话框"其他"选项卡中"汇率方式"的设置,决定了制单是使用固定汇率还是浮动汇率。

2.7 收付结算设置

收付结算设置包括结算方式、开户银行和付款条件设置。

1. 结算方式设置

结算方式,即财务结算方式,如现金结算、支票结算等。在用友 ERP-U8 中,结算方式最多可以分为2级。本任务是在用友ERP-U8中设置本案例企业的结算方式，参见表2-13。

表2-13 结算方式

结算方式编码	结算方式名称	结算方式编码	结算方式名称
1	现金	301	银行承兑汇票
2	支票	302	商业承兑汇票
201	现金支票	4	电汇
202	转账支票	5	委托收款
3	商业汇票	6	其他

操作步骤：

(1) 打开“结算方式”窗口。在“企业应用平台”的“基础设置”页签下，依次单击“基础档案”→“收付结算”→“结算方式”，打开“结算方式”窗口。

(2) 新增一个结算方式。单击“增加”按钮，在其右窗格中录入“结算方式编码”为1、“结算方式名称”为“现金”，然后单击“保存”按钮。

(3) 完成结算方式的编辑。重复步骤(2)，依据表2-13将结算方式全部录入并保存。

(4) 退出。单击“结算方式”窗口的“退出”按钮，退出该窗口。

2. 付款条件

付款条件也称为现金折扣，是指企业为了鼓励客户偿还贷款而允诺在一定期限内给予的规定的折扣优待。这种折扣条件通常可表示为“4/10，2/20，n/30”，它的意思是客户在10天内偿还贷款，可得到4%的折扣，只付原价的96%的货款；在20天内偿还贷款，可得到2%的折扣，只要付原价的98%的货款；在30天内偿还贷款，则须按照全额支付货款；在30天以后偿还贷款，则不仅要按全额支付贷款，还可能要支付延期付款利息或违约金。付款条件将主要在采购订单、销售订单、采购结算、销售结算、客户目录、供应商目录中引用。

表2-14是本案例企业的付款方式。本任务是按照表2-14，完成案例企业在用友ERP-U8中的付款方式的设置。

表2-14 付款条件

付款条件编码	付款条件名称	信用天数	优惠天数1	优惠率1	优惠天数2	优惠率2	优惠天数3	优惠率3
01	4/10，2/20，n/30	30	10	4	20	2	30	0
02	n/60	60						

操作步骤：

(1) 打开“付款条件”窗口。在“收付结算”菜单下，双击“付款条件”菜单项，打开“付款条件”窗口。

(2) 新增一个付款条件。单击工具栏中的“增加”按钮，在表体中填制“付款条件编码”为01、“信用天数”为30、“优惠天数1”为10、“优惠率1”为4、“优惠天数2”为20、“优惠率2”为2、“优惠天数3”为30、“优惠率3”为0，单击“保存”按钮，此时付款条件名称自动填写为“4/10，2/20，n/30”。

（3）完成付款条件编辑。重复步骤(2)，完成表2-14中第2行的录入并保存。

（4）退出。单击“付款条件”窗口的“退出”按钮，退出该窗口。

3. 银行档案设置

本案例企业的开户银行是中国工商银行，设置其个人账号的定长为19位，录入时自动带出账号17位；企业账户不定长。

操作步骤：

（1）打开“修改银行档案”窗口。在“企业应用平台”的“基础设置”页签中，依次单击“基础档案”→“收付结算”→“银行档案”菜单项，进入“银行档案”窗口；双击“中国工商银行”所在行，系统打开“修改银行档案”窗口。

（2）编辑信息。选中“个人账户规则”区域的“定长”前的复选框，并修改“账号长度”为19，“自动带出账号长度”为17；确认没有勾选“企业账户规则”区“定长”复选框。

（3）保存并退出。单击“退出”按钮，系统提示“是否保存对当前档案的编辑?”，单击“是”按钮完成设置，退出“修改银行档案”窗口；在“银行档案”窗口中，单击“退出”按钮退出。

4. 本单位开户银行设置

ERP-U8支持企业具有多个开户行及账号。“本单位开户银行”功能用于维护及查询使用单位的开户银行信息。开户银行一旦被引用，便不能进行修改和删除的操作。表2-15是本案例企业的开户银行信息。本任务是按照表2-15，完成案例企业的单位开户银行在用友ERP-U8中的设置。

表2-15　本单位开户银行

编码	银行账号	账户名称/币种	开户银行	所属银行编码	签约标志
01	1102020526782987908	人民币	中国工商银行昌平支行	01 中国工商银行	检查收付款账号
02	1102020526782987337	美元	中国工商银行昌平支行	01 中国工商银行	

操作步骤：

（1）打开“本单位开户银行”窗口。在“收付结算”菜单下，双击“本单位开户银行”菜单项，打开“本单位开户银行”窗口。

（2）编辑本单位人民币开户行信息。单击“增加”按钮，系统弹出“增加本单位开户银行”窗口，录入“编码”为01、“银行账户”为1102020526782987908、“币种”为“人民币”、“开户银行”为“中国工商银行昌平支行”，并且选择“所属银行编码”为“01 中国工商银行”、“签约标志”为“检查收付账号”，然后单击“保存”和“退出”按钮，系统返回“本单位开户银行”窗口。

（3）编辑本单位美元开户行信息。

（4）退出。单击“退出”按钮，退出“本单位开户银行”窗口。

2.8　会计科目

会计科目是填制会计凭证、登记会计账簿、编制会计报表的基础。会计科目是对会计对象的具体内容分门别类进行核算所规定的项目。会计科目是一个完整的体系，它是区别于流水账的标志，是复式记账和分类核算的基础。会计科目设置的完整性影响着会计过程的顺利实施，会计科目设置的层次深度直接影响会计核算的详细、准确程度。

表 2-16 是本案例企业的会计科目，包括系统默认的部分一级科目、需要增加的二级和三级科目。

本任务是按照表 2-16，完成在用友 ERP-U8 中设置案例企业的会计科目，包括新增所有的二级三级科目并设置相应的辅助账类型和受控系统，以及指定现金科目和银行科目。

提示：若科目设置时出现单据被锁定的提示，可以在“企业应用平台”的“业务工作”页签下，执行“财务会计/总账/期末/对账”命令，系统打开“对账”对话框；然后按 Ctrl+F6 键，并在弹出的信息提示框中，单击“是”按钮，以解除单据锁定。

表 2-16 会计科目设置

科目编码	科目名称	辅助核算	受控系统	计量单位	余额方向
1001	库存现金	日记账			借
1002	银行存款				借
100201	工行存款	银行账、日记账			借
100202	中行存款	银行账、日记账			借
1121	应收票据				借
112101	银行承兑汇票				借
112102	商业承兑汇票				借
1122	应收账款	客户往来	应收系统		借
1123	预付账款	供应商往来	应付系统		借
1221	其他应收款				借
122101	个人往来	个人往来			借
122102	单位往来	客户往来	应收系统		借
1231	坏账准备				贷
1403	原材料				借
140301	塑料	数量核算		千克	借
140302	镜片树脂	数量核算		千克	借
140303	硅胶	数量核算		千克	借
140304	螺钉	数量核算		颗	借
1405	库存商品				借
140501	商品				借
140502	产成品				借
140503	自制半成品				借
14050301	镜架				借
14050302	镜框				借

续表

科目编码	科目名称	辅助核算	受控系统	计量单位	余额方向
14050303	镜腿				借
14050304	鼻托				借
1901	待处理财产损溢				借
190101	待处理流动资产损溢				借
190102	待处理固定资产损溢				借
2201	应付票据				贷
220101	银行承兑汇票				贷
220102	商业承兑汇票				贷
2202	应付账款				贷
220201	一般应付账款	供应商往来	应付系统		贷
220202	暂估应付账款	供应商往来			贷
2203	预收账款	客户往来	应收系统		贷
2211	应付职工薪酬				贷
221101	工资	部门核算			贷
221102	社会保险费	部门核算			贷
221103	住房公积金	部门核算			贷
221104	工会经费	部门核算			贷
221105	职工教育经费	部门核算			贷
221106	非货币性福利	部门核算			贷
2221	**应交税费**				贷
222101	**应交增值税**				贷
22210101	进项税额				贷
22210102	进项税额转出				贷
22210103	销项税额				贷
22210104	已交税金				贷
22210105	转出未交增值税				贷
222102	未交增值税				贷
222103	应交所得税				贷
222104	应交个人所得税				贷
222105	应交城市维护建设税				贷
222106	应交教育费附加				贷

续表

科目编码	科目名称	辅助核算	受控系统	计量单位	余额方向
222107	应交地方教育费附加				贷
2241	其他应付款				贷
224101	应付社会保险费				贷
224102	应付住房公积金				贷
224103	个人往来	个人往来			贷
224104	单位往来	供应商往来			贷
4001	实收资本				贷
4101	盈余公积				贷
4103	本年利润				贷
4104	利润分配				贷
410401	提取法定盈余公积				贷
410402	提取任意盈余公积				贷
410403	应付现金股利或利润				贷
410404	转作股本的股利				贷
410405	盈余公积补亏				贷
410406	未分配利润				贷
5001	生产成本				借
500101	直接生产成本				借
50010101	直接人工				借
50010102	直接材料				借
500102	辅助生产成本				借

2.8.1 编辑与新增会计科目

本任务将编辑部分一级科目的辅助账类型和受控系统(详见表 2-16)、新增表 2-16 中所有的二级和三级科目,同时设置科目的辅助账类型和受控系统(如果需要,具体的可参阅表 2-16)。

1. 编辑会计科目

操作步骤:

(1) 打开“会计科目”窗口。在“企业应用平台”的“基础设置”页签下,依次单击“基础档案”→“财务”→“会计科目”菜单项,系统打开“会计科目”窗口。

(2) 编辑库存现金的辅助账类型。首先双击预修改的会计科目,比如 1001(库存现金);然后在系统弹出的“会计科目”对话框中,单击“修改”按钮,再编辑会计科目相关信息,比如选择“日记账”复选框,以设置“库存现金”的辅助账类型为“日记账”;最后单击“确定”按钮,保存并退出。

(3) 编辑其他会计科目。重复步骤(2),依据表 2-16 将预修改的会计科目全部编辑完成。

(4) 退出。单击"会计科目"窗口的"退出"按钮,退出该窗口。

提示:

- 非末级科目和已使用的末级科目,不能再修改科目编码。
- 在科目设置中定义的客户、供应商核算的科目时,系统将自动设置该科目为应收应付系统的受控科目,此时可根据需要修改其是否受控。

2. 新增会计科目

新增表 2-16 中所有的二级和三级科目,同时设置科目的辅助账类型和受控系统(如果需要)。

操作步骤:

(1) 打开"会计科目"窗口。

(2) 单击工具栏的"增加"按钮,系统弹出"新增会计科目"对话框。

(3) 在"新增会计科目"对话框中,编辑会计科目的相关信息。以"100201 工行存款"为例,录入科目编码 100201、科目名称"工行存款",选择"日记账"、"银行账",余额方向"借",然后单击"确定"按钮,保存该科目信息并返回"新增会计科目"对话框。

(4) 单击"新增会计科目"对话框的"增加"按钮,重复步骤(3),完成全部新增会计科目的录入。

(5) 单击"新增会计科目"对话框的"关闭"按钮,关闭退出该对话框并返回"会计科目"窗口。

提示:

- 科目增加下级科目时,自动将原科目的所有账全部转移到新增的下级第一个科目中,此操作不可逆,同时要求新增加的下级科目所有科目属性与原上级科目一致。
- 已使用末级的会计科目不能再增加下级科目。

2.8.2 指定科目

本任务是指定现金科目和银行科目,只有进行现金和银行科目的指定后,总账中的"凭证/出纳签字"功能才能查询到相应凭证。

操作步骤:

(1) 打开"会计科目"窗口。

(2) 指定"库存现金"为"现金科目"。单击"编辑/指定科目"菜单项,然后先选定左侧的"现金科目"单选按钮,再选中"待选科目"区的"库存现金",最后单击>按钮,系统将"库存现金"科目从"待选科目"移入"已选科目"。

(3) 指定"银行科目"为"银行存款"。重复步骤(2),以指定银行存款为银行科目。

(4) 确定。单击"确定"按钮,完成指定科目并返回"会计科目"窗口。

(5) 退出。单击"会计科目"窗口的"退出"按钮,退出该窗口。

提示:

- 在查询现金、银行存款日记账前,必须指定现金、银行存款总账科目,以供出纳管理使用。

- 如果本科目已被制过单或已录入期初余额，则不能删除、修改该科目。如要修改该科目必须先删除有该科目的凭证，并将该科目及其下级科目余额清零，方可再行修改，修改完毕后要将余额及凭证补上。

2.9 实验报告内容

(1) 查看本企业的部门档案列表，并将结果界面截图后粘贴在实验报告中。

(2) 查看本企业的人员档案列表，并将结果界面截图后粘贴在实验报告中。

(3) 查看本企业的供应商档案列表，并将结果界面截图后粘贴在实验报告中。

(4) 查看本企业的客户档案列表，并将结果界面截图后粘贴在实验报告中。

(5) 查看本企业的付款条件设置，并将结果界面截图后粘贴在实验报告中。

(6) 查看本企业的费用项目，并将结果界面截图后粘贴在实验报告中。

(7) 查看本企业的收发类别，并将结果界面截图后粘贴在实验报告中。

(8) 查看本企业的发运方式列表，并将结果界面截图后粘贴在实验报告中。

(9) 查看本企业的外币设置结果，并将界面截图后粘贴在实验报告中。

(10) 登录"系统管理"窗口和"企业应用平台"窗口的"登录"对话框，有哪些相同点和不同点？

(11) ERP 软件中的"部门"与企业实际的部门，一定是一一对应的吗？请解释原因。

(12) 在用友 ERP-U8 中，如何创建供应商的档案？已经停用的供应商档案，是否等同于删除了该供应商？请说明原因。

(13) 在用友 ERP-U8 中，设置客户级别有哪些作用？

(14) 在用友 ERP-U8 中，如何设置客户的银行档案？如果设置不成功，以后的哪些操作会因此而出现异常？

第 3 章　企业基础档案之物与制造资料

企业基础档案中的“物”，是指企业的物料，包括采购的商品、原材料，委外的半成品和产成品，自制的半成品和产成品等存货物料，以及包装物、办公用品、固定资产等相关物品。制造资料包括需求资料、工作中心资料、资源资料、标准工序与工艺路线资料等。这些资料的设置，是在“企业应用平台”的“基础档案”中完成的。

本章实验的主要内容是设置案例企业的物料与生产制造方面的基础档案。本章的操作，应该是在系统日期 2017-04-01、由账套主管“赵技巩”（或者读者本人）登录到“企业应用平台”，并在第 2 章完成的账套中进行。所以在实验操作前，需要将系统时间调整为 2017 年 4 月 1 日。如果没有调整系统时间，则在登录“企业应用平台”时需要修改“操作日期”为 2017 年 4 月 1 日；如果操作日期与账套建账时间之间的跨度超过 3 个月，则该账套在演示版状态下不能执行任何操作。

如果您没有完成第 2 章的人与财务基础档案的设置，可以到百度网盘空间（网盘地址为 https://pan.baidu.com/s/1RYhQLt7jZn9lFsZJD9I55g 提取码：eh69）的“实验账套数据”文件夹中，将“02 人员与财务资料.rar”下载到实验用机上，然后“引入”（操作步骤详见 1.3.5 节）到 ERP-U8 系统中。而且，本章完成的账套，其输出的压缩文件名为“03 物与制造资料.rar”。

需要说明的是：

（1）因百度网盘中的账套备份文件均为压缩文件，所以下载完成后引入前，需要用解压缩工具进行解压（建议用 WinRAR 3.42 或以上版本），得到相应可以引入的账套数据文件。

（2）本教程的所有业务实验操作，都有配套的微视频，读者可以通过扫描二维码，或者到指定的网页去观看。但本章的实验操作，因其是基础档案，没有录制相应的视频。

本章的授课时间，建议理论讲解 2～4 学时、实验 2 学时，若课时不足，可跳过本章的讲解与实验。其中，理论部分主要讲解生产制造的基础知识、关键术语和关键参数的作用，详见 3.1 节～3.3 节的相关讲解和本教程配套的课件；实验目的与要求如下：

- 深入理解 ERP 软件基础数据管理的重要性。
- 理解生产制造的相关术语。
- 理解存货的相关术语（包括与计划控制有关的），以及存货的存储方式。
- 掌握存货的编辑操作。
- 掌握生产制造资料与制造参数的编辑操作。
- 掌握相关报表的查询。

3.1 预备知识

本章实验的主要内容是设置案例企业的制造参数与存货资料。下面将从生产过程与生产类型、供应量与需求量定义、生产制造相关术语、存货基本术语、存货计划相关术语、存货控制相关术语、存货自定义项与自由项等方面，先讲解实验原理，然后在 3.2 节和 3.3 节中进行相关操作的讲解。

3.1.1 生产过程与生产类型

工业企业的生产管理是对生产过程进行计划、组织、领导、控制和考核等一系列管理活动的总称,生产过程是生产管理的主要对象。生产类型是企业根据产品结构(即产品工程图、物料清单)、生产方法、设备条件、生产规模和专业化程度等方面的情况,按照一定的标志所进行的分类。

1. 生产过程

生产过程是围绕完成产品生产的一系列有组织的生产活动的运行过程,可分为狭义和广义两种定义。

狭义的是指产品生产过程,是对原材料进行加工,使之转化成品的一系列生产活动运行过程;广义的包含基本生产、辅助生产、生产技术准备和生产服务等企业范围内全部生产活动协调配合的运行过程。

企业的生产过程是由一系列生产环节组成的,包括加工制造过程、检验过程、运输过程、库存保管过程、停歇过程(由于各种原因造成的产品生产中断),以及可能的自然过程(如自然冷却、自然干燥等)。

生产过程的这些生产环节,可组成生产工艺,即工艺路线。工艺路线主要说明物料实际加工和装配的工序顺序、每道工序使用的工作中心、各项时间定额等。

衡量生产过程的先进性和合理性的主要标志如下。

(1) 生产过程的连续性:

- 在空间上,各个环节布置紧凑,使加工对象所经历的生产流程路线短;
- 在时间上,各工序的安排上紧密衔接,清除生产中断和不应有的停顿、等待现象。

(2) 生产过程的并行性:加工过程中尽量实现交叉作业。

(3) 生产过程的比例性:生产过程各环节的生产能力保持适当的比例,使其与所承担的生产任务所需的能力相匹配。

(4) 生产过程的均衡性:要求企业的生产任务从投料到最后完工能够按预定计划“均衡”地完成,所谓“均衡”是指在相等的时间间隔内完成大体相等的生产工作量。

(5) 生产过程的适应性:要求在企业产品进行更新换代或品种组成发生变化时,能够由生产一种产品迅速转到生产另一种产品的应变能力。

2. 生产类型

生产类型是企业根据产品结构、生产方法、设备条件、生产规模和专业化程度等方面的情况,按照一定的标志所进行的分类。常见的划分标志及相应的分类如下。

1) 按接受生产任务的方式划分

(1) 订货生产方式。根据用户提出的订货要求进行产品的生产,生产出的各种产品在品种、数量、质量和交货期等方面都是不同的。由于按照合同规定立即向用户交货,所以基本上可以实现零库存。生产管理的主要任务就是以交货期为中心,保证产品的如期生产。

(2) 存货生产方式。在对市场需求量进行科学预测的基础上,有计划地组织生产。这种生产方式会伴随着库存的出现,管理的重点是抓住产、供、销之间的衔接,防止库存积压和脱销。要求按“量”组织生产过程中各个环节之间的平衡,以便于保证生产计划的顺序完成。

2）按生产工艺特点划分

（1）合成型。将不同的零件装配成成套产品或将不同成分的物质合成一种产品，如汽车厂、机床厂、水泥厂、化肥厂或纺织厂等工作。

（2）调制型。通过改变加工对象的形状或性能而制成产品，如炼钢厂、橡胶厂、电镀厂或热处理厂等工作。

（3）分解型。将原材料经过加工处理后生成许多种产品，如石油化工企业或焦化厂等工作。

（4）提取型。从矿山、地下或海洋中挖掘提取产品的生产，如矿山、油田或天然气工业等生产工作。

按照这种方式划分生产类型并不是绝对的，一个企业可以并存上述中的几种类型。例如，石油化工厂既裂化分解出各种类别的油，又生产合成纤维，并存合成型和分解型企业的类型特点；而汽车装配厂既有合成型又有调制型的类型特点。

3）按生产的连续程度划分

（1）连续生产型。即在计划期内连续不断地生产一种或很少几种产品，生产的工艺流程、生产用设备以及产品都是标准化的，车间和工序之间没有在制品存储。例如石油、化工厂、冶金等企业的生产类型。

（2）离散生产型。生产中输入的各要素是间断地投入，设备和运输工具能够适应多品种加工的需要，车间和工序之间具有一定的在制品存储。例如机床厂、机修厂或重型机器厂等生产类型。

4）按工作地专业化程度划分

工作地是指由一个工人或若干个工人在一个工作地点，对同一个劳动对象连续地进行生产活动的基本单位。综合反映工作地专业化程度的指标是固定于工作地上的工序数目。按工作地专业化程度划分生产类型有：

（1）大量生产。大量生产的企业中，每个工作地固定地完成一道或者少数几道工序，工作地的专业化程度很高。

（2）批量生产。成批生产的企业中，工作地为成批地、轮番地进行生产，一批相同零件加工结束之后，调整设备和工装，再加工另一批其他零件。因此，成批生产的工作地专业化程度和连续性都比大量生产低。成批生产又可以根据产品的生产规模和生产的重复性分为大批、中批和小批生产。大批生产接近于大量生产，有大量大批之称；小批生产接近于单件生产，有单件小批之称。

（3）单件生产。单件生产是工作地经常变换地完成很不固定的工序，工作地专业化程度最低。

3. 用友 ERP 软件中实现的生产类型

用友 ERP 软件中实现的生产类型，包括：

- 备货生产（Make To Stock，MTS）：指产品的计划主要根据销售预测，通常是在接到用户订单之前已生产出产品。
- 订货生产（Make To Order，MTO）：指产品的计划主要根据用户的订单，一般是接到用户的订单后才开始生产产品。
- 订货组装（Assemble To Order，ATO）：是指根据 MTS 方式先生产和存储定型的零部件，在接到订单后再根据订单要求装配成各种产品。

- 按订单分拣(Parcel To Order, PTO)：是指根据 MTS 方式先生产和存储定型的零部件，在接到订单后，根据订单要求直接将零部件出货。
- 定制生产(Engineer to Order, ETO)：是指在接到客户订单后，按客户订单的要求进行专门设计和组织生产。

3.1.2 供应量与需求量定义

1. 单据状态及其转换

用友 ERP-U8 中，一般的单据(如请购单、订单、到货单、入库单、出库单等)都具有未保存、已保存未审核、已审核未执行、已审核已执行、已审核未关闭、已审核已关闭 6 种状态，状态之间的转换操作(一般表现为窗口工具栏上的命令按钮)，请参见图 3-1。

但在工业企业中，因为有 MPS/MRP 规划，需要锁定单据，所以会增加单据的“锁定”状态。

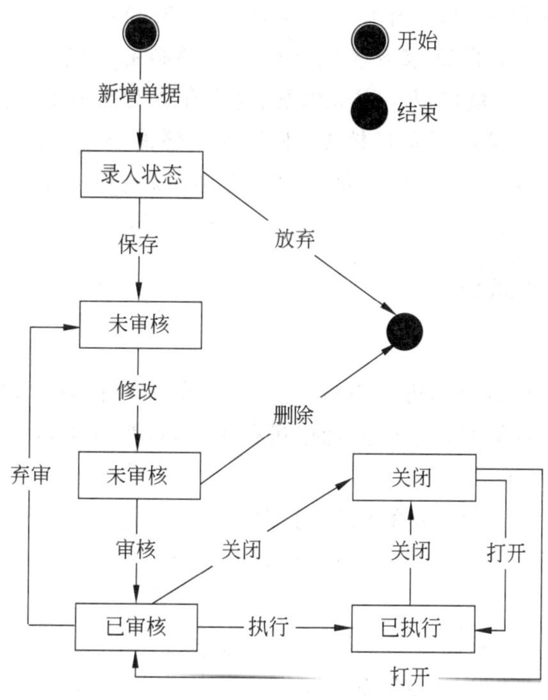

图 3-1 单据的状态及其转换

2. 供应量定义

- 采购在途量：指已审核或已锁定的采购订单未入库或未到货量，以及进口订单未入库量。
- 已请购量：指已审核或已锁定的采购请购单未生成采购订单的量。
- 生产订单量：已审核或已锁定的生产订单未入库的量。实际业务中，指企业已下达生产计划，准备生产或正在生产过程中但还未完工入库的量。
- 委外订单量：指已审核或已锁定的委外订单未入库或未到货量。
- MPS 计划量：MPS 计算产生的计划需求，但尚未下达生产或委外的量。

- MRP 计划量：MRP 计算产生的计划需求，但尚未下达生产或委外的量。
- 到货/在检量：到货但未入库的量，以及红字发货单、红字采购发票未出库的量（实际业务中，采购或销售退货的商品已到达企业，但还未检验或未办理实物入库的量）；或生产入库的产品处于在检状态未入库的量。
- 调拨在途量：其他出入库单审核时改现存量，已审核的调拨单对应的其他入库单未审核的量。实际业务中，企业已开具调拨单，调拨存货已发出正在运输途中，调拨入库方还未收到的存货的量。

3. 需求量定义

- 销售订单量：指已开具销售订单或出口订单承诺给客户但还未发货的量。
- 待发货量：指已开具发货单但未实际出库的量。
- 生产未领量：指已审核或已锁定的生产订单子项未领料量。
- 委外未领量：指已审核或已锁定的委外订单子项未领料量。
- 调拨待发量：其他出入库单审核时改现存量，已审核的调拨单对应的其他出库单未审核的量。实际业务中，已开具调拨单，但未发货的量。
- 安全库存量：为了预防需求或供应方面不可预料的波动而定义的货物在库存中的基准数量，安全库存量可以在存货档案、仓库存货对照表中设置。
- 冻结量：指企业为了进行质量控制，对已入库还需要定期进行检验的商品，在检验结果未出来之前需要将这部分商品进行冻结，以便检验结果出来后再进行相应的处理。

3.1.3 生产制造相关术语

1. ATP

ATP（Available-to-Promise，可承诺量）是一个企业的库存或计划生产量中尚未分配到客户订单的部分。这个数量在主生产计划中进行维护，作为承诺客户订单的依据。

2. ATP 模拟方案

ATP 模拟方案是定义 ATP 运算的规则，以适应企业的具体需要和不同的应用情景，主要包括供给和需求来源定义，以及参与 ATP 运算的仓库。

3. 制造 ATP 规则

制造 ATP 规则是定义不同的 ATP 规则，以反映企业的特定需要，然后使用不同规则来计算不同物料的 ATP 数量。ERP 系统每次执行某个存货的“ATP 检查”时，这些规则均会确定如何匹配物料的供应和需求。

4. 预测版本

预测版本用以说明 MPS/MRP 展开所用的产品预测资料来源。通过不同的预测版本，MPS/MRP 计划时可模拟和验证不同计划下的资源需求。

5. 时栅

时栅（time fence）：也称时间栏，表示公司政策或做法改变的时点（见图 3-2）。

图 3-2 中，LT 表示提前期，T1/T2/T3 表示各时点。T1 代表第一个时栅，称为“冻结时栅”，相当于工厂内平均的“制造提前期”（提前期的概念解释，详见 3.1.5 节），T2 代表第二个时栅，称为“协议时栅”，它相当于平均的“制造提前期＋采购提前期”，T3 称为“计划时

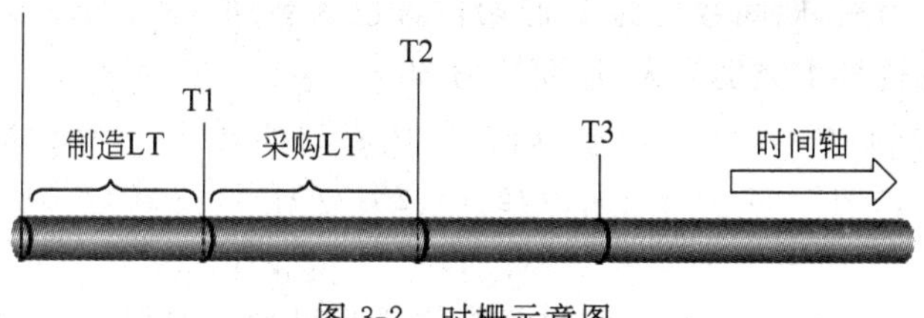

图 3-2　时栅示意图

栅”,代表每次主生产计划时间的长短。

T1 内的生产日程是不宜变动的,否则换线、制造通知、备料、更动日程及相关工作等成本会很高,因此一般又称 T1 为“冻结日期”,把从当天到冻结日期这段时区称为“冻结区”。除非冻结区内生产负荷还有空余,料的库存够用或者还来得及采购,否则不宜插单。

T1 到 T2 的时区称为产销之间的“协议区”,双方协议的原则是:如果有料,就可插单。因为车间在协议区内要做的产品,这时还没有开始制造,因此不会引发额外插单的成本。

T2 以后的时区内,原则上是业务部门说了算。工厂生产的内容,主要是依据业务部门提出的市场需求,即客户订单与需求预测的内容。

所以,时栅共分为 3 个时间段,每一区段的天数由使用者自行决定,3 个行号中至少必输其一。

例 3-1　案例企业 SZ01 号时栅的 3 个区段天数分别为 8、20、40,若 MPS/MRP 展开时系统日期为 2017/04/06,则此时栅 3 个区段的起止日期分别为:第一个区段 2017/04/06～2017/4/13,第二个区段 2017/04/14～2017/05/03,第三个区段 2017/05/04～2017/06/12。

时栅的每个时间段,有一个“需求来源”设置,以选择该时段内物料计划的独立需求来源,可选择的有 7 种:

- 预测订单。
- 客户订单。
- 预测订单＋客户订单,反向消抵。
- 预测订单＋客户订单,正向消抵。
- 预测订单＋客户订单,先反向再正向消抵。
- 预测订单＋客户订单,先正向再反向消抵。
- 预测订单＋客户订单,不消抵。

独立需求来源的预测消抵,其计算逻辑是依各区段而执行的,不跨区段作业,具体的可参见 7.1.2 节的例 7-1。

6. 时格

时格(time bucket)也称时段,是根据企业生产特性确定的时间单元,时格代号及其内容可以供查看物料可承诺量(ATP)、MPS/MRP 供需资料、工作中心资源产能/负载资料,及设定资源需求计划、重复计划期间时使用。即它是用来合并某些与时间相关的资料时所用的时间单位,可以是一周、一旬、一月、一季、一年或某一段时间天数,其应用示例说明请参见 6.4 节、7.5 节和 8.3 节。

例 3-2　案例企业 SG01 号的时格设定为:行号 1 类别为周,期间数为 1,起始位置为星期一;行号 2 类别也为周,期间数也为 1,起始位置也为星期一;行号 3 类别为月,期间数为 1,起始位置为 1 日;行号 4 类别为天,期间数为 30。

若系统日期为 2017/04/06,则 SG01 时格所代表的计划期间的日期范围分别为 2017/04/03～2017/04/09、2017/04/10～2017/04/16、2017/04/17～2017/04/30,以及 2017/05/01～2017/05/30。

若系统日期为 2017/04/03,因当周的起始位置为星期一,所以其计划期间的日期范围也为 2017/04/03～2017/04/09。

7. 工作日历

工作日历是设置公司的实际工作日期和上班时间的日历,用户可按公司实际的休假日和工作日维护。

公司的工作日历,供物料需求、车间工序计划、产能计算进行日期推算时,ERP 系统按实际工作日安排开工和完工日期。

8. 工作中心

工作中心(Work Center,WC)是生产加工单元的统称,通常是企业内的一个区域,它由一个或多个人员、设备、成组的加工单元或装配场地等组成,甚至一个实际的车间也可作为一个工作中心。

工作中心的设置,可极大地简化管理流程。一个车间可以由一个或多个工作中心组成,一条生产线也是由一个或多个工作中心组成。

工作中心作为产能、负载计算、成本资料收集、分摊或生产效率评估的单位,它也是 ERP 系统的基本加工单位,是进行物料需求计划与能力需求计划运算的基本资料。物料需求计划中必须说明物料的需求与产出是在哪个工作中心;能力需求是指对相应工作中心的能力的需求。

9. 资源

资源(resource)是生产产品所必需的设备、人工、场地等。在企业里,资源通常有人工、机器设备、模夹具、场所、检验仪器等。

ERP 系统中的资源是指计划、执行或成本计算所要求的任何事物,包括但不限于员工、设备、外协处理和物理场所,可以使用资源来定义物料在加工工序所花费的时间和在工序所引起的成本。

ERP 系统中的资源资料维护,用于维护分属于各工作中心的资源资料,以供评估产能、计算成本之用。

10. 工序

工序(operation)是制造过程的一个步骤,工序的定义中包含资源及其用量。工序是工艺路线的组成部分,可以在其中执行各项作业和冲减加工物料的工作中心的资源。

对于每道工序,可以指定一个工作中心,以确定可用于该工序的资源。

11. 工艺路线

工艺路线(routing)是对产品制造工序的一个序列,可用来生产物料。工艺路线由物料、一系列工序、工序序列和工序有效日期组成。每个工艺路线可以有任意道工序。

ERP 系统中的工艺路线资料,主要说明物料实际加工和装配的工序顺序、每道工序使用的工作中心、各项时间定额(如准备时间、加工时间和传送时间,包括排队时间与等待时间)及外协工序的时间和费用等。

工艺路线是一种计划文件而不是工艺文件。它不详细说明加工技术条件和操作要求，而主要说明加工过程中的工序顺序和生产资源等计划信息。

1) 主要和替代工艺路线

主要工艺路线是制造产品最常用的一组工序。一般情况下，使用这些工序制造产品，因此可以将制造此产品的一组工序定义为主要工艺路线。

替代工艺路线，用来描述生产相同产品与主要工艺路线不同的制造过程。与定义主要工艺路线不同，要通过指定物料和替代标识来定义替代工艺路线。在定义替代工艺路线之前，必须首先定义主要工艺路线。

2) 公用工艺路线

任何具有同一物料清单类型的两个物料，均可以共享公用工艺路线。如果两个不同的物料共享同一工艺路线，则只需定义一个物料的工艺路线，可供另一物料公用，但这两个物料应该具有相同的 BOM 类型。BOM(Bill of Material，物料清单)，详见 5.1.1 节。

在定义新的物料工艺路线时，可以将另一物料作为公用工艺路线来引用，而不需要在工艺路线中输入任何信息，节省输入时间并方便维护。

3) 工艺路线版本

每一主要工艺路线都必须至少定义一个版本。在建立一个新的版本时，应该确保输入的版本日期不与其他现有版本日期重叠，即同一物料的工艺路线，其不同版本不允许具有相同的版本日期(生效日期)。

3.1.4 存货基本术语

1. 存货计量组与计量单位

所有的存货都需要有计量单位，必须先增加计量单位组，然后再在该组下增加具体的计量单位内容。

计量单位组可分无换算、浮动换算、固定换算 3 种类别，每个计量单位组中有至少一个主计量单位、一个或多个辅助计量单位，可以设置主辅计量单位之间的换算率。

- 无换算计量单位组：该组下的计量单位都以单独形式存在，即相互之间不需要输入换算率，而且全部默认为主计量单位。
- 固定换算的计量单位组：包括多个计量单位，一个主计量单位、多个辅计量单位，且每一个辅计量单位对主计量单位的换算率不为空。此时需要将该计量单位组中的主计量单位显示在存货卡片界面上。
- 浮动换算的计量单位组：只能包括两个计量单位，一个主计量单位、一个辅计量单位。此时需要将该计量单位组中的主计量单位、辅计量单位显示在存货卡片界面上。

存货的数量(按主计量单位计量)=件数(按辅计量单位计量)×换算率，如一“箱”啤酒为 24“听”，则 24 就是辅计量单位“箱”和主计量单位“听”之间的换算比；再如 1“盒”眼镜 10“副”，则 10 是辅计量单位“盒”和主计量单位“副”之间的换算比。

2. 仓库

存货一般是用仓库来保管的，对存货进行核算管理，首先应对仓库进行管理。

1) 计价方式

仓库中的存货，一般有 6 种计价方式，工业企业的有计划价法、全月平均法、移动平均法、先进先出法、后进先出法、个别计价法；商业企业的有售价法、全月平均法、移动平均法、先进先出法、后进先出法、个别计价法。

- 先进先出、后进先出：出库单记账（包括红字出库单）时计算出库成本，只按此仓库的同种存货的入库记录进行先进先出或后进先出选择成本，只要存货相同、仓库相同则将入库记录全部大排队，进行先进先出或后进先出选择成本。
- 移动平均：出库单记账时计算出库成本，要根据该仓库的同种存货按最新结存金额和结存数量计算的单价计算。
- 个别计价：出库单记账时计算出库成本，出库成本即为本物品的入库成本。
- 全月平均：期末处理时计算出库成本，根据该仓库同种存货的金额和数量计算的平均单价计算出库成本。
- 计划价：期末处理时计算差异率，根据此仓库的同种存货的差异、金额计算的差异率计算出库成本。
- 售价：期末处理时计算差价率，根据此仓库的同种存货的差异、金额计算的差价率计算出库成本。

2) 仓库属性

企业的仓库可分为普通仓、现场仓、委外仓，用友 ERP 系统中默认仓库的属性为普通仓。

- 普通仓用于正常的材料、产品、商品的出入库、盘点的管理；
- 现场仓用于生产过程的材料、半成品、成品的管理；
- 委外仓用于管理发给委外商的材料的管理。

3. 存货属性

用友 ERP 系统的存货档案管理为存货设置了 18 种属性。同一存货可以设置多个属性，但当一个存货同时被设置为自制、委外和（或）外购时，MPS/MRP 系统默认自制为其最高优先属性而自动建议计划生产订单；而当一个存货同时被设置为委外和外购时，MPS/MRP 系统默认委外为其最高优先属性而自动建议计划委外订单。

(1) 内销：具有该属性的存货可用于销售（国内销售）。发货单、发票、销售出库单等与销售有关的单据参照存货时，参照的都是具有销售属性的存货。开在发货单或发票上的应税劳务，也应设置为销售属性，否则开发货单或发票时无法参照。

(2) 外销：具有该属性的存货可用于销售（出口销售）。

(3) 外购：具有该属性的存货可用于采购。到货单、采购发票、采购入库单等与采购有关的单据参照存货时，参照的都是具有外购属性的存货。开在采购专用发票、普通发票、运费发票等票据上的采购费用，也应设置为外购属性，否则开具采购发票时无法参照。

(4) 生产耗用：具有该属性的存货可用于生产耗用，如生产产品耗用的原材料、辅助材料等。具有该属性的存货可用于材料的领用。材料出库单参照存货时，参照的都是具有生产耗用属性的存货。

(5) 委外：具有该属性的存货主要用于委外管理。委外订单、委外到货单、委外发票、委外入库单等与委外有关的单据参照存货时，参照的都是具有委外属性的存货。

(6) 自制：具有该属性的存货可由企业生产自制，如工业企业生产的产成品、半成品等存货，具有该属性的存货可用于产成品或半成品的入库。

(7) 计划品：具有该属性的存货主要用于生产制造中的业务单据，以及对存货的参照过滤。计划品代表一个产品系列的物料类型，其物料清单中包含子件物料和子件计划百分比(详见 5.1.1 节)。它与“存货”的所有属性互斥(即不可以同时设置或存在)。

(8) 选项类：是 ATO 模型或 PTO 模型物料清单上对可选子件的一个分类，详见 5.1.1 节。选项类作为一个物料，成为模型物料清单中的一层。

(9) 备件：具有该属性的存货主要用于设备管理的业务单据和处理，以及对存货的参照过滤。与“应税劳务”、“计划品”和 PTO 选项类属性互斥。

(10) PTO：使用标准 BOM，可选择 BOM 版本，可直接将标准 BOM 展开到单据表体。

(11) ATO：指面向订单装配，即接受客户订单后方可下达生产装配。ATO 在接受客户订单之前虽可预测，但目的在于事先提前准备其子件供应，ATO 件本身则需按客户订单下达生产。用友 ERP 系统中，ATO 件一定同时具有“自制”属性。若 ATO 与“模型”属性共存，则是指在客户订购该物料时，其物料清单可列出其可选用的子件物料，即在销售管理或出口贸易系统中可以按客户要求订购不同的产品配置。ATO 模型与 PTO 模型的区别在于，ATO 模型需选配后下达生产订单组装完成再出货，PTO 模型则按选配子件直接出货。

(12) 模型：在其物料清单中可列出其可选配的子件物料。用友 ERP 系统中，模型可以是 ATO 或者 PTO，详见 5.1.1 节。

(13) PTO+模型：指面向订单挑选出库。用友 ERP 系统中，PTO 件一定同时具有“模型”属性，是指在客户订购该物料时，其物料清单可列出其可选用的子件物料，即在销售管理或出口贸易系统中可以按客户要求订购不同的产品配置。

(14) 服务项目：默认为不选择。

(15) 服务配件：默认为不选择，同“服务项目”选择互斥，与备件属性的控制规则相同。

(16) 计件：选中，表示该产品或加工件需要核算计件工资，可批量修改。

(17) 应税劳务：指开具在采购发票上的运费费用、包装费等采购费用或开具在销售发票或发货单上的应税劳务。应税劳务属性与“自制”、“在制”、“生产耗用”属性互斥。

(18) 保税品：进口的被免除关税的产品称为保税品。

3.1.5 存货计划相关术语

1. ROP(Re-Order Point，再订货点)

再订货点法是一种传统的库存规划方法，主要用于在 BOM(物料清单，详见 5.1.1 节)结构中没有体现的物料(如低值易耗品、劳保用品、修理用备品备件等)的采购计划编制，即当可用库存降至再订货点时，按照批量规则进行订购。

(1) 再订货点方法。

- 手工：由用户手工输入再订货点。
- 自动：由系统自动计算再订货点，不可手工修改，可录入日均耗量。再订货点=日均耗量×固定提前期+安全库存。

(2) ROP 批量规则：此处选定的批量规则，决定库存系统 ROP 运算时计划订货量的计算规则。

- 补充至最高库存：如果可用库存＞安全库存，则计划订货量＝最高库存－安全库存；如果可用库存≤安全库存，则计划订货量＝最高库存－可用库存。
- 固定批量：计划订货量＝固定批量。
- 历史消耗量：计划订货量＝日均耗量×保证供应天数。

2. 计划数量修正手段

MPS/MRP 计算时，对计划数量的修改手段，详见 7.1.2 节。

- 最低供应量：MPS/MRP 计算时，如果净需求数量小于最低供应量，则将净需求数量修改为最低固定量；否则，保持原净需求数量不变。
- 供应倍数：MPS/MRP 计算时，按各存货（或存货加结构自由项）的供应倍数，将净需求数量修正供应倍数的整数倍，即各计划订单数量一定为供应倍数的整数倍。请注意，供应倍数可以为小数。
- 固定供应量：即经济批量。考虑批量可以使企业在采购或生产时按照经济、方便地批量订货或组织生产，避免出现拆箱或量小不经济的情况，多余库存可作为意外消耗的补充、瓶颈工序的缓解、需求变动的调节等。MPS/MRP 计算时，按各存货（或存货加结构自由项）的固定供应量，将净需求数量调整为固定的计划订单数量，即在净需求不能达到固定供应量时，系统将建议固定供应量；而在净需求超过固定供应量时，系统将建议多个计划数量等于固定供应量的计划订单。
- 是否切除尾数：说明由 MRP/MPS 系统计算物料需求时，是否需要对计划订单数量进行取整。选择“是”时，系统会对数量进行向上进位取整。比如，计算出的数量为 3.4，选择切除尾数后，MPS/MRP 会把此数量修正为 4。

3. MPS 件

主生产计划的展开对象，称为 MPS 件（MPS Items）。列入 MPS 件范围的，通常为销售品、关键零组件、供应提前期较长或占用产能负荷多或作为预测对象的存货等，详见 7.1.1 节。

4. 提前期

提前期是指某一工作的工作时间周期，即从工作开始到工作结束的时间。

提前期的概念主要是针对“需求”而提出的。如要采购部门在某日向生产部门提供某种采购物料，则采购部门应该在需要的日期之前就下达采购订单，这个提前的时间段就是提前期。

- 固定提前期：从发出需求信息，到接收存货为止所需的固定提前期。以采购件为例，即不论需求量多少，从发出采购订单到可收到存货为止的最少需求时间，称为此采购件的固定提前期。
- 变动提前期与变动基数：如果生产或采购或委外规划时，会因规划数量增加而造成生产或采购或委外时间的变化，则因增加某个数量的规划而增加的提前天数，称为变动提前期；这个增加的规划数量，称为变动基数。
- 总提前期：如果有变动提前期考虑时，每日产量即为变动基数。

$$\text{总提前期}=\frac{\text{总需求量}}{\text{变动基数}}\times\text{变动提前期}+\text{固定提前期}$$

- 累计提前期：指从取得原物料开始到完成制造该存货所需的时间，可逐层比较而取得其物料清单下各层子件的最长固定提前期，再将本存货与其各层子件中最长的提前期累加而得。该值由 MPS/MRP 系统中“累计提前期天数推算”功能自动计算而得，详见 7.3 节。

5. 供应类型

供应类型是用以控制如何将子件物料供应给生产订单和委外订单、如何计划物料需求以及如何计算物料成本，有 5 个可选项。

- 领用：可按需要直接领料而供应给相应的生产订单和委外订单。
- 入库倒冲：在生产订单和委外订单母件完成入库时，系统自动产生领料单，将子件物料分配给相应的生产订单和委外订单。
- 工序倒冲：在生产订单母件工序完工时，系统自动产生领料单，将子件物料分配给相应的生产订单。
- 虚拟件：虚拟件（详见 5.1.2 节）是一个无库存的装配件，它可以将其母件所需物料组合在一起，产生一个子装配件。MPS/MRP 系统可以通过虚拟件直接展开到该虚拟件的子件，就好似这些子件直接连在该虚拟件的母件上。
- 直接供应：生产过程中，如果子件直接为上阶订单生产，且子件实体不必进入库存，则这些子件称为直接供应子件。

6. 低阶码

低阶码又称为低层代码，表示该存货在所有物料清单中所处的最低层次，由“物料清单”系统中“物料低阶码自动计算”功能计算得到，其作用详见 5.1.2 节。

7. 供需政策

供需政策指各存货的供应方式，可以选择 PE 或 LP，它为主生产计划及需求规划系统，规划计划订单之用。若某个存货在“现存量”表中有记录，则不允许进行供需政策（即 LP 或 PE）转换。

- PE(Period)：表示期间供应法。MPS/MRP 计算时，按设定期间汇总净需求并一次性供应，即合并生成一张计划订单。此方式可增加供应批量，减少供应次数，但需求来源（如销售订单）变化太大时，将造成库存太多、情况不明的现象。若供需政策采用 PE，则可在“供应期间”编辑栏输入供应期间天数，默认为 1 天。
- LP(Lot Pegging)：表示批量供应法，按各时间的净需求分别各自供应。所有净需求都按销售订单不同各自生成计划订单，不合并。此方式可使供需对应关系明朗化，库存较低，但供应批量可能偏低，未达经济规模。若供需政策选用 LP，则可勾选“令单合并”复选项。
- 令单合并：当供需政策为 LP 时，可设置同一销售订单或同一销售订单行号的净需求，是否予以合并。

供需政策、令单合并与供应期间的关系，可通过例 3-3 说明。

例 3-3 有两个产品 A 及 F，其物料清单如图 3-3 所示，括号内为各个物料的固定提前期（无变动提前期）。

假设系统日期为 4 月 5 日，4 月 8 日有 4 个销售订单（见表 3-1），则物料 B 根据其供需政策、令单合并与供应期间设置的不同，在 MPS/MRP 规划时，会有不同的计划需求日期和计划需求量。

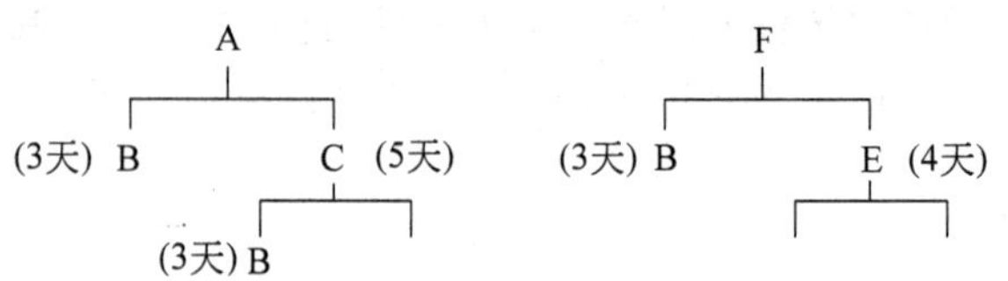

图 3-3 产品 A 及 F 的物料清单

表 3-1 假设的销售订单与相关分析

序 号	订购日期	订购物料	订购数量	相关物料 B 的需求日期与数量
1	4 月 20 日	A	100	4 月 17 日,100;4 月 12 日,100
2	4 月 15 日	A	150	4 月 12 日,150;4 月 7 日,150
3	4 月 12 日	F	80	4 月 9 日,80
4	4 月 8 日	F	200	4 月 5 日,200

(1) 若 B 的供需政策为 LP,并选择令单合并,即同一物料销售订单的规划需求订单合并,则上述 6 项需求合并为 4 个计划需求订单:4 月 12 日 200 件、4 月 7 日 300 件、4 月 9 日 80 件、4 月 5 日 200 件。

(2) 若 B 的供需政策为 LP,且不选择令单合并,则上述 6 项需求的相关计划需求维持不变。

(3) 若 B 的供需政策为 PE,且供应期间为 10 天,则上述 6 项需求合并为 2 个计划需求订单:4 月 5 日 680 件、4 月 17 日 100 件。

(4) 若 B 的供需政策为 PE,且供应期间为 5 天,则上述 6 项需求合并为 3 个计划需求订单:4 月 5 日 430 件、4 月 12 日 250 件、4 月 17 日 100 件。

3.1.6 存货控制相关术语

1. ABC 分类法

ABC 分类法的基本原理,是按成本比重高低将各成本项目分为 A、B、C 3 类,对不同类别的成本采取不同控制方法。

A 类成本项目,其成本占 A、B、C 3 类成本总和的比重最大,一般应为 70%以上,但实物数量则不超过 20%;归入 B 类的成本项目其成本比重为 20%左右,其实物量则一般不超过 30%;C 类项目实物量不低于 50%,但其成本比重则不超过 10%。

按照 ABC 分析法的要求,A 类项目是重点控制对象,必须逐项严格控制;B 类项目是一般控制对象,可分别不同情况采取不同措施;C 类项目不是控制的主要对象,只需采取简单控制的方法即可。

显然,按 ABC 分类法分析成本控制对象,可以突出重点,区别对待,做到主次分明,抓住成本控制的主要矛盾。该法既适用于单一品种各项成本的控制,又可以用于多品种成本控制,亦可用于某项成本的具体内容的分类控制。

2. 领料数量修正

- 领料批量:如果在存货档案中设置了领料批量,那么在根据生产订单、委外订单进行领料及调拨时,系统会将执行的领料量调整为领料批量的整数倍。

- 领料切除尾数：指经过 MRP/MPS 运算后得到的领料数量是否要切除小数点后的尾数。如果选择，运算后得到的领料数量将被自动向上取整，以解决离散企业按整数值领料的问题。

3. 采购配额

在进行采购配额分配时，对于有些采购数量较小的采购需求，企业并不希望将需求按照比例在多个供应商间进行分割，而是全部给实际完成率比较低的那个供应商。

因此，在存货档案的控制页签中，提供了按存货进行“最小分割量”设置。这样在进行配额前，系统可根据用户的设置和这个参数自动判断需不需要分给多个供应商。

3.1.7 存货的自定义项与自由项

1. 存货档案自定义项

存货档案自定义项，指单据、客户、供应商或存货的一个附加属性，一张单据或一个客户、供应商，存货的一个自定义项只能有一个值，如一张发票只能有一个合同号。

例 3-4 对经营食品、药品等行业的企业，可将食品或药品的保质期设置在存货的自定义项中。

存货编码	存货名称	保质期
0101	饼干	60 天
0102	饼干	120 天
0103	巧克力	90 天

例 3-5 对工业企业可将原材料的产地作为存货的自定义项。

存货编码	存货名称	产地
0201	牛皮	安徽
0202	牛皮	河南
0203	猪皮	四川
0204	猪皮	安徽

2. 存货档案自由项

存货档案自由项，是指存货目录中，因同一编号的存货有不同的属性时，在固定属性中不能描述，所以需要灵活输入的项。比如服装加工厂，其存货为各种服装，每种服装又有各种颜色和尺寸，但其成本和售价都是一样的。企业如果按服装品种和颜色、尺寸设置存货档案(详见表 3-2)，则会使存货编码大量增加，也会增加用户的工作量，加大管理的难度。因此用户可按服装品种设置存货档案，将服装的颜色和尺寸作为服装的自由项设置，设置结果详见表 3-3。

表 3-2 按服装品种＋颜色＋尺寸设置的存货档案

存货编码	存 货 名 称	规格型号
0101	男式衬衣(蓝色、39 号)	真丝
0102	男式衬衣(蓝色、40 号)	真丝
0103	男式衬衣(白色、40 号)	真丝

续表

存货编码	存 货 名 称	规格型号
0201	女式衬衣(红色、S号)	麻纱
0202	女式衬衣(绿色、M号)	麻纱
0203	女式衬衣(白色、L号)	麻纱

表 3-3 按服装品种设置存货档案(颜色和尺寸为自由项)

存货编码	存货名称	规格型号	自由项：颜色	自由项：尺寸
0101	男式衬衣	真丝	蓝色、白色、黄色	39、40、41
0201	女式衬衣	麻纱	红色、绿色、白色	S、M、L

通过表 3-3 所示的存货档案自由项的设置，用户可查询每种服装各颜色各尺寸的收发存情况(如 M 号红色女式衬衣的收发存情况)，但其数据量仅为表 3-2 的 1/3，这样可大幅减轻后期的管理工作量。

用友 ERP-U8 中，存货最多可设置 10 个自由项。设置自由项时，“自由项名称”必须输入，且不能与别的自定义项、自由项名称重复；“自由项中条形码的编码”，输入的位长最长不能超过 30 个字符。

3. 存货的自定义项与自由项

(1) 对于同一存货一个自定义项只能设置一个值，但一个自由项可以设置多个值。

(2) 同一存货一个自由项由于可以对应多个值，因此用户在录入出入库单时，还应选择该存货本次出入库的对应自由项的值，如男式衬衣出库时，还应具体选择其颜色和尺寸。

(3) 同一存货一个自定义项只能对应一个值，存货决定了，自定义项也就决定了，因此录入单据时，不需要再选择自定义项。

(4) 在库存管理系统中，可按自由项设置账簿并进行统计分析，而自定义项则只能作为存货的一个备注性质的说明，用于具体描述存货的属性。

(5) 自由项取值范围控制：

- 控制自由项取值范围。可设置某自由项“是否控制取值范围”(启用自由项后可用)，需要录入存货自由项时，可参照和录入的内容就只有取值范围以内的项值，可以缩小过滤的范围，提高操作的方便性。
- 新增存货时，若存货档案上不进行“取值”设定，则保存存货档案后直接保存所属分类的默认取值范围。
- 修改存货时，若原本自由项设置了取值范围，修改时取消“控制取值范围”，则存货本身不控制取值范围，但存货自由项对照表中依然存在相应的对照记录，如果以后再修改为要控制取值范围，则取对照表中内容不取存货分类的默认取值范围。
- 如果选择“是否结构性”或“是否核算”，则修改存货时在“物料”选项卡和“核算”选项卡中增行时，只能选择取值范围内的自由项值。
- 如果用户已经选择了“采购定价”，“销售定价”，“委外定价”，再取消选择时，需要检查采购价格表、销售价格表中是否存在有效的此存货＋币种＋自由项的价格。如果存在,则提示用户价格表中存在此自由项的价格,请先删除价格表中的有效价格,再修改存货档案。

4. 存货自由项的物料档案

物料档案:如果用户设置了自由项,并将此自由项设置为结构性自由项,则可按存货+结构性自由项建立物料档案。

自由项:按自由项档案选择自由项,与当前存货组成物料。

注意:

- 存货存在一个或一个以上的结构性自由项,则必须建立物料档案。
- 物料中的自由项的组合值不允许重复。
- 存货发生了业务后,结构性自由项不可再修改。

3.2 存货资料编辑

存货的属性很多(详见3.1.4～3.1.7节),其中存货分类、存货的计量单位和计量单位组、存货所存放的仓库等相关基础资料,需要提前录入企业账套。本节的表3-4～表3-7,分别是案例企业的存货计量单位组、存货计量单位、仓库档案和存货分类,表3-8是存货档案。本节的实验任务,是在用友ERP-U8中编辑并保存表3-4～表3-8中的内容。

3.2.1 存货计量单位(组)

表3-4是本案例企业使用的存货计量单位组,表3-5是存货计量单位。本任务是按照表3-4和表3-5,完成案例企业的存货计量单位组、存货计量单位。

表3-4 存货计量单位组

计量单位组编码	计量单位组名称	计量单位组类别
01	副	固定换算率
02	无固定换算率	无换算率

表3-5 存货计量单位

计量单位编码	计量单位名称	计量单位组	主单位标志	换算率
01	副	01 副	是	1
02	盒	01 副	否	10
03	对	02 无固定换算率		
04	颗	02 无固定换算率		
05	个	02 无固定换算率		
06	千克	02 无固定换算率		
07	次	02 无固定换算率		

值得指出的是,在编辑计量单位时,应先通过“分组”定义计量单位组,在单位组的基础上定义计量单位。

1. 存货计量单位(组)

操作步骤:

(1) 打开"计量单位"窗口。在"企业应用平台"的"基础设置"页签下,依次单击"基础档案/存货/计量单位"菜单项,打开"计量单位"窗口。

(2) 单击工具栏中的"分组"按钮,系统弹出的"计量单位组"对话框。

(3) 在"计量单位组"对话框中,单击"增加"按钮,录入"计量单位组编码"为01、"计量单位组名称"为"副",选择"计量单位组类别"为"固定换算率",单击"保存"按钮。

(4) 重复步骤(2),录入表3-4中的第2行,完成后单击"退出"按钮,系统返回"计量单位"窗口。

提示:

- 计量单位组分无换算、浮动换算、固定换算3种类别,每个计量单位组中有至少一个主计量单位、一个或多个辅助计量单位,可以设置主辅计量单位之间的换算率。
- 存货档案中每一存货只能选择一个计量单位组。
- 计量单位组保存后不可修改。

2. 存货计量单位

操作步骤:

(1) 打开"计量单位"窗口。

(2) 打开计量单位组"副"的"计量单位"对话框。首先选中左窗格的"计量单位组"为"副",然后单击工具栏的"单位"按钮,系统弹出"计量单位"对话框。

(3) 编辑计量单位组"副"的主计量单位。单击"增加"按钮,新增一张表单,此时"计量单位组编码"默认为01(不可修改);然后在表头,录入"计量单位编码"为01、"计量单位名称"为"副",确认选择"主计量单位标志"复选框;最后单击"保存"按钮,如图3-4所示。

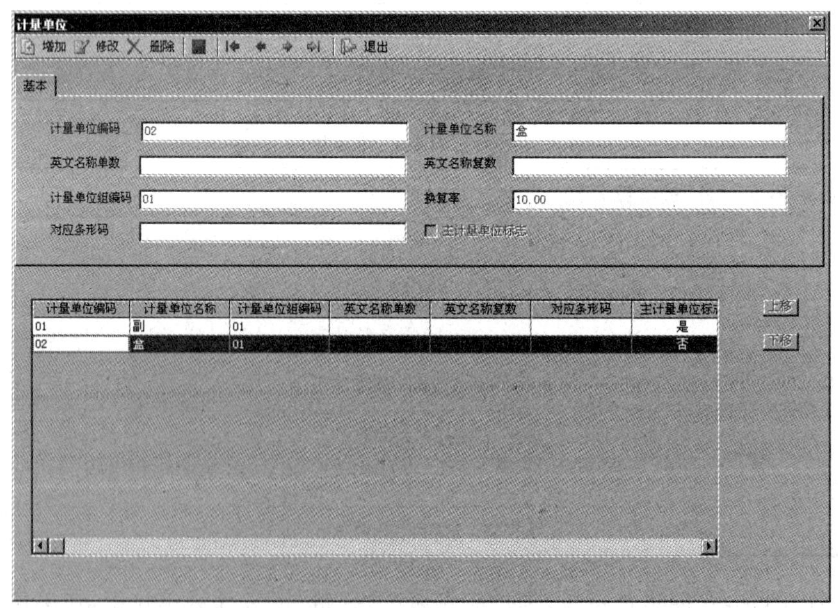

图 3-4 "计量单位"窗口

(4) 编辑计量单位组“副”的副计量单位。在“计量单位”对话框中,单击“增加”按钮,然后在表头录入“计量单位编码”为02、“计量单位名称”为“盒”,确认没有选择“主计量单位标志”复选框,换算率为10,然后单击“保存”按钮,再单击“退出”按钮,返回“计量单位”窗口。

(5) 编辑计量单位组“无固定换算率”的所有计量单位。重复步骤(2)~(4),依据表3-5录入第3~7行的计量单位后,单击“计量单位”对话框的“退出”按钮,返回“计量单位”窗口。

(6) 退出。单击“计量单位”窗口“退出”按钮,退出“计量单位”窗口。

提示:数量(按主计量单位计量)=件数(按辅计量单位计量)×换算率,例如1盒眼镜10副,则10是辅计量单位“盒”和主计量单位“副”之间的换算比。

3.2.2 仓库与存货档案设置

存货一般是用仓库来保管的。对存货进行核算管理,首先应对仓库进行管理。因此进行仓库设置是供销链管理系统的重要基础准备工作之一。

表3-6是本案例企业使用的仓库档案,表3-7是存货分类,表3-8是存货档案。

本任务是按照表3-6~表3-8,完成案例企业的仓库档案、存货分类和存货档案在用友ERP-U8中的设置。

表3-6 仓库档案

仓库编码	仓库名称	部门编码	计价方式	仓库属性	参与MRP运算 参与ROP计算	货位管理
0010	大运仓库	5仓管部	移动平均法	普通仓	否、否	否
0020	原材料仓库	5仓管部	移动平均法	普通仓	是、是	否
0030	半成品仓库	5仓管部	移动平均法	普通仓	是、是	否
0040	产成品仓库	5仓管部	移动平均法	普通仓	是、是	否

1. 仓库档案设置

操作步骤:

(1) 打开“仓库档案”窗口。在“基础档案”菜单下,依次单击“业务”→“仓库档案”菜单项,打开“仓库档案”窗口。

(2) 新增一个仓库。单击工具栏的“增加”按钮,在弹出的“增加仓库档案”窗口中,录入“仓库编码”为0010、“仓库名称”为“大运仓库”,选择“部门编码”为“5仓管部”、“计价方式”为“移动平均法”、“仓库属性”为“普通仓”,不选择“参与MRP运算”、“参与ROP计算”、“货位管理”复选框,然后单击“保存”按钮。

(3) 完成仓库编辑。重复步骤(2),完成表3-6中所有仓库档案的录入,然后单击“增加仓库档案”窗口右上角的“关闭”按钮,返回“仓库档案”窗口。

(4) 退出。单击“仓库档案”窗口右上角的“关闭”按钮,关闭退出该窗口。

提示:

- 若仓库已经使用,则不可删除。

• 用友 ERP 系统提供 6 种计价方式，工业企业的有计划价法、全月平均法、移动平均法、先进先出法、后进先出法、个别计价法。

• 每个仓库必须选择一种计价方式。

• 仓库属性可选择：普通仓、现场仓、委外仓，默认为普通仓。普通仓用于正常的材料、产品、商品的出入库和盘点的管理；现场仓用于生产过程的材料、半成品、成品的管理；委外仓用于发给委外商的材料的管理。

2. 存货分类设置

存货分类用于设置存货分类编码、名称及所属经济分类，以便于对业务数据的统计和分析。表 3-7 是案例企业的存货分类。

表 3-7　存货分类

一级分类编码与名称	二级分类编码与名称
01 商品	0101 太阳镜
	0102 亮康眼镜
02 生产	0201 原材料
	0202 半成品
03 劳务	

操作步骤：

(1) 在“企业应用平台”的“基础设置”页签下，依次单击“基础档案”→“存货”→“存货分类”菜单项，打开“存货分类”窗口。

(2) 单击工具栏的“增加”按钮，在其右窗格中输入“分类编码”为 01、“分类名称”为“商品”，然后单击“保存”按钮。

(3) 重复步骤(2)，录入表 3-7 中所有的存货分类(包括二级)，然后单击“退出”按钮退出该窗口。

提示：

• 存货分类最多可分 8 级，编码总长不能超过 30 位，每级级长用户可自由定义。

• 存货分类用于设置存货分类编码、名称及所属经济分类。

3. 存货档案设置

表 3-8 是案例企业的存货档案。在用友 ERP-U8 中，存货属性有 18 种。如“内销”，具有该属性的存货可用于销售，发货单、发票、销售出库单等与销售有关的单据在参照存货时，参照的都是具有销售属性的存货。类似地，具有“外购”属性的存货，可用于采购，到货单、采购发票、采购入库单等与采购有关的单据在参照存货时，参照的都是具有外购属性的存货；开在采购专用发票、普通发票、运费发票等票据上的采购费用，也应设置为“外购”属性，否则开具采购发票时无法参照。

表 3-8　存货档案(1)

基　本						成　本			
存货编码/代码	存货名称	存货分类	计量单位组	主计量单位	存货属性	参考成本	最低售价	参考售价	主要供货单位/默认仓库
00003	男士普通太阳镜	0101 太阳镜	01	01 副	内销、外购	90		108	大运公司/大运仓库
10000	亮康眼镜	0102 亮康眼镜	01	01 副	内销、自制	160	200	240	/产成品仓库
11000	镜片	0202 半成品	02	03 对	委外、生产耗用	80			吉祥公司/半成品仓库

续表

基　　本						成　　本			
存货编码/代码	存货名称	存货分类	计量单位组	主计量单位	存货属性	参考成本	最低售价	参考售价	主要供货单位/默认仓库
12000	镜架	0202 半成品	02	05 个	自制、生产耗用	30			/半成品仓库
12100	镜框	0202 半成品	01	05 个	自制、生产耗用	12			/半成品仓库
12200	镜腿	0202 半成品	02	03 对	自制、生产耗用	12			/半成品仓库
12210	塑料	0201 原材料	02	06 千克	外购,生产耗用	1000			塑料二厂/原材料仓库
12220	镜片树脂	0201 原材料	02	06 千克	外购,生产耗用	6000			塑料二厂/原材料仓库
12300	鼻托	0202 半成品	02	03 对	自制、生产耗用	20			/半成品仓库
12310	硅胶	0201 原材料	02	06 千克	外购,生产耗用	1600			硅胶三厂/原材料仓库
13000	螺钉	0201 原材料	02	04 颗	外购、生产耗用	1			螺钉厂/半成品仓库

表 3-8　存货档案(2)

基　　本		计　划	MPS/MRP			
存货编码	存货名称	固定提前期	是否 MPS 件	供应倍数	变动提前期	变动基数
00003	男士普通太阳镜					
10000	亮康眼镜	1	是	30	1	210
11000	镜片	3				
12000	镜架	2				
12100	镜框	1				
12200	镜腿	2				
12210	塑料	3				
12220	镜片树脂	3				
12300	鼻托	2				
12310	硅胶	2				
13000	螺钉	1		100		

同一存货可以设置多个属性,但当一个存货同时被设置为“自制”、“委外”和(或)“外购”时,MPS/MRP 系统默认自制为其最高优先属性而自动建议计划生产订单;而当一个存货同时被设置为委外和外购时,MPS/MRP 系统默认委外为其最高优先属性而自动建议计划委外订单。其中,MPS/MRP 系统是指主生产计划和物料需求规划系统,详见第 7 章和第

8章。

操作步骤：

(1) 在“企业应用平台”的“基础设置”页签下，依次单击“基础档案”→“存货”→“存货档案”菜单项，打开“存货档案”窗口。

(2) 单击工具栏的“增加”按钮，系统打开“增加存货档案”窗口。

(3) 在新增的表单中做如下编辑：

- 在“基本”选项卡中，根据表3-8编辑存货档案相关信息，包括存货编码、存货代码、存货名称、主计量单位组、主计量单位、存货分类和存货属性，其他值默认。
- 单击“成本”选项卡，在打开的选项卡中录入参考成本、最低售价、参考售价、主要供货单位和默认仓库，其他值默认。
- 单击“计划”选项卡，在打开的选项卡中录入固定提前期，其他值默认。
- 单击MPS/MRP选项卡，在打开的选项卡中选择是否为“MPS件”，并录入供应倍数、变动提前期、变动基数，其他值默认。

(4) 单击工具栏的“保存并新增”按钮，系统保存该存货信息，并新增一张表单。

(5) 重复步骤(3)和(4)，将存货档案全部录入完成后，单击该窗口页签的“关闭”按钮，退出该窗口。

请注意，太阳镜的主计量单位默认为“01-副”，其采购、库存等的默认单位为辅助计量单位“02-盒”。

提示：

- 存货档案管理，主要用于设置企业在生产经营中使用到的各种存货信息，以便于对这些存货进行资料管理、实物管理和业务数据的统计、分析。
- 本功能完成对存货目录的设立和管理，随同发货单或发票一起开具的应税劳务等也应设置在存货档案中。

【主要栏目说明】

- 存货档案管理模块的“成本”页签，主要为进行存货的成本核算过程中提供价格计算的基础依据。
- 存货档案管理模块的“MPS/MRP”页签，主要用于设置MPS件、MPS/MRP计划数量的修正手段、MPS/MRP计划日期的推算依据、MPS/MRP计划展开时的供应类型、供应政策等。
- 存货档案管理模块的“计划”页签，主要用于库存管理ROP功能的参数设置。
- 存货档案管理模块的“控制”页签，主要用于设置存货的ABC分类类别、领料的数量修正和采购配额分配等参数。
- 存货档案管理模块的“自由项”页签，主要用于设置存货的自由项和物料档案。

3.3 制造资料编辑

生产企业的制造资料，主要包括需求时栅与时格资料、生产资源资料、工序与工艺路线资料、工作日历与工作中心、ATP模拟方案等。本节的实验任务是完成案例企业的相关制造资料在用友ERP-U8中的编辑和设置。

3.3.1 ATP 模拟方案定义

ATP 模拟方案是定义 ATP 运算的规则，以适应企业的具体需要和不同的应用情景，主要包括供给和需求来源定义，以及参与 ATP 运算的仓库。表 3-9 是本案例企业的 ATP 模拟方案定义。

表 3-9 ATP 模拟方案

模拟方案号	001
模拟方案描述	主模拟方案
逾期需求天数	0
逾期供应天数	0
供给定义	MPS 计划量、MRP 计划量、采购在途量、已请购量、生产订单量、委外订单量、到货/在检量
需求定义	销售订单量、待发货量、生产未领量、委外未领量
仓库选择	原材料仓库、产成品仓库、半成品仓库

操作步骤：

(1) 打开"ATP 模拟方案定义"窗口。在"企业应用平台"的"基础设置"页签下，依次单击"基础档案"→"业务"→"ATP 模拟方案定义"菜单项，系统打开"ATP 模拟方案定义"窗口。

(2) 编辑。单击工具栏的"增加"按钮，在系统打开的"增加 ATP 方案"对话框中，依据表 3-9，依次录入模拟方案号、模拟方案描述等资料，结果如图 3-5 所示。

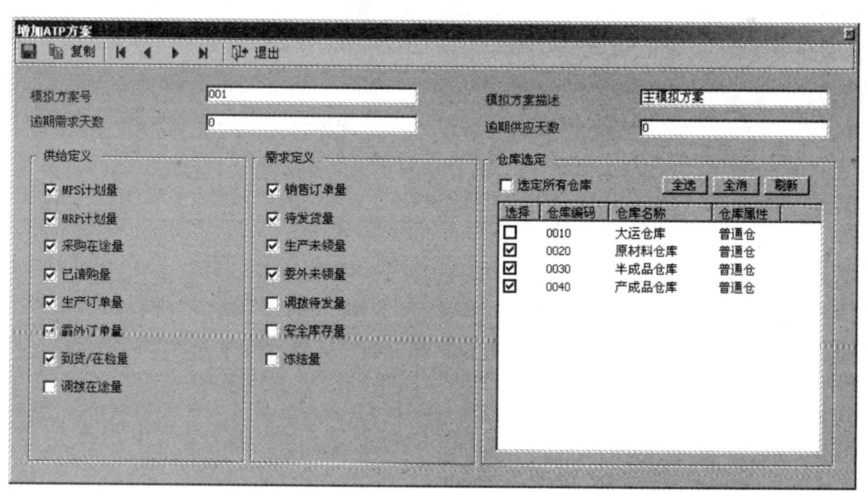

图 3-5 "增加 ATP 方案"对话框

(3) 保存并退出。单击"保存"、"退出"按钮，系统返回"ATP 模拟方案定义"窗口，再单击"退出"按钮，以返回企业应用平台。

【主要栏目说明】

• "逾期需求天数"：手工录入，只能录入 0 或正整数，它决定售前 ATP 模拟运算时需求的日期范围：(模拟日期＋逾期需求天数)至(模拟日期＋展望期)范围之内的需求才纳入需求计算。

- "逾期供应天数"：手工录入，只能录入 0 或正整数，它决定售前 ATP 模拟运算时供应的日期范围：(模拟日期＋逾期供应天数)至(模拟日期＋展望期)范围之内的供应才纳入供应计算。
- "供给定义"：定义在进行 ATP 运算时，预计收入量应包含的内容。例如选择采购在途量，则进行 ATP 运算时预计收入量中包括已审核或已锁定采购订单但未到货或未入库的量，否则不包括。
- "需求定义"：定义在进行 ATP 运算时，预计发出量中应包含的内容。
- "仓库选定"：定义参与 ATP 运算的仓库，定义为不包含的仓库在进行 ATP 运算时，与此仓库相关的预计收入量(供给)和预计发出量(需求)都不计算在内。

3.3.2 制造 ATP 规则与预测版本资料维护

本节的任务是进行制造 ATP 规则和预测版本资料的维护。

1. 制造 ATP 规则维护

制造 ATP 规则是定义不同的 ATP 规则，以反映企业的特定需要，然后使用不同规则来计算不同物料的 ATP 数量。制造 ATP 规则的规则代号一旦被其他资料引用，即不可被删除(见表 3-10)。

表 3-10 制造 ATP 规则

规则代号	0001
说明	主制造 ATP 规则
逾期需求天数	0
逾期供应天数	0
需求来源	销售订单、生产订单、委外订单、计划需求
供应来源	计划订单、生产订单、委外订单、采购订单、现存量

操作步骤：

(1) 打开"制造 ATP 规则维护"窗口。在"企业应用平台"的"基础设置"页签下，依次单击"基础档案"→"生产制造"→"制造 ATP 规则维护"菜单项，系统打开"制造 ATP 规则维护"窗口。

(2) 编辑信息。单击工具栏的"增加"按钮，在系统打开的"ATP 规则维护"对话框中，依据表 3-10，依次录入规则代号、说明等资料。

(3) 保存并退出。单击"确定"按钮，系统返回"制造 ATP 规则维护"窗口，再单击该窗口右上角的"关闭"按钮，以返回企业应用平台。

【主要栏目说明】

- 逾期需求天数：指工作日，ATP 计算时将需求日期小于系统日期但未超出该逾期天数(含)的需求，视同系统日处理。
- 逾期供应天数：指工作日，ATP 计算时将供应日期小于系统日期但未超出该逾期天数(含)的供应,视同系统日处理。

- 无限供应天数:指系统日加上该天数后的供应/需求不纳入计算,视同任何需求都可无限供应。
- 需求来源:选择 ATP 计算时,是否考虑销售订单、出口订单、生产订单、委外订单、计划需求、安全库存需求。
- 供应来源:选择 ATP 计算时,是否考虑计划订单、生产订单、委外订单、采购订单、进口订单、请购单、现存量供应。

2. 预测版本资料维护

预测版本资料是 MPS/MRP 展开所用的产品预测资料来源,预测版本号一旦被其他资料引用,即不可被删除,且版本类别不可修改。表 3-11 是本企业的预测版本资料。

表 3-11 预测版本资料

版本代号	版本说明	版本类别	默认版本
YCMPS	主 MPS 需求预测	MPS	是
YCMRP	主 MRP 需求预测	MRP	是

操作步骤:

(1) 打开"预测版本资料维护"窗口。在"企业应用平台"的"基础设置"页签下,依次单击"基础档案"→"生产制造"→"预测版本资料维护"菜单项,系统打开"预测版本资料维护"窗口。

(2) 编辑 YCMPS 信息。单击工具栏的"增加"按钮,然后编辑"版本代号"为 YCMPS,"版本说明"为"主 MPS 需求预测","版本类别"为 MPS、"默认版本"为"是",然后单击"保存"按钮。

(3) 编辑 YCMRP 信息。再单击工具栏的"增加"按钮,然后编辑"版本代号"为 YCMRP,"版本说明"为"主 MRP 需求预测","版本类别"为 MRP,"默认版本""是",然后单击"保存"按钮。

(4) 退出。单击"预测版本资料维护"窗口右上角的"关闭"按钮。

【主要栏目说明】

- 版本类别:选择该预测版本号是用于 MPS 或 MRP 物料的需求预测。
- 默认版本:指定在定位到任何预测表单时所默认的预测版本号,同一版本类别只能选择一个默认版本。

3.3.3 需求时栅与时格资料维护

表 3-12 是本案例企业的需求时栅维护资料,表 3-13 是时格资料,本节的任务是进行需求时栅和时格的资料维护。

1. 需求时栅维护

MPS/MRP 展开时,系统读取时栅代号的顺序为:先以物料在存货档案中的时栅代号为准,若无则按 MPS/MRP 计划参数中设定的时栅代号。一旦时栅代号被其他任何资料引用,即不可被删除。

表 3-12 需求时栅维护

行 号	日 数	需 求 来 源
1	8	客户订单
2	20	预测＋客户订单,反向消抵
3	40	预测＋客户订单,先反向再正向消抵

注：时栅代号为 SZ01,时栅说明为“时栅 1 号”。

表 3-13 时格资料维护

行 号	类 别	期间数	起始位置
1	周	1	星期一
2	周	1	星期一
3	月	1	1 日
4	天	30	

注：时格代号：SG01,时格说明：时格 1 号

操作步骤：

(1) 打开“需求时栅维护”窗口。在“企业应用平台”的“基础设置”页签下,依次单击“基础档案”→“生产制造”→“需求时栅维护”菜单项,系统打开“需求时栅维护”窗口。

(2) 增加并编辑表头信息。先单击工具栏的“增加”按钮,然后设置表头的“时栅代号”为 SZ01,“时栅说明”为“时栅 1 号”。

(3) 编辑表体信息。依据表 3-12,依次录入需求时栅维护的资料,如图 3-6 所示。

图 3-6 “需求时栅维护”窗口

(4) 保存并退出。单击工具栏的“保存”按钮,再单击“需求时栅维护”窗口右上角的“关闭”按钮,关闭退出该窗口。

【主要栏目说明】

- 表体的“日数”。时栅共分为 3 个时间段,每一区段的天数由使用者自行决定,例如,若 3 个区段天数分别为 8、20、40,MPS/MRP 展开时系统日期为 2017/4/1,则此时栅 3 个区段的起止日期分别为：第一个区段 2017/4/1～2014/4/8,第二个区段

2017/4/9～2017/4/28，第三个区段 2017/4/29～2017/6/7。3 个行号中，至少必输其一。

- 表体的“需求来源”。选择在该时段内，物料计划的独立需求来源。若“日数”编辑栏不为空则必输。可选择“预测订单、客户订单、预测订单＋客户订单，反向消抵、预测订单＋客户订单，正向消抵、预测订单＋客户订单，先反向再正向消抵、预测订单＋客户订单，先正向再反向消抵、预测订单＋客户订单，不消抵”之一。

2. 时格资料维护

时格代号及其内容，可供查看物料可承诺量、MPS/MRP 供需资料、工作中心资源产能/负载资料等情况下使用。一旦时格代号被其他任何资料引用，时格代号即不可删除。

操作步骤：

(1) 打开“时格资料维护”窗口。在“企业应用平台”的“基础设置”页签下，依次单击“基础档案”→“生产制造”→“时格资料维护”菜单项，系统打开“时格资料维护”窗口。

(2) 编辑表头信息。先单击工具栏的“增加”按钮，然后设置表头的“时格代号”为 SG01，“时格说明”为“时格 1 号”。

(3) 编辑表体信息。依据表 3-13，从“类别”、“起始位置”的下拉列表中选择相应的值，并在“期间数”中录入相应的值。

(4) 保存并退出。单击工具栏的“保存”按钮，再单击“时格资料维护”窗口右上角的“关闭”按钮，关闭退出该窗口。

【主要栏目说明】

- 表体的“类别”栏：必输，可选择“天/周/旬/月/季/年”之一。
- 表体的“起始位置”栏：当类别为“周”时必输，可选择“星期一/星期二/星期三/星期四/星期五/星期六/星期天”之一。

3.3.4 工作日历与工作中心维护

1. 工作日历维护

案例企业的工作日历设置要求如下：

修改 system 日历的 2016.10～2017.12 的每周周一～周五为工作日，工作日的工作时间为 8 小时。

操作步骤：

(1) 打开“工作日历维护”对话框。在“企业应用平台”的“基础设置”页签下，依次单击“基础档案”→“业务”→“工作日历维护”菜单项，系统打开“工作日历维护”对话框，并默认显示 system 日历。

(2) 编辑。单击对话框中的“修改”按钮，在系统弹出的第 2 个“工作日历维护”对话框中，设置“起始设定日期”为 2016-10-01，“结束设定日期”为 2017-12-31，选择“是否覆盖”复选框，“选择日期”为“星期一”～“星期五”，工作日的“开始时间”为 9：00，“结束时间”为 17：00，8 小时，单击“确定”按钮，系统返回第 1 个“工作日历维护”对话框，如图 3-7 所示。

(3) 退出。单击该对话框的“退出”按钮，返回企业应用平台窗口。

提示：在设置工作日的“开始时间”和“结束时间”前，应先选择时间前面的小框，待时间数据项由灰色变为黑色时，即可修改。

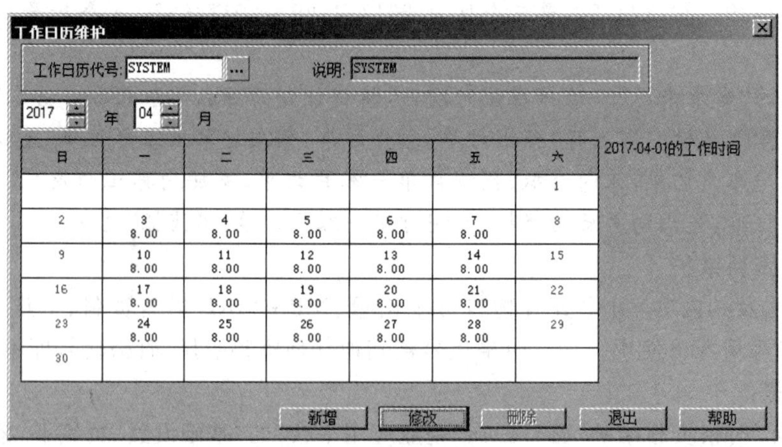

图 3-7 “工作日历维护”对话框

2. 工作中心维护

在用友 ERP-U8 中,工作中心让工艺路线、工序得以归属,也作为产能/负载计算、成本资料收集/分摊或生产效率评估的单位。工作中心资料一旦被其他任何资料引用,即不可删除。

表 3-14 是本案例企业的工作中心资料。本任务是完成在用友 ERP-U8 中,按照表 3-14 进行案例企业的工作中心资料维护。

表 3-14 工作中心资料

工作中心代号	工作中心名称	隶属部门	工作日历	是否生产线
0010	塑料切割中心	7 生产部	SYSTEM	是
0020	模压成型中心	7 生产部	SYSTEM	否
0030	表面处理中心	7 生产部	SYSTEM	否
0040	装配中心	7 生产部	SYSTEM	是

操作步骤:

(1) 打开“工作中心维护”窗口。在“企业应用平台”的“基础设置”页签下,依次单击“基础档案”→“业务”→“工作中心维护”菜单项,系统打开“工作中心维护”窗口。

(2) 增加并保存。单击“增加”,录入“工作中心代号”为 0010、“工作中心名称”为“塑料切割中心”、“隶属部门”为“生产部”、“是否生产线”为“是”,单击“保存”按钮。

(3) 完成编辑。重复步骤(2),将表 3-14 中的工作中心资料全部录入。

(4) 退出。单击“工作中心维护”窗口右上角的“关闭”按钮,系统返回企业应用平台窗口。

3.3.5 资源资料维护

资源资料维护,是按工作中心进行资源资料的管理,以供评估产能、计算成本之用。资源代号一旦被其他资料引用,即不可删除,表体资料可删除。

表 3-15 是本案例企业的资源资料。

表 3-15　资源资料维护

资源代号	资源名称	资源类别	基准类型	计费类型	工作中心	工作中心名称	计算产能	可用数量	关键资源
0001	塑料切割机	机器设备	物料	自动	0010	塑料切割中心	是	3	是
0002	模压模具	模夹具	物料	自动	0020	模压成型中心	是	5	是
0003	高级技工	人工	物料	自动	0030	表面处理中心	是	8	是
0004	装配线	机器设备	物料	自动	0040	装配中心	是	10	否

操作步骤：

(1) 打开"资源资料维护"窗口。在"企业应用平台"的"基础设置"页签下，依次单击"基础档案"→"生产制造"→"资源资料维护"菜单项，系统打开"资源资料维护"窗口。

(2) 编辑信息。单击"增加"按钮，新增一张表单，然后做如下编辑：

- 在表头录入"资源代号"为 0001、"资源名称"为"塑料切割机"、选择"资源类别"为"机器设备"、"基准类型"为"物料"、"计费类型"为"自动"；
- 在表体的第 1 行，编辑隶属"工作中心"为 0010(塑料切割中心)、"计算产能"为"是"、"可用数量"为 3、"关键资源"为"是"，其他项默认；
- 单击"保存"按钮，完成该条记录的编辑，如图 3-8 所示。

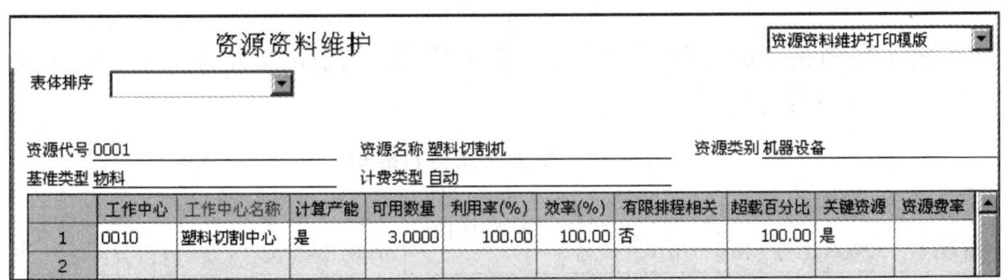

图 3-8　"资源资料维护"窗口

(3) 完成并退出。重复步骤(2)，将表 3-15 中的资源资料全部录入，然后单击窗口的"关闭"按钮，返回企业应用平台窗口。

【主要栏目说明】

- 资源类别：选择资源类别，"人工/机器设备/模夹具/场所/其他"中任选其一。
- 基准类型：默认为"物料"可改，作为建立标准工序或工艺路线工序资源的默认值。"物料"表示将使用资源工时乘以母件的生产数量来对资源进行负载计算，当资源负载随母件加工数量变动时选择此项；"批次"表示资源负载不随母件加工数量而变动，即每个生产订单对于该资源的负载占用是固定的(如模具安装)。
- 计费类型：默认为"手动"可改，作为建立标准工序或工艺路线工序资源的默认值。"手动"表示在建立工时记录单时，该工序资源须手动输入完工工时；"自动"则表示系统可自动按该工序资源的标准工时计算完工工时。
- 计算产能：默认为"是"可改。某些资源其产能是无限的，如工序委外、等待、设置、检验、搬运时间等，无可用数量限制，或不受工作中心工作日历影响(即 24 小时可用)，但可能影响生产订单工序计划(工序开工/完工日和时间)，这些资源可被定义为“否”,则产能计划时将不计算这些资源的产能与负载。

- 可用数量：分配资源在该工作中心的可用数量。默认为 1 可改,若“计算产能”为“否”,则默认值不可修改。
- 利用率%：资源在该工作中心的利用程度,即平均实际消耗时间与计划消耗时间之比率,通常不大于 100,用于计算额定资源产能。
- 效率%：资源在该工作中心的工作效率,即计划产出与平均实际产出之比率,可大于 100,用于计算资源负载。作为建立标准工序或工艺路线工序资源时的默认值。
- 有限排程相关：生产订单工序计划进行产能检核时,作为工作中心资源有限能力检查对象,通常只是针对瓶颈资源,以提高产能检查时系统运算效率。如果该资源“计算产能”设置为“否”,则不可设为有限排程相关。
- 超载百分比：与“有限排程相关”配合使用。对该工作中心资源进行有限能力检查时,该资源正常可用产能的修正因子,可大于或小于 100%。
- 关键资源：某些工作中心资源可能成为产品制造过程中的产能瓶颈,则可将这些资源设为关键资源,产能管理系统中资源需求计划、粗能力需求计划计算产能/负载时,只考虑关键资源,同时细能力需求计划也可以选择只计算分析关键资源的产能与负载。默认为“否”可改,但如果该资源不计算产能,则默认值不可修改。

3.3.6 标准工序与工艺路线资料维护

表 3-16 是本案例企业的标准工序资料,表 3-17 是工艺路线资料。本节的任务是进行工序和工艺路线的资料维护。

表 3-16 标准工序资料维护

工序代号	工序说明	工作中心	委外工序	选项相关	检验方式	资源代号	资源名称	资源活动	基准类型	工时(分子)	工时(分母)	计划否	计费类型
0001	塑料切割	0010	否	否	免检	0001	塑料切割机	切割	物料	1	60	是	自动
0002	模压成型	0020	否	否	免检	0002	模压模具	模压	物料	1	60	是	自动
0003	表面处理	0030	否	否	免检	0003	高级技工	抛光	物料	1	60	是	自动

1. 标准工序资料维护

标准工序通常作为建立工艺路线时的工序模板,如果在建立工艺路线时指定标准工序的工序代码,则标准工序信息将被复制到当前定义的工序中,然后可对其进行修改,以节省输入时间。标准工序代号一旦被其他资料引用,则不可删除,但表体资料可不输入或被删除。

操作步骤：

(1) 打开“标准工序资料维护”窗口。在“企业应用平台”的“基础设置”页签下,依次单击“基础档案”→“生产制造”→“标准工序资料维护”菜单项,系统打开“标准工序资料维护”窗口。

(2) 编辑信息。单击“增加”,新增一张表单,然后做如下编辑：

- 在表头,录入“工序代号”为 0001、“工序说明”为“塑料切割”、“工作中心”为 0010,其他选项为默认值;

- 在表体，“资源代号”为 0001、“资源活动”为“切割”、“基准类型”为“物料”、“工时(分子)”为 1、“工时(分母)”为 60、“是否计划”为“是”，“计费类型”为“自动”，其他项默认；
- 单击“保存”按钮，保存该条记录，如图 3-9 所示。

标准工序资料维护　　标准工序资料打印模版

表体排序

工序代号 0001	工序说明 塑料切割	报告点 是
工作中心 0010	工作中心名称 塑料切割中心	倒冲工序 否
委外工序 否	厂商代号	厂商简称
选项相关 否	备注	计费点 是
计划委外工序 否	交货天数 0	
检验方式 免检	抽检规则	抽检率(%)
抽检数量	检验严格度	质量检验方案
自定义抽检规则	检验规则 按存货检验	
检验水平	AQL	工序转移 手动

	行..	资源代号	资源名称	资源数量	资源...	基...	工时(分子)	工时(分母)	效率(%)	是否...	计费类型
1	10	0001	塑料切割机	3.0000	切割	物料	1.0000	60.0000	100.00	是	自动

图 3-9 “标准工序资料维护”窗口

(3) 完成编辑。重复步骤(2)，将表 3-16 中的工序资料全部录入。

(4) 退出。单击“标准工序资料维护”窗口右上角的“关闭”按钮，退出窗口并返回企业应用平台窗口。

【表头主要栏目说明】

- 报告点：如果该工序设为报告点，则在工序转移时该工序自动默认为目标工序，有利于掌握装配件在重点工序(如在工艺路线中经常执行的工序、检验工序、瓶颈工序等)的移入、移出和在制状况。应始终将工艺路线中的最终工序设置为报告点，以确保将移动事务处理记入此工序，然后记录完成事务处理。
- 工作中心：指定该工序通常归属的工作中心代号，可参照工作中心档输入，也可不输入。
- 倒冲工序：执行工序转移时，若移入/移出该工序，则系统自动倒冲此工序之前的非倒冲工序中的所有供应类型为“工序倒冲”的子件。应始终将工艺路线中的最终工序设置为倒冲工序，以确保装配件完成时倒冲所有工序倒冲子件。
- 委外工序：确认该工序通常是否是委外工序，默认值为“否”，可改。
- 厂商代号：若该工序为委外工序，则可指定默认的厂商代号，参照厂商主档输入。
- 选项相关：仅对于 ATO 模型工艺路线中的工序，指明此工序是否为选项相关，即工序是否与 ATO 下阶可选子件的选择有关。在 ATO 物料清单中的可选子件若指定该工序，则 ATO 选配时，只有选择了该子件，本工序才会出现在选配完成的 ATO 模型的工艺路线中。
- 备注：可参照常用摘要输入该工序的注释性说明，可不输入。
- 计费点：执行工序转移时，若移入/移出该工序，系统可自动计算该工序的完工工时。
- 计划委外工序：生产订单生成工序计划时，对于委外工序，若“计划委外工序”设为“否”，则以该工序的交货天数排程；反之，则与非委外工序排程逻辑相同。
- 交货天数：输入委外工序的交货天数，只有委外工序才可输入。
- 检验方式：默认为免检，可改为“免检/全检/破坏性抽检/非破坏性抽检”之一。

- 工序转移：检验方式为免检时必须为“手动”，其他可为“手动/自动”之一。工序转移设为“自动”的工序，执行工序转移时，其检验状态的数量不可被手动移出，而必须由质量管理系统自动产生工序转移单移出。

【表体主要栏目说明】

- 资源活动：输入该资源所执行的活动说明，如加工/设置等，可不输入。
- 基准类型：默认资源档案中的基准类型，可改。“物料”表示将使用资源工时乘以母件的生产数量来对资源进行负载计算，当资源负载随母件加工数量变动时选择此项；“批次”表示资源负载不随母件加工数量而变动，即每个生产订单对于该资源的负载占用是固定的(如模具安装)。
- 工时(分子)：必输，单位为小时。表示每分母值所对应的单位标准工时，如某一资源其单位标准工时为 0.1s，则可以工时(分子)0.1 而工时(分母)为 3600 来表达。
- 工时(分母)：默认为 1 可改，必输。表示工时(分子)的放大倍数。
- 计划否：默认为“是”，可改为“是/否/同上工序结束/同下工序开始”之一。

  是：表示该资源参与该工序计划计算，即使该资源并不实际提供增值作业，如等待时间等。

  否：可以将资源指定到工序，但不能对其进行工序计划。如零件加工过程，同时使用人工和机器两项资源，但假设人工资源不是影响该工序加工时间的关键资源，因此不必对人工资源进行计划，但它可能要计算负载和成本等。

  同上工序结束：表示该工序资源与上工序同时结束。如上工序为车加工，本工序磨加工，在上工序结束时，本工序第一项计划资源“模具安装”结束，则本工序“模具安装”便可设为“同上工序结束”。

  同下工序开始：表示该工序资源与下工序同时开始。如本工序为磨加工，下工序为检验，在本工序“模具拆卸”开始时，下工序也同时开始，则本工序“模具拆卸”资源便可设为“同下工序开始”。
- 计费类型：默认资源档案的计费类型，可改。“手动”表示在建立工时记录单时，该工序资源须手动输入完工工时；“自动”则表示系统可自动按该工序资源的标准工时计算完工工时。

2. 工艺路线资料维护

工艺路线资料维护，是维护计划品/委外件/自制件/采购件的工艺路线，可以复制现有工艺路线或引用公用工艺路线，也可以建立物料的替代工艺路线。该功能模块提供新增、修改、变更、删除、查询、复制、公用、审核、弃审、停用、还原、打印等基本功能。表 3-17 是案例企业镜框和镜脚的工艺路线资料，其版本代号为 10，版本说明是“主工艺路线”。

表 3-17 工艺路线资料维护

工序行号	标准工序	工序说明	工作中心	委外工序否
0010	0001	塑料切割	塑料切割中心	否
0020	0002	模压成型	模压成型中心	否
0030	0003	表面处理	表面处理中心	否

操作技巧：先针对“镜框”创建工艺路线，然后“公用”给“镜腿”。

操作步骤：

(1) 打开“工艺路线资料维护”窗口。在“企业应用平台”的“基础设置”页签下，依次单击“基础档案”→“生产制造”→“工艺路线资料维护”菜单项，系统打开“工艺路线资料维护”窗口。

(2) 增加并编辑信息。单击工具栏的“增加”按钮，新增一张工艺路线单据，然后做如下编辑：

- 在表头，编辑“物料编码”为 12100(镜框)、“版本代号”为 10、“版本说明”为“主工艺路线”，其他项默认；
- 在表体第 1 行录入“标准工序”0001，确认“委外工序否”为“否”，其他项默认；
- 在表体第 2 行录入“标准工序”0002，确认“委外工序否”为“否”，其他项默认；
- 在表体第 3 行录入“标准工序”0003，确认“委外工序否”为“否”，其他项默认。

(3) 保存。单击“保存”按钮，完成镜框的主工艺路线的维护，参见图 3-10。

工艺路线资料维护　　工艺路线资料打印模版

表体排序

工艺路线类别 主工艺路线　物料编码 12100　物料名称 镜框
物料规格　固定提前期 1　计量单位 个
版本代号 10　版本说明 主工艺路线　版本日期 2000-01-01
替代标识　替代说明
变更单号　行号　状态 审核

	工序行号	标准工序	工序说明	报告点	倒冲工序	工作中心	工作中心名称	委外工序	选项...	计费点	计划委外工序
1	0010	0001	塑料切割	是	否	0010	塑料切割中心	否	否	是	否
2	0020	0002	模压成型	是	否	0020	模压成型中心	否	否	是	否
3	0030	0003	表面处理	是	是	0030	表面处理中心	否	否	是	否

图 3-10　“工艺路线资料维护”窗口

(4) 打开“公用工艺路线资料维护”窗口。单击工具栏的“公用”按钮，系统打开“公用工艺路线资料维护”窗口。

(5) 公用工艺路线。在“公用工艺路线资料维护”窗口，单击工具栏的“修改”按钮，然后在其表体的第 1 行参照生成“公用物料编码”为 12200(镜腿)，如图 3-11 所示。

公用工艺路线资料维护

表体排序

被公用物料编码 12100　被公用物料名称 镜框
被公用物料规格　计量单位 对

	公用物料编码	公用物料名称	公用物料规格	计量单位
1	12200	镜腿		对

图 3-11　“公用工艺路线资料维护”窗口

(6) 保存。在“公用工艺路线资料维护”窗口，单击工具栏的“保存”按钮，系统将“镜框”的工艺路线“公用”给“镜腿”，并返回“工艺路线资料维护”窗口。

(7) 退出。单击“工艺路线资料维护”窗口右上角的“关闭”按钮，关闭并退出窗口。

提示：

- 在新增状态下，可启用工具栏“复制”功能，以复制与新建工艺路线类似的物料的工艺路线，再作修改，节省手动输入时间。
- 在查询状态下，指定某一物料工艺路线（主要或替代）资料后，可启用工具栏“公用”功能，以新增、修改、查询、删除公用此工艺路线的公用物料资料。
- 按“审核”按钮可将“新建”状态改为“审核”；按“弃审”按钮可将“审核”状态改为“新建”；按“停用”按钮可将“审核”、“新建”状态改为“停用”；按“还原”按钮可将“停用”状态改为被停用前的原始状态（新建或审核）。
- 在某一工序行，右击，可维护或查询该工序的资源资料。
- 停用工艺路线约束条件：如果存在未停用的替代工艺路线，则至少一个主要工艺路线不得被停用；如果在另一个工艺路线中被用作公用工艺路线，则至少一个主要工艺路线不得被停用；一个替代工艺路线，若在生产订单系统中物料与生产线关系档被引用，则不得被停用。
- 删除工艺路线的约束条件：如果工艺路线状态为“审核”，则该工艺路线不可被删除；如果存在替代工艺路线，则至少一个主要工艺路线不得被删除；如果在另一工艺路线中被用作公用工艺路线，则至少一个主要工艺路线不得被删除；一个替代工艺路线，若在生产订单系统中物料与生产线关系档被引用，则不得被删除。
- 工艺路线修改约束条件：单击“修改”按钮，只可修改新建状态的工艺路线；若要修改审核状态的工艺路线，需要单击“变更”按钮执行；停用状态的工艺路线不可修改或变更。
- 公用物料编码：输入要公用工艺路线的物料编码，该“物料编码＋结构自由项”不能有工艺路线存在且未引用其他公用工艺路线；该物料的属性（计划品、ATO模型、标准）须与被公用的物料属性相同。

3.3.7 生产制造参数设定

生产制造参数设定，是设定生产制造系统参数，供生产制造系统各模块使用。

本案例企业除系统默认设置之外，还需进行如下参数设置。

- 状态设置：手动输入生产订单默认状态为“锁定”；生产订单排程类型为“逆推”。
- 业务设置：选中“工序转移超量完工控制”、“工序转移领料控制”、“生产订单工序日期修改时更新生产订单”、“生产订单自动关闭”复选框，设置“物料清单展开层数”为5。

操作步骤：

（1）打开“生产制造参数设定”对话框。在“企业应用平台”的“基础档案”页签，依次单击“基础档案”→“生产制造”→“生产制造参数设定”菜单项，系统打开“生产制造参数设定”对话框。

（2）状态设置。在“状态设置”选项卡中，确认选中“手动输入生产订单默认状态”为“锁定”，选中“生产订单排程类型”为“逆推”，其他项为默认值，如图3-12所示。

（3）业务设置。在“业务设置”选项卡中，选中“工序转移超量完工控制”、“工序转移领料控制”复选框，确认选中“生产订单工序日期修改时更新生产订单”、“生产订单自动关闭”

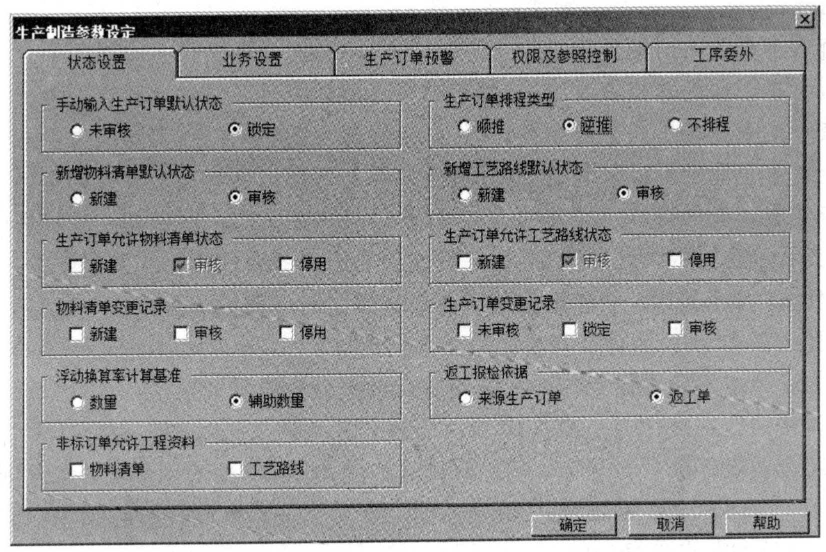

图 3-12 “生产制造参数设定”对话框的状态设置

复选框；编辑“物料清单展开层数”为 5，如图 3-13 所示。

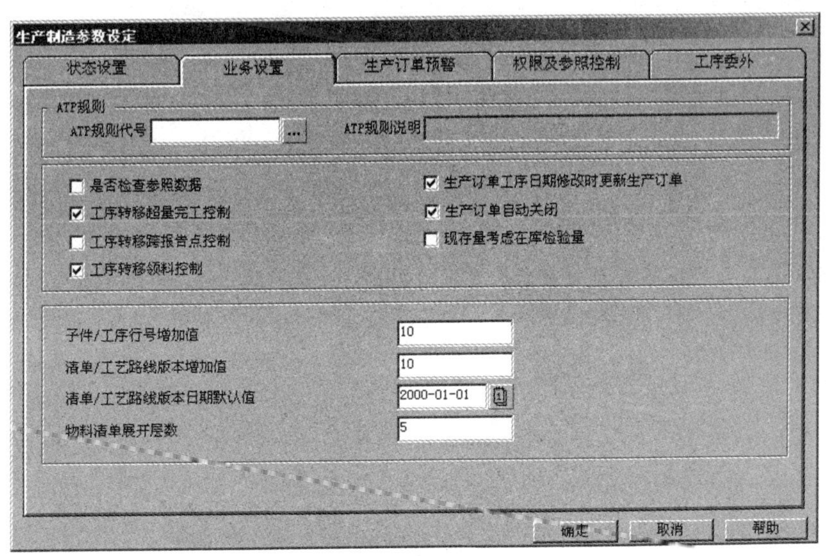

图 3-13 “生产制造参数设定”对话框的业务设置

(4) 单击“确定”按钮，保存系统参数的设置，同时关闭“生产制造参数设定”对话框。

3.4 实验报告内容

(1) 查看本企业的计量单位(单位)，并将结果界面截图后粘贴在实验报告中。

(2) 查看本企业的仓库档案列表，并将结果界面截图后粘贴在实验报告中。

(3) 查看本企业的存货档案列表，并将结果界面截图后粘贴在实验报告中。

(4) 查看“亮康眼镜”的存货档案 MPS/MRP 页签，并将结果界面截图后粘贴在实验报告中。

(5) 查看本企业的时栅资料维护,并将结果界面截图后粘贴在实验报告中。

(6) 查看本企业的时格资料维护,并将结果界面截图后粘贴在实验报告中。

(7) 查看本企业的工作中心维护,并将结果界面截图后粘贴在实验报告中。

(8) 查看本企业的资源资料维护,并将结果界面截图后粘贴在实验报告中。

(9) 查看本企业的标准工序资料维护,并将结果界面截图后粘贴在实验报告中。

(10) 查看本企业的工艺路线资料,并将结果界面截图后粘贴在实验报告中。

(11) 什么叫供应倍数、变动提前期和变动基数?请举例说明。

(12) 什么是MPS?为什么亮康眼镜是MPS件?

(13) 为什么本实验可设置物料清单的展开层数为5?

(14) 时格的作用是什么?表3-13中时格的含义是什么?

(15) 若公司周年庆为4月10日,加双休日的调休,2017年的周年庆非工作时间为4月10日～12日,8日和9日(双休日)为工作时间,则4月的工作日历如何设置?请将设置结果界面截图后粘贴在实验报告中。

第 4 章　期初设置与记账

用友 ERP-U8 系统包括多个子系统。本教程是面向经营型工业企业的生产制造应用，涉及采购、委外、销售、库存、存货等业务子系统，应付、应收、总账等财务子系统，以及物料清单、主生产规划、物料需求计划、产能管理、车间管理等生产制造子系统。

图 4-1 是工业企业供应链管理的应用模型，图中描述了各个子系统之间的关联关系和主要的信息流。

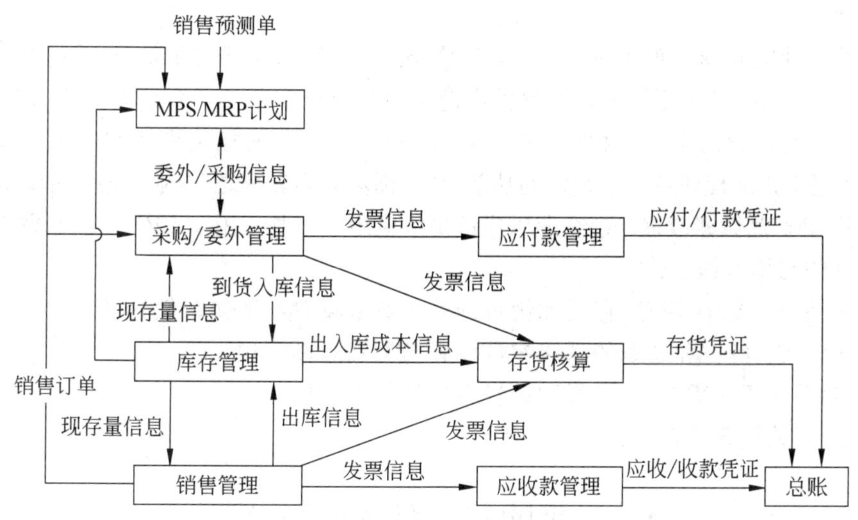

图 4-1　工业企业供应链管理应用模型

企业的生产管理活动是连续的，相应的信息也具有连续性，反应在 ERP 账套中就是有账套的期初设置和期初数据。本实验所针对的北京亮康眼镜有限公司，其期初设置包括图 4-1 中各个模块的业务参数设置、之前的业务和账务数据，以及相关业务的单据编号设置和单据格式设置等。

系统参数即业务处理控制参数，是指在企业业务处理过程中所使用的各种控制参数，系统参数的设置将决定用户使用系统的业务流程、业务模式和数据流向，所以在进行系统参数设置之前，一定要详细了解选项开关对业务处理流程的影响，并结合企业的实际业务需要进行设置。由于有些选项在日常业务开始后不能随意更改，所以企业最好在业务开始前进行全盘考虑，尤其一些对其他系统有影响的选项设置更要考虑清楚。

账簿都应有期初数据，以保证其数据的连贯性。初次使用时，应先输入采购、委外、销售、库存、存货、应收、应付和总账的期初数据。采购、委外和存货核算系统，还需要进行期初记账操作。期初记账之后的业务和数据，系统才会将其作为本期业务处理。

本章的操作应该是在系统日期 2017-04-01、由账套主管“赵技巩”(或者读者本人)登录“企业应用平台”，并在第 3 章完成的账套中，在采购管理、委外管理、应付款管理、销售管理、应收款管理、库存管理、存货核算和总账系统中进行。

在实验操作前，需要将系统时间调整为2017年4月1日。如果没有调整系统时间，则在登录“企业应用平台”时需要修改“操作日期”为2017年4月1日；如果操作日期与账套建账时间之间的跨度超过3个月，则该账套在演示版状态下不能执行任何操作。

如果还没有完成第3章的企业基础档案中物料与制造资料的编辑任务，可以到百度网盘空间（网盘地址为 https://pan.baidu.com/s/1RYhQLt7jZn9lFsZJD9I55g 提取码：eh69）的“实验账套数据”文件夹中，将“03 物与制造资料.rar”下载到实验用机上，然后“引入”（操作步骤详见1.3.5节）到ERP-U8系统。此外，本章完成的账套，其输出的压缩文件名为“04 期初记账.rar”。

需要说明的是，因百度网盘中的账套备份文件均为压缩文件，所以下载完成后引入前，需要用解压缩工具进行解压（建议用WinRAR 3.42或以上版本），得到相应可以引入的账套数据文件。

本章的授课时间建议理论讲课2～4学时、实验2学时，若课时不足，可跳过本章的理论讲解与实验。其中，理论部分主要讲解供应链和财务会计中各个子系统的作用、期初设置的作用及关键系统参数的含义，内容可参见第4.1节～4.5节的相关讲解和本教程配套的课件。若希望更深入地理解各个子系统的功能，请参阅本系列教程之《企业供应链基础应用——基于用友ERP产品微课教程》或《企业供应链高级应用——基于用友ERP产品微课教程》。

实验目的与要求如下：

- 掌握采购、委外、库存、存货和销售的系统参数设置与期初余额管理。
- 掌握应收、应付和总账的系统参数设置与期初余额管理。
- 掌握供应商存货、客户存货和销售存货调价的操作。
- 掌握相关账表的查询。

4.1 采购与应付款期初设置

本节将对采购管理系统的参数、供应商存货调价单、单据编号进行设置，以及期初数据的录入与记账。本节还将对应付款管理系统的参数、科目等进行设置，以及期初数据的录入与对账。

4.1.1 参数与核算规则设置

1. 采购管理系统参数设置

采购管理系统的选项设置，将对采购管理的所有操作员和客户端的操作生效，故要慎重设定或修改。本案例企业的采购管理系统选项，除系统默认设置之外，还需做如下参数设置。

- 业务及期限控制：将“订单\到货单\发票单价录入方式”设置为“取自供应商存货价格表价格”。

操作步骤：

（1）打开“采购系统选项设置”对话框。在“企业应用平台”的“业务工作”页签中，依次单击“供应链”→“采购管理”→“设置”→“采购选项”菜单项，打开“采购系统选项设置”对话框。

（2）业务与权限控制设置。在“业务与权限控制”选项卡中，选中“订单\到货单\发货单价录入方式”区中的“取自供应商存货价格表价格”单选按钮，其他选项按系统默认设置，如图 4-2 所示。

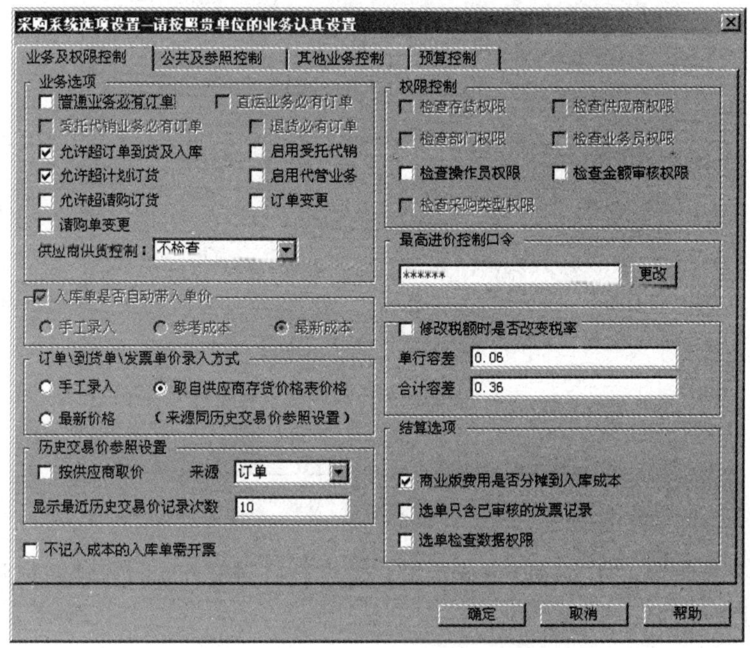

图 4-2　采购管理系统基本参数设置

（3）确定并退出。单击“确定”按钮，保存系统参数的设置并关闭“采购系统选项设置”对话框。

提示：

- *在进行采购选项修改前，应确定系统相关功能没有使用，否则系统提示警告信息。*
- *在相关业务已开始后，最好不要随意修改采购选项。*

2. 应付款管理系统参数设置

应付管理系统主要提供了设置、日常处理、单据查询、账表管理、其他处理等功能。在运行本系统前，应先设置运行所需要的账套参数，以便系统按设定的选项进行相应的处理。

本案例企业的应付款系统，除了系统默认设置之外，还需进行如下参数设置。

- 常规：“单据审核日期依据”选择“单据日期”，即在单据处理功能中进行单据审核时，自动将单据的审核日期（即入账日期）记为该单据的单据日期。其默认值为“业务日期”，即在单据处理功能中进行单据审核时，自动将单据的审核日期（即入账日期）记为当前业务日期（即登录日期）。
- 凭证：“受控科目制单方式”选择“明细到单据”。

操作步骤：

（1）打开“账套参数设置”对话框。在“企业应用平台”的“业务工作”页签中，依次单击“财务会计”→“应付款管理”→“设置”→“选项”菜单项，系统打开“账套参数设置”对话框。

（2）常规参数设置。在“常规”选项卡中，单击“编辑”按钮，使所有参数处于可修改状态，“单据审核日期依据”选择“单据日期”，其他项选择默认值(其中“应付账款核算模型”默认为“详细核算”)，如图 4-3 所示。

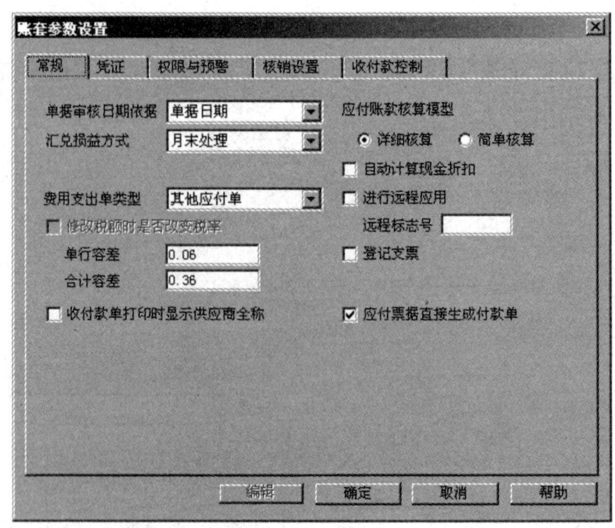

图 4-3　应付款管理系统“常规”参数设置

(3) 凭证参数设置。在“凭证”选项卡中，“受控科目制单方式”选择“明细到单据”，其他项默认，如图 4-4 所示。

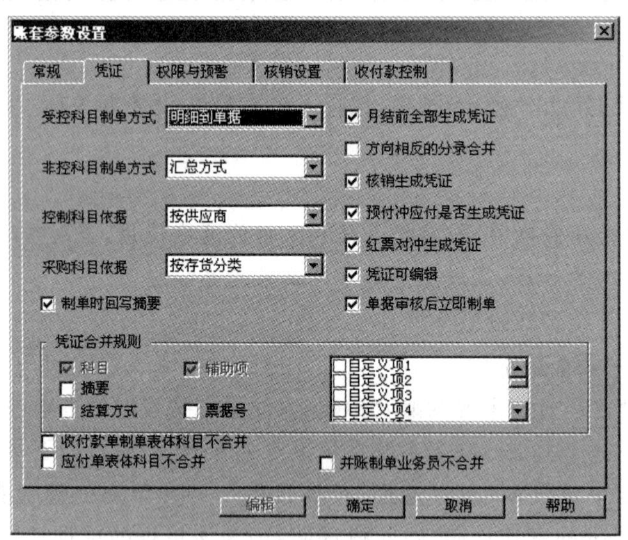

图 4-4　应付款管理系统“凭证”参数设置

(4) 确定并退出，单击“确定”按钮，保存系统参数的设置，同时关闭“账套参数设置”对话框。

3. 应付款管理系统科目设置

由于应付款系统的业务类型较固定，生成的凭证类型也较固定，因此为了简化凭证生成操作，可以在此处将各业务类型凭证中的常用科目预先设置好。系统依据制单业务规则将设置的科目自动带出。制单业务规则规定如下。

- 对采购发票制单时，系统先判断控制科目依据，根据单据上的控制科目依据取“控制科目设置”中对应的科目；然后系统判断采购科目依据，根据单据上的采购科目依据取“产品科目设置”中对应的科目；若没有设置，则取“基本科目设置”中设置的应付科目和采购科目，若无，则手工输入。
- 对应付单制单时，贷方取应付单表头科目，借方取应付单表体科目。若应付单上的表体没有科目，则需要手工输入科目；若表头没有科目，则取“控制科目设置”中的应付科目。
- 应付系统中的付款单制单时，若结算单表体款项类型为应付款，则借方科目为应付科目；若款项类型为预付款，则借方科目为预付科目；若款项类型为其他费用，则借方科目为费用科目；贷方科目为结算科日，取表头金额。
- 应付系统中的收款单制单时，若结算单表体款项类型为应付款，则借方科目为应付科目，金额为红字；若款项类型为预付款，则借方科目为预付科目，金额为红字；若款项类型为其他费用，则借方科目为费用科目，金额为红字；贷方科目为结算科目，取表头金额，金额为红字。
- 对现结/部分现结的采购发票制单时，借方取“产品科目设置”中对应的采购科目和应交增值税科目，贷方取“结算方式科目”设置中的结算方式对应的科目。

表 4-1 是本案例企业的应付款管理系统科目设置。本任务是按照表 4-1 完成案例企业的应付款管理系统科目设置。

表 4-1 应付款管理系统科目设置

科目类别	设 置 方 式
基本科目设置	应付科目(人民币)：220201 一般应付账款
	预付科目(人民币)：1123 预付账款
	采购科目(人民币)：1401 材料采购
	税金科目(人民币)：22210101 进项税额
产品科目设置	01 商品 采购科目：1402 在途物资；税金科目：22210101 进项税额
	02 生产 采购科目：1402 在途物资；税金科目：22210101 进项税额
结算方式科目设置	结算方式为现金；币种为人民币；科目为 1001 库存现金
	结算方式为现金支票；币种为人民币；科目为 100201 工行存款
	结算方式为转账支票；币种为人民币；科目为 100201 工行存款
	结算方式为银行承兑汇票；币种为人民币；科目为 220101 银行承兑汇票
	结算方式为商业承兑汇票；币种为人民币；科目为 220102 商业承兑汇票
	结算方式为电汇；币种为人民币；科目为 100201 工行存款
	结算方式为委托收款；币种为人民币；科目为 100201 工行存款
	结算方式为其他；币种为人民币；科目为 100201 工行存款

操作步骤：

（1）打开应付的“初始设置”窗口。在“应付款管理”子系统，依次单击“设置”→“初始设置”菜单项，系统打开“初始设置”窗口。

（2）基本科目设置。在左侧设置科目中选中“基本科目设置”，单击工具栏的“增加”按钮，然后在第1行的“基础科目种类”中选择“应付科目”、“科目”录入或参照生成220201（一般应付账款），“币种”为“人民币”；并依据表4-1，在“基本科目设置”的第2～4行进行设置。

（3）产品科目设置。在左侧设置科目中选中“产品科目设置”，设置“01 商品”的采购科目为“1402”（在途物资）、“产品采购税金科目”为“22210101”（进项税额）；并根据表4-1中的内容设置“02 生产”的相应科目。

（4）结算方式科目设置。在左侧设置科目中选中“结算方式科目设置”，结算方式选择“现金”，币种选择“人民币”；科目选择1001（库存现金），根据表4-1中的内容，以此方法依次进行其他行的设置，操作结果如图4-5所示。

设置科目
- 基本科目设置
- 控制科目设置
- 产品科目设置
- 结算方式科目设置

账期内账龄区间设置
逾期账龄区间设置
报警级别设置
单据类型设置
中间币种设置

结算方式	币 种	本单位账号	科 ...
1 现金	人民币		1001
201 现金支票	人民币		100201
202 转账支票	人民币		100201
301 银行承兑汇票	人民币		220101
302 商业承兑汇票	人民币		220102
4 电汇	人民币		100201
5 委托收款	人民币		100201
6 其他	人民币		100201

图4-5 应付款管理系统结算方式科目设置

（5）退出。单击“初始设置”窗口右上角的“关闭”按钮，关闭退出该窗口。

提示：

- 如果需要为不同的供应商（供应商分类、地区分类）分别设置应付款核算科目和预付款核算科目，则在“控制科目设置”中设置。
- 应付和预付科目必须是已经在科目档案中指定为应付系统的受控科目。
- 结算科目不能是已经在科目档案中指定为应收系统或者应付系统的受控科目，而且必须是最明细科目。

4.1.2 单据编号设置

将采购管理中采购专用发票、采购普通发票、采购运费发票和采购订单的单据编号，设置为可以自动编号和手动修改方式。

操作步骤（以“采购专用发票”的设置为例）：

（1）打开“单据编号设置”对话框。在“企业应用平台”的“基础设置”页签，依次单击“单据设置”→“单据编号设置”菜单项，系统弹出“单据编号设置”对话框，参见图4-6。

（2）选择“采购专用发票”单据。在左侧的“单据类型”里，依次单击“采购管理”→“采购专用发票”，选中“采购专用发票”单据。

（3）修改“采购专用发票”单据的编号规则。单击右侧工具栏的“修改”按钮，然后选中“手工改动，重号时自动重取”复选框，结果如图4-6所示，然后单击右侧工具栏的“保存”按钮，设置完成。

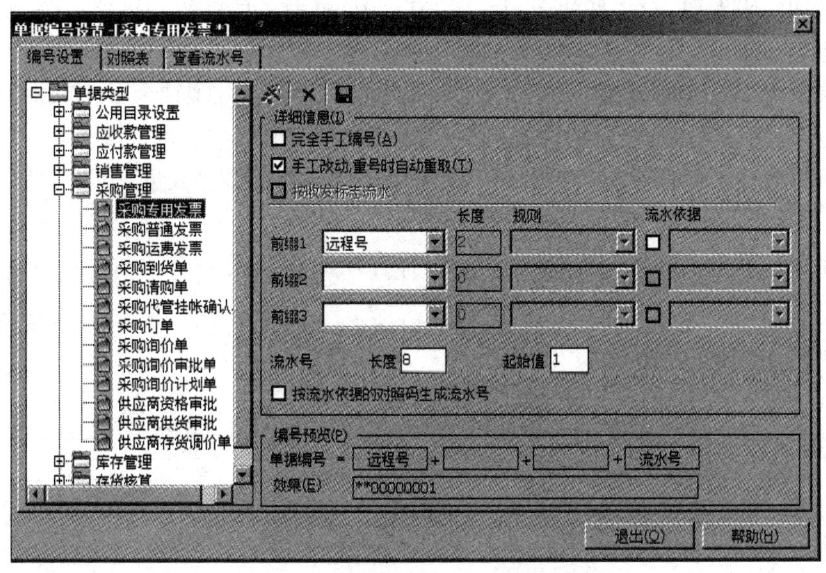

图 4-6　“单据编号设置”对话框

(4) 修改其他单据的编号规则。重复步骤(2)和(3)，完成采购普通发票、采购运费发票和采购订单的单据编号设置。

(5) 退出。单击“退出”按钮，退出“单据编号设置”对话框。

4.1.3　期初数据录入与记账

初次使用采购管理系统时，应先输入期初数据。如果系统中已有上年的数据，不允许取消期初记账。采购期初数据包括：

- 期初在途物资(即期初彩购发票和应付单)。将启用采购系统时，已取得供货单位的采购发票，但货物没有入库，而不能进行采购结算的发票输入系统，以便货物入库填制入库单后进行采购结算。
- 期初暂估入库(即期初采购入库单)。将启用采购系统时，没有取得供货单位的采购发票，而不能进行采购结算的入库单输入系统，以便取得发票后进行采购结算。

1. 期初采购发票

本案例企业用到的期初采购发票列表，如表 4-2 所示。

表 4-2　采购增值税专用发票列表

发票号	单据日期	供应商	存货	数量	原币单价	税率(%)
61060301	2017-03-17	塑料二厂	塑料	10	1000	17
61060302	2017-03-20	螺钉厂	螺钉	60 000	1	17
61060303	2017-03-25	硅胶三厂	硅胶	10	1600	17

操作步骤：

(1) 打开“期初专用发票”窗口。在“企业应用平台”的“业务工作”页签，依次单击“供应链”→“采购管理”→“采购发票”→“专用采购发票”菜单项，系统打开“期初专用发票”窗口。

(2) 增加一张发票。在“期初专用发票”窗口中，单击工具栏的“增加”按钮，新增一张采购专用发票。

(3) 编辑表头。编辑表头的“发票号”为61060301、“开票日期”为2017-03-17，选择“供应商”为“塑料二厂”，其他项为默认值。

(4) 编辑表体。参照生成“存货编码”为12210(塑料)，录入“数量”为10，“原币单价”为1000，其他项为默认值。

(5) 保存。单击工具栏中的“保存”按钮，保存该发票，如图4-7所示。

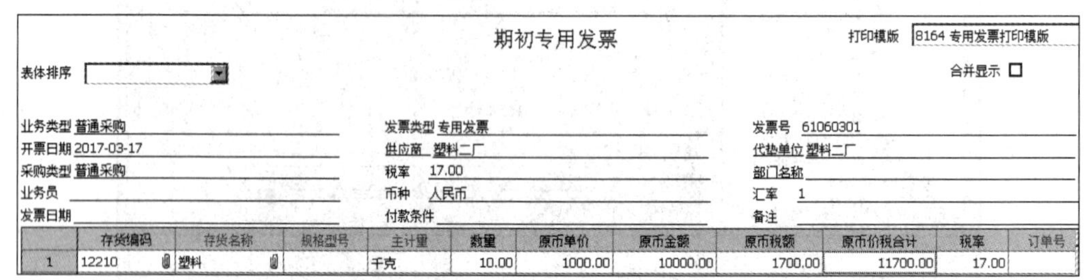

图4-7 “期初专用发票”窗口

(6) 重复步骤(2)～(5)，依据表4-2增加第2张和第3张发票。

(7) 退出。单击“期初专用发票”窗口右上角的“关闭”按钮，关闭退出该窗口。

2. 采购管理系统期初记账

操作步骤：

(1) 打开“期初记账”对话框。在“企业应用平台”的“业务工作”页签，依次单击“供应链”→“采购管理”→“设置”→“采购期初记账”，打开“期初记账”对话框。

(2) 记账。单击“记账”按钮，系统弹出“期初记账完毕”信息提示框。

(3) 退出。单击对话框的“确定”按钮，退出对话框，完成采购管理系统期初记账。

提示：

- 采购期初记账，表明采购管理业务的往期数据录入工作已完成，之后进行的业务操作属于当期业务。
- 如果没有期初数据，可以不输入期初数据，但必须执行记账操作。

3. 应付账款期初余额与对账

期初的采购发票，除了在采购系统中做期初采购发票录入，还需要在应付款管理中进行期初应付账款的发票录入。本任务是参照表4-2，对采购增值税专用发票进行录入，并与总账进行对账。

需要注意的是，在采购管理中录入的期初采购发票，在应付款管理系统中不能被直接调用，所以需要在应付款管理系统中再次录入，以使其可以在应付款管理中进行相关处理。但由于在采购管理和应付款管理中录入的期初采购发票，存储在同一个数据表中，其发票号不能重复出现，所以在应付款管理中录入期初余额时，不编辑表头的“发票号”。

操作步骤：

(1) 打开应付的“期初余额-查询”对话框。在“企业应用平台”的“业务工作”页签，依次单击“财务会计”→“应付款管理”→“设置”→“期初余额”菜单项，系统打开“期初余额-查询”

对话框。

(2) 打开“采购发票”窗口。单击“确定”按钮，进入“期初余额”窗口，单击工具栏的“增加”按钮，系统弹出“单据类别”对话框，系统默认单据名称为“采购发票”、单据类型为“采购专用发票”，直接单击“确定”按钮，进入“采购发票”窗口。

(3) 增加一张期初发票。单击“增加”按钮，新增一张采购专用发票，编辑表头的开票日期为 2017-03-17，选择供应商为“塑料二厂”、部门为“采购部”；编辑表体的存货编码为 12210(塑料)，数量 10 千克，原币单价 1000，然后单击“保存”按钮。

(4) 完成期初应付款的编辑。重复步骤(3)，完成表 4-2 中第 2 笔和第 3 笔业务应付期初余额录入，然后单击窗口的“关闭”按钮，系统关闭“采购发票”窗口返回“期初余额”窗口，再单击工具栏的“刷新”按钮，系统将本操作中录入的 3 张发票信息列表显示在“期初余额”窗口中，如图 4-8 所示。

期初余额明细表

本币合计 贷 100,620.00

单据类型	单据编号	单据日期	供应商	部门	币种	科目	方向	原币金额	原币余额	本币金额	本币余额	备注	订单号
采购专用发票	0000000001	2017-03-17	北京塑料二厂	采购部	人民币	220201	贷	11,700.00	11,700.00	11,700.00	11,700.00		
采购专用发票	0000000002	2017-03-20	宁夏螺钉厂	采购部	人民币	220201	贷	70,200.00	70,200.00	70,200.00	70,200.00		
采购专用发票	0000000003	2017-03-25	河北硅胶三厂	采购部	人民币	220201	贷	18,720.00	18,720.00	18,720.00	18,720.00		

图 4-8 应付的“期初余额”窗口

(5) 对账。单击工具栏的“对账”按钮，应付款系统与总账管理系统进行对账，系统打开“期初对账”窗口，此时显示“差额”不为零，表示对账不成功，所以需要在总账系统中进行“引入”，详见 4.5.3 节。

(6) 退出。单击“期初对账”窗口和“期初余额”窗口右上角的“关闭”按钮，关闭相应的窗口。

4.1.4 供应商存货调价表

供应商存货调价单，按供应商＋存货＋定价自由项进行制价和调价。在此表单可以针对不同供应类型(采购、委外、进口)进行价格设置，包括含税单价、税率、无税单价，可以按数量阶梯进行价格设置，可以设置生效日期、失效日期，可以设置是否为促销价。

表 4-3 是本案例企业的供应商存货调价单。本任务是按照表 4-3 完成案例企业的供应商存货调价单的设置，包括录入、保存与审核。

表 4-3 采购供应商存货调价单

供应商	存货名称	原币单价	数量下限	是否促销价	税率	币种
大运公司	男士普通太阳眼镜	90	0	否	17	人民币
北京塑料二厂	塑料	1000	0	否	17	人民币
北京塑料二厂	镜片树脂	6000	0	否	17	人民币
河北硅胶三厂	硅胶	1600	0	否	17	人民币
宁夏螺钉厂	螺钉	1	100	否	17	人民币

操作步骤：

(1) 打开“供应商存货调价单”窗口。在“企业应用平台”的“业务工作”页签，依次单击

"供应链"→"采购管理"→"供应商管理"→"供应商供货信息"→"供应商存货调价单"菜单项,系统打开"供应商存货调价单"窗口。

(2) 编辑并保存。单击"增加"按钮,确认表头的"价格标识"为"含税价",然后依据表 4-3 进行表体的价格维护,单击"保存"按钮,保存调价单,如图 4-9 所示。

图 4-9 "供应商存货调价单"窗口

(3) 审核。单击"审核"按钮,审核通过调价单,系统将自动更新采购供应商存货价格表,完成存货的"定价"操作,价格生效。

(4) 退出。单击"供应商存货调价单"窗口右上角的"关闭"按钮,关闭退出该窗口。

提示:

- 供应商存货价格表用于供应商存货价格的查询和调价,在供应商存货调价单审批通过后产生。
- 供应商的属性可能为货物、委外、服务或国外。在采购管理系统中,单据取价只取供应类型为采购的相应记录。

4.2 委外管理期初设置

本节将对委外管理系统的供应商存货调价单进行设置,以及期初记账。

1. 委外管理系统期初记账

操作步骤:

(1) 打开"期初记账"对话框。在"企业应用平台"的"业务工作"页签上,依次单击"供应链"→"委外管理"→"委外期初"→"期初记账"菜单项,系统打开"期初记账"对话框。

(2) 记账。单击"记账"按钮,系统弹出"期初记账完毕"信息提示框。

(3) 退出。单击"确定"按钮,完成委外管理系统期初记账。

提示:

- 委外期初记账是表明委外管理业务的往期数据录入工作完成,之后的业务操作属于当期业务。
- 如果没有期初数据,可以不输入期初数据,但必须执行记账操作。

2. 委外供应商存货调价表

表 4-4 是本案例企业的委外商存货调价单。本任务是按照表 4-4 完成案例企业的委外供应商存货调价单的设置,包括录入、保存与审核。

表 4-4 委外供应商存货调价单

供应商	存货名称	原币单价	数量下限	是否促销价	税 率	币 种
吉祥公司	镜片	10	0	否	17	人民币

操作步骤：

(1) 打开“供应商存货调价单”窗口。在“企业应用平台”的“业务工作”页签，依次单击“供应链”→“委外管理”→“委外商管理”→“供应商存货调价单”菜单项，系统打开“供应商存货调价单”窗口。

(2) 编辑并保存。单击“增加”按钮，确认表头的“价格标识”为“含税价”，依据表 4-4 进行表体的价格维护，然后单击“保存”按钮，保存调价单。

(3) 审核。单击“审核”按钮，审核通过调价单，价格生效。

(4) 退出。单击“供应商存货调价单”窗口右上角的“关闭”按钮，关闭该窗口。

4.3 销售与应收款管理

在进行销售日常业务之前，需要做一些基本的设置工作，首先要根据业务情况设置销售系统的参数，还可以进行允销限设置；设置信用审批人，以及录入期初单据。本节将对销售管理系统的参数、存货调价单、单据编号与格式进行设置。

同理，在应用应收系统之前也需要进行初始设置。本节还将对应收款管理系统的参数、科目等进行设置，以及期初数据的录入与对账。

4.3.1 参数与核算规则设置

1. 销售管理系统参数设置

本案例企业，除系统默认设置之外，还需做如下参数设置。

- 业务控制：确认或选择“有零售日报业务”、“有委托代销业务”、“有分期收款业务”和“委托代销必有订单”，确认选择“销售生成出库单”，取消选择“报价含税”。
- 其他控制：“新增退货单默认”选择“参照订单”；“新增发票默认”选择“参照发货”。
- 可用量控制：在“发货单/发票非追踪型存货预计库存量查询公式”选择区中，选择“做预计库存量查询”，并选择“预计入库”区和“预计出库”区的所有选项。

操作步骤：

(1) 打开“销售选项设置”窗口。在“企业应用平台”的“业务工作”页签，依次单击“供应链”→“销售管理”→“设置”→“销售选项”菜单项，系统打开“销售选项”窗口。

(2) 业务控制设置。在“业务控制”选项卡中，选择“有零售日报业务”、“有委托代销业务”、“有分期收款业务”和“委托代销必有订单”，确认选择“销售生成出库单”，取消选择“报价含税”，其他项默认，如图 4-10 所示。

(3) 其他控制设置。在“其他控制”选项卡中，确认“新增退货单默认”选择“参照订单”；“新增发票默认”选择“参照发货”，其他项默认。

(4) 可用量控制设置。在“可用量控制”选项卡中，在“发货单/发票非追踪型存货预计库存量查询公式”选择区，选择“做预计库存量查询”，并选择“预计入库”区和“预计出库”区

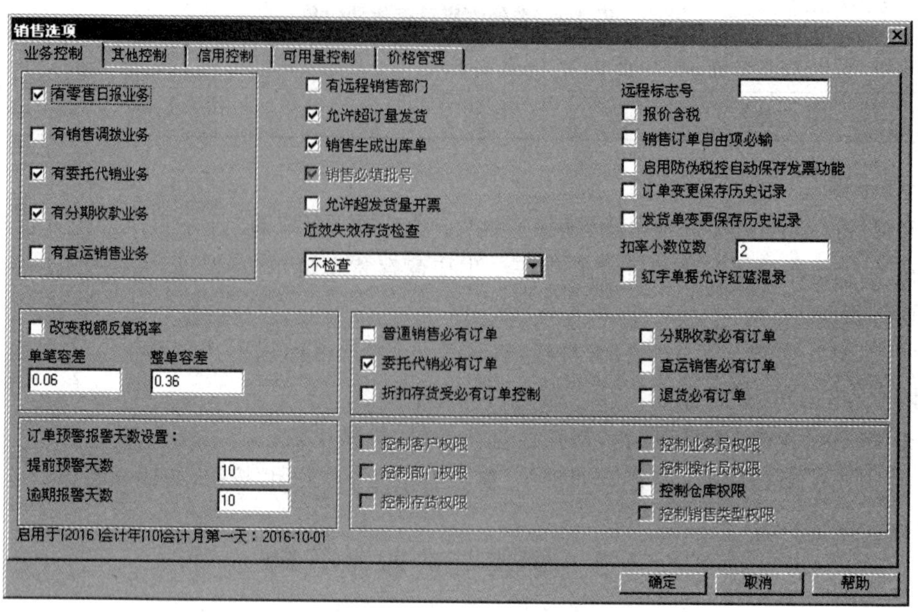

图 4-10 销售管理系统“业务控制”参数设置

的所有选项，其他选项按系统默认设置，如图 4-11 所示。

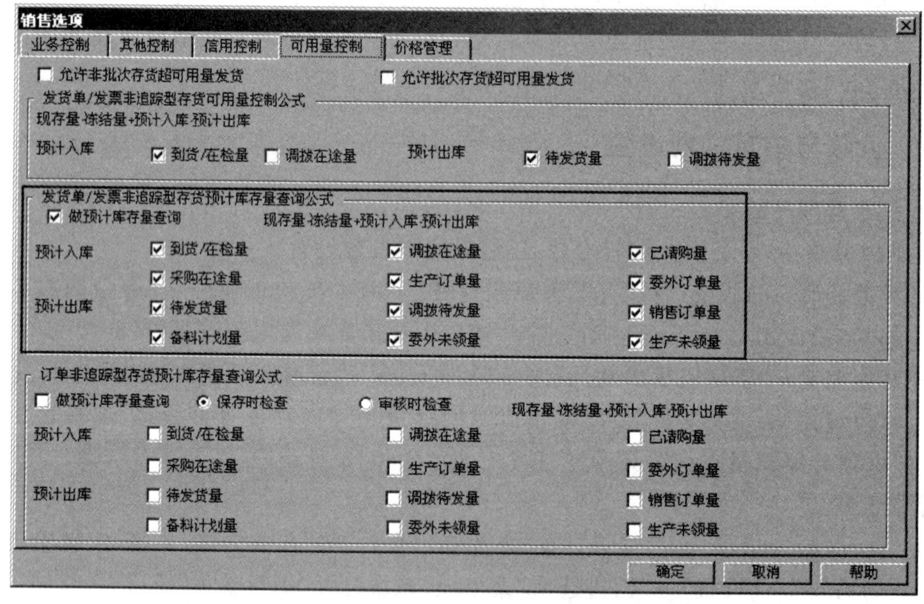

图 4-11 销售管理系统“可用量控制”参数设置

(5) 退出。单击“确定”按钮，保存系统参数的设置，关闭“销售选项”窗口。

2. 应收款管理系统参数设置

在运行应收款系统前，应先设置运行所需要的账套参数，以便系统按设定的选项进行相应的处理。本案例企业，除系统默认设置之外，还需进行如下参数设置。

- 常规：“坏账处理方式”选择“应收余额百分比”，要求“自动计算现金折扣”。

• 凭证："受控科目制单方式"为"明细到单据"，"销售科目依据"为"按存货分类"。

操作步骤：

(1) 打开应收的"账套参数设置"对话框。在"企业应用平台"的"业务工作"页签，依次单击"财务会计"→"应收款管理"→"设置"→"选项"菜单项，系统打开"账套参数设置"对话框。

(2) 改变状态。单击"编辑"按钮，使所有参数处于可修改状态。

(3) 常规参数设置。在"常规"选项卡中，选择"坏账处理方式"为"应收余额百分比法"，勾选"自动计算现金折扣"复选框，其他项默认(其中"应收账款核算模型"默认为"详细核算")，如图 4-12 所示。

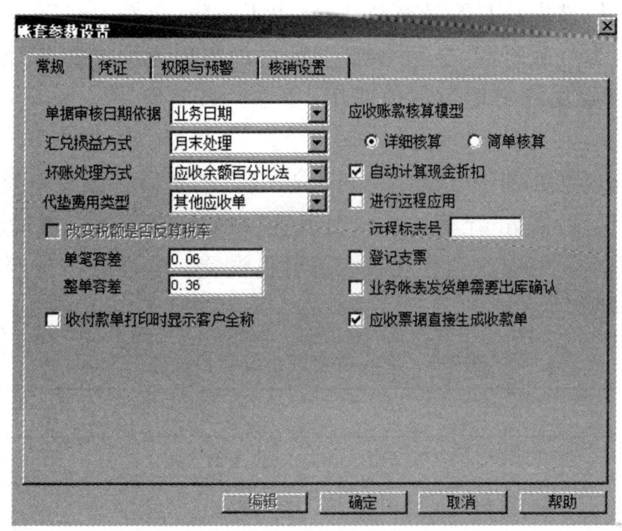

图 4-12　应收款管理的"常规"参数设置

(4) 凭证参数设置。在"凭证"选项卡中，"受控科目制单方式"选择"明细到单据"，"销售科目依据"为"按存货分类"，其他选项按系统默认设置，如图 4-13 所示。

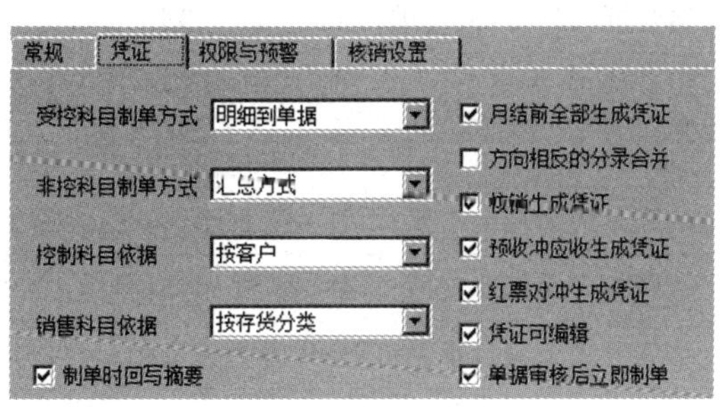

图 4-13　应收款管理的"凭证"参数设置

(5) 退出。单击"确定"按钮，保存系统参数的设置，关闭"账套参数设置"对话框。

3. 应收款管理系统科目设置

由于应收款系统的业务类型较固定，生成的凭证类型也较固定，因此为了简化凭证生成操作，可以在此将各业务类型凭证中的常用科目预先设置好。系统将依据制单规则在生成凭证时自动带入。制单规则规定如下：

- 对销售发票制单时，系统先判断控制科目依据，根据控制科目依据取“控制科目设置”中对应的科目；然后系统判断销售科目依据，单据销售科目依据取“产品科目设置”中对应的科目。若没有设置，则取“基本科目设置”中设置的应收科目和销售科目，若无，则手工输入。
- 对应收单制单时，借方取应收单表头科目，贷方取应收单表体科目，若应收单上没有科目，则需手工输入科目。
- 收款单制单时，借方科目为表头结算科目。如款项类型为应收款，贷方科目为应收科目；如款项类型为预收款，贷方科目为预收科目；如款项类型为其他费用，贷方科目为费用科目。若无科目，则需手工输入科目。
- 付款单制单时，借方科目为结算科目，取表头金额，金额为红字。如款项类型为应收款，贷方科目为应收科目，金额为红字；如款项类型为预收款，贷方科目为预收科目，金额为红字；如款项类型为其他费用，贷方科目为费用科目，金额为红字。若无科目，则需手工输入科目。
- 对现结/部分现结的销售发票制单时，贷方取“产品科目设置”中对应的销售科目和应交增值税科目，借方“结算方式科目设置”中的结算方式对应的科目。

表 4-5 是本案例企业的应收款管理系统的科目设置。本任务是按照表 4-5 完成案例企业的应收款管理系统科目设置。

表 4-5 应收款管理系统科目设置

科目类别	设 置 方 式
基本科目设置	应收科目(人民币)：1122 应收账款
	预收科目(人民币)：2203 预收账款
	销售收入科目(人民币)：6001 主营业务收入
	销售退回科目(人民币)：6001 主营业务收入
	代垫费用科目(人民币)：1001 库存现金
	现金折扣科目(人民币)：6603 财务费用
	税金科目(人民币)：22210103 销项税额
结算方式科目设置	结算方式为现金；币种为人民币；科目为 1001 库存现金
	结算方式为现金支票；币种为人民币；科目为 100201 工行存款
	结算方式为转账支票；币种为人民币；科目为 100201 工行存款
	结算方式为银行承兑汇票；币种为人民币；科目为 112101 银行承兑汇票
	结算方式为商业承兑汇票；币种为人民币；科目为 112102 商业承兑汇票
	结算方式为电汇；币种为人民币；科目为 100201 工行存款
	结算方式为委托收款；币种为人民币；科目为 100201 工行存款
	结算方式为其他；币种为人民币；科目为 100201 工行存款

操作步骤：

(1) 打开应收的“初始设置”窗口。在“应收款管理”子系统，依次单击“设置”→“初始设置”菜单项，打开应收的“初始设置”窗口。

(2) 基本科目设置。在左侧设置科目中选中“基本科目设置”，单击工具栏的“增加”按钮，然后在第1行的“基础科目种类”中选择“应收科目”、“科目”录入或参照生成1122(应收账款)、“币种”为“人民币”；依据表4-5，在“基本科目设置”的第2～7行进行设置。

(3) 结算方式科目设置。单击“设置科目”中的“结算方式科目设置”，在第1行的“结算方式”中选择“现金”、“科目”录入或参照生成1001(库存现金)；然后依据表4-5，在“结算方式科目设置”的第2～8行进行设置。

(4) 退出。单击该窗口的“关闭”按钮，关闭退出该窗口。

4.3.2 单据设置

本任务是将案例企业账套的销售专用发票、销售普通发票和销售订单的单据编号，设置为可以自动编号和手动修改方式，并在“销售订单”的表体增加“预完工日期”栏目。

1. 单据编号设置

将销售管理中销售专用发票、销售普通发票和销售订单的单据编号，设置为可以自动编号和手动修改方式。

操作步骤(以“销售专用发票”的设置为例)：

(1) 打开“单据编号设置”对话框。在“企业应用平台”的“基础设置”页签，依次单击“单据设置”→“单据编号设置”菜单项，系统弹出“单据编号设置”对话框。

(2) 选中“销售专用发票”单据。在左侧的“单据类型”里，依次单击“销售管理”→“销售专用发票”，选中“销售专用发票”单据。

(3) 修改“销售专用发票”单据的编号设置。单击右侧工具栏中的“修改”按钮，然后选中“手工改动，重号时自动重取”复选框，再单击右侧工具栏中的“保存”按钮，完成设置。

(4) 编辑其他单据的编号设置。重复步骤(2)和(3)，完成销售普通发票和销售订单的单据编号设置。

(5) 退出。单击“退出”按钮，退出该对话框。

2. 单据格式设置

设置“销售订单”的单据格式，在表体增加“预完工日期”。

操作步骤：

(1) 打开“单据格式设置”窗口。在“企业应用平台”的“基础设置”页签，依次单击“单据设置”→“单据格式设置”菜单项，系统打开“单据格式设置”窗口。

(2) 打开销售订单单据设置界面。依次单击对话框左侧的“销售管理”→“销售订单”→“显示”→“销售订单显示模板”，右侧出现销售订单单据设置界面。

(3) 编辑。单击工具栏的“表体项目”按钮，系统弹出“表体”对话框，增加选择“114 预完工日期”复选框，如图4-14所示。

(4) 保存。单击“确定”按钮，系统返回单据格式设置界面；再单击“保存”按钮，完成设置。

(5) 退出。单击“单据格式设置”窗口右上角的“关闭”按钮，关闭退出该窗口。

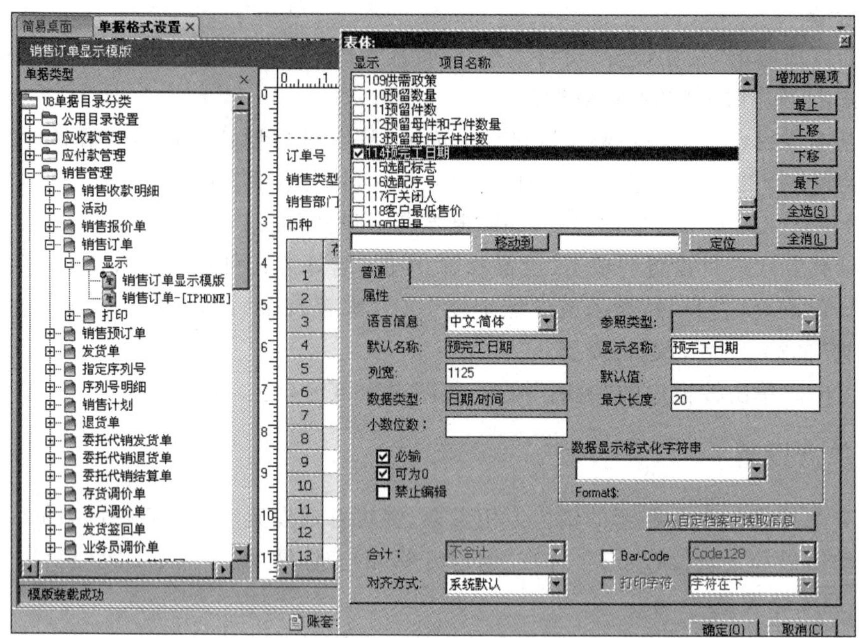

图 4-14 销售订单格式设置

4.3.3 期初数据录入与对账

通过期初余额功能，可将正式启用账套前的所有应收业务数据录入到系统中，作为期初建账的数据。这样既保证了数据的连续性，又保证了数据的完整性。当初次使用应收款系统时，要将上期未处理完全的单据都录入到本系统，以便以后的处理。当进入第二年度处理时，系统自动将上年度未处理完全的单据转成为下一年度的期初余额。在下一年度的第一个会计期间里，可以进行期初余额的调整。

本节的任务是录入应收账款期初余额并对账，表 4-6 是销售批发部业务员夏于转来的增值税发票的列表，税率为 17%。

表 4-6 销售部转来的增值税发票列表

单据日期	发票号	客户名称	存货名称	数量	无税单价	价税合计	税率(%)
2017-03-25	81090301	雪亮公司	亮康眼镜	1000	200	234 000	17
2017-03-26	81320302	光明公司	亮康眼镜	1000	200	234 000	17
2017-03-28	81890303	同方公司	亮康眼镜	1500	200	351 000	17

操作步骤：

(1) 打开“期初余额-查询”对话框。在“应收款管理”子系统，依次单击“设置”→“期初余额”菜单项，打开“期初余额-查询”对话框。

(2) 打开“期初余额”窗口。在“期初余额-查询”对话框，直接单击“确定”按钮，系统打开“期初余额”窗口。

(3) 打开“期初销售发票”窗口。单击“增加”按钮，系统弹出“单据类别”对话框，系统默认“单据名称”为“销售发票”、“单据类型”为“销售专用发票”，直接单击其“确定”按钮，系统打开“期初销售发票”窗口。

(4) 编辑一张期初销售发票。单击“增加”按钮后，在新增的发票单据上，修改表头的开票日期为 2017-03-25、“发票号”为 81090301、“客户名称”为“雪亮公司”、“销售部门”为“批发部”、“业务员”为“夏于”；在表体的第 1 行“货物编号”栏参照生成 10000(亮康眼镜)，在“数量”栏输入 1000，“无税单价”为 200，其他项为默认值；单击“保存”按钮，完成第 1 张期初销售专用发票的录入，如图 4-15 所示。

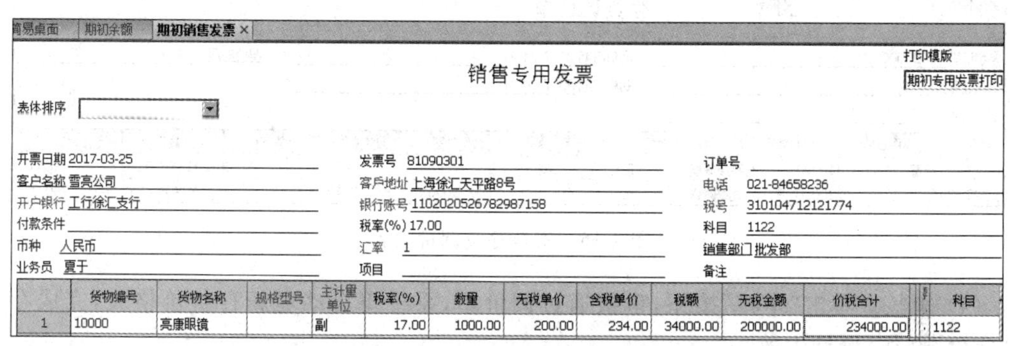

图 4-15 应收的期初销售发票

(5) 完成期初销售发票的编辑。重复步骤(4)，依据表 4-6 完成第 2～3 笔的期初应收业务的录入。

(6) 返回“期初余额”窗口。单击“期初销售发票”窗口的“关闭”按钮，关闭该窗口，系统返回“期初余额”窗口，然后单击工具栏的“刷新”按钮，系统将本操作中录入的 3 张发票信息列表显示在“期初余额”窗口中。

(7) 对账。单击工具栏的“对账”按钮，应收款系统与总账管理系统，针对受控科目进行一一对账，然后系统打开“期初对账”窗口，此时显示“差额”不为零，表示对账不成功，所以需要在总账系统中进行“引入”，详见 4.5.3 节。

(8) 退出。单击“期初对账”窗口和“期初余额”窗口的“关闭”按钮，关闭退出相应的窗口。

4.3.4 销售存货调价单

销售存货调价单可以用来设置、修改存货的价格，当调价单审核以后，价格可以更新存货价格表。本节的任务是录入与审核销售存货价格单，表 4-7 是案例企业现阶段执行的销售客户调价表。

表 4-7 销售存货调价单

存货名称	数量下限	批发价 1	零售价 1	是否促销价	税　率
亮康眼镜	0	240	280	否	17
亮康眼镜	100	230		否	17

操作步骤：

(1) 打开“存货调价单”窗口。在“企业应用平台”的“业务工作”页签，依次单击“供应链”→“销售管理”→“价格管理”→“存货价格”→“存货调价单”菜单项，系统打开“存货调价单”窗口。

(2) 编辑第1行。单击“增加”按钮，然后在新增的存货调价单中，参照生成“存货编码”为10000(亮康眼镜)，编辑“数量下限”为0，“批发价1”为240，“零售价1”为280。

(3) 编辑第2行。重复步骤(2)，完成“亮康眼镜”第2行的存货调价录入，然后单击“保存”按钮，保存调价单，如图4-16所示。

图4-16　销售存货调价设置

(4) 审核。单击“审核”按钮，审核通过调价单，系统将自动更新存货价格表，完成存货的“定价”操作，价格生效。

(5) 退出。单击“存货调价单”窗口右上角的“关闭”按钮，关闭该窗口。

4.3.5　销售客户调价单

销售客户价格单可以用来设置、修改存货的价格，调价单审核以后，价格可以更新存货价格表。本节的任务是录入与审核销售存货价格单，表4-8是案例企业现阶段执行的销售客户调价表。

表4-8　销售客户调价单

客　　户	存货名称	数量下限	批发价	是否促销价	税　率
003 同方公司	亮康眼镜	0	230	否	17
003 同方公司	亮康眼镜	100	220	否	17
003 同方公司	亮康眼镜	500	200	否	17

操作步骤：

(1) 打开“客户调价单”窗口。在“企业应用平台”的“业务工作”页签，依次单击“供应链”→“销售管理”→“价格管理”→“客户价格”→“客户调价单”菜单项，系统打开“客户调价单”窗口。

(2) 编辑第1行。单击“增加”按钮，然后在新增的存货调价单中，参照生成“客户简称”为“同方公司”、“存货编码”为10000(亮康眼镜)、“数量下限”为0，“批发价”为230。

(3) 编辑其他行。重复步骤(2)，完成表4-8中第2行和第3行客户存货调价的录入，然后单击“保存”按钮，保存调价单。

(4) 审核。单击“审核”按钮，审核通过调价单，系统将自动更新存货价格表，完成存货的“定价”操作，价格生效。

(5) 退出。单击“客户调价单”窗口右上角的“关闭”按钮，关闭该窗口。

4.4 库存与存货核算管理

本节是对库存和存货管理系统进行参数设置、期初余额录入与记账。

4.4.1 参数设置

1. 库存管理系统参数设置

本案例企业的库存管理系统参数，除系统默认设置之外，还需进行如下参数设置。

- 通用设置：选择“修改现存量时点”区的“采购入库审核时改现存量”、“销售出库审核时改现存量”、“产成品入库审核改现存量”、“材料出库审核时改现存量”和“其它出入库审核时改现存量”复选框，取消“业务校验”区的“审核时检查货位”复选框的默认选中状态。
- 专用设置：在“自动带出单价的单据”区选择“采购入库单”、“采购入库取价按采购管理选项”、“销售出库单”、“产成品入库单”、“材料出库单”、“其他入库单”、“其他出库单”、“调拨单”。
- 预计可用量设置：“预计可用量检查公式”设置为“出入库检查预计可用量”；“预计入库量”包括“已请购量”、“生产订单量”、“采购在途量”、“到货/在检量”、“委外订单量”；“预计出库量”包括“销售订单量”、“待发货量”、“生产未领量”和“委外未领量”。

操作步骤：

(1) 打开“库存选项设置”对话框。在“企业应用平台”的“业务工作”页签，依次单击“供应链”→“库存管理”→“初始设置”→“选项”菜单项，系统打开“库存选项设置”对话框。

(2) 通用设置。在“通用设置”选项卡中，选中“修改现存量时点”区的“采购入库审核时改现存量”、“销售出库审核时改现存量”、“产成品入库审核改现存量”、“材料出库审核时改现存量”和“其他出入库审核时改现存量”复选框，取消“业务校验”区的“审核时检查货位”复选框的默认选中状态，其他项为默认值，如图 4-17 所示。

(3) 专用设置。在“专用设置”选项卡中，选中“自动带出单价的单据”区的“采购入库单”及其子项“采购入库取价按采购管理选项”、“销售出库单”、“其他入库单”、“其他出库单”和“调拨单”复选框，其他项默认。

(4) 预计可用量设置。在“预计可用量设置”选项卡中，选中“预计可用量检查公式”区的“出入库检查预计可用量”复选框，“预计入库量”包括“已请购量”、“生产订单量”、“采购在途量”、“到货/在检量”、“委外订单量”；“预计出库量”包括“销售订单量”、“待发货量”、“生产未领量”和“委外未领量”，其他项为默认值，如图 4-18 所示。

(5) 退出。单击“确定”按钮，保存系统参数的设置，关闭“库存选项设置”对话框。

2. 存货核算设置

本案例企业的存货核算系统参数，除系统默认设置之外，还需进行如下参数设置。

- 核算方式：选择“暂估方式”区的“单到回冲”，“零成本出库选择”区的“参考成本”，“红字出库单成本”区的“参考成本”，“入库单成本选择”区的“参考成本”。
- 控制方式：选择“结算单价与暂估单价不一致是否调整出库成本”。

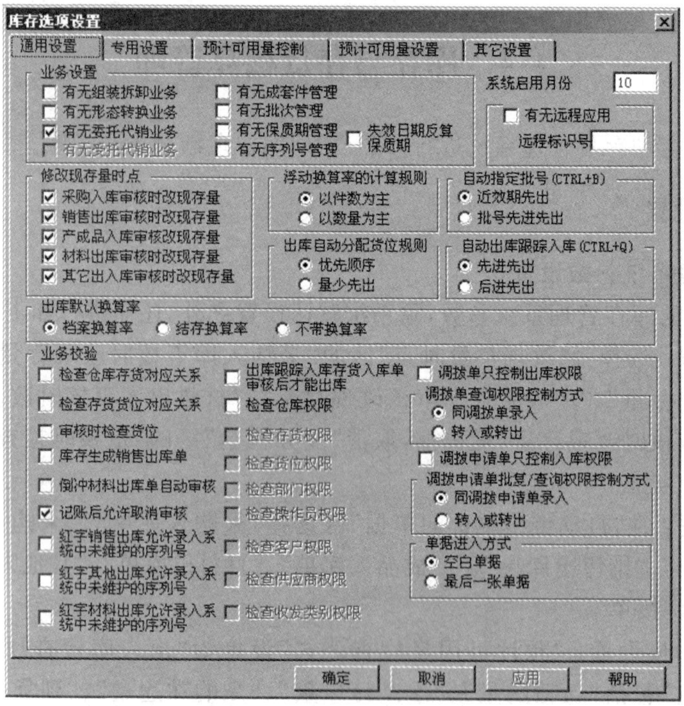

图 4-17 “库存选项设置”对话框的“通用设置”

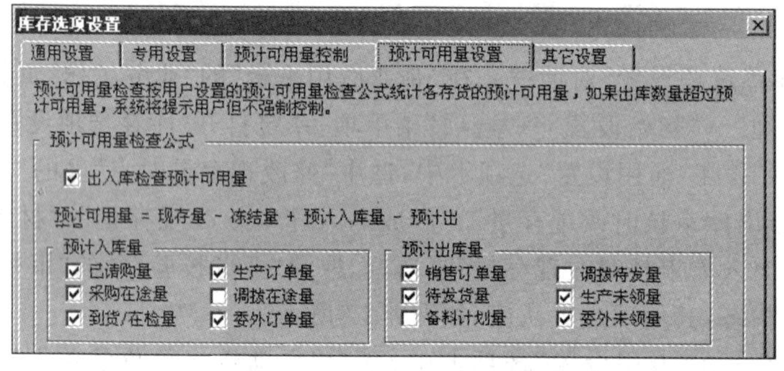

图 4-18 “库存选项设置”对话框的“预计可用量设置”

操作步骤：

(1) 打开“选项录入”对话框。在“企业应用平台”的“业务工作”页签，依次单击“供应链”→“存货核算”→“初始设置”→“选项”→“选项录入”菜单项，系统打开“选项录入”对话框。

(2) 核算方式设置。在“核算方式”选项卡中，选择“暂估方式”区的“单到回冲”，“零成本出库选择”区的“参考成本”，“红字出库单成本”区的“参考成本”，确认“入库单成本选择”区的“参考成本”，其他项为默认值，如图 4-19 所示。

(3) 控制方式设置。在“控制方式”选项卡中，选中“结算单价与暂估单价不一致是否调整出库成本”复选框，其他项默认。

(4) 保存并退出。单击“确定”按钮，保存系统参数的设置，系统关闭“选项录入”对话框。

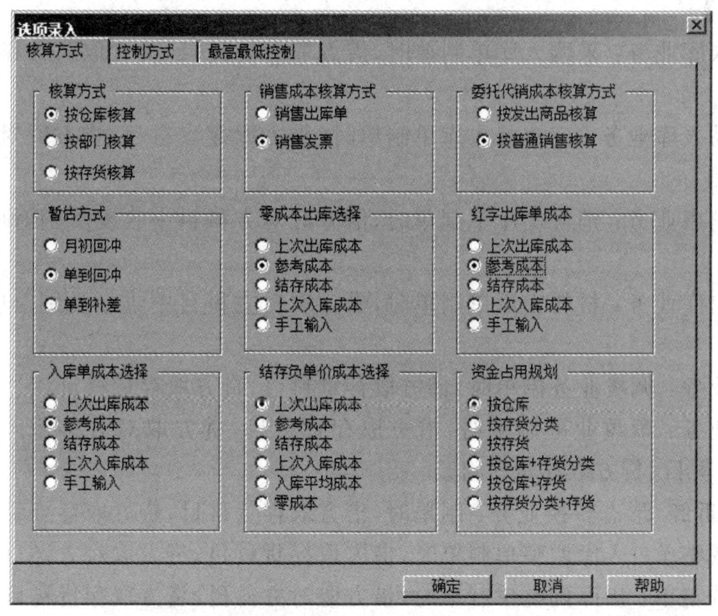

图 4-19　存货“选项录入”对话框的“核算方式”

3. 存货科目设置

存货核算系统的存货科目功能是设置本系统中生成凭证所需要的各种存货科目、差异科目、分期收款发出商品科目、委托代销科目，因此用户在制单之前应先在本系统中将存货科目设置正确、完整，否则系统生成凭证时无法自动带出科目。表 4-9 是本案例企业的存货科目。本任务是按照表 4-9，完成案例企业的存货科目设置。

表 4-9　存货科目

存货编码	存货名称	存货科目	存货编码	存货名称	存货科目
00003	男士普通太阳镜	140501 商品			
10000	亮康眼镜	140502 产成品	12210	塑料	140301 塑料
11000	镜片	1408 委托加工物资	12220	镜片树脂	140302 镜片树脂
12000	镜架	14050301 镜架	12300	鼻托	14050304 鼻托
12100	镜框	14050302 镜框	12310	硅胶	140303 硅胶
12200	镜腿	14050303 镜腿	13000	螺钉	140304 螺钉

操作步骤：

(1) 打开“存货科目”窗口。在“企业应用平台”的“业务工作”页签，依次单击“供应链”→“存货核算”→“初始设置”→“科目设置”→“存货科目”菜单项，系统打开“存货科目”窗口。

(2) 编辑并保存。单击工具栏的“增加”按钮，按照表 4-9 的内容，依次填写“存货编码”、“存货科目编码”，单击“保存”按钮完成设置。

(3) 退出。单击工具栏的“退出”按钮，退出“存货科目”窗口。

【业务规则】

(1) 采购入库业务：采购入库单制单时，借方取存货科目，贷方取对方科目中收发类别对应的科目。

(2) 产成品入库业务：产成品入库单制单时，借方取存货科目，贷方取对方科目中收发类别对应的科目。

(3) 普通销售业务：销售出库单制单时，借方取对方科目中收发类别对应的科目，贷方取存货科目。

(4) 材料出库业务：材料出库单制单时，借方取对方科目中收发类别对应的科目，贷方取存货科目。

(5) 调拨业务：调拨业务制单时，借方取存货科目，贷方取存货科目。

(6) 盘点业务：盘盈业务制单时，借方取存货科目，贷方取对方科目。盘亏业务制单时，借方取对方科目，贷方取存货科目。

(7) 组装、拆卸、形态转换业务：制单时，借方取存货科目，贷方取存货科目。

(8) 入库调整单：入库调整单制单时，借方取存货科目，贷方取对方科目。

(9) 出库调整单：出库调整单制单时，借方取对方科目，贷方取存货科目。

4. 存货对方科目设置

表4-10是本案例企业的存货核算系统的存货对方科目设置。本任务是按照表4-10，完成案例企业的存货对方科目设置。

表4-10 存货对方科目

收发类别编码	收发类别名称	对方科目编码与名称	暂估对方科目编码与名称	委外加工费科目编码与名称	委外材料费科目编码与名称
11	采购入库	1402 在途物资	220202 暂估应付账款		
12	委外入库	1408 委托加工物资		1402 在途物资	1408 委托加工物资
13	半成品入库	50010102 直接材料			
14	产成品入库	50010102 直接材料			
22	其他入库	190101 待处理流动资产损溢			
31	销售出库	6401 主营业务成本			
32	委外领料	1408 委托加工物资			
33	生产领料	50010102 直接材料			
42	其他出库	190101 待处理流动资产损溢			

操作步骤：

(1) 打开“对方科目”窗口。在“存货核算”子系统，依次单击“初始设置”→“科目设置”→“对方科目”菜单项，系统打开“对方科目”窗口。

(2) 编辑并保存。单击工具栏的“增加”按钮，按照表4-10的内容，依次填写“收发类别编码”、“对方科目编码”、“暂估科目编码”等，然后单击“保存”按钮完成设置。

(3) 退出。单击工具栏的“退出”按钮，退出“对方科目”窗口。

【业务规则】

(1) 采购入库业务：采购入库单制单时，借方取存货科目，贷方取对方科目中收发类别对应的科目。

(2) 产成品入库业务：产成品入库单制单时，借方取存货科目，贷方取对方科目中收发类别对应的科目。

(3) 其他入库业务：其他入库单制单时，借方取存货科目，贷方取对方科目中收发类别对应的科目。

(4) 普通销售业务：销售出库单制单时，借方取对方科目中收发类别对应的科目，贷方取存货科目。

(5) 材料出库业务：材料出库单制单时，借方取对方科目中收发类别对应的科目，贷方取存货科目。

(6) 其他出库业务：其他出库单制单时，借方取对方科目中收发类别对应的科目，贷方取存货科目。

(7) 入库调整单：入库调整单制单时，借方取存货科目，贷方取对方科目。

(8) 出库调整单：出库调整单制单时，借方取对方科目，贷方取存货科目。

(9) 委外入库业务：

- 暂估的委外入库单制单时，借方取存货科目，贷方委托加工物资材料费取对方科目中收发类别对应的委托加工物资材料费科目，贷方暂估加工费取对方科目中收发类别对应的暂估科目。
- 结算的委外入库单制单时，借方取存货科目，贷方委托加工物资材料费取对方科目中收发类别对应的委托加工物资材料费科目，贷方加工费取对方科目中收发类别对应的委托加工物资加工费科目；如果委托加工物资材料费和加工费科目相同，则制单时材料费和加工费合并成一条分录。

4.4.2 期初数据录入与记账

1. 库存期初数据

库存管理的期初数据，只有在启用系统的第一年或重新初始化的年度可以录入，其他年度均不可录入。但启用第一年或重新初始化年度第一个会计月结账后，也不允许再新增、修改或删除期初数据，更不可以审核和弃审。因此应在期初数据全部录入完毕并审核后，再进行第一个会计月的结账操作。

本任务是依据表 4-11，完成案例企业的库存期初数据录入。请注意，每个仓库一张期初数据录入单据。

表 4-11 库存期初数据

仓库名称	存货编码	存货名称	数　量	单价(元)	入库类别
大运仓库	00003	男士普通太阳镜	5000	90	11 采购入库
原材料仓库	12210	塑料	100	1000	11 采购入库
原材料仓库	12310	硅胶	100	1600	11 采购入库

续表

仓库名称	存货编码	存货名称	数　量	单价(元)	入库类别
半成品仓库	13000	螺钉	400	1	11 采购入库
半成品仓库	11000	镜片	20	80	12 委外入库
半成品仓库	12100	镜框	1000	12	13 半成品入库
半成品仓库	12300	鼻托	150	20	13 半成品入库
产成品仓库	10000	亮康眼镜	50	160	14 产成品入库

操作步骤：

(1) 打开"库存期初"窗口。在"企业应用平台"的"业务工作"页签，依次单击"供应链"→"库存管理"→"初始设置"→"期初结存"菜单项，系统打开"库存期初"窗口。

(2) 选择仓库。选择"仓库"为"大运仓库"后，单击"修改"按钮，使"库存期初"窗口处于编辑状态。

(3) 编辑期初存货。在表体参照选择第 1 行的"存货编码"为 00003(男士普通太阳镜)，在"数量"栏输入 5000，"单价"栏输入 90，"入库类别"为"采购入库"。

(4) 保存并批审。单击工具栏的"保存"、"批审"按钮，审核通过该仓库期初存货。

(5) 完成其他仓库的期初数据编辑与审核。重复步骤(2)～(4)，完成"原材料仓库"、"半成品仓库"和"产成品仓库"的期初库存数据录入、保存和审核工作。

(6) 退出。单击"库存期初"窗口右上角的"关闭"按钮，关闭退出该窗口。

提示：

- 库存期初结存数据必须按照仓库分别录入，且录入完成后必须审核。期初结存数据的审核实际是期初记账的过程，表明该仓库期初数据录入工作的完成。
- 库存期初数据审核是分仓库分存货进行的，即"审核"功能仅针对当前仓库的一条存货记录进行审核；"批审"功能是对当前仓库的所有存货进行审核，而不是审核所有仓库的存货。
- 审核后的库存期初数据不能修改、删除，但可以"弃审"后进行修改或删除。
- 库存期初结存数据录入时，若默认存货在库存系统的计量单位不是主计量单位，则需要录入该存货的单价和金额，由系统计算该存货的数量。

2. 存货核算期初数据的生成与记账

初次使用存货核算系统时，应先输入全部末级存货的期初余额。存货核算的期初数据，一般与库存管理系统的期初相对应，可以直接录入；但若在库存管理系统中已经录入了，则可以在存货核算系统中通过"取数"功能，从库存管理系统中取数。当然，库存的期初数据也可与存货核算的期初数据不一致，系统提供两边互相取数和对账的功能。

期初数据录入后，可执行期初记账，则系统把期初差异分配到期初单据上，并把期初单据的数据记入存货总账、存货明细账、差异账、委托代销/分期收款发出商品明细账。期初记账后，用户才能进行日常业务、账簿查询、统计分析等操作。

如果期初数据有错误，可以在取消期初记账后修改期初数据，然后重新执行期初记账。

操作步骤：

(1) 打开"期初余额"窗口。在"企业应用平台"的"业务工作"页签，依次单击"供应链"→"存货核算"→"初始设置"→"期初数据"→"期初余额"菜单项，系统打开"期初余额"窗口。

(2) 取数。在"仓库"下拉列表中选择"大运仓库"，然后单击"取数"按钮，则系统自动读取仓库存货并显示在"期初余额"窗口中。

(3) 取数。重复步骤(2)，从"原材料仓库"、"半成品仓库"和"产成品仓库""取数"，以完成存货核算系统期初数据的生成。

(4) 对账。单击"对账"按钮，系统弹出"库存与存货期初对账查询条件"对话框，已默认选择了所有仓库，直接单击"确定"按钮，系统弹出"对账成功！"信息提示框，单击"确定"按钮退出该提示框，系统即完成库存与存货的期初对账。

(5) 记账。单击"记账"按钮，系统弹出"期初记账成功"提示框，单击"确定"按钮完成存货期初余额的记账工作。

(6) 汇总。单击"汇总"按钮，系统弹出"期初汇总条件选择"对话框，已默认选择了所有仓库，选择"存货级次"的下限为"明细"，然后单击"确定"按钮，系统打开"期初数据汇总"窗口，表明已完成期初数据汇总工作，如图 4-20 所示。

期初数据汇总表

仓库:大运仓库,原材料仓库,半成品仓库,产成品仓库　　存货级次　1 — 明细

存货级次	存货大类编码	存货大类名称	存货编码	存货名称	规格型号	计量单位	结存数量	结存单价	结存金额	计划单价	结存计划金额
1	01	商品					5050.00	90.69	458,000.00		0.00
2	0101	太阳镜					5000.00	90.00	450,000.00		0.00
明细	0101	太阳镜	00003	男士普通太l		副	5000.00	90.00	450,000.00	0.00	0.00
2	0102	亮康眼镜					50.00	160.00	8,000.00		0.00
明细	0102	亮康眼镜	10000	亮康眼镜		副	50.00	160.00	8,000.00	0.00	0.00
1	02	生产					1770.00	156.50	277,000.00		0.00
2	0201	原材料					600.00	434.00	260,400.00		0.00
明细	0201	原材料	12210	塑料		千克	100.00	1000.00	100,000.00	0.00	0.00
明细	0201	原材料	12310	硅胶		千克	100.00	1600.00	160,000.00	0.00	0.00
明细	0201	原材料	13000	螺钉		颗	400.00	1.00	400.00	0.00	0.00
2	0202	半成品					1170.00	14.19	16,600.00		0.00
明细	0202	半成品	11000	镜片		对	20.00	80.00	1,600.00	0.00	0.00
明细	0202	半成品	12100	镜框		对	1000.00	12.00	12,000.00	0.00	0.00
明细	0202	半成品	12300	鼻托		对	150.00	20.00	3,000.00	0.00	0.00

图 4-20　存货"期初数据汇总"窗口

(7) 退出。单击"退出"按钮，退出"期初数据汇总"窗口和"期初余额"窗口。

提示：

- 期初记账前可修改存货的计价方式及核算方式，可修改存货的期初数据，但记账后不能改。
- 期初数据录入完毕，必须在期初记账后才能开始日常业务核算。未记账时，允许进行单据录入、账表查询。
- 期初数据记账是针对所有期初数据进行记账操作的。因此用户在进行期初数据记账前，必须先确认所有期初数据全部录入完毕并且正确无误，再进行期初记账。
- 没有期初数据的用户，可以不录入期初数据，但必须执行期初记账操作。
- 恢复期初记账时，如是第一会计年度，可直接恢复期初记账，如果不是，则系统弹出提示框"只有调整存货的核算方式和计价方式、核算自由项、修改期初数据时才可以恢复期初记账"。

• 汇总，是指对期初余额按存货进行逐级汇总。

4.5 总账管理

本节的任务是完成总账的系统参数与核算规则设置、总账的期初余额的录入与引入、对账和期初记账。

4.5.1 系统参数设置

本案例企业的总账系统参数，除系统默认设置之外，还需进行如下参数设置。

权限：选择“出纳凭证必须经由出纳签字”、“凭证必须经由主管会计签字”。

操作步骤：

(1) 打开“选项”对话框。在“企业应用平台”的“业务工作”页签，依次单击“财务会计”→“总账”→“设置”→“选项”菜单项，系统打开“选项”对话框。

(2) 权限设置。在“权限”选项卡中，先单击“编辑”按钮，使所有参数处于可修改状态，再选中“出纳凭证必须经由出纳签字”、“凭证必须经由主管会计签字”复选框，其他项为默认值，如图 4-21 所示。

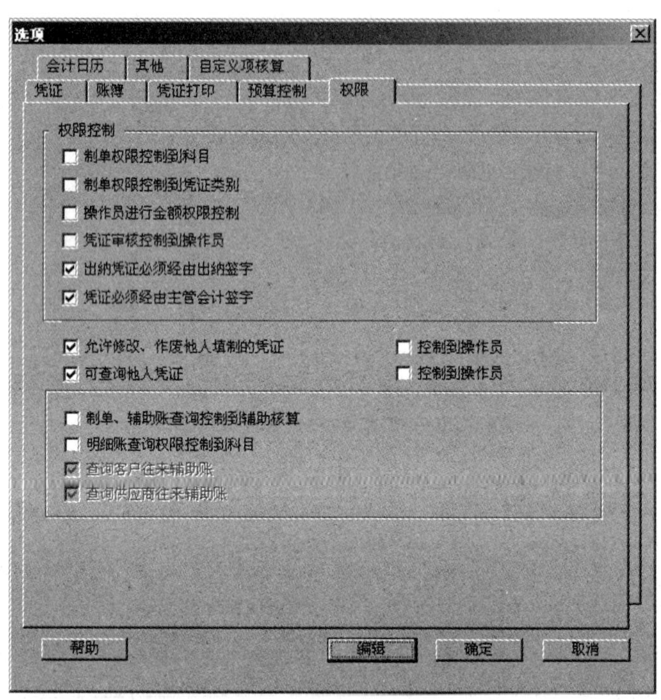

图 4-21 总账系统的“选项”对话框

(3) 确定并退出。单击“确定”按钮，保存系统参数的设置，关闭“选项”对话框。

4.5.2 总账期初余额设置

总账的期初余额，是以上期的期末余额为基础，反映了以前期间的交易和上期采用的会计政策的结果。期初已存在的账户余额，是由上期结转至本期的金额，或是上期期末余额调整后的金额。本节将在总账系统中录入上月的会计科目期末余额数据信息，作为本月会计科目期初余额数据，以保证数据的完整性和连续性。

本任务是按照表 4-12 和表 4-13，录入会计科目的期初余额（分 3 类完成）。

表 4-12　会计科目的期初余额

科目编码	科目名称	余额方向	币别/计量	期初余额	余额录入方式
1001	库存现金	借		4665	直接录入
1002	银行存款	借		328 661.44	自动生成
100201	工行存款	借		328 661.44	直接录入
1122	应收账款	借		819 000	参照引入
1403	原材料	借		260 400	自动生成
140301	塑料	借		100 000	直接录入
		借	千克	100	直接录入
140303	硅胶	借		160 000	直接录入
		借	千克	100	直接录入
140304	螺钉	借		400	直接录入
		借	颗	400	直接录入
1405	库存商品	借		473 000	自动生成
140501	商品	借		450 000	直接录入
140502	产成品	借		8000	直接录入
140501	自制半成品	借		15 000	自动生成
14050102	镜框	借		12 000	直接录入
14050104	鼻托	借		3000	直接录入
1408	委托加工物资	借		1600	直接录入
1601	固定资产	借		770 000	直接录入
1602	累计折旧	贷		185 652	直接录入
1711	商誉	借		116 450	直接录入
2202	应付账款	贷		100 620	自动生成
220201	一般应付账款	贷		100 620	参照引入
220202	暂估应付账款	贷			
2211	应付职工薪酬	贷		159 659.6	自动生成
221101	工资	贷		详见表 4-13	录入各部门的
221102	社会保险费	贷		详见表 4-13	录入各部门的
221103	住房公积金	贷		详见表 4-13	录入各部门的

续表

科目编码	科目名称	余额方向	币别/计量	期初余额	余额录入方式
221104	工会经费	贷		详见表 4-13	录入各部门的
221105	职工教育经费	贷		详见表 4-13	录入各部门的
221106	其他	贷			
2221	应交税费	贷		149 710.96	自动生成
222102	未交增值税	贷		9000	直接录入
222103	应交所得税	贷		137 500	直接录入
222104	应交个人所得税	贷		2130.96	直接录入
222105	应交城市维护建设税	贷		630	直接录入
222106	应交教育费附加	贷		270	直接录入
222107	应交地方教育费附加	贷		180	直接录入
2241	其他应付款	贷		24 064.8	自动生成
224101	应付社会保险费	贷		11 056.8	直接录入
224102	应付住房公积金	贷		13 008	直接录入
4001	实收资本	贷		1 500 000	直接录入
4101	盈余公积	贷		59 857	直接录入
4103	本年利润	贷		45 600	直接录入
4104	利润分配	贷		550 000	自动生成
410406	未分配利润	贷		550 000	直接录入
5001	生产成本	借		1387.92	自动生成
500101	直接生产成本	借		1387.92	自动生成
50010101	直接人工	借			
50010102	直接材料	借		1387.92	直接录入

表 4-13 “应付职工薪酬”二级科目的分部门期初余额

部　门	工　资	社会保险费	住房公积金	工会经费	职工教育经费
经理办公室	7796	2656.8	972	162	202.5
行政办公室	5992	2000.8	732	122	152.5
财务部	18 593.6	6215.6	2274	379	473.75
批发部	12 813.8	4296.8	1572	262	327.5
门市部	5899.8	1968	720	120	150
采购部	12 272.8	4100	1500	250	312.5
仓管部	17 948.2	5986	2190	365	456.25

续表

部　门	工　资	社会保险费	住房公积金	工会经费	职工教育经费
人力资源部	12 629.4	4231.2	1548	258	322.5
生产部	12 272.8	4100	1500	250	312.5
总计	106 218.4	35 555.2	13 008	2168	2710

根据期初余额录入方式的不同，在此把会计科目分为 3 类：直接录入、参照引入，以及通过录入下级科目自动生成得出，具体的可参见图 4-22。

图 4-22　总账中期初余额的录入方式

一般而言，只有末级科目且辅助账类型不是部门核算，而且不需要与其他子系统账簿对账的账户，其期初余额才能直接录入；是部门核算的末级科目，以及需要与其他账簿对账的末级科目，其账户的期初余额需要参照录入；非末级科目的账户期初余额，是通过录入下级科目的账户期初余额后系统自动得出的。

下面是具体的分类说明，以及相应的录入操作步骤。

1. 直接录入

可直接录入期初余额的科目，包括库存现金、工行存款、塑料、镜片树脂、硅胶、固定资产、累计折旧、实收资本、盈余公积、本年利润、直接人工、直接材料等。这些科目是末级科目且辅助账类型不是部门核算，而且也不需要与其他账簿对账。

操作步骤：

(1) 打开总账的"期初余额"窗口。在"企业应用平台"的"业务工作"页签下，依次单击"财务会计"→"总账"→"设置"→"期初余额"菜单项，打开"期初余额"窗口。

(2) 编辑科目期初余额。双击相应科目的"期初余额"栏，然后录入其期初余额值。

(3) 完成期初余额编辑。重复步骤(2),依据表 4-12 编辑完成可直接录入的会计科目期初余额。

(4) 退出。单击“期初余额”窗口的“退出”按钮,退出该窗口。

2. 参照录入

本案例企业中的参照录入,主要是需要与应收应付系统对账的参照录入,通过先在应收、应付系统中进行期初余额录入(相应操作详见 4.1.3 节和 4.3.3 节),然后在总账中进行期初余额引入(详见 4.5.3 节)。

3. 通过录入下级科目自动得出

该类会计科目的期初余额,不需要通过人工录入,系统会依据其下级科目的账户期初余额,自动给出。因为有些会计科目之间,存在勾稽关系,系统可以自行处理。比如原材料科目的账户期初余额,可以通过在录入原材料类的塑料、镜片树脂和硅胶的数量和单价后,系统自动计算给出其期初余额。

4.5.3 期初余额引入与对账

1. 期初余额引入与汇总

操作步骤(以应收账款为例):

(1) 打开总账系统的“期初余额”窗口。在“企业应用平台”的“业务工作”页签,依次单击“财务会计”→“总账”→“设置”→“期初余额”菜单项,系统打开总账系统的“期初余额”窗口。

(2) 打开“辅助期初余额”窗口。双击“应收账款”科目所在行,系统打开“辅助期初余额”窗口,参见图 4-23。

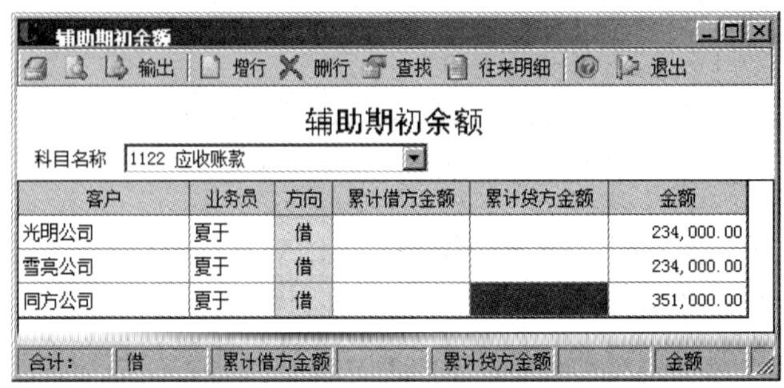

图 4-23 总账“辅助期初余额”窗口

(3) 打开“期初往来明细”窗口。单击工具栏的“往来明细”按钮,系统打开“期初往来明细”窗口,参见图 4-24。

(4) 引入。单击工具栏的“引入”按钮,系统将应收款系统中录入的 3 张发票信息引入总账,并显示在“期初往来明细”窗口中,如图 4-24 所示。

(5) 汇总。单击工具栏的“汇总”按钮,系统汇总客户往来明细辅助期初,在系统弹出的多个对话框中直接单击“是”或“确定”按钮,直到返回“期初往来明细”窗口。

(6) 退出。单击“期初往来明细”窗口的“退出”按钮,系统返回“辅助期初余额”窗口。

(7) 查询引入结果。单击“辅助期初余额”窗口工具栏的“查找”按钮,在系统弹出的“查

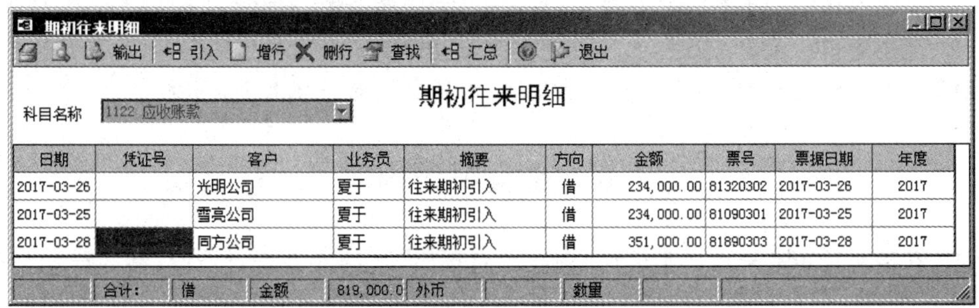

日期	凭证号	客户	业务员	摘要	方向	金额	票号	票据日期	年度
2017-03-26		光明公司	夏于	往来期初引入	借	234,000.00	81320302	2017-03-26	2017
2017-03-25		雪亮公司	夏于	往来期初引入	借	234,000.00	81090301	2017-03-25	2017
2017-03-28		同方公司	夏于	往来期初引入	借	351,000.00	81890303	2017-03-28	2017

图 4-24　总账“期初往来明细”窗口

找”对话框中，直接单击“确定”按钮，系统返回“辅助期初余额”窗口，如图 4-23 所示。

(8) 退出并返回总账系统的“期初余额”窗口。单击“期初往来明细”窗口和“辅助期初余额”窗口的“退出”按钮。

(9) 重复步骤(2)～(8)，完成“一般应付账款”科目的期初余额数据引入和汇总。

2. 期初余额对账

操作步骤：

(1) 打开总账系统的“期初余额”窗口。

(2) 打开“期初对账”对话框。单击“对账”按钮，系统弹出“期初对账”对话框，提示将“核对总账上下级”、“核对总账与辅助账”、“核对辅助账与明细账”。

(3) 对账。单击“开始”按钮，系统开始对总账与应付账款、应收账款，总账与辅助账、辅助账与明细账进行核对，完成之后在“期初对账”对话框中给出对账结果。

(4) 退出。单击“取消”按钮，关闭“期初对账”对话框返回“期初余额”窗口。

提示：如果对账后发现有错误，可单击“显示对账错误”按钮，系统将把对账中发现的问题列出来。

3. 期初试算

操作步骤：

(1) 打开总账系统的“期初余额”窗口。

(2) 试算。单击“试算”按钮，系统弹出“期初试算平衡表”对话框，并给出试算结果如图 4-25 所示。

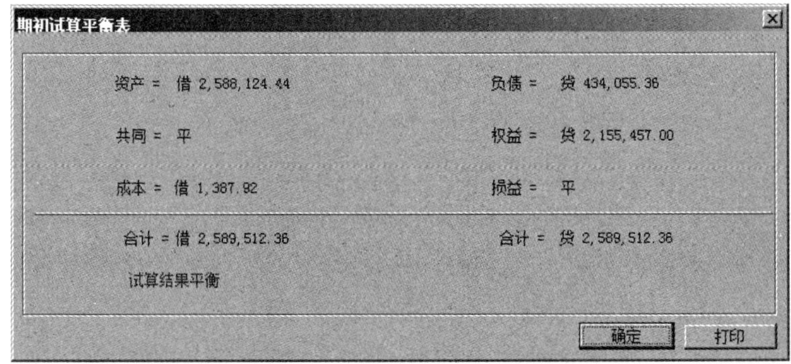

图 4-25　期初试算结果

(3) 退出对话框。单击“确定”按钮,系统返回“期初余额”窗口。

(4) 退出窗口。单击工具栏的“退出”按钮,退出“期初余额”窗口。

提示:在总账系统中,若有当月凭证记账,则总账期初余额不能再修改。

4.6 实验报告内容

(1) 在销售订单显示格式中增加“预完工日期”栏的格式设置对话框,截图后粘贴在实验报告中

(2) 销售订单中为何要设置“预完工日期”?

(3) 查看本企业各个仓库的库存期初结存,并将结果界面截图后粘贴在实验报告中。

(4) 查看本企业的存货核算期初余额,并将结果界面截图后粘贴在实验报告中。

(5) 查看本企业的存货科目设置,并将结果界面截图后粘贴在实验报告中。

(6) 查看本企业的存货对方科目设置,并将结果界面截图后粘贴在实验报告中。

(7) 查看本企业的客户价格,并将结果界面截图后粘贴在实验报告中。

(8) 查看本企业的总账期初余额,并将结果界面截图后粘贴在实验报告中。

(9) 查看本企业的应收账款期初余额明细,并将结果界面截图后粘贴在实验报告中。

(10) 查看本企业的应付账款期初余额明细,并将结果界面截图后粘贴在实验报告中。

(11) 将总账的“试算”平衡结果图,截图后粘贴在实验报告中。

第二部分　生产规划与产能管理

第 5 章　物料清单管理

第 6 章　销售预测与资源需求计划

第 7 章　销售订货与 MPS 计划

第 8 章　MRP 与能力需求计算

第5章　物料清单管理

物料清单是一个制造企业的核心文件。各个部门的活动都用到物料清单，生产部门根据物料清单生产产品，库房根据物料清单发料，财务部门根据物料清单计算成本，销售和订单录入部门通过物料清单确定客户定制产品的结构和型号，维修服务部门通过物料清单了解需要什么备件，质量控制部门根据物料清单保证产品正确生产，计划部门根据物料清单计划物料和能力的需求，等等。

物料清单如同一个管理枢纽，把企业各个业务部门通过物料有机地联系在一起。因此，几乎企业所有主要业务部门都要使用，并依据统一的物料清单进行工作。本章介绍并建立案例企业的物料清单。

本章的实验是进行案例企业主物料清单的编辑与查询工作。本章的操作，是在系统日期 2017-04-01、由账套主管“赵技巩”(或者读者本人)登录到“企业应用平台”，并在第 4 章完成的账套中通过物料清单模块完成。

在本章实验操作前，需要将系统时间调整为 2017 年 4 月 1 日。如果没有调整系统时间，则在登录“企业应用平台”时需要修改“操作日期”为 2017 年 4 月 1 日；如果操作日期与账套建账时间之间的跨度超过 3 个月，则该账套在演示版状态下不能执行任何操作。

如果没有完成第 4 章的企业账套的期初设置与记账任务，可以到百度网盘空间(网盘地址为 https://pan.baidu.com/s/1RYhQLt7jZn9lFsZJD9I55g 提取码：eh69)的“实验账套数据”文件夹中，将“04 期初记账.rar”下载到实验用机上，然后“引入”(操作步骤详见 1.3.5 节)到 ERP-U8 系统。而且，本章完成的账套，其输出的压缩文件名为“05 物料清单.rar”。

需要说明的是，因百度网盘中的账套备份文件均为压缩文件，所以下载完成后引入前，需要用解压缩工具进行解压(建议用 WinRAR 3.42 或以上版本)，得到相应可以引入的账套数据文件。

本章的授课时间建议讲课 2 学时(主要讲解物料清单中的关键术语、低价码的作用等，内容可参见第 5.1 节～5.3 节的相关讲解和本教程配套的课件)、实验 1～2 学时(若课时不足，可跳过本章的讲解与实验)，实验目的与要求如下：

- 理解物料清单的概念与作用。
- 理解低阶码的作用。
- 掌握物料清单的编辑与管理。
- 掌握相关账表的查询。

5.1　预 备 知 识

5.1.1　物料清单概念及其分类

物料清单(Bill of Materials，BOM)，其定义可分为狭义的和广义的。狭义的 BOM，就是产品结构(product structure),主要表述的是对物料物理结构按照一定的划分规则进行的分解,用来描述物料的物理组成,表达组成某个制成品所需要的原材料、零部件或半成品等的组成结构关系,表明产品各个层次物料的从属关系和数量关系。

广义的BOM,是产品结构和工艺路线的结合体。

1. 物料清单示例

通常使用的物料清单,是狭义的物料清单。图5-1是本案例企业的物料清单示意图,是标准物料清单,其中亮康眼镜的-30表示其生产供应倍数为30;LT=1表示其固定提前期为1天,即它可以当天下生产订单,当天完工入库;螺钉的“(2)-100”表示它与父件的配比关系是(1):(2),其采购批量是100的倍数,其LT=1表示当天下采购订单,当天可采购到货并验收入库。

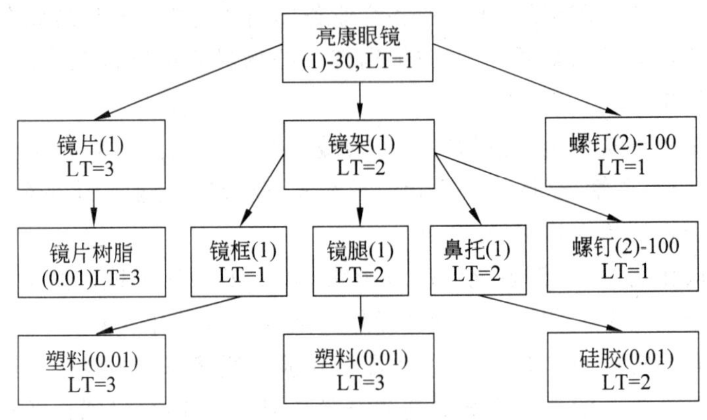

图5-1　案例企业的主物料清单

如图5-1所示,产成品亮康眼镜是由两种半成品(1对镜片、1个镜架)和一种原材料(2个螺钉)组装而成,而1对镜片则是由0.01kg的镜片树脂生产而成,依此类推。

依组成关系,亮康眼镜为镜片、镜架和螺钉的母件,镜片、镜架和螺钉为亮康眼镜的子件;镜片为镜片树脂的母件,镜片树脂为镜片的子件。亮康眼镜对镜片,或镜片对镜片树脂的上下关系,称为单阶。对整个结构而言,上中下各阶,称为多阶或全阶。

2. 物料类型

物料清单中的物料,根据物料的属性可分为标准物料(standard item)、计划物料(planning item)、选项类物料(option class item)和模型物料(model item)。

标准物料是指包含在物料清单中的采购件、自制件、委外件等(如图5-2和表5-1中的“电源”);计划物料(即计划品)是代表一个产品系列的物料类型(如图5-2和表5-1中的“计算机”);选项类物料是包括一系列选项的物料,例如,如果允许客户定制计算机的CPU,则客户订购一台计算机时,CPU就是一个选项类物料,客户可订购的特定规格的CPU就是在此选项类中的一个选项(如图5-2和表5-1中的“CPU选项类”)。模型物料是指在订购该物料时,其物料清单会列出可选用的选项和选项类的物料(如图5-2和表5-1中的“笔记本”)。

图5-2是“计算机”的示例物料清单结构图,表5-1是相应的物料清单列表。该物料清单中包括标准物料(如电源)、计划物料(如计算机)、选项类物料(如CPU、显示器)和模型物

料(如台式计算机、笔记本、服务器)。

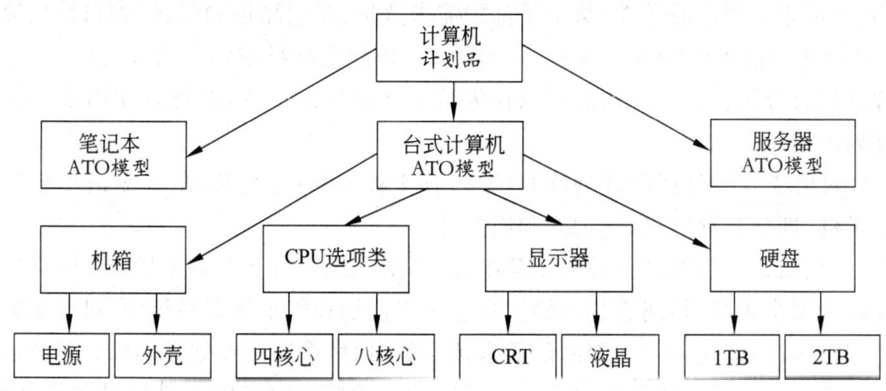

图 5-2 “计算机”的示例物料清单

表 5-1 计划品“计算机”的物料清单列表

层 次	物料名称	物料属性	是否可选	选择规则	计划/%	数 量
0	计算机	计划品				
1	台式计算机	ATO 模型	否		50	1
2	机箱	自制件	否		100	1
3	电源	采购件	否		100	1
3	外壳	采购件	否		100	1
2	CPU 选项类	选项类	否	一个	100	1
3	四核心	采购件	是		20	1
3	八核心	采购件	是		80	1
2	显示器	选项类	否	一个	100	1
3	CRT	采购件	是		40	1
3	液晶	采购件	是		60	1
2	硬盘	选项类	是	任选	100	1
3	1TG 硬盘	采购件	是		25	1
3	2TG 硬盘	采购件	是		75	1
1	笔记本	ATO 模型	否		30	1
⋮	⋮	⋮	⋮	⋮	⋮	⋮
1	服务器	ATO 模型	否		30	1
⋮	⋮	⋮	⋮	⋮	⋮	⋮

3. 物料清单类型

物料清单的分类,一般可按物料清单中的物料类型分类,也可按物料清单的功能分类。根据物料清单中物料的类型,可将物料清单类型分为以下 4 类:

(1) 标准物料清单(standard bill of material)是标准物料的物料清单,是最常用的清单类型,它列出了企业规定的子件、每个子件的需求数量、在制品控制信息、物料计划等功能。

(2) 计划物料清单(planning bill of material)是计划物料的物料清单,其中包含子件物料和子件计划百分比。一个计划品可以作为另一计划品的子件,即可以使用多层计划品定义多层计划清单。

表 5-2 列出了"计算机"的计划物料清单,其中计划品(计算机)的计划清单包括 3 种类型计算机子件,即台式计算机、笔记本和服务器。

通常,计划品是对预测物料的人工分组,以提高预测的准确度,因为需求预测的特征之一往往是综合层次越高,预测就越准确。在主生产计划和需求规划系统中,可采用计划物料清单进行需求预测,即在输入计划品的需求预测资料时,系统将计划品的综合预测展开为计划清单上定义的每个子件的详细预测。通过按计划清单中定义的子件用量和计划百分比,展开计算到子件的预测数量。

表 5-2 列出了表 5-1 所述计划清单的 500 台"计算机"的预测展开结果。

表 5-2 "计算机"的计划物料预测展开

层　次	物料名称	物料属性	计划/%	预测数量
0	计算机	计划品		500
1	台式计算机	ATO 模型	50	250
1	笔记本	ATO 模型	30	150
1	服务器	ATO 模型	30	150

(3) 选项类物料清单(option class bill of material)是有选项类物料的物料清单。选项类就是物料清单上对可选子件的一个分类,例如表 5-1 中的 CPU 选项类、显示器、硬盘。选项类作为一个物料,可以成为模型物料清单中的一层。

(4) 模型物料清单(model bill of material)是模型物料的物料清单。模型物料清单列出了模型所具有的选项类、选项和标准物料,可以在销售系统中按客户要求订购不同的产品配置。模型物料清单可以是按订单装配(Assemble-to-order,ATO)或按订单分拣(Pick-to-order,PTO)。ATO 与 PTO 模型的区别在于,ATO 需选配后下达生产订单组装完成再出货,PTO 则按选配子件直接出货。

在物料清单系统可以使用多层的模型、选项类和标准物料定义模型和选项类物料清单,以表示复杂的按订单配置的产品结构。

与计划清单相似,模型或选项类清单中的可选子件也可以设定计划百分比。然后,可以使用预测展开,按展开计划品预测的相同方法展开模型预测,直到 ATO 模型或标准物料。

4. 物料清单的功能类别

物料清单按功能可分为主要物料清单、替代物料清单、公用物料清单和订单物料清单。

(1) 主要物料清单,是建立产品最常用的子件清单,默认用来卷积成本(详见 5.1.2 节)、参与 MPS/MRP 计划。对一个母件而言,必须在定义替代清单前定义其主要物料清单。一个主要物料清单可以有多个替代物料清单。

（2）替代物料清单。任何物料清单类型都可以有一个或以上的替代物料清单。在建立母件的物料清单时，通过指定该母件料号和替代 BOM 名称，就可以使用替代物料清单说明产生相同母件的制造差异。

替代 BOM，根据其用途不同，可分为：

- 设计 BOM，设计部门内有效；
- 工艺 BOM，工艺部门内有效；
- 制造 BOM，生产部门内有效；
- 维修 BOM，维修部门内有效；
- 成本 BOM，产品成本核算部门内有效。

（3）公用物料清单。任何具有同一物料清单类型的两个物料，均可以共享公用物料清单。如果两个不同的物料共享同一清单，那么只需定义一个物料清单，就可供两个物料“公用”，但这两个物料应该具有相同的 BOM 类型。

（4）订单物料清单，是特为销售订单建立的物料清单。如果要满足某一销售订单产品结构的特定需求，同时不需要为该产品建立新的物料主档（即主要物料清单），可以使用订单 BOM，以与标准 BOM 相区别。用一个销售订单号、销售订单行和一个标准物料，唯一识别一个订单 BOM。

在面向订单生产的企业中，有一类企业，其产品的订单交货期非常短（市场竞争或产品本身生产周期的原因），并且由于客户个性化定制的要求，最终交付产品的形态往往不完全相同（如消费类电子数码产品等），需要在不影响标准 BOM 的前提下，可以根据销售订单建立订单 BOM 资料。

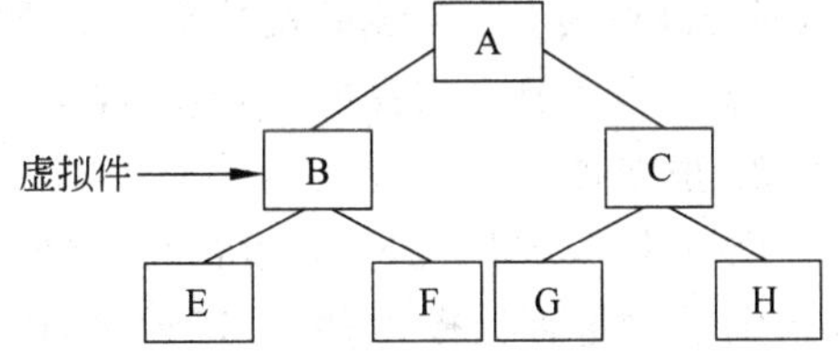

图 5-3　企业的主要物料清单（含虚拟件）

例 5-1　企业有主要物料清单资料，如图 5-3 所示。

案例 1　客户 CST001 的销售订单 SO01-01 订购产品 A 时，要求在现有物料 A 的 BOM 中增加子件 M，即物料 A 产生的子件需求将包括物料 B、C、M。根据客户需求，在不影响原物料清单的基础上，建立销售订单 SO01-01 上物料 A 的订单 BOM（编号：SO01-01BOM），如图 5-4 所示。

案例 2　客户 CST002 的销售订单 SO02-01 在订购物料 A 时，要求其子装配件 B 的 BOM 中增加子件 N，其他要求不变。根据客户需求，在不影响原物料清单的基础上，建立销售订单 SO02-01 上物料 A 中的子装配件 B 的订单 BOM（编号 SO02-01BOM），如图 5-5 所示。

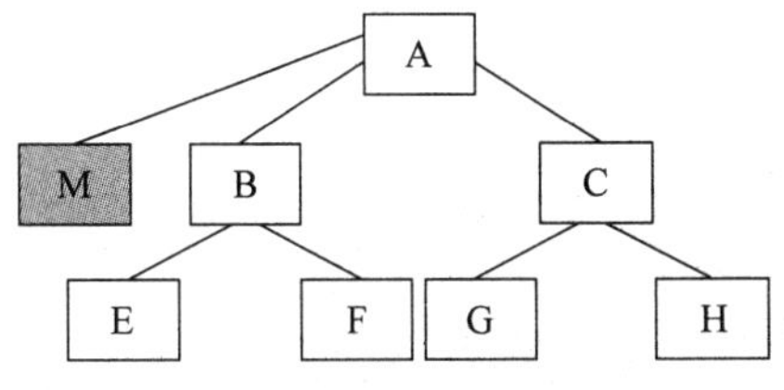

图 5-4　订单 BOM（SO01-01BOM）

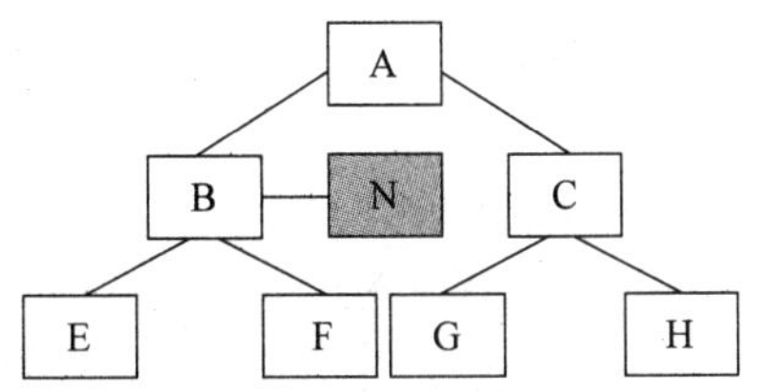

图 5-5　订单 BOM（SO02-01BOM）

案例 3　客户 CST002 的销售订单 SO03-01 在订购物料 A 时，再次要求其子装配件 B 的 BOM 中增加子件 N，其他要求不变。此时，可指定曾经使用过的订单 BOM（SO02-01BOM），则系统默认该物料清单作为销售订单 SO03-01 的订单 BOM。

主生产计划、需求规划及生产订单系统执行物料的需求规划和生成子件资料时，对于供需政策为 LP 且需求跟踪方式为销售订单行的物料，如果销售订单行“是否订单 BOM”标识为“是”，则优先以对应的订单 BOM 执行 BOM 展开；若无订单 BOM，则以标准 BOM 展开。

5. 物料清单版本

每一主要物料清单都必须至少定义一个版本。在建立一个新的版本时，应该确保输入的版本日期不与其他现有版本日期重叠，即同一物料的物料清单，其不同版本不允许具有相同的版本日期（生效日期）。系统默认新版本的编号大于当前有效版本的版本编号。

5.1.2　相关术语

与物料清单相关的术语，包括卷积成本、虚拟件、损耗率、毛需求、净需求等，下面分别阐述。

1. 卷积成本

卷积成本（rolled-up cost）类似于标准成本，主要用作内部管理。如果将各采购件的采购成本、委外件的委外成本与各成品的人工成本，按照 BOM 的结构从最低层逐层往上汇总，即可得到其上各阶成品及其半成品的“直接制造成本”；如果将制造费用也纳入逐层的计算中，就可以得到产成品的“制造总成本”，将这种成本数字称为“卷积成本”。

2. 虚拟件

虚拟件可以将所需物料组合在一起，产生一个子装配件。在建立母件的物料清单时，可以指定子件是否为虚拟件。MPS/MRP 系统，可以通过虚拟件直接展开到该虚拟件的子件，就好似这些子件直接连在该虚拟件的母件上。所以，虚拟件可作为共用件，让物料清单较容易维护，减少资料量或计算机的运行时间。

例如，图 5-6 中的 P 物料，就是一个虚拟件。因为物料 X，Y，Z，有共用部分的子件较多（A，B，C，D，E，F 和 G），故将这些共用部分的子作合称为一个虚拟件 P，这样在建立物料清单时，该类产品则可用虚拟件 P（事实上并不存在），再附加各差异部分料件，逐一定义。

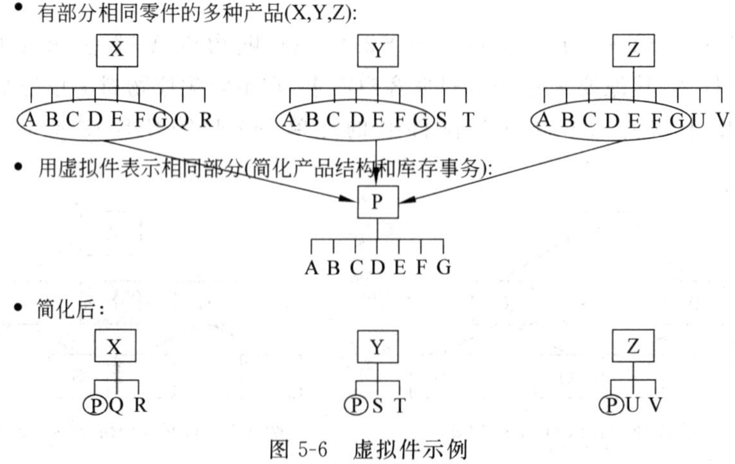

图 5-6　虚拟件示例

3. 联产品

联产品(co-product)通常是企业向客户销售的主要产品。若加工过程中产出一个以上的产品,与其他产品一道产出的产品称为联产品。

4. 副产品

副产品(by-product)是主要产品加工过程中产出的残余品或附带品。企业可按其用途将其回收、销售或使用。

5. 产出品

产出品是指在生产过程中作为剩余物品产出的物料,如副产品、装配件拆卸物料和其他可重新使用物料等。

6. 毛需求与净需求

在 ERP 中,需求是指对特定产品需要的数量和时间。毛需求量(gross requirement)是在任意给定的计划周期内,某物料按订单和物料清单展开的总需求量(不计算预计入库量、预计出库量和安全库存量);净需求量(net requirement)是指在任意给定的计划周期内,某物料实际需求数量。通常,净需求=毛需求-供应+安全库存量。

7. 损耗率

在生产各个环节中,有各种各样的损耗,因此在 MRP 的计算过程中,要考虑有关损耗率(即损耗系数),包括组装废品系数、零件废品系数和材料利用率等。

1) 组装废品系数

组装废品系数是对部件毛需求的调整。当一个零部件在装配其父项时,若能估计到零部件的损失或毁坏,则考虑组装废品系数。它以百分数表示,存放在物料清单中的"母件损耗率"字段。

例如,在装配产品 A 时,估计有 5%的玻璃管毁坏,因此在生产 A 所需的玻璃管的毛需求时要增加组装时的损耗部分。如装配 100 件 A 的订单,当考虑其组装废品系数 5%时,要有 105 个(取下整)或 106 个(取上整)玻璃管部件的需求,其计算公式如下:

$$100/(1-0.05)=105.26 \tag{5-1}$$

小贴士:

- "取下整"表示去掉小数,仅保留整数部分,例如 105.26 取下整后为 105。
- "取上整"需要将原来的整数加 1,例如 105.26 取上整为 105+1=106。

2) 零件废品系数

零件废品系数是对订单数量的调整。零件废品系数是对项目本身在采购或生产过程中出现的损耗而考虑的,它以百分数表示,存放在物料清单中的"子件损耗率"字段。

例如,产品 A 的零件废品系数为 2%,在组装时的组装废品系数为 5%,针对该需求制定 MRP 时,首先考虑 2%的废品系数,计算产品 A 的计划订单数,计划订单数量要比计算的需要多 2%,如 A 需求为 100 时,订单应为 100+100×2%=102,然后根据计划订单数量再考虑组装 A 时的组装废品系数。在这种情况下,A 产品 102 的订单对玻璃管的毛需求量应为 107(取下整)或 108(取上整),计算公式如下:

$$102/(1-0.05)=107.368 \tag{5-2}$$

在用友 ERP-U8 中的设置，参见图 5-12。

3）材料利用率

材料利用率是有效产出与总输入的比率，即

$$材料利用率=有效产出/总投入 \tag{5-3}$$

材料利用率，同零件废品系数一样，均说明预计的生产损耗情况，只是表述方法（术语）不同而已。

例如，某装配件的材料利用率是 95%，那么为了要 100 件产成品就要有 105（取下整）或 106（取上整）个装配件才能保证零件废品系数与材料利用率，计算过程详见公式 5-1。

5.1.3 低阶码及其作用

低阶码（low level code，LLC）又称低位码或低层码，是系统分配给物料清单上的每个物品一个从 0～N 的数字码。在产品 BOM 结构中，最上层的层级码为 0，下一层部件的层级码则为 1，依此类推。

一个物品只能有一个 MRP 低阶码，当一个物品在多个产品中所处的产品结构层次不同，或即使处于同一产品结构中但却处于不同产品结构层次时，则取处在最低层的层级码作为该物品的低阶码，也即取层次最低的、数字最大的层级码。

在用友 ERP 中，低阶码由物料清单系统中“物料低阶码自动计算”功能计算得到。MPS/MRP 计算时，使用低阶码来确保在计算出此子件所有的毛需求之前，不会对此存货进行净需求运算。

低阶码的作用在于指出各种物料最早使用的时间，对生产安排的影响可参见例 5-2。

例 5-2 企业有 A 产品的物料清单如图 5-7 所示，计划要求在第 8 个计划周期时产出 200 件 A 产品，各物料的预计入库量和预计出库量均为零，求物料 B 的净需求。

表 5-3 是直接按层次码计算的物料 A、B、C 和 D 的净需求；表 5-4 是按低阶码计算的物料 A、B、C 和 D 的净需求。

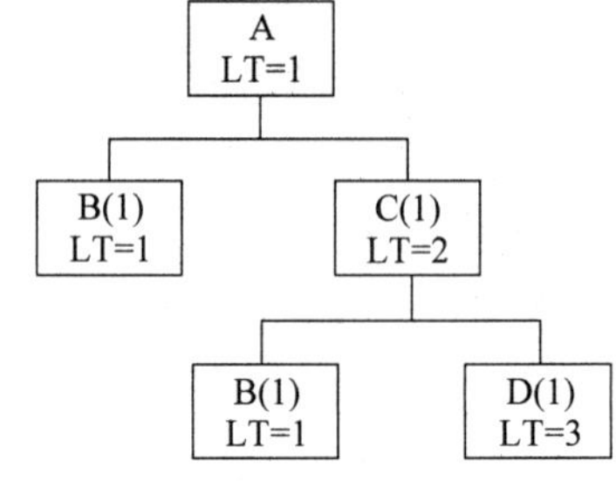

图 5-7 例 5-2 的物料清单

表 5-3 直接按层次码计算的物料 A、B、C 和 D 的净需求

提前期	物料名	现库存	需求量	计划周期							
				1	2	3	4	5	6	7	8
1	A	0	毛需求量								200
			净需求量								200
1	B	120	毛需求量							200	
			净需求量							80	
2	C	60	毛需求量						200		
			净需求量						140		

续表

提前期	物料名	现库存	需求量	计划周期							
				1	2	3	4	5	6	7	8
3	D	70	毛需求量			140					
			净需求量			70					
1	B	0	毛需求量					140			
			净需求量					140			

注意：由于物料 B 的低阶码为 2，若不按低阶码计算，则 B 的第 5 周净需求 140 件，第 7 周净需求 80 件。因为 B 的现存量是 120 件，这样第 5 周的预计库存将达到 260 件。

所以，当某个物料同时处在产品 BOM 的多层时，应该利用低位码进行 MRP 计算，其方法是：当首先分解至该零件时，即便其有毛需求，也不急于计算净需求，而要层次分解直至该零件的最低层，此时再一并计算其净需求。

表 5-4　按低阶码计算的物料 A、B、C 和 D 的净需求

提前期	物料名	现库存	需求量	计划周期							
				1	2	3	4	5	6	7	8
1	A	0	毛需求量								200
			净需求量								200
2	C	60	毛需求量						200		
			净需求量						140		
3	D	70	毛需求量			140					
			净需求量			70					
1	B	120	毛需求量					140		200	
			净需求量					20		200	

由表 5-4 可知，若按低阶码计算，则 B 的第 5 周净需求 20 件，第 7 周的净需求 200 件。这样的计算结果，可以减少库存积压。

5.1.4　物料清单系统

物料清单系统，主要提供定义组成各产成品的所有零配件及原材料，以达到以下目的：

- 标准成本卷积计算，包括物料、人工、制造费用等；
- 新产品的成本模拟，作为拟定售价的参考；
- 物料需求计划计算用料的基础；
- 计划品、模型及选项类物料需求预测展开的依据；
- 支持按订单配置产品的组件选配；
- 领料、发料的依据。

1. 主要功能

用友 ERP 的物料清单系统，其主要功能包括：

(1) 支持多类、多版本和多状态的物料清单，即支持标准、模型、选项类和计划 4 种类型的物料清单；支持主要物料清单、订单物料清单和替代物料清单，同时支持公用物料清单；任意类型的物料清单均支持多版本及版本生效日期，而且物料清单可以有新建、审核和停用 3 种状态，用于在不同应用领域控制 BOM 的处理。

(2) 能维护全面的物料清单资料。物料清单建立时，可按母件工艺路线工序号指定子件用量；可按实际需要，选择建立成品损耗率或组成子件的损耗率资料；可设定子件用量为固定用量(子件用量不依母件数量而改变)或为变动用量(子件用量依母件数量而改变)；物料清单子件用量支持辅助计量单位；可指定子件供应类型为“入库倒冲/工序倒冲/领用/虚拟件/直接供应”之一；按子件设定其有效期间，以作为生产订单、委外订单用料选择的依据，也为 MRP、MPS 展开的依据。所有无效(过期或未到期)的子件，都不予考虑。

另外，还可维护物料清单中各子件的替代料资料，以供生产订单、委外订单子件用料临时变更时参考；可维护子件的计划偏置期，及计划品、模型、选项类清单中子件的计划百分比；可指定物料清单中子件是否参与标准成本的卷积计算；可定义清单中子件是否为产出品，如副产品等；可指定模型、选项类清单中，其子件是否可选配并维护其选配规则。

(3) 能全方位地查阅物料清单信息。用友 ERP 的物料清单系统，提供了多阶或单阶方式，按母件查子件的物料清单，以及按子件查母件的物料清单；并可按汇总方式，进行物料清单的汇总查询及报表，即不分阶层，将各阶层同一子件的用料加总，并显示所有用料信息及用料量。

2. 产品接口

用友 ERP 的物料清单子系统，与多个其他子系统都有关联关系，包括基础档案子系统、工程变更子系统，销售管理、出口管理、MPS/MRP 规划、委外管理、生产订单管理，以及成本管理和售前分析等子系统，参见图 5-8。

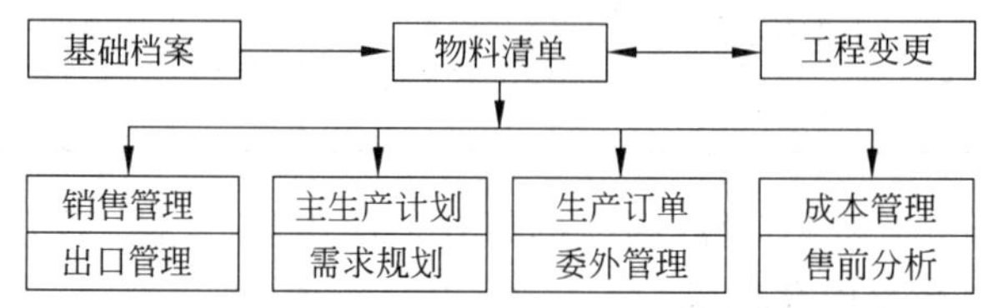

图 5-8 物料清单的产品接口

具体说明如下：

(1) 与基础档案的关系。本教程的 3.3.6 节中，通过基础档案子系统创建的工艺路线，是建立物料清单前可选择性建立的资料。如果在建立物料清单前已经建立了物料的工艺路线，则在建立物料清单时，可指定物料清单中各子件的工序号。

(2) 与工程变更的关系。工程变更子系统可拷贝物料清单子系统中已有的物料各版本的物料清单(若物料清单系统先于工程变更上线)，以进行变更修改；工程变更子系统建立的物料清单，可发行至物料清单子系统。

(3) 与销售管理、出口管理的关系。物料清单子系统中的模型和选项类清单，是销售管理和出口管理子系统中报价单、销售订单订购 ATO 模型、PTO 模型时进行选配的依据。

(4) 与 MPS、MRP 规划子系统的关系。物料清单子系统中的计划清单，是主生产计划(MPS)和物料需求规划(MRP)子系统中产品系列预测的依据。另外，物料清单子系统中的标准清单，是主生产计划和物料需求规划子系统进行物料需求规划的基础。

(5) 与生产订单管理、委外管理的关系。物料清单子系统的标准物料清单，是生产订单和委外管理子系统中生产订单、委外规划单产生子件用量的计算依据。

(6) 与成本管理、售前分析的关系。物料清单子系统的模型清单、选项类清单和标准清单，是成本管理子系统计算物料标准成本的依据，也是售前分析的基础数据。

3. 操作流程

用友 ERP 的物料清单子系统，在使用前需要首先创建工业版账套，并有基础档案数据和期初设置，具体地可参见第 1～第 4 章。

然后，在用友 ERP 的物料清单子系统中，利用"物料清单资料维护"功能模块，维护物料清单资料，并可利用"无物料清单物料查询"功能模块，随时检查有无遗漏未建物料清单的物料。物料清单建立之后，可进行"物料清单逻辑查验"，以检查物料清单的结构是否存在自循环，并需要利用"物料低阶码推算"功能，推算物料的低阶码。

物料清单建立之后，可随时查询或打印物料清单资料。具体的操作流程可参见图 5-9。

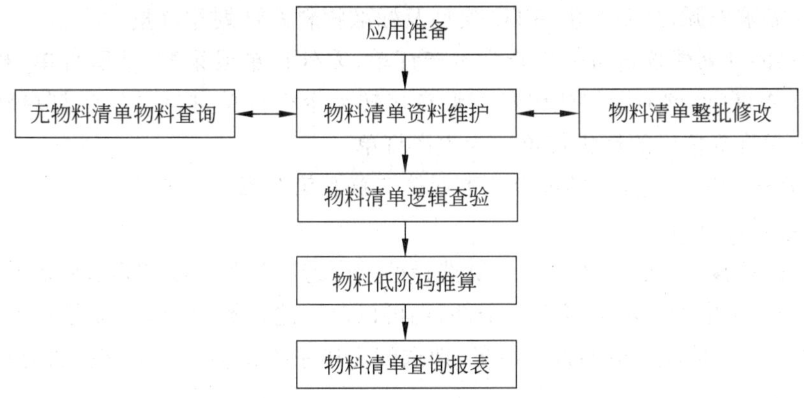

图 5-9　物料清单的操作流程

4. 物料清单系统的业务应用

用友 ERP 的物料清单子系统，可用于各种业务场景。下面以按订单配置的生产管理和产品处理为例，说明其使用的步骤与方法。

1) 按订单配置的生产环境

在按订单配置的生产制造环境下，需要处理按订单装配（ATO）和按订单分拣（PTO）配置的销售订单，表 5-5 中列出了相应的操作步骤，下面分步骤进行分析和说明。

表 5-5　按订单配置的生产制造环境下销售订货

步骤序号	ATO 模型	PTO 模型	说　　明
1	√	√	定义模型物料清单
2	√	√	预测模型需求
3	√	√	执行 MPS/MRP 计划

续表

步骤序号	ATO 模型	PTO 模型	说　明
4	√	√	输入模型销售订单并进行产品配置,同时产生客户 BOM 和工艺路线
5	√		销售订单转最终总装生产订单

第一步,定义模型物料清单。

用友 ERP U8 系统可以定义综合的多层物料清单,其中包括计划清单、模型和选项类清单,以及标准物料清单。图 5-2 和表 5-1 是计划品"计算机"的物料清单示例。

第二步,建立模型需求预测。

在主生产计划和需求规划系统中,可以直接预测产品的需求(详见第 6 章),或通过计划清单预测产品系列并将预测展开到个别产品。

第三步,执行 MPS/MRP 计划。

当模型物料的需求预测建立和预测展开后,在主生产计划和需求规划系统中执行 MPS/MRP 计划,系统将依需求预测及已有的锁定/审核状态的销售订单进行预测数量消抵,作为独立需求来源,自动产生 ATO 模型及标准物料的计划建议量。

标准物料的计划建议量可分别转为生产订单、委外订单或采购/请购订单,相关部门可参照执行,但 ATO 模型的计划建议量不得直接转为生产订单,应依"销售订单转最终总装生产订单"步骤将审核后的销售订单转为生产订单。

关于 MPS/MRP 计划,详细内容请参照第 7 章和第 8 章。

第四步,销售订单输入。

在销售订单输入界面,系统将显示供选择的整个选项类和选项的多级物料清单,可以按选择规则选择清单中的选项类或选项子件,也可以改写选择数量。表 5-6 是一个 ATO 销售订单的样例,表 5-7 是该订单的选择结果,即选配完毕系统自动产生的该销售订单订购模型的单阶客户 BOM。

表 5-6　计划品"计算机"的销售订单示例

选　择	物料名称	物料属性	是否可选	选择规则	数　量
	CPU	选项类	否	一个	
	四核心	采购件	是		
√	八核心	采购件	是		1
	显示器	选项类	否	一个	
	CRT	采购件	是		1
√	液晶	采购件	是		
	硬盘	选项类	是	任选	
√	1TB 硬盘	采购件	是		1
√	2TB 硬盘	采购件	是		1

表 5-7 销售订单的选择结果

物料名称	物料属性	数 量
机箱	自制件	1
八核心	采购件	1
液晶	采购件	1
1TG 硬盘	采购件	1
2TG 硬盘	采购件	1

第五步,销售订单转总装生产订单。

当订购 ATO 模型的销售订单配置完成,即可在销售管理系统中,将审核状态的销售订单转入生产订单系统,自动产生该销售订单的总装生产订单,同时自动消抵该 ATO 模型的 MPS/MRP 计划订单数量。该生产订单的完工日期为销售订单行的预计完工日,其开工日期则以完工日期考虑 ATO 物料的固定和变动提前期及公司工作日历反推算出。该生产订单的物料清单及工艺路线,即为销售订单配置完成后自动产生的物料清单和工艺路线。

ATO 标准产品销售订单转总装生产订单流程与 ATO 模型相同,只是 ATO 标准产品在输入销售订单时无须选配,销售订单转生产订单时,其物料清单和工艺路线默认标准清单和工艺路线。

依销售订单转入而自动产生的 ATO 的总装生产订单,其执行过程如审核、转车间管理、领料、入库等作业,均视同一般标准生产订单。

2) 产出品处理

在物料清单系统,产出品可作为物料清单子件,但以"产出品"标识表示,产出品在计划订单或生产订单子件中代表计划供应而非耗用,具体设置参见图 5-11。

在计算物料供应和需求的净值时,MPS/MRP 计划展开包括生产订单及物料清单上的产出品物料,并将此类型的子件需求作为有效的可供应量。

例如,可以将产出品物料添加到非标准生产订单,以管理装配件拆卸而产生的组件,或可以使用此功能来进行公司装配件修理等。

5.2 物料清单资料编辑

表 5-8 是本案例企业的物料清单列表。本节的实验任务,是完成在用友 ERP-U8 中编辑表 5-8 中的物料清单资料。

表 5-8 物料清单列表

子件阶别	母件编码	母件名称	版本代号	版本说明	子件名称	子件单位	基本用量	基础数量
+	10000	亮康眼镜	10	主物料清单	镜片	对	1	1
+					镜架	个	1	1
+					螺钉	颗	2	1
++	11000	镜片	10	主物料清单	镜片树脂	千克	0.01	1

续表

子件阶别	母件编码	母件名称	版本代号	版本说明	子件名称	子件单位	基本用量	基础数量
++	12000	镜架	10	主物料清单	镜框	个	1	1
++					镜腿	对	1	1
++					鼻托	对	1	1
++					螺钉	颗	2	1
+++	12100	镜框	10	主物料清单	塑料	千克	0.01	1
+++	12200	镜腿	10	主物料清单	塑料	千克	0.01	1
+++	12300	鼻托	10	主物料清单	硅胶	千克	0.01	1

本节的任务是利用“物料清单资料维护”功能，完成案例企业的主物料清单维护。

物料清单系统中的物料清单资料维护功能，可新增、修改、删除、查询某物料（模型、选项类、委外件、计划品、自制件、采购件）的组成子件资料；可以复制现有清单或引用公用清单，以节省物料清单资料的维护时间；可以建立母件的替代物料清单等。

本节的操作视频网址为 https://pan.baidu.com/s/1RYhQLt7jZn9lFsZJD9I55g 提取码：eh69。

确认系统日期和业务日期为 2017 年 4 月 1 日。

1. 操作步骤

（1）打开“物料清单资料维护”窗口。在“企业应用平台”的“业务工作”页签下，依次单击“生产制造”→“物料清单”→“物料清单维护”→“物料清单资料维护”菜单项，系统打开“物料清单资料维护”窗口。

（2）单击“增加”按钮，新增一张物料清单单据，然后做如下编辑。

① 在表头，参照生成“母件编码”为 10000，编辑“版本说明”为“主物料清单”。

② 在表体的第 1 行参照生成“子件编码”为 11000（镜片）、编辑“基本用量”为 1，确认“基础数量”为 1。

③ 在表体的第 2 行参照生成“子件编码”为 12000（镜架）、编辑“基本用量”为 1，确认“基础数量”为 1。

④ 在表体的第 3 行参照生成“子件编码”为 13000（螺钉）、编辑“基本用量”为 2，确认“基础数量”为 1。

⑤ 录入完成母件“亮康眼镜”的物料清单，单击“保存”按钮（系统默认该物料清单的状态为“审核”状态），如图 5-10 和图 5-11 所示。

提示：在输入表体的子件时，也可以在参照窗体中一次性地选择所有子件，然后再逐一修改其基础用量。

（3）重复步骤（2），将表 5-8 中的镜片、镜架、镜框、镜腿和鼻托的物料清单依次录入和保存、审核（如果是修改，再保存，就需要“审核”），最后单击该窗口右上角的“关闭”按钮，关闭并退出该窗口。

2. 栏目说明

1）表头栏目

（1）BOM 类别：系统默认为“主 BOM”，可改为“替代 BOM”。

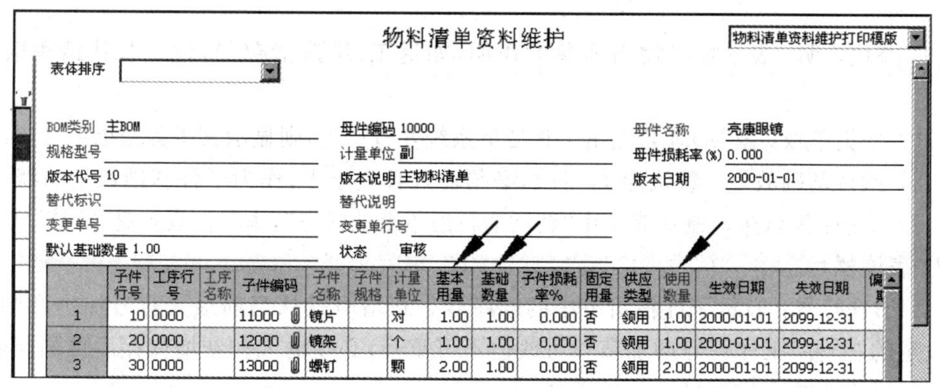

物料清单资料维护

物料清单资料维护打印模版

表体排序

BOM类别 主BOM　母件编码 10000　母件名称 亮康眼镜

规格型号　计量单位 副　母件损耗率(%) 0.000

版本代号 10　版本说明 主物料清单　版本日期 2000-01-01

替代标识　替代说明

变更单号　变更单行号

默认基础数量 1.00　状态 审核

	子件行号	工序行号	工序名称	子件编码	子件名称	子件规格	计量单位	基本用量	基础数量	子件损耗率%	固定用量	供应类型	使用数量	生效日期	失效日期
1	10	0000		11000	镜片		对	1.00	1.00	0.000	否	领用	1.00	2000-01-01	2099-12-31
2	20	0000		12000	镜架		个	1.00	1.00	0.000	否	领用	1.00	2000-01-01	2099-12-31
3	30	0000		13000	螺钉		颗	2.00	1.00	0.000	否	领用	2.00	2000-01-01	2099-12-31

图 5-10　“亮康眼镜”物料清单的左半部分

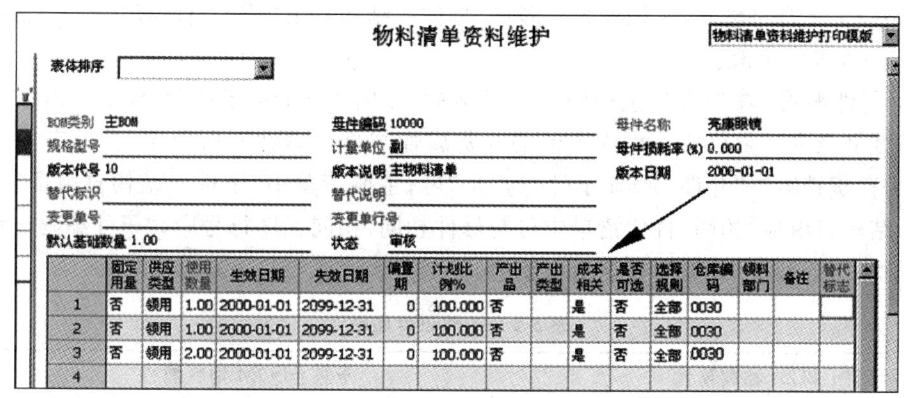

物料清单资料维护

物料清单资料维护打印模版

表体排序

BOM类别 主BOM　母件编码 10000　母件名称 亮康眼镜

规格型号　计量单位 副　母件损耗率(%) 0.000

版本代号 10　版本说明 主物料清单　版本日期 2000-01-01

替代标识　替代说明

变更单号　变更单行号

默认基础数量 1.00　状态 审核

	固定用量	供应类型	使用数量	生效日期	失效日期	偏置期	计划比例%	产出品	产出类型	成本相关	是否可选	选择规则	仓库编码	领料部门	备注	替代标志
1	否	领用	1.00	2000-01-01	2099-12-31	0	100.000	否		是	否	全部	0030			
2	否	领用	1.00	2000-01-01	2099-12-31	0	100.000	否		是	否	全部	0030			
3	否	领用	2.00	2000-01-01	2099-12-31	0	100.000	否		是	否	全部	0030			
4																

图 5-11　“亮康眼镜”物料清单的右半部分

(2) 母件编码：可参照存货主档输入且必输，输入母件编码后可自动带出该母件名称、规格型号及主计量单位。输入的母件编码必须在存货档案中“允许 BOM 母件”设为“是”；如果该“母件＋结构自由项”已引用公用清单，则不可输入；该“母件＋结构自由项”在建立主要物料清单前，不可建立替代物料清单。

(3) 结构自由项：可参照存货主档输入，若该物料有结构自由项存在则必输。如果该“母件＋结构自由项”已引用公用清单，则不可输入；该“母件＋结构自由项”在建立主要清单前，不可建立替代物料清单。

(4) 母件损耗率：输入母件的耗损率，预设值为零，输入值不可大于 100。过程型(process type)制造业适用，如化学业。

(5) 版本代号：建立主要清单时必须输入，即主要物料清单须至少有一个版本代号，建替代清单时不可输入。同一“母件＋结构自由项”，其版本代号不可重复；新增时系统自动由上一版本号加生产制造参数中设定的“清单/工艺路线版本增加值”，可改。

(6) 版本说明：表示版本代号的说明，建立主要物料清单时必须输入。

(7) 版本日期：表示物料清单版本的生效日期。新增物料清单时，若生产制造参数中设定的“清单/工艺路线版本日期默认值”为空，默认系统日期，否则默认设定的日期，可改。建立主要清单时必须输入，同一“母件＋结构自由项”的不同版本代号的“版本日期”不可相同。

(8) 替代标识：建立替代清单时必须输入。同一“母件＋结构自由项”的替代标识不可重复。

(9) 替代说明：表示替代物料清单的说明，如返工、维修清单等，建立替代清单时必须输入。

(10) 变更单号：该 BOM 若是由工程变更系统发行产生，则显示其工程变更单号/行号。

(11) 默认基础数量：默认为 1，可改，必须输入且大于零，作为子件基础数量的默认值。

(12) 状态：默认生产制造参数中"新增物料清单默认状态"，本案例设置是"审核"状态。

2) 表体栏目

(1) 子件行号：表示子件在清单中的顺序号。新增时默认当前最大行号加生产制造参数中设定的"子件/工序行号增加值"，可改但不可重号，必须输入。新增保存后再刷新时，系统按该行号由小至大排列显示子件资料。

(2) 工序行号：指定子件在母件工艺路线中的工序行号。可参照"母件＋结构自由项"的工艺路线工序行号输入，必须输入。若该"母件＋结构自由项"无当前有效的工艺路线，则系统默认为 0000，可改。

(3) 子件编码：参照存货主档输入且必须输入，输入子件编码后可自动带出该子件名称、规格型号及主计量单位。输入子件的存货属性与母件属性有所限定，参见表 5-9，且子件必须为存货档案中"允许 BOM 子件"为"是"者；主要清单中"子件＋结构自由项"不可与"母件＋结构自由项"相同，替代清单中可与母件相同；相同工序行号中，"子件编码＋结构自由项"可重复，但其生效/失效日期不可重叠。

表 5-9　子件母件属性

母件：BOM 物料属性	子件：BOM 物料属性
标准物料	标准物料
模型物料	标准物料，模型物料，选项类物料
选项类物料	标准物料，模型物料，选项类物料
计划物料	标准物料，模型物料，选项类，计划物料

(4) 基本用量：每基础数量所对应的子件需求数量，如在某一母件下该子件的基本用量为 1/27，则可用基本用量为 1 而基础数量为 27 来表达。系统默认值为 1 可改，必须输入。

(5) 基础数量：表示基本用量的放大倍数，如在某一母件下该子件的基本用量为 1/27，则可用基本用量为 1 而基础数量为 27 表达。由表头"默认基础数量"带入，可改必须输入。

(6) 子件损耗率：输入子件的耗损率，离散型(discrete type)制造业适用，如机械业。

(7) 固定用量：表示在母件制造过程中，该子件的使用数量是否随母件的制造数量而改变。若设置为"是"固定用量，则在生产订单或委外订单中该子件的使用数量与物料清单中的母件损耗率及生产/委外订单上母件的生产数量无关，其使用数量是固定的。

(8) 供应类型：按子件存货主档带出，可改为"入库倒冲/工序倒冲/领用/虚拟件/直接供应"之一。

- 当"工序行号"为 0000 时，不可为"工序倒冲"；
- 当子件为"产出品"时，必须为"领用"；

- 当子件为“计划品”、“PTO 模型”、“选项类”时，必须为“虚拟件”，但子件为“ATO 模型”时，可为“虚拟件、直接供应”之一；
- 若子件在存货档案设为“追踪性存货”，则不可设为“入库倒冲”或“工序倒冲”；
- 若供应仓库为代管仓，则不可设为“入库倒冲”或“工序倒冲”；
- 当 BOM 类别为替代 BOM 时，可以为“虚拟件”；
- 当子件为固定用量时，不可为“虚拟件”。

(9) 使用数量：考虑母件和子件耗损率后，子件所需的数量，由系统自动生成。

① 当子件存货档案中 BOM 展开单位设置为辅助计量单位时，系统分以下两种情况处理。

a. 当子件为变动用量时，使用数量的计算公式如下：

$$使用数量 = \frac{\frac{辅助基木用量}{基础数量}}{1-母件损耗率} \times (1+子件损耗率) \times 换算率 \tag{5-4}$$

b. 当子件为固定用量时，使用数量的计算公式如下：

$$使用数量 = \frac{辅助基本用量}{基础数量} \times (1+子件损耗率) \times 换算率 \tag{5-5}$$

② 当子件存货档案中 BOM 展开单位设置为主计量单位时，系统分以下两种情况处理。

a. 当子件为变动用量时，使用数量的计算公式如下：

$$使用数量 = \frac{\frac{主基本用量}{基础数量}}{1-母件损耗率} \times (1+子件损耗率) \tag{5-6}$$

b. 当子件为固定用量时，使用数量的计算公式如下：

$$使用数量 = \frac{主基本用量}{基础数量} \times (1+子件损耗率) \tag{5-7}$$

图 5-12 中的镜片，它在存货档案中 BOM 展开单位设置为主计量单位，且为变动用量，所以镜片的使用数量应该采用公式 5-6 计算。根据图 5-12 中的相关数据设定，镜片的使用数量计算结果为 1.07，其计算过程为 1/(1－0.05)×(1＋0.02)＝1.07。

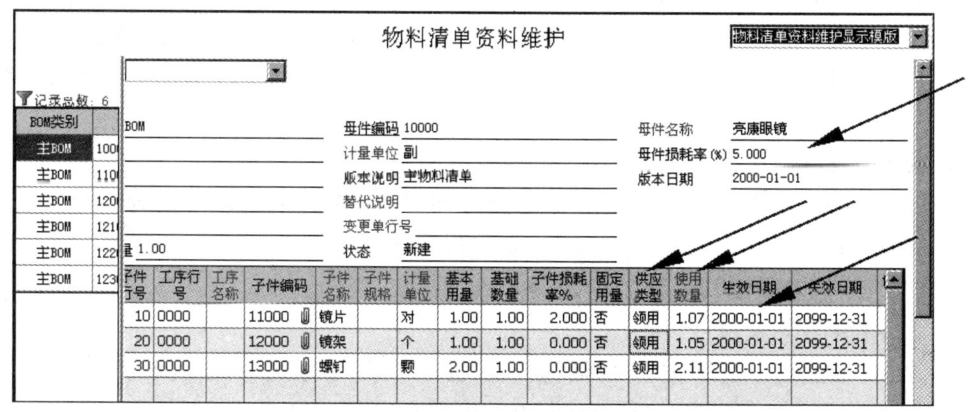

图 5-12　物料“使用数量”计算示例

(10) 偏置期：在单阶物料清单中，子件的偏置期表示该子件比其母件计划开工日应提前或延后提供的天数。

(11) 计划比例：MPS/MRP 系统对计划品、模型和选项类物料清单进行预测展开时的子件的计划百分比。系统默认为 100，若母件属性为计划品、模型、选项类，则可改。

(12) 产出品：若为产出品，则在清单中代表计划供应而非耗用，在计算物料供应和需求净值时，MPS/MRP 展开包括生产订单及物料清单上的产出品物料，并将此类型的子件需求作为有效的可供应量。系统默认为“否”，若母件为计划品、PTO 模型、选项类或子件为计划品、模型、选项类时，不可为产出品。

(13) 产出类型：若是产出品，可设置为“空/联产品/副产品”之一；非产出品则默认为空，不可改。

(14) 成本相关：该子件是否包含在母件标准成本计算之中。当子件为产出品时，其值为“否”。

(15) 是否可选：指明该子件在模型或选项类清单中是法定的还是可选的。当母件为选项类时，默认为“是”，其他默认为“否”。当母件为模型或选项类时可改默认值，其他属性的母件则不可修改；当子件为产出品时，不可修改默认值。

(16) 选择规则：对于可选子件如选项类，设定其下阶子件的选择规则。系统默认为“任选”，可修改为“一个/全部/任选/至少一个”之一。

5.3 物料清单查验

物料清单查验，包括对物料清单的逻辑查验、物料低阶码推算、无物料清单物料的查询和相关物料清单的查询。

物料清单逻辑查验是查验物料清单中物料是否有逻辑错误，即主要物料清单中所有物料(包括替换料)是否有成为自我子件的错误逻辑。

物料低阶码推算是计算物料的低阶码，作为成本管理系统物料成本计算的依据。

无物料清单物料查询是查询未建立主要物料清单(和公用清单)的属性为自制、委外、计划品、PTO、选项类的物料资料，供 MPS/MRP 展开前查核，以免因物料清单建立不完整而无法完成 MPS/MRP 计算。

本节的实验任务是查验案例企业的物料清单是否有成为自我子件的错误逻辑、进行物料低阶码推算、查询企业档案中是否存在无物料清单资料的物料，以及查询现有的物料清单等。

1. 操作流程

图 5-13 是物料清单校验和查询的操作流程图，相应的操作视频网址为 https://pan.baidu.com/s/1RYhQLt7jZn9lFsZJD9I55g 提取码：eh69。

确认系统日期和业务日期为 2017 年 4 月 1 日。

2. 物料清单逻辑查验

(1) 打开“物料清单逻辑查验”对话框。在“物料清单”子系统中，依次单击“物料清单维护”→“物料清单逻辑查验”菜单项，系统打开“物料清单逻辑查验”对话框。

(2) 逻辑查验。单击“执行”按钮，即可自动执行物料清单逻辑校验，依主要物料清单、订单物料清单(不考虑替代 BOM)，校验物料清单中所有物料是否有成为自我子件的错误逻辑。若有逻辑错误，显示错误清单并可打印出来；若无错误，则显示“处理成功”信息提示

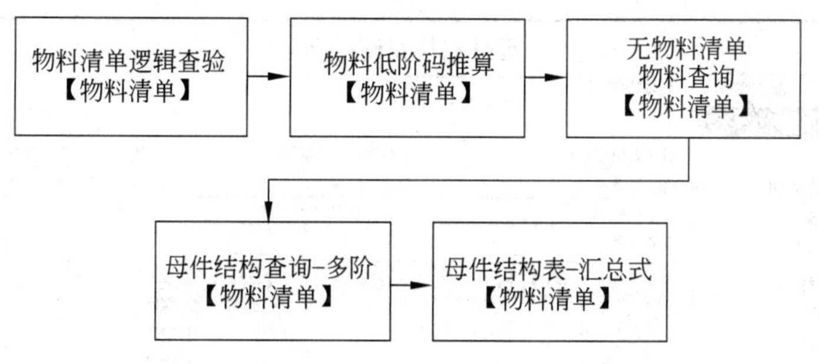

图 5-13　5.3 节的操作流程

框，单击“确定”按钮退出。

提示：执行物料清单逻辑查验时，系统以生产制造参数中设定的“物料清单展开层数”为参照基准，所以设置该参数时应确认其值大于系统中所有主要物料清单的最大阶层数。

3. 物料低阶码推算

(1) 打开“物料低阶码推算”对话框。在“物料清单”子系统中，依次单击“物料清单维护”→“物料低阶码推算”菜单项，系统打开“物料低阶码推算”对话框。

(2) 低阶码推算。单击“执行”按钮，即可自动执行物料低阶码推算，系统只考虑主要物料清单（包括公用清单、BOM 子件的替换料）及订单物料清单，不考虑替代清单。推算完毕，系统显示“处理成功”信息提示框，单击“确定”按钮退出。

提示：

- 各物料低阶码可在存货档案查得。
- 新增或更改主要物料清单、订单物料清单后，各物料的低阶码应重新推算。

4. 无物料清单物料查询

(1) 打开“无物料清单物料查询”对话框。在“物料清单”子系统中，依次单击“物料清单维护”→“无物料清单物料查询”菜单项，系统打开“无物料清单物料查询”对话框。

(2) 查询并打开“无物料清单物料查询”窗口。参照生成“物料编码”的起始编码（例如10000）和结束编码（可不输入），单击“确定”按钮，即可查询未建立主要物料清单（和公用清单）的属性为自制、委外、计划品、PTO、选项类的物料资料，系统打开“无物料清单物料查询”窗口。

(3) 退出。单击“无物料清单物料查询”窗口的“关闭”按钮，关闭退出窗口。

提示：若有尚未建立物料清单的物料，则在列表行双击，若操作员有物料清单新增功能权限，则可进入物料清单维护界面，进行物料清单新增，物料清单表头默认为该列表行“物料编码＋结构自由项”，其他默认值同物料清单新增时的值。

5. 母件结构查询-多阶

(1) 打开“母件结构查询-多阶”窗口。在“物料清单”子系统中，依次单击“物料清单查询报表”→“母件结构查询-多阶”菜单项，系统打开“母件结构查询-多阶”窗口。

(2) 查询物料清单并打开“母件结构查询-多阶”窗口。参照生成“母件编码”（如10000）、“版本代号”、“有效日期”，单击“确定”按钮，系统打开“母件结构查询-多阶”窗口，并以图形方式显示物料清单树状结构，并可逐层展开显示母/子件资料，如图 5-14 所示。

(3) 退出。单击“母件结构查询-多阶”窗口的“关闭”按钮，退出该窗口。

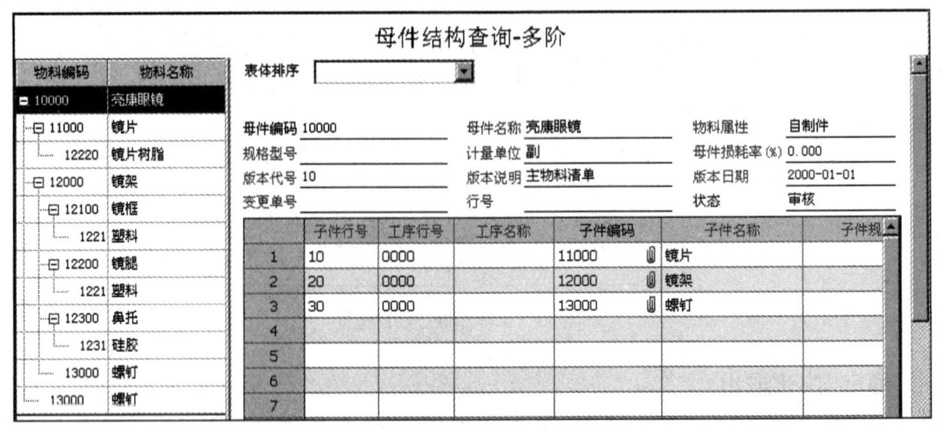

图 5-14　亮康眼镜的"母件结构查询-多阶"窗口

提示：

- "母件结构查询-多阶"窗口可查询母件之下各阶的子件资料。按查询资料，系统据以绘出各物料上下隶属物料清单结构图。
- 本功能模块只查询主要清单，不查询替代清单。
- 定位在列表的母件资料行，若有"物料清单资料维护"功能修改或变更功能权限，可单击工具栏"维护"按钮，进入物料清单资料维护。

6. 母件结构表-汇总式

（1）打开"母件结构表-汇总式"窗口。在"物料清单"子系统中，依次单击"物料清单查询报表"→"母件结构表-汇总式"菜单项，系统打开"母件结构表-汇总式"对话框。

（2）查询并打开"母件结构表-汇总式"窗口。参照生成"物料清单选择"为"主要"物料清单、"母件编码"起始的编码为10000，并编辑"母件数量"为100，然后单击"确定"按钮，系统打开"母件结构表-汇总式"窗口，并显示子件汇总用量资料，如图5-15所示。

母件结构表-汇总式

母件编码：10000 到　　版本代号：到
版本日期：到　　替代标识：到
有效日期：2017-04-01　　母件数量：100

母件编码	母件规格	母件名称	替代说明	替代标识	母件属性	母件计量单位	版本说明	版本日期	版本代号	变更单号	母件损耗率	状态	母件数量	行号	子件编码	子件名称	子件规格	子件计量单位	使用数量	产出品	子件属性
10000		亮康眼镜			自制	副	主物料清单	2000/1/1	10		0.000	审核	100.00		13000	螺钉		颗	400.00	否	采购
															12310	硅胶		千克	1.00	否	采购
															12300	鼻托		对	100.00	否	自制
															12220	镜片树脂		千克	1.00	否	采购
															12210	塑料		千克	2.00	否	采购
															12200	镜腿		对	100.00	否	自制
															12100	镜框		个	100.00	否	自制
															12000	镜架		个	100.00	否	自制
															11000	镜片		对	100.00	否	委外
11000		镜片			委外	对	主物料清单	2000/1/1	10		0.000	审核	100.00		12220	镜片树脂		千克	1.00	否	采购
12000		镜架			自制	个	主物料清单	2000/1/1	10		0.000	审核	100.00		13000	螺钉		颗	200.00	否	采购
															12310	硅胶		千克	1.00	否	采购
															12300	鼻托		对	100.00	否	自制
															12210	塑料		千克	2.00	否	采购
															12200	镜腿		对	100.00	否	自制
															12100	镜框		个	100.00	否	自制
12100		镜框			自制	个	主物料清单	2000/1/1	10		0.000	审核	100.00		12210	塑料		千克	1.00	否	采购
12200		镜腿			自制	对	主物料清单	2000/1/1	10		0.000	审核	100.00		12210	塑料		千克	1.00	否	采购
12300		鼻托			自制	对	主物料清单	2000/1/1	10		0.000	审核	100.00		12310	硅胶		千克	1.00	否	采购

图 5-15　亮康眼镜100个的"母件结构表-汇总式"窗口

(3) 退出。单击“母件结构表-汇总式”窗口的“关闭”按钮,退出该窗口。

提示:

- “母件结构表-汇总式”用于显示并可打印母件以下所有各子件的汇总用量,即同一子件在各阶层的用量加总。
- “母件数量”必须输入,系统按此数量计算各子件所需用料总量。

5.4 实验报告内容

(1) 通过“母件结构查询-多阶”,查看“亮康眼镜”的物料清单,并将结果界面截图后粘贴在实验报告中。

(2) 通过“母件结构查询-多阶”,查看“镜架”的物料清单,并将结果界面截图后粘贴在实验报告中。

(3) 通过“母件结构表-汇总式”,查看 200 个亮康眼镜所需要的所有子件的需求量,并将结果界面截图后粘贴在实验报告中。

(4) 查看“亮康眼镜”的存货档案 MPS/MRP 页签,并将结果界面截图后粘贴在实验报告中。

(5) 物料清单资料维护中基本用量(分子)、基础用量(分母)的作用是什么?

(6) 解释为什么图 5-15 中第 1 行螺钉的“使用数量”为 400。

(7) 比较物料清单中母件损耗率与子件损耗率的不同。

(8) 用友 ERP-U8 中,“产出品”有哪几种类型?

(9) 举例说明物料低阶码推算的意义。

第 6 章　销售预测与资源需求计划

销售是企业生产经营成果的实现过程，是企业经营活动的中心。销售部门在企业供应链中处于市场与企业接口的位置，主要职能是为客户提供产品及服务，从而实现企业的资金转化并获取利润，为企业提供生存与发展的动力源泉。

预测就是预计和推测，即根据过去和现在的情况，预计和推测未来。预测的可行性，需要通过资源需求能力计算验证。

本章的实验任务是填制与审核销售预测订单、进行产能管理基本资料维护，以及资源需求的技术与查询。

本章的操作应该是在业务发生当日、由账套主管"赵技巩"（或者读者本人）登录"企业应用平台"，并在第 5 章完成的账套中、在主生产管理和产能管理模块中进行。

在每笔业务的实验操作前，需要将系统时间调整为业务日期。如果没有调整系统时间，则在登录"企业应用平台"时需要修改"操作日期"为业务日期；如果操作日期与账套建账时间之间的跨度超过 3 个月，则该账套在演示版状态下不能执行任何操作。

如果没有完成第 5 章的物料清单维护工作，可到百度网盘空间（网盘地址为 https://pan.baidu.com/s/1RYhQLt7jZn9lFsZJD9I55g 提取码：eh69）的"实验账套数据"文件夹中，将"05 物料清单.rar"下载到实验用机上，然后"引入"（操作步骤详见 1.3.5 节）到 ERP-U8 系统。而且，本章完成的账套，其输出的压缩文件名为"06 销售预测与资源需求.rar"。

需要说明的是，因百度网盘中的账套备份文件均为压缩文件，所以下载完成引入前，需要用解压缩工具进行解压（建议用 WinRAR 3.42 或以上版本），得到相应可以引入的账套数据文件。

本章的授课时间，建议理论讲课 2 学时（主要讲解物料清单的概念、分类与维护，内容可参见第 6.1 节～6.4 节的相关讲解和本教程配套的课件）、实验 1～2 学时，实验目的与要求如下：

- 了解销售预测的作用。
- 理解资源需求能力计算的意义。
- 熟练掌握销售预测操作。
- 熟练掌握资源需求能力计算操作。
- 掌握相关账表的查询。

6.1　预备知识

6.1.1　销售预测管理

销售预测是指根据以往的销售情况并使用销售预测模型以获得的对未来销售情况的预测。销售预测的作用包括：

• 企业可以销定产，根据销售预测资料，安排生产，避免产品积压。

• 合理有效管理产品库存，经过预测对产品设立库存预警，对生产进度的安排具有指导意义。

• 经过销售预测后，对产品的补货安排提供参考数据。

换言之，销售预测是指对未来特定时间内，全部产品或特定产品的销售数量与销售金额的估计。在 ERP 中，计划分为 5 个层次，即经营计划(Business Planning，BP，业务规划)、销售与运营规划(Sale and Operational Planning，也即生产计划大纲，Production Plan)、主生产计划(Master Production Schedule，MPS)、物料需求计划(Material Requirement Planning，MRP)和车间作业控制(Production Activity Control，PAC)。其中前 3 个层次，即业务规划、运营规划(生产计划大纲)和主生产计划的编制都离不开预测。

在预测工作中，一般需要确定以下 3 种时间范畴。

(1) 预测展望期：指预测工作覆盖的时间。

(2) 预测时间单位：指对预测展望期划分的时间间隔，一般为年、季、月、周和日。

(3) 预测检查期：是指预测数据不被修改的日期，亦即重新进行预测的周期，可以用月、季、年为单位。

通常情况下，业务规划的展望期为 2～7 年，预测以年为时间单位；生产计划大纲的展望期为 1～3 年，预测以月为时间单位；主生产计划的展望期为 1 年，预测以周为时间单位；MRP 的展望期为 3～18 个月，预测以周或天为时间单位。

用友 ERP-U8 中，可以实现对销售预测数量按不同时间单位的均化，具体包括不均化、日均化、周均化、月均化和时格均化 5 种。

例 6-1 假设物料 A，其预测的起始及结束日期分别为 2017 年 4 月 6 日和 2017 年 5 月 12 日，预测数量 1300(相应的操作可参见本教程的 6.2 节)。

假设 4 月 6 日～5 月 12 日的工作日历(实际取 SYSTEM 工作日历)上班日数为 27 天，则平均每个工作日的预测需求为 1300/27＝48.148 148，日历如图 6-1 所示。

周一	周二	周三	周四	周五	周六	周日
3	4	5	6	7	8	9
10	11	12	13	14	15	16
17	18	19	20	21	22	23
24	25	26	27	28	29	30
1	2	3	4	5	6	7
8	9	10	11	12		
	共27个工作日			每天：	48.148	

图 6-1　2017-04-06～2017-05-12 的工作日历

(1) 若选择“不均化”，则表示 2017 年 4 月 6 日的需求数量为 1300，其供应日期也为 2017 年 4 月 6 日。

(2) 若选择“日均化”，均化取整设为取上整，其均化结果如图 6-2 所示。

由图 6-2 可知，此件的预测需求笔数为 2017 年 4 月 6 日～2017 年 5 月 11 日之间 26 个工作日，共 26 笔数量为 49，另外 5 月 12 日一笔的数量为 26，供应日期分别等于其需求日期。因为 48.148 148 取上整，前 26 个工作日每天需求数量为 49，剩余的需求数量 26 置于其后的一天。

产品预测订单明细表(MPS)--均化

单据编号:	到	状态:	未审核
单据日期:	到	单据类别:	MPS
预测版本:	到	成本选择:	计划成本
原因码:	到		

物料名称	物料规格	计量单位	起始日期	结束日期	预测数量	均化类型	均化取整	时格代号	时格说明	状态	均化行号	均化物料编码	均化物料名称	均化物料规格	均化计量单位	均化预测数量	需求日期	供应日期
亮康眼镜		副	2017/4/6	2017/5/12	1,300.00	日均化	取上整				9	10000	亮康眼镜		副	49.00	2017/4/18	2017/4/18
亮康眼镜		副	2017/4/6	2017/5/12	1,300.00	日均化	取上整				10	10000	亮康眼镜		副	49.00	2017/4/19	2017/4/19
亮康眼镜		副	2017/4/6	2017/5/12	1,300.00	日均化	取上整				11	10000	亮康眼镜		副	49.00	2017/4/20	2017/4/20
亮康眼镜		副	2017/4/6	2017/5/12	1,300.00	日均化	取上整				12	10000	亮康眼镜		副	49.00	2017/4/21	2017/4/21
亮康眼镜		副	2017/4/6	2017/5/12	1,300.00	日均化	取上整				13	10000	亮康眼镜		副	49.00	2017/4/24	2017/4/24
亮康眼镜		副	2017/4/6	2017/5/12	1,300.00	日均化	取上整				14	10000	亮康眼镜		副	49.00	2017/4/25	2017/4/25
亮康眼镜		副	2017/4/6	2017/5/12	1,300.00	日均化	取上整				15	10000	亮康眼镜		副	49.00	2017/4/26	2017/4/26
亮康眼镜		副	2017/4/6	2017/5/12	1,300.00	日均化	取上整				16	10000	亮康眼镜		副	49.00	2017/4/27	2017/4/27
亮康眼镜		副	2017/4/6	2017/5/12	1,300.00	日均化	取上整				17	10000	亮康眼镜		副	49.00	2017/4/28	2017/4/28
亮康眼镜		副	2017/4/6	2017/5/12	1,300.00	日均化	取上整				18	10000	亮康眼镜		副	49.00	2017/5/1	2017/5/1
亮康眼镜		副	2017/4/6	2017/5/12	1,300.00	日均化	取上整				19	10000	亮康眼镜		副	49.00	2017/5/2	2017/5/2
亮康眼镜		副	2017/4/6	2017/5/12	1,300.00	日均化	取上整				20	10000	亮康眼镜		副	49.00	2017/5/3	2017/5/3
亮康眼镜		副	2017/4/6	2017/5/12	1,300.00	日均化	取上整				21	10000	亮康眼镜		副	49.00	2017/5/4	2017/5/4
亮康眼镜		副	2017/4/6	2017/5/12	1,300.00	日均化	取上整				22	10000	亮康眼镜		副	49.00	2017/5/5	2017/5/5
亮康眼镜		副	2017/4/6	2017/5/12	1,300.00	日均化	取上整				23	10000	亮康眼镜		副	49.00	2017/5/8	2017/5/8
亮康眼镜		副	2017/4/6	2017/5/12	1,300.00	日均化	取上整				24	10000	亮康眼镜		副	49.00	2017/5/9	2017/5/9
亮康眼镜		副	2017/4/6	2017/5/12	1,300.00	日均化	取上整				25	10000	亮康眼镜		副	49.00	2017/5/10	2017/5/10
亮康眼镜		副	2017/4/6	2017/5/12	1,300.00	日均化	取上整				26	10000	亮康眼镜		副	49.00	2017/5/11	2017/5/11
亮康眼镜		副	2017/4/6	2017/5/12	1,300.00	日均化	取上整				27	10000	亮康眼镜		副	26.00	2017/5/12	2017/5/12
																1,300.00		

图 6-2　销售预测日均化的结果(部分截图)

(3) 若选择“周均化”,均化取整设为取下整,其均化结果如图 6-3 所示。

起始日期	结束日期	预测数量	均化类型	均化取整	时格代号	时格说明	状态	均化行号	均化物料编码	均化物料名称	均化物料规格	均化计量单位	均化预测数量	需求日期	供应日期
2017/4/6	2017/5/12	1,300.00	周均化	取下整			未审核	1	10000	亮康眼镜		副	96.00	2017/4/6	2017/4/9
2017/4/6	2017/5/12	1,300.00	周均化	取下整			未审核	2	10000	亮康眼镜		副	240.00	2017/4/10	2017/4/16
2017/4/6	2017/5/12	1,300.00	周均化	取下整			未审核	3	10000	亮康眼镜		副	240.00	2017/4/17	2017/4/23
2017/4/6	2017/5/12	1,300.00	周均化	取下整			未审核	4	10000	亮康眼镜		副	240.00	2017/4/24	2017/4/30
2017/4/6	2017/5/12	1,300.00	周均化	取下整			未审核	5	10000	亮康眼镜		副	240.00	2017/5/1	2017/5/7
2017/4/6	2017/5/12	1,300.00	周均化	取下整			未审核	6	10000	亮康眼镜		副	244.00	2017/5/8	2017/5/12
													1,300.00		

图 6-3　销售预测周均化的结果

由图 6-3 可知,此物料的预测需求数量是 2017 年 4 月 6 日需求 96、2017 年 4 月 10 日需求 240、2017 年 4 月 17 日需求 240、2017 年 4 月 24 日需求 240、2017 年 5 月 1 日需求 240、2017 年 5 月 8 日需求 244,共 6 笔,其供应日期分别为 2017 年 4 月 9 日、2017 年 4 月 16 日、2017 年 4 月 23 日、2017 年 4 月 30 日、2017 年 5 月 7 日和 2017 年 5 月 12 日。因为第一周上班日数为 2,所以 48.148 148×2=96(取下整),中间每周的预测需求数量为 48.148 148×5=240(取下整),剩余的量 244 置于最后一周。

(4) 若选择“月均化”,均化取整设为取下整,其均化结果如图 6-4 所示。

起始日期	结束日期	预测数量	均化类型	均化取整	时格代号	时格说明	状态	均化行号	均化物料编码	均化物料名称	均化物料规格	均化计量单位	均化预测数量	需求日期	供应日期
2017/4/6	2017/5/12	1,300.00	月均化	取下整			未审核	1	10000	亮康眼镜		副	818.00	2017/4/6	2017/4/30
2017/4/6	2017/5/12	1,300.00	月均化	取下整			未审核	2	10000	亮康眼镜		副	482.00	2017/5/1	2017/5/12
													1,300.00		

图 6-4　销售预测月均化的结果

由图 6-4 可知,此物料的预测需求笔数为 2 笔,其中 2017 年 4 月 6 日需求数量为 818,2017 年 5 月 1 日需求数量为 482,其供应日期分别为 2017 年 4 月 30 日和 2017 年 5 月 12 日,因为第一个月上班日数为 17,所以 48.148 148×17=818(取下整),剩余的量 482 置于最后一个月。

(5) 若选择“时格均化”，则以输入的起始日期为起点，按时格代号对应时段和顺序，将起始日期至结束日期划分为若干期间，如果时格总的日期长度不足，则不足部分设为一个期间，各期间内第一个工作日为预测的需求日期、期间内最后一天为预测的供应日期。

例如，时格按本案例企业的 SG01，均化取整设为取下整，其均化结果如图 6-5 所示。

起始日期	结束日期	预测数量	均化类型	均化取整	时格代号	时格说明	状态	均化行号	均化物料编码	均化物料名称	均化物料规格	均化计量单位	均化预测数量	需求日期	供应日期
2017/4/6	2017/5/12	1,300.00	时格均化	取下整	SG01	时格1号	未审核	1	10000	亮康眼镜		副	96.00	2017/4/6	2017/4/9
2017/4/6	2017/5/12	1,300.00	时格均化	取下整	SG01	时格1号	未审核	2	10000	亮康眼镜		副	240.00	2017/4/10	2017/4/16
2017/4/6	2017/5/12	1,300.00	时格均化	取下整	SG01	时格1号	未审核	3	10000	亮康眼镜		副	481.00	2017/4/17	2017/4/30
2017/4/6	2017/5/12	1,300.00	时格均化	取下整	SG01	时格1号	未审核	4	10000	亮康眼镜		副	483.00	2017/5/1	2017/5/12
													1,300.00		

图 6-5　销售预测时格均化的结果

由图 6-5 可知，此物料的预测需求笔数为 4 笔，其中 2017 年 4 月 6 日需求数量为 96、2017 年4 月 10 日需求数量为 240、2017 年 4 月 17 日需求数量为 481、2017 年 5 月 1 日需求数量为 483，其供应日期分别为 2017 年 4 月 9 日、2017 年 4 月 16 日、2017 年 4 月 30 日和 2017 年 5 月 12 日。

由表 3-13 可知，本案例企业的时格 SG01，将时间划分为 4 个时段，即周(从周一开始)、周(从周一开始)月(从 1 号开始)和日(30 天)。由图 6-1 可知，本笔预测订单的第 1 时段即第 1 周是 2017 年 4 月 6 日～2017 年 4 月 9 日(只有 2 个工作日)，第 2 时段即第 2 周是 2017 年 4 月 10 日～2017 年 4 月 16 日(有 5 个工作日)，第 3 时段是 4 月(应该从 1 号开始，但前 2 周在前 2 个时段，所以本时段是 2017 年 4 月 17 日～2017 年 4 月 30 日，共 10 个工作日)，最后一个时段是最长 30 天，到本预测订单的结束日期截止，即 2017 年 5 月 1 日～2017 年 5 月 12 日(共 10 个工作日)。

因此，第 1 时段的预测数量为 48.148 148×2＝96(取下整)，第 2 时段的预测数量为 48.148 148×5＝240(取下整)，第 3 时段的预测数量为 48.148 148×10＝481(取下整)，剩余的量 483 置于最后一个时段。

6.1.2　产能管理

产能管理系统使用主工艺路线生成资源需求计划、粗能力计划和能力需求计划所用的资源清单，并使用主工艺路线计算未转入“车间管理”系统的生产订单的资源负载。

生产制造的能力需求包括资源需求计划、粗能力计划和能力需求计划 3 部分。

- 资源需求计划(Resource Requirement Planning，RRP)是验证现在的资源能否满足长远规划的产能管理。
- 粗能力计划(Rough Cut Capacity Planning，RCCP)是验证主生产计划的可行性的产能管理。
- 能力需求计划(Capacity Requirement Planning，CRP)是验证生产订单的可执行度的产能管理。

1. 能力计划分类

在制造企业中，能力计划一般分为无限能力计划和有限能力计划。

- 无限能力计划是指在做物料需求计划时不考虑生产能力的限制，直接对各个工作中心的能力、负荷进行计算得出工作中心的负荷情况，并产生能力报告。当负荷大于能力时，允许对超负荷的工作中心进行负荷调整。

- 有限能力计划则是认为工作中心的能力是不变的，计划的安排依据优先级进行，先把能力分配给优先级高的物料，当工作中心负荷已满时，优先级别低的物料被推迟加工，即订单被推迟。该方法计算出的计划可以不进行负荷与能力平衡。

用友 ERP 产能管理子系统，其能力计划属于无限能力计划。

2. 产能管理系统接口

产能管理系统与物料清单系统、主生产计划系统、需求规划系统、生产订单系统和车间管理系统有数据交换，它们之间的关系可参见图 6-6。

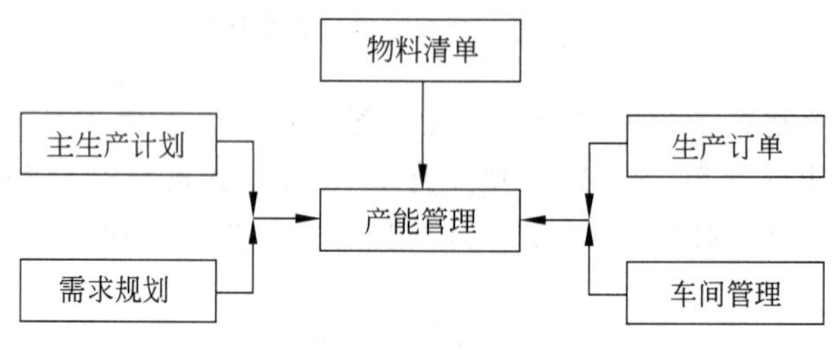

图 6-6　产能管理系统接口

(1) 与物料清单子系统的关系。物料清单子系统中的物料清单，是产能管理子系统中依据物料工艺路线自动生成资源清单时，必须先行建立的基础资料。

(2) 与主生产计划子系统的关系。主生产计划子系统中 MPS 物料的预测订单，是产能管理子系统 RRP 的需求来源，也是 RCCP 的需求来源之一；MPS 物料的建议生产量(计划订单)是 CRP 的需求来源之一，详见第 7 章。

(3) 与需求规划子系统的关系。需求规划子系统中 MRP 物料的建议生产量，是产能管理子系统 CRP 的需求来源之一，详见第 8 章。

(4) 与生产订单子系统的关系。生产订单子系统中未审核、锁定、审核状态的生产订单，是产能管理子系统 CRP 的需求来源之一，详见第 10 章。

(5) 与车间管理子系统的关系。车间管理子系统中未关闭的生产订单工序资料，是产能管理子系统 CRP 的需求来源之一，详见第 10 章。

3. 产能管理系统的操作流程

产能管理系统的操作流程示意图，参见图 6-7。

(1) 先进行应用准备工作，具体包括：

- 建立账套与系统启用。用户在新建账套时选择工业版，设置用户单位信息、分类编码方案、数据精度等，并进行系统启用设置，具体的可参见第 1 章的实验步骤。
- 权限管理：用户可以对操作员权限进行管理，包括功能权限、数据权限等，具体的可参见第 1 章的实验步骤。
- 基础档案：用户需要进行基础档案设置，具体的可参见第 2 和第 3 章的实验步骤。部门档案、职员档案、存货分类、计量单位、存货档案、自定义项、工作日历、工作中心、资源资料、时格资料、工艺路线资料、资源清单版本、资源清单等，是使用产能管理系统应建立的基础资料。
- 单据设置：用户可以对产能管理系统所有单据进行格式设置、编号设置，具体的可

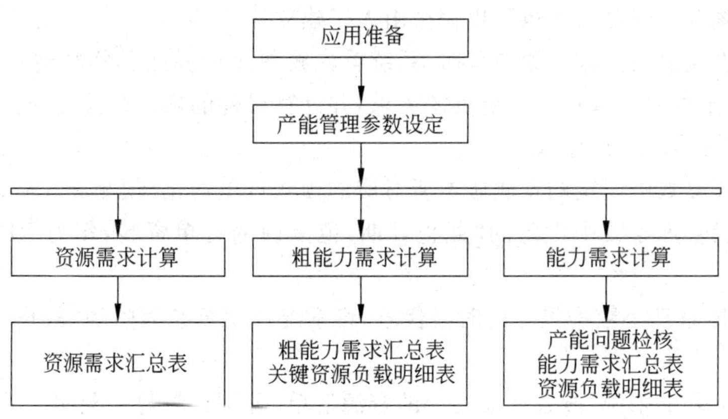

图 6-7 产能管理系统的操作流程示意图

参见第 4 章的实验步骤。

(2) 通过"产能管理参数设定"功能,设置 RRP、RCCP、CRP 的相关计划与控制参数。

(3) 产能管理参数设定后,可执行"资源需求计算"命令,以生成 RRP,再利用"资源需求汇总表"分析产能/负载资料。

(4) 产能管理参数设置完毕,可执行"粗能力需求计算"命令,以生成 RCCP,再利用"粗能力需求汇总表""关键资源负载明细表"等功能分析产能/负载资料。

(5) 产能管理参数设置完毕,可执行"能力需求计算"命令,以生成 CRP,再利用"产能问题检核""能力需求汇总表""资源负载明细表"等功能分析产能/负载资料。

4. 产能管理子系统的业务应用

用友 ERP 的产能管理子系统,主要应用在资源需求计划、粗能力需求计划和能力需求计划等方面。粗能力需求计划详见 7.5 节;能力需求计划详见 8.3 节。在此,仅说明资源需求计划的意义及其业务步骤。

资源需求计划是一个针对中长期计划进行资源评估的工具。在建立长期的需求预测之后,运行主生产计划(MPS)之前,可依据长期的需求预测数据,评估现有资源能否满足一个中长期计划的需要,以便于及时调整现有设施、人员配备、设施资金预算等。一般的业务步骤如下所述。

第一步,建立需求预测。

需求预测是编制资源需求计划的起点。在产能管理系统,RRP 的计划对象是 MPS 物料。

在主生产计划系统,可以针对 MPS 件按预测单号建立多个需求预测,并将其分别归属到不同的预测版本中。不同的预测版本可表示不同的预测方案,系统可选择不同的预测版本来执行 RRP 计划,以便可以模拟每个预测版本对 RRP 所产生的影响。

第二步,建立资源清单。

资源清单是资源需求计划最重要的基础资料。它是生产一个物料所必须的关键资源需求的一个列表,其中资源必须是工作中心的关键资源。

用友 ERP-U8 系统中,资源清单可以由产品的工艺路线资料自动生成,生成后的资源清单允许手动修改。资源清单也可以完全由人工建立。

在由工艺路线自动生成资源清单时，系统首先将每个产品按其物料清单展开到清单底层，然后为每个子件逐层累计其关键资源需求，并计算母件的累计资源需求。

第三步，资源需求计划生成。

以产能管理参数中设定的预测版本所对应的预测订单均化/预测展开后、完工日期介于系统日期和产能管理参数中设定的“截止日期”范围内的订单资料，作为 RRP 计划的需求来源。

RRP 按产能管理参数中设定的时格代号，将系统日期至参数中的“截止日期”划分为若干计划期间。

系统自动依需求来源，按各产品对应的资源清单，分别计算每一预测产品在各计划期间各工作中心、各资源的资源需求。同时以资源清单中，各工作中心资源的可用数量及各计划期间的有效工作时数，计算各计划期间工作中心资源的可用产能。

系统提供各计划期间工作中心资源的产能/负载比较分析报表，以评估产能需求。

以上业务步骤的具体应用，可参见 6.2～6.4 节。

6.2 销售预测订单

6.2.1 半年销售计划

2017 年 4 月 1 日，生产部李江根据销售部的预测，完成案例企业的半年生产计划中预测订单的填制：2017 年 4 月 1 日～2017 年 10 月 1 日，预计有 12 000 副亮康眼镜的需求，按月均化，取上整。

本笔业务是中长期销售预测业务，需要填制与审核销售预测订单、查询预测结果。

用友 ERP-U8 中，可以查看产品预测订单及其均化处理、预测展开后的产品预测资料，供核对用。

本业务的操作视频网址：

https://pan.baidu.com/s/1RYhQLt7jZn9lFsZJD9I55g 提取码：eh69。

请确认系统日期和业务日期为 2017 年 4 月 1 日。

1. 销售预测订单的填制与审核

(1) 打开“产品预测订单输入”窗口。在“企业应用平台”的“业务工作”页签中，依次单击“生产制造”→“主生产计划”→“需求来源资料维护”→“产品预测订单输入”菜单项，系统打开“产品预测订单输入”窗口。

(2) 单击工具栏的“增加”按钮，新增一张销售预测单，然后做如下编辑：

① 在表头确认“预测版本号”为 YCMPS，其他项为默认值。

② 在表体的第 1 行，参照生成“物料编码”为 10000(亮康眼镜)、“起始日期”为 2017-04-01，“结束日期”为 2017-10-01，“预测数量”分别为 12 000，“均化类型”为“月均化”，“均化取整”为“取上整”，其他项为默认值。

(3) 保存。单击工具栏的“保存”按钮，保存该单据，如图 6-8 所示。

(4) 审核。单击工具栏的“审核”按钮，系统弹出信息提示框，提示审核成功，单击“确

产品预测订单输入　　产品预测订单输入

表体排序

预测单号 0000000001	单据日期 2017-04-01	单据类别 MPS
预测版本号 YCMPS	版本说明 主MPS需求预测	均化类型 不均化
均化取整 取下整	时格代号	时格说明
起始日期	结束日期	
原因码	原因说明	

	物料编码	物料名称	物料…	计量…	起始日期	结束日期	预测数量	均化类型	均化取整	时格代号	状态	备注
1	10000	亮康眼镜		副	2017-04-01	2017-10-01	12 000.00	月均化	取上整		未审核	

图 6-8　案例企业的半年生产预测订单

定”按钮返回“产品预测订单输入”窗口。

(5) 退出。单击“产品预测订单输入”窗口的“关闭”按钮，关闭退出该窗口。

提示：

- 销售预测订单是 MPS/MRP 计算的独立需求来源之一。
- 均化类型：可选择“不均化/日均化/周均化/月均化/时格均化”之一。预测订单输入保存时，系统即自动按每行的“均化类型”执行均化处理。

2. 预测订单的均化结果查看

(1) 打开“选择”对话框。在“主生产计划”模块中，依次单击“需求来源资料维护”→“产品预测订单明细表(MPS)”菜单项，系统弹出“选择”对话框。

(2) 打开“查询条件选择”对话框。单击“选择”对话框的“均化”单选按钮，然后单击“确定”按钮，系统打开“查询条件选择-产品预测订单明细表(MPS)—均化”对话框。

(3) 打开“产品预测订单明细表(MPS)—均化”窗口。设置“查询条件选择”对话框的“状态”为“审核”，其他项默认，然后单击“确定”按钮，系统打开“产品预测订单明细表(MPS)—均化”窗口，如图 6-9 所示。

产品预测订单明细表(MPS)--均化

单据编号：	到	状态：	审核
单据日期：	到	单据类别：	MPS
预测版本：	到	成本选择：	计划成本
原因码：	到		

预测单号	单据日期	单据类	预测版	物料名称	计量	起始日期	结束日期	预测数量	均化类	均化取	状态	均	均化预测	需求日期	供应日期
0000000001	2017/4/1	MPS	YCMPS	亮康眼镜	副	2017/4/1	2017/10/1	12,000.00	月均化	取上整	审核	1	1,847.00	2017/4/3	2017/4/30
0000000001	2017/4/1	MPS	YCMPS	亮康眼镜	副	2017/4/1	2017/10/1	12,000.00	月均化	取上整	审核	2	2,124.00	2017/5/1	2017/5/31
0000000001	2017/4/1	MPS	YCMPS	亮康眼镜	副	2017/4/1	2017/10/1	12,000.00	月均化	取上整	审核	3	2,031.00	2017/6/1	2017/6/30
0000000001	2017/4/1	MPS	YCMPS	亮康眼镜	副	2017/4/1	2017/10/1	12,000.00	月均化	取上整	审核	4	1,939.00	2017/7/3	2017/7/31
0000000001	2017/4/1	MPS	YCMPS	亮康眼镜	副	2017/4/1	2017/10/1	12,000.00	月均化	取上整	审核	5	2,124.00	2017/8/1	2017/8/31
0000000001	2017/4/1	MPS	YCMPS	亮康眼镜	副	2017/4/1	2017/10/1	12,000.00	月均化	取上整	审核	6	1,935.00	2017/9/1	2017/9/30
总计													12,000.00		

图 6-9　案例企业的半年生产预测订单均化结果

(4) 退出。单击“产品预测订单明细表(MPS)—均化”窗口的“关闭”按钮，关闭退出该窗口。

【主要栏目说明】

(1) 表头的主要栏目

① 状态：可多选“未审核”“审核”和“关闭”3 种。

② 订单类别：产品预测订单的单据类别，默认为 MPS。

③ 起始/结束预测版本：预测订单版本的范围。若单据类别为 MPS，则必须输入版本类别为 MPS 的预测版本号；若单据类别为 MRP，则须输入版本类别为 MRP 的预测版本号。

④ 起始/结束单据编号：输入预测订单范围。

⑤ 起始/结束单据日期：预测订单的单据日期范围。

⑥ 成本选择：预测物料的单位成本，可取存货主档中的计划成本或参考成本。

(2) 表体的“均化预测”数量来源说明

① 现有数据说明：预测需求数量为 12 000，预测期间为 2017 年 4 月 1 日～2017 年 10 月 1 日，均化类型为月均化，均化取整方法为取上整。另外，案例企业的工作日历是 SYSTEM 工作日历(详见 3.3.4 节和图 3-7)，即每周一至周五是工作日。

② 日均预测需求计算：根据企业的工作日历和预测期间，可知预测期间的工作天数为 130 天，所以日均预测需求产量为 12 000/130＝92.308。

③ 每月的工作天数计算：因为本预测订单的均化类型为月均化，故需要统计预期期间每月的工作天数。根据企业的工作日历，可知 4 月的工作天数为 20 天，5 月 23 天，6 月 22 天，7 月 21 天，8 月 23 天，9 月 21 天，10 月没有工作日，详见表 6-1。

表 6-1　预测数量计算表

起始日期	结束日期	工作天数	预测数量（未取整）	预测数量（取上整）	预测数量（结果）	需求日期	供应日期	说　　明
04-01	04-30	20	1846.2	1847	1847	04-03	04-30	4 月 1 日和 2 日为周末
05-01	05-31	23	2123.08	2124	2124	05-01	05-31	
06-01	06-30	22	2030.77	2031	2031	06-01	06-30	
07-01	07-31	21	1938.46	1939	1939	07-03	07-31	7 月 1 日和 2 日为周末
08-01	08-31	23	2123.08	2124	2124	08-01	08-31	
09-01	09-30	21			1935	09-01	09-30	月末调整
10-01	10-01	0						10 月 1 日是周日

④ 每月的预测数量需求计算：计算过程可参见表 6-1，分两类期间计算。一类是非末月的每月预测数量需求，另一类是末月的预测数量需求。

- 非末月的每月预测数量需求，等于日均预测需求产量×本月的工作天数，再根据取整方法调整得到结果的预测数量。以 4 月为例，4 月的预测需求数量为 92.308×20＝1846.2；因为本预测订单的均化取整方法为取上整，故 4 月的预测需求产量取上整后为 1847，这也是其预测结果。
- 末月的预测数量需求，等于预测总数量减去非末月的每月预测数量需求之和。以 9 月为例，9 月份的预测需求数量为 12 000－1847－2124－2031－1939－2124＝1935。

(3) 表体的“需求日期”来源说明

预测的需求日期为预测期间的第一个工作日，例如预测期间为 2017 年 4 月 1 日(起始日期)～2017 年 4 月 30 日(结束日期)，其需求日期为 2017 年 4 月 3 日，因为 4 月 1 日和 2 日为周末，4 月 3 日是本预测期间的第一个工作日。

6.2.2 近期销售计划

2017 年 4 月 6 日，生产部李江根据销售部的预测，完成近期预测订单的填制：2017 年 4 月 13 日～2017 年 4 月 18 日将有 180 副亮康眼镜的需求，该预测订单不需要做均化处理；2017 年 4 月 19 日～2017 年 4 月 28 日还将有 810 副亮康眼镜的需求，该预测订单也不需要做均化处理。

本笔业务是普通的销售预测业务，需要填制与审核销售预测订单。

本业务的操作视频网址：

https://pan.baidu.com/s/1RYhQLt7jZn9lFsZJD9I55g 提取码：eh69。

请确认系统日期和业务日期为 2017 年 4 月 6 日。

操作步骤：

(1) 打开"产品预测订单输入"窗口。

(2) 单击工具栏的"增加"按钮，新增一张销售预测单，然后做如下编辑：

① 在表头确认"预测版本号"为 YCMPS，其他项默认；

② 在表体的第 1 行，参照生成"物料编码"为 10000(亮康眼镜)、"起始日期"为 2017-04-19，"结束日期"为 2017-04-28，"预测数量"为 810，"均化类型"为"不均化"；

③ 在表体的第 2 行，参照生成"物料编码"为 10000(亮康眼镜)、"起始日期"为 2017-04-13，"结束日期"为 2017-04-18，"预测数量"为 180，"均化类型"为"不均化"，其他项默认。

(3) 保存与审核。单击工具栏的"保存"按钮和"审核"按钮，保存并审核该单据，如图 6-10 所示。

产品预测订单输入

产品预测订单输入

表体排序

预测单号 0000000002　单据日期 2017-04-06　单据类别 MPS

预测版本号 YCMPS　版本说明 主MPS需求预测　均化类型 不均化

均化取整 取下整　时格代号　时格说明

起始日期　结束日期

原因码　原因说明

	物料编码	物料名称	物料规格	计量单位	起始日期	结束日期	预测数量	均化类型	均化取整	时格代号	时格说明	状态
1	10000	亮康眼镜		副	2017-04-19	2017-04-28	810.00	不均化	取下整			审核
2	10000	亮康眼镜		副	2017-04-13	2017-04-18	180.00	不均化	取下整			审核

图 6-10　案例企业的近期生产预测订单

(4) 退出。单击"产品预测订单输入"窗口的"关闭"按钮，关闭退出该窗口。

6.3 产能管理基本资料维护

在用友 ERP-U8 中，产能管理需要首先进行参数设置和资源清单维护。产能管理参数设定，是维护产能管理系统资源需求计划、粗能力计划、能力需求计划的有关参数。

MPS 自制件(含 MPS 计划品)的资源清单，可以通过工艺路线资料自动生成。生成的或手动建立的 MPS 物料的资源清单，可供处理资源需求计划和粗能力计划时使用。

本节的任务是设置案例企业的产能管理参数、进行工艺路线转资源清单操作，以及资源清单的查阅。

案例企业的产能管理参数，除系统默认的外，还需要进行以下设置：

- 预测版本为 YCMPS，时格为 SG01；
- 资源需求计划和能力需求计算的截止日期为 2017 年 12 月 31 日；
- 超载百分比为 110%，低载百分比为 60%；
- 资源需求计划和粗能力计划，仅对关键资源进行计算；能力需求计算对全部资源进行；
- 选择所有状态的生产订单。

1. 操作流程

图 6-11 是产能管理基本资料维护的操作流程，其操作视频网址为 https://pan.baidu.com/s/1RYhQLt7jZn9lFsZJD9I55g 提取码：eh69。

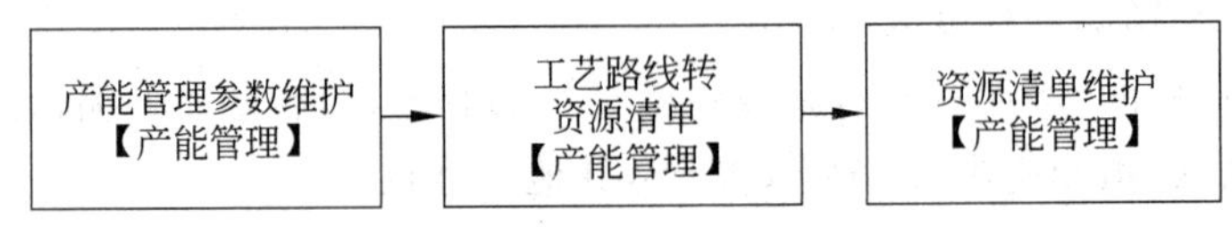

图 6-11　6.3 节的操作流程

确认系统日期和业务日期为 2017 年 4 月 6 日。

2. 产能管理参数维护

(1) 打开"产能管理参数设定"对话框。在"企业应用平台"的"业务工作"页签，依次单击"生产制造"→"产能管理"→"基本资料"→"产能管理参数设定"菜单项，系统打开"产能管理参数设定"对话框。

(2) 在"资源需求计划(RRP)"区，参照生成"时格代号"为 SG01，编辑"截止日期"为 2017-12-31，"超载百分比"为 110%，"低载百分比"为 60%，其他项为默认值。

(3) 在"粗能力计划(RCCP)"区，参照生成"时格代号"为 SG01，编辑"超载百分比"为 110%，"低载百分比"为 60%，其他项为默认值。

(4) 在"能力需求计划(CRP)"区，编辑"截止日期"为 2017-12-31，"资源选择"为"全部资源"，"超载百分比"为 110%，"低载百分比"为 60%，其他项为默认值。

(5) 确认"生产订单状态"区的所有选择已被选中，如图 6-12 所示。

(6) 单击"确定"按钮，保存系统参数的设置，关闭"选项"对话框。

【主要栏目说明】

(1) 资源需求计划栏目。

- 预测版本：输入要参与资源需求计划计算的需求预测订单的版本号。可参照预测版本资料输入，输入版本号的类别为"MPS"。
- 时格代号：输入划分资源需求计划期间所用的时格代号。
- 截止日期：设定参与资源需求计划的产品预测订单资料需求日期的截止日期。预测订单是以均化后各期间的起始日期为准，在截止日期之后的预测订单，不视为本次计划的对象；均化后预测订单的需求日期若小于系统日期，也不视为计划对象。
- 超载百分比：设定资源负载/产能比超过多少时，资源需求汇总表产生"超载"提示信息。默认为 100，不可小于"低载百分比"。

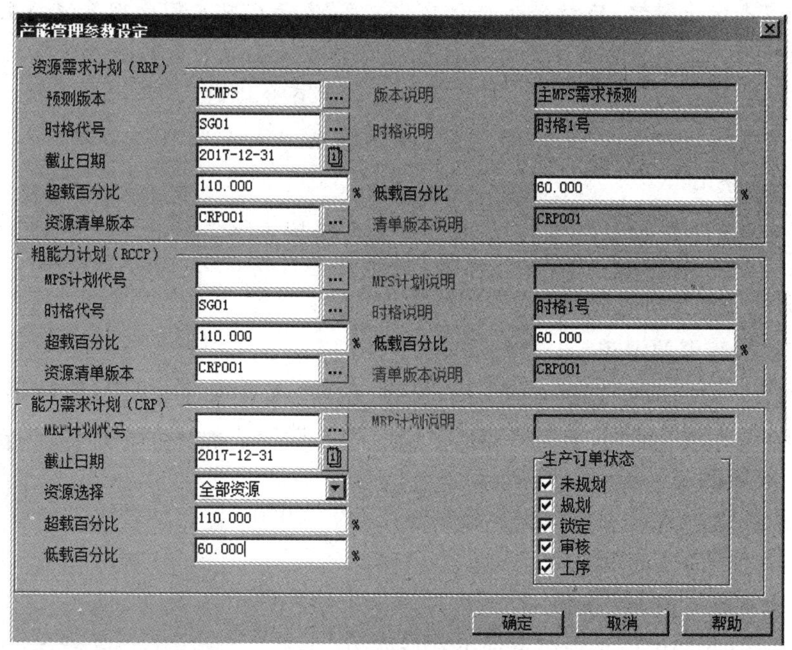

图 6-12　产能管理参数设定

• 低载百分比：设定资源负载/产能比低于多少时，资源需求汇总表产生“低载”提示信息。默认为 100，不可大于“超载百分比”。

• 资源清单版本：输入要用来执行资源需求计算的资源清单的版本号。

(2) 粗能力计划栏目。

• MPS 计划代号：输入要参与粗能力计划计算的 MPS 计划代号，若输入则计划类别必须为 MPS。

• 时格代号：输入划分粗能力计划期间所用的时格代号。

• 超载百分比：设定资源负载/产能比超过多少百分比时，粗能力需求汇总表和关键资源负载明细表产生“超载”提示信息。默认为 100，不可小于“低载百分比”。

• 低载百分比：设定资源负载/产能比低于多少百分比时，粗能力需求汇总表和关键资源负载明细表产生“低载”提示信息。默认为 100，不可大于“超载百分比”。

• 资源清单版本：输入要用来执行粗能力需求计算的资源清单的版本号。

(3) 能力需求计划栏目。

• MRP 计划代号：输入要参与能力需求计划计算的 MRP 计划代号，若输入则计划类别须为 MRP。

• 截止日期：设定参与能力需求计划的生产订单预完工日的截止日期。截止日期的认定，是以生产订单的预计完工日为准。在截止日期之后的生产订单，不视为本次计划的对象；生产订单的预完工日若小于系统日期，也不视为计划对象。系统默认系统日期可改，必须输入且不可小于系统日期。

• 生产订单状态：选择参与能力需求计划的生产订单的状态。可同时选择“未规划”“规划”“锁定”“审核”“工序”，其中“未规划”表示 MPS/MRP 产生的建议计划量、

“规划”表示未锁定/审核的生产订单、“工序”表示已转车间管理系统的生产订单。

- 资源选择：选择能力需求计划是计算所有资源或关键资源的产能和负载。
- 超载百分比：设定资源负载/产能比超过多少百分比时，产能问题检核、能力需求汇总表和资源负载明细表产生“超载”提示信息。默认为100，必须输入且不可小于“低载百分比”。
- 低载百分比：设定资源负载/产能比低于多少百分比时，产能问题检核、能力需求汇总表和资源负载明细表产生“低载”提示信息。默认为100，必须输入且不可大于“超载百分比”。

3. 工艺路线转资源清单

(1) 打开“工艺路线转资源清单”对话框。在“产能管理”模块中，依次单击“基本资料”→“工艺路线转资源清单”菜单项，系统打开“工艺路线转资源清单”对话框。

(2) 设置参数。参照生成“结束 物料编码”为10000(亮康眼镜)，其他项默认，如图6-13所示。

(3) 执行。单击“执行”按钮，系统执行完成工艺路线转资源清单工作，并弹出信息提示框提示处理成功。

(4) 退出。单击对话框的“确定”按钮，系统返回企业应用平台。

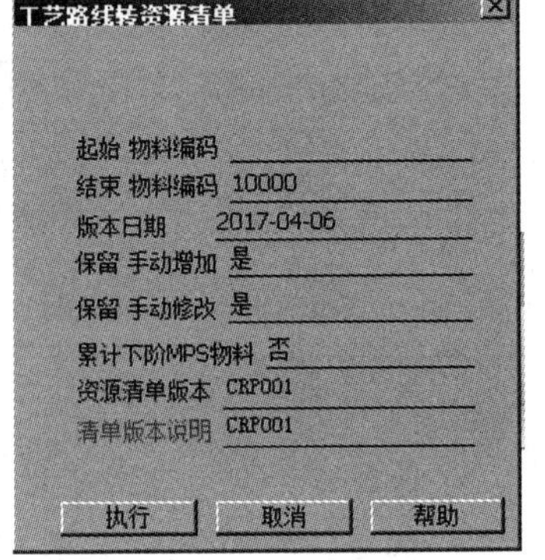

图6-13 “工艺路线转资源清单”对话框

【主要栏目说明】

- 起始/结束物料编码：输入要生成资源清单的物料范围。
- 版本日期：输入转资源清单物料的主要物料清单及主工艺路线的版本日期。默认系统日期，可改，必须输入。
- 保留手动增加/修改：选择转资源清单时，是否清除原资源清单中手动增加/修改过的资源清单明细。
- 累计下阶MPS物料：默认为“否”，可改为“是/否”之一。如果选择“是”，则BOM展开时可包含下阶MPS件；若选择“否”，则BOM展开时当某一子件为MPS件时，不计算其用量且不再向下阶展开。
- 资源清单版本：指定自动生成的资源清单的版本代号，系统自动默认资源清单主档中的默认版本代号，可参照资源清单版本资料输入。

4. 资源清单维护

(1) 打开“资源清单维护”窗口。在“产能管理”模块中，依次单击“基本资料”→“资源清单维护”菜单项，系统打开“资源清单维护”窗口，如图6-14所示。

(2) 查阅与编辑。在该窗口可修改工时以调整产能和负载，从而满足生产计划，本实验不修改。

(3) 退出。单击“资源清单维护”窗口右上角的“关闭”按钮，关闭退出该窗口。

【主要栏目说明】

- 物料编码：表示该资源源于哪一物料，可参照存货主档输入，可不输入。若输入则须为自制件或者表头母件自身。输入物料编码后，系统自动带出其名称/规格及主

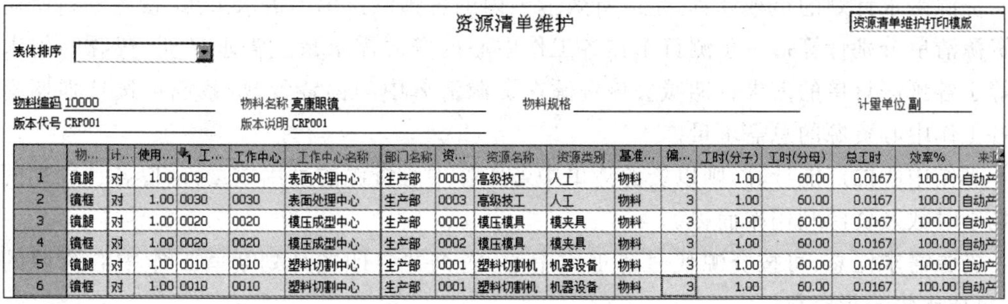

资源清单维护

资源清单维护打印模版

表体排序

物料编码 10000　物料名称 亮康眼镜　物料规格　计量单位 副

版本代号 CRP001　版本说明 CRP001

	物…	计…	使用…	工…	工作中心	工作中心名称	部门名称	资…	资源名称	资源类别	基准…	偏…	工时(分子)	工时(分母)	总工时	效率%	来源
1	镜腿	对	1.00	0030	0030	表面处理中心	生产部	0003	高级技工	人工	物料	3	1.00	60.00	0.0167	100.00	自动产
2	镜框	对	1.00	0030	0030	表面处理中心	生产部	0003	高级技工	人工	物料	3	1.00	60.00	0.0167	100.00	自动产
3	镜腿	对	1.00	0020	0020	模压成型中心	生产部	0002	模压模具	模夹具	物料	3	1.00	60.00	0.0167	100.00	自动产
4	镜框	对	1.00	0020	0020	模压成型中心	生产部	0002	模压模具	模夹具	物料	3	1.00	60.00	0.0167	100.00	自动产
5	镜腿	对	1.00	0010	0010	塑料切割中心	生产部	0001	塑料切割机	机器设备	物料	3	1.00	60.00	0.0167	100.00	自动产
6	镜框	对	1.00	0010	0010	塑料切割中心	生产部	0001	塑料切割机	机器设备	物料	3	1.00	60.00	0.0167	100.00	自动产

图 6-14 “资源清单维护”窗口

计量单位。

- 使用数量：来源的物料在母件结构中的使用数量，必须输入。
- 工序行号：资源所属来源物料工艺路线中的工序行号，可不输入。
- 工作中心：可参照工作中心主档输入，必须输入。
- 资源代号：可参照资源主档输入，必须输入。输入的资源代号须存在于该工作中心，且其资源主档中“计算产能”设为“是”。
- 基准类型：默认为“物料”，可改。“物料”表示将使用资源工时乘以母件的生产数量对资源进行负载计算，当资源负载随母件加工数量变动时选择此项；“批次”表示资源负载不随母件加工数量而变动，即每个生产订单对于该资源的负载占用是固定的（如模具安装）。
- 偏置天数：计算资源需求计划和粗能力计划时，该工作中心资源负载需求日期比其订单计划完工日应提前或延后的天数。正数表示提前，负数表示延后。
- 工时(分子)：必须输入，单位为小时。表示每分母值所对应的单位标准工时，如某一资源其单位标准工时为 0.1 秒，则可以工时(分子)0.1 而工时(分母)为 3600 来表达。
- 工时(分母)：默认为 1，可改，必须输入。表示工时(分子)的放大倍数。
- 总工时：等于“使用数量”工时(分子)/工时(分母)，可改，必须输入。
- 效率%：默认资源档案中的效率，可改，必须输入。
- 来源：系统自动维护。若为工艺路线转入，显示“自动产生”；若为工艺路线转入后修改，显示“手动修改”；若为手动输入，则显示“手动增加”。

6.4 资源需求的计算与查询

资源需求计算，是按设定的 MPS 物料的预测版本作为需求来源，以物料的资源清单计算各工作中心的资源需求，并同时计算相关工作中心资源的可用产能。

资源需求计划的需求来源，为设定的预测版本所对应的预测订单均化/预测展开后的明细资料，且只包含完工日期介于系统日期和产能管理参数中设定的截止日期范围内的订单资料。

资源需求计划的计划期间，是按设定的时格代号的各时段，将系统日期至截止日期划分为若干计划期间，若时格总时段不足，则将不足部分设为一个计划期间。

资源需求计划的负载计算，是以有效范围内的各预测订单为需求来源，按各物料所对应的资源清单分别计算每一预测订单在各工作中心的资源需求量及需求日期，资源的需求日期等于各预测订单的需求日期减去该资源在资源清单中的偏置天数，系统再按计划期间汇总各工作中心资源的总需求量。

工作中心的产能计算，则以资源清单中各工作中心资源的可用数量，乘以各计划期间总工作小时数及资源利用率而得。

资源需求汇总，可按资源代号或工作中心，查询并打印各计划期间工作中心资源的产能/负载比较分析资料。

1. 操作流程

图 6-15 是资源需求计算与查询的操作流程，相应的操作视频网址为 https://pan.baidu.com/s/1RYhQLt7jZn9lFsZJD9I55g 提取码：eh69。

确认系统日期和业务日期为 2017 年 4 月 6 日。

2. 资源需求计算

(1) 打开“资源需求计算”对话框。在“产能管理”模块中，依次单击“资源需求计划”→“资源需求计算”菜单项，系统打开“资源需求计算”对话框，如图 6-16 所示。

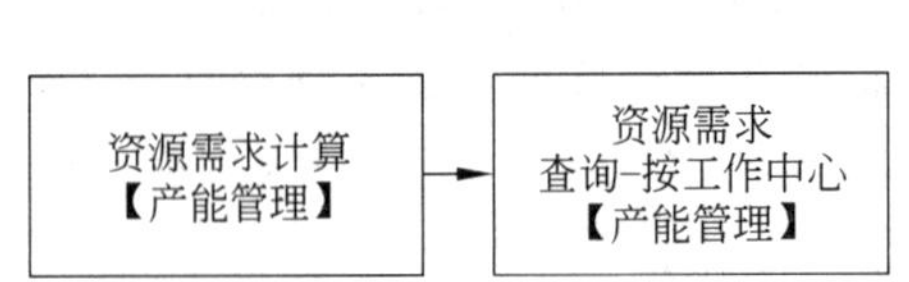

图 6-15　第 6.4 节的操作流程

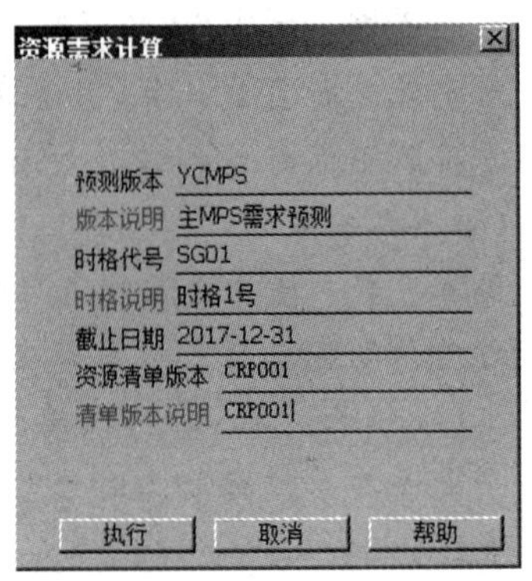

图 6-16　“资源需求计算”对话框

(2) 执行。直接单击“执行”按钮，系统执行完成并弹出信息提示框提示处理成功。

(3) 退出。单击“确定”按钮，系统返回企业应用平台。

【主要栏目说明】

- 预测版本：由产能管理参数带入，可改，必须输入。可参照预测版本档输入，输入的预测版本类别须为 MPS。
- 时格代号：由产能管理参数带入，可改，必须输入。
- 截止日期：由产能管理参数带入，可改，必须输入且不可小于系统日期。
- 资源清单版本：由产能管理参数带入，可改，必须输入。可参照资源清单版本主档输入。

3. 资源需求查询-按工作中心

(1) 打开“选择”对话框。在“产能管理”模块中，依次单击“资源需求计划”→“资源需求汇总表”菜单项，系统打开“资源需求汇总表”的“选择”对话框。

(2) 打开“查询条件选择”对话框。系统已经默认选择“工作中心”，此时直接单击“确定”按钮，系统弹出“查询条件选择－资源需求汇总表-工作中心”对话框。

(3) 打开“资源需求汇总表”窗口。直接单击“查询条件选择”对话框的“确定”按钮，系统打开“资源需求汇总表-工作中心”窗口，如图 6-17 所示。

工作中心代号	工作中心说明	部门	部门名称	起始日期	结束日期	资源	资源名称	资源类别	可用产能	产能需求	差额	负载比	状态
0010	塑料切割中心	7	生产部	2017-04-10	2017-04-16	0001	塑料切割机	机器设备	120.00	33.07	86.93	27.56	低載
0010	塑料切割中心	7	生产部	2017-04-17	2017-04-30	0001	塑料切割机	机器设备	240.00	70.94	169.06	29.56	低載
0010	塑料切割中心	7	生产部	2017-05-01	2017-05-30	0001	塑料切割机	机器设备	528.00	67.84	460.16	12.85	低載
0010	塑料切割中心	7	生产部	2017-05-31	2017-12-31	0001	塑料切割机	机器设备	3672.00	200.33	3471.67	5.46	低載
0020	模压成型中心	7	生产部	2017-04-10	2017-04-16	0002	模压模具	模具夹	200.00	33.07	166.93	16.53	低載
0020	模压成型中心	7	生产部	2017-04-17	2017-04-30	0002	模压模具	模具夹	400.00	70.94	329.06	17.74	低載
0020	模压成型中心	7	生产部	2017-05-01	2017-05-30	0002	模压模具	模具夹	880.00	67.84	812.16	7.71	低載
0020	模压成型中心	7	生产部	2017-05-31	2017-12-31	0002	模压模具	模具夹	6120.00	200.33	5919.67	3.27	低載
0030	表面处理中心	7	生产部	2017-04-10	2017-04-16	0003	高级技工	人工	320.00	33.07	286.93	10.33	低載
0030	表面处理中心	7	生产部	2017-04-17	2017-04-30	0003	高级技工	人工	640.00	70.94	569.06	11.08	低載
0030	表面处理中心	7	生产部	2017-05-01	2017-05-30	0003	高级技工	人工	1408.00	67.84	1340.16	4.82	低載
0030	表面处理中心	7	生产部	2017-05-31	2017-12-31	0003	高级技工	人工	9792.00	200.33	9591.67	2.05	低載

图 6-17 “资源需求汇总表-工作中心”窗口

(4) 退出。单击窗口的“关闭”按钮，关闭退出该窗口。

【主要栏目说明】

(1) 查询条件栏目。

- 起始/结束工作中心：可参照工作中心主档输入。
- 起始/结束资源代号：可参照资源主档输入。
- 资源类别：选择打印资源资料的类别。系统默认为“全部”，可同时选择“全部”“人工”“机器设备”“模夹具”“场所”“其他”。
- 资源状态：系统默认为“全部”，可选择“全部”“逾期”“低载”“超载”。

(2) 报表栏目。

- 差额：为“可用产能-产能需求”。
- 负载比：等于“产能需求/可用产能”。
- 状态：若“起始日期”小于系统日期，显示“逾期”；若负载比小于产能管理参数中的“低载百分比”，显示“低载”；若负载比大于“超载百分比”，则显示“超载”。

为更详细地表述图 6-17 中可用产能和产能需求的计算过程，下面以塑料切割中心为例，给出具体的计算公式和计算过程。

(1) 现有数据说明：系统日期为 2017 年 4 月 6 日，产能计算期间为 2017 年 4 月 6 日～2017 年 12 月 31 日，资源清单详见图 6-14，预测订单列表详见图 6-18。另外，案例企业的默认时格(详见 3.3.3 节和表 3-13)，即周、周、月和日，共 4 个时段；默认的工作日历为 SYSTEM 工作日历(详见 3.3.4 节和图 3-7)，即每周一至周五是工作日，每天工作 8 小时。

(2) 需求来源。参与此次资源需求计算的预测订单，应该是图 6-18 中“状态”为“审核”、且完工日期(即需求日期)介于系统日期和截止日期范围内的订单资料。因系统日期为 4 月 6 日，所以本次资源需求计算的需求来源为图 6-18 中的第 2～8 行。

(3) 计划期间的划分。计划期间是按设定的时格时段，将系统日期至截止日期划分为若干计划期间，若时格总时段不足，则将不足部分设为一个计划期间。案例企业的资源需求计划期间，共分为 5 个时段，详见表 6-2。

第 1 个时段是系统日期所在周的周一至周日，目前系统日期为 4 月 6 日，所以第 1 个时段的时格起始与结束日期为 2017 年 4 月 3 日和 2017 年 4 月 9 日。第 2 个时段为顺推的一

产品预测订单明细表(MPS)--均化

单据编号:	到	状态:	审核
单据日期:	到	单据类别:	MPS
预测版本:	到	成本选择:	计划成本
原因码:	到		

预测单号	单据日期	单据类别	物料名称	计量单位	起始日期	结束日期	预测数量	均化类型	均化取整	状态	均化行号	均化预测数量	需求日期	供应日期
00000…	2017/4/1	MPS	亮康眼镜	副	2017/4/1	2017/10/1	12,000.00	月均化	取上整	审核	1	1,847.00	2017/4/3	2017/4/30
00000…	2017/4/1	MPS	亮康眼镜	副	2017/4/1	2017/10/1	12,000.00	月均化	取上整	审核	2	2,124.00	2017/5/1	2017/5/31
00000…	2017/4/1	MPS	亮康眼镜	副	2017/4/1	2017/10/1	12,000.00	月均化	取上整	审核	3	2,031.00	2017/6/1	2017/6/30
00000…	2017/4/1	MPS	亮康眼镜	副	2017/4/1	2017/10/1	12,000.00	月均化	取上整	审核	4	1,939.00	2017/7/3	2017/7/31
00000…	2017/4/1	MPS	亮康眼镜	副	2017/4/1	2017/10/1	12,000.00	月均化	取上整	审核	5	2,124.00	2017/8/1	2017/8/31
00000…	2017/4/1	MPS	亮康眼镜	副	2017/4/1	2017/10/1	12,000.00	月均化	取上整	审核	6	1,935.00	2017/9/1	2017/9/30
00000…	2017/4/6	MPS	亮康眼镜	副	2017/4/13	2017/4/18	180.00	不均化	取下整	审核	3	180.00	2017/4/13	2017/4/18
00000…	2017/4/6	MPS	亮康眼镜	副	2017/4/19	2017/4/28	810.00	不均化	取下整	审核	2	810.00	2017/4/19	2017/4/28
总计												12,990.00		

图 6-18　案例企业本月的产品预测订单明细表

表 6-2　资源需求的计划期间

时段序号	时格行号	类别	期间数	起始位置	时格起始日期	时格结束日期	需求起始日期	需求结束日期
1	1	周	1	星期一	04-03	04-09	04-03	04-09
2	2	周	1	星期一	04-10	04-16	04-10	04-16
3	3	月	1	1 日	04-17	04-30	04-17	04-30
4	4	天	30		05-01	05-30	05-01	05-30
5							05-31	12-31

个星期，即 2017 年 4 月 10 日～2017 年 4 月 16 日；第 3 个时段为本月内去掉第 1 和第 2 时段之后的日期期间，即 2017 年 4 月 17 日～2017 年 4 月 30 日；第 4 个时段为下个月的 30 天，即 2017 年 5 月 1 日～2017 年 5 月 30 日；第 5 个时段为剩余时间期间，即 2017 年 5 月 31 日～2017 年 12 月 31 日。

(4) 可用产能计算。可用产能以资源清单中各工作中心资源的可用数量，乘以各计划期间总工作小时数及资源利用率。以图 6-17 中的第 1 行为例，2017 年 4 月 10 日～2017 年 4 月 16 日期间有 5 个工作日，每天工作 8 小时。塑料切割中心的可用资源数量为 3 个，资源利用率 100%，所以：可用产能＝(5 天×8 小时/天)×3×100%＝120 小时。

(5) 负载计算。资源需求的负载计算，是以有效范围内的各预测订单为需求来源，按各物料所对应的资源清单分别计算每一个预测订单在各工作中心的资源需求量及需求日期，资源的需求日期等于各预测订单的需求日期减去该资源在资源清单中的偏置天数，系统再按计划期间汇总各工作中心资源的总需求量。

以图 6-17 中的第 1 至 4 行(即塑料切割中心)的负载计算为例，表 6-3 中列出了各个预测明细单的塑料切割时间需求(“总切割时间”栏)和资源的需求日期(“资源需求日期”栏)。表 6-3 中的总切割时间是镜腿和镜框的塑料切割时间之和，其资源需求日期是“订单需求日期”减去“偏置天数”的日期。例如第 2 行的“订单需求日期”为 5 月 1 日，“偏置天数”为 3 天，所以其资源需求日期为 4 月 28 日。

表 6-3　塑料切割中心的产能负载计算表

序号	订单需求日期	订单供应日期	预测数量	镜腿切割时间	镜框切割时间	总切割时间	偏置天数	资源需求日期	说　明
1	04-03	04-30	1847						需求日期在系统日期之前，故不是有效需求来源
2	05-01	05-31	2124	35.4	35.4	70.8	3	04-28	
3	06-01	06-30	2013	33.55	33.55	67.1	3	05-29	
4	07-03	07-31	1939	32.32	32.32	64.64	3	06-28	7 月 1 日和 2 日为周末
5	08-01	08-31	2124	35.4	35.4	70.8	3	07-29	
6	09-01	09-30	1935	32.25	32.25	64.5	3	08-29	期末调整
7	04-13	04-18	180	3	3	6	3	04-10	
8	04-19	04-28	810	13.5	13.5	27	3	04-16	

表 6-4 中，依据表 6-2 的计划期间，统计汇总表 6-3 的“资源需求日期”介于表 6-2 的“需求起始日期”和“需求结束日期”之间的“总切割时间”，相应的计算可参见表 6-4 中的“说明”。

表 6-4　塑料工作中心的产能负载汇总表

时段序号	需求起始日期	需求结束日期	时段切割时间汇总	说　明
1	04-03	04-09		
2	04-10	04-16	33	表 6-3 中第 7 和第 8 行的“总切割时间”之和
3	04-17	04-30	70.8	表 6-3 中第 2 行的“总切割时间”
4	05-01	05-30	67.1	表 6-3 中第 3 行的“总切割时间”
5	05-31	12-31	199.94	表 6-3 中第 4 至 6 行的“总切割时间”之和

备注：因为计算精度，表 6-4 和图 6-17 的数字略有差异。

6.5　实验报告内容

(1) 查看近期生产计划预测订单，并将结果界面截图后粘贴在实验报告中。

(2) 查看半年生产计划预测订单的均化结果，并将结果截图复制后粘贴在实验报告中。

(3) 资源需求计划的计划期间是如何划分的？以图 6-15 中第 1～4 行为例，说明各个计划期间的划分依据。

(4) 解释图 6-17 中第 1 行的“可用产能”的数据来源。

(5) 解释图 6-17 中第 1 行的“产能需求”的数据来源。

(6) 为什么图 6-17 中第 1 行的“状态”为“低载”？

(7) 解释图 6-17 中第 2 行的“产能需求”的数据来源。

(8) 为什么图 6-9 中月均化的 2017 年 6 月预测数量为 2031？

(9) 为什么图 6-9 中月均化的 2017 年 9 月预测数量为 1935？

(10)“资源需求计算”的数据来源是什么单据？作用是什么？

第7章　销售订货与MPS计划

用友ERP-U8的销售管理，提供了报价、订货、发货、开票的完整销售流程管理，支持普通销售、委托代销、分期收款、直运、零售等多种类型的销售业务，以及销售退货等逆向业务；可以制定销售计划，对价格和信用进行实时监控。

销售订货是指由购销双方确认的客户的要货过程，用户根据销售订单组织货源，并对订单的执行进行管理、控制和追踪。销售订单是反映由购销双方确认的客户要货需求的单据。

销售订单和销售预测单是企业MPS/MRP独立需求的主要来源。

主生产计划(Master Production Schedule，MPS)是对企业的关键零部件或产品(对公司利益影响重大或消耗关键资源的物料)的生产计划。在计划相关零部件和采购件之前，计划和调整关键物料的MPS计划，可保证对MPS物料计划所做的任何改变，不会立即影响较低层次的物料，以避免给供应计划造成不必要的混乱。

本章的实验任务是完成销售订货、进行MPS计划生成与粗能力需求(RCCP)计算。

本章的操作应该是在业务发生当日、由账套主管"赵技巩"(或者读者本人)登录"企业应用平台"，并在第6章完成的账套中，在销售管理、主生产计划和产能管理模块中进行。

在每笔业务的实验操作前，需要将系统时间调整为业务日期。如果没有调整系统时间，则在登录"企业应用平台"时需要修改"操作日期"为业务日期；如果操作日期与账套建账时间之间的跨度超过3个月，则该账套在演示版状态下不能执行任何操作。

如果没有完成第6章的销售预测与资源需求能力计划，可以到百度网盘空间(网盘地址为https://pan.baidu.com/s/1RYhQLt7jZn9lFsZJD9I55g 提取码：eh69)的"实验账套数据"文件夹中，将"06销售预测与资源需求.rar"下载到实验用机上，然后"引入"(操作步骤详见1.3.5节)到ERP-U8系统。而且，本章完成的账套，其"输出"的文件名为"07销售订货与MPS.rar"。

需要说明的是，因百度网盘中的账套备份文件均为压缩文件，所以下载完成引入前，需要用解压缩工具进行解压(建议用WinRAR 3.42或以上版本)，得到相应可以引入的账套数据文件。

本章的授课时间，建议理论讲课2学时、实验1～2学时。其中，理论部分主要讲解MPS的概念、MPS计划工作原理和RCCP的计算原理，内容可参见7.1节～7.5节的相关讲解和本教程配套的课件；实验目的与要求如下：

- 理解MPS与RCCP的相关术语。
- 理解MPS与RCCP的计算原理。
- 熟练掌握MPS计划生成与查阅的操作。
- 熟练掌握RCCP的计算与查询操作。
- 熟练掌握关键资源负载查询操作。

7.1 预备知识

主生产计划系统，以 MPS 件的需求来源(需求预测和客户订单)为基础，可以自动产生 MPS 件建议供应的数量和时间。本节主要讲解 MPS 件相关的关键术语、MPS/MRP 的相关计算、主生产计划系统的主要功能和应用模式，以及 MPS 集合验证计算。

7.1.1 术语解释

下面从 MPS 件、独立需求、离散计划与重复计划、直接生产与集合订单等方面进行讲解。

1. MPS 件(MPS 物料)

MPS 计算的对象为所有 MPS 件，不包含 MRP 件。

一般地，MPS 件是具有独立需求的物料，而且是业务的关键性物料，或者控制关键资源的物料。另外，任何物料是否将其设置为 MPS 件，还应取决于以下判断：

- MPS 物料的种类数目要尽可能地少，以遵循重点管理的原则。
- 尽可能多地覆盖其物料清单中下阶的 MRP 组件。
- 尽可能多地产生关于生产设施，特别是瓶颈资源的负载信息。

2. 独立需求与相关需求

在用友 ERP-U8 中，需求是指对特定物料需要的数量和时间，根据来源可分为两种：独立需求和相关需求。一个物料的需求(包括数量和交货期)不能直接从另一个物料的需求计划得到时，这种物料的需求称为独立需求；否则，为相关需求。

独立需求与相关需求的概念是相对的。例如，若生产圆珠笔，则笔的需求是独立需求，而构成笔的笔芯和弹簧之类的物料便是相关需求；但是，若单独销售笔芯，则笔芯又是独立需求。

3. 离散计划与重复计划

离散计划订单是使用离散数量进行定义的，该离散数量仅表示计划订单计划完工日当日的供应。

重复计划是生产订单的一种，是根据日产量及起始/结束日期，而非某一时点的离散数量对物料的需求或供应进行的计划。对于在存货主档中设置为重复计划的 MPS 物料，系统将按计划期间日产量进行定义。

4. 直接生产与集合订单

直接生产是对一个 BOM 内不同阶层的物料执行关联的生产排程和成本结算。如果不使用直接生产，则一个 BOM 内各阶层物料的计划订单/生产订单之间无法相互关联，即 BOM 内各阶层物料的生产订单都个别地进行生产排程，成本也独立核算。

例如，生产一张桌子，桌子的 BOM 包含一个桌面和四条桌腿，通常需要对这两个子件分别建立两张生产订单，但是因为它们在生产现场直接被组装成一个成品，因此它们不需要进入库存。

为在用友 ERP-U8 中反映这个业务实际，需要首先在 BOM 中将这两个子件的供应类型设置为“直接供应”(即设定这两个子件为直接生产)，这样在建立桌子的生产订单时，一个集合订单便自动产生，它包含其下阶桌面和桌腿的生产订单。这样桌子的子件(桌面和桌腿)可不必进入库存，而是直接被其上阶生产订单所消耗，即不必手动执行领料作业，而是在下阶直接生产订单入库时自动产生。

7.1.2 MPS/MRP 的相关计算

本节从预测消抵、预测的数量修正和日期计算这 3 个方面进行讲解。

1. 预测消抵

预测消抵是使用实际的客户订单需求消减同一物品的预测需求，以避免重复计算需求。在执行 MPS 计划生成功能时，系统将自动进行需求消抵处理。

预测消抵只在 MPS 计算时所选定的预测版本中进行，即根据锁定/审核状态的销售订单行相应物料的计划完工日期，在找到该预测版本中相同物料的完工日且匹配时，将按销售订单数量减少预测数量。

影响预测消抵的重要因素是需求时栅。MPS 在展开计算时，在某一时段对某一 MPS 件而言，是按客户订单生产，或按计划生产，或两者都有，其 MPS 展开的逻辑是不同的。用友 ERP-U8 中，共设置了 7 种策略(详见 3.3.3 节)，例 7-1 是预测消抵示例。

例 7-1 某企业的时栅区间和预测订单如下。

日期：	04/01	04/10	04/20	05/01	05/10	05/20
预测：	200	300	200	300	200	300

时栅：==区段 1==++====区段 2===++===区段 3========

若一客户订单其"预完工日期"为 4 月 15 日，数量为 600，如果在区段 2 中选择"需求来源政策"为以下 4 种设置，则相应的消抵逻辑如下。

- 预测订单+客户订单，反向消抵：区段 2 的需求量为需求预测 04/20(200)，客户订单(600)。
- 预测订单+客户订单，正向消抵：区段 2 的需求量为需求预测 04/01(200)，04/10(300)，客户订单(600)。
- 预测订单+客户订单，先反向再正向消抵：区段 2 的需求量为需求预测 04/20(100)，客户订单(600)。
- 预测订单+客户订单，先正向再反向消抵：区段 2 的需求量为需求预测 04/01(100)，客户订单(600)。

2. 数量修正

MPS/MRP 计算的净需求量，还需要经过数量修正，才得出最终的计划订单量。通常，工业企业使用最低供应量、供应倍数、固定供应量和切除尾数等 4 种数量修正的方法。在用友 ERP 中，这 4 种方法的含义如下。

- 最低供应量：MPS/MRP 计算时，如果净需求数量小于最低供应量，将净需求数量修正为最低固定量；否则，保持原净需求数量不变。
- 供应倍数：MPS/MRP 计算时，按各存货(或存货加结构自由项)的供应倍数，将净需求数量修正为供应倍数的整数倍，即各计划订单数量一定为供应倍数的整数倍。需要注意是，供应倍数可以为小数。
- 固定供应量(即经济批量)。MPS/MRP 计算时，按各存货(或存货加结构自由项)的固定供应量，将净需求数量调整为固定的计划订单数量，即在净需求不能达到固定供应量时，系统将建议固定供应量；而在净需求超过固定供应量时，系统将建议多个计划数量等于固定供应量的计划订单。

- 是否切除尾数：说明由 MRP/MPS 系统计算物料需求时，是否需要对计划订单数量进行取整。选择“是”时，系统会对数量进行向上进位取整。比如，计算出的数量为 3.4，选择切除尾数后，MPS/MRP 会把此数量修正为 4。

3. 日期计算

需求日期是由需求决定的。独立需求的需求日期是客观固定的，相关需求的需求日期是由对应的独立需求的日期及其提前期决定的，其相关关系如图 7-1 所示。

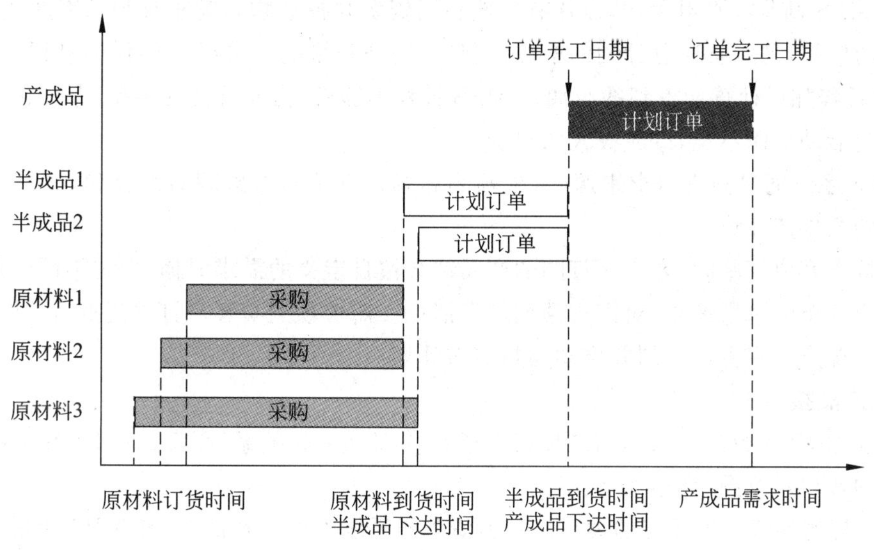

图 7-1　生产排程中提前期的作用示例

图 7-1 中，“到货日期”就是供应日期，“下达日期”就是需求日期，供应日期的计算公式为：

$$供应日期 = 需求日期 + 总提前期 \tag{7-1}$$

公式 7-1 中的“总提前期”的计算公式为：

$$总提前期 = \frac{总需求量}{变动基数} \times 变动提前期 + 固定提前期 \tag{7-2}$$

总提前天数就是由公式 7-2 计算得出的“总提前期”取上整得出的天数。

公式 7-2 中的相关术语解释如下。

(1) 固定提前期。固定提前期是与需求数量无关的提前天数，即不论需求量多少，每一个物料从“开始”到“完成”所需要的时间。

这里的“开始”日期，对采购件是核发采购订单给供应商的时间；对委外件是核发委外订单给委外厂商的时间；对自制件则是生产订单的开工时间。所谓“完成”日期，对采购件和委外件均是指完成验收入库的时间；对自制件则是指它可以供下一制造程序开始工作的时间。

如采购件，从发出采购订单到料品入库，需要 3 天的时间，则称该料品的固定提前期为 3 天。

(2) 变动提前期、变动基数。如果生产、采购或委外时，因需求量的增加可能会造成提前期发生变化，则变化的这段时间称为变动提前期，造成提前期变化的需求增量(即每日产量)则称为变动基数。

7.1.3 主生产计划系统

主生产计划(MPS)系统用来定义关键物料的预期生产计划。有效的主生产计划为销售承诺提供基准，并用以识别所需资源(物料、劳力、设备与资金等)及其所需要的时间。可以使用 MPS 调节或平滑生产，以便有效地利用资源并推动物料需求计划。因此 MPS 是产销协调的依据，是所有作业计划的根源。制造、委外和采购 3 种活动的详细日程，均是依据 MPS 的日程加以计算而得到的。如果 MPS 日程不够稳定，或可行性不高，那么它将迫使所有的供应活动摇摆不定，造成极大的浪费。

MPS 系统通过独立需求来源(需求预测和客户订单)，考虑现有库存和未关闭订单，生成企业的主生产计划。

当接受客户订单时，客户所订购的产品都会按自定义的需求时栅，即在不同时段需求预测与客户订单的消抵策略，对需求预测进行消抵。需求预测与客户订单消抵后的资料，将作为需求来源产生主生产计划并推动物料需求计划。

1. 产品接口

用友 ERP 的 MPS 系统，与其他很多子系统都有关联关系，图 7-2 是 MPS 系统与其他子系统的接口示意图，详述如下。

(1) 与物料清单子系统的关系。物料清单子系统中的物料清单，是 MPS 计划执行之前必须先行建立的基础资料。

(2) 与库存管理子系统的关系。库存管理子系统中，各 MPS 物料的现存量、预计入库量、预计出库量、冻结量、在检/到货量等，是 MPS 计算必须考虑的有效供应量和需求量。

(3) 与销售管理和出口管理子系统的关系。销售管理和出口管理子系统中，已锁定和已审核的销售订单，是 MPS 计算的需求来源；由 MPS 计算的产生的规划需求订单，可以在销售管理和出口管理子系统中被参照生成销售订单。

(4) 与生产订单子系统的关系。生产订单子系统中，各 MPS 物料的已锁定、已审核生产订单的余量，是 MPS 必须考虑的有效供应量之一，同时其 MPS 子件的需求余量则是 MPS 展开时的需求量之一。MPS 系统中，MPS 展开自动产生的建议计划量，则是生产订单子系统自动生成生产订单的依据，相关的操作详见 10.2 节。

(5) 与采购管理子系统的关系。采购管理子系统中，各 MPS 物料的已锁定、已审核的请购单和采购订单余量，是 MPS 必须考虑的有效供应量之一。同时，主生产计划子系统中 MPS 展开自动产生的建议计划量，则是采购管理子系统自动生成请购单、采购订单的依据，相关的操作详见 9.1 节。

(6) 与委外管理子系统的关系。委外管理子系统中，各 MPS 物料的已锁定、已审核的委外订单余量，是 MPS 必须考虑的有效供应量之一，同时其 MPS 子件的需求余量，则是 MPS 展开时的需求量之一。MPS 系统中 MPS 展开自动产生的建议计划量，则是委外管理子系统自动生成委外单的依据，相关的操作详见 9.2 节。

(7) 与需求规划子系统的关系。MPS 系统中 MPS 展开产生的建议计划量，是需求规划子系统 MRP 展开必须考虑的需求来源，相关的操作详见 8.2 节。

(8) 与产能管理子系统的关系。MPS 系统中 MPS 展开产生的建议计划量，是产能管理子系统计算粗能力和细能力计划的依据。MPS 系统中的需求预测资料，也是产能管理子系统计算资源需求计划的依据。相关的操作可参见 7.5 节和 8.3 节。

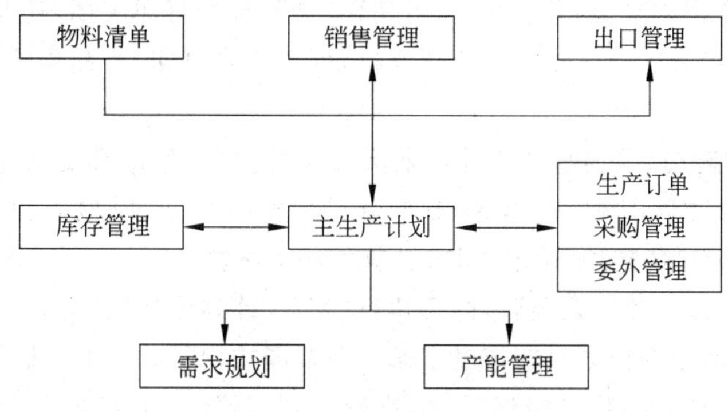

图 7-2　主生产计划系统接口

2. 操作流程

图 7-3 是主生产计划系统的操作流程图，详述如下。

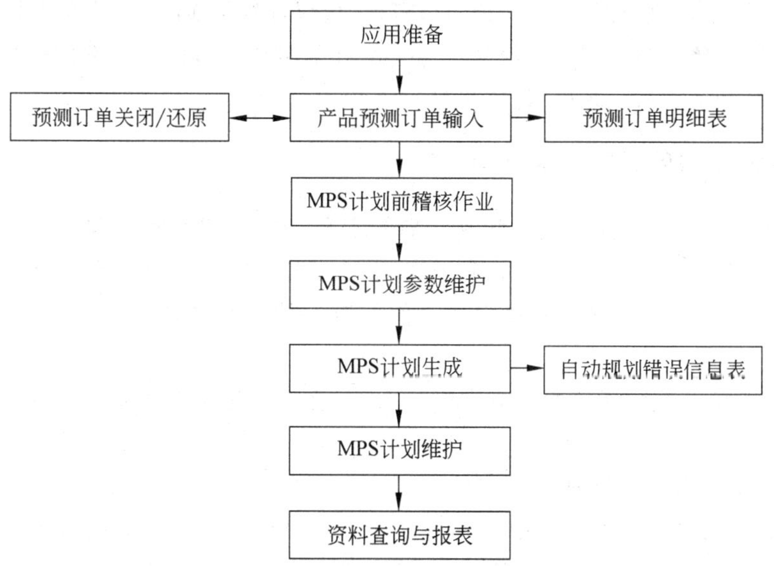

图 7-3　主生产计划系统操作流程

(1) 进行应用准备工作，具体包括如下步骤。

• 建立账套与系统启用：用户在新建账套时选择工业版，设置用户单位信息、分类编码方案、数据精度等，并进行系统启用设置，具体的可参见第 1 章的实验步骤。

- 权限管理：用户可以对操作员权限进行管理，包括功能权限、数据权限等，具体的可参见第 1 章的实验步骤。
- 基础档案：用户需要进行基础档案设置。存货自定义项、工作日历、时栅资料、时格资料、预测版本、计划代号等，是使用主生产计划系统时可选择性建立的基础资料。具体的可参见第 2 和第 3 章的实验步骤。
- 单据设置：用户可以对主生产计划系统所有单据进行格式设置、编号设置，具体的可参见第 4 章的实验步骤。

(2) 通过“产品预测订单输入”功能模块，输入需求预测资料，输入保存即为审核状态，便可纳入 MPS 独立需求来源；若有必要，可使用“产品预测订单关闭/还原”功能，对需求预测订单执行关闭或状态还原。输入的预测资料，可查询或打印“产品预测订单明细表”以供核对。

(3) 预测资料建立后，可执行“累计提前天数推算”、“仓库净算定义查询”和“库存异常状况查询”、“订单异常状况查询”等 MPS 展开前的稽核作业，以检查相关资料的正确性。然后使用“MPS 计划参数维护”设定 MPS 计算的相关参数。

(4) 设定 MPS 计划参数无误后，即可执行“MPS 计划生成”功能，以自动生成 MPS 计划。执行处理中可能出现计划日期超出工作日历范围或物料清单不完整等状况，可打印“自动规划错误信息表”核对并排除错误后，再执行 MPS 计算。若有必要，可在“MPS 计划维护”功能模块，修改 MPS 自动生成的计划供应，或手动新增 MPS 计划资料。

(5) MPS 计算完成后，可使用“供需资料查询-订单/物料”功能，查询 MPS 的供需资料及计算过程；使用“预测消抵明细表”、“供需追溯明细表”，分别了解需求预测与客户订单的消抵明细及追溯各订单的需求来源；最后可打印“建议计划量明细表”供自动生成生产订单/委外订单/采购订单时核对用；还可打印“待处理订单明细表”，以随时掌握待处理(逾期、提前、延后、取消、冲突、审核、减少)订单状况。

7.1.4 MPS 计划验证——RCCP

如前所描述，MPS 是企业所有作业计划的根源，制造、委外和采购 3 种活动的详细日程，均是依据 MPS 的日程加以计算而得到的，同时 MPS 也是产销协调的依据。如果 MPS 日程不够稳定，或可行性不高，那么它将迫使所有的供应活动摇摆不定，从而造成极大的浪费。

所以，MPS 不仅是陈述企业应该供应什么，而且必须是能够切实可行的最重要的供应计划。

产能管理系统提供粗能力需求计划(Rough Cut Capacity Planning, RCCP)功能，即将主生产计划转换为对工作中心关键资源的能力需求，以验证 MPS 是否具有充分的工作中心生产能力。因此，在生成详细的 MRP 计划之前，最好使用 RCCP 验证主计划。这将确保使用的是具有实际意义的、切实可行的主计划。

RCCP 是一个长期计划能力的计划工具。执行 RCCP 计划，首先是建立 MPS 自制物料的资源清单。资源清单可由 MPS 自制件的工艺路线资料自动生成，也可手动输入。RCCP 与资源需求计划使用同一资源清单。

然后设定 RCCP 计划所用的计划时格。系统以 MPS 最近排程日期为起始日期，按产能管理参数中设定的时格代号的各时段，将最近 MPS 计划日期至 MPS 展开工作日历限度（当年往后两年、往前一年）截止日期，划分若干计划期间，即粗能力需求计划是按计划期间来计算 MPS 的产能和负载。

系统自动依据需求来源，按各产品对应的资源清单，分别计算每一产品在各计划期间各工作中心、各资源的资源需求。同时以资源清单中，各工作中心资源的可用数量及各计划期间的有效工作时数，计算各计划期间工作中心资源的可用产能。

系统提供各计划期间工作中心资源的产能/负载比较分析表及关键资源负载明细表，以评估主计划的产能需求。用户可以通过更改 MPS 日期和数量，或调整可用产能，达成 MPS 的产能负载平衡，从而制定出可行的主生产计划。

7.2 销售订货业务

本节的实验任务是填制并审核案例企业的销售订单(2 笔)，相应的业务描述如下。

(1) 销售订货之光明公司：4 月 6 日，销售批发部夏于向光明公司报价：若购买亮康眼镜 100 副，无税单价 240 元，税率为 17%；光明公司要求降价为 230，并要求 2017 年 4 月 16 日发货；本公司同意，夏于填制销售订单(订单号为 XS001)，销售主管赵飞审核通过。

(2) 销售订货之同方公司：4 月 6 日，同方公司向销售批发部夏于订购亮康眼镜 400 副，要求无税单价 220 元/副，税率为 17%，发货日期为 2017 年 4 月 22 日，本公司接受该订货要求，夏于填制销售订单(订单号为 XS002)，销售主管赵飞审核通过该订单。

本节的操作视频网址为 https://pan.baidu.com/s/1RYhQLt7jZn9lFsZJD9I55g 提取码：eh69。

确认系统日期和业务日期为 2017 年 4 月 6 日。

1. 销售订货之光明公司

(1) 打开“销售订单”窗口。在“企业应用平台”的“业务工作”页签中，依次单击“供应链”→“销售管理”→“销售订货”→“销售订单”菜单项，系统打开“销售订单”窗口。

(2) 编辑销售订单。单击“销售订单”窗口工具栏的“增加”按钮，新增一张销售订单，然后做如下编辑：

① 编辑表头。编辑“订单号”为 XS001，确认“业务类型”为普通销售，参照生成“客户简称”为光明公司，“销售部门”为批发部，“业务员”为夏于，“税率”为 17。

② 编辑表体。参照生成“存货名称”为亮康眼镜，“数量”为 100，修改“报价”为 240、“无税单价”为 230、“预发货日期”和“预完工日期”为 2017-04-16。

(3) 保存与审核。单击“销售订单”窗口工具栏的“保存”按钮，保存该单据；再单击“审核”按钮，审核通过该订单，如图 7-4 所示。

(4) 退出。单击“销售订单”窗口的“关闭”按钮，关闭退出该窗口。

提示：

- 销售订单是 MPS/MRP 计算的独立需求来源之一。

销售订单

打印模版 销售订单打印

表体排序

合并显示 □

订单号 XS001　订单日期 2017-04-06　业务类型 普通销售

销售类型 批发销售　客户简称 光明公司　付款条件

销售部门 批发部　业务员 夏于　税率 17.00

币种 人民币　汇率 1　备注

	存货名称	规格型号	主计量	数量	报价	含税单价	无税单价	无税金额	税额	价税合计	税率(%)	折扣额	扣率(%)	扣率2(%)	预发货日期	预完工日期
1	亮康眼镜		副	100.00	240.00	269.10	230.00	23000.00	3910.00	26910.00	17.00	1170.00	95.83	100.00	2017-04-16	2017-04-16

图 7-4　销售订货之光明公司

- 若不编辑“预完工日期”，则系统默认预完工日期为订单填制时的系统日期。
- 若销售订单的表体没有“预完工日期”栏，则需要修改销售订单的单据格式，操作步骤参见 4.3.2 节。
- 销售订单可手工增加，也可参照销售报价单、合同生成。
- 销售订单可修改、删除、审核、弃审、关闭、打开，可以进行行关闭、行打开。
- 在工业版的账套中，对于未审核的销售订单可锁定、解锁；系统将已锁定、已审核的未关闭的销售订单余量作为需求规划、主生产计划的需求来源。
- 已审核未关闭的销售订单可以“变更”（变更后即生效，不必再次审核，即状态依然为“已审核”）。
- 已审核未关闭的销售订单可参照生成销售发货单、销售发票，销售订单行记录如果是 ATO 件，则可下达生产生成生产订单。

2. 销售订货之同方公司

操作步骤如上，在此省略，操作结果如图 7-5 所示。

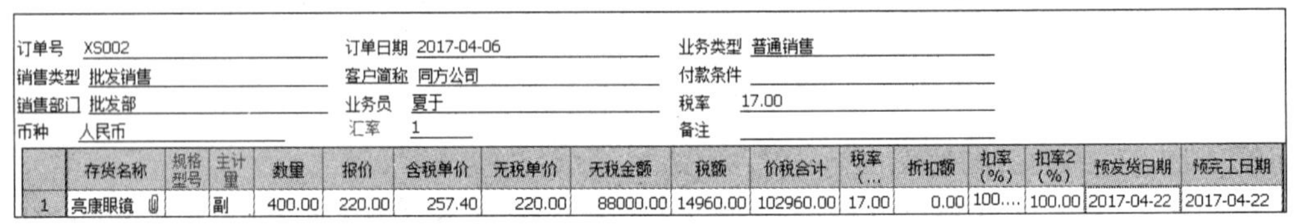

订单号 XS002　订单日期 2017-04-06　业务类型 普通销售

销售类型 批发销售　客户简称 同方公司　付款条件

销售部门 批发部　业务员 夏于　税率 17.00

币种 人民币　汇率 1　备注

	存货名称	规格型号	主计量	数量	报价	含税单价	无税单价	无税金额	税额	价税合计	税率(…	折扣额	扣率(%)	扣率2(%)	预发货日期	预完工日期
1	亮康眼镜		副	400.00	220.00	257.40	220.00	88000.00	14960.00	102960.00	17.00	0.00	100....	100.00	2017-04-22	2017-04-22

图 7-5　销售订货之同方公司

7.3 MPS 计划准备

MPS 计划执行前，需要首先进行一些准备工作，包括执行“累计提前天数推算”、“仓库净算定义查询”和“库存异常状况查询”、“订单异常状况查询”等 MPS 展开前的稽核作业，以检查相关资料的正确性，可避免设置不当造成的计算错误。另外，还需要使用“MPS 计划参数维护”设定 MPS 计算的相关参数。

本节的实验任务是执行“累计提前天数推算”和进行“MPS 计划参数维护”。

累计提前天数推算，是计算各物料的累计提前天数，并更新存货主档及 MPS/MRP 系统参数的最长累计提前天数。

MPS 计划参数维护，是维护 MPS 计划用相关参数，作为 MPS 展开计算时所依据的条件，但其输入值只是作为 MPS 计划生成时的默认值，在 MPS 计划生成时可修改。

本案例企业的 MPS 计划参数，除系统默认的外，还需要进行以下设置：

- 编辑“计划代号”为 JHMPS，“计划说明”为“主计划 MPS”，选择“默认计划”和“是否生效”复选框；
- 选择“需求时栅”为 SZ01，设置“截止日期”为 2017-04-30；
- “计划时考虑”生产订单、委外订单、请购订单、采购订单和计划订单；
- 选择“供需追溯”和“逾期时正向排程”复选框。

1. 操作流程

图 7-6 是 MPS 计划准备的操作流程，相应的操作视频网址为 https://pan.baidu.com/s/1RYhQLt7jZn9lFsZJD9I55g 提取码：eh69。

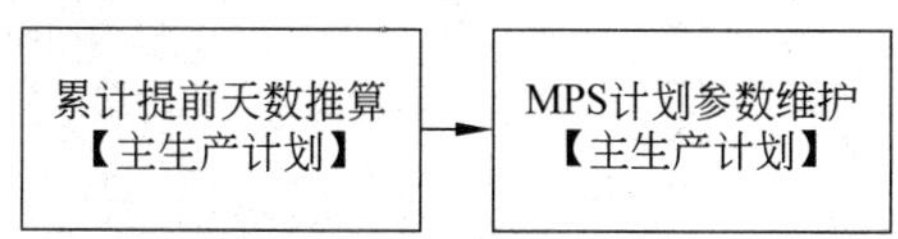

图 7-6 7.3 节的操作流程

确认系统日期和业务日期为 2017 年 4 月 6 日。

2. 累计提前天数推算

(1) 打开“累计提前天数推算”对话框。在“企业应用平台”的“业务工作”页签，依次单击“生产制造”→“主生产计划”→“MPS 计划前稽核作业”→“累计提前天数推算”菜单项，系统打开“累计提前天数推算”对话框。

(2) 执行。直接单击“执行”按钮，系统自动执行各物料累计提前期推算，并弹出处理成功的信息提示框。

(3) 退出。单击“确定”按钮，系统关闭信息提示框并返回企业应用平台。

提示：

- 累计提前天数推算仅计算固定提前期，计算时首先查询各物品的固定提前期(参见存货档案)，然后根据物料清单定义的产品结构，将其转化成 PERT 图，最后用关键路径分析法得出。
- 计算累计提前期时，只考虑物料的主要物料清单，不考虑替代清单。母件不考虑其虚拟子件的固定提前期，不计算其产出品提前期。
- 计算完成后，请重注册企业应用平台，以使累计提前天数推算的结果能显示在“MPS 计划参数维护”对话框等后续的操作界面中。

3. MPS 计划参数维护

(1) 打开“MPS 计划参数维护”窗口。在“主生产计划”子系统中，依次单击“基本资料维护”→“MPS 计划参数维护”菜单项，系统打开“MPS 计划参数维护”窗口，参见图 7-8。

(2) 打开“MPS 计划参数维护”对话框。单击工具栏的“增加”按钮，系统弹出“MPS 计划参数维护”对话框，参见图 7-7。

(3) 在该对话框中做如下编辑和设置：

- 编辑“计划代号”为 JHMPS，“计划说明”为“主计划 MPS”；
- 选择“默认计划”和“是否生效”复选框；
- 选择“需求时栅”为 SZ01；
- 编辑截止日期为 2017-04-30；
- 选择“计划时考虑”的“生产订单”、“委外订单”、“请购订单”、“采购订单”和“计划订单”复选框；
- 选择“供需追溯”、“逾期时正向排程”复选框，如图 7-7 所示。

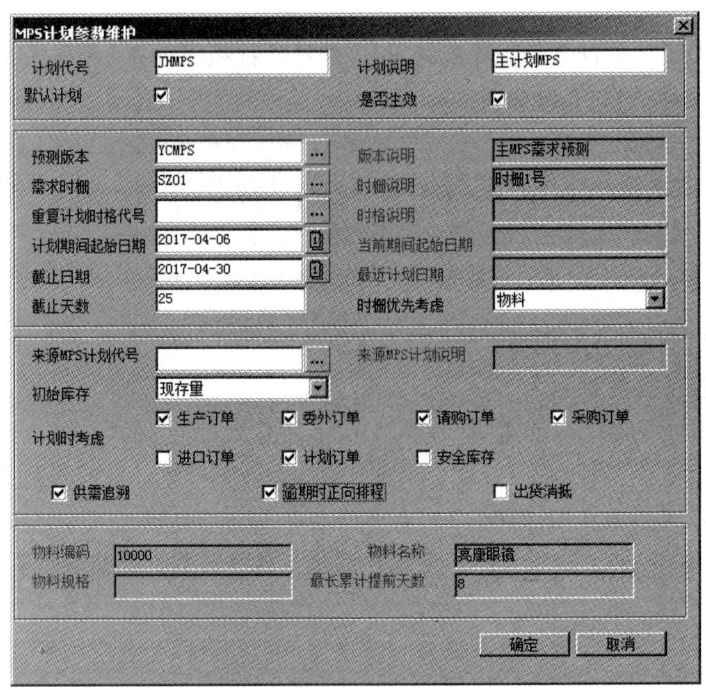

图 7-7 “MPS 计划参数维护”对话框

【主要栏目说明】

- 计划代号/说明：输入 MPS 计划代号及其说明。
- 默认计划：指定在定位到任何计划表单时所默认的 MPS 计划代号，最多只能选择一个默认计划代号。
- 预测版本：输入要参与 MPS 计算的需求预测订单的版本号。
- 需求时栅：输入 MPS 展开所用的需求时栅代号，对于未在存货主档指定时栅代号的物料，MPS 以此作为该物料的需求时栅，可参照时栅代号档输入，必须输入。
- 时栅优先考虑：选择在 MPS 计算时，优先考虑的需求时栅。在本对话框中选择不同的需求时栅，即不同的需求来源，可以执行不同的 MPS 计划代号(如长期计划)。如果选择“物料”，则优先考虑物料档案中维护的需求时栅；若选择“计划参数”，则优先考虑 MPS 计划参数中维护的需求时栅。
- 是否生效：执行 MPS 计算时，生成的 MPS 计划代号是否立即生效，依该复选框的设置而定。

- 计划期间起始日期：以时格代号划分重复制造计划期间的起始日期。默认“当前期间起始日期”，可改，可不输入。输入日期不可大于系统日期及当前期间起始日期。MPS展开时，系统以该日期为起点，并按重复计划时格代号所对应的时段和顺序，将该日期至MPS展开工作日历限度（当年往后两年、往前一年）截止日期，正向和反向分别划分为若干重复计划期间，若时格中定义的各时段总日期长度不足，则不足部分以时格代号最后一个时段再设置若干计划期间。
- 当前期间起始日期：系统自动显示审核及锁定状态MPS件的重复计划中，最小的“首件完工日期”。
- 截止日期：设定参与MPS计划的客户订单和产品预测订单资料预计完工日期的截止日期。有关截止日期的认定，客户订单是以预定完工日期为准，预测资料则是以均化后各期间的起始日期为准。在截止日期之后的客户订单或预测订单，不视为本次计划的对象；均化后预测订单的需求日期若小于系统日期，也不视为计划对象。本编辑框可以输入，也可由系统日和截止天数计算而得。
- 截止天数：默认为1。本栏位可输入正整数，也可由系统日期和截止日期计算而得。
- 来源MPS计划代号：表示本次MPS计算要考虑哪一个MPS计划中锁定的计划订单。输入MPS计划代号，可不输入。
- 最近计划日期：显示上次MPS展开时的日期。
- 初始库存：MPS计算时各物料的期初库存量设置，可用于长/短期规划时进行不同选择。如果设置为“无”，则MPS不考虑物料的现存量；如果设置为“现存量”，则考虑物料现存量；若设置为“安全库存”，则取物料主档中的安全库存量视同现存量。
- MPS计划时考虑：选择MPS计算时是否考虑锁定、审核状态的生产订单、委外订单、请购订单、采购订单、进口订单、计划订单，以及是否考虑存货的安全库存量。
- 供需追溯：若选择为“否”，则MPS计算时不记录供需追溯资料，以提高运算效率。
- 逾期时正向排程：用于设置计划订单的排程方式。如果选择为“否”，系统总以物料的需求日反向推算计划订单的开始日，而不论计划订单是否逾期；若选择为“是”，则当计划订单开工日期逾期时，系统自动将该计划订单以系统日作为开始日进行正向排程，而不论是否满足需求日期。
- 出货消抵：设置MPS计算时是否使用出货资料进行预测消抵。如果选择为“否”，则不执行出货消抵（主要用于长期计划）。
- MPS件最长累计提前天数：显示存货主档MPS物料中，最长的累计提前期天数（由本系统“累计提前天数推算”功能自动算出）。通常，截止天数应不小于最长累计提前天数，否则物料需求计划中某些物料的供应计划将会逾期。
- 物料编码/名称/规格：显示存货主档中，累计提前期最长的MPS物料的编码及名称规格。

(4) 单击“确定”按钮，保存参数设置，系统关闭“MPS计划参数维护”对话框，返回“MPS计划参数维护”窗口，如图7-8所示。

(5) 退出。单击“MPS计划参数维护”窗口的“关闭”按钮，关闭退出该窗口。

MPS计划参数维护

序号	计划代号	计划说明	计划类别	默认计划	预测版本	版本说明	需求时栅	时栅说明	时栅优先考虑	是否生效	计划期间...	截止天数	截止日期	来源MPS...
1	JHMPS	主计划MPS	MPS	是	YCMPS	主MPS需求...	SZ01	时栅1号	物料	是	2017-04-06	25	2017-04-30	JHMPS

图 7-8 “MPS 计划参数维护”窗口

7.4 MPS 计划生成与相关查阅

设定 MPS 计划参数无误后，即可执行“MPS 计划生成”功能，以自动生成 MPS 计划，并可在“MPS 计划维护”模块中，修改 MPS 自动生成的计划供应，或手动新增 MPS 计划资料；在预测消抵明细表中查阅预测消抵情况，在物料需求追溯表中追溯物料需求的来源。

MPS 计划生成模块，依据物料的需求来源（需求预测及客户订单），考虑现有物料存量和锁定、已审核订单（采购请购单、采购订单、生产订单、委外订单）余量，及物料提前期、数量供需政策等，自动产生 MPS 件的供应计划。

本节的实验任务，是执行“MPS 计划生成”和“MPS 计划维护”，查阅物料需求明细、查阅预测消抵明细和追溯物料需求来源等。

1. 操作流程

图 7-9 是 MPS 计划生成与相关查阅的操作流程，相应的操作视频网址为 https://pan.baidu.com/s/1RYhQLt7jZn9lFsZJD9I55g 提取码：eh69。

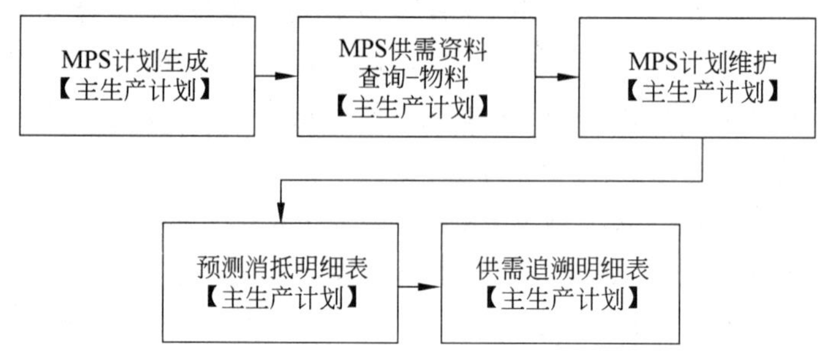

图 7-9 7.4 节的操作流程

确认系统日期和业务日期为 2017 年 4 月 6 日。

2. MPS 计划生成

（1）打开“MPS 计划生成”对话框。在“主生产计划”子系统中，依次单击“MPS 计划作业”→“MPS 计划生成”菜单项，系统打开“MPS 计划生成”对话框，如图 7-10 所示。

（2）执行。直接单击“执行”按钮，系统自动执行 MPS 计划，并弹出处理成功的信息提示框。

（3）退出。单击“确定”按钮，系统关闭信息提示框并返回企业应用平台。

提示：

- 按“MPS 计划参数维护”的设定，MPS 考虑以下供应量：物料现存量、锁定及审核采购请购单/采购订单/生产订单/委外订单的余量（不含业务类型为“直运采购”的采购/请购订单及“采购类型”之“参与 MPS 运算”设置为“否”的请购单、采购订单、委

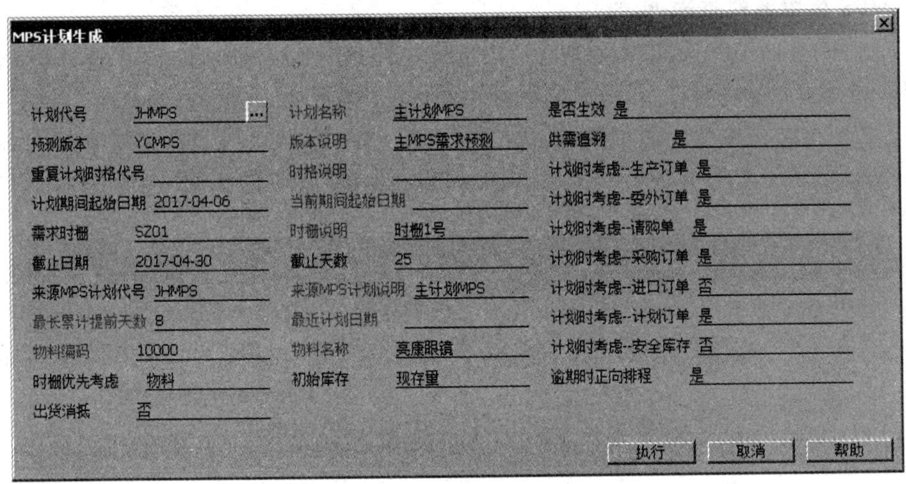

图 7-10 “MPS 计划生成”对话框

外订单)、来源 MPS 计划代号中锁定的计划订单。

- 按“MPS 计划参数维护”的设定,MPS 考虑以下需求量:锁定及审核客户订单余量、审核产品预测订单量;计划、锁定及审核生产订单/委外订单子件未领用量。业务类型为“直运销售”的客户订单、“销售类型”之“参与 MPS 运算”设置为“否”的客户订单将不纳入计算。
- 计划代号,是指本次 MPS 计划的编码,MPS 计算的供需资料、净需求资料、供需追溯资料、自动规划错误信息等,皆以该计划代号保存;若选择的计划代号所对应的 MPS 计划资料已经存在,则 MPS 计算时将该计划代号的相关资料一并清除,重新生成新的计划资料。
- 采购件的计划订单,可转采购管理系统自动生成采购/请购订单;委外件计划订单,可转委外管理或生产订单系统自动生成委外/生产订单;自制件计划订单,可转生产订单或委外管理系统自动生成生产/委外订单;ATO 的计划订单,不可转其他系统自动生成相关订单,ATO 生产订单只可由销售订单自动生成;计划品的计划订单,不可转换为任何订单(请购、采购、生产订单、委外订单)。
- MPS 计算完成时,将各计划代号所有 MPS 计算资料(供需及净需求资料等)保存为一式两份,一份仅供查询(称为原始版本),一份可维护、执行等(称为当前版本)。
- 订单 BOM 处理:BOM 展开时,对于供需政策为 LP 且需求跟踪方式为销售订单行的物料,如果销售订单行“是否订单 BOM”标识为“是”,则先找对应的订单 BOM 展开,若无订单 BOM,则以标准 BOM 展开。
- 重规划日和重规划数量处理:供需平衡时,如果需求之后存在供应且供应日期减需求日期小于等于存货档案中的允许提前天数,则该笔供应的重规划日提前至需求日期,若供应日期减需求日期大于允许提前天数,则不修改该供应的重规划日;考虑工作日历,如果重规划日落在非工作日,则将重规划日提前至该非工作日之前一个工作日;重规划数量处理时考虑批量政策,即如果存货档案中存在固定批量、最小批量、供应倍数时,重规划数量需根据批量政策对重规划数量取整。

3. MPS 供需资料查询-物料

(1) 打开"查询条件选择"对话框。在"主生产计划"子系统中,依次单击"MPS 计划作业"→"供需资料查询-物料"菜单项,系统弹出"查询条件选择"对话框,参见图 7-11。

(2) 设置参数。参照生成"查询选择"为 MPS,"计划代号"为 JHMPS,其他各项默认,如图 7-11 所示。

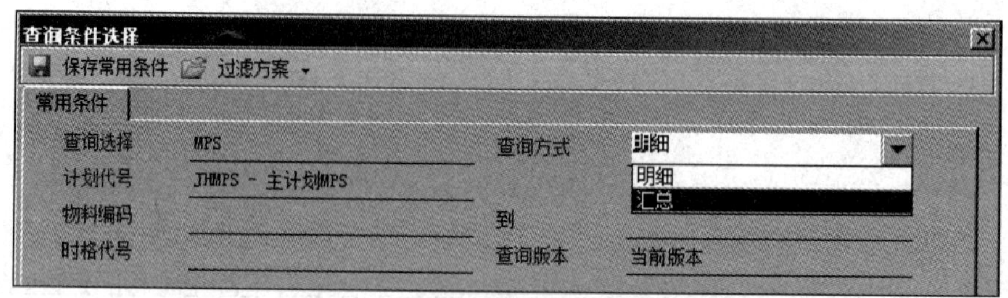

图 7-11　MPS"查询条件选择"对话框

【主要栏目说明】

- 查询选择:选择是要查询 MPS 或是 MRP 件的供需资料。默认为 MPS 可改。
- 查询方式:明细查询可以按每一个计划、锁定、审核的采购订单、委外订单、生产订单、销售订单查看供需资料,汇总查询则按时段(时格)查看供需资料。系统默认为按明细查询,可改为按汇总查询。
- 计划代号:默认计划代号档中 MPS/MRP 默认计划代号,可改。
- 起始/结束物料编码:输入要查询的物料编码范围。
- 时格代号:可参照时格资料主档输入。查询方式为"汇总"时必输。
- 查询版本:默认当前版本,可改为"当前版本/原始版本"之一,目的是选择供需资料档来源。

(3) 打开"供需资料查询-物料"窗口。单击"确定"按钮,系统退出对话框,并打开"供需资料查询-物料"窗口。

(4) 打开"供需资料查询-明细(物料)"窗口。双击"亮康眼镜"所在的行,系统打开"供需资料查询-明细(物料)"窗口,如图 7-12 所示。

(5) 退出。单击工具栏的"退出"按钮,系统返回企业应用平台。

提示:

(1) MPS 供需资料查询-物料,可按物料编码,查询与打印 MPS/MRP 计划的供应/需求资料及供需资料的计算过程。

(2) 输入过滤条件后,显示列表资料,双击可查询与打印相关的明细或汇总资料。对于 LP 供需政策的物料,可输入销售订单及行号或需求分类号,则双击进入第二屏(明细和汇总)时,只显示和计算该销售订单行号或需求分类号所对应的相关供需资料。

(3) 汇总资料查询时,系统按时格代号对应的时段,将明细供需资料汇总为若干段汇总资料,即按"供/需类别",自第一笔订单供需日期作为时格划分的起点,分别汇总各订单的供应/需求原量和余量,若时格总时段不足则将不足部分划分为一个时间段显示。

(4) 在供需资料明细查询表体,右击弹出"查询供需追溯资料"界面,可查询该计划代号

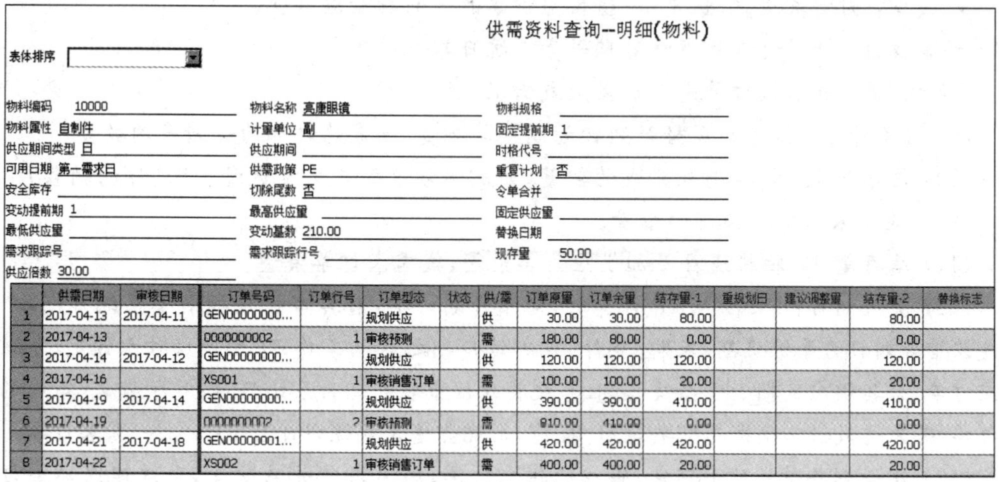

供需资料查询--明细(物料)

表体排序

物料编码 10000	物料名称 高康眼镜	物料规格
物料属性 自制件	计量单位 副	固定提前期 1
供应期间类型 日	供应期间	时格代号
可用日期 第一需求日	供需政策 PE	重复计划 否
安全库存	切除尾数 否	令单合并
变动提前期 1	最高供应量	固定供应量
最低供应量	变动基数 210.00	替换日期
需求跟踪号	需求跟踪行号	现存量 50.00
供应倍数 30.00		

	供需日期	审核日期	订单号码	订单行号	订单型态	状态	供/需	订单原量	订单余量	结存量-1	重规划日	建议调整量	结存量-2	替换标志
1	2017-04-13	2017-04-11	GEN00000000...		规划供应		供	30.00	30.00	80.00			80.00	
2	2017-04-13		0000000002	1	审核预测		需	180.00	80.00	0.00			0.00	
3	2017-04-14	2017-04-12	GEN00000000...		规划供应		供	120.00	120.00	120.00			120.00	
4	2017-04-16		XS001	1	审核销售订单		需	100.00	100.00	20.00			20.00	
5	2017-04-19	2017-04-14	GEN00000000...		规划供应		供	390.00	390.00	410.00			410.00	
6	2017-04-19		0000000002	2	审核预测		需	810.00	410.00	0.00			0.00	
7	2017-04-21	2017-04-18	GEN00000001...		规划供应		供	420.00	420.00	420.00			420.00	
8	2017-04-22		XS002	1	审核销售订单		需	400.00	400.00	20.00			20.00	

图 7-12 “供需资料查询-明细(物料)”窗口

原始版本、该订单(生产订单、委外订单、请购订单、采购订单、进口订单、计划订单)的供需追溯资料。

(5) 在供需资料明细查询表体,右击弹出“查询需求来源资料”界面,可查询某一需求要素(如委外需求、生产需求、计划需求等)的需求来源订单(如预测订单、客户订单、生产订单、委外订单、计划订单等)物料的供需资料(若是 LP 件,只显示该订单指定的销售订单行号相关的供需资料),需求来源订单取当前选择的计划代号(若是 MRP 计划代号,则找该 MRP 计划代号对应的 MPS 计划代号)和查询版本。

(6) 在供需资料汇总查询表体,右击弹出“查询供需明细资料”界面,可查询该行日期范围内的供需明细资料。

【明细查询的表体栏目说明】

(1) 供需日期:表示订单的供应或者需求(对应“供/需”列)日期。

(2) 审核日期:指发出供应订单的日期,如生产订单的开工日期。

(3) 需求跟踪号/行号:指客户订单行号或需求分类号。

(4) 需求跟踪方式:显示需求跟踪方式。

(5) 订单号码/行号:显示计划、锁定、审核采购订单、委外订单、生产订单。

(6) 订单形态:指订单类型,如审核生产订单、锁定生产订单、审核委外订单、锁定委外订单、审核采购请购、锁定采购请购、审核采购订单、锁定采购订单、审核进口订单、锁定进口订单、规划供应、锁定销售订单、审核销售订单、审核预测、锁定预测等。

(7) 状态:显示供应订单的状态,以利于例外管理。系统提供以下 7 种状态:

- 逾期:计划订单的审核日期小于系统日,或锁定/审核供应订单其供应日期小于系统日。
- 冲突:计划生产订单的审核日期介于系统日期与冻结日期之间。
- 提前:锁定/审核的供应订单,系统建议其计划供应日期提前。
- 取消:因为需求减少,锁定/审核供应订单应取消。
- 延后:锁定/审核的供应订单,系统建议其计划供应日期延后。

- 减少：因需求减少，锁定/审核供应订单的计划数量应减少。
- 审核日：计划订单的审核日期等于系统日期。

(8) 供/需：表示该订单是表示供应或需求。

(9) 订单原量：订单的原始计划数量或接单数量，如采购订单的计划采购数量。

(10) 订单余量：订单尚未完成的数量，如采购订单的未交货数量。PE 件的销售订单/出口订单，显示未作库存预留的余量。

(11) 结存量-1：物料现存量加供应订单余量，减需求订单余量。

(12) 重规划日：MPS/MRP 计算时，对于计划订单，若其审核日期小于系统日期，系统将建议重规划日为系统日期(采购/委外)或冻结日期之后一工作日(生产)；对于锁定/审核的供应订单，若其供应日期小于系统日期，系统将建议重规划日为系统日期；对于锁定/审核的供应订单，若为达成供需平衡而需要延后/提前，系统会建议重规划日为下一/上一需求日期。

(13) 建议调整量：对于锁定/审核的供应订单，因为供需关系改变，系统建议调整订单的计划供应数量。

(14) 结存量-2：物料现存量加供应订单建议调整量(若无建议调整量则为供应订单余量)，减需求订单余量。

(15) 替换标志：如果计划供应或计划需求有进行替换料处理，则显示替换标志 * 号。

(16) 来源：对于手动输入的计划供应，显示“人工”。

4. MPS 计划维护

(1) 打开“MPS 计划维护”窗口。在“主生产计划”子系统中，依次单击“MPS 计划作业”→“MPS 计划维护”菜单项，系统打开“MPS 计划维护”窗口，参见图 7-14。

(2) 设置条件。单击工具栏的“查询”按钮，系统弹出“查询条件选择-MPS 计划维护过滤条件”对话框，参照生成“计划代号”为 JHMPS，其他项默认，如图 7-13 所示。

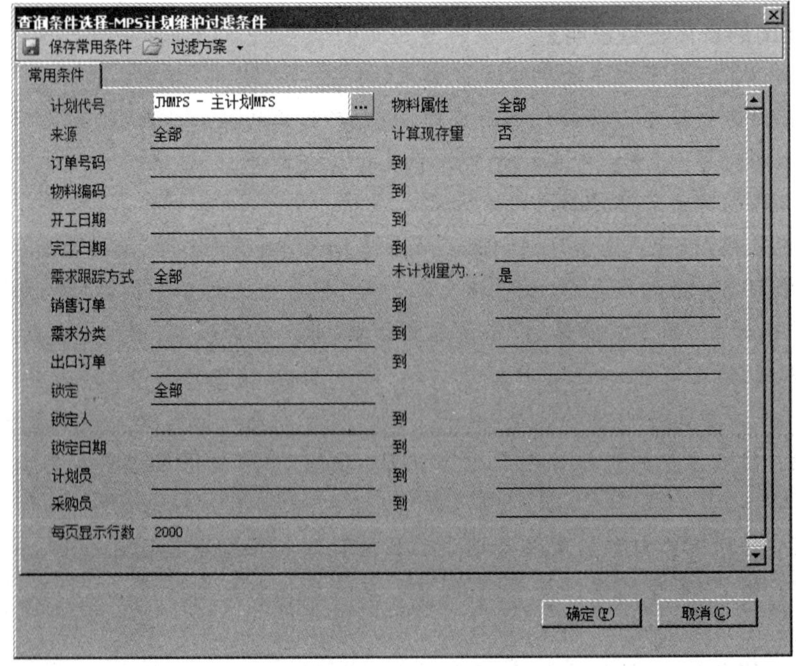

图 7-13 “查询条件选择-MPS 计划维护过滤条件”对话框

(3) 查询。单击“确定”按钮，系统退出对话框，并返回“MPS 计划维护”窗口，如图 7-14 所示。

图 7-14 “MPS 计划维护”窗口

提示：

- MPS 计划维护模块，可查询、修改、删除 MPS 自动生成的计划供应，或手动新增 MPS 计划资料，它提供 MPS 计划供应资料过滤、新增、修改、删除、锁定、弃锁、图形、查询和打印等基本功能。
- 单击工具栏“新增”按钮时，可手动新增 MPS 计划(MPS 计划档中不存在的计划单号)和 MPS 计划订单资料(MPS 计划档中已存在的计划单号)。
- 查询状态下，单击工具栏“修改”按钮，可对计划代号中现有资料进行修改，或增加新的计划订单资料。对计划行修改时，系统判断该用户是否有对该行计划修改的权限。例如，某用户具有对采购与自制物料的查询权限，但只有对自制物料的修改权限，则过滤时可按过滤条件过滤出采购和自制件的计划行，但只能修改计划行中的自制计划。
- 在查询状态下，若单击“删除”按钮，可将计划代号删除(包括其原始版本、供需资料、追溯资料、自动规划错误信息、产能资料等)。
- 在新增或修改状态下，单击“锁定”按钮，可将未锁定的计划订单更改为锁定状态。
- 在新增或修改状态下，单击“弃锁”按钮，可将已锁定的计划订单改为未锁定状态。
- 在表体右击弹出界面“查询计划参数”，可以查询自动生成该 MPS 计划所设定的各项参数。
- 已计划量不为零的订单资料，不可删除。
- 在表体行，右击弹出界面“查询供需资料”，可以明细方式查询该计划代号当前版本、该物料的供需资料。
- 在表体行，右击弹出界面“查询供需追溯资料”，可以查询该计划代号原始版本、该计划订单的供需追溯资料(若是 LP 件，只显示该计划订单指定的销售订单行号相关的供需资料)。

(4) 图形显示。在查询状态下，单击工具栏的“图形”按钮，系统弹出“选择”对话框，直接单击“确定”按钮，系统打开“甘特图”对话框，以甘特图方式显示现有的计划订单，如图 7-15 所示。(若有修改权限，可拖曳甘特图修改计划订单的开工/完工日期)

(5) 关闭图形显示。单击“关闭”按钮，打开“MPS 计划维护”窗口。

(6) 退出。单击“MPS 计划维护”窗口的关闭按钮，返回企业应用平台。

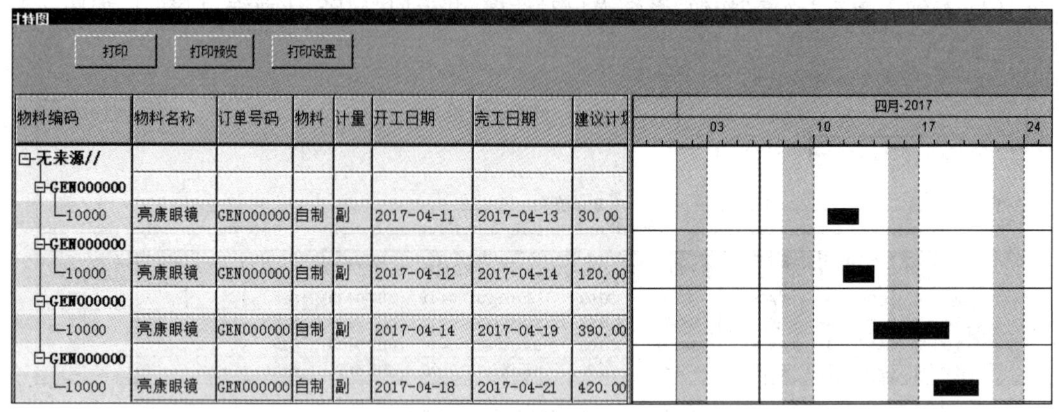

甘特图

打印 | 打印预览 | 打印设置

物料编码	物料名称	订单号码	物料	计量	开工日期	完工日期	建议计划
无来源//							
GEN000000							
10000	亮康眼镜	GEN000000	自制	副	2017-04-11	2017-04-13	30.00
GEN000000							
10000	亮康眼镜	GEN000000	自制	副	2017-04-12	2017-04-14	120.00
GEN000000							
10000	亮康眼镜	GEN000000	自制	副	2017-04-14	2017-04-19	390.00
GEN000000							
10000	亮康眼镜	GEN000000	自制	副	2017-04-18	2017-04-21	420.00

图 7-15　MPS 的“甘特图”对话框

5. 预测消抵明细表

(1) 打开“查询条件选择”对话框。在“主生产计划”子系统中，依次单击“报表”→“预测消抵明细表(MPS)”菜单项，系统弹出“查询条件选择-预测消抵明细表(MPS)”对话框。

(2) 参照生成“计划代号”为 JHMPS，其他项为默认值，然后单击“确定”按钮，系统退出对话框，并打开“预测消抵明细表(MPS)”窗口，如图 7-16 所示。

预测消抵明细表(MPS)

物料编码:　　到

计划代号:　JHMPS

预测单号	预测	物料编	物料名称		起始日期	结束日期	计	预测数量		销售订	行	类别	状态					预计完工日	订单原量	订单余量	消抵数量	转换因子
0000000002	1	10000	亮康眼镜		2017/4/13	2017/4/18	副	180.00		XS001	1	销售订单	审核					2017/4/16	100.00	100.00	100.00	1.00
0000000002	2	10000	亮康眼镜		2017/4/19	2017/4/28	副	810.00		XS002	1	销售订单	审核					2017/4/22	400.00	400.00	400.00	1.00
总计								990.00												500.00	500.00	

图 7-16　“预测消抵明细表(MPS)”窗口

(3) 退出。单击“预测消抵明细表(MPS)”窗口的“关闭”按钮，返回企业应用平台。

提示：

- 通过预测消抵明细表，可查阅与打印物料在各时间段内产品预测订单与客户订单数量的消抵明细资料，以详细了解 MPS/MRP 的独立需求来源。
- 图 7-16 的预测消抵过程，可参见图 7-17。由图 7-16 和图 7-17 可知，4 月 13 日的预测需求 180 副亮康眼镜，被 4 月 16 日的客户订单消抵 100 副，剩余 80 副需求；4 月 19 日的预测需求 810 副亮康眼镜，被 4 月 22 日的客户订单消抵 400 副，剩余 410 副需求。
- 图 7-17 的预测消抵过程解释。由 3.3.3 节的表 3-12 可知，案例企业的默认时栅共 3 行，第 2 行是系统日期之后的第 9～28 天，本案例的系统日期是 4 月 6 日，故 4 月 16 日和 22 日的客户订单，均适用第 2 行的需求来源政策，即“预测＋客户订单，反向消抵”，所以 4 月 16 日的客户订单 100 副亮康眼镜，可消抵 4 月 13 日的预测订单，消抵后的预测订单量为 80 副。类似地，还有 4 月 22 日的客户订单 400 副亮康眼镜。具体数据可参见表 7-1。

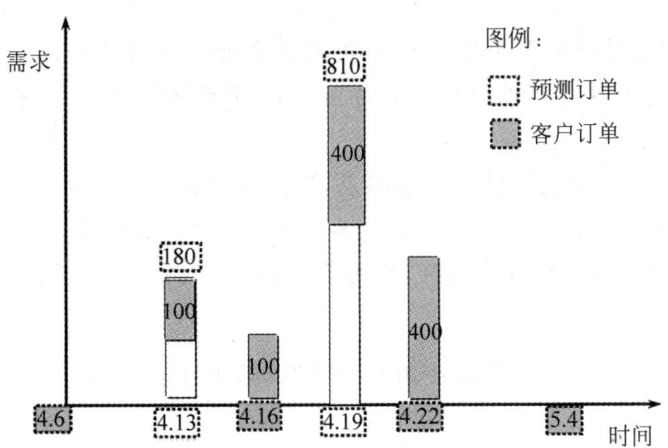

图 7-17　预测消抵过程示意

表 7-1　亮康眼镜预测消抵计算表

序号	订单类别	订单起始日期	订单结束日期	订单原量	最终需求量	说　　明
1	预测订单	04-13	04-18	180	80	本表根据客户订单和预测订单，以及默认时栅中规定的需求来源政策，进行最终需求量的计算
2	销售订单	04-16		100	100	
3	预测订单	04-19	04-28	810	410	
4	销售订单	04-22		400	400	

6. 供需追溯明细表

(1) 打开“查询条件选择”对话框。在“主生产计划”子系统，依次单击“报表”→“供需追溯明细表(MPS)”菜单项，系统弹出“查询条件选择-供需追溯明细表(MPS)”对话框。

(2) 参照生成“计划代号”为 JHMPS，其他项为默认值，然后单击“确定”按钮，系统退出对话框，并打开“供需追溯明细表(MPS)”窗口，如图 7-18 所示。

供需追溯明细表(MPS)

订单号码：　到　　订单类别：　计划订单

行号：　到

计划代号：　JHMPS

阶层	订单号码	行号	订单类别	物料编码	物料名称		物料属	计量	数量	审核日期	供给日期	状态	替换标识
0	GEN000000007		计划订单	10000	亮康眼镜		自制	副	30.00	2017/4/11	2017/4/13		
0	GEN000000008		计划订单	10000	亮康眼镜		自制	副	120.00	2017/4/12	2017/4/14		
+1	XS001	1	销售订单	10000	亮康眼镜		自制	副	100.00		2017/4/16	审核	
0	GEN000000009		计划订单	10000	亮康眼镜		自制	副	390.00	2017/4/14	2017/4/19		
0	GEN000000010		计划订单	10000	亮康眼镜		自制	副	420.00	2017/4/18	2017/4/21		
+1	XS002	1	销售订单	10000	亮康眼镜		自制	副	400.00		2017/4/22	审核	
总计									1,460.00				

图 7-18　“供需追溯明细表(MPS)”窗口

(3) 退出。单击“供需追溯明细表(MPS)”窗口的“关闭”按钮，返回企业应用平台。

提示：

通过供需追溯明细表，可查询并打印由 MPS/MRP 展开后，各订单(计划订单、生产订单、请购单、采购订单、委外订单)多阶的需求来源资料，这些资料来源于 MPS/MRP 计划的原始版本。

- 图 7-18 中“订单号码”GEN000……是系统自动生成的号码，与用户的操作顺序有关，所以读者的这些订单号码可能与图 7-18 中的不一致，但不会影响后续操作，可忽略。
- 表 7-2 是本案例亮康眼镜的需求单及其需求数量计算表，其中“需求修正量”就是图 7-18 中的“计划订单”的“数量”，其计算公式为“最终需求量”减去“期初库存”之后，再调整为 30 的自然倍数，因为亮康眼镜的供应倍数为 30（详见 3.2.2 节的表 3-8）。

表 7-2 亮康眼镜的需求单及其需求数量计算表

序号	订单类别	审核日期	供应日期	期初库存	最终需求量	需求修正量	客户订单量	期末库存	说明
1	计划订单	04-11	04-13	50	80	30		80	需求修正量的计算公式为最终需求量－期初库存之后，调整为 30 的自然倍数
2	计划订单	04-12	04-14		100	120		200	
3	销售订单		04-16	200			180	20	
4	计划订单	04-14	04-19	20	410	390		410	
5	计划订单	04-18	04-21		400	420		830	
6	销售订单		04-22	830			400	430	

7.5 粗能力需求的计算与查询

粗能力需求计划是按计划期间来计算 MPS 的产能和负载的。粗能力计划的计划期间是按设定的时格代号的各时段，将 MPS 计划参数中“最近计划日期”至 MPS 展开工作日历限度（当年往后两年、往前一年）截止日期，划分为若干计划期间；若时格总时段不足，则将不足部分设为一个计划期间。

粗能力计划的负载计算，是以有效范围内各订单为需求来源，按各物料对应的资源清单分别计算每一个订单在各工作中心资源的资源需求量及需求日期，资源的需求日期等于各订单的完工日期减去该资源在资源清单中的偏置天数，系统再按计划期间汇总各工作中心资源的总需求量。

工作中心资源的产能计算，则以资源清单中各工作中心资源的可用数量，乘以各计划期间总工作小时数及资源利用率而得。

本节的实验任务，是执行“粗能力需求计算”，查阅“粗能力需求汇总表”和关键资源负载情况。

用友 ERP-U8 的粗能力需求计算，是以 MPS 物料为需求来源，以物料的资源清单为基础，计算各工作中心的资源需求，并同时计算相关工作中心资源的可用产能。

用友 ERP-U8 中，通过关键资源负载明细表，可查询与打印工作中心各关键资源在某一时段的资源占用情况，即哪些 MPS 订单占用了某一资源，以方便使用人员在关键资源产能不足情况下，调整主计划或资源产能。

1. 操作流程

图 7-19 是粗能力需求的计算与查询的操作流程，相应的操作视频网址为 https://pan.baidu.com/s/1RYhQLt7jZn9lFsZJD9I55g 提取码：eh69。

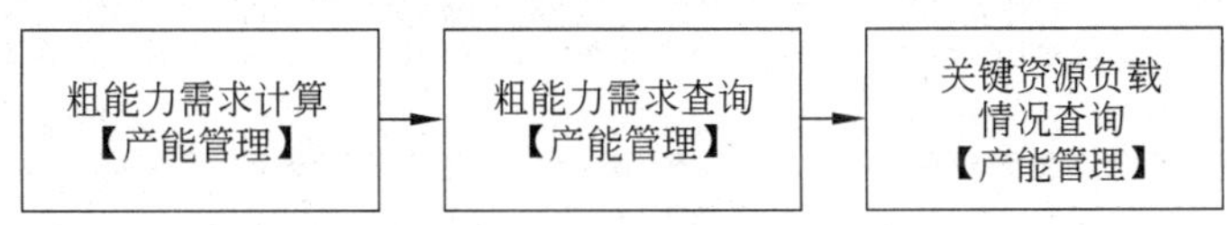

图 7-19　7.5 节的操作流程

确认系统日期和业务日期为 2017 年 4 月 6 日。

2. 粗能力需求计算

（1）打开"粗能力需求计算"对话框。在"企业应用平台"的"业务工作"页签，依次单击"生产制造"→"产能管理"→"粗能力需求计划"→"粗能力需求计算"菜单项，系统打开"粗能力需求计算"对话框。

（2）参数设置。参照生成"MPS 计划代号"为 JHMPS，其他项默认，如图 7-20 所示。

（3）执行。单击"执行"按钮，系统执行完成并弹出信息提示框提示处理成功。

（4）退出。单击"确定"按钮，系统返回企业应用平台。

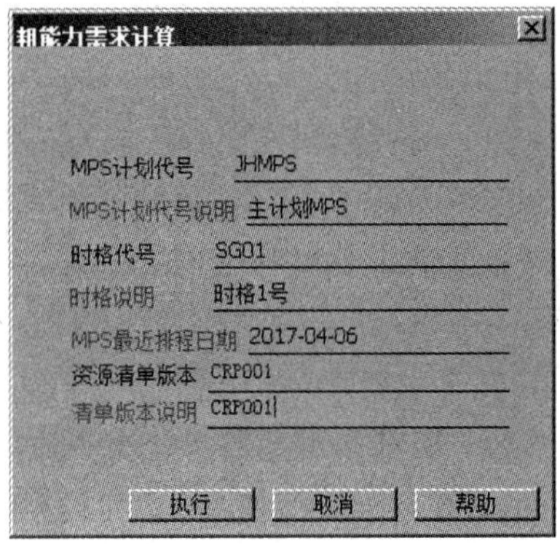

图 7-20　"粗能力需求计算"对话框

【主要栏目说明】

- MPS 计划代号：由产能管理参数带入，可改，必须输入，计划代号类别须为 MPS。
- 时格代号：由产能管理参数带入，可改，必须输入。
- MPS 最近排程日期：显示所输入的 MPS 计划代号的建立日期。
- 资源清单版本：由产能管理参数带入，可改，必须输入。

3. 粗能力需求查询

（1）打开"选择"对话框。在"产能管理"子系统中，依次单击"粗能力需求计划"→"粗能力需求汇总表"菜单项，系统打开"粗能力需求汇总表"的"选择"对话框。

（2）打开"查询条件选择"对话框。在"选择"对话框中，系统已默认选择"工作中心"，直接单击"确定"按钮，系统弹出"查询条件选择-粗能力需求汇总表-工作中心"对话框。

（3）打开"粗能力需求汇总表"窗口。单击对话框的"确定"按钮，系统打开"粗能力需求汇总表-工作中心"窗口，如图 7-21 所示。

（4）退出。单击"关闭"按钮，关闭退出窗口。

【主要栏目说明】

- 表头的"资源类别"：选择打印资源资料的类别。系统默认为"全部"，可选择"全部""人工""机器设备""模夹具""场所""其他"。
- 表头的"资源状态"：系统默认为"全部"，可选择"全部""逾期""低载""超载"。

粗能力需求汇总表--工作中心

工作中心代号：　　到
资源代号：　　到
建档人：赵技巩
计划代号：JHMPS　　是否生效：是
资源清单版本：CRP001

资源类别：全部
资源状态：全部
建档日期：2017-04-06
计划说明：主计划MPS
清单版本说明：CRP001

工作中心代	工作中心说明	部门	部门名	起始日期	结束日期	资源	资源名称	资源类别	可用产能	产能需求	差额	负载比	状态
0010	塑料切割中心	7	生产部	2017-04-10	2017-04-16	0001	塑料切割机	机器设备	120.00	18.04	101.96	15.03	低载
0010	塑料切割中心	7	生产部	2017-04-17	2017-04-21	0001	塑料切割机	机器设备	120.00	14.03	105.97	11.69	低载
0020	模压成型中心	7	生产部	2017-04-10	2017-04-16	0002	模压模具	模具夹	200.00	18.04	181.96	9.02	低载
0020	模压成型中心	7	生产部	2017-04-17	2017-04-21	0002	模压模具	模具夹	200.00	14.03	185.97	7.01	低载
0030	表面处理中心	7	生产部	2017-04-10	2017-04-16	0003	高级技工	人工	320.00	18.04	301.96	5.64	低载
0030	表面处理中心	7	生产部	2017-04-17	2017-04-21	0003	高级技工	人工	320.00	14.03	305.97	4.38	低载

图 7-21 “粗能力需求汇总表-工作中心”窗口

- 差额：为可用产能-产能需求。
- 负载比：等于产能需求/可用产能。
- 状态：若“起始日期”小于系统日期，显示“逾期”；若负载比小于产能管理参数中的“低载百分比”，显示“低载”；若负载比大于“超载百分比”，则显示“超载”。

为更详细地表述图 7-21 中可用产能和产能需求的计算过程，下面以塑料切割中心为例，给出具体的计算公式和计算过程。

（1）现有数据说明：系统日期为 2017 年 4 月 6 日，粗能力需求计算期间为 2017 年 4 月 6 日～2017 年 4 月 30 日，资源清单详见图 6-14，计划订单列表详见图 7-18 和表 7-2。另外，案例企业的默认时格（详见 3.3.3 节和表 3-13），即周、周、月和日，共 4 个时段；默认的工作日历为 SYSTEM 工作日历（详见 3.3.4 节和图 3-7），即每周一至周五是工作日，每天工作 8 小时。

（2）需求来源：参与此次粗能力需求计算的计划订单，应该是图 7-18 中的 4 个计划订单，也就是表 7-2 中的第 1、2 行和第 4、5 行。

（3）计划期间的划分：计划期间是按设定的时格时段，将系统日期至截止日期划分为若干计划期间，若时格总时段不足，则将不足部分设为一个计划期间。案例企业的粗能力需求计划期间，共分为 3 个时段，详见表 7-3 的第 1～3 行。

第 1 个时段是系统日期所在周的周一至周日，目前系统日期为 4 月 6 日，所以第 1 个时段的时格起始与结束日期为 2017 年 4 月 3 日和 2017 年 4 月 9 日。第 2 个时段为顺推的一个星期，即 2017 年 4 月 10 日～2017 年 4 月 16 日；第 3 个时段为本月内去掉第 1 和第 2 时段之后的日期期间，即 2017 年 4 月 17 日～2017 年 4 月 30 日。因为粗能力需求计算的截止日期为 2017 年 4 月 30 日，故仅有 3 个时段。

表 7-3 粗能力需求的计划期间

时段序号	时格行号	类别	期间数	起始位置	时格起始日期	时格结束日期	需求起始日期	需求结束日期
1	1	周	1	星期一	04-03	04-09	04-03	04-09
2	2	周	1	星期一	04-10	04-16	04-10	04-16
3	3	月	1	1 日	04-17	04-30	04-17	04-30
4	4	天	30		05-01	05-30		

（4）可用产能计算。可用产能以资源清单中各工作中心资源的可用数量，乘以各计划

期间总工作小时数及资源利用率。以图 7-21 中的第 1 行为例，2017 年 4 月 10 日～2017 年 4 月 16 日有 5 个工作日，每天工作 8 小时。塑料切割中心的可用资源数量为 3 个，资源利用率 100%，所以可用产能＝(5 天×8 小时/天)×3×100%＝120 小时。

(5) 负载计算。粗能力需求的负载计算，是以有效范围内的各计划订单为需求来源，按各物料所对应的资源清单分别计算每一个计划订单在各工作中心的粗能力需求量及需求日期，粗能力的需求日期等于各计划订单的预完工日期(即供应日期)减去该资源在资源清单中的偏置天数，系统再按计划期间汇总各工作中心粗能力的总需求量。

以图 7-21 中的第 1～2 行(即塑料切割中心)的负载计算为例，表 7-4 中列出了各个计划订单的塑料切割时间需求("总切割时间"栏)和粗能力的需求日期("粗能力需求日期"栏)。表 7-4 中的总切割时间是镜腿和镜框的塑料切割时间之和，其粗能力需求日期是"订单供应日期"减去"偏置天数"的日期。例如第 1 行的"订单供应日期"为 4 月 13 日，"偏置天数"为 3 天，所以其粗能力需求日期为 4 月 10 日。

表 7-4　塑料切割中心的产能负载计算表

序号	订单需求日期	订单供应日期	预测数量	镜腿切割时间	镜框切割时间	总切割时间	偏置天数	粗能力需求日期
1	04-11	04-13	30	0.5	0.5	1	3	04-10
2	04-12	04-14	120	2	2	4	3	04-11
3	04-14	04-19	390	6.5	6.5	13	3	04-16
4	04-18	04-21	420	7	7	14	3	04-18

表 7-5 中，依据表 7-3 的计划期间，统计汇总表 7-4 中"粗能力需求日期"介于表 7-3 的"需求起始日期"和"需求结束日期"之间的"总切割时间"，相应的计算可参见表 7-5 中的"说明"。

表 7-5　塑料工作中心的产能负载汇总表

时段序号	需求起始日期	需求结束日期	时段切割时间汇总	说　　明
1	04-03	04-09		
2	04-10	04-16	18	表 7-4 中第 1～第 3 行的"总切割时间"之和
3	04-17	04-21	14	表 7-4 中第 4 行的"总切割时间"，因该行的完工日期为 04-21，所以调整该行的需求结束日期为 04-21

备注：因为计算精度不够，表 7-5 和图 7-20 的数字略有差异。

4. 关键资源负载情况查询

(1) 打开"选择"对话框。在"产能管理"模块中，依次单击"粗能力需求计划"→"关键资源负载明细表"菜单项，系统打开"关键资源负载明细表"的"选择"对话框。

(2) 打开"查询条件选择"对话框。在"选择"对话框中，系统已默认选择"工作中心"，直接单击"确定"按钮，系统弹出"查询条件选择-关键资源负载明细表-工作中心"对话框。

(3) 打开"关键资源负载明细表"窗口。直接单击对话框的"确定"按钮，系统打开"关键资源负载明细表-工作执行”窗口，如图 7-22 所示。

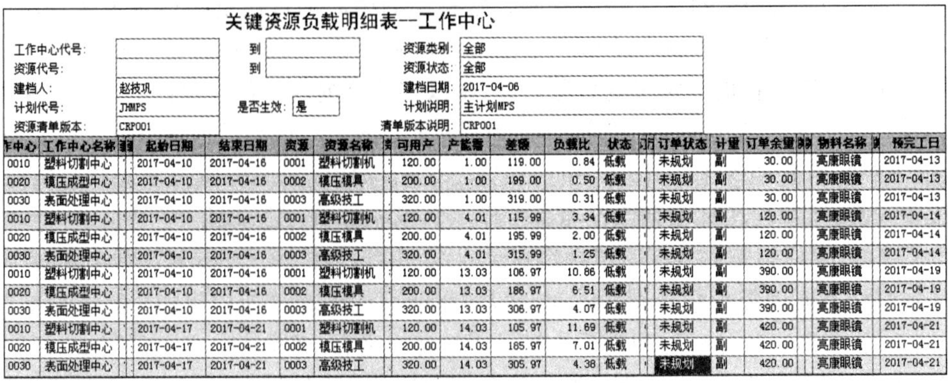

关键资源负载明细表--工作中心

工作中心代号： 到

资源代号： 到

资源类别：全部

资源状态：全部

建档人：赵技巩

建档日期：2017-04-06

计划代号：JHMPS

是否生效：是

计划说明：主计划MPS

资源清单版本：CRP001

清单版本说明：CRP001

作中心	工作中心名称	起始日期	结束日期	资源	资源名称	可用产	产能需	差额	负载比	状态	订单状态	计量	订单余量	物料名称	预完工日
0010	塑料切割中心	2017-04-10	2017-04-16	0001	塑料切割机	120.00	1.00	119.00	0.84	低载	未规划	副	30.00	亮康眼镜	2017-04-13
0020	模压成型中心	2017-04-10	2017-04-16	0002	模压模具	200.00	1.00	199.00	0.50	低载	未规划	副	30.00	亮康眼镜	2017-04-13
0030	表面处理中心	2017-04-10	2017-04-16	0003	高级技工	320.00	1.00	319.00	0.31	低载	未规划	副	30.00	亮康眼镜	2017-04-13
0010	塑料切割中心	2017-04-10	2017-04-16	0001	塑料切割机	120.00	4.01	115.99	3.34	低载	未规划	副	120.00	亮康眼镜	2017-04-14
0020	模压成型中心	2017-04-10	2017-04-16	0002	模压模具	200.00	4.01	195.99	2.00	低载	未规划	副	120.00	亮康眼镜	2017-04-14
0030	表面处理中心	2017-04-10	2017-04-16	0003	高级技工	320.00	4.01	315.99	1.25	低载	未规划	副	120.00	亮康眼镜	2017-04-14
0010	塑料切割中心	2017-04-10	2017-04-16	0001	塑料切割机	120.00	13.03	106.97	10.86	低载	未规划	副	390.00	亮康眼镜	2017-04-19
0020	模压成型中心	2017-04-10	2017-04-16	0002	模压模具	200.00	13.03	186.97	6.51	低载	未规划	副	390.00	亮康眼镜	2017-04-19
0030	表面处理中心	2017-04-10	2017-04-16	0003	高级技工	320.00	13.03	306.97	4.07	低载	未规划	副	390.00	亮康眼镜	2017-04-19
0010	塑料切割中心	2017-04-17	2017-04-21	0001	塑料切割机	120.00	14.03	105.97	11.69	低载	未规划	副	420.00	亮康眼镜	2017-04-21
0020	模压成型中心	2017-04-17	2017-04-21	0002	模压模具	200.00	14.03	185.97	7.01	低载	未规划	副	420.00	亮康眼镜	2017-04-21
0030	表面处理中心	2017-04-17	2017-04-21	0003	高级技工	320.00	14.03	305.97	4.38	低载	未规划	副	420.00	亮康眼镜	2017-04-21

图 7-22 “关键资源负载明细表-工作中心”窗口

(4) 退出。单击“关闭”按钮，关闭退出该窗口。

7.6 实验报告内容

(1) 查看“亮康眼镜”的存货档案“计划”页签，并将结果界面截图后粘贴在实验报告中。

(2) 给出第(1)题中的“累计提前期”的数字，并解释其来源。

(3) 按物料查看“亮康眼镜”的供需资料明细，并将结果界面截图后粘贴在实验报告中。

(4) 查看你的 MPS“甘特图”对话框，并将结果界面截图后粘贴在实验报告中。

(5) 查看你的 MPS 预测消抵明细，并将结果界面截图后粘贴在实验报告中。

(6) 在其他条件不变的情况下，若库存期初值修改审核了，比如将亮康眼镜的库存期初变为 30 副而不是 50 副，MPS 计划是否需要重新生成？结合图 7-12，给出并解释 MPS 计划的可能结果。

(7) 在其他条件不变的情况下，若客户订单的订货数量修改审核了，比如将 XS001 的订货数量由 100 变为 120，MPS 计划是否需要重新生成？结合图 7-12，给出并解释 MPS 计划的可能结果。

(8) “粗能力需求计算”的数据来源是什么单据？作用是什么？

(9) 按工作中心查看你的粗能力需求汇总表，并将结果界面截图后粘贴在实验报告中。

(10) 解释图 7-21 中第 1 行的“产能需求”的数据来源。

(11) 比较图 7-21 中第 1 行与图 6-17 中第 1 行的“产能需求”数据，并解释其差异来源。

(12) 查看工作中心 0010 的关键资源负载明细，并将结果界面截图后粘贴在实验报告中。

第 8 章　MRP 与能力需求计算

物料需求计划(Material Requirements Planning,MRP),是依据主生产计划或客户订单及需求预测,利用物料清单资料,同时考虑现有库存量信息以及有效订单(如请购单、采购订单、生产订单、委外订单等)供应量,计算物料净需求并提出新的供应计划的企业计划。

展开 MRP 前最好先执行 MPS 计划,待关键物料(MPS 物料)先模拟出可行的产销计划,再依定案的产销计划进行 MRP 计划,以保证 MRP 计划的可行性。

SRP(Sales Requirement Planning,销售需求计划)是按照销售订单展开计算出物料需求计划,是一种补充计划。SRP 计划生成,在针对使用者所选定的客户销售订单的产品计算物料需求时,直接依 BOM 上记录的使用数量推算各物料的毛需求量,再考虑现存量、预约量、在单量等进行净需求计算,自动计算供应(采购、自制及委外)的数量和日期,作为请购、采购、生产订单及委外单计划的依据。

所以 SRP 计算时,若当前的供应计划已经可以满足接收到的销售订单的物料需求,则不会产生新的供应计划;若当前的供应计划不能满足接收到的销售订单的物料需求,则会在现有计划基础之上产生新的供应计划。

BRP(BOM Requirement Planning,BOM 需求计划)即将预测订单或客户订单通过其 BOM 的直接展开,得到各阶物料的毛需求,以毛需求来计划采购、委外、自制订单等。

本章的实验是进行物料需求规划和能力需求计算与查询。本章的操作,应该是在业务发生当日、由账套主管"赵技巩"(或者读者本人)登录到"企业应用平台",并在第 7 章完成的账套中,在物料需求规划和产能管理模块中进行。

在每笔业务的实验操作前,需要将系统时间调整为业务日期。如果没有调整系统时间,则在登录"企业应用平台"时需要修改"操作日期"为业务日期;如果操作日期与账套建账时间之间的跨度超过 3 个月,则该账套在演示版状态下不能执行任何操作。

如果没有完成第 7 章的销售预测与资源需求能力计划,可以到百度网盘空间(网盘地址为 https://pan.baidu.com/s/1RYhQLt7jZn9lFsZJD9I55g 提取码: eh69)的"实验账套数据"文件夹中,将"07 销售订货与 MPS.rar"下载到实验用机上,然后"引入"(操作步骤详见 1.3.5 节)到 ERP-U8 系统。而且,本章完成的账套,其输出的压缩文件名为"08 MRP 与能力需求.rar"。

需要说明的是,因百度网盘中的账套备份文件均为压缩文件,所以下载完成引入前,需要用解压缩工具进行解压(建议用 WinRAR 3.42 或以上版本),得到相应可以引入的账套数据文件。

本章的授课时间建议讲课 2 学时(主要讲解 MRP 和 CRP 的相关概念、计算原理和产能核验,内容可参见 8.1 节~8.3 节的相关讲解和本教程配套的课件)、实验 1 学时(若课时不足,可跳过本章的讲解与实验),实验目的与要求如下:

- 理解 MRP 的相关术语。
- 理解 MRP/SRP/BRP 的计算原理。
- 理解 CRP 的计算原理。

• 熟练掌握 MRP 计划生成与查阅的操作。
• 熟练掌握 CRP 的计算与查询操作。
• 熟练掌握产能问题与资源负载查询操作。

8.1 预备知识

需求规划(MRP)子系统,是针对 MRP 件,依客户订单或产品预测订单的需求以及 MPS 计划结果,通过物料清单展开,并考虑现有库存和未关闭订单,计算出各采购件、委外件及自制件的需求数量和日期,以供采购管理、委外管理、生产订单子系统的参照使用。

本节主要讲解 MRP 需求预测和 CRP 的计算原理,以及需求规划子系统的主要功能特点和产品接口。

8.1.1 需求规划系统

本小节重点说明用友 ERP 的需求规划子系统的主要功能特点、产品接口和操作流程。

1. 主要功能及特点

用友 ERP 的需求规划子系统,有以下主要功能及特点。

(1) 计算对象全面。在进行 MRP 计算时,需求规划子系统的计算对象为所有的 MRP 物料,并支持多物料清单版本,默认的物料清单版本以计划供应量的起始日期时默认的 MRP 件的主要物料清单版本为准。

(2) 计算结果符合实际。MRP 计算时以公司的有效工作日为准,即当物料生产的建议开工/完工日为放假日时,系统将自动调整为前一工作日,使计划更符合实际。

(3) 可以设定独立的 MRP 需求来源。在需求规划子系统,可设定 MRP 的需求来源,即按时栅设定 MRP 物料在不同时间段的独立需求的来源。同时,MPS 计划也是 MRP 计划的需求来源。

(4) 支持多版本的预测。需求规划子系统,支持建立多版本的产品需求预测资料,并可在执行 MRP 计划时选择某一版本的需求预测作为其需求来源。

(5) 支持冻结区。需求规划子系统,提供冻结期间设置,即在冻结期间内,不允许生产订单的插单作业。若生产订单的开工日期落在冻结期间内,系统将显示其状态为"冲突"。

(6) 支持所有 MRP 件的需求预测。需求规划子系统,可在物料清单的任意层建立 MRP 物料的需求预测,即可以直接预测标准物料和 ATO 模型,也可以预测计划品、PTO 模型和选项类物料。若是 PTO 模型和选项类物料,系统将其需求预测自动展开至标准物料。

(7) 支持 MRP/SRP/BRP 计划。除了支持 MRP 计划,需求规划子系统还提供了 BOM 需求规划(BRP)的功能(即将客户订单通过其 BOM 的直接展开,得到各阶物料的毛需求,以毛需求来计划采购、委外、自制订单等),以及 SRP(销售需求计划)功能,即按照销售订单展开计算出物料需求。

(8) 支持各种查询和报表输出。需求规划子系统,支持按物料或销售订单,查询 MRP 计划的供/需资料及 MRP 的计算过程,并提供 MRP 建议计划表、需求预测与客户订单消抵明细表、供需资料追溯明细表及待处理(逾期/提前/延后/取消/冲突/审核/减少)订单明细表。

2. 产品接口

用友 ERP 的需求规划子系统，与其他很多子系统都有关联关系，图 8-1 是需求规划子系统与其他子系统的接口示意图，详述如下。

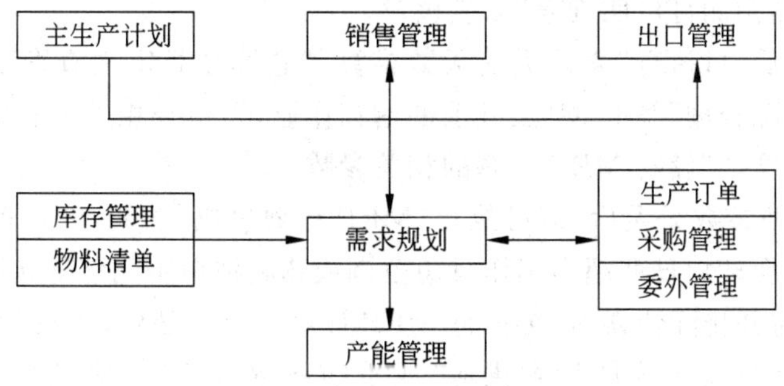

图 8-1 物料需求计划系统接口

(1) 与主生产计划子系统的关系。主生产计划子系统中 MPS 展开产生的计划建议量，是需求规划子系统 MRP 展开必须考虑的需求来源。

(2) 与销售管理与出口管理子系统的关系。销售管理和出口管理子系统中，已锁定/已审核的销售订单，是 MRP/BRP 计算的需求来源。

(3) 与物料清单子系统的关系。物料清单子系统中的物料清单，是需求规划子系统 MRP 展开前必须建立的基础资料。

(4) 与库存管理子系统的关系。库存管理子系统中，各 MRP 物料的现存量、预计入库量、预计出库量、冻结量、在检/到货量等，是需求规划子系统 MRP 展开必须考虑的有效供应量和需求量。

(5) 与生产订单子系统的关系。生产订单子系统中，各 MRP 物料的已锁定、已审核生产订单余量，是 MRP 必须考虑的有效供应量之一，同时各订单 MRP 子件的需求余量，是 MRP 展开时的需求量之一。另外，需求规划子系统中 MRP/BRP 展开自动产生的建议计划量，是生产订单子系统自动生成生产订单的参照依据。

(6) 与采购管理子系统的关系。采购管理子系统中，各 MRP 物料的已锁定、已审核的请购单和采购订单余量，是 MRP 必须考虑的有效供应量之一。需求规划子系统中 MRP/BRP 展开自动产生的建议计划量，是采购管理子系统自动生成请购单、采购订单的参照依据。

(7) 与委外管理子系统的关系。委外管理子系统中，各 MRP 物料的已锁定、已审核委外订单余量，是 MRP 必须考虑的有效供应量之一，同时各订单 MRP 子件的需求余量，是 MRP 展开时的需求量之一。需求规划子系统中 MRP 展开自动产生的建议计划量，是委外管理子系统自动生成委外订单的参照依据。

(8) 与产能管理子系统的关系。需求规划子系统中 MRP 展开产生的建议计划量，是产能管理子系统计算细能力计划的依据。

3. 操作流程

用友 ERP 的物料需求规划子系统，在使用前需要首先创建工业版账套，并有基础档案数据和期初设置，以及物料清单资料，具体地可参见第 1～第 5 章。

然后，在用友 ERP 的物料需求规划子系统中，利用“产品预测订单输入”功能模块，输入需求预测资料，输入保存即为审核状态，便可纳入 MRP 独立需求来源；若有必要，可使用“产品预测订单关闭/还原”功能，对需求预测订单执行关闭或状态还原。输入的预测资料，可查询或打印“产品预测订单明细表”以供核对。

预测资料建立后，可执行“累计提前天数推算”“仓库净算定义查询”“库存异常状况查询”和“订单异常状况查询”等 MRP 展开前的稽核作业，以检查相关资料的正确性。然后使用“MRP 计划参数维护”设定 MRP 计算的相关参数。

设定 MRP 计划参数无误后，即可执行“MRP 计划生成”功能，以自动生成 MRP 计划。执行过程中可能出现计划日期超出工作日历范围或物料清单不完整等状况，可打印“自动规划错误信息表”核对并排除错误后，再执行 MRP 计算。若有必要，可在“MRP 计划维护”功能模块，修改 MRP 自动生成的计划供应，或手动新增 MRP 计划资料。同理，可以执行“BRP 计划生成”和“SRP 计划生成”。

MRP 计算完成后，可使用“供需资料查询-订单/物料”功能，查询 MRP 的供需资料及计算过程；使用“预测消抵明细表”和“供需追溯明细表”，分别了解需求预测与客户订单的消抵明细及追溯各订单的需求来源；最后可打印“建议计划量明细表”供自动生成生产订单/委外订单/采购订单时核对用；还可打印“待处理订单明细表”，以随时掌握待处理（逾期、提前、延后、取消、冲突、审核、减少）订单状况。

需求规划子系统的操作流程，可参见图 8-2。

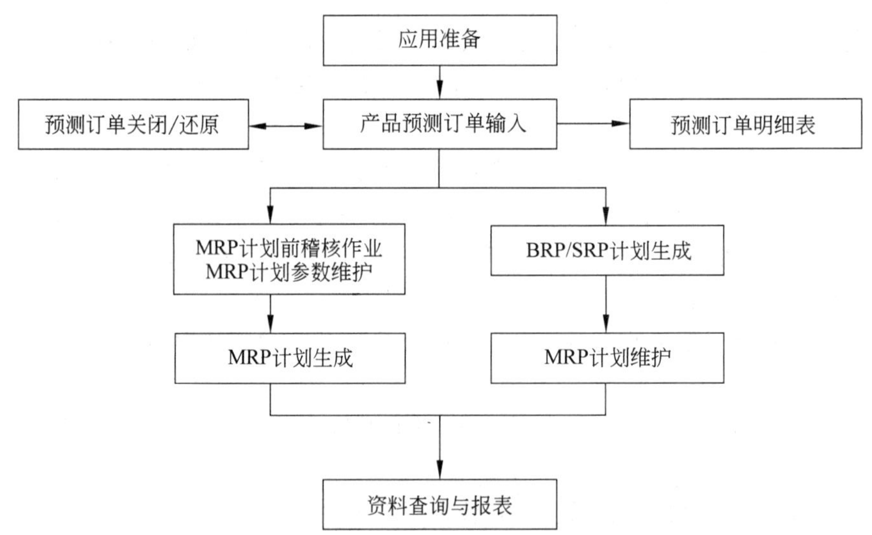

图 8-2　物料需求计划系统的操作流程图

8.1.2　MRP 的需求预测

如果使用主生产计划系统，则 MRP 的需求来源首先是主生产计划，同时需求规划系统也允许另外建立 MRP 物料的需求预测。即 MRP 的需求来源除了 MPS 之外，同时也考虑 MRP 件的需求预测订单和客户订单或者需求预测和客户订单的某种组合。

企业可以按预测单号建立多个预测，并将其分别归属到不同的预测版本中。不同的预测版本可表示不同的预测方案，系统可选择不同的预测版本来执行 MRP 计划，以便可以模拟每个预测版本对 MRP 计划产生的影响。

当接受客户订单时，客户所订购的产品都会按自定义的需求时栅，即在不同时段需求预测与客户订单的消抵策略，对需求预测进行消抵。

需求预测与客户订单消抵后的资料，将作为需求来源产生物料需求计划。

1. 建立需求预测

企业可以在物料清单的任何一层建立物料的需求预测。例如可以直接预测产品的需求，或预测产品系列，并通过计划物料清单展开至清单中下阶的个别产品的预测；可以直接预测标准物料的需求，也可以通过预测模型或选项类需求，并通过模型或选项类清单将预测展开到标准物料的需求，等等。

2. 预测展开

预测展开是将计划品、模型和选项类的预测通过计划、模型和选项类物料清单，展开到其下阶子件需求预测的过程。但对于在存货档案中建立了与计划品消抵关系的物料的预测不展开。

预测展开，是当产品预测订单输入完成时执行。即如果产品预测订单输入的预测物料为计划品、PTO 模型或选项类，则按其设定的均化类型将预测订单资料进行均化处理后，依均化后的物料的预计完工日推算出的相应的计划开工日期，默认该物料的主要物料清单版本，并按此清单逐层展开(被展开的物料其在存货档案中“预测展开”须设置为“是”)直到 MRP 标准物料。

预测展开，通过使用计划、模型和选项类清单上定义的子件的使用数量和计划百分比，来展开母件的预测数量，从而计算子件的预测数量。

用户可以随时修改计划、模型或选项类物料需求预测资料，或修改计划、模型或选项类物料清单，并重新执行上述需求预测展开。

3. 预测消抵

预测消抵是使用实际的客户订单需求来消减同一物品的预测需求，以避免重复计算需求。

在执行 MRP 计划生成时，系统将自动进行需求消抵处理。预测消抵，只在 MRP 计算时所选定的预测版本中进行，即根据锁定/审核状态销售订单行物料的计划完工日期，在找到该预测版本中相同物料的完工日且匹配时，将按销售订单数量减少预测数量。

影响预测消抵的重要因素是需求时栅设定。MRP 展开计算时，在某一时段对某一 MRP 件而言，是按客户订单生产或计划生产或两者都有，其 MRP 展开的逻辑是不同的，系统是依据各物料所对应的时栅代号内容而运算的。

8.1.3 MRP 验证——CRP

(细)能力需求计划(Capacity Requirement Planning, CRP)是依据物料的生产订单及其工艺路线，将需求能力与可用能力相比较，以核实各工作中心是否具有足够的可用能力来满足 MRP 计划的能力需求。

与 RCCP 相比，CRP 是一个短期能力需求计划工具。采用这种方法，可以识别需求能力和可用能力之间的短期差异。由于 CRP 相比 RCCP 来说，是一个更详细的能力计划工具，所以在计算能力需求时，CRP 中考虑了物料的预计完工和现存量，即 CRP 是满足净生产需求（计划、未审核、锁定、审核生产订单余量）的能力需求计划。

能力需求的计算，分为以下 3 步。

第一步，确定需求来源。CRP 的需求来源，是产能管理参数中指定状态、预完工日小于等于“截止日期”且大于等于系统日期的生产订单余量。CRP 的计划对象是所有生产订单物料。

第二步，确定工艺路线。工艺路线是能力需求计划计算工作中心资源负载最重要的基础资料。计划订单（建议计划量）以其预计开工日，默认当前有效的主工艺路线版木；未审核/锁定/审核/工序生产订单，以其指定的工艺路线为准；若生产订单无工艺路线，则不参与 CRP 负载计算。

第三步，能力需求计划生成。CRP 只计算生产订单工艺路线中非“委外工序”，并在资源主档“计算产能”设为“是”的工序资源负载，并且考虑产能管理参数中“资源选择”范围，即是计算关键资源或是全部资源。

同时，CRP 以资源主档中各工作中心“计算产能”为“是”、且依产能管理参数中“资源选择”范围内（关键资源/全部资源）的资源的可用数量与有效工作时数，计算各工作中心资源的可用产能。

能力需求计划生成后，系统提供工作中心资源产能/负载比较分析报表、资源负载明细表，并可以图形显示方式，查核各工作中心资源在各时段内的产能/负载情况，以评估生产计划的可行性。

8.2 MRP 规划

MRP 计划展开前的准备工作，与 MPS 计划的准备工作基本相同，主要是进行 MRP 累计提前天数推算和 MRP 计划参数维护，以及相关的库存、仓库和订单的稽查。在 MRP 计划展开前设置和查核，可避免设置不当造成的计算错误。累计提前天数推算的操作步骤和要点说明，请参见 7.3 节，在此不再赘述。

本节的实验任务，是进行“MRP 计划参数维护”“MRP 计划生成”和“MRP 计划维护”，查阅物料需求明细等。

MRP 计划参数维护是维护 MRP 计划用相关参数，作为 MRP 展开计算时所依据的条件，但其输入值只是作为 MRP 计划生成时的默认值，在 MRP 计划生成时可修改。

本案例企业的 MRP 计划参数，除系统默认的外，还需要进行以下设置：

- 编辑“计划代号”为 JHMRP，“计划说明”为“主计划 MRP”，选择“默认计划”和“是否生效”复选框；
- 选择“需求时栅”为 SZ01，设置“截止日期”为 2017-04-30；
- “来源 MPS 计划代号”为 JHMPS，“计划时考虑”生产订单、委外订单、请购订单、采购订单和计划订单；
- 选择 “供需追溯”和“逾期时正向排程”复选框。

MRP 计划生成模块，依据物料的需求来源（主生产计划、需求预测及客户订单），按物料清单，考虑现有物料存量和锁定、已审核订单(采购请购单、采购订单、生产订单、委外订单)余量，及物料提前期、数量供需政策等，自动产生 MRP 件的供应计划。

1. 操作流程

图 8-3 是 MRP 规划的操作流程图，相应的操作视频网址为 https://pan.baidu.com/s/1RYhQLt7jZn9lFsZJD9I55g 提取码：eh69。

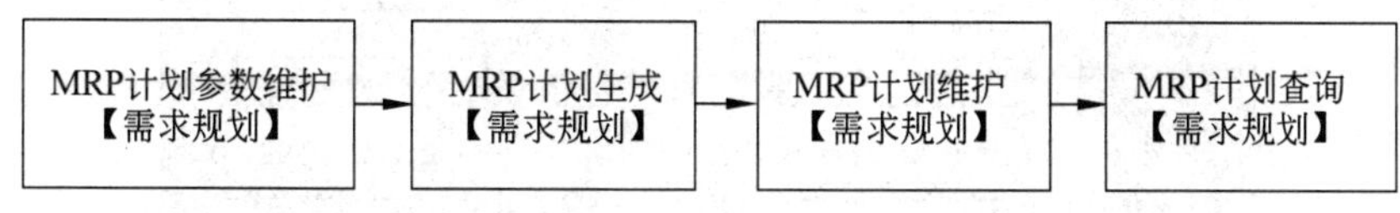

图 8-3　8.2 节的操作流程

确认系统日期和业务日期为 2017 年 4 月 6 日。

2. MRP 计划参数维护

(1) 打开“MRP 计划参数维护”窗口。在“企业应用平台”的“业务工作”页签，依次单击“生产制造”→“需求规划”→“基本资料维护”→“MRP 计划参数维护”菜单项，系统打开“MRP 计划参数维护”窗口，参见图 8-5。

(2) 打开“MRP 计划参数维护”对话框。单击“MRP 计划参数维护”窗口工具栏的“增加”按钮，系统弹出“MRP 计划参数维护”对话框，参见图 8-4。

(3) 参数设置。在对话框中做如下编辑和设置：

- 编辑“计划代号”为 JHMRP，“计划说明”为“主计划 MRP”；
- 选择“默认计划”和“是否生效”复选框；
- 选择“需求时栅”为 SZ01；
- 编辑“截止日期”为 2017-04-30；
- 参照生成“来源 MPS 计划代号”为 JHMPS；
- 选择“计划时考虑”的“生产订单”、“委外订单”、“请购订单”、“采购订单”和“计划订单”复选框；
- 选择“供需追溯”、“逾期时正向排程”复选框，如图 8-4 所示。

(4) 返回“MRP 计划参数维护”窗口。单击“确定”按钮，保存参数设置，系统关闭“MRP 计划参数维护”对话框，返回“MRP 计划参数维护”窗口，如图 8-5 所示。

(5) 退出。单击“MRP 计划参数维护”窗口的关闭按钮，退出该窗口。

提示：

- 计划代号：指为 MRP 展开而建立的 MRP 计划代号，其计划类别须为 MRP。
- 是否生效：执行 MRP 计算时，生成的 MRP 计划代号是否立即生效，依该复选框的设置而定。
- 预测版本：计划参与 MRP 计算的需求预测订单的版本号，其类别须为 MRP，可不输入。
- 需求时栅：输入 MRP 展开所用的需求时栅代号。可参照时栅代号档输入，必须输入。
- 时栅优先考虑：选择在 MRP 计算时，优先考虑的需求时栅。如果选择“物料”，则优先考虑物料档案中维护的需求时栅；若选择“计划参数”，则优先考虑 MRP 计划参

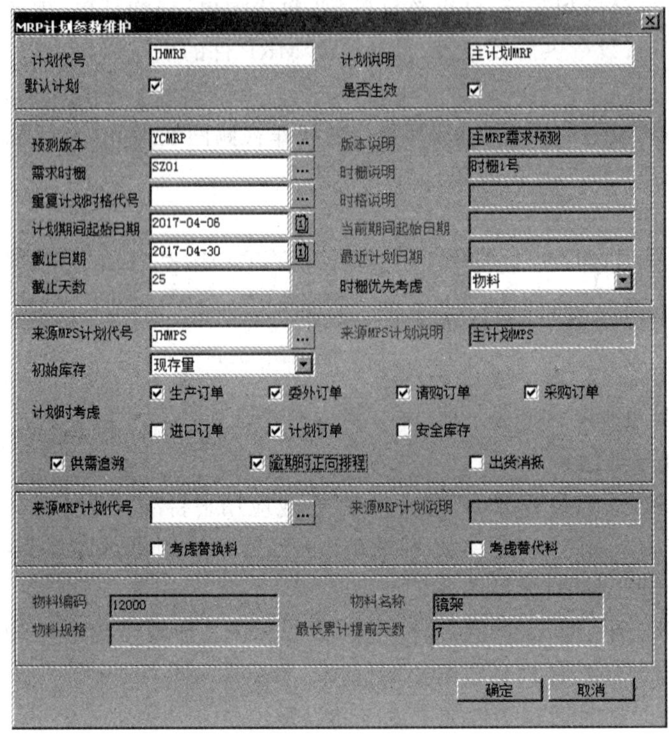

图 8-4 “MRP 计划参数维护”对话框

MRP计划参数维护

序号	计划代号	计划说明	计划类别	默认	预测版本	版本说明	需求时栅	时栅说明	时栅优先考虑	是否生效	计划期间起...	截止天数	截止日期	来源MPS...	来源MPS计...	来源...	来源MRP计
1	JHMRP	主计划MRP	MRP	是	YCMRP	主MRP需求...	SZ01	时栅1号	物料	是	2017-04-06	25	2017-04-30	JHMPS	主计划MPS	JHMRP	主计划MRP

图 8-5 “MRP 计划参数维护”窗口

数中维护的需求时栅。

- 计划期间起始日期：以时格代号划分重复制造计划期间的起始日期。默认“当前期间起始日期”，可改，可不输入。输入日期不可大于系统日期及当前期间起始日期。MRP 展开时，系统以该日期为起点，并按重复计划时格代号所对应的时段和顺序，将该日期至 MRP 展开工作日历限度（当年往后两年、往前一年）截止日期，正向和反向分别划分为若干重复计划期间。
- 当前期间起始日期：系统自动显示审核及锁定状态 MRP 件的重复计划中最小的“首件完工日期”。
- 截止日期：设定参与 MRP 计划的客户订单和产品预测订单资料预计完工日期的截止日期。有关截止日期的认定，客户订单是以预定完工日期为准，预测资料则是以均化后各期间的起始日期为准。在截止日期之后的客户订单或预测订单，不视为本次计划的对象；均化后预测订单的需求日期若小于系统日期，也不视为计划对象。
- 截止天数：默认为 1。本编辑栏可输入正整数，也可由系统日期和截止日期计算而得。
- 最近计划日期：显示上次 MRP 展开时的日期。

- 来源 MPS 计划代号：指定以哪一个 MPS 计划作为 MRP 计划的需求来源。
- 来源 MRP 计划代号：表示本次 MRP 计算要考虑哪一个 MRP 计划中锁定的计划订单。
- 初始库存：MRP 计算时各物料的期初库存量，主要用于长/短期规划时进行不同选择。如果设置为“无”，则 MRP 不考虑物料的现存量；如果设置为“现存量”，则考虑物料现存量；若设置为“安全库存”，则取物料主档中的安全库存量视同现存量。
- 计划时考虑：设置 MRP 计算时是否考虑锁定、审核状态的生产订单、委外订单、请购订单、采购订单、进口订单、计划订单，以及是否考虑存货的安全库存量。
- 供需追溯：若选择为“否”，则 MRP 计算时不记录供需追溯资料。
- 逾期时正向排程：用于设置计划订单的排程方式。如果选择为“否”，系统总以物料的需求日反向推算计划订单的开始日，而不论计划订单是否逾期；若选择为“是”，则当计划订单开工日期逾期时，系统自动将该计划订单以系统日作为开始日进行正向排程，而不论是否满足需求日期。
- 出货消抵：设置 MRP 计算时是否使用出货资料进行预测消抵。如果选择为“否”，则不执行出货消抵(主要用于长期计划)。
- 是否考虑替换料：选择在 MRP 自动规划时，是否进行替换料处理。
- 是否考虑替代料：选择在 MRP 自动规划时，是否进行替代料处理。
- MRP 件最长累计提前天数：显示存货主档 MRP 物料中，最长的累计提前期天数。通常，截止天数应不小于最长累计提前天数，否则物料需求计划中某些物料的供应计划将会逾期。
- 物料编码/名称/规格：显示存货主档中，累计提前期最长的 MRP 物料的编码及名称规格。

3. MRP 计划生成

(1) 打开“MRP 计划生成”对话框。在“需求规划”子系统中，依次单击“计划作业/MRP 计划生成”菜单项，系统打开“MRP 计划生成”对话框，如图 8-6 所示。

MRP计划生成

计划代号	JHMRP	计划名称	主计划MRP	是否生效	是
预测版本	YCMRP	版本说明	主MRP需求预测	供需追溯	是
重复计划时格代号		时格说明		计划时考虑--生产订单	是
计划期间起始日期	2017-04-06	当前期间起始日期		计划时考虑--委外订单	是
需求时栅	SZ01	时栅说明	时栅1号	计划时考虑--请购单	是
截止日期	2017-04-30	截止天数	25	计划时考虑--采购订单	是
来源MPS计划代号	JHMPS	来源MPS计划说明	主计划MPS	计划时考虑--进口订单	否
来源MRP计划代号	JHMRP	来源MRP计划说明	主计划MRP	计划时考虑--计划订单	是
最长累计提前天数	7	最近计划日期		计划时考虑--安全库存	否
物料编码	12000	物料名称	镜架	逾期时正向排程	是
替换料处理	否	替代料处理	否	出货消抵	否
时栅优先考虑	物料	初始库存	现存量		

执行　取消　帮助

图 8-6　“MRP 计划生成”对话框

(2) 执行。直接单击“执行”按钮，系统自动执行 MRP 计划，并弹出处理成功的信息提示框。

(3) 退出。单击“确定”按钮，系统关闭信息提示框并返回企业应用平台。

提示：

- 执行 MRP 计算时，系统首先进行物料清单逻辑查验，如有错误资料则记入“自动规划错误资料表”，然后以设定的预测版本号、需求时栅、截止日期等作为 MRP 展开时需求来源的依据。同时将来源 MPS 计划代号作为其需求来源，包括其中锁定和未锁定的 MPS 计划订单。
- 对于重复制造 MRP 件，系统以设定的计划期间起始日期、重复计划时格代号，将计划期间起始日期至 MRP 展开工作日历限度（当年往后两年、往前一年）截止日期，正向和反向分别划分为若干计划期间。
- 按“MRP 计划参数维护”设定，MRP 考虑以下供应量：物料现存量、锁定及审核采购请购单/采购订单/进口订单/生产订单/委外订单余量（不含业务类型为“直运采购”的采购/请购订单及“采购类型”之“参与 MRP 运算”设置为“否”的请购单、采购订单、进口订单、委外订单）、来源 MRP 计划代号中锁定的计划订单。若是重复计划，其供应数量等于首件完成日和末件完成日之间每个工作日的日产量。
- 按“MRP 计划参数维护”设定，MRP 考虑以下需求量：锁定及审核客户订单余量、审核产品预测订单量；计划、锁定及审核生产订单/委外订单子件未领用量（产出品子件视为负需求），但若子件供应仓库为非 MRP 仓，则子件需求不予考虑。业务类型为“直运销售”的客户订单、“销售类型”之“参与 MRP 运算”设置为“否”的客户订单将不纳入计算。若是重复计划，其子件需求数量等于首件开工日和末件开工日之间每个工作日的母件日产量所产生的子件需求量。
- 计划代号，是指本次 MRP 计划的编码，MRP 计算的供需资料、净需求资料、供需追溯资料、自动规划错误信息等，皆以该计划代号保存；若选择的计划代号所对应的 MRP 计划资料已经存在，则 MRP 计算时将该计划代号的相关资料一并清除，重新生成新的计划资料。
- MRP 以计划订单推算其子件需求量时，以该计划订单的预开工日默认母件的当前有效的审核状态的主要清单，不考虑替代清单。ATO 模型的计划订单如果是依预测订单产生，则其子件需求按该 ATO 主要物料清单展开并考虑子件的计划百分比；如果 ATO 计划订单是依客户订单产生，则其子件需求按其对应的客户订单的客户 BOM 展开。
- 采购件的计划订单，可转采购管理系统自动生成采购/请购订单；委外件计划订单，可转委外管理或生产订单系统自动生成委外/生产订单；自制件计划订单，可转生产订单或委外管理系统自动生成生产/委外订单；建议重复计划，可转生产订单系统自动生成重复制造计划；ATO 的计划订单，不可转其他系统自动生成相关订单，ATO 生产订单只可由销售订单自动生成；计划品的计划订单，不可转换为任何订单（请购、采购、生产订单、委外订单）。

- MRP计算完成时，将各计划代号所有MRP计算资料(供需及净需求资料等)保存为一式两份，一份仅供查询(称为原始版本)，一份可维护、执行等(称为当前版本)。
- 如果MRP计划参数中“考虑替换料”设置为“是”，则MRP计算时将进行替换料处理。锁定/审核委外订单、锁定/审核生产订单、计划订单，在产生其子件净需求时，如果：该子件在存货档案中有设定替换日期；其母件BOM中该子件的替代料资料中含有“替换料”设置为“是”的替代料，且这些替换料属性为“自制、委外、采购”、MRP件、在存货档案中无替换日期；净需求日期大于或等于该子件的替换日期时，则这些净需求被符合条件的替换料需求所替代，替换料的计划需求数量等于原子件净需求数量×替代比。
- 如果MRP计划参数中“考虑替代料”设置为“是”，则MRP计算时将进行替代料处理。若物料符合替换料条件时，优先执行替换料处理，而不进行替代料计算。处理逻辑为：如果子件在其上阶母件BOM中，有维护替代料资料(包含替换料)，且这些替代(换)料属性为自制/委外/采购、MRP件、计划方法为“R”且供需政策相同，则按替代优先级，依序分别计算替代料在被替代物料的计划供应日期的累计ATP数量(所有逾期资料合并为系统日)，正的ATP数量可用于替代被替代物料的计划供应量，可消抵被替代物料计划供应量的数量等于替代料“正的ATP数量/替代比”。
- 订单BOM处理：BOM展开时，对于供需政策为LP且需求跟踪方式为销售订单行的物料，如果销售订单行“订单BOM”标识为“是”，则先找对应的订单BOM展开，若无订单BOM，则以标准BOM展开。
- 重规划日和重规划数量处理：供需平衡时，如果需求之后存在供应且供应日期减需求日期小于等于存货档案中的允许提前天数，则该笔供应的重规划日提前至需求日期，若供应日期减需求日期大于允许提前天数，则不修改该供应的重规划日；考虑工作日历，如果重规划日落在非工作日，则将重规划日提前至该非工作日之前一个工作日；重规划数量处理时考虑批量政策，即如果存货档案中存在固定批量、最小批量、供应倍数时，重规划数量需根据批量政策对重规划数量取整。

4. MRP计划维护

(1) 打开“MRP计划维护”窗口。在“需求规划”子系统中，依次单击“计划作业/MRP计划维护”菜单项，系统打开“MRP计划维护”窗口，参见图8-7。

(2) 打开“查询条件选择-MRP”对话框。单击工具栏的“查询”按钮，系统弹出“查询条件选择-MRP计划维护过滤条件”对话框。

(3) 参数设置。在“查询条件选择-MRP”对话框中，参照生成“计划代号”为JHMRP，其他项为默认值。

(4) 返回“MRP计划维护”窗口。单击“确定”按钮，系统退出对话框，并返回“MRP计划维护”窗口，如图8-7所示。

提示：

- MRP计划维护模块，可查询、修改、删除MRP自动生成的计划供应，或手动新增MRP计划资料，它提供MRP计划供应资料过滤、新增、修改、删除、锁定、弃锁、图

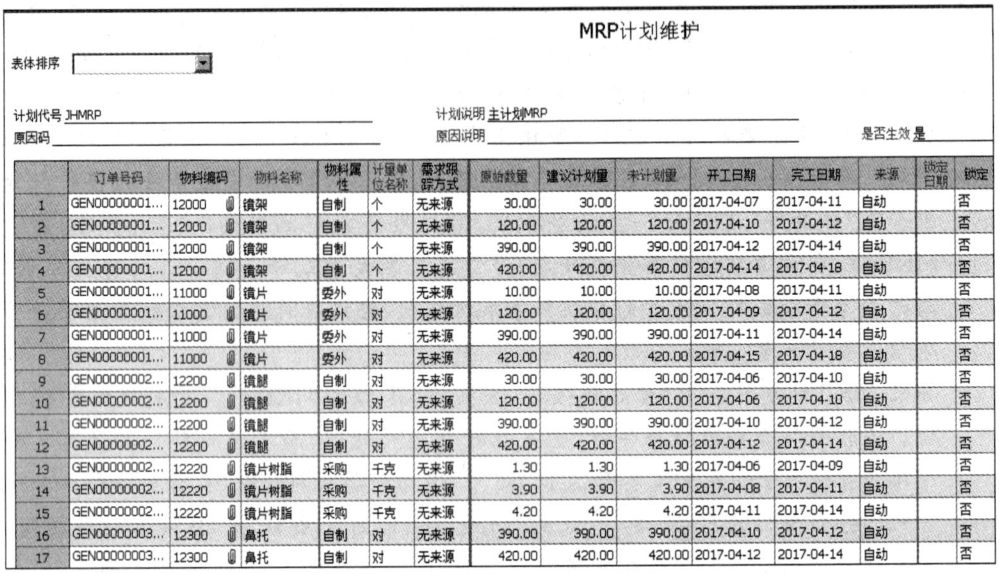

MRP计划维护

表体排序

计划代号 JHMRP　　计划说明 主计划MRP

原因码　　原因说明　　是否生效 是

	订单号码	物料编码	物料名称	物料属性	计量单位名称	需求跟踪方式	原始数量	建议计划量	未计划量	开工日期	完工日期	来源	锁定日期	锁定
1	GEN00000001...	12000	镜架	自制	个	无来源	30.00	30.00	30.00	2017-04-07	2017-04-11	自动		否
2	GEN00000001...	12000	镜架	自制	个	无来源	120.00	120.00	120.00	2017-04-10	2017-04-12	自动		否
3	GEN00000001...	12000	镜架	自制	个	无来源	390.00	390.00	390.00	2017-04-12	2017-04-14	自动		否
4	GEN00000001...	12000	镜架	自制	个	无来源	420.00	420.00	420.00	2017-04-14	2017-04-18	自动		否
5	GEN00000001...	11000	镜片	委外	对	无来源	10.00	10.00	10.00	2017-04-08	2017-04-11	自动		否
6	GEN00000001...	11000	镜片	委外	对	无来源	120.00	120.00	120.00	2017-04-09	2017-04-12	自动		否
7	GEN00000001...	11000	镜片	委外	对	无来源	390.00	390.00	390.00	2017-04-11	2017-04-14	自动		否
8	GEN00000001...	11000	镜片	委外	对	无来源	420.00	420.00	420.00	2017-04-15	2017-04-18	自动		否
9	GEN00000002...	12200	镜腿	自制	对	无来源	30.00	30.00	30.00	2017-04-06	2017-04-10	自动		否
10	GEN00000002...	12200	镜腿	自制	对	无来源	120.00	120.00	120.00	2017-04-06	2017-04-10	自动		否
11	GEN00000002...	12200	镜腿	自制	对	无来源	390.00	390.00	390.00	2017-04-10	2017-04-12	自动		否
12	GEN00000002...	12200	镜腿	自制	对	无来源	420.00	420.00	420.00	2017-04-12	2017-04-14	自动		否
13	GEN00000002...	12220	镜片树脂	采购	千克	无来源	1.30	1.30	1.30	2017-04-06	2017-04-09	自动		否
14	GEN00000002...	12220	镜片树脂	采购	千克	无来源	3.90	3.90	3.90	2017-04-08	2017-04-11	自动		否
15	GEN00000002...	12220	镜片树脂	采购	千克	无来源	4.20	4.20	4.20	2017-04-11	2017-04-14	自动		否
16	GEN00000003...	12300	鼻托	自制	对	无来源	390.00	390.00	390.00	2017-04-10	2017-04-12	自动		否
17	GEN00000003...	12300	鼻托	自制	对	无来源	420.00	420.00	420.00	2017-04-12	2017-04-14	自动		否

图 8-7 “MRP 计划维护”窗口(部分截图)

形、查询和打印等基本功能。

- 单击工具栏“增加”按钮时,可手动新增 MRP 计划(MRP 计划档中不存在的计划单号)和 MRP 计划订单资料(MRP 计划档中已存在的计划单号)。
- 查询状态下,单击工具栏“修改”按钮时,可对计划代号中现有资料进行修改,或增加新的计划订单资料。对计划行修改时,系统判断该用户是否有对该行计划修改的权限。例如,某用户具有对采购与自制物料的查询权限,但只有对自制物料的修改权限,则过滤时可按过滤条件过滤出采购和自制件的计划行,但只能修改计划行中的自制计划。
- 在查询状态下,若单击“删除”按钮,可将计划代号删除(包括其原始版本、供需资料、追溯资料、自动规划错误信息、产能资料等)。
- 在新增或修改状态下,单击“锁定”按钮,可将未锁定的计划订单更改为锁定状态。
- 在新增或修改状态下,单击“弃锁”按钮,可将已锁定的计划订单改为未锁定状态。
- 在表体右击弹出“查询计划参数”界面,可以查询自动生成该 MPS 计划所设定的各项参数。
- 已计划量不为零的订单资料,不可删除。
- 在表体行右击弹出“查询供需资料”界面,可以以明细方式查询该计划代号当前版本、该物料的供需资料,参见图 8-10～图 8-13。
- 在表体行右击弹出“查询供需追溯资料”界面,可以查询该计划代号原始版本、该计划订单的供需追溯资料(若是 LP 件,只显示该计划订单指定的销售订单行号相关的供需资料)。

(5) 打开“甘特图”对话框。查询状态下,单击工具栏的“图形”按钮,系统弹出“选择”对话框,直接单击“确定”按钮,系统打开“甘特图”对话框,以甘特图方式显示现有的计划订单,如图 8-8 所示。

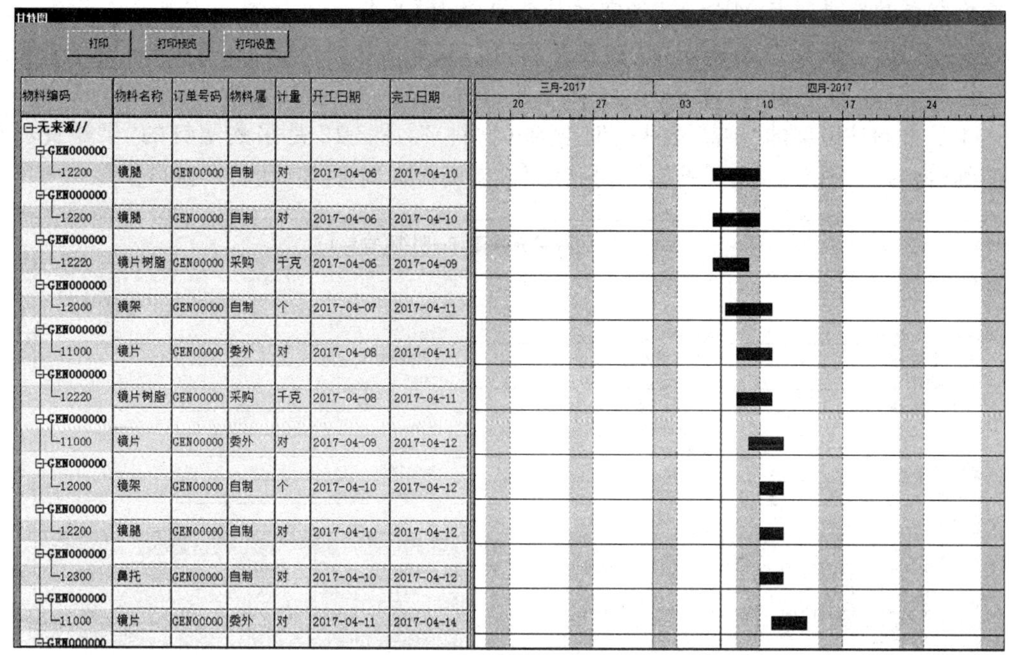

甘特图

打印 打印预览 打印设置

物料编码	物料名称	订单号码	物料属	计量	开工日期	完工日期
无来源//						
GEN000000						
12200	镜腿	GEN00000	自制	对	2017-04-06	2017-04-10
GEN000000						
12200	镜腿	GEN00000	自制	对	2017-04-06	2017-04-10
GEN000000						
12220	镜片树脂	GEN00000	采购	千克	2017-04-06	2017-04-09
GEN000000						
12000	镜架	GEN00000	自制	个	2017-04-07	2017-04-11
GEN000000						
11000	镜片	GEN00000	委外	对	2017-04-08	2017-04-11
GEN000000						
12220	镜片树脂	GEN00000	采购	千克	2017-04-08	2017-04-11
GEN000000						
11000	镜片	GEN00000	委外	对	2017-04-09	2017-04-12
GEN000000						
12000	镜架	GEN00000	自制	个	2017-04-10	2017-04-12
GEN000000						
12200	镜腿	GEN00000	自制	对	2017-04-10	2017-04-12
GEN000000						
12300	鼻托	GEN00000	自制	对	2017-04-10	2017-04-12
GEN000000						
11000	镜片	GEN00000	委外	对	2017-04-11	2017-04-14
GEN000000						

图 8-8 MRP 的“甘特图”对话框

（若有修改权限，可拖曳甘特图修改计划订单的开工/完工日期。）

(6) 退出。单击对话框的“关闭”按钮，系统“MRP 计划维护”窗口；再单击“MRP 计划维护”窗口的关闭按钮，返回企业应用平台。

5. MRP 计划查询

(1) 打开“查询条件选择”对话框。在“需求规划”子系统中，依次单击“计划作业”→“供需资料查询-物料”菜单项，系统弹出“查询条件选择”对话框，操作界面可参见图 8-9。

(2) 参数设置。参照生成“计划代号”为 JHMRP，其他项为默认值。

(3) 打开“供需资料查询-物料”窗口。单击“确定”按钮，系统退出对话框，并打开“供需资料查询-物料”窗口，如图 8-9 所示。

供需资料查询--物料

记录总数：9

物料编码	物料名称	物料规格	物料属性	供需政策	需求跟踪方式	需求跟踪号	需求跟踪行号	客户代号	客户名称
12000	镜架		自制件	PE					
11000	镜片		委外件	PE					
12100	镜框		自制件	PE					
12200	镜腿		自制件	PE					
12210	塑料		采购件	PE					
12220	镜片树脂		采购件	PE					
12300	鼻托		自制件	PE					
12310	硅胶		采购件	PE					
13000	螺钉		采购件	PE					
小计									

图 8-9 MRP 的“供需资料查询-物料”窗口

提示：

- MRP 计划作业的“供需资料查询-物料”功能，可按物料编码，查询与打印 MPS/MRP 计划的供应/需求资料及供需资料的计算过程。

• 相关功能说明与 MPS 的“供需资料查询-物料”基本一致，具体请参见 7.4 节。

(4) 打开“供需资料查询-明细(物料)”窗口。双击某物料所在行，系统将打开“供需资料查询-明细(物料)”窗口，图 8-10 是委外件镜片的“供需资料查询-明细(物料)”窗口，图 8-11 是自制件镜架的“供需资料查询-明细(物料)”，图 8-12 是采购螺钉的“供需资料查询-明细(物料)”，图 8-13 是采购镜片树脂的“供需资料查询-明细(物料)”窗口。

供需资料查询--明细(物料)

表体排序

物料编码 11000	物料名称 镜片	物料规格
物料属性 委外件	计量单位 对	固定提前期 3
供应期间类型 日	供应期间	时格代号
可用日期 第一需求日	供需政策 PE	重复计划 否
安全库存	切除尾数 否	令单合并
变动提前期	最高供应量	固定供应量
最低供应量	变动基数	替换日期
需求跟踪号	需求跟踪行号	现存量 20.00
供应倍数		

	供需日期	审核日期	订单号码	订单...	订单型态	状态	供/需	订单原量	订单余量	结存量-1	重规...	结存量-2	替换标志
1	2017-04-11	2017-04-08	GEN00000...		规划供应		供	10.00	10.00	30.00		30.00	
2	2017-04-11		GEN00000...		规划需求		需	30.00	30.00	0.00		0.00	
3	2017-04-12	2017-04-09	GEN00000...		规划供应		供	120.00	120.00	120.00		120.00	
4	2017-04-12		GEN00000...		规划需求		需	120.00	120.00	0.00		0.00	
5	2017-04-14	2017-04-11	GEN00000...		规划供应		供	390.00	390.00	390.00		390.00	
6	2017-04-14		GEN00000...		规划需求		需	390.00	390.00	0.00		0.00	
7	2017-04-18	2017-04-15	GEN00000...		规划供应		供	420.00	420.00	420.00		420.00	
8	2017-04-18		GEN00000...		规划需求		需	420.00	420.00	0.00		0.00	

图 8-10 委外件镜片的“供需资料查询-明细(物料)”窗口

供需资料查询--明细(物料)

表体排序

物料编码 12000	物料名称 镜架	物料规格
物料属性 自制件	计量单位 个	固定提前期 2
供应期间类型 日	供应期间	时格代号
可用日期 第一需求日	供需政策 PE	重复计划 否
安全库存	切除尾数 否	令单合并
变动提前期	最高供应量	固定供应量
最低供应量	变动基数	替换日期
需求跟踪号	需求跟踪行号	现存量
供应倍数		

	供需日期	审核日期	订单号码	订单行号	订单型态	状态	供/需	订单原量	订单余量	结存量-1	重规划日	结存量-2
1	2017-04-11	2017-04-07	GEN00000...		规划供应		供	30.00	30.00	30.00		30.00
2	2017-04-11		GEN00000...		规划需求		需	30.00	30.00	0.00		0.00
3	2017-04-12	2017-04-10	GEN00000...		规划供应		供	120.00	120.00	120.00		120.00
4	2017-04-12		GEN00000...		规划需求		需	120.00	120.00	0.00		0.00
5	2017-04-14	2017-04-12	GEN00000...		规划供应		供	390.00	390.00	390.00		390.00
6	2017-04-14		GEN00000...		规划需求		需	390.00	390.00	0.00		0.00
7	2017-04-18	2017-04-14	GEN00000...		规划供应		供	420.00	420.00	420.00		420.00
8	2017-04-18		GEN00000...		规划需求		需	420.00	420.00	0.00		0.00

图 8-11 自制件镜架的“供需资料查询-明细(物料)”窗口

(5) 退出。单击“供需资料查询-明细(物料)”窗口的“退出”按钮，系统返回“供需资料查询-物料”窗口；再关闭该窗口系统返回企业应用平台。

供需资料查询--明细(物料)

表体排序

物料编码 13000　物料名称 螺钉　物料规格
物料属性 采购件　计量单位 颗　固定提前期 1
供应期间类型 日　供应期间　时格代号
可用日期 第一需求日　供需政策 PE　重复计划 否
安全库存　切除尾数 否　令单合并
变动提前期　最高供应量　固定供应量
最低供应量　变动基数　替换日期
需求跟踪号　需求跟踪行号　现存量 400.00
供应倍数 100.00

	供需日期	审核日期	订单号码	订单行号	订单型态	状态	供/需	订单原量	订单余量	结存量-1	结存量-2	替换标志
1	2017-04-07		GEN00000...		规划需求		需	60.00	60.00	340.00	340.00	
2	2017-04-10		GEN00000...		规划需求		需	240.00	240.00	100.00	100.00	
3	2017-04-11		GEN00000...		规划需求		需	60.00	60.00	40.00	40.00	
4	2017-04-12	2017-04-11	GEN00000...		规划供应		供	1000.00	1000.00	1040.00	1040.00	
5	2017-04-12		GEN00000...		规划需求		需	240.00	240.00	800.00	800.00	
6	2017-04-12		GEN00000...		规划需求		需	780.00	780.00	20.00	20.00	
7	2017-04-14	2017-04-13	GEN00000...		规划供应		供	1600.00	1600.00	1620.00	1620.00	
8	2017-04-14		GEN00000...		规划需求		需	780.00	780.00	840.00	840.00	
9	2017-04-14		GEN00000...		规划需求		需	840.00	840.00	0.00	0.00	
10	2017-04-18	2017-04-17	GEN00000...		规划供应		供	900.00	900.00	900.00	900.00	
11	2017-04-18		GEN00000...		规划需求		需	840.00	840.00	60.00	60.00	

图 8-12　采购件螺钉的“供需资料查询-明细(物料)”窗口

供需资料查询--明细(物料)

表体排序

物料编码 12220　物料名称 镜片树脂　物料规格
物料属性 采购件　计量单位 千克　固定提前期 3
供应期间类型 日　供应期间　时格代号
可用日期 第一需求日　供需政策 PE　重复计划 否
安全库存　切除尾数 否　令单合并
变动提前期　最高供应量　固定供应量
最低供应量　变动基数　替换日期
需求跟踪号　需求跟踪行号　现存量
供应倍数

	供需日期	审核日期	订单号码	订单行号	订单型态	状态	供/需	订单原量	订单余量	结存量-1	重规划日	建议调整量	结存量-2	替
1	2017-04-08		GEN00000...		规划需求		需	0.10	0.10	-0.10			-0.10	
2	2017-04-09	2017-04-06	GEN00000...		规划供应	审核日	供	1.30	1.30	1.20	2017-04-06		1.20	
3	2017-04-09		GEN00000...		规划需求		需	1.20	1.20	0.00			0.00	
4	2017-04-11	2017-04-08	GEN00000...		规划供应		供	3.90	3.90	3.90			3.90	
5	2017-04-11		GEN00000...		规划需求		需	3.90	3.90	0.00			0.00	
6	2017-04-14	2017-04-11	GEN00000...		规划供应		供	4.20	4.20	4.20			4.20	
7	2017-04-15		GEN00000...		规划需求		需	4.20	4.20	0.00			0.00	

图 8-13　采购件镜片树脂的“供需资料查询-明细(物料)”窗口

8.3　能力需求与产能核验

能力需求计划(CRP)的需求来源，是指定的生产订单状态和计划代号中预完工日小于等于“截止日期”且大于等于系统日期的生产订单。

工艺路线是能力需求计划计算工作中心资源负载最重要的基础资料。计划订单(建议计划量)以其预计开工日时默认有效的主工艺路线版本为准;未审核/锁定/审核/工序生产订单，以其指定的工艺路线为准;若生产订单无工艺路线，则不参与CRP负载计算。

CRP只计算生产订单工艺路线中非委外工序。CRP以资源主档中各工作中心“计算产能”为“是”、且依“资源选择”范围内(关键资源/全部资源)的资源的可用数量与有效工作时数，同时考虑资源利用率，计算各工作中心资源的可用产能。

本节的实验任务，是进行能力需求计算，并查阅能力需求汇总表和明细表，进行产能核查。

1. 操作流程

图 8-14 是本节的操作流程，相应的操作视频网址为 https://pan.baidu.com/s/1RYhQLt7jZn9lFsZJD9I55g 提取码：eh69。

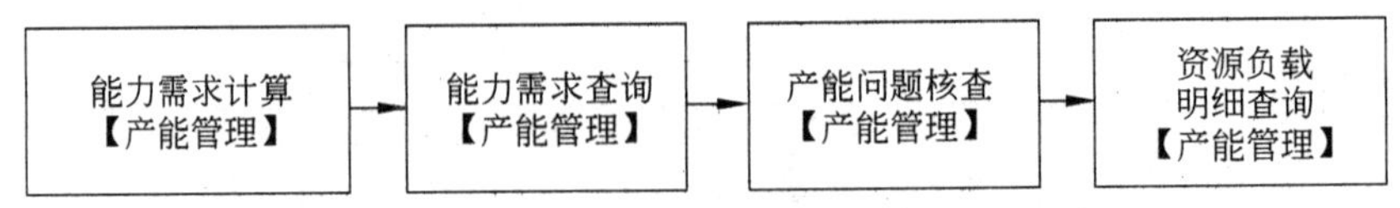

图 8-14 8.3 节的操作流程

确认系统日期和业务日期为 2017 年 4 月 6 日。

2. 能力需求计算

(1) 打开"能力需求计算"对话框。在"企业应用平台"的"业务工作"页签，依次单击"生产制造"→"产能管理"→"能力需求计划"→"能力需求计算"菜单项，系统打开"能力需求计算"对话框。

(2) 参数设置。参照生成"MRP 计划代号"为 JHMRP，其他项为默认值，如图 8-15 所示。

(3) 执行并退出。单击"执行"按钮，系统执行完成并弹出信息提示框提示处理成功，单击"确定"按钮，系统返回企业应用平台。

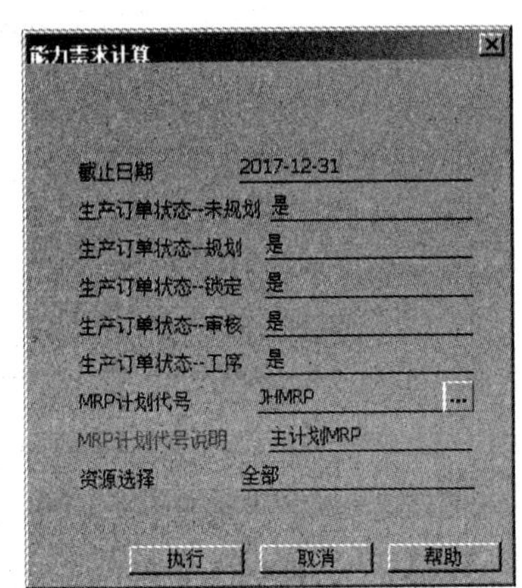

图 8-15 "能力需求计算"对话框

【主要栏目说明】

- 截止日期：由产能管理参数带入，可改，必须输入且不可小于系统日期。
- 生产订单状态：由产能管理参数带入，可改，必须输入，可多选。
- MRP 计划代号：由产能管理参数带入，可改。若生产订单状态有选择"未规划"则必须输入，且输入计划代号的计划类别须为 MRP。
- 资源选择：由产能管理参数带入，可改，必须输入。

3. 能力需求查询

(1) 打开"选择"对话框。在"产能管理"子系统中，依次单击"能力需求计划"→"能力需求汇总表"菜单项，系统打开"能力需求汇总表"的"选择"对话框。

(2) 打开"查询条件选择"对话框。在"选择"对话框中，已默认选择"工作中心"，直接单击"确定"按钮，系统弹出"查询条件选择-能力需求汇总表-工作中心"对话框，操作界面可参见图 7-11。

(3) 参数设置。参照生成"时格代号"为 SG01，其他项为默认值。

(4) 打开"能力需求汇总表"窗口。单击"确定"按钮，系统退出对话框并打开"能力需求汇总表-工作中心"窗口，如图 8-16 所示。

能力需求汇总表--工作中心

工作中心代号：　到
资源代号：　到
日期：　到
资源类别：全部
资源状态：全部
打印选择：时格
时格代号：SG01

MPS计划代号：JHMPS
MPS计划说明：主计划MPS
MPS计划生效：是
MRP计划代号：JHMRP
MRP计划说明：主计划MRP
MRP计划生效：是
建档人：赵技巩
建档日期：2017-04-06

工作中心	工作中心名称	部门代号	部门名称	起始日期	结束日期	资源代号	资源名称	资源类别	可用产能	产能需求	差额	负载比	状态
0010	塑料切割中心	7	生产部	2017-04-03	2017-04-09	0001	塑料切割机	机器设备	120.00	2.50	117.50	2.08	逾期
0010	塑料切割中心	7	生产部	2017-04-10	2017-04-16	0001	塑料切割机	机器设备	120.00	13.50	106.50	11.25	低载
0020	模压成型中心	7	生产部	2017-04-03	2017-04-09	0002	模压模具	模具夹	200.00	2.50	197.50	1.25	逾期
0020	模压成型中心	7	生产部	2017-04-10	2017-04-16	0002	模压模具	模具夹	200.00	13.50	186.50	6.75	低载
0030	表面处理中心	7	生产部	2017-04-03	2017-04-09	0003	高级技工	人工	320.00	1.67	318.33	0.52	逾期
0030	表面处理中心	7	生产部	2017-04-10	2017-04-16	0003	高级技工	人工	320.00	14.33	305.67	4.40	低载

图 8-16　“能力需求汇总表-工作中心”窗口

(5) 退出。单击窗口的“关闭”按钮,关闭退出该窗口。

为更详细地表述图 8-16 中可用产能和产能需求的计算过程,下面以塑料切割中心为例,给出具体的计算公式和计算过程。

(1) 现有数据说明:系统日期为 2017 年 4 月 6 日,能力需求计算期间为 2017 年 4 月 6 日～2017 年 4 月 30 日,资源清单详见图 6-14,规划需求订单列表详见图 8-7。另外,案例企业的默认时格(详见 3.3.3 节和表 3-13),即周、周、月和日,共 4 个时段;默认的工作日历为 SYSTEM 工作日历(详见 3.3.4 节和图 3-7),即每周一至周五是工作日,每天工作 8 小时。

(2) 需求来源。参与此次能力需求计算的、有塑料切割需求的规划需求订单,应该是图 8-7 中的“物料名称”为“镜腿”的 4 个计划订单,即图 8-7 中的第 9～12 行。图 8-18 中塑料切割中心塑料切割机的“产能问题检核明细”表中,也列出了该工作中心应该承载的 4 个规划订单详细信息。

(3) 计划期间的划分。计划期间是按设定的时格时段,将系统日期至截止日期划分为若干计划期间,若时格总时段不足,则将不足部分设为一个计划期间。案例企业的能力需求计划期间,共分为 3 个时段,详见表 8-2 的第 1～3 行。

第 1 个时段是系统日期所在周的周一～周日,目前系统日期为 4 月 6 日,所以第 1 个时段的时格起始与结束日期为 4 月 3 日和 4 月 9 日。第 2 个时段为顺推的一个星期,即 2017 年 4 月 10 日～2017 年 4 月 16 日;第 3 个时段为本月内去掉第 1 和第 2 时段之后的日期期间,即 2017 年 4 月 17 日～2017 年 4 月 30 日。因为能力需求计算的截止日期为 2017 年 4 月 30 日,故仅有 3 个时段。由于需求订单的最大需求日期为 2017 年 4 月 21 日(详见图 7-12 的第 7 行),所以表 8-2 的第 3 个时段的时间区间为 4 月 17 日～4 月 21 日。

(4) 可用产能计算。可用产能以资源清单中各工作中心资源的可用数量,乘以各计划期间总工作小时数及资源利用率。以图 7-20 中的第 1 行为例,2017 年 4 月 10 日～2017 年 4 月 16 日期间有 5 个工作日,每天工作 8 小时。塑料切割中心的可用资源数量为 3 个,资源利用率 100%,所以可用产能＝(5 天×8 小时/天)×3×100%＝120 小时。

(5) 产能需求计算。能力需求的产能需求计算,只计算生产订单的工艺路线中设置为非“委外工序”,并在资源资料档案“计算产能”设为“是”的工序资源的负载,工序资源考虑产能参数设置的“资源选择”范围。本案例企业选择的是全部资源,即计算全部资源的产能需求，也可选择关键资源。

以图 8-16 中的第 1～2 行(即塑料切割中心)的产能需求计算为例，表 8-1 中列出了各个规划订单(参见图 8-7 的第 9～12 行)的开工日期、完工日期和建议计划量，以及相应的塑料切割时间需求(“切割时间”栏)和能力需求的起始日期与结束日期。能力需求的起始日期是“开工日期”，结束日期是“开工日期”与“所用工作日”的运算结果。例如第 1 行的“开工日期”为 4 月 6 日，“所用工作日”为当天，所以其能力需求的结束日期为 4 月 6 日。

表 8-1　塑料切割中心的能力需求计算表

序号	开工日期	完工日期	建议计划量	切割时间	所用工作日	能力需求起始日期	能力需求结束日期	备　　注
1	04-06	04-10	30	0.5	当天	04-06	04-06	塑料切割中心每个可用资源每天可提供 8 小时的切割时间，故需求切割时间在 8 小时之内的规划单，其所用工作日均为 1 天
2	04-06	04-10	120	2	当天	04-06	04-06	
3	04-10	04-12	390	6.5	当天	04-10	04-10	
4	04-12	04-14	420	7	当天	04-12	04-12	

在表 8-2 中，统计汇总了表 8-1 中“能力需求起始日期”介于表 8-2 中“时段起始日期”和“时段结束日期”之间的“切割时间”，相应的计算可参见表 8-2 中的“说明”。需要注意的是，若能力需求起始日期和结束日期，跨越了时段，则需利用每个工作日的有效机器工时来计算不同时段的能力需求。

表 8-2　塑料工作中心的负载汇总表

时段序号	时段起始日期	时段结束日期	时段切割时间汇总	说　　明
1	04-03	04-09	2.5	表 8-1 中第 1～2 行的“切割时间”之和
2	04-10	04-16	13.5	表 8-1 中第 3～4 行的“切割时间”之和
3	04-17	04-21		

4. 产能问题检核

(1) 打开“产能问题检核”窗口。在“产能管理”子系统中，依次单击“能力需求计划”→“产能问题检核”菜单项，系统打开“产能问题检核”窗口，参见图 8-17。

产能问题检核

起始工作中心＿＿＿＿　结束工作中心＿＿＿＿　起始资源代号＿＿＿＿　结束资源代号＿＿＿＿

时格代号 SG01　时格说明 时格1号　起始日期 2017-04-06　结束日期＿＿＿＿

序号	工作中心	工作中心名称	资源代号	资源名称	资源类别	可用数量	利用率%	关键资源	负载资料
1	0010	塑料切割中心	0001	塑料切割机	机器设备	3.0000	100.00	是	*
2	0020	模压成型中心	0002	模压模具	模夹具	5.0000	100.00	是	*
3	0030	表面处理中心	0003	高级技工	人工	8.0000	100.00	是	*
4	0040	装配中心	0004	装配线	机器设备	10.0000	100.00	否	

图 8-17　“产能问题检核”窗口

(2) 查询。在表头参照生成“时格代号”为 SG01，然后单击工具栏的“查询”按钮，系统在“产能问题检核”窗口中列表显示各个工作中心的产能情况。

(3) 打开“产能问题检核明细”窗口。双击某个工作中心资源(如塑料切割中心的塑料切割机)所在的行，系统打开“产能问题检核明细”窗口，显示与该工作中心资源相关的生产订单资料，如图 8-18 所示。

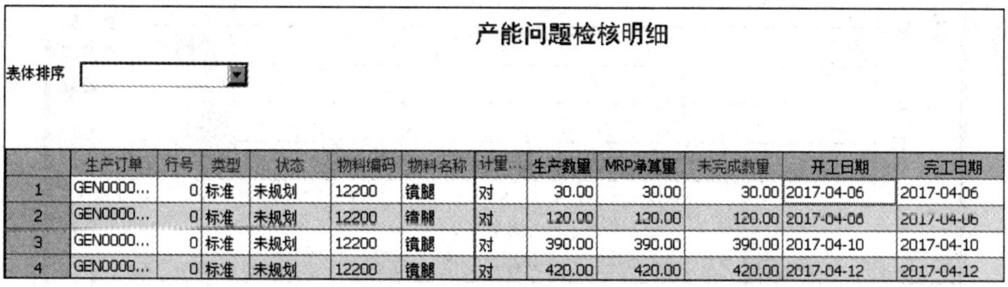

产能问题检核明细

表体排序

	生产订单	行号	类型	状态	物料编码	物料名称	计量…	生产数量	MRP净算量	未完成数量	开工日期	完工日期
1	GEN0000…	0	标准	未规划	12200	镜腿	对	30.00	30.00	30.00	2017-04-06	2017-04-06
2	GEN0000…	0	标准	未规划	12200	镜腿	对	120.00	120.00	120.00	2017-04-06	2017-04-06
3	GEN0000…	0	标准	未规划	12200	镜腿	对	390.00	390.00	390.00	2017-04-10	2017-04-10
4	GEN0000…	0	标准	未规划	12200	镜腿	对	420.00	420.00	420.00	2017-04-12	2017-04-12

图 8-18　塑料切割中心塑料切割机的“产能问题检核明细”窗口

(4) 退出“产能问题检核明细”窗口。单击“产能问题检核明细”窗口的“退出”按钮，即可退出该窗口。

提示：

- 单击工具栏的“修改”按钮，可修改表体中“规划/锁定/审核”状态的生产订单，同时在“工序”状态的生产订单行可右击修改生产订单工序资料；定位在“规划/锁定”状态订单行，单击工具栏“删除”按钮，可删除该订单行资料；“未规划”状态订单不可修改与删除，“工序”状态的生产订单，不可改但可修改其工序资料。
- 修改订单资料单击“保存”按钮时，保存修改的生产订单及生产订单工序资料，并重新计算修改后的订单负载，同时刷新该工作中心资源的产能负载状况。

【主要栏目说明】

- 类型：显示“标准/重复计划/非标准”之一。
- 状态：显示生产订单状态，指“未规划/规划/锁定/审核/工序”之一。
- 生产数量：规划/锁定状态订单可改，必须输入大于零；审核状态订单可改，必须输入大于零，且不可小于该订单累计入库量。
- MRP 净算量：规划/锁定状态非标准订单，可改非负值；审核状态非标准订单，可改非负值，但不可小于该订单累计入库量；标准/重复计划订单不可改。
- 开工/完工日期：若是重复计划，则分别显示其首件开工日/末件完工日。规划/锁定/审核状态订单，可改，必须输入，开工日期不可大于完工日期。

(5) 图形显示。选定某个工作中心资源所在的行(如塑料切割中心的塑料切割机)，然后单击工具栏的“图形”按钮，系统将打开相应工作中心资源的“产能-负载图”窗口，界面可参见图 8-19。

(6) 退出。单击“产能-负载图”窗口的“关闭”按钮，关闭退出该窗口；再单击“产能问题检核”窗口的“关闭”按钮，返回企业应用平台。

5. 资源负载明细查询

(1) 打开“选择”对话框。在“产能管理”子系统中，依次单击“能力需求计划”→“资源负载明细表”菜单项，系统打开“资源负载明细表”的“选择”对话框。

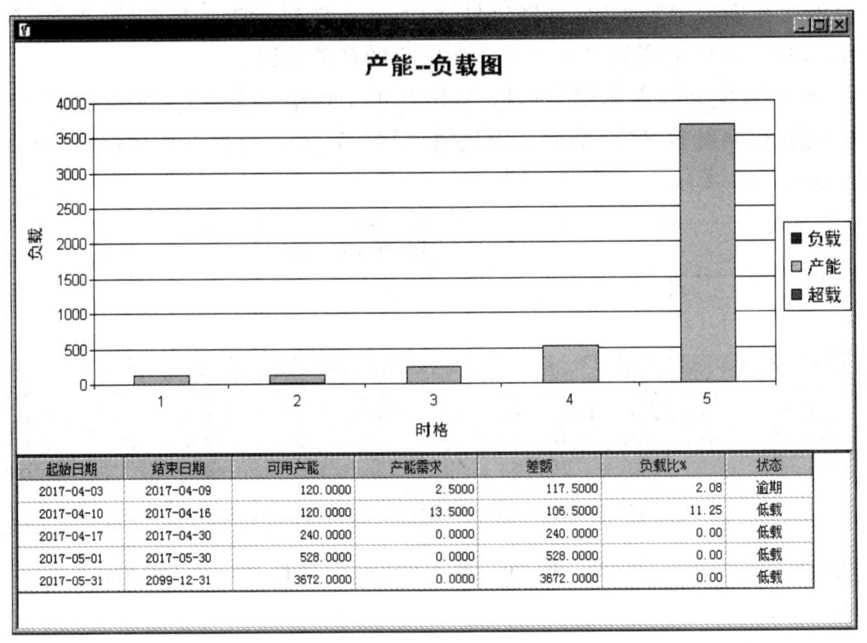

起始日期	结束日期	可用产能	产能需求	差额	负载比%	状态
2017-04-03	2017-04-09	120.0000	2.5000	117.5000	2.08	逾期
2017-04-10	2017-04-16	120.0000	13.5000	106.5000	11.25	低载
2017-04-17	2017-04-30	240.0000	0.0000	240.0000	0.00	低载
2017-05-01	2017-05-30	528.0000	0.0000	528.0000	0.00	低载
2017-05-31	2099-12-31	3672.0000	0.0000	3672.0000	0.00	低载

图 8-19　塑料切割中心塑料切割机的“产能-负载图”

(2) 打开“查询条件选择”对话框。在“选择”对话框中，已默认选择“工作中心”，直接单击“确定”按钮，系统弹出“查询条件选择-资源负载明细表-工作中心”对话框，操作界面可参见图 7-11。

(3) 参数设置。参照生成“时格代号”为 SG01，其他项为默认值。

(4) 打开“资源负载明细表”窗口。单击“确定”按钮，系统弹出“资源负载明细表-工作中心”窗口，如图 8-20 所示。

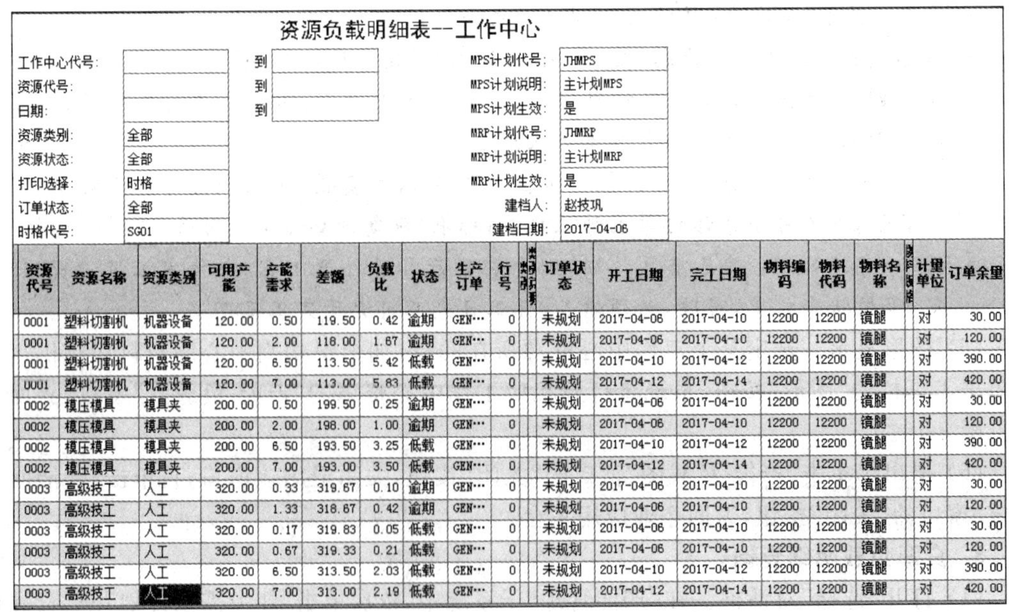

资源负载明细表--工作中心

工作中心代号:		到	MPS计划代号:	JHMPS
资源代号:		到	MPS计划说明:	主计划MPS
日期:		到	MPS计划生效:	是
资源类别:	全部		MRP计划代号:	JHMRP
资源状态:	全部		MRP计划说明:	主计划MRP
打印选择:	时格		MRP计划生效:	是
订单状态:	全部		建档人:	赵技巩
时格代号:	SG01		建档日期:	2017-04-06

资源代号	资源名称	资源类别	可用产能	产能需求	差额	负载比	状态	生产订单	行号	[illegible]	[illegible]	订单状态	开工日期	完工日期	物料编码	物料代码	物料名称	[illegible]	计量单位	订单余量
0001	塑料切割机	机器设备	120.00	0.50	119.50	0.42	逾期	GEN···	0			未规划	2017-04-06	2017-04-10	12200	12200	镜腿		对	30.00
0001	塑料切割机	机器设备	120.00	2.00	118.00	1.67	逾期	GEN···	0			未规划	2017-04-06	2017-04-10	12200	12200	镜腿		对	120.00
0001	塑料切割机	机器设备	120.00	6.50	113.50	5.42	低载	GEN···	0			未规划	2017-04-10	2017-04-12	12200	12200	镜腿		对	390.00
0001	塑料切割机	机器设备	120.00	7.00	113.00	5.83	低载	GEN···	0			未规划	2017-04-12	2017-04-14	12200	12200	镜腿		对	420.00
0002	模压模具	模具夹	200.00	0.50	199.50	0.25	逾期	GEN···	0			未规划	2017-04-06	2017-04-10	12200	12200	镜腿		对	30.00
0002	模压模具	模具夹	200.00	2.00	198.00	1.00	逾期	GEN···	0			未规划	2017-04-06	2017-04-10	12200	12200	镜腿		对	120.00
0002	模压模具	模具夹	200.00	6.50	193.50	3.25	低载	GEN···	0			未规划	2017-04-10	2017-04-12	12200	12200	镜腿		对	390.00
0002	模压模具	模具夹	200.00	7.00	193.00	3.50	低载	GEN···	0			未规划	2017-04-12	2017-04-14	12200	12200	镜腿		对	420.00
0003	高级技工	人工	320.00	0.33	319.67	0.10	逾期	GEN···	0			未规划	2017-04-06	2017-04-10	12200	12200	镜腿		对	30.00
0003	高级技工	人工	320.00	1.33	318.67	0.42	逾期	GEN···	0			未规划	2017-04-06	2017-04-10	12200	12200	镜腿		对	120.00
0003	高级技工	人工	320.00	0.17	319.83	0.05	低载	GEN···	0			未规划	2017-04-06	2017-04-10	12200	12200	镜腿		对	30.00
0003	高级技工	人工	320.00	0.67	319.33	0.21	低载	GEN···	0			未规划	2017-04-06	2017-04-10	12200	12200	镜腿		对	120.00
0003	高级技工	人工	320.00	6.50	313.50	2.03	低载	GEN···	0			未规划	2017-04-10	2017-04-12	12200	12200	镜腿		对	390.00
0003	高级技工	人工	320.00	7.00	313.00	2.19	低载	GEN···	0			未规划	2017-04-12	2017-04-14	12200	12200	镜腿		对	420.00

图 8-20　“资源负载明细表-工作中心”窗口

(5) 退出。单击“资源负载明细表”窗口右上角的“关闭”按钮，关闭退出该窗口。

8.4 实验报告内容

(1) “能力需求计算”的数据来源是什么单据？作用是什么？

(2) “能力需求计算”与“粗能力需求计算”的差异体现在哪些方面？

(3) 按工作中心查看你的能力需求汇总表，并将结果界面截图后粘贴在实验报告中。

(4) 查看镜片(委外件)的供需资料明细，并将结果界面截图后粘贴在实验报告中。

(5) 解释第(4)题中镜片(委外件)的各个“规划供应”订单的时间和数量的来源。

(6) 查看镜架(自制件)的供需资料明细，并将结果界面截图后粘贴在实验报告中。

(7) 解释第(6)题中镜架(自制件)的各个“规划供应”订单的时间和数量的来源。

(8) 查看镜片树脂(采购件)的供需资料明细，并将结果界面截图后粘贴在实验报告中。

(9) 解释第(8)题中镜片树脂(采购件)的“状态”为“提前”的各个“规划供应”订单的时间和数量的来源。

(10) 比较图 7-21(粗能力需求汇总)的第 1 行和图 8-16(能力需求汇总)的第 2 行中“产能需求”的不同，并解释差异产生的原因。

(11) 查看你的 MRP“甘特图”对话框，并将结果界面截图后粘贴在实验报告中。

(12) 查看你的塑料切割中心塑料切割机的“产能-负载图”，并将结果界面截图后粘贴在实验报告中。

(13) 分析 MRP 件净需求与毛需求之间的关系。

(14) 比较 MPS 与 MRP 计划的不同之处。

8.4 实验报告内容

第三部分　物料供应与生产管理

第 9 章　采购与委外管理

在现代企业中，采购成本在总成本中所占的比率相当高，企业会对采购管理进行严格的控制。在生产过程中，采购管理既要保证生产的顺利进行，又要维持合理的库存量，降低采购成本。

采购管理是企业为完成生产及销售计划，在确保适当的品质下，于适当的时期，以适当的价格，购入必需数量的物品所采取的一切管理活动。

委外加工是一种代工不代料的外包，由委外商进行产品加工的加工方式，是指由于本企业生产能力不足，或有特殊工艺要求，或自制成本高于委外成本，或因其他原因，需要由企业提供加工委外件的材料，由委外供应商领料后负责完成委外件的生产，之后结算相应加工费用的一种加工运作模式。只有工业版账套才能启用委外管理。

本章的实验是基于物料需求规划进行采购和委外的订货、到货、入库、发票、结算和成本核算。本章的操作，应该是在业务发生当日、由账套主管赵技巩（或者读者本人）登录到“企业应用平台”，并在第 8 章完成的账套中，在采购管理、委外管理、库存管理和存货核算模块中进行。

在每笔业务的实验操作前，需要将系统时间调整为业务日期。如果没有调整系统时间，则在登录“企业应用平台”时需要修改“操作日期”为业务日期；如果操作日期与账套建账时间之间的跨度超过 3 个月，则该账套在演示版状态下不能执行任何操作。

如果没有完成第 8 章的 MRP 与能力需求计算的作业，可以到百度网盘空间（网盘地址为 https://pan.baidu.com/s/1RYhQLt7jZn9lFsZJD9I55g 提取码：eh69）的“实验账套数据”文件夹中，将“08 MRP 与能力需求.rar”下载到实验用机上，然后“引入”（操作步骤详见 1.3.5 节）到 ERP-U8 系统。而且，本章完成的账套，其输出的压缩文件名为“09 采购与委外.rar”。

需要说明的是，因百度网盘中的账套备份文件均为压缩文件，所以下载完引入前，需要用解压缩工具进行解压（建议用 WinRAR 3.42 或以上版本），得到相应可以引入的账套数据文件。

本章的授课时间，建议讲课 2 学时、实验 2 学时。理论部分主要讲解采购管理和委外管理的流程，以及相应的应付确认和领料出库成本、采购入库和委外入库成本的确认，内容可参见 9.1 节和 9.2 节的相关讲解。若希望更深入地学习采购管理的理论与操作，请参阅本系列教程之《企业供应链基础应用——基于用友 ERP 产品微课教程》或《企业供应链高级应用——基于用友 ERP 产品微课教程》。

本章的实验目的与要求如下：

- 理解采购管理的作用。
- 了解委外业务的流程，理解委外管理的作用。
- 熟练掌握采购管理的业务操作。
- 熟练掌握委外业务的功能操作。

• 掌握相关账表的查询。

9.1 采购管理

用友 ERP-U8 的采购管理系统，可对采购业务的全部流程进行管理，提供请购、订货、到货、入库、开票、采购结算的完整采购流程。

本节为体现生产制造的功能与特点，首先请购与采购螺钉，然后在 MRP 规划的基础上，采购所有的规划采购件，完成采购的请购、订货、到货、入库、开票、采购结算，以及采购成本确认（即采购存货的记账与生成凭证）和应付确认（即采购发票的审核与制单）。

9.1.1 请购螺钉与采购订货

2017 年 4 月 6 日，仓管部请购螺钉 400 个，要求 2017 年 4 月 9 日入库；当日，采购部完成请购业务，并填制与审核通过相应的采购订单。

本笔业务是普通的采购请购与订货业务，需要填制与审核采购请购单和采购订单。因为新增了采购订单，会影响物料的预计入库量，所以需要再次进行 MRP 计划生成。

1. 操作流程

图 9-1 是螺钉的请购与采购订货、MRP 再次生成的操作流程，相应的操作视频网址为 https://pan.baidu.com/s/1RYhQLt7jZn9lFsZJD9I55g 提取码：eh69。

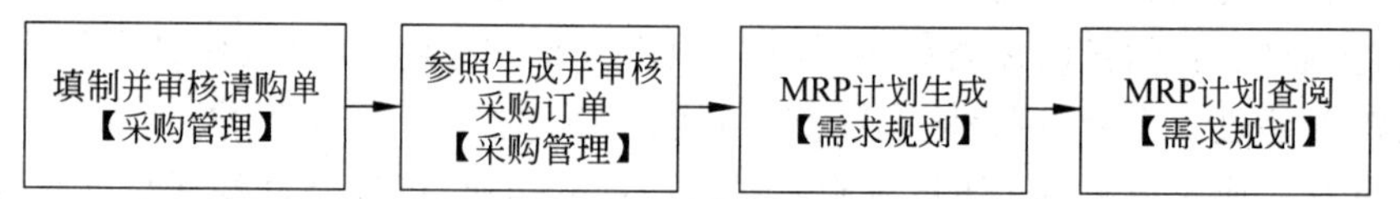

图 9-1　9.1.1 节的操作流程

确认系统日期和业务日期为 2017 年 4 月 6 日。

2. 请购单的填制与审核

（1）打开“采购请购单”窗口。在“企业应用平台”的“业务工作”页签中，依次单击“供应链”→“采购管理”→“请购”→“请购单”菜单项，系统打开“采购请购单”窗口。

（2）填制请购单。在“采购请购单”窗口中，单击工具栏的“增加”按钮，新增一个请购单，然后做如下编辑：

① 表头编辑。参照生成“请购部门”为“仓管部”，其他项为默认值；

② 表体编辑。参照生成“存货编码”为 13000（螺钉），编辑“数量”为 400、“需求日期”为 4 月 9 日，其他项为默认值。

（3）保存并审核。单击工具栏的“保存”、“审核”按钮，保存并审核该请购单，如图 9-2 所示。

（4）退出。单击“采购请购单”窗口右上角的“关闭”按钮，退出该窗口。

3. 采购订单的填制与审核

（1）打开“采购订单”窗口。在“采购管理”子系统中，依次单击“采购订货”→“采购订单”菜单项，系统打开“采购订单”窗口。

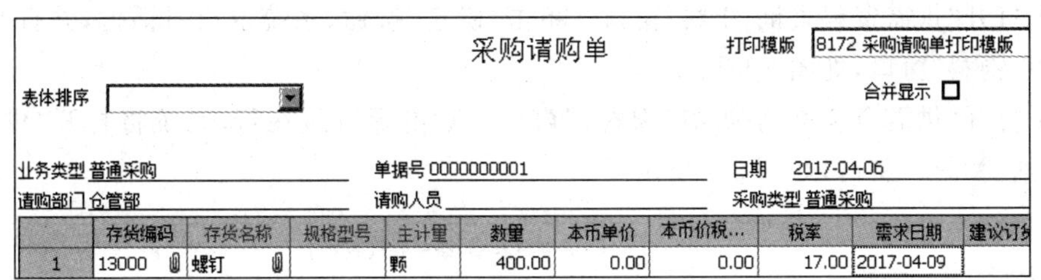

采购请购单　　打印模版 8172 采购请购单打印模版

表体排序　　合并显示 □

业务类型 普通采购　单据号 0000000001　日期 2017-04-06

请购部门 仓管部　请购人员　采购类型 普通采购

	存货编码	存货名称	规格型号	主计量	数量	本币单价	本币价税...	税率	需求日期	建议订货
1	13000	螺钉		颗	400.00	0.00	0.00	17.00	2017-04-09	

图 9-2　400 颗螺钉的采购请购单

(2) 参照请购单生成采购单。

① 打开“拷贝并执行”窗口。在“采购订单”窗口中，首先单击工具栏的“增加”按钮以新增一张采购订单，然后单击工具栏的“生单/请购单”命令，系统打开“查询条件选择-采购请购单列表过滤”对话框，单击“确定”按钮，系统弹出“拷贝并执行”窗口。

② 拷贝信息。在“拷贝并执行”窗口的上窗格，双击要选择的采购请购单所对应的“选择”栏，使其出现 Y 字样，然后单击工具栏的“确定”按钮，返回“采购订单”窗口，请购单的资料自动带入。

(3) 编辑、保存与审核采购订单。在“采购订单”窗口，参照生成表头的“供应商”为“螺钉厂”、“部门”为“采购部”，其他项为默认值。

(4) 保存并审核。单击工具栏的“保存”、“审核”按钮，如图 9-3 所示。

采购订单　　打印模版 8174 采购订单

表体排序　　合并显示

业务类型 普通采购　订单日期 2017-04-06　订单编号 0000000001

采购类型 普通采购　供应商 螺钉厂　部门 采购部

业务员　税率 17.00　付款条件

币种 人民币　汇率 1　备注

	存货编码	存货名称	规格...	主...	数量	原币含税单价	原币单价	原币金额	原币税额	原币价税合计	税率	计划到货日期
1	13000	螺钉		颗	400.00	1.17	1.00	400.00	68.00	468.00	17.00	2017-04-09

图 9-3　400 颗螺钉的采购订单

(5) 退出。单击“采购订单”窗口右上角的“关闭”按钮，关闭并退出该窗口。

4. 再次进行 MRP 计划生成

(1) 打开“MRP 计划生成”对话框。在“企业应用平台”的“业务工作”页签，依次单击“生产制造”→“需求规划”→“计划作业”→“MRP 计划生成”菜单项，系统打开“MRP 计划生成”对话框。

(2) 执行。直接单击“执行”按钮，系统自动执行 MRP 计划，并弹出处理成功的信息提示框。

(3) 退出。单击“确定”按钮，系统关闭信息提示框并返回企业应用平台。

5. MRP 计划查阅

(1) 打开“查询条件选择”对话框。在“需求规划”子系统中，依次单击“计划作业”→“供需资料查询-物料”菜单项，系统弹出“查询条件选择”对话框，操作界面参见图 7-11。

(2) 参数设置。参照生成“计划代号”为 JHMRP，其他项为默认值。

(3) 打开“供需资料查询-物料”窗口。单击“确定”按钮，系统退出对话框，并打开“供需资料查询-物料”窗口，如图 8-9 所示。

(4) 打开“供需资料查询-明细(物料)”窗口。双击螺钉所在行，系统将打开“供需资料查询-明细(物料)”窗口，如图 9-4 所示。

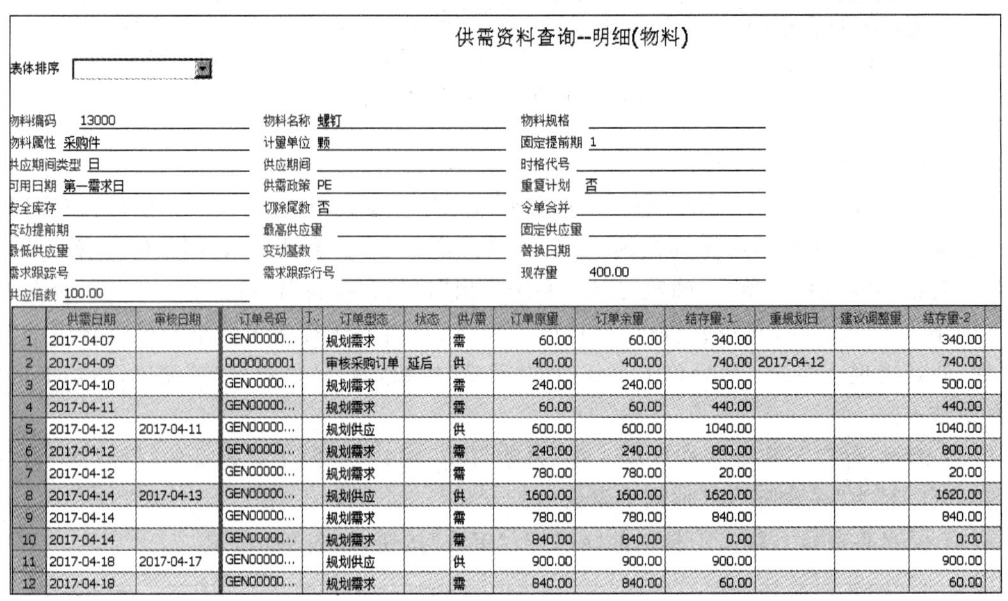

供需资料查询--明细(物料)

表体排序

物料编码	13000	物料名称	螺钉	物料规格	
物料属性	采购件	计量单位	颗	固定提前期	1
供应期间类型	日	供应期间		时格代号	
可用日期	第一需求日	供需政策	PE	重复计划	否
安全库存		切除尾数	否	令单合并	
变动提前期		最高供应量		固定供应量	
最低供应量		变动基数		替换日期	
需求跟踪号		需求跟踪行号		现存量	400.00
供应倍数	100.00				

	供需日期	审核日期	订单号码	I..	订单型态	状态	供/需	订单原量	订单余量	结存量-1	重规划日	建议调整量	结存量-2
1	2017-04-07		GEN00000...		规划需求		需	60.00	60.00	340.00			340.00
2	2017-04-09		0000000001		审核采购订单	延后	供	400.00	400.00	740.00	2017-04-12		740.00
3	2017-04-10		GEN00000...		规划需求		需	240.00	240.00	500.00			500.00
4	2017-04-11		GEN00000...		规划需求		需	60.00	60.00	440.00			440.00
5	2017-04-12	2017-04-11	GEN00000...		规划供应		供	600.00	600.00	1040.00			1040.00
6	2017-04-12		GEN00000...		规划需求		需	240.00	240.00	800.00			800.00
7	2017-04-12		GEN00000...		规划需求		需	780.00	780.00	20.00			20.00
8	2017-04-14	2017-04-13	GEN00000...		规划供应		供	1600.00	1600.00	1620.00			1620.00
9	2017-04-14		GEN00000...		规划需求		需	780.00	780.00	840.00			840.00
10	2017-04-14		GEN00000...		规划需求		需	840.00	840.00	0.00			0.00
11	2017-04-18	2017-04-17	GEN00000...		规划供应		供	900.00	900.00	900.00			900.00
12	2017-04-18		GEN00000...		规划需求		需	840.00	840.00	60.00			60.00

图 9-4　采购 400 个螺钉之后的 MRP 计算结果(螺钉)

(5) 退出。单击“退出”按钮，系统返回企业应用平台。

需要说明的是，图 8-12 是螺钉采购之前的 MRP 计算结果，图 9-4 是采购 400 个螺钉之后的 MRP 计算结果。比较这 2 张图，可以发现图 9-4 中已经将已审核的采购订单作为预计入库量，参与了 MRP 计划生成。

9.1.2　参照 MRP 计划采购物料

2017 年 4 月 6 日，采购部参照 MRP 规划，逐一物料地完成采购订货任务。

特别说明，为降低实验操作工作量，本实验将同一种物料统一采购在一张订单上，即一个采购订单上采购同一物料的所有规划数量。到货、入库、成本确认时，也同理。

本笔业务是依据 MRP 规划结果，进行相关物料的采购订货业务，仅需要填制与审核采购订单。

1. 操作流程

图 9-5 是依据 MRP 规划的采购订货操作流程，相应的视频网址为 https://pan.baidu.com/s/1RYhQLt7jZn9lFsZJD9I55g 提取码：eh69。

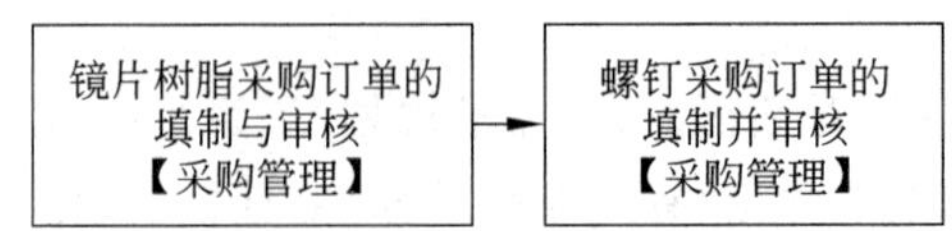

图 9-5　9.1.2 节的操作流程

确认系统日期和业务日期为 2017 年 4 月 6 日。

2. 镜片树脂采购订单的填制与审核

(1) 打开"采购订单"窗口。在"企业应用平台"的"业务工作"页签,依次单击"供应链"→"采购管理"→"采购订货"→"采购订单"菜单项,系统打开"采购订单"窗口。

(2) 参照 MRP 规划单生成采购订单。

① 打开"拷贝并执行"窗口。在"采购订单"窗口中,首先单击工具栏的"增加"按钮,然后执行"生单"/"MPS/MRP 计划"命令,系统打开"查询条件选择-采购订单 MRP 计划列表过滤"对话框,单击"确定"按钮,系统弹出"拷贝并执行"窗口,参见图 9-6。

② 选择 MRP 规划单。在"拷贝并执行"窗口,双击"存货名称"为"镜片树脂"的所有行(共 3 行)的"选择"栏,选择栏出现 Y 字样,如图 9-6 所示。

拷贝并执行

输出 确定 定位 全选 全消 查询 刷新 栏目 滤设 退出

☑ 执行所拷贝的记录 ■ 显示已执行完的记录

订单拷贝MRP计划

记录总数: 6

选择	存货编码	存货名称	币种	规格型号	主计量	计划数量	已下达量	订货日期	计划到货日期	供应商	计划员	采购员	计划来源	存货分类
Y	12220	镜片树脂	人民币		千克	1.30	0.00	2017-04-06	2017-04-09	塑料二厂			MRP	0201
Y	12220	镜片树脂	人民币		千克	3.90	0.00	2017-04-08	2017-04-11	塑料二厂			MRP	0201
Y	12220	镜片树脂	人民币		千克	4.20	0.00	2017-04-11	2017-04-14	塑料二厂			MRP	0201
	13000	螺钉	人民币		颗	600.00	0.00	2017-04-11	2017-04-12	螺钉厂			MRP	0201
	13000	螺钉	人民币		颗	1,600.00	0.00	2017-04-13	2017-04-14	螺钉厂			MRP	0201
	13000	螺钉	人民币		颗	900.00	0.00	2017-04-17	2017-04-18	螺钉厂			MRP	0201
合计														

图 9-6 "拷贝并执行"窗口

③ 拷贝信息。单击工具栏的"确定"按钮,返回"采购订单"窗口,MRP 规划单的资料自动带入,参见图 9-7。

(3) 编辑信息。在"采购订单"窗口,参照生成或确认表头的"供应商"为"塑料二厂"、"部门"为"采购部",其他项为默认值。

(4) 保存与审核。单击工具栏的"保存"、"审核"按钮,如图 9-7 所示。

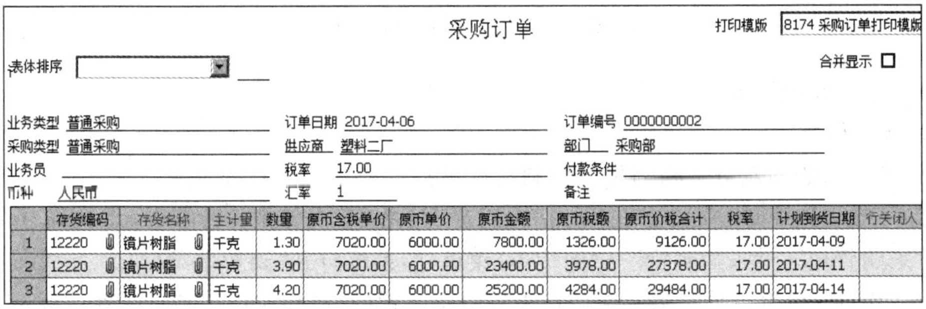

采购订单

打印模版 8174 采购订单打印模版

表体排序

合并显示 □

业务类型 普通采购　订单日期 2017-04-06　订单编号 0000000002

采购类型 普通采购　供应商 塑料二厂　部门 采购部

业务员　税率 17.00　付款条件

币种 人民币　汇率 1　备注

	存货编码	存货名称	主计量	数量	原币含税单价	原币单价	原币金额	原币税额	原币价税合计	税率	计划到货日期	行关闭人
1	12220	镜片树脂	千克	1.30	7020.00	6000.00	7800.00	1326.00	9126.00	17.00	2017-04-09	
2	12220	镜片树脂	千克	3.90	7020.00	6000.00	23400.00	3978.00	27378.00	17.00	2017-04-11	
3	12220	镜片树脂	千克	4.20	7020.00	6000.00	25200.00	4284.00	29484.00	17.00	2017-04-14	

图 9-7 拷贝 MRP 计划的镜片树脂的采购订单

(5) 退出。单击"采购订单"窗口右上角的"关闭"按钮,关闭并退出该窗口。

3. 螺钉采购订单的填制与审核

操作步骤参见上面的"2. 镜片树脂采购订单的填制与审核",填制并审核的采购订单如图 9-8 所示。

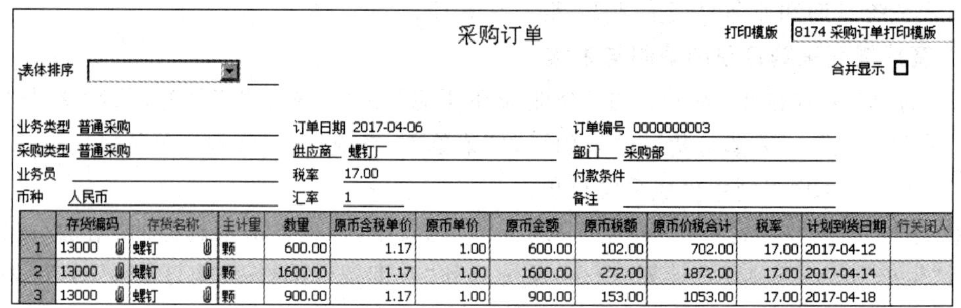

采购订单

打印模版 8174 采购订单打印模版

表体排序

合并显示 □

业务类型 普通采购　　订单日期 2017-04-06　　订单编号 0000000003

采购类型 普通采购　　供应商 螺钉厂　　部门 采购部

业务员　　税率 17.00　　付款条件

币种 人民币　　汇率 1　　备注

	存货编码	存货名称	主计量	数量	原币含税单价	原币单价	原币金额	原币税额	原币价税合计	税率	计划到货日期	行关闭人
1	13000	螺钉	颗	600.00	1.17	1.00	600.00	102.00	702.00	17.00	2017-04-12	
2	13000	螺钉	颗	1600.00	1.17	1.00	1600.00	272.00	1872.00	17.00	2017-04-14	
3	13000	螺钉	颗	900.00	1.17	1.00	900.00	153.00	1053.00	17.00	2017-04-18	

图 9-8　拷贝 MRP 计划的螺钉的采购订单

9.1.3　采购到货与结算

2017 年 4 月 9 日，采购部接受所有订单的到货，相应的增值税发票随货到达。仓管部验收入库，财务部尚未进行采购成本确认和应付确认。

特别说明，为降低实验操作工作量，本实验将同一种物料在一张采购订单上采购，同理也在同一张到货单上到货、同一张入库单上入库、同一张采购发票上载明采购应付款。所以，本实验有 3 张到货单(请购转采购的螺钉采购、MRP 规划的镜片树脂采购和 MRP 规划的螺钉采购)，同理也有 3 张入库单、采购发票和采购结算单。

本笔业务是普通的采购到货与结算业务，需要填制与审核采购到货单、入库单，填制采购发票，进行采购发票的窗口结算。

1. 操作流程

图 9-9 是采购到货与结算的操作流程，相应的视频网址为 https://pan.baidu.com/s/1RYhQLt7jZn9lFsZJD9I55g 提取码：eh69。

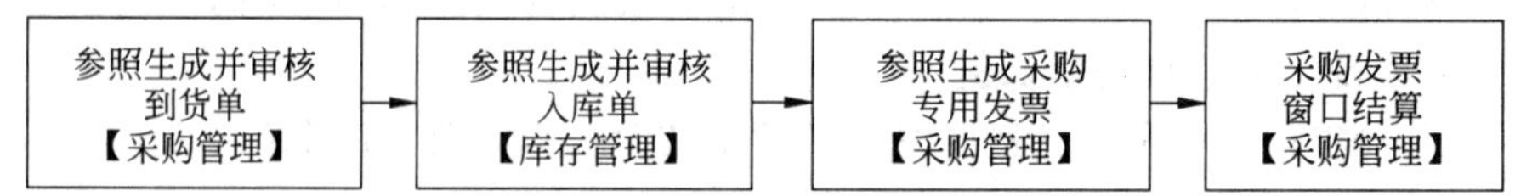

图 9-9　9.1.3 节的操作流程

确认系统日期和业务日期为 2017 年 4 月 9 日。

2. 采购到货

【请购转采购的螺钉采购到货单填制与审核】

(1) 打开“到货单”窗口。在“企业应用平台”的“业务工作”页签中，依次单击“供应链”→“采购管理”→“采购到货”→“到货单”菜单项，系统打开“到货单”窗口。

(2) 参照订单生成采购到货单。首先单击工具栏的“增加”按钮，新增一张采购到货单，再做如下操作：

① 打开“拷贝并执行”窗口。执行“生单/采购订单”命令，系统打开“查询条件选择-采购订单列表过滤”对话框，单击“确定”按钮，系统打开“拷贝并执行”窗口。

② 拷贝信息。在“拷贝并执行”窗口的上窗格中，双击第 1 行的“选择”栏，使其出现 Y 字样，再单击工具栏的“确定”按钮，系统返回“到货单”窗口，此时相关的信息已经有默认值，不需要修改。

(3) 保存。单击工具栏的"保存"按钮，保存该到货单，如图 9-10 所示。

到货单

显示模版 8169 到货单显示模版

表体排序

合并显示 ■

业务类型 普通采购　　单据号 0000000001　　日期 2017-04-09

采购类型 普通采购　　供应商 螺钉厂　　部门 采购部

业务员　　币种 人民币　　汇率 1

运输方式　　税率 17.00　　备注

	存货编码	存货名称	主计量	数量	原币含税单价	原币单价	原币金额	原币税额	原币价税合计	税率	订单号
1	13000	螺钉	颗	400.00	1.17	1.00	400.00	68.00	468.00	17.00	0000000001

图 9-10　请购转采购的采购到货单

(4) 审核。单击工具栏的"审核"按钮，审核通过该到货单。

(5) 退出。单击"到货单"窗口的"关闭"按钮，退出该窗口。

【MRP 规划的镜片树脂采购到货单填制与审核】

操作步骤参见上面的【请购转采购的螺钉采购到货单填制与审核】，填制并审核的采购到货单如图 9-11 所示。

到货单

打印模版 8170 到货单打印模版

表体排序

合并显示 □

业务类型 普通采购　　单据号 0000000002　　日期 2017-04-09

采购类型 普通采购　　供应商 塑料二厂　　部门 采购部

业务员　　币种 人民币　　汇率 1

运输方式　　税率 17.00　　备注

	存货编码	存货名称	主计量	数量	原币含税单价	原币单价	原币金额	原币税额	原币价税合计	税率	订单号
1	12220	镜片树脂	千克	1.30	7020.00	6000.00	7800.00	1326.00	9126.00	17.00	0000000002
2	12220	镜片树脂	千克	3.90	7020.00	6000.00	23400.00	3978.00	27378.00	17.00	0000000002
3	12220	镜片树脂	千克	4.20	7020.00	6000.00	25200.00	4284.00	29484.00	17.00	0000000002

图 9-11　MRP 规划的镜片树脂采购到货单

【MRP 规划的螺钉采购到货单填制与审核】

操作步骤参见上面的【请购转采购的螺钉采购到货单填制与审核】，填制并审核的采购到货单如图 9-12 所示。

到货单

打印模版 8170 到货单打印模版

表体排序

合并显示 □

业务类型 普通采购　　单据号 0000000003　　日期 2017-04-09

采购类型 普通采购　　供应商 螺钉厂　　部门 采购部

业务员　　币种 人民币　　汇率 1

运输方式　　税率 17.00　　备注

	存货编码	存货名称	主计量	数量	原币含税单价	原币单价	原币金额	原币税额	原币价税合计	税率	订单号
1	13000	螺钉	颗	600.00	1.17	1.00	600.00	102.00	702.00	17.00	0000000003
2	13000	螺钉	颗	1600.00	1.17	1.00	1600.00	272.00	1872.00	17.00	0000000003
3	13000	螺钉	颗	900.00	1.17	1.00	900.00	153.00	1053.00	17.00	0000000003

图 9-12　MRP 规划的螺钉采购到货单

3. 采购入库

【请购转采购的螺钉采购入库单填制与审核】

(1) 打开"采购入库单"窗口。在"企业应用平台"的"业务工作"页签中，依次单击"供应链”→“库存管理”→“入库业务”→“采购入库单”菜单项，系统打开“采购入库单”窗口。

(2) 参照到货单生成采购入库单。首先单击工具栏的“增加”按钮，新增一张采购入库单，再做如下操作：

① 打开“到货单生单列表”窗口。单击表头的“到货单号”参照按钮，系统打开“生单来源”对话框，并默认选择“采购到货单”单选按钮，直接单击“确认”按钮，系统弹出“查询条件选择-采购到货单列表”对话框，单击“确定”按钮，系统打开“到货单生单列表”窗口。

② 拷贝信息。在“到货单生单列表”窗口的上窗格中，双击第 1 行的“选择”栏，使其出现 Y 字样，再单击工具栏的“确定”按钮，系统返回“采购入库单”窗口，此时相关的信息已经有默认值，请确认“仓库”(螺钉入半成品仓库，镜片树脂入原材料仓库)和“入库类别”(采购入库)正确。

(3) 保存。单击工具栏的“保存”按钮，保存该入库单，如图 9-13 所示。

图 9-13　请购转采购的采购入库单

(4) 审核。单击工具栏的“审核”按钮，审核通过该入库单。

(5) 退出。单击“采购入库单”窗口的“关闭”按钮，退出该窗口。

【MRP 规划的镜片树脂采购入库单填制与审核】

操作步骤参见上面的【请购转采购的螺钉采购入库单填制与审核】，填制并审核采购入库单。

【MRP 规划的螺钉采购入库单填制与审核】

操作步骤参见上面的【请购转采购的螺钉采购入库单填制与审核】，填制并审核采购入库单。

【查阅采购入库单列表】

(1) 打开“查询条件选择”对话框。在“库存管理”子系统中，依次单击“单据列表”→“采购入库单列表”菜单项，系统弹出“查询条件选择-采购入库单列表”对话框。

(2) 打开“采购入库单列表”窗口。单击“确定”按钮，系统打开“采购入库单列表”窗口，结果如图 9-14 所示。

(3) 退出。单击“采购入库单列表”窗口右上角的“关闭”按钮，退出该窗口。

4. 采购发票与结算

【请购转采购的螺钉采购发票填制与窗口结算】

(1) 打开采购“专用发票”窗口。在“企业应用平台”的“业务工作”页签，依次单击“供应链”→“采购管理”→“采购发票”→“专用采购发票”菜单项，系统打开采购“专用发票”窗口。

(2) 参照入库单生成采购专用发票。在“专用发票”窗口中，单击工具栏的“增加”按钮，

采购入库单列表

采购入库单打印模版

记录总数：7

选择	仓库	入库日期	入库单号	入库类别	部门	供应商	审核人	存货编码	存货名称	主…	数量	本币无…	本币无税金额
	半成品仓库	2017-04-09	0000000001	采购入库	采购部	螺钉厂	赵技巩	13000	螺钉	颗	400.00	1.00	400.00
	原材料仓库	2017-04-09	0000000002	采购入库	采购部	塑料二厂	赵技巩	12220	镜片树脂	千克	1.30	6,000.00	7,800.00
	原材料仓库	2017-04-09	0000000002	采购入库	采购部	塑料二厂	赵技巩	12220	镜片树脂	千克	3.90	6,000.00	23,400.00
	原材料仓库	2017-04-09	0000000002	采购入库	采购部	塑料二厂	赵技巩	12220	镜片树脂	千克	4.20	6,000.00	25,200.00
	半成品仓库	2017-04-09	0000000003	采购入库	采购部	螺钉厂	赵技巩	13000	螺钉	颗	600.00	1.00	600.00
	半成品仓库	2017-04-09	0000000003	采购入库	采购部	螺钉厂	赵技巩	13000	螺钉	颗	1,600.00	1.00	1,600.00
	半成品仓库	2017-04-09	0000000003	采购入库	采购部	螺钉厂	赵技巩	13000	螺钉	颗	900.00	1.00	900.00
小计											3,509.40		59,900.00
合计											3,509.40		59,900.00

图 9-14　采购入库单列表

新增一张采购专用发票，再单击工具栏的“生单/入库单”命令，系统打开“查询条件选择-采购入库单列表过滤”对话框；直接单击“确定”按钮，并在系统打开的“拷贝并执行”窗口中，双击上窗格中第 1 行“选择”栏，使其出现 Y 字样，然后单击工具栏的“确定”按钮，返回“专用发票”窗口。

(3) 保存采购专用发票。在“专用发票”窗口中，直接单击工具栏的“保存”按钮，参见图 9-15。

(4) 采购发票窗口结算。在“专用发票”窗口，单击工具栏的“结算”按钮，此时窗口左上方出现“已结算”字样，表示该发票已经采购结算，如图 9-15 所示。

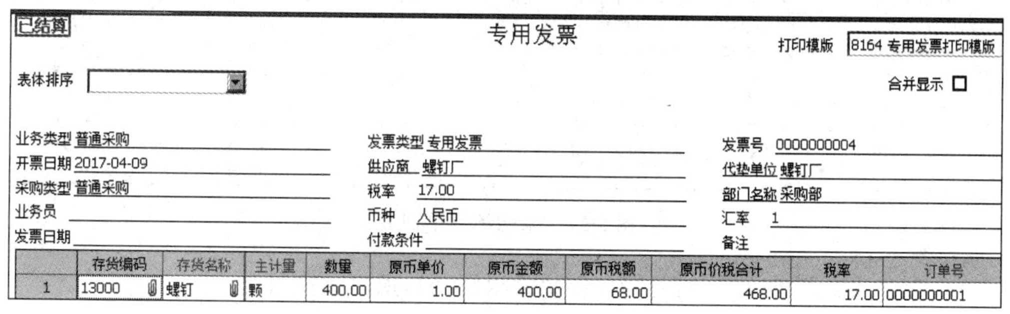
已结算

专用发票

打印模版 8164 专用发票打印模版

表体排序

合并显示 □

业务类型 普通采购　　发票类型 专用发票　　发票号 0000000004

开票日期 2017-04-09　　供应商 螺钉厂　　代垫单位 螺钉厂

采购类型 普通采购　　税率 17.00　　部门名称 采购部

业务员　　币种 人民币　　汇率 1

发票日期　　付款条件　　备注

	存货编码	存货名称	主计量	数量	原币单价	原币金额	原币税额	原币价税合计	税率	订单号
1	13000	螺钉	颗	400.00	1.00	400.00	68.00	468.00	17.00	0000000001

图 9-15　请购转采购的采购发票(已结算)

(5) 退出。单击“专用发票”窗口的“关闭”按钮，退出该窗口。

【MRP 规划的镜片树脂采购发票填制与窗口结算】

操作步骤参见上面的【请购转采购的螺钉采购发票填制与窗口结算】，填制并窗口结算采购发票。

【MRP 规划的螺钉采购发票填制与窗口结算】

操作步骤参见上面的【请购转采购的螺钉采购发票填制与窗口结算】，填制并窗口结算采购发票。

【查阅采购发票列表】

(1) 打开“查询条件选择”对话框。在“采购管理”子系统中，依次单击“采购发票”→“采购发票列表”菜单项，系统弹出“查询条件选择-采购发票”对话框。

(2) 打开“发票列表”窗口。直接单击“确定”按钮，系统打开“发票列表”窗口，如图 9-16 所示。

(3) 退出。单击“发票列表”窗口的“关闭”按钮，退出该窗口。

8164 专用发票打印模版

发票列表

记录总数：7

选择	业务类型	发票类型	发票号	开票日期	供应商	存货名称	主计量	数量	原币无...	原币金额	原币税额	原币价税合计	订单号
	普通采购	专用发票	0000000004	2017-04-09	螺钉厂	螺钉	颗	400.00	1.00	400.00	68.00	468.00	0000000001
	普通采购	专用发票	0000000005	2017-04-09	塑料二厂	镜片树脂	千克	1.30	6,000.00	7,800.00	1,326.00	9,126.00	0000000002
	普通采购	专用发票	0000000005	2017-04-09	塑料二厂	镜片树脂	千克	3.90	6,000.00	23,400.00	3,978.00	27,378.00	0000000002
	普通采购	专用发票	0000000005	2017-04-09	塑料二厂	镜片树脂	千克	4.20	6,000.00	25,200.00	4,284.00	29,484.00	0000000002
	普通采购	专用发票	0000000006	2017-04-09	螺钉厂	螺钉	颗	600.00	1.00	600.00	102.00	702.00	0000000003
	普通采购	专用发票	0000000006	2017-04-09	螺钉厂	螺钉	颗	1,600.00	1.00	1,600.00	272.00	1,872.00	0000000003
	普通采购	专用发票	0000000006	2017-04-09	螺钉厂	螺钉	颗	900.00	1.00	900.00	153.00	1,053.00	0000000003
合计								3,509.40		59,900.00	10,183.00	70,083.00	

图 9-16 采购发票列表

【查阅采购结算单列表】

(1) 打开“查询条件选择”对话框。在“采购管理”子系统中，依次单击“采购结算”→“结算单列表”菜单项，系统弹出“查询条件选择-采购结算单”对话框。

(2) 打开“结算单列表”窗口。直接单击“确定”按钮，系统打开“结算单列表”窗口，如图 9-17 所示。

8176 结算单打印模版

结算单列表

记录总数：7

选择	结算单号	结算日期	供应商	发票号	存货名称	主计量	结算数量	结算单价	结算金额	暂估单价	暂估金额	制单人
	00000000000001	2017-04-09	螺钉厂	0000000004	螺钉	颗	400.00	1.00	400.00	1.00	400.00	赵技巩
	00000000000002	2017-04-09	塑料二厂	0000000005	镜片树脂	千克	1.30	6,000.00	7,800.00	6,000.00	7,800.00	赵技巩
	00000000000002	2017-04-09	塑料二厂	0000000005	镜片树脂	千克	3.90	6,000.00	23,400.00	6,000.00	23,400.00	赵技巩
	00000000000002	2017-04-09	塑料二厂	0000000005	镜片树脂	千克	4.20	6,000.00	25,200.00	6,000.00	25,200.00	赵技巩
	00000000000003	2017-04-09	螺钉厂	0000000006	螺钉	颗	600.00	1.00	600.00	1.00	600.00	赵技巩
	00000000000003	2017-04-09	螺钉厂	0000000006	螺钉	颗	1,600.00	1.00	1,600.00	1.00	1,600.00	赵技巩
	00000000000003	2017-04-09	螺钉厂	0000000006	螺钉	颗	900.00	1.00	900.00	1.00	900.00	赵技巩
合计							3,509.40		59,900.00		59,900.00	

图 9-17 采购结算单列表

(3) 退出。单击“结算单列表”窗口的“关闭”按钮，退出该窗口。

9.1.4 采购成本确认与应付确认

2017 年 4 月 9 日，财务部会计进行采购成本确认和应付确认。

本笔业务是采购存货的成本确认和采购应付确认，需要进行采购存货的记账与生成凭证、采购发票的应付审核与制单。

1. 操作流程

图 9-18 是采购成本确认和应付确认的操作流程，相应的视频网址为 https://pan.baidu.com/s/1RYhQLt7jZn9lFsZJD9I55g 提取码：eh69。

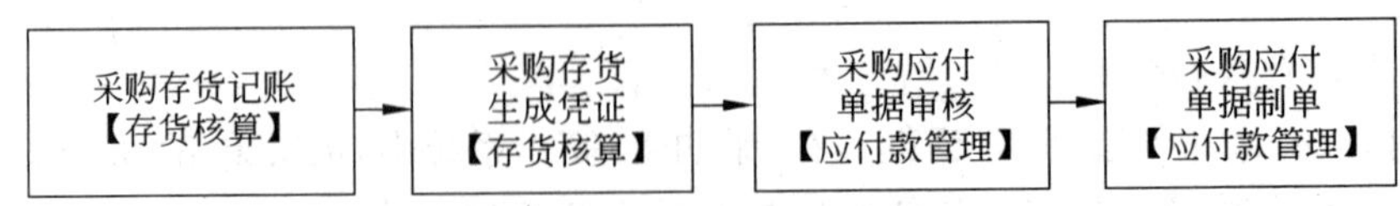

图 9-18 9.1.4 节的操作流程

确认系统日期和业务日期为 2017 年 4 月 9 日。

2. 采购存货记账

(1) 打开"未记账单据一览表"窗口。在"企业应用平台"的"业务工作"页签,依次单击"供应链"→"存货核算"→"业务核算"→"正常单据记账"菜单项,系统弹出"查询条件选择"对话框,直接单击"确定"按钮,系统打开"未记账单据一览表"窗口,如图 9-19 所示。

正常单据记账列表

记录总数:7

选择	日期	存货编码	存货名称	单据类型	仓库名称	收发类别	数量	单价	金额	供应商简称	计量单位
Y	2017-04-09	13000	螺钉	采购入库单	半成品仓库	采购入库	400.00	1.00	400.00	螺钉厂	颗
Y	2017-04-09	12220	镜片树脂	采购入库单	原材料仓库	采购入库	1.30	6,000.00	7,800.00	塑料二厂	千克
Y	2017-04-09	12220	镜片树脂	采购入库单	原材料仓库	采购入库	3.90	6,000.00	23,400.00	塑料二厂	千克
Y	2017-04-09	12220	镜片树脂	采购入库单	原材料仓库	采购入库	4.20	6,000.00	25,200.00	塑料二厂	千克
Y	2017-04-09	13000	螺钉	采购入库单	半成品仓库	采购入库	600.00	1.00	600.00	螺钉厂	颗
Y	2017-04-09	13000	螺钉	采购入库单	半成品仓库	采购入库	900.00	1.00	900.00	螺钉厂	颗
Y	2017-04-09	13000	螺钉	采购入库单	半成品仓库	采购入库	1,600.00	1.00	1,600.00	螺钉厂	颗
小计							3,509.40		59,900.00		

图 9-19 采购存货"未记账单据一览表"

(2) 入库记账。在"未记账单据一览表"窗口中,单击工具栏的"全选"按钮,以选中所有的采购存货,然后单击工具栏的"记账"按钮,系统弹出信息框提示记账成功,单击"确定"按钮,完成记账工作。

(3) 退出。单击"未记账单据一览表"窗口的"关闭"按钮,退出当前窗口。

3. 采购存货制单

(1) 打开"生成凭证"窗口。在"存货核算"子系统中,依次单击"财务核算"→"生成凭证"菜单项,系统打开"生成凭证"窗口,参见图 9-20。

(2) 打开"选择单据"窗口。单击工具栏的"选择"按钮,在系统弹出的"查询条件"对话框中,直接单击"确定"按钮,系统打开"选择单据"窗口。

(3) 拷贝信息。在"选择单据"窗口中,单击工具栏的"全选"按钮,以选中所有的采购入库单,然后单击工具栏的"确定"按钮,系统退出"选择单据"窗口返回"生成凭证"窗口,如图 9-20 所示。

凭证类别 记 记账凭证

选择	单据类型	单据号	摘要	科目类型	科目编码	科目名称	借方金额	贷方金额	借方数量	贷方数量	科目方向	存货编码	存货名称	存货代码
1	采购入库单	0000000001	采购入...	存货	140304	螺钉	400.00		400.00		1	13000	螺钉	13000
				对方	1402	在途物资		400.00		400.00	2	13000	螺钉	13000
		0000000002		存货	140302	镜片树脂	7,800.00		1.30		1	12220	镜片树脂	12220
				对方	1402	在途物资		7,800.00		1.30	2	12220	镜片树脂	12220
				存货	140302	镜片树脂	23,400.00		3.90		1	12220	镜片树脂	12220
				对方	1402	在途物资		23,400.00		3.90	2	12220	镜片树脂	12220
				存货	140302	镜片树脂	25,200.00		4.20		1	12220	镜片树脂	12220
				对方	1402	在途物资		25,200.00		4.20	2	12220	镜片树脂	12220
		0000000003		存货	140304	螺钉	600.00		600.00		1	13000	螺钉	13000
				对方	1402	在途物资		600.00		600.00	2	13000	螺钉	13000
				存货	140304	螺钉	1,600.00		1,600.00		1	13000	螺钉	13000
				对方	1402	在途物资		1,600.00		1,600.00	2	13000	螺钉	13000
				存货	140304	螺钉	900.00		900.00		1	13000	螺钉	13000
				对方	1402	在途物资		900.00		900.00	2	13000	螺钉	13000
合计							59,900.00	59,900.00						

图 9-20 采购入库单的"生成凭证"窗口

(4) 生成存货凭证。单击工具栏的“生成”按钮，系统自动生成 3 张凭证，并在打开的“填制凭证”窗口中，默认显示第 1 张凭证的相关信息(借记：原材料/螺钉，贷记：在途物资)，不需要修改。

(5) 保存第 1 张凭证。单击工具栏的“保存”按钮，保存该凭证，如图 9-21 所示。

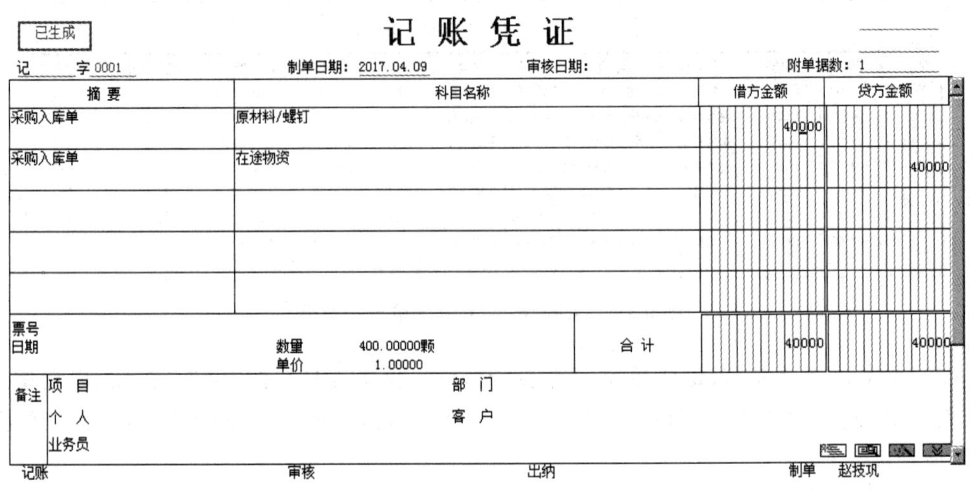

图 9-21 请购转采购螺钉 400 的存货凭证

(6) 保存第 2 张凭证。单击工具栏的“下张凭证”和“保存”按钮，如图 9-22 所示。

图 9-22 参照 MRP 规划采购镜片树脂的存货凭证

(7) 保存第 3 张凭证。单击工具栏的“下张凭证”和“保存”按钮，如图 9-23 所示。

(8) 退出。单击“填制凭证”和“生成凭证”窗口的“关闭”按钮，退出窗口。

4. 采购应付审核与制单

【审核采购专用发票】

(1) 打开“单据处理”窗口。在“企业应用平台”的“业务工作”页签，依次单击“财务会

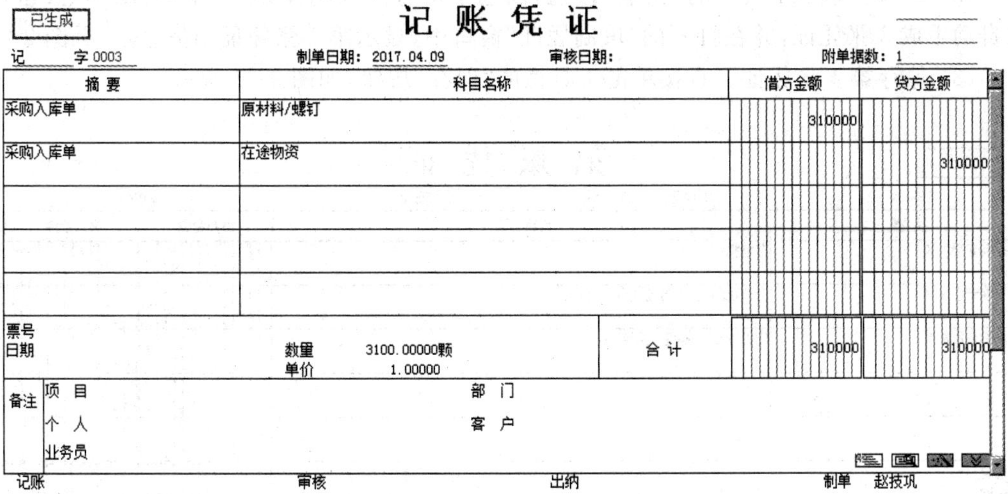

已生成

记 账 凭 证

记 字 0003　　制单日期：2017.04.09　　审核日期：　　附单据数：1

摘要	科目名称	借方金额	贷方金额
采购入库单	原材料/螺钉	310000	
采购入库单	在途物资		310000
票号 日期	数量 3100.00000颗 单价 1.00000 合计	310000	310000

备注　项　目　　部　门
个　人　　客　户
业务员

记账　审核　出纳　制单　赵技巩

图 9-23　参照 MRP 规划采购螺钉的存货凭证

计”→“应付款管理”→“应付单据处理”→“应付单据审核”菜单项，系统弹出“应付单查询条件”对话框，直接单击“确定”按钮，系统打开“单据处理”窗口，参见图 9-24。

（2）审核应付单据。在“单据处理”窗口中，系统列出所有的采购专用发票，单击工具栏的“全选”、“审核”按钮，系统提示审核成功，单击“确定”按钮，退出信息提示框，返回“单据处理”窗口，如图 9-24 所示（“审核人”栏显示了审核人姓名）。

应付单据列表

记录总数：3

选择	审核人	单据日期	单据类型	单据号	供应商名称	部门	制单人	币种	原币金额	本币金额
	赵技巩	2017-04-09	采购专...	0000000004	宁夏螺钉厂	采购部	赵技巩	人民币	468.00	468.00
	赵技巩	2017-04-09	采购专...	0000000005	北京塑料二厂	采购部	赵技巩	人民币	65,988.00	65,988.00
	赵技巩	2017-04-09	采购专...	0000000006	宁夏螺钉厂	采购部	赵技巩	人民币	3,627.00	3,627.00
合计									70,083.00	70,083.00

图 9-24　应付单据列表

（3）退出。单击“单据处理”窗口的“关闭”按钮，退出该窗口。

【应付制单】

（1）打开采购发票“制单”窗口。在“应付款管理”子系统，双击“制单处理”菜单项，系统弹出“制单查询”对话框，确认已选中“发票制单”，然后单击“确定”按钮，系统打开“制单”窗口，如图 9-25 所示。

采购发票制单

凭证类别　记账凭证　　制单日期　2017-04-09

选择标志	凭证类别	单据类型	单据号	日期	供应商编码	供应商名称	部门	业务员	金额
	记账凭证	采购专用发票	0000000004	2017-04-09	004	宁夏螺钉厂	采购部		468.00
	记账凭证	采购专用发票	0000000005	2017-04-09	003	北京塑料二厂	采购部		65,988.00
	记账凭证	采购专用发票	0000000006	2017-04-09	004	宁夏螺钉厂	采购部		3,627.00

图 9-25　采购发票制单列表

(2) 制单。单击工具栏的“全选”按钮，以选中所有的采购发票，再单击“制单”按钮，系统自动生成3张凭证，并在打开的“填制凭证”窗口中，显示第1张凭证的信息，参见图9-26。

(3) 保存第1张凭证。直接单击工具栏的“保存”按钮，如图9-26所示。

已生成

记账凭证

记 字 0004 制单日期：2017.04.09 审核日期： 附单据数：1

摘要	科目名称	借方金额	贷方金额
采购专用发票	在途物资	40000	
采购专用发票	应交税费/应交增值税/进项税额	6800	
采购专用发票	应付账款/一般应付账款		46800
票号 日期	数量 单价 合计	46800	46800

备注 项 目 部 门
个 人 客 户
业务员

记账 审核 出纳 制单 赵技巩

图9-26 请购转采购螺钉400的应付凭证

(4) 保存第2张凭证。单击工具栏的“下张凭证”和“保存”按钮，如图9-27所示。

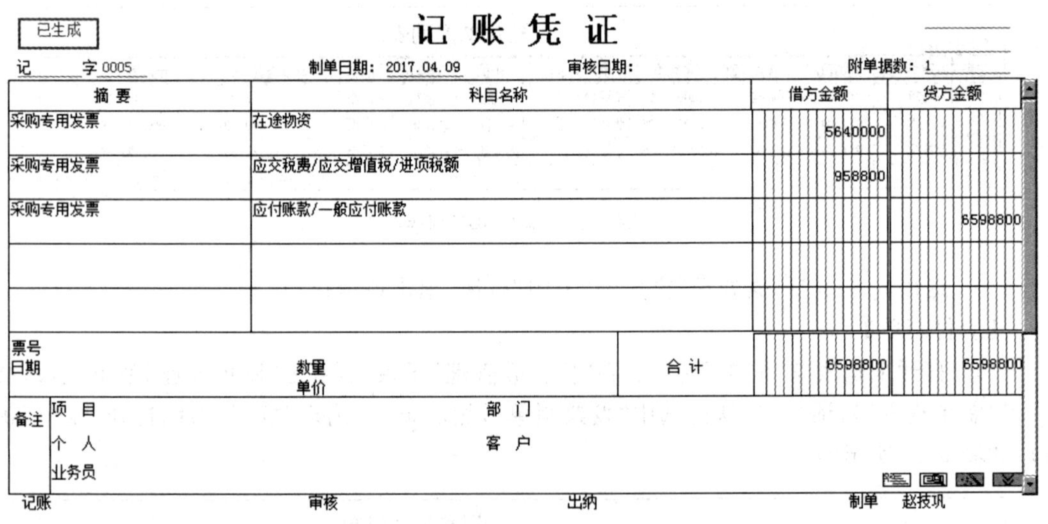

已生成

记账凭证

记 字 0005 制单日期：2017.04.09 审核日期： 附单据数：1

摘要	科目名称	借方金额	贷方金额
采购专用发票	在途物资	5640000	
采购专用发票	应交税费/应交增值税/进项税额	958800	
采购专用发票	应付账款/一般应付账款		6598800
票号 日期	数量 单价 合计	6598800	6598800

备注 项 目 部 门
个 人 客 户
业务员

记账 审核 出纳 制单 赵技巩

图9-27 参照MRP规划采购镜片树脂的应付凭证

(5) 保存第3张凭证。再单击工具栏的“下张凭证”和“保存”按钮，如图9-28所示。

(6) 退出。单击“填制凭证”和“制单”窗口的“关闭”按钮，退出窗口。

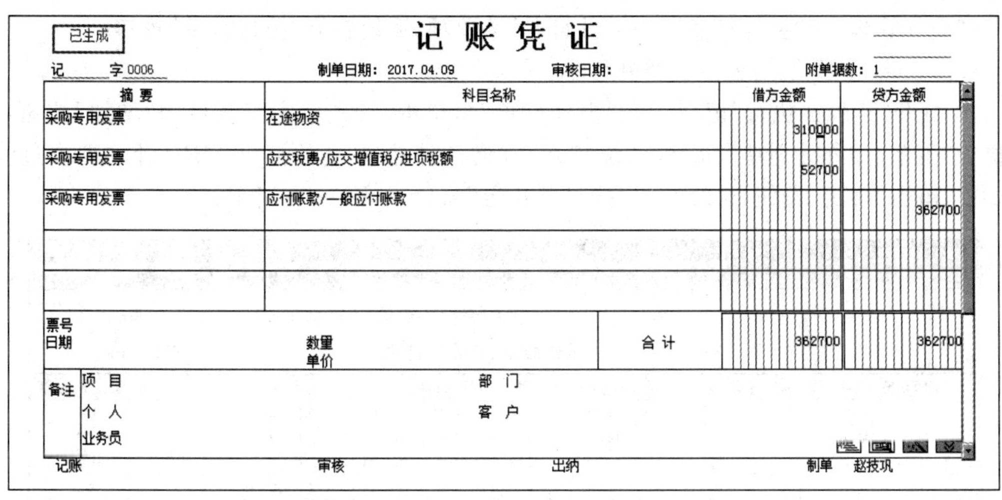

已生成

记账凭证

记 字 0006　　制单日期：2017.04.09　　审核日期：　　附单据数：1

摘要	科目名称	借方金额	贷方金额
采购专用发票	在途物资	310000	
采购专用发票	应交税费/应交增值税/进项税额	52700	
采购专用发票	应付账款/一般应付账款		362700
票号 日期	数量 单价 合计	362700	362700

备注　项目　　部门

个人　　客户

业务员

记账　审核　出纳　制单 赵技巩

图 9-28　参照 MRP 规划采购螺钉的应付凭证

9.2 委外管理

委外管理系统，主要适用于离散型工业行业的委外加工业务管理，提供委外订单下达、委外材料出库、委外到货、委外入库、委外材料核销、委外开票、委外结算等完整委外业务流程的管理。

本节的实验任务是参照 MRP 计划进行委外订货与发料、委外到货与入库，以及委外的成本核算与应付确认。

9.2.1 参照 MRP 计划委外订货与发料

2017 年 4 月 9 日，采购部参照 MRP 规划，完成镜片的委外订货与发料任务。

特别说明，为降低实验操作工作量，本实验将所有规划委外的镜片，填制在一张委外订单上，发料、到货、入库、成本核算时，也同样。

本笔业务是依据 MRP 规划结果，进行相关物料的委外订货和发料业务，仅需要填制与审核委外订单、材料出库单。

1. 操作流程

图 9-29 是依据 MRP 规划的委外订货与发料操作流程，相应的视频网址为 https://pan.baidu.com/s/1RYhQLt7jZn9lFsZJD9I55g 提取码：eh69。

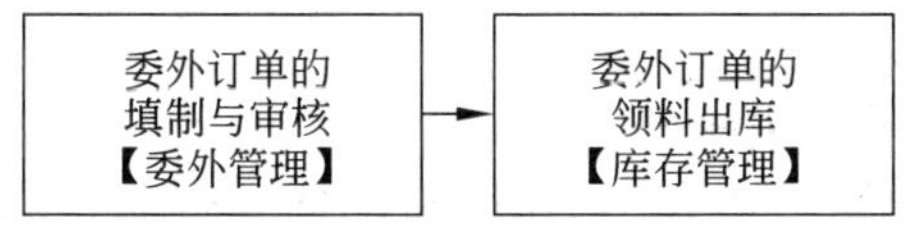

图 9-29　9.2.1 节的操作流程

确认系统日期和业务日期为 2017 年 4 月 9 日。

2. 填制并审核委外订单

(1) 打开“委外订单”窗口。在“企业应用平台”的“业务工作”页签，依次单击“供应链”→“委外管理”→“委外订货”→“委外订单”菜单项，系统打开“委外订单”窗口。

(2) 参照 MRP 规划单生成委外订单。

① 打开“拷贝并执行”窗口。在“委外订单”窗口中，首先单击工具栏的“增加”按钮，然后执行“生单/委外计划单”命令，系统打开“查询条件选择-委外订单 MRP 计划列表过滤”对话框，单击“确定”按钮，系统弹出“拷贝并执行”窗口，如图 9-30 所示；

拷贝并执行

输出 确定 定位 全选 全消 查询 刷新 栏目 滤设 退出

☑ 执行所拷贝的记录 ■ 显示已执行完的记录　页大小 30

订单参照MRP委外计划

记录总数：4　☐ 选中合计

选择	存货编码	存货名称	规格型号	主计量	计划数量	已下达量	计划下达日期	计划到货日期	供应商	计划员	采购员	计划来源
	11000	镜片		对	10.00	0.00	2017-04-08	2017-04-11	吉祥公司			MRP
	11000	镜片		对	120.00	0.00	2017-04-09	2017-04-12	吉祥公司			MRP
	11000	镜片		对	390.00	0.00	2017-04-11	2017-04-14	吉祥公司			MRP
	11000	镜片		对	420.00	0.00	2017-04-15	2017-04-18	吉祥公司			MRP
合计												

图 9-30 “拷贝并执行”窗口

② 拷贝信息。在“拷贝并执行”窗口，单击工具栏的“全选”按钮，以选中所有的委外计划单，再单击工具栏的“确定”按钮，系统返回“委外订单”窗口，MRP 规划单的资料自动带入，可参见图 9-31。

(3) 编辑委外订单。在“委外订单”窗口，参照生成表头的“部门”为“采购部”、修改表体的“原币单价”为 10，其他项为默认值。

(4) 保存与审核。单击工具栏的“保存”、“审核”按钮，如图 9-31 所示。

委外订单

打印模版 8158 委外订单打印模版

表体排序　合并显示 ☐

业务类型 委外加工　订单日期 2017-04-09　订单编号 0000000001

采购类型 委外加工　供应商 吉祥公司　部门 采购部

业务员　税率 17.00　付款条件

币种 人民币　汇率 1　备注

	存货编码	存货名称	主计量	数量	原币含税单价	原币单价	原币金额	原币税额	原币价税合计	税率	计划下达日期	计划到货日期	BOM版...	版本日期
1	11000	镜片	对	10.00	11.70	10.00	100.00	17.00	117.00	17.00	2017-04-08	2017-04-11	10	2000-01-01
2	11000	镜片	对	120.00	11.70	10.00	1200.00	204.00	1404.00	17.00	2017-04-09	2017-04-12	10	2000-01-01
3	11000	镜片	对	390.00	11.70	10.00	3900.00	663.00	4563.00	17.00	2017-04-11	2017-04-14	10	2000-01-01
4	11000	镜片	对	420.00	11.70	10.00	4200.00	714.00	4914.00	17.00	2017-04-15	2017-04-18	10	2000-01-01

图 9-31 “委外订单”窗口

(5) 退出。单击“委外订单”窗口的“关闭”按钮，退出该窗口。

3. 填制并审核委外的材料出库单

(1) 打开“材料出库单”窗口。在“企业应用平台”的“业务工作”页签，依次单击“供应链”→“库存管理”→“出库业务”→“材料出库单”菜单项，系统打开“材料出库单”窗口。

(2) 参照委外订单生成材料出库单。

① 打开“委外领料出库生单列表”窗口。在“材料出库单”窗口中，首先单击工具栏的“增加”按钮，然后单击表头“订单号”的参照按钮，系统弹出“生单来源”对话框，选择“委外订

单”单选按钮，然后单击“确认”按钮，系统打开“查询条件选择-委外发料父项过滤条件”对话框，单击“确定”按钮，系统弹出“委外领料出库生单列表”窗口，参见图 9-32；

图 9-32 “委外领料出库生单列表”窗口

② 选单。单击工具栏的“全选”按钮，选定所有的委外订单，如图 9-32 所示；

③ 拷贝信息。单击工具栏的“确定”按钮，返回“材料出库单”窗口，委外订单的资料自动带入。

(3) 编辑信息。在“材料出库单”窗口，参照生成表头的“出库类别”为“委外领料”，编辑表体的“单价”为 6000，其他项为默认值。

(4) 保存与审核。单击工具栏的“保存”、“审核”按钮，审核通过该订单，如图 9-33 所示。

图 9-33 委外领料出库单

(5) 退出。单击“采购订单”窗口的“关闭”按钮，退出该窗口。

9.2.2 委外到货与入库

2017 年 4 月 11 日，委外加工的镜片全部到货，委外加工费的发票也随货送到。采购部完成到货业务和发票的填制，仓管部验收入库，财务部尚未进行成本核算和应付确认。

本笔业务是委外加工物料的到货、入库和加工费发票填制的业务，需要填制与审核委外到货单和入库单、填制加工费发票。

1. 操作流程

图 9-34 是委外到货与入库的操作流程，相应的视频网址为 https://pan.baidu.com/s/1RYhQLt7jZn9lFsZJD9I55g 提取码：eh69。

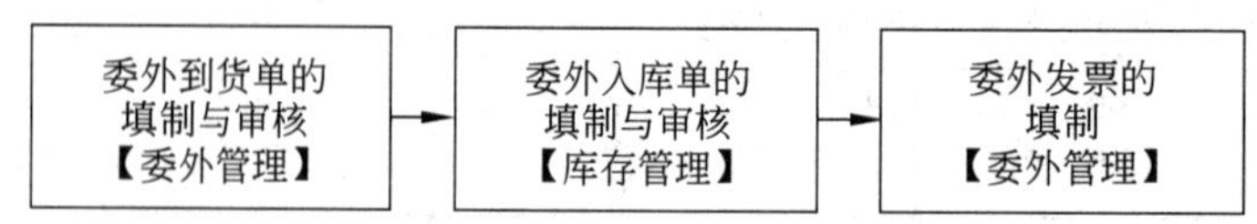

图 9-34　9.2.2 节的操作流程

确认系统日期和业务日期为 2017 年 4 月 11 日。

2. 委外到货

(1) 打开委外“到货单”窗口。在“企业应用平台”的“业务工作”页签，依次单击“供应链”→“委外管理”→“委外到货”→“到货单”菜单项，系统打开委外的“到货单”窗口。

(2) 参照订单生成到货单。首先单击工具栏的“增加”按钮，新增一张委外到货单，再做如下操作：

① 打开“拷贝并执行”窗口。执行“生单/委外订单”命令，系统打开“查询条件选择-委外订单列表过滤”对话框，单击“确定”按钮，系统打开“拷贝并执行”窗口；

② 拷贝信息。在“拷贝并执行”窗口的上窗格中，双击第 1 行的“选择”栏，使其出现 Y 字样，再单击工具栏的“确定”按钮，系统返回“到货单”窗口，此时相关的信息已经有默认值，不需要修改。

(3) 保存。单击工具栏的“保存”按钮，保存该到货单，如图 9-35 所示。

到货单　　打印模版 8170 到货单打印模版

表体排序　　　合并显示 □

业务类型 委外加工　　单据号 0000000004　　日期 2017-04-11

采购类型 委外加工　　供应商 吉祥公司　　部门 采购部

业务员　　币种 人民币　　汇率 1

运输方式　　税率 17.00　　备注

	存货编码	存货名称	规...	主...	数量	原币含税单价	原币单价	原币金额	原币税额	原币价税合计	税率	订单号
1	11000	镜片		对	10.00	11.70	10.00	100.00	17.00	117.00	17.00	0000000001
2	11000	镜片		对	120.00	11.70	10.00	1200.00	204.00	1404.00	17.00	0000000001
3	11000	镜片		对	390.00	11.70	10.00	3900.00	663.00	4563.00	17.00	0000000001
4	11000	镜片		对	420.00	11.70	10.00	4200.00	714.00	4914.00	17.00	0000000001

图 9-35　委外到货单

(4) 审核。单击工具栏的“审核”按钮，审核通过该到货单。

(5) 退出。单击“到货单”窗口的“关闭”按钮，退出该窗口。

3. 委外入库

(1) 打开委外的“采购入库单”窗口。在“企业应用平台”的“业务工作”页签，依次单击“供应链”→“库存管理”→“入库业务”→“采购入库单”菜单项，系统打开“采购入库单”窗口。

(2) 参照到货单生成委外入库单。首先单击工具栏的“增加”按钮,新增一张入库单,再做如下操作:

① 打开“到货单生单列表”窗口。单击表头的“到货单号”参照按钮,系统打开“生单来源”对话框,选择其“委外到货单”单选按钮,然后单击“确认”按钮,系统弹出“查询条件选择-委外到货单列表”对话框,单击“确定”按钮,系统打开“委外到货单生单列表”窗口。

② 拷贝信息。在“委外到货单生单列表”窗口的上窗格中,双击第 1 行的“选择”栏,使其出现 Y 字样,再单击工具栏的“确定”按钮,系统返回“采购入库单”窗口,此时相关的信息已经有默认值。

(3) 编辑信息。请确认表头的“仓库”(半成品仓库)和“入库类别”(委外入库)正确,编辑表体的“本币单价”为 75(暂估的,结算后自动生成的结算单价 70,材料费与委外加工费之和),其他项默认。

(4) 保存。单击工具栏的“保存”按钮,保存该入库单,如图 9-36 所示。

采购入库单

采购入库单打印模版

表体排序　　　　蓝字　红字　　合并显示 □

入库单号 0000000004	入库日期 2017-04-11	仓库 半成品仓库
订单号 0000000001	到货单号 0000000004	业务号
供货单位 吉祥公司	部门 采购部	业务员
到货日期 2017-04-11	业务类型 委外加工	采购类型 委外加工
入库类别 委外入库	审核日期	备注

	存货编码	存货名称	规格型号	主计量单位	数量	本币单价	本币金额
1	11000	镜片		对	10.00	75.00	750.00
2	11000	镜片		对	120.00	75.00	9000.00
3	11000	镜片		对	390.00	75.00	29250.00
4	11000	镜片		对	420.00	75.00	31500.00

图 9-36　委外入库单

(5) 审核。单击工具栏的“审核”按钮,审核通过该入库单。

(6) 退出。单击“采购入库单”窗口的“关闭”按钮,退出该窗口。

4. 委外增值税发票

(1) 打开委外“专用发票”窗口。在“企业应用平台”的“业务工作”页签,依次单击“供应链”→“委外管理”→“委外发票”→“专用委外发票”菜单项,系统打开委外“专用发票”窗口。

(2) 参照入库单生成委外专用发票。在“专用发票”窗口中,单击工具栏的“增加”按钮,新增一张委外专用发票,再单击工具栏的“生单/委外入库单”命令,系统打开“查询条件选择-委外入库单列表过滤”对话框;直接单击“确定”按钮,并在系统打开的“拷贝并执行”窗口中,双击上窗格中第 1 行“选择”栏,使其出现 Y 字样,然后单击工具栏的“确定”按钮,返回委外“专用发票”窗口。

(3) 保存委外专用发票。在“专用发票”窗口中,直接单击工具栏的“保存”按钮,如图 9-37 所示。

(4) 退出。单击“专用发票”窗口的“关闭”按钮,退出该窗口。

专用发票

打印模版 8164 专用发票打印模版

表体排序

合并显示 □

业务类型 委外加工　　发票类型 专用发票　　发票号 0000000007

开票日期 2017-04-11　　供应商 吉祥公司　　代垫单位 吉祥公司

采购类型 委外加工　　税率 17.00　　部门名称 采购部

业务员　　币种 人民币　　汇率 1

发票日期　　付款条件　　备注

	存货编码	存货名称	主计量	数量	原币单价	原币金额	原币税额	原币价税合计	税率	订单号
1	11000	镜片	对	10.00	10.00	100.00	17.00	117.00	17.00	0000000001
2	11000	镜片	对	120.00	10.00	1200.00	204.00	1404.00	17.00	0000000001
3	11000	镜片	对	390.00	10.00	3900.00	663.00	4563.00	17.00	0000000001
4	11000	镜片	对	420.00	10.00	4200.00	714.00	4914.00	17.00	0000000001

图 9-37　委外的增值税发票

9.2.3　委外成本核算与应付确认

2017 年 4 月 11 日，委外业务已完成，财务部会计进行委外的成本核算（材料核销、入库存货的加工费结算、入库存货的记账和制单）和应付确认。

本笔业务是委外业务的材料核销、入库结算和应付确认业务，需要对委外领料单进行记账、委外材料核销、委外发票与入库单的结算、入库存货的记账与生成凭证，以及委外加工费发票的应付审核与制单。

1. 操作流程

图 9-38 是委外成本核算与应付确认的操作流程，相应的视频网址为 https://pan.baidu.com/s/1RYhQLt7jZn9lFsZJD9I55g 提取码：eh69。

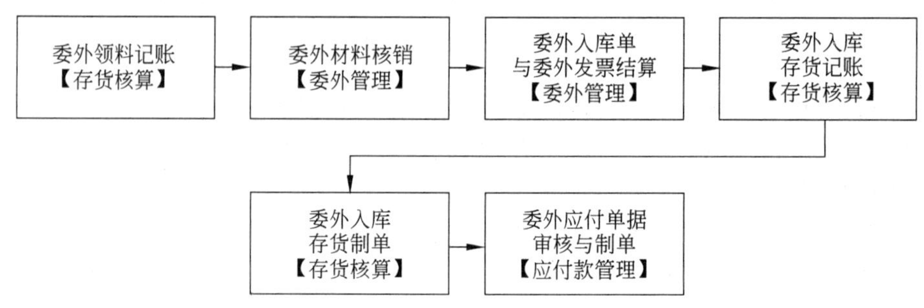

图 9-38　9.2.3 节的操作流程

确认系统日期和业务日期为 2017 年 4 月 11 日。

2. 委外领料记账

（1）打开“未记账单据一览表”窗口。在“企业应用平台”的“业务工作”页签，依次单击“供应链”→“存货核算”→“业务核算”→“正常单据记账”菜单项，系统弹出“查询条件选择”对话框，直接单击“确定”按钮，系统打开“未记账单据一览表”窗口，参见图 9-39。

（2）选单。在“未记账单据一览表”窗口中，单击工具栏的“全选”按钮，以选中所有的材料出库单，如图 9-39 所示。

（3）材料记账。单击工具栏的“记账”按钮，系统弹出信息框提示记账成功，单击“确定”按钮，完成记账工作。

正常单据记账列表

记录总数：8

选择	日期	单据号	存货编码	存货名称	单据类型	仓库名称	收发类别	数量	单价	金额	供应商简称	计量单位	存
Y	2017-04-09	0000000001	12220	镜片树脂	材料出库单	原材料仓库	委外领料	0.10	6,000.00	600.00	吉祥公司	千克	
Y	2017-04-09	0000000001	12220	镜片树脂	材料出库单	原材料仓库	委外领料	1.20	6,000.00	7,200.00	吉祥公司	千克	
Y	2017-04-09	0000000001	12220	镜片树脂	材料出库单	原材料仓库	委外领料	3.90	6,000.00	23,400.00	吉祥公司	千克	
Y	2017-04-09	0000000001	12220	镜片树脂	材料出库单	原材料仓库	委外领料	4.20	6,000.00	25,200.00	吉祥公司	千克	
	2017-04-11	0000000004	11000	镜片	采购入库单	半成品仓库	委外入库	10.00	75.00	750.00	吉祥公司	对	
	2017-04-11	0000000004	11000	镜片	采购入库单	半成品仓库	委外入库	120.00	75.00	9,000.00	吉祥公司	对	
	2017-04-11	0000000004	11000	镜片	采购入库单	半成品仓库	委外入库	390.00	75.00	29,250.00	吉祥公司	对	
	2017-04-11	0000000004	11000	镜片	采购入库单	半成品仓库	委外入库	420.00	75.00	31,500.00	吉祥公司	对	
小计								949.40		126,900.00			

图 9-39　委外领料记账

(4) 退出。单击“未记账单据一览表”窗口的“关闭”按钮，退出当前窗口。

提示：

- 此时只能选择委外领料单并记账，委外入库单不能记账，因为还没有委外结算。
- 只有记账之后，委外核销时才能记载材料费，这样委外结算的单价才能真实反映委外产品的材料成本，否则委外结算时材料费为 0。

3. 委外材料核销

(1) 打开“委外核销处理”窗口。在“企业应用平台”的“业务工作”页签，依次单击“供应链”→“委外管理”→“委外核销”→“手工核销”菜单项，系统弹出“查询条件选择-委外入库单过滤条件”对话框；直接单击“确定”按钮，系统打开“委外核销处理”窗口，参见图 9-40。

(2) 选单。首先双击上窗格中的第 1 行，系统在下窗格中显示相应的委外发料单，然后单击工具栏的“全选”按钮，以选中下窗格中的委外发料单，如图 9-40 所示。

委外核销处理

选项　核销　输出　自动　全选　全消　栏目　查询　刷新　退出

序号	委外订单号	供应商	入库日期	入库单号	仓库	存货编码	存…	主计量	入库数量	本币单价	本币金额	本币税额	本币价税合计
1	0000000001	吉祥公司	2017-04-11	0000000004	半成品仓库	11000	镜片	对	10.00	75.00	750.00	0.00	750.00
2	0000000001	吉祥公司	2017-04-11	0000000004	半成品仓库	11000	镜片	对	120.00	75.00	9,000.00	0.00	9,000.00
3	0000000001	吉祥公司	2017-04-11	0000000004	半成品仓库	11000	镜片	对	390.00	75.00	29,250.00	0.00	29,250.00
4	0000000001	吉祥公司	2017-04-11	0000000004	半成品仓库	11000	镜片	对	420.00	75.00	31,500.00	0.00	31,500.00

序号	选择	委外订单号	供应商	业务类型	出库日期	出库单号	仓库	存货名称	主计量	出库…	单价	金额	未核销数量	本次
1	√	0000000001	吉祥公司	委外发料	2017-04-09	0000000001	原材料仓库	镜片树脂	千克	0.10	6,000.00	600.00	0.10	

图 9-40　委外材料核销选单

(3) 核销。单击工具栏的“核销”按钮，系统自动完成委外材料核销，并弹出信息框提示完成核销，单击“确定”按钮，返回“委外核销处理”窗口。

(4) 全部核销。重复步骤(2)～(3)，完成其他 3 行的委外入库单的材料核销。

(5) 退出。单击“委外核销处理”窗口工具栏的“退出”按钮，退出该窗口。

(6) 查阅核销单列表。在“委外管理”子系统中，依次单击“委外核销”→“核销单列表”菜单项，系统弹出“查询条件选择-委外核销单列表”对话框；直接单击“确定”按钮，系统打开“委外核销单列表”窗口，参见图 9-41。

(7) 退出。单击“委外核销单列表”窗口的“关闭”按钮，退出该窗口。

8162委外核销单打印模版

委外核销单列表

记录总数：8

选择	核销单号	核销日期	供应商	单据号	单据日期	存货名称	主...	仓库	数量	单价	金额	材料费	核销...	核销金额
	0000000001	2017-04-11	吉祥公司	0000000004	2017-04-11	镜片	对	半成品仓库	10.00	70.00	700.00	600.00		
	0000000001	2017-04-11	吉祥公司	0000000001	2017-04-09	镜片树脂	千克	原材料仓库	0.10	6,000.00	600.00		0.10	600.00
	0000000002	2017-04-11	吉祥公司	0000000004	2017-04-11	镜片	对	半成品仓库	120.00	70.00	8,400.00	7,200.00		
	0000000002	2017-04-11	吉祥公司	0000000001	2017-04-09	镜片树脂	千克	原材料仓库	1.20	6,000.00	7,200.00		1.20	7,200.00
	0000000003	2017-04-11	吉祥公司	0000000004	2017-04-11	镜片	对	半成品仓库	390.00	70.00	27,300.00	23,400.00		
	0000000003	2017-04-11	吉祥公司	0000000001	2017-04-09	镜片树脂	千克	原材料仓库	3.90	6,000.00	23,400.00		3.90	23,400.00
	0000000004	2017-04-11	吉祥公司	0000000004	2017-04-11	镜片	对	半成品仓库	420.00	70.00	29,400.00	25,200.00		
	0000000004	2017-04-11	吉祥公司	0000000001	2017-04-09	镜片树脂	千克	原材料仓库	4.20	6,000.00	25,200.00		4.20	25,200.00
小计									949.40		122,20...	56,400.00	9.40	56,400.00
合计									949.40		122,20...	56,400.00	9.40	56,400.00

图 9-41　委外核销单列表

4. 委外结算

(1) 打开委外“手工结算”窗口。在“委外管理”子系统中，依次单击“委外结算”→“手工结算”菜单项，系统打开委外“手工结算”窗口。

(2) 打开“结算选单”窗口。单击工具栏的“选单”按钮，系统打开“结算选单”窗口(见图 9-42)，单击该窗口的“查询”按钮，系统弹出“查询条件选择-委外手工结算选单过滤”对话框；直接单击“确定”按钮，系统返回“结算选单”窗口，如图 9-42 所示。

结算选单

全选 · 全消 · OK 确定 查询 · 滤设 · 设置 · 栏目 · 定位 · 匹配 · 刷新 ·

结算选发票列表

记录总数：4

选择	供应商简称	存货名称	制单人	发票号	供应...	供应商名称	开票日期	存...	币种	数量	计量单位	单价	金额
	吉祥公司	镜片	赵技巩	0000000007	002	上海吉祥眼镜...	2017-04-11	11000	人民币	10.00	对	10.00	100.00
	吉祥公司	镜片	赵技巩	0000000007	002	上海吉祥眼镜...	2017-04-11	11000	人民币	120.00	对	10.00	1,200.00
	吉祥公司	镜片	赵技巩	0000000007	002	上海吉祥眼镜...	2017-04-11	11000	人民币	390.00	对	10.00	3,900.00
	吉祥公司	镜片	赵技巩	0000000007	002	上海吉祥眼镜...	2017-04-11	11000	人民币	420.00	对	10.00	4,200.00

结算选入库单列表

记录总数：4

选择	供应...	存...	仓库名称	入库单号	供应商名称	入库日期	制单人	入库数量	计...	件数	单价	金额	暂估金额	本币价税合计	本币税额
	吉祥公司	镜片	半成品仓库	0000000004	上海吉祥眼镜...	2017-04-11	赵技巩	10.00	对	0.00	70.00	700.00	700.00	700.00	0.00
	吉祥公司	镜片	半成品仓库	0000000004	上海吉祥眼镜...	2017-04-11	赵技巩	120.00	对	0.00	70.00	8,400.00	8,400.00	8,400.00	0.00
	吉祥公司	镜片	半成品仓库	0000000004	上海吉祥眼镜...	2017-04-11	赵技巩	390.00	对	0.00	70.00	27,300.00	27,300.00	27,300.00	0.00
	吉祥公司	镜片	半成品仓库	0000000004	上海吉祥眼镜...	2017-04-11	赵技巩	420.00	对	0.00	70.00	29,400.00	29,400.00	29,400.00	0.00

图 9-42　委外结算选单

(3) 选单。单击工具栏的“全选”按钮，使窗体中所有“选择”栏出现 Y 字样，然后单击工具栏的“确定”按钮，返回委外“手工结算”窗口。

(4) 结算。单击工具栏的“结算”按钮，系统自动完成委外结算，并弹出信息框提示完成结算，单击“确定”按钮，返回委外“手工结算”窗口。

(5) 退出。单击委外“手工结算”窗口的“关闭”按钮，退出该窗口。

(6) 查阅结算单列表。在“委外管理”子系统中，依次单击“委外结算”→“结算单列表”菜单项，系统弹出“查询条件选择-委外结算单”对话框；直接单击“确定”按钮，系统打开“结算单列表”窗口，参见图 9-43。

(7) 退出。单击委外“结算单列表”窗口的“关闭”按钮，退出该窗口。

由图 9-43 可见，结算单上的结算单价和暂估单价为 70；由图 9-44 可知委外入库单上的“本币单价”也改为 70(原来手工输入的单价已经查询不到了)。

结算单列表

8176结算单打印模版

记录总数：4

选择	结算单号	结算日期	供应商	发票号	存货名称	主计量	结算数量	结算单价	结算金额	暂估单价	暂估金额	制单人
	000000000000004	2017-04-11	吉祥公司	0000000007	镜片	对	10.00	70.00	700.00	70.00	700.00	赵技巩
	000000000000004	2017-04-11	吉祥公司	0000000007	镜片	对	120.00	70.00	8,400.00	70.00	8,400.00	赵技巩
	000000000000004	2017-04-11	吉祥公司	0000000007	镜片	对	390.00	70.00	27,300.00	70.00	27,300.00	赵技巩
	000000000000004	2017-04-11	吉祥公司	0000000007	镜片	对	420.00	70.00	29,400.00	70.00	29,400.00	赵技巩
小计							940.00		65,800.00		65,800.00	
合计							940.00		65,800.00		65,800.00	

图 9-43　委外结算单列表

5. 委外入库存货记账

(1) 打开"未记账单据一览表"窗口。在"企业应用平台"的"业务工作"页签，依次单击"供应链"→"存货核算"→"业务核算"→"正常单据记账"菜单项，系统弹出"查询条件选择"对话框，直接单击"确定"按钮，系统打开"未记账单据一览表"窗口，如图 9-44 所示。

简易桌面　未记账单据一览表 ×

正常单据记账列表

记录总数：4

选择	日期	单据号	存货编码	存货名称	单据类型	仓库名称	收发类别	数量	单价	金额	供应商简称	计量单位
	2017-04-11	0000000004	11000	镜片	采购入库单	半成品仓库	委外入库	10.00	70.00	700.00	吉祥公司	对
	2017-04-11	0000000004	11000	镜片	采购入库单	半成品仓库	委外入库	120.00	70.00	8,400.00	吉祥公司	对
	2017-04-11	0000000004	11000	镜片	采购入库单	半成品仓库	委外入库	390.00	70.00	27,300.00	吉祥公司	对
	2017-04-11	0000000004	11000	镜片	采购入库单	半成品仓库	委外入库	420.00	70.00	29,400.00	吉祥公司	对
小计								940.00		65,800.00		

图 9-44　委外存货"未记账单据一览表"

(2) 委外存货记账。在"未记账单据一览表"窗口中，单击工具栏的"全选"按钮，以选中所有的委外入库存货，然后单击工具栏的"记账"按钮，系统弹出信息框提示记账成功，单击"确定"按钮，完成记账工作。

(3) 退出。单击"未记账单据一览表"窗口的"关闭"按钮，退出当前窗口。

6. 委外入库存货制单

(1) 打开"生成凭证"窗口。在"存货核算"子系统，依次单击"财务核算"→"生成凭证"菜单项，系统打开"生成凭证"窗口，参见图 9-45。

(2) 打开"选择单据"窗口。单击工具栏的"选择"按钮，在系统弹出的"查询条件"对话框中，直接单击"确定"按钮，系统打开"选择单据"窗口。

(3) 拷贝信息。在"选择单据"窗口中，单击工具栏的"全选"按钮，以选中所有的单据，然后单击工具栏的"确定"按钮，系统退出"选择单据"窗口返回"生成凭证"窗口，参见图 9-45。

(4) 设置科目。设置或确认"材料出库单"的"对方"科目为 1408(委托加工物资)，贷方科目(存货)140302(原材料/镜片树脂)；"采购入库单"的"存货"科目为 1408(委托加工物资)，"委外材料费"为 1408(委托加工物资)，"委外加工费"为 1402(在途物资)，如图 9-45 所示。

(5) 生成存货凭证。单击工具栏的"生成"按钮，系统自动生成 2 张凭证，并在打开的"填制凭证"窗口中，默认显示了第 1 张凭证的相关信息。

(6) 保存材料出库单的存货凭证。单击工具栏的"下张凭证"或"上张凭证"按钮，查阅到材料出库单的凭证，然后单击工具栏的"保存"按钮，保存该凭证，如图 9-46 所示。

凭证类别 记 记账凭证

选择	单据类型	摘要	科目类型	科目编码	科目名称	借方金额	贷方金额	借方数量	贷方数量	科目方向	存货编码	存货名称
1	材料出库单	材料出...	对方	1408	委托加工物资	600.00		0.10		1	12220	镜片树脂
			存货	140302	镜片树脂		600.00		0.10	2	12220	镜片树脂
			对方	1408	委托加工物资	7,200.00		1.20		1	12220	镜片树脂
			存货	140302	镜片树脂		7,200.00		1.20	2	12220	镜片树脂
			对方	1408	委托加工物资	23,400.00		3.90		1	12220	镜片树脂
			存货	140302	镜片树脂		23,400.00		3.90	2	12220	镜片树脂
			对方	1408	委托加工物资	25,200.00		4.20		1	12220	镜片树脂
			存货	140302	镜片树脂		25,200.00		4.20	2	12220	镜片树脂
	采购入库单	采购入...	存货	1408	委托加工物资	700.00		10.00		1	11000	镜片
			委外材...	1408	委托加工物资		600.00		10.00	2	11000	镜片
			委外加...	1402	在途物资		100.00		10.00	2	11000	镜片
			存货	1408	委托加工物资	8,400.00		120.00		1	11000	镜片
			委外材...	1408	委托加工物资		7,200.00		120.00	2	11000	镜片
			委外加...	1402	在途物资		1,200.00		120.00	2	11000	镜片
			存货	1408	委托加工物资	27,300.00		390.00		1	11000	镜片
			委外材...	1408	委托加工物资		23,400.00		390.00	2	11000	镜片
			委外加...	1402	在途物资		3,900.00		390.00	2	11000	镜片
			存货	1408	委托加工物资	29,400.00		420.00		1	11000	镜片
			委外材...	1408	委托加工物资		25,200.00		420.00	2	11000	镜片
			委外加...	1402	在途物资		4,200.00		420.00	2	11000	镜片
合计						122,200.00	122,200.00					

图 9-45 委外领料单和入库单的存货制单设置

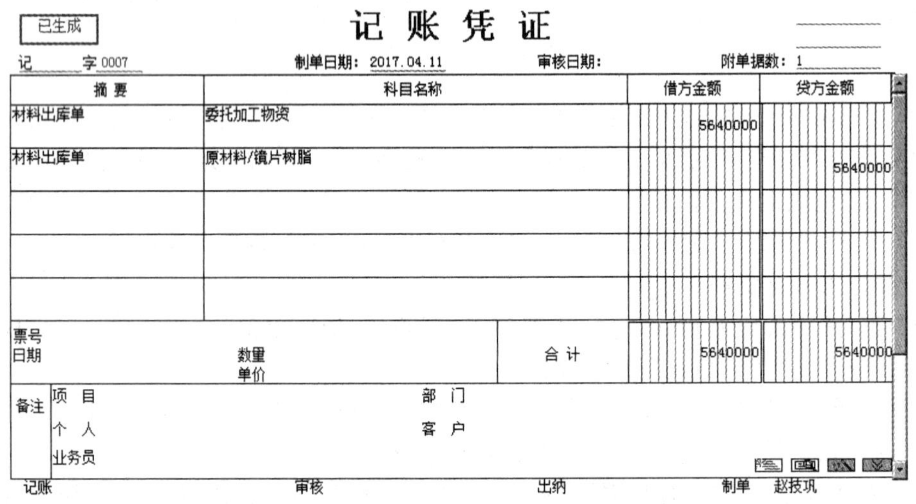
已生成

记 账 凭 证

记 字 0007 制单日期：2017.04.11 审核日期： 附单据数：1

摘要	科目名称	借方金额	贷方金额
材料出库单	委托加工物资	5640000	
材料出库单	原材料/镜片树脂		5640000
票号 日期 数量 单价	合计	5640000	5640000

备注 项 目 部 门 个 人 客 户 业务员

记账 审核 出纳 制单 赵技巩

图 9-46 委外材料出库单的存货凭证

(7) 保存委外入库单的存货凭证。查询到委外入库单的存货凭证，然后单击工具栏的“保存”按钮，如图 9-47 所示。

(8) 退出。单击“填制凭证”和“生成凭证”窗口的“关闭”按钮，退出窗口。

7. 委外应付审核与制单

【应付单据审核】

(1) 打开“单据处理”窗口。在“企业应用平台”的“业务工作”页签，依次单击“财务会计”→“应付款管理”→“应付单据处理”→“应付单据审核”菜单项，系统弹出“应付单查询条件”对话框，直接单击“确定”按钮，系统打开“单据处理”窗口，参见图 9-24。

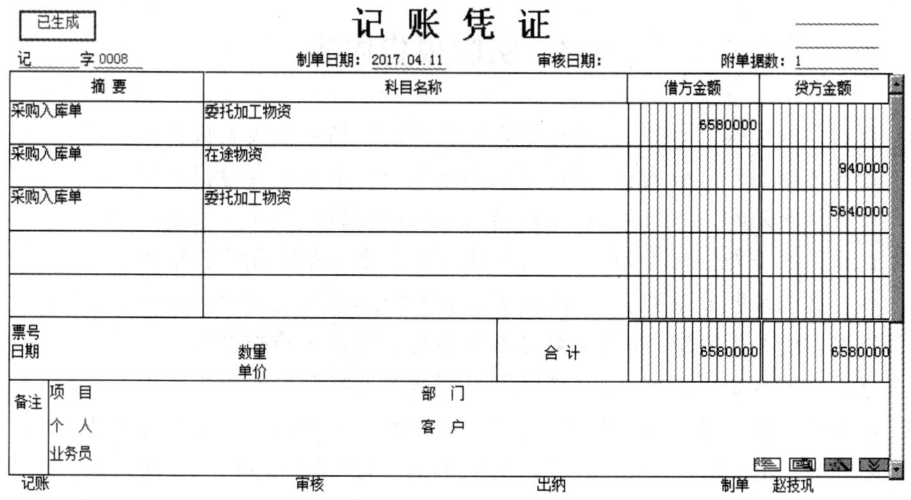

已生成

记 账 凭 证

记　字 0008　　制单日期：2017.04.11　　审核日期：　　附单据数：1

摘 要	科目名称	借方金额	贷方金额
采购入库单	委托加工物资	6580000	
采购入库单	在途物资		940000
采购入库单	委托加工物资		5640000
票号 日期	数量 单价	合 计 6580000	6580000

备注　项 目　　部 门
个 人　　客 户
业务员

记账　　审核　　出纳　　制单　赵技巩

图 9-47　委外入库单的存货凭证

(2) 审核应付单据。在“单据处理”窗口中，系统列出了本业务的委外专用发票，单击工具栏的“全选”、“审核”按钮，系统自动完成审核。

(3) 退出。单击“单据处理”窗口的“关闭”按钮，退出该窗口。

【应付单据制单】

(1) 打开“制单”窗口。在“应付款管理”子系统下，双击“制单处理”菜单项，系统弹出“制单查询”对话框，直接单击“确定”按钮，系统打开采购发票的“制单”窗口。

(2) 制单。单击工具栏的“全选”和“制单”按钮，系统打开“填制凭证”窗口。

(3) 保存凭证。单击工具栏的“保存”按钮，如图 9-48 所示。

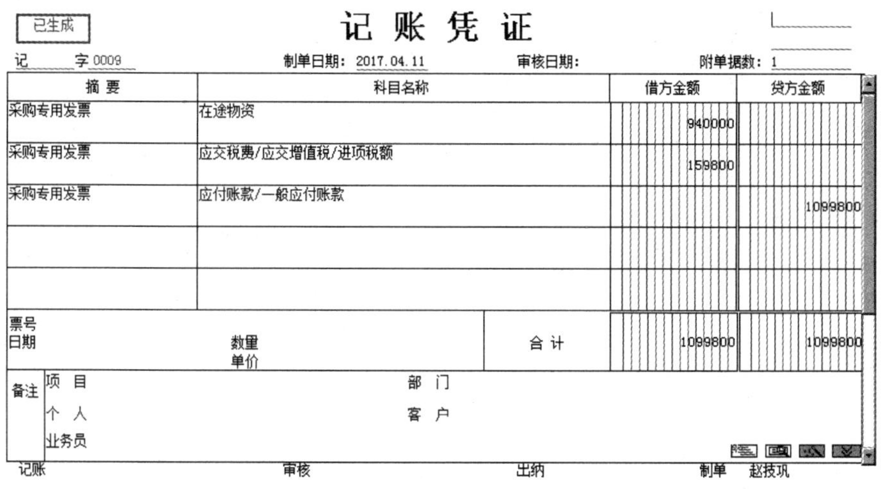

已生成

记 账 凭 证

记　字 0009　　制单日期：2017.04.11　　审核日期：　　附单据数：1

摘 要	科目名称	借方金额	贷方金额
采购专用发票	在途物资	940000	
采购专用发票	应交税费/应交增值税/进项税额	159800	
采购专用发票	应付账款/一般应付账款		1099800
票号 日期	数量 单价	合 计 1099800	1099800

备注　项 目　　部 门
个 人　　客 户
业务员

记账　　审核　　出纳　　制单　赵技巩

图 9-48　委外加工费的应付凭证

(4) 退出。单击“填制凭证”和“制单”窗口的“关闭”按钮，退出窗口。

9.3 实验报告内容

(1) 查看你的采购订单列表,并将结果界面截图后粘贴在实验报告中。

(2) 查看你的委外订单列表,并将结果界面截图后粘贴在实验报告中。

(3) 查看你的采购入库单列表,并将结果界面截图后粘贴在实验报告中。

(4) 查看你的委外领料单列表,并将结果界面截图后粘贴在实验报告中。

(5) 查看你的采购发票列表,并将结果界面截图后粘贴在实验报告中。

(6) 查看你的委外发票,并将结果界面截图后粘贴在实验报告中。

(7) 查看你的存货凭证列表,并将结果界面截图后粘贴在实验报告中。

(8) 查看你的镜片委外入库凭证,并将结果界面截图后粘贴在实验报告中。

(9) 解释图 9-4 中螺钉的 MRP 采购规划单第 1 行“结存量-1”的数据来源。

(10) 说明图 9-4 中螺钉的 MRP 采购规划单第 2 行“状态”为“延后”的含义。

(11) 列出采购管理中涉及的单据名称,如采购请购单、采购订单。

(12) 比较委外订单与采购订单操作步骤的异同。

(13) 为什么需要进行委外领料?

(14) 为什么委外管理中需要进行委外核销?

(15) 比较委外管理与采购管理中涉及的单据的异同。

(16) 列出委外产品的成本核算操作步骤。

第10章　生产订单与车间管理

生产指料品经制造、组装到最终产品形成的完整过程，也是制造业产品最主要的增值过程。对应于一般制造业的流程，生产包括领料、车间(委外)生产、入库等过程。

生产管理是与自制件生产相关的管理。自制件生产通过定制生产计划并核发可执行的生产订单，然后根据生产订单从规划输入、审核到最后的产成品入库。

生产订单主要表示某一物料的生产数量，以及计划开工/完工日期等，是现场自制派工或领料的依据。工厂的生产管理或物料管理，通常以生产订单为中心，以控制其产能利用、缺料、效率、进度等情形

用友 ERP-U8 中的生产订单管理，是针对与制造有关的生产订单的生成、修改、审核、审核后修改、领料等作业的管理，以协助企业有效掌握各项制造活动的信息。

用友 ERP-U8 中的车间管理，提供定义各个自制件的加工工艺路线，以支持车间工序计划，并作为产能管理、产品报价模拟的依据；通过车间事务处理，可随时掌握生产订单各工序在制品状态、完工状况，支持工序倒冲领料，收集生产订单各工序的实际工时作为成本计算依据，自动产生工序报检并随时掌握工序质量状况；可与工程变更系统集成，支持工艺路线的工程变更过程管理。

本章实验是基于主生产计划和物料需求规划，进行生产订单和车间管理。本章的操作，应该是在业务发生当日、由账套主管赵技巩(或者读者本人)登录到“企业应用平台”，并在第9章完成的账套中，在生产订单和车间管理子系统中进行。

在每笔业务的实验操作前，需要将系统时间调整为业务日期。如果没有调整系统时间，则在登录“企业应用平台”时需要修改“操作日期”为业务日期；如果操作日期与账套建账时间之间的跨度超过3个月，则该账套在演示版状态下不能执行任何操作。

如果没有完成第9章的采购与委外管理，可到百度网盘空间(网盘地址为 https://pan.baidu.com/s/1RYhQLt7jZn9lFsZJD9I55g 提取码：eh69)的“实验账套数据”文件夹中，将“09采购与委外.rar”下载到实验用机上，然后“引入”(操作步骤详见1.3.5节)到 ERP-U8 系统。而且，本章完成的账套，其输出的压缩文件名为“10生产与车间管理.rar”。

需要说明的是，因百度网盘中的账套备份文件均为压缩文件，所以下载完成引入前，需要用解压缩工具进行解压(建议用 WinRAR 3.42 或以上版本)，得到相应可以引入的账套数据文件。

本章的授课时间，建议讲课2学时、实验2学时。理论部分主要讲解生产订单和工序的相关概念，生产订单和车间管理的功能特点和操作流程，以及协同生产的操作流程，内容可参见10.1节～10.5节的相关讲解。

本章没有针对库存管理理论讲解和操作说明，若希望更深入地学习库存管理，请参阅本系列教程之《企业供应链基础应用——基于用友 ERP 产品微课教程》或《企业供应链高级应用——基于用友 ERP 产品微课教程》。

本章的实验目的与要求如下：

- 了解企业生产管理的流程,理解生产管理的作用。
- 了解企业车间管理的流程,理解车间管理的作用。
- 熟练掌握生产管理的功能操作。
- 熟练掌握车间管理的功能操作。
- 掌握相关报表的查询。

10.1 预备知识

本节主要讲解生产订单和工序的相关术语,生产订单和车间管理子系统的功能特点和操作流程。

10.1.1 生产订单相关术语

本节主要讲解生产订单的概念、状态和分类,并通过列举应用情景说明非标准生产订单的作用和应用关键步骤。

1. 生产订单

生产订单(Manufacture Oder),又称制造命令或工作订单,它主要表示某一物料的生产数量,以及计划开工/完工日期等。为现场自制派工或领料的依据,工厂的生产主管或仓库主管通常以生产订单为中心,以控制其产能利用、缺料、效率、进度等情形。

2. 生产订单的状态

生产订单,在用友 ERP 中有未审核、锁定、审核和关闭 4 种状态。

(1) 未审核(Not-Approved)状态。未审核的生产订单不能进行任何库存操作(领/退料、入/退库),不能执行报检,不能转车间处理,MPS/MRP 计算时也不考虑。

(2) 锁定(Firmed)状态。锁定状态的生产订单不能进行任何库存操作(领/退料、入/退库),不能执行报检,不能转车间处理,但 MPS/MRP 运算将其订单原量作为预计入库量参与计算。

(3) 审核(Opened)状态。审核状态的生产订单为可执行订单,可以进行库存操作(领/退料、入/退库),或报检、转车间处理,且 MPS/MRP 将其订单原量作为预计入库量参与计算。

(4) 关闭(Closed)状态。关闭状态的生产订单不能进行任何库存操作(领/退料、入/退库),不能执行报检,不能转车间处理,MPS/MRP 计算时也不考虑。

3. 生产订单的类型

生产订单的类型,在用友 ERP 中分为 3 种,即标准、非标准和重复制造生产订单。

(1) 标准生产订单,用来表示某一物料的生产数量,以及计划开工/完工日期等。

(2) 非标准生产订单,可以用来控制生产进度、子件用料和资源需求,以及收集制造成本,常用作返工、维修、改制、拆卸和设计原型等。

非标准生产订单与标准生产订单相似,但它们之间存在以下显著的区别。

- MPS/MRP 系统,不会为非标准生产订单建立计划订单(建议生产量),必须人工建立非标准生产订单。但是,如果非标准生产订单有指定母件的物料清单或(和)工艺路线,系统会将非标准生产订单的子件需求作为有效需求,并将其母件作为有效供应来考虑，同时产能管理系统也会考虑非标准生产订单的资源需求。

- 建立非标准生产订单时，可以通过输入小于生产订单生产数量的 MRP 净算量(即净需求量)来表示母件的有效供应量。
- 对于非标准生产订单，可以不建立母件的物料清单，如维修等；可以定义物料清单循环(即可以将母件自身定义为它的子件需求)，如拆卸和维修等。

(3) 重复制造订单，是重复制造方式安排生产的订单，物料是根据日产量以及起始/结束日期而不是某一时点的离散数量，进行规划需求或供应。

标准生产订单和重复制造订单的区别表现在，标准生产订单确定的是开始/结束日期，而重复制造订单需要确定“首件开工日期”“首件完工日期”“末件开工日期”“末件完工日期”“生产天数”和“日产量”。

4. 非标准生产订单的应用

非标准生产订单，常用作返工、维修、改制、拆卸和设计原型等。下面分别说明每种的应用情景及相应的处理过程。

1) 产品返工处理

假如库存中有一批产品不良，需进行返工处理。此时可先将该不良产品转入非 MRP 仓库，再建立一非标准生产订单进行处理。该非标准生产订单，母件即为该不良品，输入要返工的产品数量作为生产订单的生产数量，假设预计返工后将产出合格产品的数量小于生产数量，则可以将该预计合格量输入作为 MRP 净算量；可选择事先已建立的该产品常用的返工用物料清单(替代清单)或输入生产订单时临时建立其物料清单，子件为该母件自身和其他返工必需的物料组成；也可选择事先已建立的该产品常用的返工用工艺路线(替代工艺路线)或在车间管理子系统临时建立其工艺路线。后续交易处理，同标准生产订单。

2) 产品维修处理

假如客户退回一批不良产品，需进行维修服务。可先将该不良产品入非 MRP 仓库，再建立一非标准生产订单进行处理。

该非标准生产订单，母件即为该不良品，输入要维修的产品数量作为生产订单的生产数量，而该生产订单的 MRP 净算量为零；可选择事先已建立的该产品常用的维修用物料清单(替代清单)或输入生产订单时临时建立其物料清单，子件为该母件自身和其他维修必需的物料组成；也可选择事先已建立的该产品常用的维修用工艺路线(替代工艺路线)或在车间管理子系统临时建立其工艺路线。后续交易处理，同标准生产订单。

3) 产品改制处理

假如库存中有一批产品 A，需要改制为 B 产品。可建立一非标准生产订单，母件为 B 产品，输入要改制产出的 B 产品数量作为生产订单的生产数量，该生产订单 MRP 净算量等于其生产数量；可选择事先已建立的该产品常用的改制用物料清单(替代清单)或输入生产订单时临时建立其物料清单，子件为 A 产品和其他改制必需的物料组成，如果因改制而产生产出品，可将预计产出的子件设置为产出品；也可选择事先已建立的该产品常用的改制用工艺路线(替代工艺路线)或在车间管理子系统临时建立其工艺路线。

后续交易处理，同标准生产订单。

4) 产品拆卸处理

假如库存中有一批产品，需拆卸为零部件。可建立一非标准生产订单，母件即为该产品，输入要拆卸的母件数量作为生产订单的生产数量，而该生产订单的 MRP 净算量为零；可选择事先已建立的该产品常用的拆卸用物料清单(替代清单)或输入生产订单时临时建立其物料清单，子件为该母件自身和预计产出的零部件组成，这些产出的零部件应设置为产出品；也可选择事先已建立的该产品常用的拆卸用工艺路线(替代工艺路线)或在车间管理子系统临时建立其工艺路线。

后续交易处理，同标准生产订单。

5) 设计原型

假如要试制新产品(或订制产品、工模具制造)等，因物料清单或工艺路线此时还不确定，可通过非标准生产订单处理。

该非标准生产订单，母件即为要制造的产品，输入要生产的母件数量作为生产订单的生产数量，而该生产订单的 MRP 净算量根据该产品是否作为有效供应量而设为等于生产数量或为零；可选择事先已建立的该产品的主要清单(或替代清单)或输入生产订单时临时建立其物料清单；也可选择事先已建立的该产品的主工艺路线(或替代工艺路线)或在车间管理子系统临时建立其工艺路线。

后续交易处理，同标准生产订单。

10.1.2 工序的相关概念

工序是指一个(或一组)工人在一个工作地(如一台机床)对一个(或若干个)劳动对象连续完成的各项生产活动的总和。它是组成生产过程的最小单元。

本节主要讲解工序状态和工序完工的含义。

1. 工序状态

工序状态用于控制工序内部和工序之间的移动和资源处理，并跟踪工序内部的物料(母件)。工序状态一般分为加工、检验、合格、拒绝和报废 5 种，定义如下。

- 加工：位于“加工”工序状态的物料正在等待加工或正在加工之中。
- 检验：位于“检验”工序状态的物料已经加工完成，正在检验中。
- 合格：位于“合格”工序状态的物料已经完成，且为合格，正等待移到下一道工序。
- 拒绝：位于“拒绝”工序状态的物料遭到拒绝，并且正等待修理(返工)或报废。“拒绝”状态中的物料可能已经作废，但由于这些物料在生产时即已冲减子件和资源，因此对于当前工序，这些物料被视为完成。
- 报废：位于“报废”工序状态的物料被视为作废。由于在物料生产过程中即已冲减子件和资源，因此对于当前工序，这些物料被视为完成。

2. 工序在制状况

在用友 ERP 车间管理子系统中执行生产订单工序移动时，被移出工序状态数量减少、被移入工序状态数量增加，并可执行超量完成，即从工序“加工”状态移入同一工序“检验、合格、拒绝、报废”之任一状态，或者从当前工序“加工、检验、合格、拒绝”状态移入到本工序的后续工序的任何状态时，移入数量之和可以大于移出工序状态数量。

工序移动将改变工序的状态，通过工序的在制品状态，可供及时掌握生产订单各工序状态物料的数量。

3. 工序完工

可通过以下两种方式，来执行生产订单工序的完工操作：

(1) 将母件从工序的"加工"状态移动到相同工序的"检验""合格""拒绝""报废"工序状态。

(2) 将母件从工序的任一工序状态移动到后续工序的任一工序状态。

10.1.3 生产订单管理

用友 ERP-U8 中的生产订单管理，是针对与制造有关的生产订单的生成、修改、审核、审核后修改、领料等作业的管理，以协助企业有效掌握各项制造活动的信息。

1. 产品接口

图 10-1 是生产订单的系统接口图，详述如下。

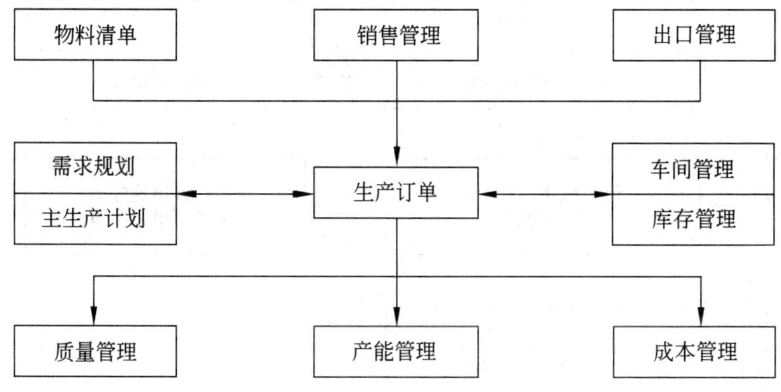

图 10-1 生产订单子系统接口图

- 物料清单系统中的物料清单，是生产订单生成子件用量所必须先行建立的基础资料。
- 销售管理和出口管理子系统中，ATO 模型的销售订单在产品选配完成后，可直接转为锁定状态的标准生产订单。
- 主生产计划和需求规划子系统通过 MPS/MRP/BRP 展开自动产生的自制物料的建议生产量即自制计划订单，是本系统自动生成生产订单的依据；同时生产订单子系统中已锁定、已审核未关闭的生产订单，是 MPS/MRP 计算时必须考虑要素之一，即 MPS/MRP 进行净需求计算时将考虑上述生产订单的有效供应量(母件)和有效需求量(子件)。
- 基础档案中物料的工艺路线资料，是生产订单转入车间管理子系统所必须先行建立的基础资料；生产订单子系统中，已审核未关闭的生产订单可按其选定的工艺路线转入车间管理子系统，以生成生产订单的工序计划、资源需求计划。
- 生产订单子系统中已审核未关闭的生产订单，是库存管理子系统按生产订单领/退料和产品入库的依据；同时库存系统中按生产订单的领/退料单，将自动更新生产订单的子件已领料量，产品入库单将自动更新生产订单的累计入库量。
- 可按生产订单子系统中已审核未关闭的生产订单，生成质量管理子系统的报检单；同时质量系统的报检单自动更新生产订单的累计报检量。

- 生产订单子系统中未审核、锁定、已审核未转车间管理子系统的生产订单，是产能管理子系统进行工作中心资源负载计算的依据。
- 生产订单子系统中已审核生产订单(含已关闭生产订单)，是成本管理子系统按生产订单计算物料成本的依据。

2. 操作流程

图 10-2 是生产订单的操作流程图，详述如下。

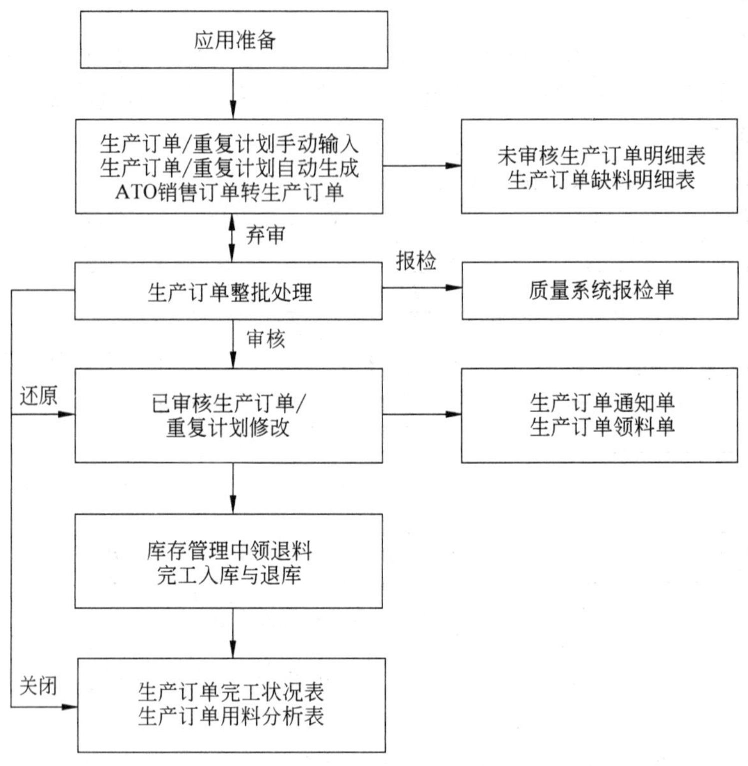

图 10-2　生产订单系统操作流程图

(1) 先进行应用准备工作，具体包括：

- 建立账套与系统启用。用户在新建账套时选择工业版，设置用户单位信息、分类编码方案、数据精度等，并进行系统启用设置，具体的可参见第 1 章的实验步骤。
- 权限管理。用户可以对操作员权限进行管理，包括功能权限、数据权限等，具体的可参见第 1 章的实验步骤。
- 基础档案。用户需要进行基础档案设置，具体的可参见第 2 和第 3 章的实验步骤。部门档案、职员档案、存货分类、计量单位、存货档案、仓库档案、自定义项、生产制造参数、工作日历、工作中心等，是使用生产订单子系统时可选择性建立的基础资料。
- 单据设置。用户可以对生产订单子系统所有单据进行格式设置、编号设置，具体可参见第 4 章的实验步骤。
- 基本资料维护。使用生产订单子系统时，生产订单类别资料、物料生产线关系资料等基础档案，是系统内部应首先建立的基础资料。

（2）应用准备工作完成，即可：

- 使用“生产订单手动输入”和“重复计划手动输入”功能模块，手工输入生产订单，输入的生产订单其状态为未审核或锁定；
- 使用“生产订单自动生成”和“重复计划自动生成”功能模块，将主生产计划和需求规划子系统自动产生的计划订单，转为正式生产订单，其状态为锁定；
- 在销售管理和出口管理子系统将已审核 ATO 的销售订单转为锁定状态的生产订单。或在生产订单子系统使用“销售订单转生产订单”将已审核 ATO 的销售订单转为锁定状态的生产订单。

（3）生产订单建立后，可打印“未审核生产订单明细表”和“生产订单缺料明细表”，作为生产订单审核时的核对和参考。

（4）确定可发放到现场的生产订单后，即可使用“生产订单整批处理”功能模块，将未审核生产订单进行审核处理；反之，如果已审核生产订单未执行任何库存操作、未转车间系统、未报检，也可将已审核生产订单进行弃审处理，还原为审核前状态。

（5）审核后的生产订单，可打印“生产订单通知单”和“生产订单领料单”发放现场生产；若有必要，可利用“已审核生产订单修改”和“重复计划修改”功能模块，修改审核后的生产订单资料；已审核的生产订单，可在“生产订单整批处理”功能模块中执行报检处理，也可在车间管理子系统将其转入以生成工序计划。

（6）库存管理子系统可按审核后的生产订单，进行领/退料和入/退库操作，使用者可打印“生产订单完工状况表”和“生产订单用料分析表”，以随时了解生产订单完工状况和进行用料分析。

（7）当生产订单累计入库量大于或等于其 MRP 净算量时，该生产订单将自动关闭（本账套在生产制造参数设定中设置了“生产订单自动关闭”）。也可使用“生产订单整批处理”功能，将未完成的生产订单强制关闭，若有必要，也可将已关闭的生产订单还原为审核状态。

10.1.4 车间管理

车间是企业进行产品制造加工的单位。车间管理解决的主要问题是合理调配各项资源，在规定的时间内生产出合格的产品。

用友 ERP-U8 中的车间管理子系统，提供定义各个自制件的加工工艺路线，以支持车间工序计划，并作为产能管理、产品报价模拟的依据；通过车间事务处理，可随时掌握生产订单各工序在制品状态、完工状况，支持工序倒冲领料，收集生产订单各工序的实际工时作为成本计算依据，自动产生工序报检并随时掌握工序质量状况；可与工程变更子系统集成，支持工艺路线的工程变更过程管理。

1. 产品接口

图 10-3 是车间管理的系统接口图，详述如下：

- 已审核生产订单，可通过车间管理子系统中“生产订单工序计划生成”功能转入车间子系统，以产生生产订单的工序资料；已审核生产订单修改后，会立即更新该生产订单的工序资料；车间管理子系统中修改生产订单工序资料后，会更新生产订单开工/完工日期及其子件需求日期。
- 如果使用工序质量检验，则质量管理子系统中“质量检验方案”是车间管理子系统所

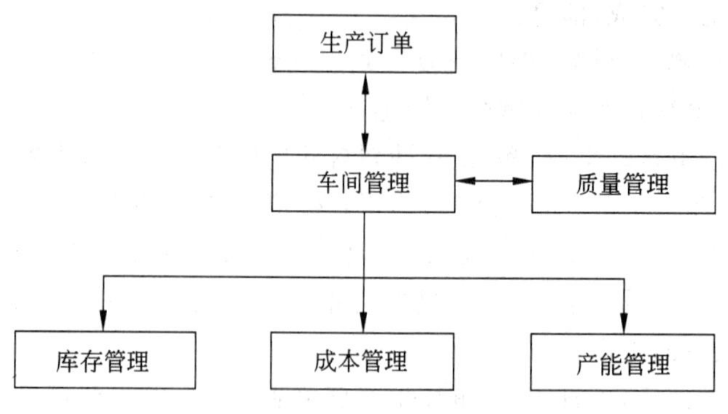

图 10-3　车间管理子系统接口图

必须先行建立的基础资料；车间管理子系统中若生产订单某一工序为检验工序，则在物料被移入“检验”工序状态时，该工序转移单可自动产生报检单，或由质量管理子系统参照有移入“检验”工序状态的工序转移单生成报检单。质量管理子系统中工序检验单和工序不良品处理单可按参数设定自动产生工序转移单。

- 车间管理子系统工序转移单进行物料移动时，可自动产生倒冲子件的领/退料单资料，并转入库存管理子系统；库存管理子系统按生产订单输入产品入库单时，车间管理子系统传递该生产订单末道工序“合格”状态数量给库存系统，作为其入库数量的默认值，当该产品入库单保存时，减少所对应工序上“合格”状态数量，如果删除产品入库单或输入产品退库单，则以入/退库数量增加所对应工序上“合格”状态数量。
- 车间管理子系统中的生产订单工序资料，是产能管理子系统进行细能力计划的依据。
- 车间管理子系统中生产订单工序完工工时，可作为成本管理子系统计算产品实际成本的依据。

2. 操作流程

图 10-4 是车间管理的操作流程图，详述如下。

(1) 应用准备。用友 ERP 的车间管理子系统，在使用前需要首先创建工业版账套，并有基础档案数据和期初设置，具体地可参见第 1～第 5 章。

(2) 工序生成。应用准备工作完成，即可使用“生产订单工序计划生成”功能，将生产订单子系统中已审核生产订单，按其指定的工艺路线自动产生各生产订单的工序资料，包括生产订单各工序的开工/完工日期、资源需求和工序检验资料等。

(3) 工序资料维护与产能检核。可使用“生产订单工序资料维护”和“重复计划工序资料维护”功能，针对个别生产订单/重复计划，修改其工艺路线、工序日期、检验资料、资源需求等，或分配各生产订单/重复计划工序各班次的制造数量。同时，可使用“工序资料整批处理”，对生产订单工序进行整批调整、重新排程或删除。若有必要，还可使用“工序计划产能检核”，检查生产订单工序计划的产能可用性，并执行有限产能排程。

(4) 工序转移。可使用“生产订单工序转移单”功能，在工序内(工序内部移动)和工序间(工序之间移动)移动物料(母件)，以随时掌握物料在各工序的状态及其数量，同时自动倒扣倒冲子件，并可按工序转移单自动产生报检单。

(5) 工时记录。可使用“生产订单工时记录单”功能，提报生产订单工序各班次、设备或

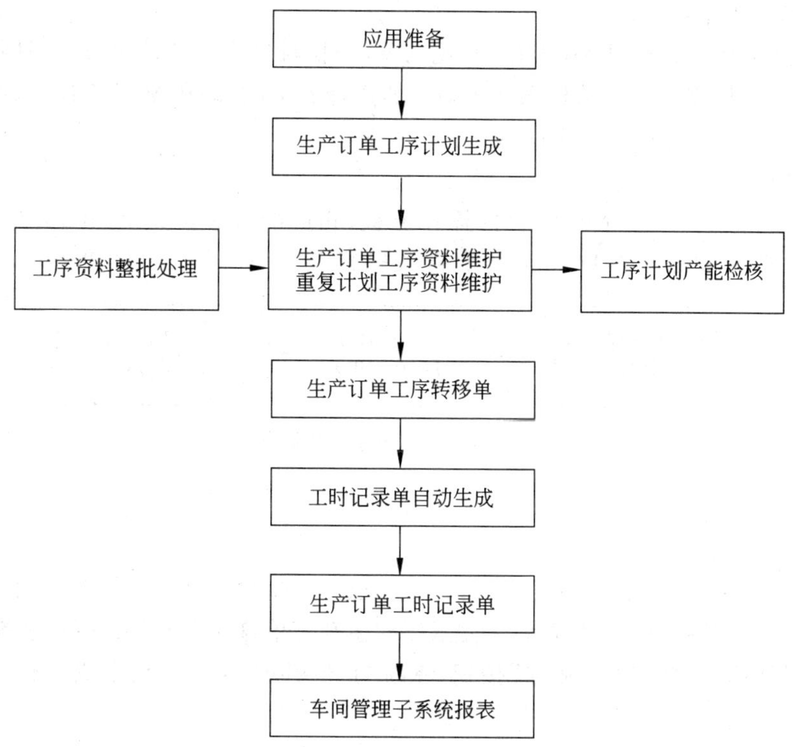

图 10-4　车间管理子系统操作流程图

员工的实际完工数量及耗用工时。工时记录单可手动输入，也可在“工时记录单自动生成”功能模块，由工序转移单自动生成。

(6) 资料查阅。待生产订单工序计划生成后，就可打印“生产订单工序派工单”，作为派工时交予现场单位执行的凭单，还可打印“工序完工异常状况表”以掌握生产订单工序计划异常情况；输入生产订单工序转移单后，可打印“工序转移单明细表”供核对用，及“工序在制状况表”供随时掌握生产订单各工序的在制状况；输入生产订单工时记录单后，可打印“工时记录单明细表”供核对，及“工序完工统计表”供统计生产订单完工数量和工时。

10.2　生产订单生成与审核

生产订单自动生成时，生产订单子系统将查核并确认 MPS/MRP/BRP 所产生的建议自制(或委外)量，并自动生成生产订单，而且按建议计划量自动生成生产订单时，生产订单子系统可自动按产生的生产订单量消抵建议计划量余量。

生产订单经审核后，即可查询和打印出“生产订单通知单”和“生产订单领料单”，作为生产管派工时交予承制单位的凭单。

2017 年 4 月 11 日，采购部参照 MRP 规划，完成镜片的委外订货与发料任务。

特别说明，为降低实验操作工作量，本实验将所有规划委外的镜片，填制在一张委外订单上，发料、到货、入库、成本核算时也同样。

本笔业务是依据 MRP 规划结果，进行相关物料的委外订货和发料业务，仅需要填制与审核委外订单、材料出库单。

本实验任务要求：根据 MPS/MRP 规划单，按物料生成生产订单(即一种物料一个生产订单)，建议根据物料清单结构图从下向上的选择和生成，即在图 10-6 所示的窗口中，从下向上地按物料进行选择并生成订单。

1. 操作流程

图 10-5 是生产订单生成与审核的操作流程，相应的视频网址为 https://pan.baidu.com/s/1RYhQLt7jZn9lFsZJD9I55g 提取码：eh69。

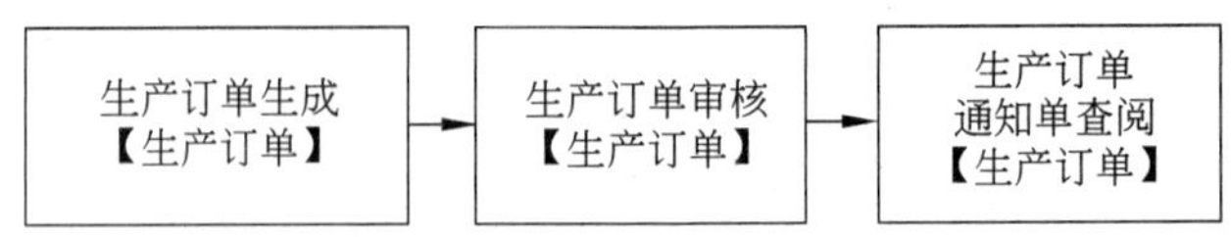

图 10-5　10.2 节的操作流程

确认系统日期和业务日期为 2017 年 4 月 11 日。

2. 生产订单生成

(1) 打开"生产订单自动生成"窗口。在"企业应用平台"的"业务工作"页签，依次单击"生产制造"→"生产订单"→"生产订单生成"→"生产订单自动生成"菜单项，系统打开"查询条件选择"对话框，直接单击"确定"按钮，系统打开"生产订单自动生成"窗口，如图 10-6 所示。

生产订单自动生成

记录总数：14

选择	生产订单号	行号	类型	物料编码	物料名称	提前期	开工日期	完工日期	计...	生产数量	预入仓库	仓库名称
	%1	1	标准	10000	亮康眼镜	1	2017-04-11	2017-04-13	副	30.00	0040	产成品仓库
	%1	2	标准	10000	亮康眼镜	1	2017-04-12	2017-04-14	副	120.00	0040	产成品仓库
	%1	3	标准	10000	亮康眼镜	1	2017-04-14	2017-04-19	副	390.00	0040	产成品仓库
	%1	4	标准	10000	亮康眼镜	1	2017-04-18	2017-04-21	副	420.00	0040	产成品仓库
	%1	5	标准	12000	镜架	2	2017-04-07	2017-04-11	个	30.00	0030	半成品仓库
	%1	6	标准	12000	镜架	2	2017-04-10	2017-04-12	个	120.00	0030	半成品仓库
	%1	7	标准	12000	镜架	2	2017-04-12	2017-04-14	个	390.00	0030	半成品仓库
	%1	8	标准	12000	镜架	2	2017-04-14	2017-04-18	个	420.00	0030	半成品仓库
	%1	9	标准	12200	镜腿	2	2017-04-06	2017-04-10	对	30.00	0030	半成品仓库
	%1	10	标准	12200	镜腿	2	2017-04-06	2017-04-10	对	120.00	0030	半成品仓库
	%1	11	标准	12200	镜腿	2	2017-04-10	2017-04-12	对	390.00	0030	半成品仓库
	%1	12	标准	12200	镜腿	2	2017-04-12	2017-04-14	对	420.00	0030	半成品仓库
	%1	13	标准	12300	鼻托	2	2017-04-10	2017-04-12	对	390.00	0030	半成品仓库
	%1	14	标准	12300	鼻托	2	2017-04-12	2017-04-14	对	420.00	0030	半成品仓库
小计										3,690.00		

图 10-6　"生产订单自动生成"窗口

(2) 生成鼻托的生产订单。首先双击"鼻托"所在行(共 2 行)的"选择"栏，再单击工具栏的"修改"、"保存"按钮，系统自动生成一张生产订单，并弹出处理成功的信息提示框，单击"确定"按钮，系统关闭信息框并返回"生产订单自动生成"窗口。

(3) 生成镜腿的生产订单。首先双击"镜腿"所在行(共 4 行)的"选择"栏，再单击工具栏的"修改"、"保存"按钮，系统自动生成一张生产订单，并弹出处理成功的信息提示框，单击"确定"按钮。

(4) 生成镜架的生产订单。首先双击"镜架"所在行(共 4 行)的"选择"栏，再单击工具栏的"修改"、"保存"按钮，系统自动生成一张生产订单，并弹出处理成功的信息提示框，单击

“确定”按钮。

(5) 生成亮康眼镜的生产订单。首先单击工具栏的“全选”按钮，以选中“亮康眼镜”所在行(共4行)，再单击工具栏的“修改”、“保存”按钮，系统自动生成一张生产订单，并弹出处理成功的信息提示框，单击“确定”按钮。

(6) 退出。单击“生产订单自动生成”窗口右上角的“关闭”按钮，退出该窗口。

提示：

- 本业务生成的生产订单，其类型为标准生产订单，状态为“锁定”。
- 本业务执行完毕，系统自动记录各建议计划量的未生成生产订单的余量。
- 各生产订单以其开工日期默认主物料清单及主工艺路线版本号，若无工艺路线则无默认值。系统按默认的主要清单及主工艺路线版本，自动产生生产订单的子件需求资料。可手动修改系统默认的物料清单/工艺路线版本(或改为替代物料清单/工艺路线)，若无主要或替代物料清单，则该生产订单无法自动生成。但是如果在系统中有使用订单BOM，则在录入销售订单号+行号后，若销售订单行的“订单BOM”标识为“是”，BOM选择栏默认值为“订单”，则系统判断该物料是否存在订单BOM，若无则BOM选择栏自动默认为“主要”，可改。
- 若要修改或删除经本业务自动生成而未审核的生产订单资料，可在“生产订单手动输入”功能模块中进行。

【主要栏目说明】

- 生产订单号/行号：若生产订单是自动编号，则系统按输入的处理条件选择，而自动生成的生产订单编号流水号(如%1)，以示区别自动生成的不同的生产订单编号。当资料保存时，系统将按设置的自动编号规则产生正式编号。如果生产订单为手动编号，则系统产生一张生产订单，然后可单击工具栏“单号”按钮，手动输入单号。
- 订单类别：该生产订单所属类别，可参照生产订单类别资料输入，可不输入。
- 开工/完工日期：由建议计划量资料带出，若是重复计划则分别指首件开工日/末件完工日，可修改。必须输入且开工日期不可大于完工日期。
- 计量单位：依物料编码带出存货主档的主计量单位。
- 生产数量：由建议计划量资料带出建议计划量余量，可改。
- 辅助单位：依物料编码带出存货主档默认的生产单位。
- 换算率：默认计量单位组中主计量与辅助计量单位的换算率。
- 辅助生产量：对于辅助计量单位所表示的物料的计划生产数量。
- 生产批号：该生产订单的生产批次号，可不输入。
- 预入仓库：该生产订单制造完成物料指定的缴入仓库。默认物料主档仓库代号，可参照仓库主档修改，不可为代管仓，可不输入。
- 选择：选择是否确认该生产订单行号资料。
- 供应类型：选择该生产订单所有子件默认的供应类型。默认“基于BOM”，表示生产订单子件的供应类型遵循物料清单中的设置。可改为“基于BOM/领用/入库倒冲/工序倒冲”之一，但如果供应仓库为代管仓，则不可设为“入库倒冲”或“工序倒冲”。
- 供应仓库：输入该生产订单所有子件默认的供应仓库代号，可不输入。

- 排程类型：默认生产制造参数设定的排程类型，可改为“顺推/逆推/不排程”之一。
- 原因码：可参照原因码档案输入该生产订单原因，备注用，可不输入。
- 备注：可参照常用摘要输入生产订单的注释性说明，可不输入。

3. 生产订单审核

(1) 打开“生产订单手动输入”窗口。在“生产订单”子系统中，依次单击“生产订单生成”→“生产订单手动输入”菜单项，系统打开“生产订单手动输入”窗口，如图 10-7 所示。

生产订单手动输入

生产订单手动输入打印模

表体排序

生产订单号 0000000004　　部门　　订单类别

开工日期　　完工日期

	行号	类型	物料编码	物料名称	状态	审批状态	提前期	开工日期	完工日期	计量单位	生产数量	MRP净算量	预入仓库
1	1	标准	10000	亮康眼镜	锁定	录入	1	2017-04-11	2017-04-13	副	30.00	30.00	0040
2	2	标准	10000	亮康眼镜	锁定	录入	1	2017-04-12	2017-04-14	副	120.00	120.00	0040
3	3	标准	10000	亮康眼镜	锁定	录入	1	2017-04-14	2017-04-19	副	390.00	390.00	0040
4	4	标准	10000	亮康眼镜	锁定	录入	1	2017-04-18	2017-04-21	副	420.00	420.00	0040

图 10-7 “生产订单手动输入”窗口

(2) 审核亮康眼镜的生产订单。单击工具栏的“审核”，系统自动完成审核，并弹出处理成功的信息提示框，单击“确定”按钮，系统关闭信息框并返回“生产订单手动输入”窗口。

(3) 审核镜架的生产订单。单击工具栏的“上张”按钮，查阅到镜架的生产订单，然后单击工具栏的“审核”按钮，完成审核工作。

(4) 审核镜腿的生产订单。重复步骤(3)，完成镜腿生产订单的审核工作。

(5) 审核鼻托的生产订单。重复步骤(3)，完成鼻托生产订单的审核工作。

(6) 退出。单击“生产订单手动输入”窗口的“关闭”按钮，退出该窗口。

提示：

- 在“生产订单手动输入”窗口中，可新增、修改、删除、查询标准与非标准生产订单资料，可修改、删除和查询按 MPS/MRP/BRP 计划自动生成的锁定状态的生产订单及其子件需求资料。
- 未审核/锁定状态的生产订单(含手动输入/自动生成)母件资料中，除生产订单号、行号、类型、生产订单类别、母件编码、母件结构自由项外，其他输入栏位均可修改(自动生成的生产订单和由销售订单转入的生产订单其“状态”不可改)；生产订单子件资料中，所有输入栏都可修改。
- 未审核/锁定状态的生产订单(含手动输入/自动生成)可被删除，生产订单行号删除后其子件资料也被删除。若生产订单中 PE 子件存在库存预留，删除该子件时系统自动释放该子件的预留量。但如果生产订单行有序列号明细资料，则该生产订单行不可被删除。
- 定位在生产订单行上，单击工具栏的“子件”按钮，可进入“生产订单手动输入—子件资料”窗口，以进行子件维护。
- 在生产订单某行上，右击可联查该生产订单行所对应的材料出库单、产成品入库单、生产订单工序资料、销售订单、出口订单、不良品处理单、服务单、工序转移单。
- 在新增或修改状态下，在生产订单行右击可复制当前行(母件资料)，视同新增生产订单行，子件资料在保存时按该生产订单行选择的物料清单自动生成。也可右击选择复制当前行(含子件)，系统将该行生产订单母件连同子件资料一并复制到新生产订单行。

- 在生产订单查询状态，可选择新增复制，系统将该生产订单复制到新的生产订单中，视同新增生产订单，子件资料在保存时按各生产订单行选择的物料清单自动生成；也可选择新增复制(含子件)，系统将生产订单母件连同子件资料一并复制到新生产订单。
- 单击工具栏的“审核”按钮，可将生产订单表体中未审核、锁定状态的生产订单审核；单击“弃审”按钮，可将生产订单表体中审核状态且未转车间、未发生库存操作的生产订单弃审。

【表头栏目说明】

- 生产订单号：系统自动编号或手动输入，必须输入且不可重复。
- 部门/订单类别/开工日期/完工日期：可输入，作为表体资料新增时的默认值。

【表体栏目说明】

- 行号：表示同一张生产订单中的第几项物料资料，当同一张生产订单有数项物料时，可分别输入其行号。系统自动维护流水号，可改，必须输入。
- 类型：该生产订单所属类型，系统默认为标准生产订单，可改为非标准生产订单。
- 物料编码：可参照存货主档输入，必须输入。如果是标准生产订单，则输入的物料编码存货档案中“允许生产订单”为“是”，但不可有“模型”属性，且输入的“物料编码＋结构自由项”须有物料清单存在；若为非标准生产订单，则输入的物料编码存货档案中“允许生产订单”为“是”，输入的“物料编码＋结构自由项”可以没有物料清单存在。
- 订单类别：该生产订单所属类别，如拆卸、改制等，可参照生产订单类别资料输入，可不输入。若该订单类型及类别的生产业务流程为停用，则该订单类别不可输入；若其生产业务流程为启用，但订单来源没有选择“手工输入”，该订单类别也不可输入。
- 状态：按生产制造参数设定默认值，手动输入时可改为“未审核/锁定”之一，自动生成的生产订单状态(锁定)不可修改。当订单状态由锁定修改为未审核并保存时，若该生产订单已存在PE子件库存预留，则系统将自动释放预留量。
- 提前期：显示该物料在存货主档中的固定提前期。
- 开工/完工日期：该生产订单的预计开工/完工日期。必须输入且开工日期不可大于完工日期。
- 计量单位：依物料编码带出存货主档的主计量单位。
- 生产数量：对于主计量单位所表示的物料的计划生产数量。已指定序列号的生产订单，修改生产数量时，不可小于已指定序列号的数量。
- MRP净算量：MPS/MRP将该数量作为预计完工日期的有效供应数量。默认为“生产数量”，若是标准生产订单，不可修改；若是非标准生产订单，可改。如产品维修，计划生产数量为100，但预计产出合格数量可输入95。
- 预入仓库：该生产订单制造完成物料指定的缴存仓库。默认物料主档仓库代号，可参照仓库主档修改，不可为代管仓，可不输入。

• 生产部门：指生产订单的承制单位。默认物料主档生产部门，可改，可不输入。

• BOM选择：选择生产订单采用主要物料清单或是替代清单，默认为主要清单。若是标准生产订单，可改为“主要/替代”之一；若是非标准生产订单，可改为“主要/替代/不选”之一。但是如果在系统中有使用订单BOM，则在录入销售订单号＋行号后，若销售订单行的“订单BOM”标识为“是”，该栏位默认值为“订单”，则系统判断该物料是否存在订单BOM，若无则BOM选择栏位自动默认为“主要”。对于非标准生产订单，如果订单类别的生产业务流程或生产制造参数中设置允许引用工程BOM，则可以选择“工程主BOM”和“工程替代BOM”选项。

• 版本号/替代标识：如果BOM选择为“主要”，则系统按生产订单开工日期默认母件的当前有效主要清单版本，可改，必须输入；若BOM选择为“替代”，则必须输入该母件的替代清单标识；输入的BOM版本号/替代标识，其BOM状态必须符合订单类别的生产业务流程或生产制造参数中设定的“生产订单允许物料清单状态”；如果BOM选择为“工程主BOM/工程替代BOM”，可参照工程主BOM/工程替代BOM输入；若BOM选择为“不选”，则不可输入。

• 工艺路线选择：选择生产订单采用主要工艺路线或是替代工艺路线，默认为主要工艺路线，可改为“主要/替代/不选”之一。对于非标准生产订单，如果订单类别的生产业务流程或生产制造参数中设置允许引用工程工艺路线，则可以选择“工程主工艺路线”和“工程替代工艺路线”选项。

• 版本号/替代标识：如果工艺路线选择为“主要”，则系统按生产订单开工日期默认母件的当前有效主要工艺路线版本，可改，必须输入；若工艺路线选择为“替代”，则必须输入该母件的替代工艺路线标识；输入的工艺路线版本号/替代标识，其工艺路线状态必须符合订单类别的生产业务流程或生产制造参数中设定的“生产订单允许工艺路线状态”；如果工艺路线选择为“工程主工艺路线/工程替代工艺路线”，可参照工程主工艺路线/工程替代工艺路线输入；若工艺路线选择为“不选”，则不可输入。

• 供应类型：选择该生产订单所有子件默认的供应类型。默认“基于BOM”，表示生产订单子件的供应类型遵循物料清单中的设置。可改为“基于BOM/领用/入库倒冲/工序倒冲”之一，但如果供应仓库为代管仓，则不可设为“入库倒冲”或“工序倒冲”。

4. 查阅生产订单通知单

(1) 打开“选择”对话框。在“生产订单”子系统中，依次单击“报表”→“生产订单通知单”菜单项，系统打开“选择”对话框，如图10-8所示。

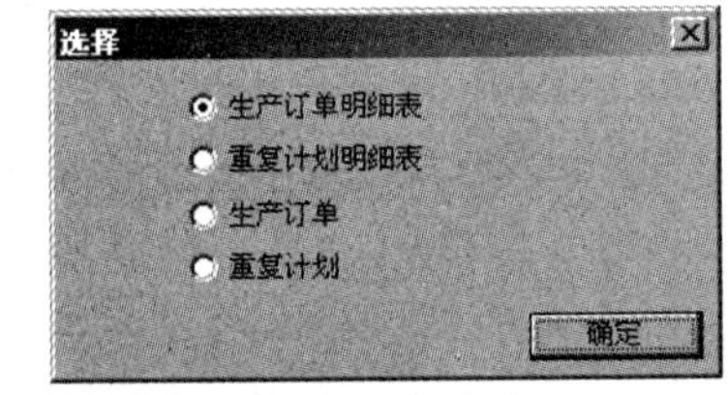

图10-8　生产订单通知单的“选择”对话框

(2) 打开“生产订单明细表”窗口。单击“选择”对话框的“确定”按钮，然后在系统打开的“查询条件选择-生产订单明细表”对话框中，再单击“确定”按钮，系统打开“生产订单明细表”窗口，如图10-9所示。

(3) 退出。单击“生产订单明细表”窗口的“关闭”按钮，退出该窗口。

提示：对比图10-6、图10-7和图10-9，可以发现“生产订单明细表”窗口中列示的生产订单不完整，这是用友ERP-U8 V10.1的一个小错误，可以通过打补丁的方式解决。因为

生产订单明细表

生产部门　：　到　开工日期　：　2017-04-01　到　2017-04-11　订单类别：
生产订单　：　到　生产订单行号：　到　原因码　：
销售订单类别：　销售订单　：　到　出口订单：
物料编码　：　到

生产部门	部门名称	生产订单号码	行号	物料编码	物料名称	物料规格	计量单位	生产订单数量	MRP净算量	开工日期	完工日期	生产批号	预入仓库	仓库名称	销售订单类别
		0000000001	1	12300	鼻托		对	390.00	390.00	2017/4/10	2017/4/12		0030	半成品仓库	
		0000000002	1	12200	镜腿		对	30.00	30.00	2017/4/6	2017/4/10		0030	半成品仓库	
		0000000002	2	12200	镜腿		对	120.00	120.00	2017/4/6	2017/4/10		0030	半成品仓库	
		0000000002	3	12200	镜腿		对	390.00	390.00	2017/4/10	2017/4/12		0030	半成品仓库	
		0000000003	1	12000	镜架		个	30.00	30.00	2017/4/7	2017/4/11		0030	半成品仓库	
		0000000003	2	12000	镜架		个	120.00	120.00	2017/4/10	2017/4/12		0030	半成品仓库	
		0000000004	1	10000	亮康眼镜		副	30.00	30.00	2017/4/11	2017/4/13		0040	产成品仓库	
总								1,110.00	1,110.00						

图 10-9 “生产订单明细表”窗口

该错误不影响本实验后续的操作，故在此从略。

10.3 鼻托的生产领料与完工入库

2017 年 4 月 11 日，生产部在查看鼻托的生产订单领料单后，到仓库进行生产领料。

2017 年 4 月 13 日，生产部完成鼻托的生产任务，仓管部将生产完工的鼻托验收入库。

鼻托是本案例企业自制的半成品物料，为降低实验工作量，本实验没有做鼻托的生产工序管理。本笔业务是在查阅领料单的基础上，进行鼻托的生产领料，以及完工入库业务，需要查阅生产订单领料单，填制与审核材料出库单和完工入库单，查看生产订单完工状态。

生产领料就是生产/仓库人员根据生产所需用物料，从仓库领取物料到生产车间的过程。生产订单经审核后，即可打印出其领料单，作为主管派工时交予承制单位进行领料的凭单。

利用“生产订单领料单”功能，可查询与打印标准/非标准/重复计划类型的生产订单领料单明细。“生产订单工序领料单”功能，可按生产订单工序分页打印生产订单领料单，详见 10.4 节。

1. 操作流程

图 10-10 是鼻托的生产领料与完工入库的操作流程，相应的视频网址为 https://pan.baidu.com/s/1RYhQLt7jZn9lFsZJD9I55g 提取码：eh69。

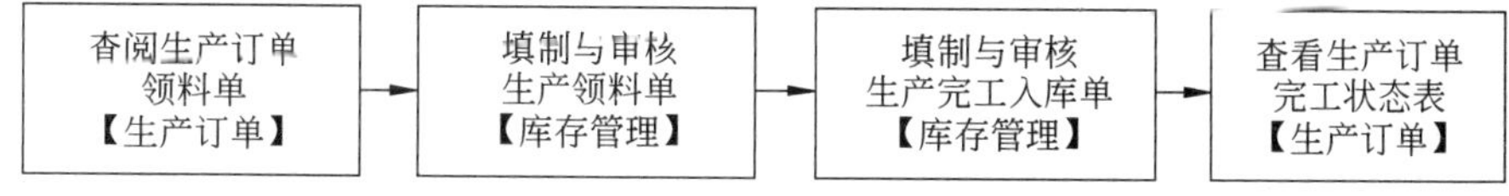

图 10-10 10.3 节的操作流程

确认系统日期和业务日期为 2017 年 4 月 11 日。

2. 查阅生产订单领料单

（1）打开“生产订单领料单”窗口。在“企业应用平台”的“业务工作”页签，依次单击“生产制造”→“生产订单”→“报表”→“生产订单领料单”菜单项，系统打开“选择”对话框，并默认选择“生产订单”，直接单击“确定”按钮，然后在系统打开的“查询条件选择-生产订单领料单-生产订单”对话框中，再直接单击“确定”按钮，系统打开“生产订单领料单”窗口，参见图 10-11。

(2) 单击鼻托所在行左侧的十号，如图 10-11 所示。

生产订单领料单-生产订单

生产订单 :		到	生产订单行号:		到	开工日期:	2017-04-01
供应类型 :			供应仓库 :		到	生产部门:	
销售订单类别:			销售订单 :		到	出口订单:	
订单类别 :		到	原因码 :		到	客户代号:	
物料编码 :		到	工序行号 :		到		

生产订单号码	行号	生产部门	部门名称	物料编码	物料名称	物料规格	计量单位	生产订单数量	开工日期	订单类别	类别说明	销售订单类别	销售订单	销售订单行号	原因码	原因说
0000000001	1			12300	鼻托		对	390.00	2017/4/10							

应领物料编码	应领物料名称	应领物料规格	批号	应领计量单位	应领数量	供应类型	供应仓库	仓库名称	工序行号	工序说明	应领备注	领料申请
12310	硅胶			千克	3.90	领用	0020	原材料仓库	0000			否

生产订单号码	行号	生产部门	部门名称	物料编码	物料名称	物料规格	计量单位	生产订单数量	开工日期	订单类别	类别说明	销售订单类别	销售订单	销售订单行号	原因码	原因说
0000000002	1			12200	镜腿		对	30.00	2017/4/6							
0000000002	2			12200	镜腿		对	120.00	2017/4/6							
0000000002	3			12200	镜腿		对	390.00	2017/4/10							
0000000003	1			12000	镜架		个	30.00	2017/4/7							
0000000003	2			12000	镜架		个	120.00	2017/4/10							
0000000004	1			10000	亮康眼镜		副	30.00	2017/4/11							

图 10-11 “生产订单领料单-生产订单”窗口

(3) 退出。单击“生产订单领料单”窗口的“关闭”按钮，退出该窗口。

3. 填制与审核生产领料单

(1) 打开“材料出库单”窗口。在“企业应用平台”的“业务工作”页签，依次单击“供应链”→“库存管理”→“出库业务”→“材料出库单”菜单项，系统打开“材料出库单”窗口。

(2) 打开“生产领料出库生单列表”窗口。单击工具栏的“增加”按钮，新增一张材料出库单，然后在表头单击“订单号”的参照按钮，在系统弹出的“生单来源”对话框中，因默认选中“生产订单”类型，所以直接单击“确认”按钮，并在系统弹出的“查询条件选择-父项过滤条件”对话框中，直接单击“确定”按钮，系统打开“生产领料出库生单列表”窗口，参见图 10-12。

生产领料出库生单列表

输出 确定 定位 全选 全消 查询 刷新 栏目 滤设

材料出库单显示模版　　☐ 按套数领料 ☑ 显示表体(B)　页大小 30

生产父项选择　　☐ 选中合计

记录总数：14

选择	生产订单号	生产部门	产品编码	产品	规格型号	主计量单位	生产数量	累计入库数量	本次领用套数	制单人	生产批号
Y	0000000001		12300	鼻托		对	390.00	0.00	390.00	赵技巩	
Y	0000000001		12300	鼻托		对	420.00	0.00	420.00	赵技巩	
	0000000002		12200	镜腿		对	30.00	0.00	30.00	赵技巩	
	0000000002		12200	镜腿		对	120.00	0.00	120.00	赵技巩	
	0000000002		12200	镜腿		对	390.00	0.00	390.00	赵技巩	
	0000000002		12200	镜腿		对	420.00	0.00	420.00	赵技巩	
	0000000003		12000	镜架		个	30.00	0.00	30.00	赵技巩	
	0000000003		12000	镜架		个	120.00	0.00	120.00	赵技巩	
	0000000003		12000	镜架		个	390.00	0.00	390.00	赵技巩	
	0000000003		12000	镜架		个	420.00	0.00	420.00	赵技巩	
	0000000004		10000	亮康眼镜		副	30.00	0.00	30.00	赵技巩	

生产所属子项　　☐ 选中合计

记录总数：2

选择	仓库	材料编码	材料名称	规…	已调拨数量	已调拨件数	主计量单位	应领料量	已领料量	未领料量	工序行号	工序说明
Y	原材料仓库	12310	硅胶		0.00		千克	3.90	0.00	3.90	0000	
Y	原材料仓库	12310	硅胶		0.00		千克	4.20	0.00	4.20	0000	
合计								8.10		8.10		

图 10-12 “生产领料出库生单列表”窗口

(3) 选单。双击上窗格中“鼻托”所在行(共 2 行)的“选择”栏,以选择父项为“鼻托”的生产订单的领料信息。

(4) 编辑信息。单击工具栏的“确定”按钮,系统返回“材料出库单”窗口,确认或设置表头的“仓库”为“原材料仓库”、“出库类别”为“生产领料”、“部门”为“生产部”,编辑表体“硅胶”的“单价”为 1600,其他项为默认值。

(5) 保存与审核。单击工具栏的“保存”、“审核”按钮,审核通过该材料出库单,如图 10-13 所示。

材料出库单

材料出库单打印模

表体排序

蓝字

红字

合并显示

出库单号 0000000002　出库日期 2017-04-11　仓库 原材料仓库

订单号 0000000001　产品编码 12300　产量

生产批号　业务类型 领料　业务号

出库类别 生产领料　部门 生产部　委外商

审核日期 2017-04-11　备注

	材料编码	材料名称	规格型号	主计量单位	数量	单价	金额	子件补料申请
1	12310	硅胶		千克	3.90	1600.00	6240.00	
2	12310	硅胶		千克	4.20	1600.00	6720.00	

图 10-13　鼻托的“材料出库单”窗口

(6) 退出。单击“材料出库单”窗口的“关闭”按钮,退出该窗口。

确认系统日期和业务日期为 2017 年 4 月 13 日。

4. 填制与审核生产完工入库单

(1) 打开“产成品入库单”窗口。在“企业应用平台”的“业务工作”页签,依次单击“供应链”→“库存管理”→“入库业务”→“产成品入库单”菜单项,系统打开“产成品入库单”窗口。

(2) 打开“生产订单入库生单列表”窗口。单击工具栏的“增加”按钮,新增一张成品入库单,然后在表头单击“生产订单号”的参照按钮,在系统打开的“查询条件选择-生产订单列表”对话框中,直接单击“确定”按钮,系统打开“生产订单入库生单列表”窗口,参见图 10-14。

(3) 选单。双击上窗格中第 1 行(“鼻托”所在行)的“选择”栏,选择鼻托的生产订单,如图 10-14 所示。

生产订单入库生单列表

输出　确定　定位　全选　全消　查询　刷新　栏目　滤设

成品入库单显示模版　显示表体(B)　页大小 30

生产订单生单表头　选中合计

记录总数:4

选择	生产订单号	制单人	制单日期	修改人	修改日期
Y	0000000001	赵技巩	2017-04-11		
	0000000002	赵技巩	2017-04-11		
	0000000003	赵技巩	2017-04-11		
	0000000004	赵技巩	2017-04-11		

生产订单生单表体　选中合计

记录总数:2

选择	生...	产品编码	产品	主...	数量	累计入库数量	生...	仓库	件数	累计入库...	换算率	完工数量
Y		12300	鼻托	对	390.00	0.00		半成品仓库				0.00
Y		12300	鼻托	对	420.00	0.00		半成品仓库				0.00
合计					810.00							

图 10-14　“生产订单入库生单列表”窗口

(4) 编辑并保存信息。单击工具栏的“确定”按钮，系统返回“产成品入库单”窗口，确认或设置表头的“仓库”为“半成品仓库”、“入库类别”为“半成品入库”和“部门”为“生产部”，编辑表体的“单价”为 20，然后单击工具栏的“保存”按钮，如图 10-15 所示。

产成品入库单

表体排序 | 蓝字 | 红字 | 合并显示

入库单号 0000000001　入库日期 2017-04-13　仓库 半成品仓库

生产订单号 0000000001　生产批号　部门 生产部

入库类别 半成品入库　审核日期 2017-04-13　备注

	产品编码	产品名称	规格型号	主计量单位	数量	单价	金额
1	12300	鼻托		对	390.00	20.00	7800.00
2	12300	鼻托		对	420.00	20.00	8400.00

图 10-15　鼻托的生产完工入库单

(5) 审核。单击工具栏的“审核”按钮，系统弹出信息框提示审核成功，单击“确定”按钮，审核通过该单据。

(6) 退出。单击“产成品入库单”窗口的“关闭”按钮，退出该窗口。

5. 查看生产订单完工状况表

(1) 打开“生产订单完工状况表”窗口。在“企业应用平台”的“业务工作”页签，依次单击“生产制造”→“生产订单”→“报表”→“生产订单完工状况表”菜单项，系统打开“查询条件选择-生产订单完工状况表”对话框，直接单击“确定”按钮，系统打开“生产订单完工状况表”窗口，如图 10-16 所示。

生产订单完工状况表

生产订单　:　到

生产订单行号:　到　物料编码:　到　生产部门　:　到

销售订单类别:　销售订单:　到　出口订单　:　到

生产线　:　到　完工日期:　2017-04-01　到 2017-04-13　生产订单状态:

订单类别　:　到　原因码　:　到　客户代号　:　到

生产订单号码	行	类型	物料编	物料名称	开工日期	完工日期	计量	生产订单	MRP净算量	入库数量	未完成数量	状态	关闭日期
0000000001	1	标准	12300	鼻托	2017/4/10	2017/4/12	对	390.00	390.00	390.00		关闭	2017/4/13
0000000002	1	标准	12200	镜腿	2017/4/6	2017/4/10	对	30.00	30.00		30.00	审核	
0000000002	2	标准	12200	镜腿	2017/4/6	2017/4/10	对	120.00	120.00		120.00	审核	
0000000002	3	标准	12200	镜腿	2017/4/10	2017/4/12	对	390.00	390.00		390.00	审核	
0000000003	1	标准	12000	镜架	2017/4/7	2017/4/11	个	30.00	30.00		30.00	审核	
0000000003	2	标准	12000	镜架	2017/4/10	2017/4/12	个	120.00	120.00		120.00	审核	
0000000005	1	标准	10000	亮康眼镜	2017/4/11	2017/4/13	副	30.00	30.00		30.00	审核	
总计								1,110.00	1,110.00	390.00	720.00		

图 10-16　“生产订单完工状况表”窗口

(2) 退出。单击“生产订单完工状态表”窗口的关闭按钮，退出该窗口。

提示：

- 生产订单“状态”：选择要查询/打印完工状况的生产订单状态。默认为“审核”，可同时选择“审核”和“关闭”。
- 起始/结束生产订单：输入生产订单/行号范围。
- 销售订单类别：选择销售订单或出口订单或全部，作为生产订单过滤条件。
- 起始/结束销售订单：销售订单类别选择为销售订单或全部时，输入销售订单范围。
- 起始/结束出口订单：销售订单类别选择为出口订单或全部时，输入出口订单号范围。
- 起始/结束物料编码：输入物料编码范围。

- 起始/结束生产部门：输入生产部门代号范围。
- 起始/结束完工日期：输入生产订单完工日期范围，若是重复计划指末件完工日。
- 起始/结束生产线：选择按生产线角度打印重复计划时，输入生产线代号范围。
- 显示库存交易日：如果选择为"是"，则报表中显示最早领料日期和最近入库日期。
- 显示检验信息：选择报表中是否显示"完工待检(已报检未审核量＋已经报检未生成检验单量)、在检(检验单未审核量)、检验待入库(检验单已审核待入库量)、不良待判定(检验单已审核不良品处理单未生成量＋不良品处理单待审核量)、不良已判定待处理(不良品处理已审核未后续处理量)"等资料。

10.4 镜腿的生产工序管理

2017 年 4 月 13 日，生产部在查阅工序计划生成后，到仓库进行生产领料。生产部完成鼻托的生产任务，仓管部将生产完工的鼻托验收入库。

镜腿是本案例企业自制的半成品物料。本笔业务是在查阅领料单的基础上，进行鼻托的生产领料，以及完工入库业务，需要查阅生产订单领料单，填制与审核材料出库单和完工入库单，查看生产订单完工状态。

生产订单工序计划生成，是将生产订单子系统中已审核未关闭且未转车间管理子系统的生产订单，按照其工艺流程生成各生产订单的工序计划等资料，包括生产订单工序开工/完工日期、工序资源需求和工序检验资料等。

本实验任务要求：首先对镜腿的工序生产进行工序的逐笔转移，然后查看工序转移单，最后进行工时记录和查看。

1. 操作流程

图 10-17 是镜腿的生产工序管理的操作流程，相应的视频网址为 https://pan.baidu.com/s/1RYhQLt7jZn9lFsZJD9I55g 提取码：eh69。

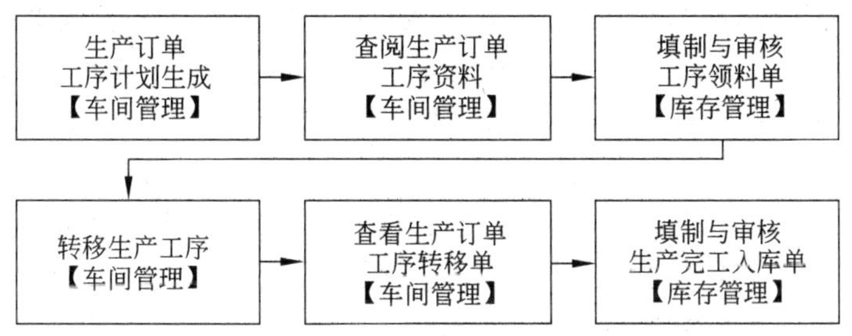

图 10-17　10.4 节的操作流程

确认系统日期和业务日期为 2017 年 4 月 13 日。

2. 生产订单工序计划生成

(1) 打开"生产订单工序计划生成"窗口。在"企业应用平台"的"业务工作"页签，依次单击"生产制造"→"车间管理"→"生产订单工序计划"→"生产订单工序计划生成"菜单项，系统打开"查询条件选择"对话框；直接单击"确定"按钮，系统打开"生产订单工序计划生成"窗口，参见图 10-18。

(2) 选单。单击工具栏的"全选"按钮，选择该生产订单的所有行号，如图 10-18 所示。

生产订单工序计划生成

记录总数：4

选择	生产订单	行号	类型	物料编码	物料名称	生产线	生产线名称	开工日期	完工日期	计…	生产数量	MRP净算量	生产部门
Y	0000000002	1	标准	12200	镜腿			2017-04-06	2017-04-10	对	30.00	30.00	
Y	0000000002	2	标准	12200	镜腿			2017-04-06	2017-04-10	对	120.00	120.00	
Y	0000000002	3	标准	12200	镜腿			2017-04-10	2017-04-12	对	390.00	390.00	
Y	0000000002	4	标准	12200	镜腿			2017-04-12	2017-04-14	对	420.00	420.00	
小计													

图 10-18 “生产订单工序计划生成”窗口

(3) 生成工序计划。单击工具栏的“生成”按钮，系统弹出提示信息提示框，提示工序计划生成成功，直接单击“确定”按钮，系统返回“生产订单工序计划生成”窗口。

(4) 退出。单击“生产订单工序计划生成”窗口的“关闭”按钮，退出该窗口。

提示：

- “生产订单工序计划生成”窗口中默认显示符合查询条件的已审核未关闭且未转车间管理子系统的生产订单。
- 已审核生产订单必须事先指定主工艺路线版本或替代工艺路线标识，否则无法转入车间管理子系统。
- 已转车间系统的生产订单不可重复转入。
- 标准/非标准生产订单工序计划生成时，分为以下 4 种情况处理。
  - 如果生产订单“排程类型”为“不排程”，则本功能模块不推算工序的开工/完工日，每一工序开工/完工日期默认为生产订单的开工/完工日期。
  - 若生产订单排程类型为“顺推”，即依生产订单的“开工日期”为第一工序的开工日期，然后按每一工序的资源顺序号及其计划属性(是/否/同上工序结束/同下工序开始)、资源用量(工时)及资源产能比较而推算各工序的完工日期。
  - 若生产订单排程类型为“逆推”，则依生产订单的“完工日期”为最后工序的完工日期，然后同顺推逻辑往前工序推算每一工序的开工日期与完工日期。
  - 对于委外工序，若“计划委外工序”设为“否”，则以该工序的“交货天数”排程，以天为时间单位，不考虑工作日历；反之与非委外工序排程逻辑相同。
- 生产订单转入车间管理子系统时，将生产订单的生产数量记入该生产订单首道工序的“加工”状态。
- 生产订单转入车间管理子系统时，若生产制造参数“生产订单工序日期修改时更新生产订单”设为“是”，则将生产订单第一工序的开工日改写生产订单的开工日期，将末道工序的完工日期改写生产订单的完工日期，各工序的开工日期改写生产订单中相关工序上子件的需求日期。
- 生产订单转入车间管理子系统时，将生产订单所指定的工艺路线的工序明细资料，包括检验资料，记入各生产订单工序，同时也将工艺路线工序的资源资料，记入各生产订单工序并计算生产数量总耗用工时。

3. 查询生产订单工序资料

(1) 打开“生产订单工序资料”窗口。在“车间管理”子系统中，依次单击“生产订单工序计划”→“生产订单工序资料”菜单项，系统打开“生产订单工序资料”窗口，默认显示镜腿生产订单第 4 行的工序资料，如图 10-19 所示。

生产订单工序资料

生产订单工序资料打印

表体排序

生产订单 0000000002　行号 4　类型 标准

物料编码 12200　物料名称 镜腿　物料规格

计量单位 对　状态 审核　生产数量 420.00

MRP净算量 420.00　开工日期 2017-04-14　完工日期 2017-04-14

	工序行号	标准工序	工序说明	报告点	倒冲工序	计费点	工作中心	工作中心名称	委外工序	交货天数	开工日期	完工日期	完成数量
1	0010	0001	塑料切割	是	否	是	0010	塑料切割中心	否	0	2017-04-14	2017-04-14	0.00
2	0020	0002	模压成型	是	否	是	0020	模压成型中心	否	0	2017-04-14	2017-04-14	0.00
3	0030	0003	表面处理	是	是	是	0030	表面处理中心	否	0	2017-04-14	2017-04-14	0.00

图 10-19　“生产订单工序资料”窗口

(2) 查阅其他生产订单行的工序资料。单击工具栏的“上张”、“下张”按钮，可查看其他生产订单行的工序资料，如图 10-19 所示。

(3) 退出。单击“生产订单工序资料维护”窗口的“关闭”按钮，退出该窗口。

提示：

- 在某一工序行右击，可维护或查询该工序的派工资料、资源资料和检验资料。
- 已转入车间管理子系统的生产订单，若已发生车间交易(工序转移单)，则不可整单被删除；转入车间管理子系统的生产订单如果未发生车间交易，则可被删除，删除时系统视同该生产订单未转车间管理子系统。
- 已转入车间管理子系统的生产订单，其某一工序若已发生车间交易(工序转移单)或库存交易(领/退料单)，则该工序不可被删除；如果删除了某一工序，系统应将其物料需求(生产订单子件)重新分配给工艺路线中的第一道工序，如果工艺路线中没有其他工序，则会分配给工序 0000。
- 在查询状态，若单击工具栏的“重排-整单”按钮，则可对该生产订单行(状态为已审核、未关闭)重新生成工序计划；若单击“重排-中点”按钮，则以表体中选定的生产订单(状态为已审核、未关闭)工序为中点工序，执行中点排程，即以该工序为结束工序，对以前各工序执行反向排程；同时，以该工序为起始工序，对以后各工序执行正向排程。

4. 填制与审核工序领料单

(1) 打开“材料出库单”窗口。在“企业应用平台”的“业务工作”页签，依次单击“供应链”→“库存管理”→“出库业务”→“材料出库单”菜单项，系统打开“材料出库单”窗口。

(2) 设置工序行号。单击工具栏的“增加”按钮，新增一张材料出库单，然后在表头单击“订单号”的参照按钮，并在系统弹出的“生单来源”对话框中，选择“工序领料”选项，然后单击“确认”按钮，系统打开“查询条件选择-过滤条件”对话框，设置其“工序行号”为 0010，如图 10-20 所示。

(3) 打开“订单生单列表【工序领料】”窗口。单击“确定”按钮，系统打开“订单生单列表【工序领料】”窗口，如图 10-21 所示。

(4) 编辑并保存信息。直接单击工具栏的“确定”按钮，系统返回“材料出库单”窗口，确认或设置“仓库”为“原材料仓库”、“出库类别”为“生产领料”和“部门”为“生产部”，编辑表体的“单价”为 1000，然后单击工具栏的“保存”按钮，如图 10-22 所示。

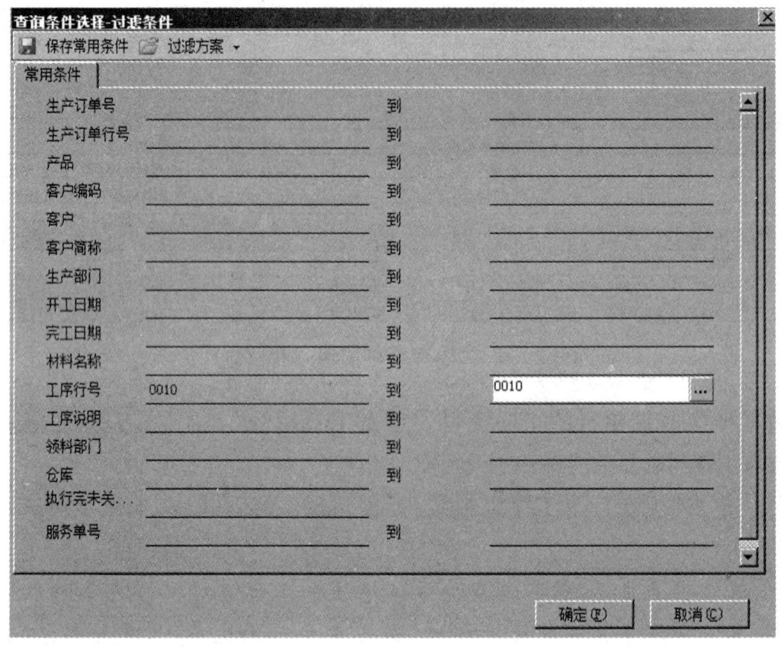

图 10-20　工序领料的“查询条件选择-过滤条件”对话框

选择	生产订单号	生产部门	产品编码	产品	主计量单位	生产数量	累计入库数量	本次领用套数	制单人
Y	0000000002		12200	镜腿	对	30.00	0.00	30.00	赵技巩
Y	0000000002		12200	镜腿	对	120.00	0.00	120.00	赵技巩
Y	0000000002		12200	镜腿	对	390.00	0.00	390.00	赵技巩
Y	0000000002		12200	镜腿	对	420.00	0.00	420.00	赵技巩
合计						960.00		960.00	

选择	仓库	材料编码	材料名称	已调拨数量	已...	主计量单位	应领料量	已领料量	未领料量	工序行号	工序说明
Y	原材料仓库	12210	塑料	0.00		千克	0.30	0.00	0.30	0010	塑料切割
Y	原材料仓库	12210	塑料	0.00		千克	1.20	0.00	1.20	0010	塑料切割
Y	原材料仓库	12210	塑料	0.00		千克	3.90	0.00	3.90	0010	塑料切割
Y	原材料仓库	12210	塑料	0.00		千克	4.20	0.00	4.20	0010	塑料切割
合计							9.60		9.60		

图 10-21　“订单生单列表【工序领料】”窗口

(5) 审核。单击工具栏的“审核”按钮，系统弹出信息框提示审核成功，单击“确定”按钮，审核通过该单据。

(6) 退出。单击“材料出库单”窗口的“关闭”按钮，退出该窗口。

5. 转移生产工序

工序转移单(逐笔)，可以在生产订单工序内和工序间移动被加工母件，以随时掌握母件在各工序的状态及其数量；可自动产生工序报检单(工序检验单和工序不良品处理单可自动

材料出库单

材料出库单打印

表体排序

蓝字

红字

合并显示

出库单号 0000000003

出库日期 2017-04-13

仓库 原材料仓库

订单号 0000000002

产品编码 12200

产量

生产批号

业务类型 领料

业务号

出库类别 生产领料

部门 生产部

委外商

审核日期

备注

	材料编码	材料名称	规格型号	主计量单位	数量	单价	金额	子件补料
1	12210	塑料		千克	0.30	1000.00	300.00	
2	12210	塑料		千克	1.20	1000.00	1200.00	
3	12210	塑料		千克	3.90	1000.00	3900.00	
4	12210	塑料		千克	4.20	1000.00	4200.00	

图 10-22　镜腿的“材料出库单”窗口

产生工序转移单)；工序转移可自动更新工序完成数量，并倒冲倒扣子件。

在车间管理中，可以使用“生产订单工序转移单”在工序内(工序内部状态之间移动)和工序间(工序之间工序状态移动)正向或反向移动被加工母件，移动处理可以自动更新工序完成数量，自动产生工序报检，以及倒冲倒扣子件。

操作步骤(逐笔地工序转移)：

(1) 打开“工序转移单(逐笔)”窗口。在“企业应用平台”的“业务工作”页签中，依次单击“生产制造”→“车间管理”→“交易处理”→“工序转移单(逐笔)”菜单项，系统打开“工序转移单(逐笔)”窗口，参见图 10-23。

(2) 由工序 0010 移入 0020。单击工具栏的“增加”按钮，新增一张工序转移单，然后参照生成“生产订单”为“…02”(因为操作顺序不同，您的可能是 03 等)的“行号”为 1 的生产订单，“移出工序”为 0010，“移入工序”为 0020，编辑“加工数量”为“生产数量”(30)，然后单击“保存”按钮，如图 10-23 所示。

工序转移单(逐笔)

工序转移单(逐笔)打印模版

单据号码 0000000001

单据日期 2017-04-13

移动类型 正向

生产订单 0000000002

行号 1

物料编码 12200

物料名称 镜腿

物料规格

计量单位 对

生产数量 30.00

备注

原因码

原因说明

移出工序 0010

工序说明 塑料切割

可用数量 0.00

移出状态 加工

工序转移 手动

是否移出检验 否

移入工序 0020

工序说明 模压成型

报告点 是

加工数量 30.00

工序单位编码

工序单位

检验数量 0.00

移入工序换算率

移入工序辅助量

合格数量 0.00

是否移入检验 否

拒绝数量 0.00

报废数量 0.00

工时记录单

制单人 赵技巩

制单日期 2017-04-13

修改人

修改日期

图 10-23　镜腿的“工序转移单(逐笔)”窗口

(3) 由工序 0020 移入 0030。再“增加”一张工序转移单，并参照生成“生产订单”…02 的“行号”为 1，“移出工序”为 0020，“移入工序”为 0030，编辑“加工数量”为“生产数量”，然后单击“保存”按钮。

(4) 由工序 0030 移入 0030(合格)。再“增加”一张工序转移单，并参照生成“生产订单”，“行号”为 1，“移出工序”为 0030，“移入工序”为 0030，编辑“合格数量”为“生产数量”，然后单击“保存”按钮，表明完成最后一道工序。

(5) 重复步骤(2)～(4)，完成镜腿生产订单的其他行号的工序转移。

(6) 退出。单击“工序转移单(逐笔)”窗口的“关闭”按钮，退出该窗口。

提示：

- 单击工具栏的“删除”按钮，可将当前工序转移单删除。删除约束条件为：未产生倒冲领料单、未产生工时记录单、未产生报检单、不是由工序检验单或工序不良品处理单自动产生。由工序流转卡报检或流转卡完工单自动生成的工序转移单，不可被删除。
- 录入工序转移单时，系统默认只参照设为报告点的工序，即移入/移出工序行号参照中不含非报告点工序，但可以手工录入非报告点工序。
- 库存管理子系统参照生产订单输入产品入库单时，系统默认该生产订单末道工序“合格”状态数量为产品入库单的本次入库数量。产品入库单保存时，所对应生产订单工序上的“合格”状态数量减少。反之，如果删除产品入库单或输入产品退库单，则其所对应的生产订单工序上“合格”状态数量增加。
- 将生产订单母件从倒冲工序的加工状态移动到相同工序的“检验”“合格”“拒绝”“报废”工序状态，或将母件从工序的任一工序状态移动到后续倒冲工序的任一工序状态时，系统将自动产生完工工序的工序倒冲子件，若其中工序完工包含有工序报废，系统还将工序报废部分倒冲本工序和以前各工序中的入库倒冲子件，并转库存管理子系统自动产生材料出库单。
- 当从工序“加工”状态移入同一工序“检验、合格、拒绝、报废”之任一状态，或从当前工序的“加工、检验、合格、拒绝”状态移入到本工序之后续工序的任何状态时，当移入数量之和大于移出工序状态可用数量时，如果生产制造参数中“超量完工控制”为“是”，则系统给予提示并不予通过，若生产制造参数中“超量完工控制”为“否”，则系统提示后给予通过。关于工序转移超量完工控制，系统优先考虑生产业务流程中“工序转移超量完工控制”设置，若未设置生产业务流程，则以上述生产制造参数中的设置为准。
- 工序正向转移时，系统自动带出下一道报告点工序作为移入工序，可改为非报告点工序，如果跨越该报告点工序，则当生产制造参数中“工序转移跨报告点控制”设为“否”时，系统给出提示，但可以通过；当生产制造参数中“工序转移跨报告点控制”设为“是”时，系统给出提示并不予通过。关于跨工序报告点控制，系统优先考虑生产业务流程中“工序转移跨报告点控制”设置，若未设置生产业务流程，则以上述生产制造参数中的设置为准。

【主要栏目说明】

- 移动类型：选择工序移动的类型，默认为“正向”，可改为“正向/反向”之一。正向移动，包括从工序“加工”状态移入同一工序其他任一状态，或同一工序内部非“加工”状态之间的相互移动，或从当前工序的任一状态移入到本工序的后续工序的任何状态；反向移动，包括从工序非“加工”状态移入同一工序的“加工”状态，或同一工序内部非“加工”状态之间的相互移动，或从当前工序的任一状态移入到本工序之前工序的任何状态。

- 生产订单/行号：输入要执行工序转移的生产订单，可参照生产订单档案输入，输入的“生产订单/行号”须已转车间管理子系统且未关闭。
- 计量单位：显示生产订单母件的主计量单位。
- 生产数量：显示该生产订单的生产数量。
- 移出工序：输入要移出生产订单的工序行号，可参照生产订单工序档案输入，输入的工序行号须在该生产订单中存在。
- 移出状态：选择要移出生产订单工序行号的状态。正向移动默认“加工”状态，反向移动无默认值，可改为“加工、检验、合格、拒绝、报废”之一，但如果“工序转移”为“自动”，则不可输入“检验”状态。
- 是否检验：指生产订单被移出(或移入)工序是否为检验工序，按生产订单工序资料中检验方式(免检/全检/破坏性抽检/非破坏性抽检)显示。
- 可用数量：显示该生产订单在该工序状态的当前数量(若该工序有辅助计量单位，则表示辅助单位可用数量)。执行工序移动时，被移出工序状态的可用数量减少、被移入工序状态的可用数量增加；如果移入数量大于移出工序状态的可用数量，则被移出工序状态的可用数量为负值，表示超量完成。
- 移入工序：输入要移入生产订单的工序行号，可参照生产订单工序档案输入。正向移动时默认移出工序行号可改，反向移动时无默认值；正向移动时不可小于移出工序行号，反向移动时则不可大于移出工序行号。
- 报告点：工序正向转移时，系统自动带出移出工序的下道报告点工序，作为移入工序，可改为非报告点工序，如果跨越该报告点工序，系统给出提示但可通过；反向移转时不默认移入工序，且允许跨越报告点工序。
- 加工/检验/合格/拒绝/报废：输入要移入“移入工序”的“加工/检验/合格/拒绝/报废”状态的数量，若有辅助计量单位，则加工/检验/合格/拒绝/报废数量都对应于移入工序单位。如果被移入工序为非检验工序，则不可移入该工序的检验状态；若是工序内部移动(即移入工序与移出工序相同)，则移入工序状态不可与移出工序状态相同。当从工序加工状态移入同一工序其他状态，或者从当前工序的非报废状态移入到本工序的后续工序的任何状态时，移入数量之和可以大于移出工序状态的可用数量；其他任何移动，移入数量不可大于移出工序状态的可用数量。

6. 查询生产订单工序转移单

(1) 打开“工序转移单明细表”窗口。在“车间管理”子系统中，依次单击“报表”→“工序转移单明细表”菜单项，系统打开“查询条件选择-工序转移单明细表”对话框，直接单击“确定”按钮，系统打开“工序转移单明细表”窗口，如图 10-24 所示。

(2) 退出。单击“工序转移单明细表”窗口的“关闭”按钮，退出该窗口。

工序转移单明细表

单据号… 到 单据日期: 2017-04-01 到 2017-04-13

单据号码	单据日期	移动类	生产订单	行	物料编	物料名	移出	移出工序说	移出状	移入	移入工序	加工数	合格数量
0000000001	2017/4/13	正向	0000000002	1	12200	镜腿	0010	塑料切割	加工	0020	模压成型	30.00	
0000000002	2017/4/13	正向	0000000002	1	12200	镜腿	0020	模压成型	加工	0030	表面处理	30.00	
0000000003	2017/4/13	正向	0000000002	1	12200	镜腿	0030	表面处理	加工	0030	表面处理		30.00
0000000004	2017/4/13	正向	0000000002	2	12200	镜腿	0010	塑料切割	加工	0020	模压成型	120.00	
0000000005	2017/4/13	正向	0000000002	2	12200	镜腿	0020	模压成型	加工	0030	表面处理	120.00	
0000000006	2017/4/13	正向	0000000002	2	12200	镜腿	0030	表面处理	加工	0030	表面处理		120.00
0000000007	2017/4/13	正向	0000000002	3	12200	镜腿	0010	塑料切割	加工	0020	模压成型	390.00	
0000000008	2017/4/13	正向	0000000002	3	12200	镜腿	0020	模压成型	加工	0030	表面处理	390.00	
0000000009	2017/4/13	正向	0000000002	3	12200	镜腿	0030	表面处理	加工	0030	表面处理		390.00
0000000010	2017/4/13	正向	0000000002	4	12200	镜腿	0010	塑料切割	加工	0020	模压成型	420.00	
0000000011	2017/4/13	正向	0000000002	4	12200	镜腿	0020	模压成型	加工	0030	表面处理	420.00	
0000000012	2017/4/13	正向	0000000002	4	12200	镜腿	0030	表面处理	加工	0030	表面处理		420.00

图 10-24 镜腿的“工序转移单明细表”窗口

7. 工序完工，填制与审核产成品入库单

(1) 打开“产成品入库单”窗口。在“企业应用平台”的“业务工作”页签，依次单击“供应链”→“库存管理”→“入库业务”→“产成品入库单”菜单项，系统打开“产成品入库单”窗口。

(2) 打开“生产订单入库生单列表”窗口。单击工具栏的“增加”按钮，新增一张产成品入库单，然后在表头单击“生产订单号”的参照按钮，并在系统打开的“查询条件选择-生产订单列表”对话框中，直接单击“确定”按钮，系统打开“生产订单入库生单列表”窗口。

(3) 选单。双击上窗格中第 1 行(“镜腿”所在行)的“选择”栏，然后单击工具栏的“确定”按钮，系统返回“产成品入库单”窗口，参见图 10-25。

(4) 编辑并保存信息。确认或设置表头的“仓库”为“半成品仓库”、“入库类别”为“半成品入库”和“部门”为“生产部”，编辑表体的“单价”为 12，然后单击工具栏的“保存”按钮，如图 10-25 所示。

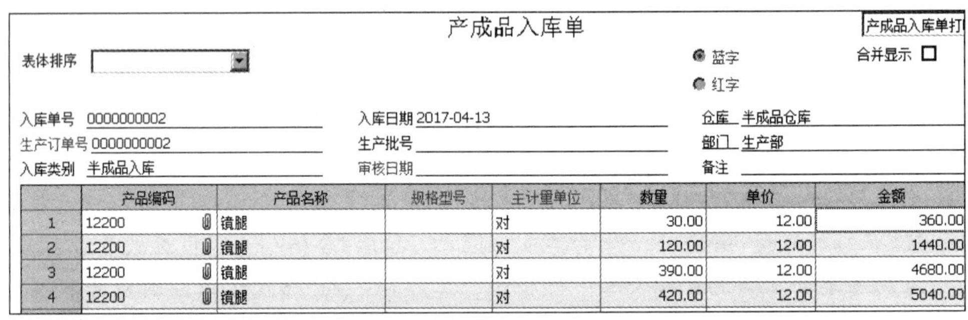
产成品入库单

表体排序　　蓝字　红字　合并显示

入库单号 0000000002　入库日期 2017-04-13　仓库 半成品仓库
生产订单号 0000000002　生产批号　部门 生产部
入库类别 半成品入库　审核日期　备注

	产品编码	产品名称	规格型号	主计量单位	数量	单价	金额
1	12200	镜腿		对	30.00	12.00	360.00
2	12200	镜腿		对	120.00	12.00	1440.00
3	12200	镜腿		对	390.00	12.00	4680.00
4	12200	镜腿		对	420.00	12.00	5040.00

图 10-25 镜腿的生产完工入库单

(5) 审核。单击工具栏的“审核”按钮，系统弹出信息框提示审核成功，单击“确定”按钮，审核通过该单据。

(6) 退出。单击“产成品入库单”窗口的“关闭”按钮，退出该窗口。

10.5 镜架和成品的生产管理

2017 年 4 月 14 日，生产部到仓库进行生产领料。完成镜架和亮康眼镜的生产任务，仓管部将生产完工的镜架和亮康眼镜验收入库。

重要提示：本实验的操作，请根据物料清单结构图，从下向上逐一按照生产订单领料单进行生产领料，然后进行半成品和产成品的完工入库。

生产领料和完工入库需要交叉进行，如镜架领料生产后需要先入库，才能进行亮康眼镜的生产领料，否则亮康眼镜进行生产领料时缺料。

本账套中领料出库和完工入库的物料单价见表 10-1。

表 10-1 本账套的出入库物料单价

存货名称	单　价	存货名称	单　价
亮康眼镜	160	塑料	1000
镜片	70	镜片树脂	6000
镜架	50	鼻托	20
镜框	12	硅胶	1600
镜腿	12	螺钉	1

1. 操作流程

图 10-26 是镜架和亮康眼镜生产领料与完工入库的操作流程，相应的视频网址为 https://pan.baidu.com/s/1RYhQLt7jZn9lFsZJD9I55g 提取码：eh69。

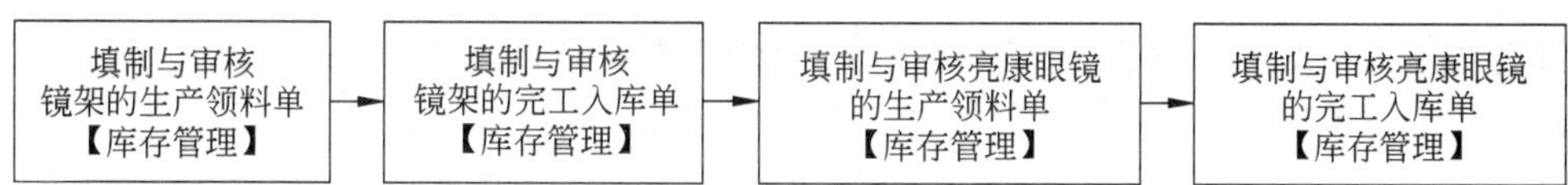

图 10-26　10.5 节的操作流程

确认系统日期和业务日期为 2017 年 4 月 14 日。

2. 镜架按生产订单进行领料，填制与审核材料出库单

(1) 打开"材料出库单"窗口。在"企业应用平台"的"业务工作"页签，依次单击"供应链"→"库存管理"→"出库业务"→"材料出库单"菜单项，系统打开"材料出库单"窗口。

(2) 打开"生产领料出库生单列表"窗口。单击工具栏的"增加"按钮，新增一张材料出库单，然后在表头单击"订单号"的参照按钮，在系统弹出的"生单来源"对话框中，因默认选中"生产订单"类型，所以直接单击"确认"按钮，并在系统弹出的"查询条件选择-父项过滤条件"对话框中，直接单击"确定"按钮，系统打开"生产领料出库生单列表"窗口，参见图 10-12。

(3) 选单。双击上窗格中"镜架"所在行(共 4 行)的"选择"栏，以选择父项为"镜架"的生产订单的领料信息。

(4) 编辑信息。单击工具栏的"确定"按钮，系统返回"材料出库单"窗口，确认或设置表头的"仓库"为"半成品仓库"、"出库类别"为"生产领料"和"部门"为"生产部"，编辑表体的"镜框"的"单价"为 12、"镜腿"的"单价"为 12、"鼻托"的"单价"为 20、"螺钉"的"单价"为 1，其他项为默认值。

(5) 保存与审核。单击工具栏的"保存"、"审核"按钮，审核通过该材料出库单，如

图 10-27 所示。

材料出库单

表体排序 　　　　　◉ 蓝字　◉ 红字　　　材料出库单打印　合并显示 □

出库单号 0000000004　出库日期 2017-04-14　仓库 半成品仓库

订单号 0000000003　产品编码 12000　产量

生产批号　业务类型 领料　业务号

出库类别 生产领料　部门 生产部　委外商

审核日期 2017-04-14　备注

	材料编码	材料名称	规格型号	主计量单位	数量	单价	金额	子件补料申请单
1	12100	镜框		个	30.00	12.00	360.00	
2	12200	镜腿		对	30.00	12.00	360.00	
3	12300	鼻托		对	30.00	20.00	600.00	
4	13000	螺钉		颗	60.00	1.00	60.00	
5	12100	镜框		个	120.00	12.00	1440.00	
6	12200	镜腿		对	120.00	12.00	1440.00	
7	12300	鼻托		对	120.00	20.00	2400.00	
8	13000	螺钉		颗	240.00	1.00	240.00	
9	12100	镜框		个	390.00	12.00	4680.00	
10	12200	镜腿		对	390.00	12.00	4680.00	
11	12300	鼻托		对	390.00	20.00	7800.00	
12	13000	螺钉		颗	780.00	1.00	780.00	
13	12100	镜框		个	420.00	12.00	5040.00	
合计					4800.00		44160.00	

图 10-27　镜架的“材料出库单”窗口(部分截图)

(6) 退出。单击“材料出库单”窗口的“关闭”按钮,退出该窗口。

3. 镜架生产完工入库

(1) 打开“产成品入库单”窗口。在“库存管理”子系统中,依次单击“入库业务”→“产成品入库单”菜单项,系统打开“产成品入库单”窗口。

(2) 打开“生产订单入库生单列表”窗口。单击工具栏的“增加”按钮,新增一张产成品入库单,然后在表头单击“生产订单号”的参照按钮,在系统打开的“查询条件选择-生产订单列表”对话框中,直接单击“确定”按钮,系统打开“生产订单入库生单列表”窗口,参见图 10-14。

(3) 选单。双击上窗格中第 1 行(“镜架”所在行)的“选择”栏,选择镜架的生产订单。

(4) 编辑并保存信息。单击工具栏的“确定”按钮,系统返回“产成品入库单”窗口,确认或设置表头的“仓库”为“半成品仓库”、“入库类别”为“半成品入库”和“部门”为“生产部”,编辑表体“镜架”的“单价”为 50,然后单击工具栏的“保存”按钮,如图 10-28 所示。

产成品入库单

表体排序 　　　　　◉ 蓝字　◉ 红字　　　产成品入　合并显示

入库单号 0000000003　入库日期 2017-04-14　仓库 半成品仓库

生产订单号 0000000003　生产批号　部门 生产部

入库类别 半成品入库　审核日期 2017-04-14　备注

	产品编码	产品名称	规格型号	主计量单位	数量	单价	金额
1	12000	镜架		个	30.00	50.00	1500.00
2	12000	镜架		个	120.00	50.00	6000.00
3	12000	镜架		个	390.00	50.00	19500.00
4	12000	镜架		个	420.00	50.00	21000.00

图 10-28　镜架的“产成品入库单”窗口

(5) 审核。单击工具栏的“审核”按钮,系统弹出信息框提示审核成功,单击“确定”按钮，审核通过该单据。

(6) 退出。单击“产成品入库单”窗口的“关闭”按钮，退出该窗口。

4. 亮康眼镜按生产订单进行领料

(1) 打开“材料出库单”窗口。

(2) 打开“生产领料出库生单列表”窗口。单击工具栏的“增加”按钮，新增一张材料出库单，然后在表头单击“订单号”的参照按钮，在系统弹出的“生单来源”对话框中，因默认选中“生产订单”类型，所以直接单击“确认”按钮，并在系统弹出的“查询条件选择-父项过滤条件”对话框中，直接单击“确定”按钮，系统打开“生产领料出库生单列表”窗口。

(3) 选单。单击工具栏的“全选”按钮，以选择父项为“亮康眼镜”的生产订单的领料信息。

(4) 编辑信息。单击工具栏的“确定”按钮，系统返回“材料出库单”窗口，确认或设置表头的“仓库”为“半成品仓库”、“出库类别”为“生产领料”和“部门”为“生产部”，编辑表体的“镜片”的“单价”为70、“镜架”的“单价”为50、“螺钉”的“单价”为1，其他项默认。

(5) 保存与审核。单击工具栏的“保存”、“审核”按钮，审核通过该材料出库单，如图10-29所示。

材料出库单

材料出库单打印模

表体排序

蓝字　红字　合并显示

出库单号 0000000005　出库日期 2017-04-14　仓库 半成品仓库

订单号 0000000005　产品编码 10000　产量

生产批号　业务类型 领料　业务号

出库类别 生产领料　部门 生产部　委外商

审核日期　备注

	材料编码	材料名称	规格型号	主计量单位	数量	单价	金额	子件补料申请单
1	11000	镜片		对	30.00	70.00	2100.00	
2	12000	镜架		个	30.00	50.00	1500.00	
3	13000	螺钉		颗	60.00	1.00	60.00	
4	11000	镜片		对	120.00	70.00	8400.00	
5	12000	镜架		个	120.00	50.00	6000.00	
6	13000	螺钉		颗	240.00	1.00	240.00	
7	11000	镜片		对	390.00	70.00	27300.00	
8	12000	镜架		个	390.00	50.00	19500.00	
9	13000	螺钉		颗	780.00	1.00	780.00	
10	11000	镜片		对	420.00	70.00	29400.00	
11	12000	镜架		个	420.00	50.00	21000.00	
12	13000	螺钉		颗	840.00	1.00	840.00	
13								
合计					3840.00		117120.00	

图10-29　亮康眼镜的“材料出库单”窗口

(6) 退出。单击“材料出库单”窗口的“关闭”按钮，退出该窗口。

5. 亮康眼镜生产完工入库

(1) 打开“产成品入库单”窗口。

(2) 打开“生产订单入库生单列表”窗口。单击工具栏的“增加”按钮，新增一张产成品入库单，然后在表头单击“生产订单号”的参照按钮，在系统打开的“查询条件选择-生产订单列表”对话框中，直接单击“确定”按钮，系统打开“生产订单入库生单列表”窗口。

(3) 选单。双击上窗格中第1行(“亮康眼镜”所在行)的“选择”栏，选择亮康眼镜的生产订单。

(4) 编辑并保存信息。单击工具栏的“确定”按钮，系统返回“产成品入库单”窗口，确认或设置表头的“仓库”为“产成品仓库”、“入库类别”为“产成品入库”和“部门”为“生产部”，编辑表体“亮康眼镜”的“单价”为160，然后单击工具栏的“保存”按钮，如图10-30所示。

图10-30 亮康眼镜的“产成品入库单”窗口

(5) 审核。单击工具栏的“审核”按钮，系统弹出信息框提示审核成功，单击“确定”按钮，审核通过该单据。

(6) 退出。单击“产成品入库单”窗口的“关闭”按钮，退出该窗口。

10.6 实验报告内容

(1) 通过“生产订单整批处理”，查看你的生产订单，并将结果界面截图后粘贴在实验报告中。

(2) 按生产订单行号，查看你的生产订单用料分析表(任意一个物料)，并将结果界面截图后粘贴在实验报告中。

(3) 查看你的工序转移单明细表，并将结果界面截图后粘贴在实验报告中。

(4) 查看你的材料出库单列表，并将结果界面截图后粘贴在实验报告中。

(5) 查看你的产成品入库单列表，并将结果界面截图后粘贴在实验报告中。

(6) 列出生产管理中生产订单的状态，并说明它们之间的转换操作。

(7) 列出委外完工入库与生产完工入库的不同点。

(8) 列出生产领料、委外领料与工序领料作用的异同。

(9) 列出生产领料与工序领料操作步骤的不同点。

第 11 章　销售与账务处理

用友 ERP-U8 的销售管理，提供了报价、订货、发货、开票的完整销售流程管理，支持普通销售、委托代销、分期收款、直运、零售等多种类型的销售业务，以及销售退货等逆向业务。

普通销售又可分为先发货后开票业务和开票直接发货业务。先发货后开票业务，是指根据销售订单或其他销售合同，向客户先发出货物，然后根据发货单开票的业务。发货单作为仓库出货及填制销售发票的依据，可以对应企业的专用票据，如销售小票、提货单、发送单等。

开票直接发货业务，是指根据销售订单或其他销售合同，向客户开具销售发票，客户根据发票到指定仓库提货。一般流程是销售部门根据销售订单生成销售发票，客户或送货人依据销售发票中某联到仓库提货。在实际业务中仓库依据销售发票中某联作为出货依据，但用友 ERP-U8 系统会自动生成销售发货单，并根据参数设置自动或手工生成销售出库单。

本章的实验是将生产完工的产品销售出库，并进行生产成本、销售成本的核算，以及收付款处理与核销。本章的操作，应该是在业务发生当日、由账套主管赵技巩（或者读者本人）登录到“企业应用平台”，并在第 10 章完成的账套中，在销售管理、库存管理、存货核算、应收款管理和应付款管理模块中进行。

在每笔业务的实验操作前，需要将系统时间调整为业务日期。如果没有调整系统时间，则在登录“企业应用平台”时需要修改“操作日期”为业务日期；如果操作日期与账套建账时间之间的跨度超过 3 个月，则该账套在演示版状态下不能执行任何操作。

如果没有完成第 10 章的生产订单与车间管理操作，可以到百度网盘空间（网盘地址为 https://pan.baidu.com/s/1RYhQLt7jZn9lFsZJD9I55g 提取码：eh69）的“实验账套数据”文件夹中，将“10 生产与车间管理.rar”下载到实验用机上，然后“引入”（操作步骤详见 1.3.5 节）到 ERP-U8 系统。而且，本章完成的账套，其输出的压缩文件名为“11 销售与账务处理.rar”。

需要说明的是，因百度网盘中的账套备份文件均为压缩文件，所以下载完成引入前，需要用解压缩工具进行解压（建议用 WinRAR 3.42 或以上版本），得到相应可以引入的账套数据文件。

本章的授课时间，建议讲课 2 学时、实验 2 学时。理论部分主要讲解销售管理、存货核算、应收款管理和应付款管理的单据流与操作流。若希望更深入地学习销售管理和存货核算的理论与操作，请参阅本系列教程之《企业供应链基础应用——基于用友 ERP 产品微课教程》或《企业供应链高级应用——基于用友 ERP 产品微课教程》。若希望掌握财务业务的综合操作，请参阅本系列教程之《企业会计信息化应用——基于用友 ERP 产品微课教程》。

本章的实验目的与要求如下：

• 熟练掌握普通销售业务的操作流程。

- 熟练掌握材料成本核算的操作流程。
- 理解并掌握应收与收款的操作流程。
- 掌握相关账表的查询。

11.1 销售开票与发货出库

本节应用开票直接发货的业务模式，完成 XS001 的销售开票、出库和应收确认操作；应用先发货后开票模式，完成 XS002 的销售发货、出库、开票和现结操作。

11.1.1 开票直接发货

2017 年 4 月 14 日，批发部依据销售合同 XS001，开具销售发票（票号 XS3067，价税合计 26 910 元），当日完成发货和出库。财务部确认了销售应收款，但还没有结转销售成本和收款。

本笔业务是一次销售全部发货出库的开票直接发货业务，需要填制并复核销售发票、查阅发货单和审核出库单；销售应收审核与制单。因 2017 年 4 月 16 日是星期日，所以提前到 2017 年 4 月 14 日。

1. 操作流程

图 11-1 是 11.1 节开票直接发货业务的操作流程，相应的视频网址为 https://pan.baidu.com/s/1RYhQLt7jZn9lFsZJD9I55g 提取码：eh69。

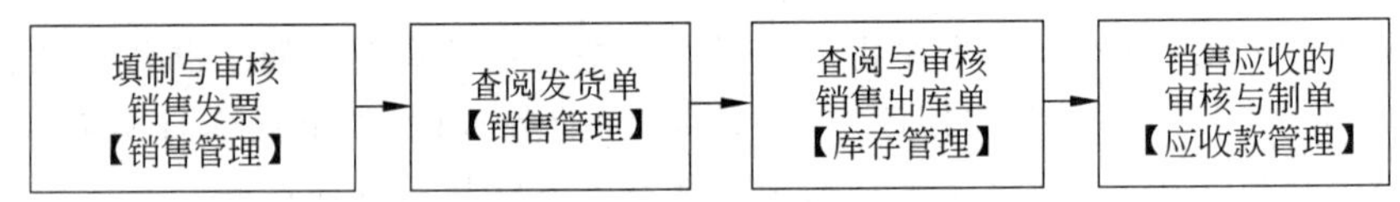

图 11-1　11.1 节的操作流程

确认系统日期和业务日期为 2017 年 4 月 14 日。

2. 填写并复核销售专用发票

（1）打开“销售专用发票”窗口。在“企业应用平台”的“业务工作”页签，依次单击“供应链”→“销售管理”→“销售开票”→“销售专用发票”菜单项，系统打开“销售专用发票”窗口，参见图 11-3。

（2）打开“参照生单”窗口。单击工具栏的“增加”按钮，系统弹出“查询条件选择-发票参照发货单”对话框，因为本业务是参照订单开票，所以单击“取消”按钮，系统返回“销售专用发票”窗口；再单击工具栏的“生单/参照订单”命令，系统弹出“查询条件选择-参照订单”对话框，直接单击“确定”按钮，系统打开“参照生单”窗口，参见图 11-2。

（3）选单。双击“订单号”为 XS001 所在行的“选择”栏，以使其出现 Y 字样。

（4）编辑发票。单击“参照生单”窗口工具栏的“确定”按钮，系统返回“销售专用发票”窗口，编辑其“发票号”为 XS3067，其他项默认。

（5）保存并复核。单击工具栏的“保存”和“复核”按钮，如图 11-3 所示。

（6）退出。单击“销售专用发票”窗口的“关闭”按钮，退出该窗口。

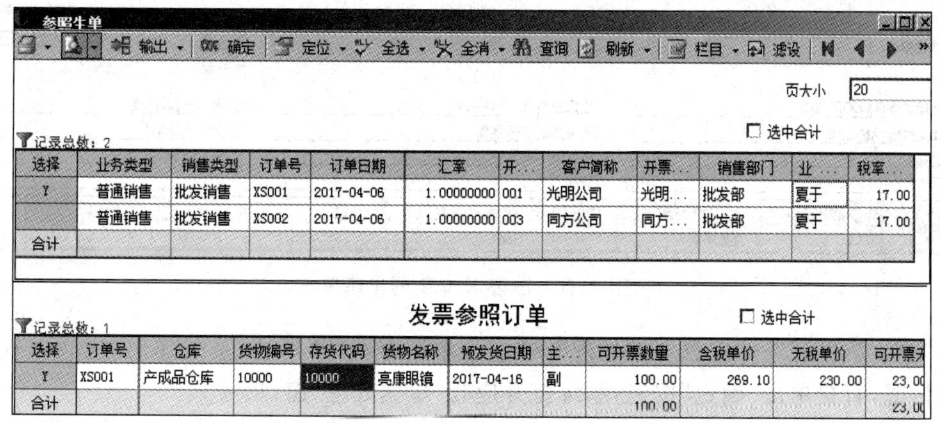

图 11-2 “参照生单”(参照“销售订单”)窗口

图 11-3 销售 XS001 的发票

3. 查阅发货单

(1) 打开销售“发货单”窗口。在“销售管理”子系统中,依次单击“销售发货”→“发货单”菜单项,系统打开销售“发货单”窗口。

(2) 查阅发货单。单击工具栏的“上张”按钮,可以查找到相应的发货单,该发货单由系统自动生成并审核。

(3) 退出。单击销售“发货单”窗口的“关闭”按钮,退出该窗口。

4. 查阅并审核销售出库单

(1) 打开“销售出库单”窗口。在“企业应用平台”的“业务工作”页签,依次单击“供应链”→“库存管理”→“出库业务”→“销售出库单”菜单项,系统打开“销售出库单”窗口。

(2) 查阅出库单。单击工具栏的“末张”按钮,可以查找到相应的销售出库单,该销售出库单由系统自动生成,如图 11-4 所示。

(3) 审核。单击工具栏的“审核”按钮,系统弹出“该单据审核成功!”信息提示框,单击“确定”按钮返回“销售出库单”窗口。

(4) 退出。单击“销售出库单”窗口的“关闭”按钮,退出该窗口。

5. 销售应收单据的审核与制单

(1) 打开“单据处理”窗口。在“企业应用平台”的“业务工作”页签,依次单击“财务会

销售出库单

销售出库单

表体排序

◉ 蓝字　合并显示 □

◉ 红字

出库单号 0000000001　出库日期 2017-04-14　仓库 产成品仓库

出库类别 销售出库　业务类型 普通销售　业务号 XS3067

销售部门 批发部　业务员 夏于　客户 光明公司

审核日期 2017-04-14　备注

	存货编码	存货名称	规格型号	主计量单位	数量	单价	金额
1	10000	亮康眼镜		副	100.00	160.00	16000.00

图 11-4　销售 XS001 的出库单

计”→“应收款管理”→“应收单据处理”→“应收单据审核”菜单项，系统弹出“应收单查询条件”对话框，直接单击“确定”按钮，系统打开应收“单据处理”窗口。

(2) 查阅应收单据。在“单据处理”窗口中，系统已列出本业务的销售专用发票，双击该单据所在行，系统打开“销售发票”窗口，并默认显示本业务的销售发票。

(3) 审核。单击工具栏的“审核”按钮，系统完成审核并弹出信息框提示“是否立即制单?”。

(4) 制单。单击信息框的“是”按钮，系统打开“填制凭证”窗口，并默认显示凭证的信息为借记：应收账款，贷记：主营业务收入、销项税额，参见图 11-5。

(5) 保存凭证。单击工具栏的“保存”按钮，保存该凭证，如图 11-5 所示。

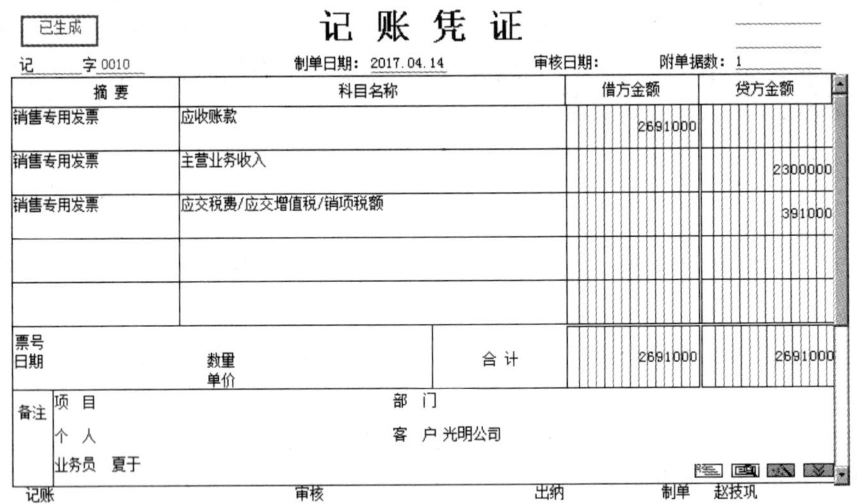

已生成

记账凭证

记　字 0010　制单日期：2017.04.14　审核日期：　附单据数：1

摘要	科目名称	借方金额	贷方金额
销售专用发票	应收账款	2691000	
销售专用发票	主营业务收入		2300000
销售专用发票	应交税费/应交增值税/销项税额		391000
票号 日期　数量 单价	合计	2691000	2691000

备注　项目　部门

个人　客户 光明公司

业务员 夏于

记账　审核　出纳　制单 赵技巩

图 11-5　销售 XS001 的发票制单结果

(6) 退出。单击“填制凭证”、“销售发票”和“单据处理”窗口的“关闭”按钮，退出窗口。

11.1.2　先发货后开票

2017 年 4 月 14 日，销售批发部依据销售合同 XS002，发货亮康眼镜 400 副，仓管部完成出库。

2017 年 4 月 21 日，销售部依据财务部开具的销售发票(票号 XS3068，价税合计 102 960 元)和银行的入账通知单(同方公司用转账支票转入 102 960 元，票号 13100651)，填制、现结并复核销售发票。财务部完成销售收入确认,销售成本尚未结转。

本笔业务是一次销售全部发货出库的先发货后开票业务,需要填制并审核销售发货单,审核出库单,填制、现结并复核销售发票,销售收入确认。

1. 操作流程

图 11-6 是先发货后开票的操作流程,相应的视频网址为 https://pan.baidu.com/s/1RYhQLt7jZn9lFsZJD9I55g 提取码:eh69。

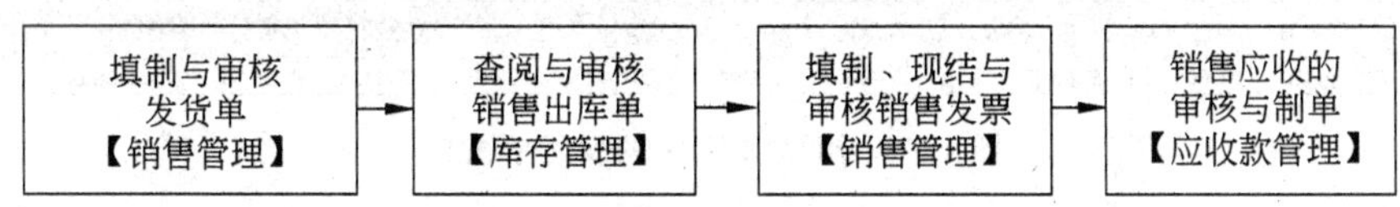

图 11-6　11.1.2 节的操作流程

确认系统日期和业务日期为 2017 年 4 月 14 日。

2. 填制并审核发货单

(1) 打开销售"发货单"窗口。在"销售管理"子系统中,依次单击"销售发货"→"发货单"菜单项,系统打开销售"发货单"窗口。

(2) 打开"参照生单"窗口。单击工具栏的"增加"按钮,系统打开"查询条件选择-参照订单"对话框,直接单击"确定"按钮,系统打开"参照生单"("发货单参照订单")窗口,参见图 11-7。

(3) 选单。在"参照生单"窗口的上窗格中,双击"订单号"为 XS002 所在行的"选择"栏,如图 11-7 所示。

参照生单

输出 确定 定位 全选 全消 查询 刷新 栏目 滤设

页大小 20

选中合计

记录总数:1

选择	业务类型	销售类型	订单号	订单日期	币名	汇率	开票单位编码	客户简称	开票单位名称
Y	普通销售	批发销售	XS002	2017-04-06	人民币	1.00000000	003	同方公司	同方公司
合计									

发货单参照订单

选中合计

记录总数:1

选择	订单号	订单行号	仓库	货物编号	存货代码	货物名称	规格型号	预发货日期	主计量单位
Y	XS002	1	产成品仓库	10000	10000	亮康眼镜		2017-04-22	副
合计									

图 11-7　销售 XS002 的发货单参照订单窗口

(4) 生成。单击"参照生单"窗口工具栏的"确定"按钮,系统返回"发货单"窗口,参见图 11-8。

(5) 保存与审核。单击工具栏的"保存"按钮和"审核"按钮,完成销售发货业务,如图 11-8 所示。

(6) 退出。单击"发货单"窗口的"关闭"按钮,退出该窗口。

3. 查阅并审核销售出库单

(1) 打开"销售出库单"窗口。在"企业应用平台"的"业务工作"页签,依次单击"供应

发货单

打印模版 发货单打印模版

表体排序

合并显示

发货单号 0000000002　发货日期 2017-04-14　业务类型 普通销售

销售类型 批发销售　订单号 XS002　发票号

客户简称 同方公司　销售部门 批发部　业务员 夏于

发货地址　发运方式　付款条件

税率 17.00　币种 人民币　汇率 1

备注

	仓库名称	存货编码	存货名称	主计量	数量	报价	含税单价	无税单价	无税金额	税额	价税合计	税率（%）
1	产成品仓库	10000	亮康眼镜	副	400.00	220.00	257.40	220.00	88000.00	14960.00	102960.00	17.00

图 11-8　销售 XS002 的发货单窗口

链”→“库存管理”→“出库业务”→“销售出库单”菜单项，系统打开“销售出库单”窗口。

（2）查阅出库单。单击工具栏的“末张”按钮，可以查找到相应的销售出库单，该销售出库单由系统自动生成，如图 11-9 所示。

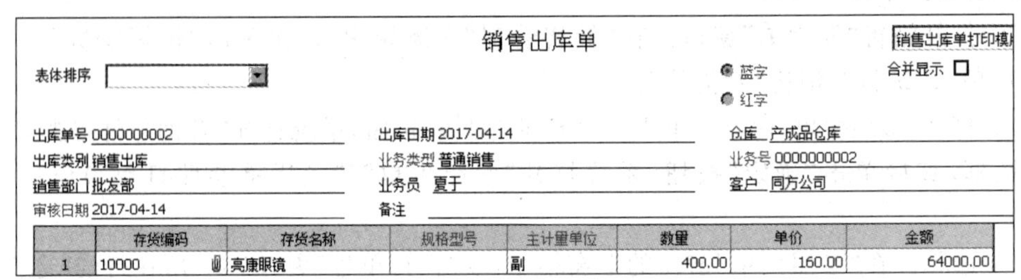

销售出库单

销售出库单打印模

表体排序

蓝字

红字

合并显示

出库单号 0000000002　出库日期 2017-04-14　仓库 产成品仓库

出库类别 销售出库　业务类型 普通销售　业务号 0000000002

销售部门 批发部　业务员 夏于　客户 同方公司

审核日期 2017-04-14　备注

	存货编码	存货名称	规格型号	主计量单位	数量	单价	金额
1	10000	亮康眼镜		副	400.00	160.00	64000.00

图 11-9　销售 XS002 的出库单

（3）审核。单击工具栏的“审核”按钮，系统弹出“该单据审核成功！”信息提示框，单击“确定”按钮返回“销售出库单”窗口。

（4）退出。单击“销售出库单”窗口的“关闭”按钮，退出该窗口。

确认系统日期和业务日期为 2017 年 4 月 21 日。

4. 填制、现结并复核销售专用发票

（1）打开“销售专用发票”窗口。在“销售管理”子系统中，依次单击“销售开票”→“销售专用发票”菜单项，系统打开“销售专用发票”窗口，参见图 11-10。

（2）打开“参照生单”窗口。单击工具栏的“增加”按钮，系统弹出“查询条件选择-发票参照发货单”对话框，直接单击“确定”按钮，系统打开“参照生单”窗口。

（3）选单。双击“订单号”为 XS002 所在行的“选择”栏，以使其出现 Y 字样。

（4）编辑并保存发票。单击“参照生单”窗口工具栏的“确定”按钮，系统返回“销售专用发票”窗口，编辑其“发票号”为 XS3068，其他项为默认值，单击工具栏的“保存”按钮，参见图 11-10。

（5）现结。单击工具栏的“现结”按钮，系统弹出“现结”对话框，选择其“结算方式”为“转账支票”，编辑其“原币金额”为 102960、“票据号”为 13100651，然后单击“确定”按钮，系统返回“销售专用发票”窗口，如图 11-10 所示。

（6）复核。单击工具栏的“复核”按钮，完成复核工作。

（7）退出。单击“销售专用发票”窗口的“关闭”按钮，退出该窗口。

现结	销售专用发票	打印模版 销售专用发票打印
表体排序		合并显示 □
发票号 XS3068	开票日期 2017-04-21	业务类型 普通销售
销售类型 批发销售	订单号 XS002	发货单号 0000000002
客户简称 同方公司	销售部门 批发部	业务员 夏于
付款条件	客户地址 北京海淀成府路3号	联系电话 010-82338278
开户银行 光大银行海淀支行	账号 6227000526782987973	税号 200121554863995
币种 人民币	汇率 1	税率 17.00
备注		

	仓库名称	存货编码	存货名称	主计量	数量	报价	含税单价	无税单价	无税金额	税额	价税合计	税率(%)
1	产成品仓库	10000	亮康眼镜	副	400.00	220.00	257.40	220.00	88000.00	14960.00	102960.00	17.00

图 11-10　销售 XS002 的销售发票窗口

5. 销售应收单据的审核与制单

（1）打开“单据处理”窗口。在“企业应用平台”的“业务工作”页签中，依次单击“财务会计”→“应收款管理”→“应收单据处理”→“应收单据审核”菜单项，系统弹出“应收单查询条件”对话框，增加选择其“包括已现结发票”复选框，然后单击“确定”按钮，系统打开应收“单据处理”窗口。

（2）查阅应收单据。在“单据处理”窗口中，系统已列出本业务的销售专用发票，双击该单据所在行，系统打开“销售发票”窗口，并默认显示本业务的销售发票。

（3）审核。单击工具栏的“审核”按钮，系统完成审核并弹出信息框提示“是否立即制单?”。

（4）制单。单击信息框的“是”按钮，系统打开“填制凭证”窗口，并默认显示凭证的信息为借记：工行存款，贷记：主营业务收入、销项税额，参见图 11-11。

（5）保存凭证。单击工具栏的“保存”按钮，保存该凭证，如图 11-11 所示。

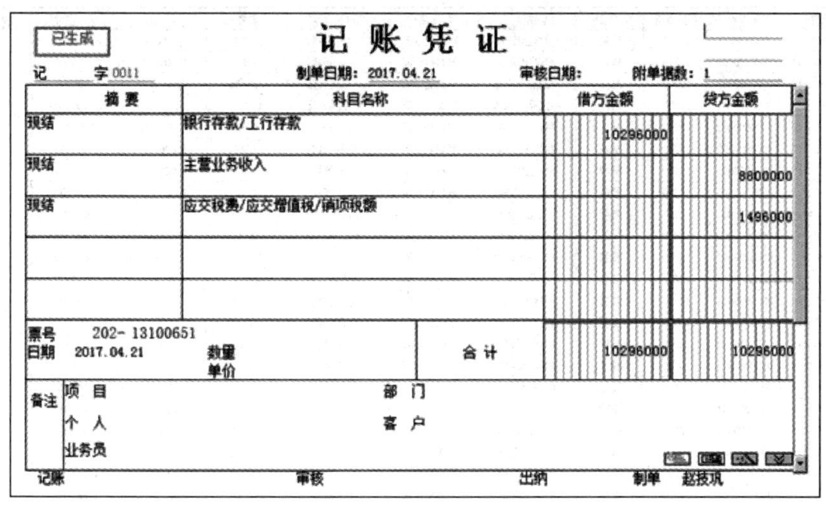

已生成

记账凭证

记 字 0011　　制单日期：2017.04.21　　审核日期：　　附单据数：1

摘要	科目名称	借方金额	贷方金额
现结	银行存款/工行存款	10296000	
现结	主营业务收入		8800000
现结	应交税费/应交增值税/销项税额		1496000
票号 202- 13100651 日期 2017.04.21	数量 单价　　合计	10296000	10296000

备注　项目　　部门

个人　　客户

业务员

记账　审核　出纳　制单　赵技巩

图 11-11　销售 XS002 的现结发票制单结果

（6）退出。单击“填制凭证”、“销售发票”和“单据处理”窗口的“关闭”按钮，退出窗口。

11.2　生产成本核算与销售成本结转

2017 年 4 月 21 日，财务部进行生产成本核算和销售成本结转。

本笔业务是生产成本核算和销售成本结转业务，需要进行正常单据记账，材料出库单、产成品入库单和销售出库单的存货制单。

为降低实验工作量，本实验要求所有的材料出库单合并制单，所有的产成品入库单合并制单。但销售成本结转时不合并制单。

1. 操作流程

图 11-12 是生产成本核算和销售成本结转的操作流程，相应的视频网址为 https://pan.baidu.com/s/1RYhQLt7jZn9lFsZJD9I55g 提取码：eh69。

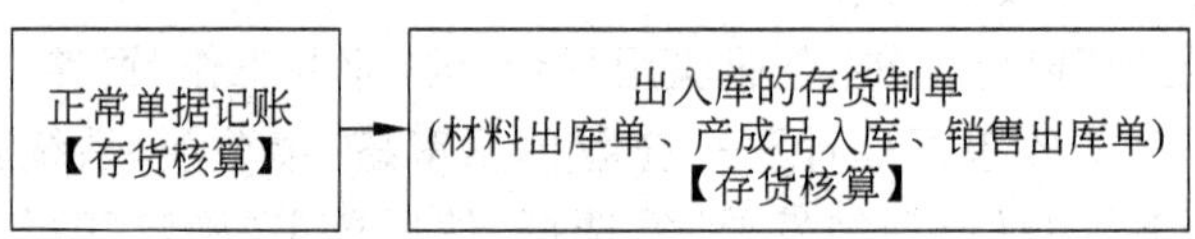

图 11-12　11.2 节的操作流程

确认系统日期和业务日期为 2017 年 4 月 21 日。

2. 正常单据记账

(1) 打开“未记账单据一览表”窗口。在“企业应用平台”的“业务工作”页签，依次单击“供应链”→“存货核算”→“业务核算”→“正常单据记账”菜单项，弹出“查询条件选择”对话框，直接单击“确定”按钮，打开“未记账单据一览表”窗口，如图 11-13 所示。

简易桌面　未记账单据一览表 ×

正常单据记账列表

记录总数：50

选择	日期	单据号	存货编码	存货名称	单据类型	仓库名称	收发类别	数量	单价	金额	计量单位
	2017-04-11	0000000002	12310	硅胶	材料出库单	原材料仓库	生产领料	3.90	1,600.00	6,240.00	千克
	2017-04-11	0000000002	12310	硅胶	材料出库单	原材料仓库	生产领料	4.20	1,600.00	6,720.00	千克
	2017-04-13	0000000001	12300	鼻托	产成品入库单	半成品仓库	半成品入库	390.00	20.00	7,800.00	对
	2017-04-13	0000000001	12300	鼻托	产成品入库单	半成品仓库	半成品入库	420.00	20.00	8,400.00	对
	2017-04-13	0000000003	12210	塑料	材料出库单	原材料仓库	生产领料	0.30	1,000.00	300.00	千克
	2017-04-13	0000000003	12210	塑料	材料出库单	原材料仓库	生产领料	1.20	1,000.00	1,200.00	千克
	2017-04-13	0000000003	12210	塑料	材料出库单	原材料仓库	生产领料	3.90	1,000.00	3,900.00	千克
	2017-04-13	0000000003	12210	塑料	材料出库单	原材料仓库	生产领料	4.20	1,000.00	4,200.00	千克
	2017-04-13	0000000002	12200	镜腿	产成品入库单	半成品仓库	半成品入库	30.00	12.00	360.00	对
	2017-04-13	0000000002	12200	镜腿	产成品入库单	半成品仓库	半成品入库	120.00	12.00	1,440.00	对
	2017-04-13	0000000002	12200	镜腿	产成品入库单	半成品仓库	半成品入库	390.00	12.00	4,680.00	对
	2017-04-13	0000000002	12200	镜腿	产成品入库单	半成品仓库	半成品入库	420.00	12.00	5,040.00	对
	2017-04-14	0000000004	12100	镜框	材料出库单	半成品仓库	生产领料	30.00	12.00	360.00	个
	2017-04-14	0000000004	12200	镜腿	材料出库单	半成品仓库	生产领料	30.00	12.00	360.00	对
	2017-04-14	0000000004	12300	鼻托	材料出库单	半成品仓库	生产领料	30.00	20.00	600.00	对
	2017-04-14	0000000004	13000	螺钉	材料出库单	半成品仓库	生产领料	60.00	1.00	60.00	颗
	2017-04-14	0000000004	12100	镜框	材料出库单	半成品仓库	生产领料	120.00	12.00	1,440.00	个
	2017-04-14	0000000004	12200	镜腿	材料出库单	半成品仓库	生产领料	120.00	12.00	1,440.00	对
	2017-04-14	0000000004	12300	鼻托	材料出库单	半成品仓库	生产领料	120.00	20.00	2,400.00	对
	2017-04-14	0000000004	13000	螺钉	材料出库单	半成品仓库	生产领料	240.00	1.00	240.00	颗
	2017-04-14	0000000004	12100	镜框	材料出库单	半成品仓库	生产领料	390.00	12.00	4,680.00	个
	2017-04-14	0000000004	12200	镜腿	材料出库单	半成品仓库	生产领料	390.00	12.00	4,680.00	对
	2017-04-14	0000000004	12300	鼻托	材料出库单	半成品仓库	生产领料	390.00	20.00	7,800.00	对

图 11-13　未记账单据一览表

(2) 入库记账。在“未记账单据一览表”窗口中，单击工具栏的“全选”按钮，以选中所有的出入库存货单据，然后单击工具栏的“记账”按钮，系统弹出信息框提示记账成功，单击“确定”按钮,完成记账工作。

(3) 退出。单击“未记账单据一览表”窗口的“关闭”按钮,退出当前窗口。

3. 存货出入库制单

(1) 打开“生成凭证”窗口。在“存货核算”子系统,依次单击“财务核算”→“生成凭证”菜单项,系统打开“生成凭证”窗口,参见图 11-15。

(2) 打开“选择单据”窗口。单击工具栏的“选择”按钮,在系统弹出的“查询条件”对话框中,直接单击“确定”按钮,系统打开“选择单据”窗口,参见图 11-15。

(3) 选单。在“选择单据”窗口中,单击所有“单据类型”为“材料出库单”的“选择”栏,使其出现 1 字样,如图 11-14 所示。

选择单据

输出 单据 全选 全消 确定 取消

□ 已结算采购入库单自动选择全部结算单上单据(包括入库单、发票、付款单),非本月采购入库单按蓝字报销单制单

未生成凭证单据一览表

选择	记账日期	单据日期	单据类型	单据号	仓库	收发类别	记账人	部门	部门编码	业务类型	计价方式	摘要	供应商	客户
1	2017-04-21	2017-04-11	材料出库单	0000000002	原材料仓库	生产领料	赵技巩	生产部	7	领料	移动平均法	材料出库单		
1	2017-04-21	2017-04-13	材料出库单	0000000003	原材料仓库	生产领料	赵技巩	生产部	7	领料	移动平均法	材料出库单		
	2017-04-21	2017-04-13	产成品入库	0000000001	半成品仓库	半成品入库	赵技巩	生产部	7	成品入库	移动平均法	产成品入库		
	2017-04-21	2017-04-13	产成品入库	0000000002	半成品仓库	半成品入库	赵技巩	生产部	7	成品入库	移动平均法	产成品入库		
1	2017-04-21	2017-04-14	材料出库单	0000000004	半成品仓库	生产领料	赵技巩	生产部	7	领料	移动平均法	材料出库单		
1	2017-04-21	2017-04-14	材料出库单	0000000005	半成品仓库	生产领料	赵技巩	生产部	7	领料	移动平均法	材料出库单		
	2017-04-21	2017-04-14	产成品入库	0000000003	半成品仓库	半成品入库	赵技巩	生产部	7	成品入库	移动平均法	产成品入库		
	2017-04-21	2017-04-14	产成品入库	0000000004	产成品仓库	产成品入库	赵技巩	生产部	7	成品入库	移动平均法	产成品入库		
	2017-04-21	2017-04-14	专用发票	XS3067	产成品仓库	销售出库	赵技巩	批发部	301	普通销售	移动平均法	专用发票		北京光明眼
	2017-04-21	2017-04-21	专用发票	XS3068	产成品仓库	销售出库	赵技巩	批发部	301	普通销售	移动平均法	专用发票		北京同方眼

图 11-14 未生成凭证的“选择单据”窗口

(4) 拷贝材料出库单信息。单击“选择单据”窗口工具栏的“确定”按钮,系统退出“选择单据”窗口返回“生成凭证”窗口,如图 11-15 所示。

凭证类别 记 记账凭证

选择	单据类型	单据号	摘.	科目类型	科目编码	科目名称	借方金额	贷方金额	借方数量	贷方数量	科目方向	存货编码	存货名称	存货代码	规格型号	部门编
1	材料出库单	0000000002	材.	对方	50010102	直接材料	6,240.00		3.90		1	12310	硅胶	12310		7
				存货	140303	硅胶		6,240.00		3.90	2	12310	硅胶	12310		7
				对方	50010102	直接材料	6,720.00		4.20		1	12310	硅胶	12310		7
				存货	140303	硅胶		6,720.00		4.20	2	12310	硅胶	12310		7
		0000000003		对方	50010102	直接材料	300.00		0.30		1	12210	塑料	12210		7
				存货	140301	塑料		300.00		0.30	2	12210	塑料	12210		7
				对方	50010102	直接材料	1,200.00		1.20		1	12210	塑料	12210		7
				存货	140301	塑料		1,200.00		1.20	2	12210	塑料	12210		7
				对方	50010102	直接材料	3,900.00		3.90		1	12210	塑料	12210		7
				存货	140301	塑料		3,900.00		3.90	2	12210	塑料	12210		7
				对方	50010102	直接材料	4,200.00		4.20		1	12210	塑料	12210		7
				存货	140301	塑料		4,200.00		4.20	2	12210	塑料	12210		7
		0000000004		对方	50010102	直接材料	360.00		30.00		1	12100	镜框	12100		7
				存货	14050302	镜框		300.00		30.00	2	12100	镜框	12100		7
				对方	50010102	直接材料	360.00		30.00		1	12200	镜腿	12200		7
				存货	14050303	镜腿		360.00		30.00	2	12200	镜腿	12200		7
				对方	50010102	直接材料	600.00		30.00		1	12300	鼻托	12300		7
				存货	14050304	鼻托		600.00		30.00	2	12300	鼻托	12300		7
				对方	50010102	直接材料	60.00		60.00		1	13000	螺钉	13000		7
				存货	140304	螺钉		60.00		60.00	2	13000	螺钉	13000		7
				对方	50010102	直接材料	1,440.00		120.00		1	12100	镜框	12100		7

图 11-15 “材料出库单”的“生成凭证”窗口

(5) 生成材料出库的存货凭证。单击工具栏的“合成”按钮,系统自动生成 1 张凭证,并在打开的“填制凭证”窗口中显示,参见 11-16。

(6) 保存出库存货凭证。单击工具栏的“保存”按钮,保存该凭证,如图 11-16 所示。

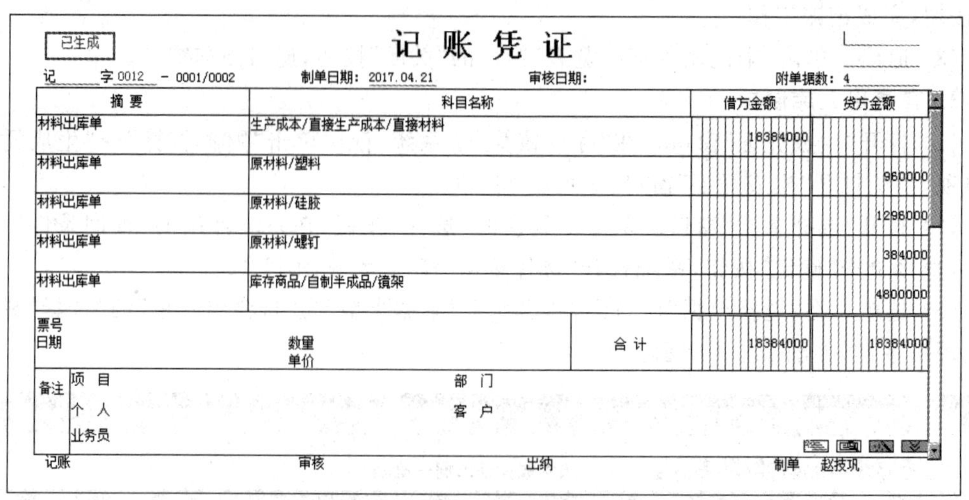

已生成

记账凭证

记 字 0012 - 0001/0002　　制单日期: 2017.04.21　　审核日期:　　附单据数: 4

摘要	科目名称	借方金额	贷方金额
材料出库单	生产成本/直接生产成本/直接材料	18384000	
材料出库单	原材料/塑料		960000
材料出库单	原材料/硅胶		1296000
材料出库单	原材料/螺钉		384000
材料出库单	库存商品/自制半成品/镜架		4800000
票号 日期	数量 单价 合计	18384000	18384000

备注　项目　部门　个人　客户　业务员

记账　审核　出纳　制单 赵技巩

图 11-16　材料出库的存货凭证

(7) 退出填制凭证窗口。单击“填制凭证”窗口右上角的“关闭”按钮,系统返回“生成凭证”窗口。

(8) 生成并保存入库产成品的凭证。重复步骤(2)～(7),生成并保存入库产成品(即在“选择单据”窗口中,选择所有“单据类型”为“产成品入库单”单据)的凭证,如图 11-17 所示。

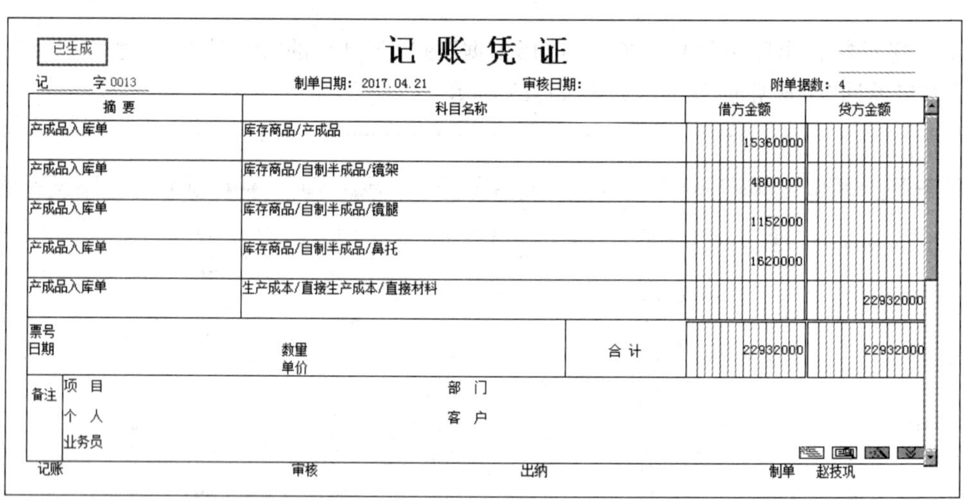

已生成

记账凭证

记 字 0013　　制单日期: 2017.04.21　　审核日期:　　附单据数: 4

摘要	科目名称	借方金额	贷方金额
产成品入库单	库存商品/产成品	15360000	
产成品入库单	库存商品/自制半成品/镜架	4800000	
产成品入库单	库存商品/自制半成品/镜腿	1152000	
产成品入库单	库存商品/自制半成品/鼻托	1620000	
产成品入库单	生产成本/直接生产成本/直接材料		22932000
票号 日期	数量 单价 合计	22932000	22932000

备注　项目　部门　个人　客户　业务员

记账　审核　出纳　制单 赵技巩

图 11-17　入库产成品的存货凭证

(9) 生成并保存 XS3067 的成本结转凭证。重复步骤(2)～(6),生成并保存销售发票号为 XS3067(即在“选择单据”窗口中,选择所有“单据号”为 XS3067 单据)的成本结转凭证,如图 11-18 所示。

(10) 生成并保存 XS3068 的成本结转凭证。重复步骤(2)～(6),生成并保存销售发票号为 XS3068(即在“选择单据”窗口中,选择所有“单据号”为 XS3068 单据)的成本结转凭证,如图 11-19 所示。

(11) 退出。单击“填制凭证”和“生成凭证”窗口的“关闭”按钮,退出窗口。

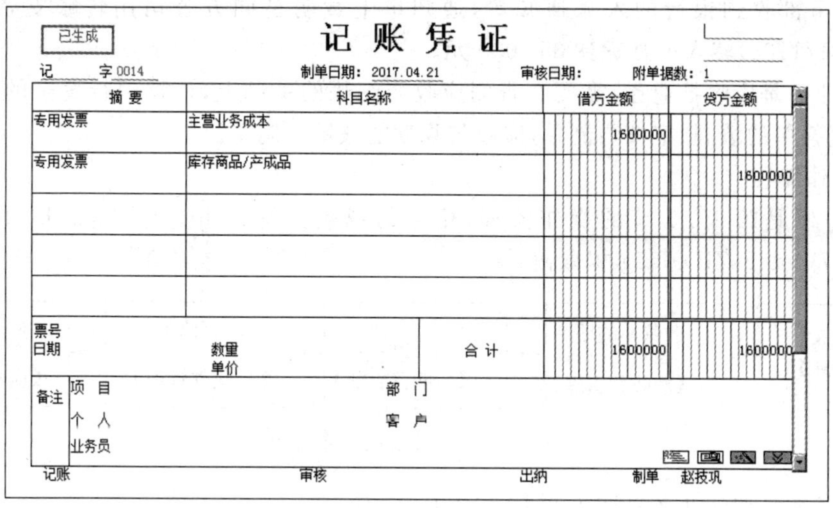

已生成

记账凭证

记 字 0014　　制单日期：2017.04.21　　审核日期：　　附单据数：1

摘要	科目名称	借方金额	贷方金额
专用发票	主营业务成本	1600000	
专用发票	库存商品/产成品		1600000
票号 日期	数量 单价　　合计	1600000	1600000

备注　项目　　部门

个人　　客户

业务员

记账　　审核　　出纳　　制单 赵技巩

图 11-18　销售发票 XS3067 的成本结转凭证

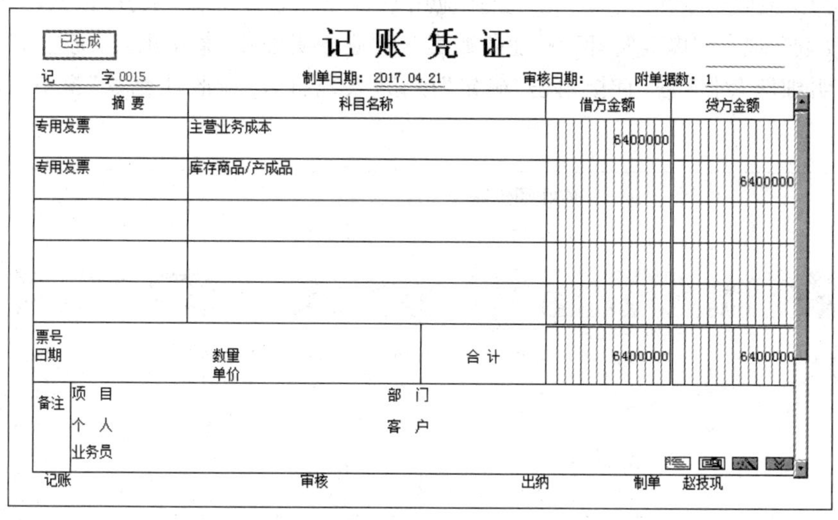

已生成

记账凭证

记 字 0015　　制单日期：2017.04.21　　审核日期：　　附单据数：1

摘要	科目名称	借方金额	贷方金额
专用发票	主营业务成本	6400000	
专用发票	库存商品/产成品		6400000
票号 日期	数量 单价　　合计	6400000	6400000

备注　项目　　部门

个人　　客户

业务员

记账　　审核　　出纳　　制单 赵技巩

图 11-19　销售发票 XS3068 的成本结转凭证

备注：采购成本核算、委外领料成本核算和委外产品入库成本核算，已经在第 9 章中完成。

11.3　收款与核销

2017 年 4 月 21 日，财务部在查阅应收明细账的基础上，完成已到款的上月货款和本月货款的收款业务。具体的到款信息如下：

- 财务部收到银行的入账通知单，通知单上载明是光明公司用转账支票（票号为 22171101）转入上月货款 234 000 元。
- 财务部收到银行的入账通知单，通知单上载明是光明公司用现金支票（票号为 21171102）转入本期货款 26 910 元。

• 财务部收到银行的入账通知单，通知单上载明是同方公司用转账支票(票号为22171103)转入上月货款 351 000 元。

本笔业务是应收款业务，需要在查阅应收明细账的基础上，依据银行发来的入账通知单，进行收款单的填制、审核与制单，应收与收款的核销与制单。

1. 操作流程

图 11-20 是第 11.3 节的操作流程，相应的视频网址为 https://pan.baidu.com/s/1RYhQLt7jZn9lFsZJD9I55g 提取码：eh69。

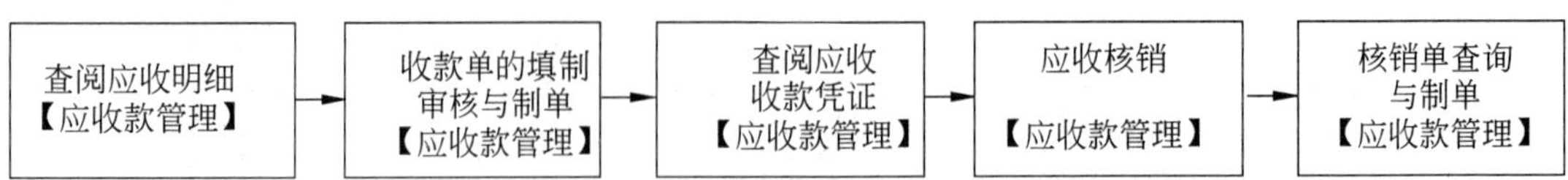

图 11-20 11.3 节的操作流程

确认系统日期和业务日期为 2017 年 4 月 21 日。

2. 查阅 4 月份的应收明细账

(1) 打开“应收明细账”窗口。在“企业应用平台”的“业务工作”页签，依次单击“财务会计”→“应收款管理”→“账表管理”→“业务账表”→“业务明细账”菜单项，系统打开“查询条件选择-应收明细账”对话框，直接单击“确定”按钮，系统打开“应收明细账”窗口，如图 11-21 所示。

应收明细账

币种： 全部
期间： 4 - 4

年	月	日	凭证号	客户		摘要	订单号	单据类型	单据号	币种	本期应收	本期收回	余额	到期日
				编码	名称						本币	本币	本币	
				001	北京光明眼镜公司	期初余额							234,000.00	
2017	4	14	记-0010	001	北京光明眼镜公司	销售专...	XS001	销售专...	XS3067	人民币	26,910.00		260,910.00	2017-04-14
				(001)小计:							26,910.00		260,910.00	
				002	上海雪亮眼镜公司	期初余额							234,000.00	
				(002)小计:									234,000.00	
				003	北京同方眼镜公司	期初余额							351,000.00	
				(003)小计:									351,000.00	
合...											26,910.00		845,910.00	

图 11-21 “应收明细账”窗口

(2) 退出。单击窗口的“关闭”按钮，退出该窗口。

3. 光明公司期初货款收款单的填制、审核与制单

(1) 打开“收付款单录入”(收款单)窗口。在“应收款管理”子系统中，依次单击“收款单据处理”→“收款单据录入”菜单项，系统打开“收付款单录入”(收款单)窗口。

(2) 编辑收款单。单击工具栏的“增加”按钮，在表头参照生成“客户”为“光明公司”、“结算方式”为“转账支票”，编辑“金额”为 234 000，“票据号”为 22171101、“部门”为“财务部”、“摘要”为“收到光明公司的期初货款”，然后在表体单击，如图 11-22 所示。

(3) 保存、审核收款单并生成凭证。单击工具栏的“保存”、“审核”按钮，系统弹出“是否立即制单”提示，单击“是”按钮，系统打开“填制凭证”窗口并自动生成了凭证。

(4) 保存凭证。直接单击“保存”按钮，保持该凭证，如图 11-23 所示。

收款单

显示模版 应收收款单显示模版

表体排序

单据编号 0000000002　日期 2017-04-21　客户 光明公司

结算方式 转账支票　结算科目 100201　币种 人民币

汇率 1.00000000　金额 234000.00　本币金额 234000.00

客户银行 工行海淀支行　客户账号 6227000526782987908　票据号 22171101

部门 财务部　业务员　项目

摘要 收到光明公司的期初货款

	款项类型	客户	部门	业务员	金额	本币金额	科目	项目	余额
1	应收款	光明公司	财务部		234000.00	234000.00	1122		234000.00

图 11-22　光明公司的期初货款“收款单”窗口

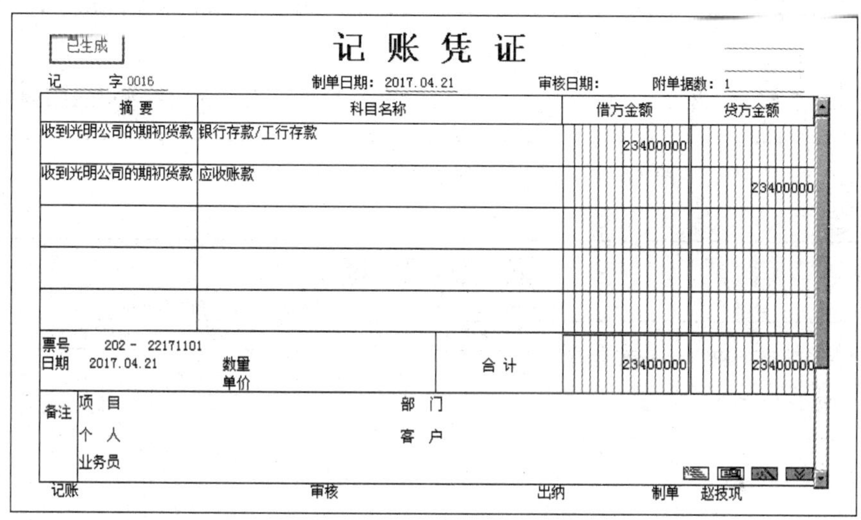

已生成

记账凭证

记　字 0016　制单日期：2017.04.21　审核日期：　附单据数：1

摘要	科目名称	借方金额	贷方金额
收到光明公司的期初货款	银行存款/工行存款	23400000	
收到光明公司的期初货款	应收账款		23400000
票号 202－22171101 日期 2017.04.21　数量 单价	合计	23400000	23400000

备注　项目　部门

个人　客户

业务员

记账　审核　出纳　制单 赵技玑

图 11-23　光明公司的期初货款收款凭证

(5) 退出。单击“填制凭证”和“收付款单录入”窗口的“关闭”按钮，退出窗口。

4. 光明公司本期货款的收款单据填制、审核与制单

操作步骤同“3. 光明公司期初货款收款单的填制、审核与制单”的操作，请注意在编辑收款单时，应该参照生成“客户”为“光明公司”、“结算方式”为“现金支票”，编辑“金额”为 26 910，“票据号”为 21171102、“部门”为“财务部”、“摘要”为“收到光明公司的本期货款”。收款单的凭证如图 11-24 所示。

5. 同方公司期初货款收款单据的填制、审核与制单

操作步骤同“3. 光明公司期初货款收款单的填制、审核与制单”的操作，请注意在编辑收款单时，应该参照生成“客户”为“同方公司”、“结算方式”为“转账支票”，编辑“金额”为 351 000，“票据号”为 22171103、“部门”为“财务部”、“摘要”为“同方公司的期初货款”。收款单的凭证如图 11-25 所示。

6. 查阅 4 月份的应收和收款凭证

(1) 打开“凭证查询”窗口。在“应收款管理”子系统中，依次单击“单据查询”→“凭证查询”菜单项，系统打开“凭证查询条件”对话框，直接单击“确定”按钮，系统打开“凭证查询”窗口，如图 11-26 所示。

已生成

记 账 凭 证

记 字 0017　　制单日期：2017.04.21　　审核日期：　　附单据数：1

摘要	科目名称	借方金额	贷方金额
收到光明公司的本期货款	银行存款/工行存款	2691000	
收到光明公司的本期货款	应收账款		2691000
票号 201 - 21171102 日期 2017.04.21　数量 单价	合计	2691000	2691000

备注　项　目　　部　门

个　人　　客　户

业务员

记账　　审核　　出纳　　制单　赵技巩

图 11-24　光明公司的本月货款收款的记账凭证

已生成

记 账 凭 证

记 字 0018　　制单日期：2017.04.21　　审核日期：　　附单据数：1

摘要	科目名称	借方金额	贷方金额
同方公司的期初货款	银行存款/工行存款	35100000	
同方公司的期初货款	应收账款		35100000
票号 202 - 22171103 日期 2017.04.21　数量 单价	合计	35100000	35100000

备注　项　目　　部　门

个　人　　客　户

业务员

记账　　审核　　出纳　　制单　赵技巩

图 11-25　同方公司的期初货款收款的记账凭证

凭证查询

凭证总数：5 张

业务日期	业务类型	业务号	制单人	凭证日期	凭证号	标志
2017-04-14	销售专用发票	XS3067	赵技巩	2017-04-14	记-0010	
2017-04-21	现结	0000000001	赵技巩	2017-04-21	记-0011	
2017-04-21	收款单	0000000002	赵技巩	2017-04-21	记-0016	
2017-04-21	收款单	0000000003	赵技巩	2017-04-21	记-0017	
2017-04-21	收款单	0000000004	赵技巩	2017-04-21	记-0018	

图 11-26　4 月份的应收和收款凭证

(2) 退出。单击窗口的“关闭”按钮，退出该窗口。

7. 应收账款自动核销

(1) 打开“核销条件”对话框。在“应收款管理”子系统中，依次单击“核销处理”→“自动核销”菜单项，系统打开“核销条件”对话框。

(2) 核销应收款。直接单击“确定”按钮，系统弹出“是否进行自动核销”的信息提示框，单击“是”按钮，系统自动完成核销工作，并弹出“自动核销报告”信息框，显示核销的相关信息，单击“确定”按钮，系统返回企业应用平台。

8. 核销查阅与制单

(1) 打开“应收核销明细表”窗口，查阅核销明细。在“应收款管理”子系统中，依次单击“单据查询”→“应收核销明细表”菜单项，系统弹出“查询条件选择-应收核销明细表”对话框，先取消“日期”的开始日期的设置，然后单击“确定”按钮，系统打开“应收核销明细表”窗口，如图 11-27 所示。

应收核销明细表

客户	单据类型	单据编号	汇率	应收原币金额	结算原币金额	原币余额	结算方式	核销日期	司单据类	收款单编号	票据号
北京光明眼镜公司	销售专用发	81320302	00000000	234,000.00							
					234,000.00	0.00	转账支票	2017-04-21	收款单	0000000002	22171101
北京光明眼镜公司	销售专用发	XS3067	00000000	26,910.00							
					26,910.00	0.00	现金支票	2017-04-21	收款单	0000000003	21171102
上海雪亮眼镜公司	销售专用发	81090301	00000000	234,000.00		234,000.00					
北京同方眼镜公司	销售专用发	81890303	00000000	351,000.00							
					351,000.00	0.00	转账支票	2017-04-21	收款单	0000000004	22171103
北京同方眼镜公司	销售专用发	XS3068	00000000	102,960.00							
					102,960.00	0.00	转账支票	2017-04-21	收款单	0000000001	13100651
				948,870.00	714,870.00	234,000.00					

图 11-27 “应收核销明细表”窗口

提示：在“查询条件选择-应收核销明细表”对话框中，“日期”的开始日期系统默认为 2017-04-01，如果不取消“日期”的开始日期设置，则只能查询到本月的核销明细。

(2) 打开“制单”窗口。在“应收款管理”子系统中，双击“制单处理”菜单项，在系统弹出的“制单查询”对话框中，选择“核销制单”复选框，然后单击“确定”按钮，系统打开“制单”窗口，如图 11-28 所示。

应收制单

凭证类别 记账凭证　　制单日期 2017-04-21　　共 3 条

选择标志	凭证类别	单据类型	单据号	日期	客...	客户名称	部门	业务员	金额
	记账凭证	核销	0000000002	2017-04-21	001	北京光明眼镜公司	批发部	夏于	234,000.00
	记账凭证	核销	0000000003	2017-04-21	001	北京光明眼镜公司	批发部	夏于	26,910.00
	记账凭证	核销	0000000004	2017-04-21	003	北京同方眼镜公司	批发部	夏于	351,000.00

图 11-28 应收核销制单窗口

(3) 制单并打开“填制凭证”窗口。单击工具栏的“全选”和“制单”按钮，系统自动生成 3 张凭证并打开“填制凭证”窗口，默认显示其中一张凭证信息。

(4) 编辑和保存凭证。单击凭证中的红字金额，然后按空格键，系统将红字金额移动到对方科目并显示为黑色，此时单击工具栏的“保存”按钮，保存该凭证。

(5) 编辑并保存其他凭证。先单击工具栏的“下张凭证”按钮，再重复步骤(4)，编辑并保存另外 2 张凭证。

(6) 退出。单击“填制凭证”和“制单”窗口的“关闭”按钮，退出窗口。

11.4 付款与核销

2017 年 4 月 21 日，财务部在查阅应付明细账的基础上，完成上月货款和本月货款的付款业务。具体的付款信息如下：

- 财务部用转账支票(票号 22171105)支付塑料二厂货款 77 688 元。
- 财务部用转账支票(票号 22171106)付给宁夏螺钉厂货款 74 295 元。
- 财务部用转账支票(票号 22171107)付给吉祥公司本月所有加工费 10 998 元。

本笔业务是应付款业务，需要进行付款单的填制、审核与制单，应付与付款的核销与制单。

1. 操作流程

图 11-29 是第 11.4 节的操作流程，相应的视频网址为：https://pan.baidu.com/s/1RYhQLt7jZn9lFsZJD9I55g 提取码：eh69。

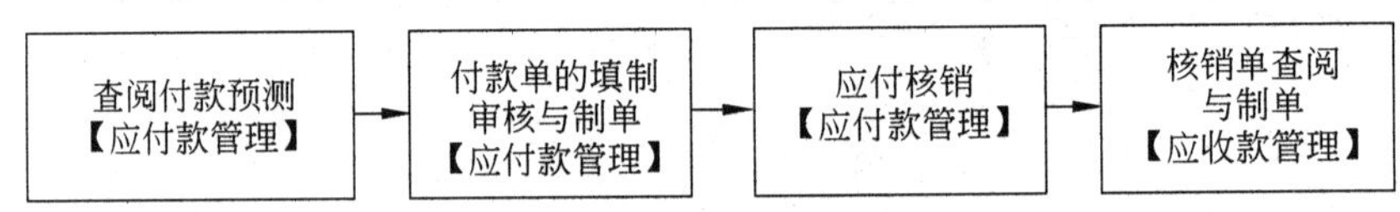

图 11-29　11.3 节的操作流程

确认系统日期和业务日期为 2017 年 4 月 21 日。

2. 查阅付款预测

(1) 打开“付款预测”窗口。在“企业应用平台”的“业务工作”页签，依次单击“财务会计”→“应付款管理”→“账表管理”→“统计分析”→“付款预测”菜单项，打开“付款预测”对话框，直接单击“确定”按钮，打开“付款预测”窗口，如图 11-30 所示。

付款预测　　金额式

供应商 全部　　币种：所有币种　　预测日期：2017-04-21至2017-04-30

供应商		付款总计	货款	其他应付款	预付款
编号	名称	本币	本币	本币	本币
002	上海吉祥眼镜公司	10,998.00	10,998.00		
003	北京塑料二厂	77,688.00	77,688.00		
004	宁夏螺钉厂	74,295.00	74,295.00		
005	河北硅胶三厂	18,720.00	18,720.00		
合计		181,701.00	181,701.00		

图 11-30　“付款预测”窗口

(2) 退出。单击窗口的“关闭”按钮，退出该窗口。

3. 支付塑料二厂货款的付款单据填制、审核与制单

(1) 打开“收付款单录入”(付款单)窗口。在“应付款管理”子系统中，依次单击“付款单据处理”→“付款单据录入”菜单项，打开“收付款单录入”(付款单)窗口。

(2) 编辑付款单。单击工具栏的“增加”按钮，在表头参照生成“供应商”为“塑料二厂”、“结算方式”为“转账支票”，编辑“金额”为 77 688，“票据号”为 22171105，“部门”为“财务部”，“摘要”为“支付塑料二厂货款”，然后在表体单击，如图 11-31 所示。

(3) 保存、审核付款单并生成凭证。单击工具栏的“保存”和“审核”按钮，系统弹出“是

付款单

打印模版 应付付款单打印模板

表体排序

单据编号 0000000001	日期 2017-04-21	供应商 塑料二厂
结算方式 转账支票	结算科目 100201	币种 人民币
汇率 1	金额 77688.00	本币金额 77688.00
供应商银行 招行昌平支行	供应商账号 6225880126782987908	票据号 22171105
部门 财务部	业务员	项目
摘要 支付塑料二厂货款		

	款项类型	供应商	科目	金额	本币金额	部门	业务员	项目
1	应付款	塑料二厂	220201	77688.00	77688.00	财务部		

图 11-31 支付塑料二厂货款的付款单

否立即制单"提示，单击"是"按钮，系统打开"填制凭证"窗口并自动生成凭证。

(4) 保存凭证。直接单击"保存"按钮，保持该凭证，如图 11-32 所示。

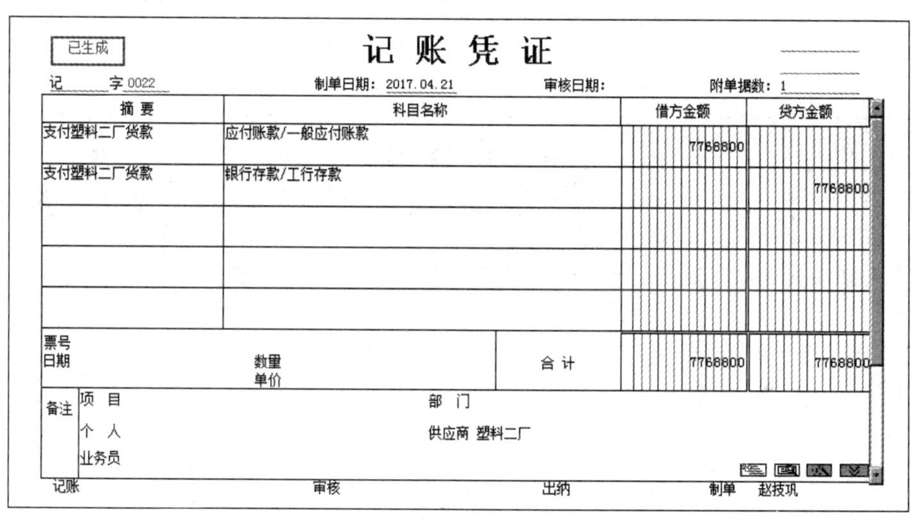

已生成

记账凭证

记 字 0022 制单日期：2017.04.21 审核日期： 附单据数：1

摘要	科目名称	借方金额	贷方金额
支付塑料二厂货款	应付账款/一般应付账款	7768800	
支付塑料二厂货款	银行存款/工行存款		7768800
票号 日期 数量 单价	合计	7768800	7768800

备注 项目 部门

个人 供应商 塑料二厂

业务员

记账 审核 出纳 制单 赵技巩

图 11-32 支付塑料二厂货款的记账凭证

(5) 退出。单击"填制凭证"和"收付款单录入"窗口的"关闭"按钮，退出窗口。

4. 支付螺钉厂货款的付款单据填制、审核与制单

操作步骤同"3. 支付塑料二厂货款的付款单据填制、审核与制单"的操作，请注意在编辑付款单时，应该参照生成"供应商"为"螺钉厂"、"结算方式"为"转账支票"，编辑"金额"为 74 295，"票据号"为 22171106、"部门"为"财务部"、"摘要"为"支付螺钉厂货款"。付款单的凭证如图 11-33 所示。

5. 支付给吉祥公司的付款单据录入、审核与制单

操作步骤同"3. 支付塑料二厂货款的付款单据填制、审核与制单"的操作，请注意在编辑付款单时，应该参照生成"供应商"为"吉祥公司"、"结算方式"为"转账支票"，编辑"金额"为 10 998，"票据号"为 22171107、"部门"为"财务部"、"摘要"为"支付吉祥公司加工费"。付款单的凭证如图 11-34 所示。

6. 应付款自动核销

(1) 打开"核销条件"对话框。在"应付款管理"子系统中，依次单击"核销处理"→"自动

已生成

记 账 凭 证

记　字 0023　　制单日期：2017.04.21　　审核日期：　　附单据数：1

摘 要	科目名称	借方金额	贷方金额
支付螺钉厂货款	应付账款/一般应付账款	7429500	
支付螺钉厂货款	银行存款/工行存款		7429500
票号 日期　数量 单价	合 计	7429500	7429500

备注　项 目　　部 门

个 人　　供应商 螺钉厂

业务员

记账　审核　出纳　制单 赵技巩

图 11-33　支付螺钉厂货款的记账凭证

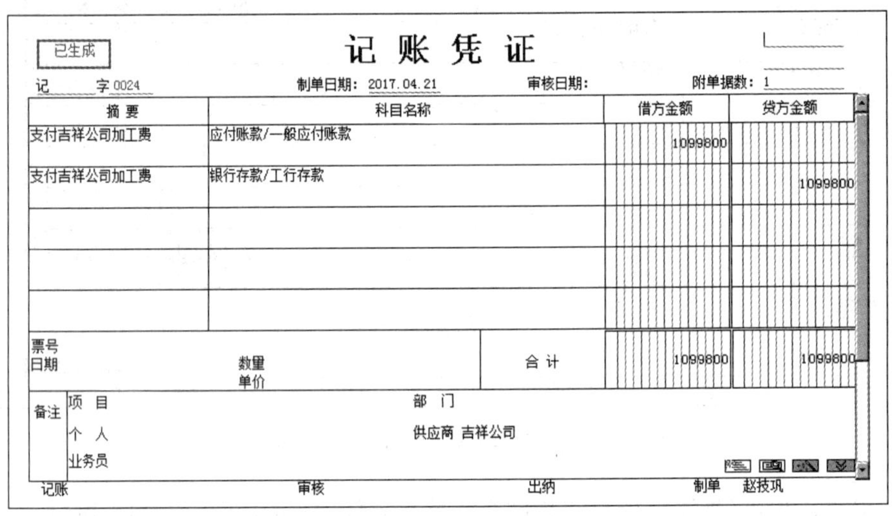

已生成

记 账 凭 证

记　字 0024　　制单日期：2017.04.21　　审核日期：　　附单据数：1

摘 要	科目名称	借方金额	贷方金额
支付吉祥公司加工费	应付账款/一般应付账款	1099800	
支付吉祥公司加工费	银行存款/工行存款		1099800
票号 日期　数量 单价	合 计	1099800	1099800

备注　项 目　　部 门

个 人　　供应商 吉祥公司

业务员

记账　审核　出纳　制单 赵技巩

图 11-34　支付给吉祥公司加工费的记账凭证

核销”菜单项，系统打开“核销条件”对话框。

（2）核销应付款。直接单击“确定”按钮，系统弹出“是否进行自动核销”的信息提示框，单击“是”按钮，系统自动完成核销工作，并弹出“自动核销报告”信息框，显示核销的相关信息，单击“确定”按钮，系统返回企业应用平台。

7. 核销查阅与制单

（1）打开“应付核销明细表”窗口，查阅应付核销明细。在“应付款管理”子系统中，依次单击“单据查询”→“应付核销明细表”菜单项，系统弹出“查询条件选择-应付核销明细表”对话框，先取消“日期”的期初日期的设置，然后单击“确定”按钮，系统打开“应付核销明细表”窗口，如图 11-35 所示。

（2）打开“制单”窗口。在“应付款管理”子系统中，双击“制单处理”菜单项，在系统弹出的“制单查询”对话框中，选择“核销制单”复选框，单击“确定”按钮，系统打开“制单”窗口，如

应付核销明细表

单据日期	供应商	单据类型	单据编号	应付原币金额	结算本币金额	原币余额	结算方式	核销日期	寸款单据
2017-04-11	上海吉祥眼镜公司	采购专用发	0000000007	10,998.00					
					10,998.00	0.00	转账支票	2017-04-21	付款单
2017-03-17	北京塑料二厂	采购专用发	0000000001	11,700.00					
					11,700.00	0.00	转账支票	2017-04-21	付款单
2017-04-09	北京塑料二厂	采购专用发	0000000005	65,988.00					
					65,988.00	0.00	转账支票	2017-04-21	付款单
2017-03-20	宁夏螺钉厂	采购专用发	0000000002	70,200.00					
					70,200.00	0.00	转账支票	2017-04-21	付款单
2017-04-09	宁夏螺钉厂	采购专用发	0000000004	468.00					
					468.00	0.00	转账支票	2017-04-21	付款单
2017-04-09	宁夏螺钉厂	采购专用发	0000000006	3,627.00					
					3,627.00	0.00	转账支票	2017-04-21	付款单
2017-03-25	河北硅胶三厂	采购专用发	0000000003	18,720.00		18,720.00			
合计				181,701.00	162,981.00	18,720.00			

图 11-35 “应付核销明细表”窗口

图 11-36 所示。

应付制单

凭证类别 记账凭证　　制单日期 2017-04-21　　共 3 条

选择标志	凭证类别	单据类型	单据号	日期	供应商编码	供应商名称	部门	业务员	金额
	记账凭证	核销	0000000003	2017-04-21	002	上海吉祥眼镜公司	采购部		10,998.00
	记账凭证	核销	0000000001	2017-04-21	003	北京塑料二厂	采购部		77,688.00
	记账凭证	核销	0000000002	2017-04-21	004	宁夏螺钉厂	采购部		74,295.00

图 11-36 应付制单窗口

(3) 制单并打开“填制凭证”窗口。单击工具栏的“全选”和“制单”按钮,系统自动生成 3 张凭证并打开“填制凭证”窗口,默认显示其中一张凭证信息。

(4) 编辑和保存凭证。单击凭证中的红字金额,然后按空格键,系统将红字金额移动到对方科目并显示为黑色,此时单击工具栏的“保存”按钮,保存该凭证。

(5) 编辑并保存其他凭证。先单击工具栏的“下张凭证”按钮,再重复步骤(4),编辑并保存另外 2 张凭证,其中螺钉厂的应付核销凭证如图 11-37 所示。

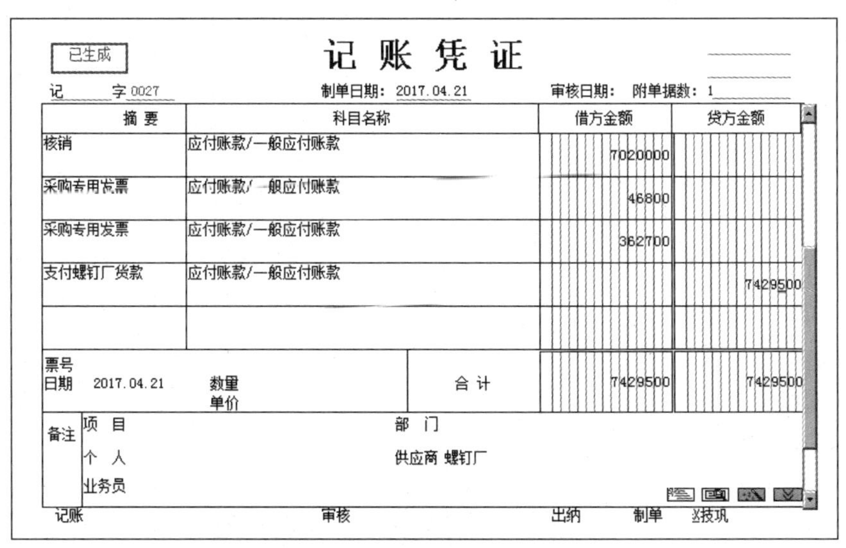

已生成

记 账 凭 证

记 字 0027　　制单日期: 2017.04.21　　审核日期:　附单据数: 1

摘要	科目名称	借方金额	贷方金额
核销	应付账款/一般应付账款	7020000	
采购专用发票	应付账款/一般应付账款	46800	
采购专用发票	应付账款/一般应付账款	362700	
支付螺钉厂货款	应付账款/一般应付账款		7429500
票号 日期 2017.04.21　数量 单价	合计	7429500	7429500

备注　项目　　部门
　　　个人　　供应商 螺钉厂
　　　业务员

记账　　审核　　出纳　　制单　　赵琪

图 11-37 螺钉厂的应付核销记账凭证

(6) 退出。单击“填制凭证”和“制单”窗口的“关闭”按钮，退出窗口。

11.5 实验报告内容

(1) 查看销售出库单列表，并将结果界面截图后粘贴在实验报告中。
(2) 查看销售发票列表，并将结果界面截图后粘贴在实验报告中。
(3) 查看销售综合统计表，并将结果界面截图后粘贴在实验报告中。
(4) 查看收发存汇总表，并将结果界面截图后粘贴在实验报告中。
(5) 查看应收核销明细表，并将结果界面截图后粘贴在实验报告中。
(6) 查看应付核销明细表，并将结果界面截图后粘贴在实验报告中。

第四部分　月末处理与综合实验

第 12 章　月末处理

企业业务活动的月末处理是指在月末时对各个业务、财务子系统进行结转处理，把一定时期内应记入账簿的经济业务全部登记入账后，计算记录本期发生额及期末余额，并将本月余额结转至下期或新的账簿。

在用友 ERP-U8 系统中，各个业务、财务子系统的月末结账，需要遵循一定的顺序，结账顺序如图 12-1 所示。

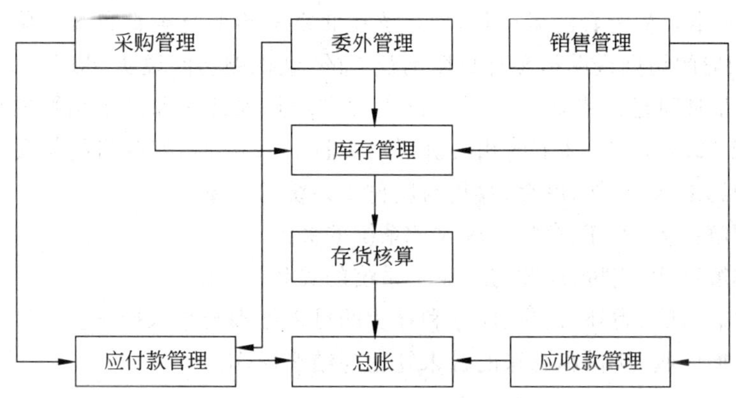

图 12-1　工业企业供应链月末结账顺序图

由图 12-1 可知，月末结账的顺序如下。

- 只有采购、委外与销售管理系统月末结账后，才能进行库存管理与存货核算系统的月末结账。
- 库存管理系统月末结账后，才能进行存货核算系统的月末结账。
- 一般是采购、委外月末结账后，再进行应付款管理系统的月末结账。
- 一般是销售月末结账后，再进行应收款管理系统的月末结账。
- 总账系统必须是最后进行月末结转。

在月末结账时，需要注意以下几点：

- 在月末结账前，一定要进行账套数据的备份，否则一旦数据发生错误，损失将无法挽回。
- 只有在当前会计月的所有工作全部完成后，才能进行月末结账，否则会遗漏某些业务，导致业务数据不全面。
- 若没有期初记账，则不能进行月末结账。
- 若上月尚未结账，则本月业务不能记账。
- 不允许跳月取消月末结账，只能从最后一个月逐月取消。
- 在月末结账后，该月的单据将不能修改和删除，该月未录入的单据将视为下个会计月的单据。

本章的操作请按照业务描述中的系统日期(如 4 月 30 日)，以账套主管赵技巩(或读者本人)的身份,在第 11 章完成的基础上,对采购、委外、销售、库存、存货核算、应收、应付和总账系统进行月末处理和月末结账。

如果没有完成第 11 章的销售与账务管理的操作,可以到百度网盘空间(网盘地址为 https://pan.baidu.com/s/1RYhQLt7jZn9lFsZJD9I55g 提取码:eh69)的“实验账套数据”文件夹中,将“11 销售与账务处理.rar”下载到实验用机上,然后“引入”(操作步骤详见 1.3.5 节)到 ERP-U8 系统中。而且,本章完成的账套,其输出的压缩文件名为“12 月末处理.rar”。

需要注意的是,因百度网盘中的账套备份文件均为压缩文件,所以下载完成引入前,需要用解压缩工具进行解压(建议用 WinRAR 3.42 或以上版本),得到相应可以引入的账套数据文件。

本章的所有业务实验操作,都有配套的微视频,可以通过扫描二维码,或者到指定的网页地址去观看。本教程配套的微视频,均存放在北京神州明灯教育科技有限公司和合一集团的网站上,相应的访问说明请参见百度网盘中的“微视频访问说明.doc”。

本章的授课时间建议讲课 1～2 学时(主要讲解月末处理和月末结账的作用和处理流程,内容可参见 12.1 节、12.2 节的相关讲解)、实验 1～2 学时,实验目的与要求如下:

- 深入理解采购、委外、库存、存货与应付子系统的关系。
- 深入理解销售、库存、存货与应收子系统的关系。
- 深入理解存货、应付、应收与总账子系统的关系。
- 熟练掌握采购、委外、销售、库存和存货的月末处理与结账操作。
- 熟练掌握应收、应付和总账的月末处理与结账操作。

12.1 各业务子系统的月末处理

2017 年 4 月 30 日,对公司账套的各个业务子系统中的经济业务进行月末结账处理。

本账套的业务子系统包括采购管理、委外管理、销售管理、库存管理和存货核算,月末结账是对以上 4 个子系统的经济业务进行月末处理和月末结账。所以本笔业务是对采购、委外、销售、库存和存货子系统的经济业务进行期末处理的业务。

需要说明的是,存货核算系统的期末处理,需要首先进行仓库和存货的期末处理,然后才能进行月末结账处理。

1. 操作流程

图 12-2 是 12.1 节各业务子系统月末处理的操作流程图,相应的视频网址为 https://pan.baidu.com/s/1RYhQLt7jZn9lFsZJD9I55g 提取码:eh69。

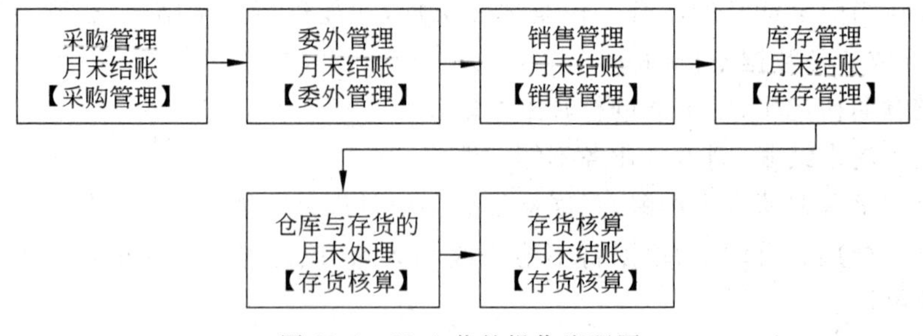

图 12-2 12.1 节的操作流程图

确认系统日期和业务日期为 2017 年 4 月 30 日。

2. 采购管理系统的月末结账

(1) 打开采购“结账”对话框。在“企业运用平台”的“业务工作”页签，依次单击“供应链”→“采购管理”→“月末结账”菜单项，系统打开“结账”对话框，如图 12-3 所示。

(2) 采购结账。在“结账”对话框中，选择会计月份 4，单击“结账”按钮，系统弹出“月末结账”信息提示框(如图 12-4 所示)，提示“是否关闭订单?”，单击“否”按钮，系统自动进行月末结账，将所选月份单据按会计期间记入有关账表中。

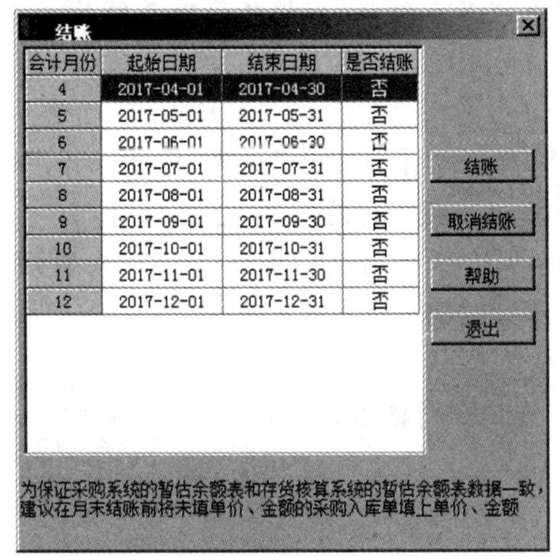

图 12-3 采购管理系统“结账”对话框

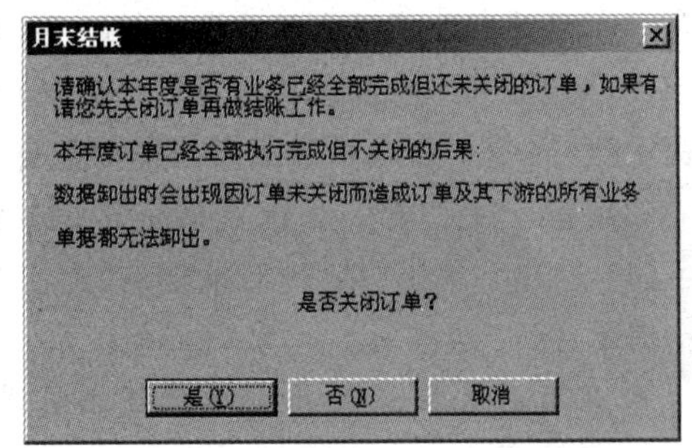

图 12-4 “是否关闭订单?”信息提示框

(3) 退出。单击“结账”对话框“退出”按钮，退出该对话框。

提示：

- 采购管理系统的月末结账，可以对多个月的单据一次性结账，但不允许跨月结账。
- 只有对采购管理系统进行月末处理之后，才能对库存管理、存货核算和应付款管理系统进行月末处理。
- 若采购管理系统要取消月末结账，必须先取消库存管理、存货核算和应付款管理的月末结账，若它们中的任何一个系统不能取消月末结账，则采购管理系统的月末结账也不能取消。

3. 委外管理系统的月末结账

(1) 打开委外“结账”对话框。在“企业运用平台”的“业务工作”页签，依次单击“供应链”→“委外管理”→“月末结账”菜单项，系统打开“结账”对话框，参见图 12-3。

(2) 委外结账。在“结账”对话框中，选择会计月份 4，单击“结账”按钮，系统弹出“月末结账”信息提示框(如图 12-4 所示)，提示“是否关闭订单?”，单击“否”按钮，系统自动进行月末结账，将所选月份单据按会计期间记入有关账表中。

(3) 退出。单击“结账”对话框“退出”按钮，退出该对话框。

4. 销售管理系统的月末结账

(1) 打开销售“结账”对话框。在“企业运用平台”的“业务工作”页签，依次单击“供应链”→“销售管理”→“月末结账”菜单项，系统打开“结账”对话框，参见图 12-3。

(2) 销售结账。在“结账”对话框中，选择会计月份 4，单击“结账”按钮，系统弹出“销售管理”信息提示框，提示“是否关闭订单?”，单击“否”按钮，系统自动进行月末结账，将所选月份销售单据按会计期间记入有关账表中。

(3) 退出。单击“结账”对话框“退出”按钮，退出该对话框。

提示：

- 只有对销售管理系统进行月末处理之后，才能对库存管理、存货核算和应收款管理系统进行月末处理。
- 若销售管理系统要取消月末结账，必须先取消库存管理、存货核算和应收款管理的月末结账；若它们中的任何一个系统不能取消月末结账，则销售管理系统的月末结账也不能取消。

5. 库存管理系统的月末结账

(1) 打开库存“结账”对话框。在“企业运用平台”的“业务工作”页签，依次单击“供应链”→“库存管理”→“月末结账”菜单项，系统打开库存“结账”对话框，参见图 12-3。

(2) 在“结账”对话框中，选择会计月份 4，直接单击“结账”按钮，系统提出“库存管理”信息提示框，提示结账后将不能修改期初数据，是否继续结账。

(3) 单击“是”按钮，系统自动完成月末结账。

(4) 退出。单击“结账”对话框的“退出”按钮，退出该对话框。

提示：

- 只有对采购、委外和销售管理系统进行月末结账之后，才能对库存管理系统进行月末处理。
- 只有在存货核算系统当月未结账或取消结账后，库存管理系统才能取消结账。

6. 仓库和存货的期末处理

(1) 打开“期末处理”对话框。在“企业运用平台”的“业务工作”页签，依次单击“供应链”→“存货核算”→“业务核算”→“期末处理”菜单项，系统打开“期末处理”对话框，如图 12-5 所示。

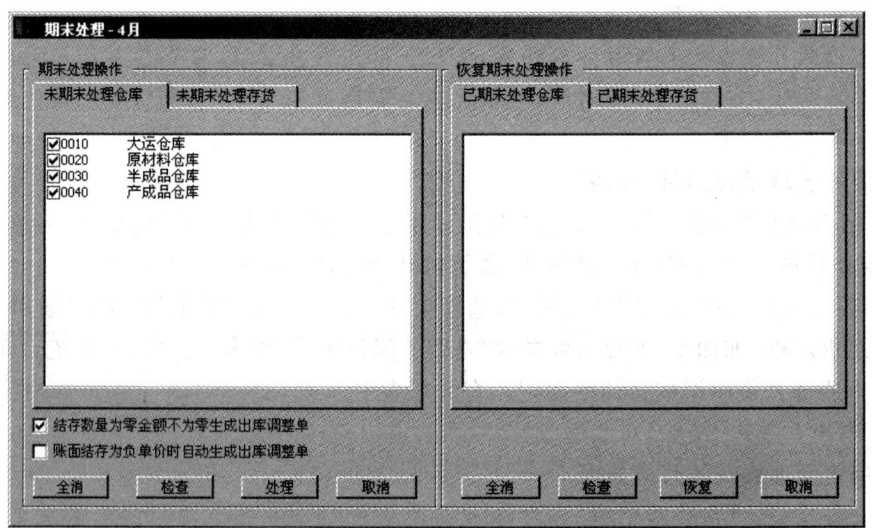

图 12-5 存货核算的“期末处理”对话框

(2) 在“期末处理”对话框中，系统已经默认选中所有的仓库，单击左侧的“处理”按钮，系统自动完成各个仓库的期末处理任务，并弹出信息框提示有“结存数量为零金额不为零存货一览表”(如图 12-6 所示)，单击“确定”按钮，系统再弹出期末处理完毕的信息框，单击“确定”按钮返回对话框。

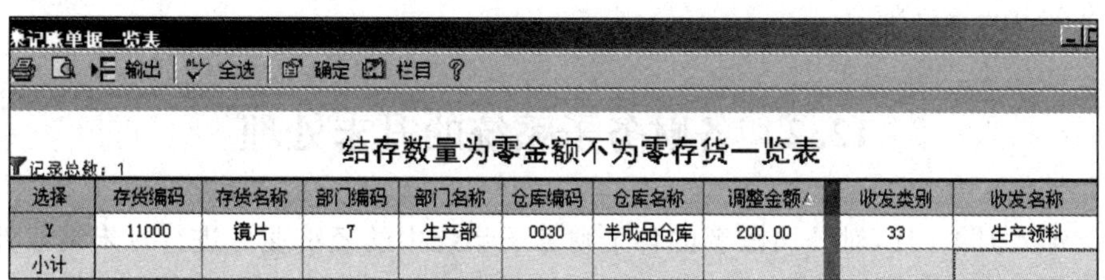

未记账单据一览表

结存数量为零金额不为零存货一览表

记录总数：1

选择	存货编码	存货名称	部门编码	部门名称	仓库编码	仓库名称	调整金额	收发类别	收发名称
Y	11000	镜片	7	生产部	0030	半成品仓库	200.00	33	生产领料
小计									

图 12-6　仓库期末处理的信息提示框

说明：库存期初结存 20 个镜片，结存单价为 80 元；本月全部出库，其出库单价设置为 70 元，所以期末镜片是结存数量为零，但金额不为零的存货，其期末结存金额为(80－70)×20＝200 元。

(3) 退出“期末处理”对话框。单击“期末处理”对话框的“关闭”按钮，退出该对话框。

提示：

- 只有采购、委外和销售系统作结账处理后，才能进行月末处理。
- 恢复期末处理的功能，在总账结账后将不可用。

7. 存货核算的月末结账

(1) 打开存货核算“结账”对话框。在“企业运用平台”的“业务工作”页签，依次单击“供应链”→“存货核算”→“业务核算”→“月末结账”菜单项，系统打开存货核算的“结账”对话框，如图 12-7 所示。

结账

会计月份	起始日期	结束日期	是否结账
4	2017-04-01	2017-04-30	否
5	2017-05-01	2017-05-31	否
6	2017-06-01	2017-06-30	否
7	2017-07-01	2017-07-31	否
8	2017-08-01	2017-08-31	否
9	2017-09-01	2017-09-30	否
10	2017-10-01	2017-10-31	否
11	2017-11-01	2017-11-30	否
12	2017-12-01	2017-12-31	否

月结检查　取消月结检查　结账　取消结账　帮助　退出

图 12-7　存货核算系统月末处理对话框

(2) 月结检查。单击“结账”对话框的“月结检查”按钮，系统开始进行合法性检查；若检查通过，系统弹出“检测成功!”的信息提示框，单击“确定”按钮退出信息提示框。

(3) 月结结账。在“结账”对话框中，单击“结账”按钮，系统完成月末结账并弹出“月末结账完成!”的信息提示框，单击“确定”按钮退出信息提示框和“结账”对话框。

提示：

- 只有对采购、销售和库存管理系统进行月末结账之后，才能对存货核算系统进行月末结账处理。
- 在进行存货核算系统月末结账后，只有以下一个会计期间时间登录 ERP-U8 系统，才能恢复月末结账。

12.2 各财务子系统的月末处理

2017 年 4 月 30 日，对公司账套的各个财务子系统中的经济业务进行月末结账处理。

本账套的财务子系统，包括应收款管理、应付款管理和总账管理，月末结账是对以上 3 个子系统的经济业务进行月末处理和月末结账。所以本笔业务是对应收款管理、应付款管理和总账管理子系统的经济业务进行期末处理的业务。

需要说明的是，总账系统的月末结账，需要首先进行凭证的出纳签字、主管签字审核，以及总账与辅助账的对账，然后才能进行月末结账处理。

1. 操作流程

图 12-8 是 12.2 节各财务子系统月末处理的操作流程图，相应的视频网址为 https://pan.baidu.com/s/1RYhQLt7jZn9lFsZJD9I55g 提取码：eh69。

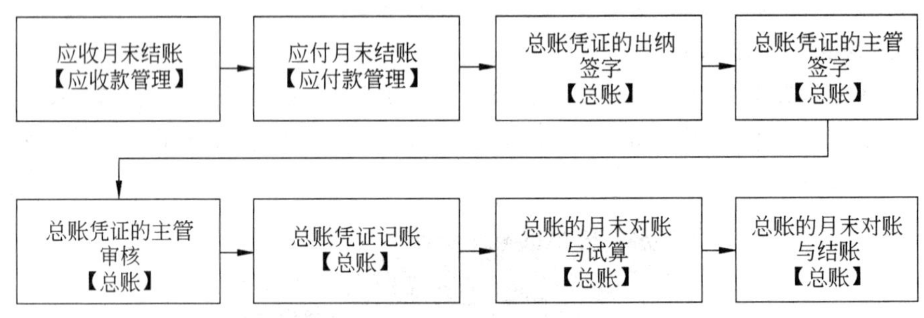

图 12-8 12.2 节的操作流程图

确认系统日期和业务日期为 2017 年 4 月 30 日。

2. 应收款管理系统的月末结账

(1) 打开"月末处理"对话框。在"企业运用平台"的"业务工作"页签，依次单击"财务会计"→"应收款管理"→"期末处理"→"月末结账"菜单项，系统打开"月末处理"对话框，参见图 12-9。

(2) 结账。在"月末处理"对话框中，双击"四月"的"结账标志"栏，使其出现 Y 字样(如图 12-9 所示)，然后单击"下一步"按钮，在系统弹出的对话框中单击"完成"按钮，系统弹出"4 月份结账成功"提示框，表示系统已经自动结账完成。

(3) 退出。单击提示框的"确定"按钮，完成月末结账。

提示：

- 只有在销售管理系统结账后，才能对应收系统进行结账处理。
- 因为本账套设置的审核日期为单据日期，所以本月的单据(发票和应收单)在结账前

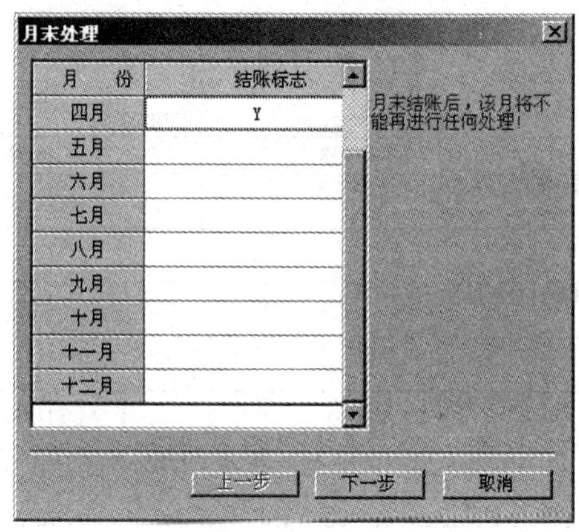

图 12-9　应收款管理系统“月末处理”对话框

需要全部审核。但若设置的审核日期为业务日期，则截止到本月末还有未审核单据（发票和应收单），照样可以进行月结处理。

- 如果本月的收款单还有未审核的，不能结账。

3. 应付款管理系统的月末结账

(1) 打开“月末结账”对话框。在“企业运用平台”的“业务工作”页签，依次单击“财务会计”→“应付款管理”→“期末处理”→“月末结账”菜单项，系统打开“月末结账”对话框，参见图 12-9。

(2) 结账。在“月末结账”对话框中，双击“四月”结账标志栏，使其出现 Y 字样，然后单击“下一步”按钮，在系统弹出的对话框中单击“完成”按钮，系统弹出“4 月份结账成功”提示框，表示系统已经自动结账完成。

(3) 退出。单击提示框的“确定”按钮，再单击“月末结账”对话框的“退出”按钮，退出该对话框。

提示：

- 只有在采购和委外管理系统结账后，才能对应付系统进行结账处理。
- 因为本账套设置的审核日期为单据日期，所以本月的单据（发票和应付单）在结账前需要全部审核。但若设置的审核日期为业务日期，则截止到本月末还有未审核单据（发票和应付单），照样可以进行月结处理。
- 如果本月的付款单还有未审核的，不能结账。

4. 总账系统中凭证的出纳签字

(1) 打开“出纳签字列表”窗口。在“企业运用平台”的“业务工作”页签，依次单击“财务会计”→“总账”→“凭证”→“出纳签字”菜单项，系统弹出“出纳签字”对话框，单击“确定”按钮，系统打开“出纳签字列表”窗口，参见图 12-11。

(2) 出纳的成批凭证签字。在“出纳签字列表”窗口中，双击某张凭证所在的行，进入该凭证的“出纳签字”窗口，查阅信息无误后单击工具栏的“批处理/成批出纳签字”命令，系统完成签字并在凭证下方“出纳”处显示操作员的名字（如赵技巩），表示出纳签字完成，参见图 12-10。

(3) 单击“出纳签字”窗口的“关闭”按钮，系统返回“出纳签字列表”窗口，如图 12-11 所示。

记 账 凭 证

记 字 0011　　制单日期：2017.04.21　　审核日期：　　附单据数：1

摘要	科目名称	借方金额	贷方金额
现结	银行存款/工行存款	10296000	
现结	主营业务收入		8800000
现结	应交税费/应交增值税/销项税额		1496000
票号 202 - 13100651 日期 2017.04.21	数量 单价　　合计	10296000	10296000

备注　项　目　　部　门

个　人　　客　户

业务员

记账　　审核　　出纳　赵技巩　　制单　赵技巩

图 12-10　凭证的“出纳签字”窗口

易桌面　出纳签字列表 ×

凭证共 7张　　已签字 7张　　未签字 0张　　⊙ 凭证号排序

制单日期	凭证编号	摘要	借方金额合计	贷方金额合计	制单人	签字人	系统名
2017-04-21	记 - 0011	现结	102,960.00	102,960.00	赵技巩	赵技巩	应收系统
2017-04-21	记 - 0016	收到光明公司的期初货款	234,000.00	234,000.00	赵技巩	赵技巩	应收系统
2017-04-21	记 - 0017	收到光明公司的本期货款	26,910.00	26,910.00	赵技巩	赵技巩	应收系统
2017-04-21	记 - 0018	同方公司的期初货款	351,000.00	351,000.00	赵技巩	赵技巩	应收系统
2017-04-21	记 - 0022	支付塑料二厂货款	77,688.00	77,688.00	赵技巩	赵技巩	应付系统
2017-04-21	记 - 0023	支付螺钉厂货款	74,295.00	74,295.00	赵技巩	赵技巩	应付系统
2017-04-21	记 - 0024	支付吉祥公司加工费	10,998.00	10,998.00	赵技巩	赵技巩	应付系统

图 12-11　“出纳签字列表”窗口

(4) 退出。单击“出纳签字”和“出纳签字列表”窗口的“关闭”按钮，退出窗口。

5. 总账系统中凭证的主管签字

提示：因为凭证的制单人和主管签字审核人不能是同一人，所以请以总经理李吉棕的身份，登录进入“企业应用平台”，完成凭证的主管签字审核。

(1) 打开“主管签字列表”窗口。在“总账”子系统，依次单击“凭证”→“主管签字”菜单项，打开“主管签字”对话框，直接单击“确定”按钮，系统打开“主管签字列表”窗口，参见图 12-12。

(2) 会计主管的单张凭证签字。双击任一凭证所在的行，进入该凭证的“主管签字”窗口，查阅信息无误后单击工具栏的“签字”按钮，即在凭证右上方显示“李吉棕”的红字印章，表示主管签字完成，参见图 12-13。

(3) 会计主管的成批凭证签字。单击工具栏的“下张凭证”或“上张凭证”，审阅所有凭证的信息无误后，执行“批处理/成批主管签字”命令，系统对所有凭证进行主管签字，完成后弹出信息框提示完成，单击“确定”按钮，完成凭证的主管签字工作，系统返回“主管签字”窗口。

(4) 单击“主管签字”窗口右上角的“关闭”按钮，系统返回“主管签字列表”窗口，如图 12-13 所示。

易桌面 | 主管签字列表 ×

凭证共 27张 已签字 27张 未签字 0张 ⊙ 凭证号排序

制单日期	凭证编号	摘要	借方金额合计	贷方金额合计	制单人	签字人	系统名
2017-04-09	记 - 0001	采购入库单	400.00	400.00	赵技巩	李吉棕	存货核算系统
2017-04-09	记 - 0002	采购入库单	56,400.00	56,400.00	赵技巩	李吉棕	存货核算系统
2017-04-09	记 - 0003	采购入库单	3,100.00	3,100.00	赵技巩	李吉棕	存货核算系统
2017-04-09	记 - 0004	采购专用发票	468.00	468.00	赵技巩	李吉棕	应付系统
2017-04-09	记 - 0005	采购专用发票	65,988.00	65,988.00	赵技巩	李吉棕	应付系统
2017-04-09	记 - 0006	采购专用发票	3,627.00	3,627.00	赵技巩	李吉棕	应付系统
2017-04-11	记 - 0007	材料出库单	56,400.00	56,400.00	赵技巩	李吉棕	存货核算系统
2017-04-11	记 - 0008	采购入库单	65,800.00	65,800.00	赵技巩	李吉棕	存货核算系统
2017-04-11	记 - 0009	采购专用发票	10,998.00	10,998.00	赵技巩	李吉棕	应付系统
2017-04-14	记 - 0010	销售专用发票	26,910.00	26,910.00	赵技巩	李吉棕	应收系统
2017-04-21	记 - 0011	现结	102,960.00	102,960.00	赵技巩	李吉棕	应收系统
2017-04-21	记 - 0012	材料出库单	183,840.00	183,840.00	赵技巩	李吉棕	存[illegible]统 应收系统
2017-04-21	记 - 0013	产成品入库单	[illegible]	229,320.00	赵技巩	李吉棕	存货核算系统
2017-04-21	记 - 0014	专用发票	16,000.00	16,000.00	赵技巩	李吉棕	存货核算系统
2017-04-21	记 - 0015	专用发票	64,000.00	64,000.00	赵技巩	李吉棕	存货核算系统
2017-04-21	记 - 0016	收到光明公司的期初货款	234,000.00	234,000.00	赵技巩	李吉棕	应收系统
2017-04-21	记 - 0017	收到光明公司的本期货款	26,910.00	26,910.00	赵技巩	李吉棕	应收系统
2017-04-21	记 - 0018	同方公司的期初货款	351,000.00	351,000.00	赵技巩	李吉棕	应收系统
2017-04-21	记 - 0019	核销	234,000.00	234,000.00	赵技巩	李吉棕	应收系统

图 12-12 “主管签字列表”窗口

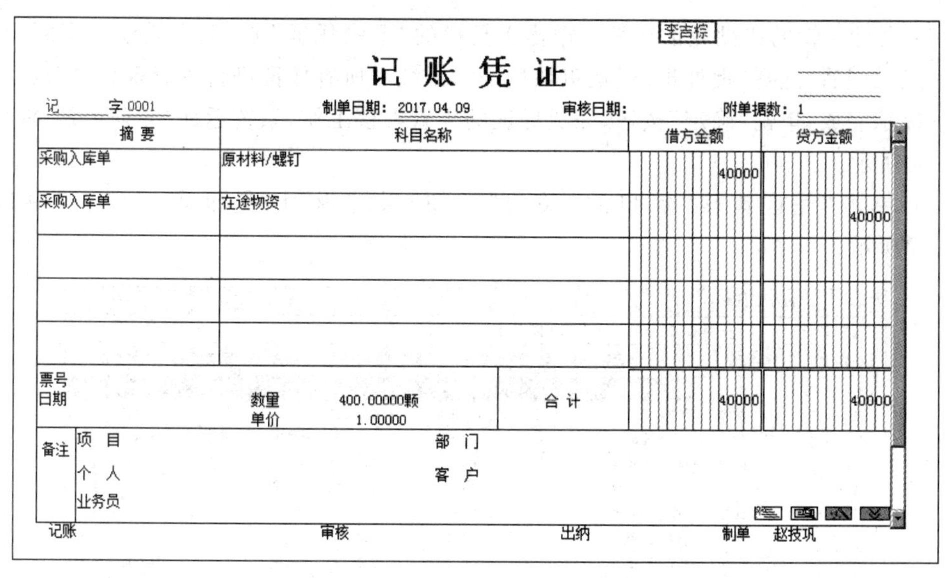
李吉棕

记 账 凭 证

记 字 0001 制单日期：2017.04.09 审核日期： 附单据数：1

摘要	科目名称	借方金额	贷方金额
采购入库单	原材料/螺钉	40000	
采购入库单	在途物资		40000
票号 日期	数量 400.00000颗 单价 1.00000 合 计	40000	40000

备注 项 目 部 门

个 人 客 户

业务员

记账 审核 出纳 制单 赵技巩

图 12-13 凭证的“主管签字”窗口

(5) 退出。单击“主管签字列表”右上角的“关闭”按钮，退出窗口。

6. 总账系统中凭证的主管审核

(1) 打开“凭证审核列表”窗口。在“总账”子系统，依次单击“凭证”→“审核凭证”菜单项，进入“凭证审核”对话框，单击“确定”按钮，系统打开“凭证审核列表”窗口，参见图 12-15。

(2) 会计主管的单张凭证审核。双击任一凭证所在的行，进入该凭证的“审核凭证”窗口，查阅信息无误后单击工具栏的“审核”按钮，即在凭证下方“审核”处显示“李吉棕”的名字，表示主管审核完成，而且系统自动进入下一张凭证。单击工具栏的“上张凭证”按钮，如图 12-14 所示。

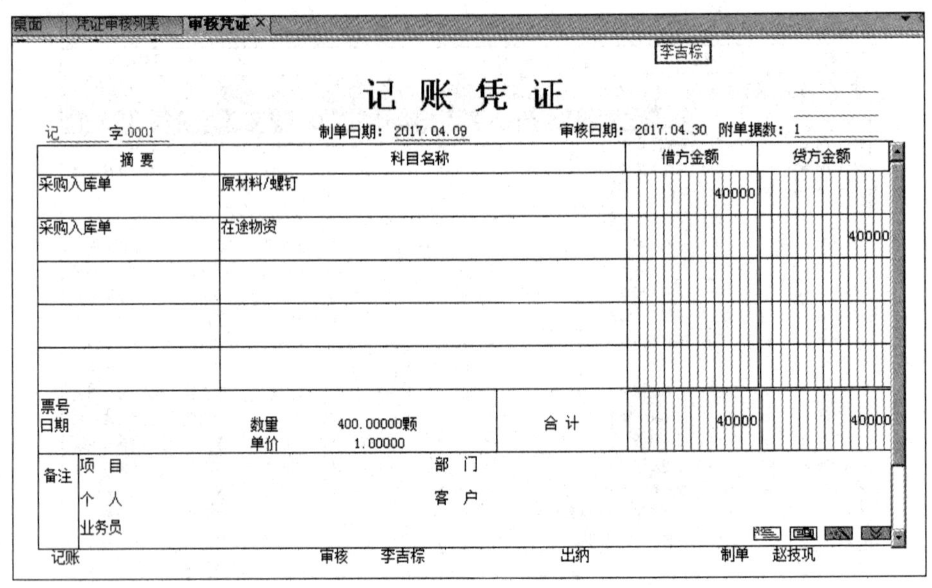

图 12-14　凭证的审核窗口

（3）会计主管的成批凭证审核。单击工具栏的“下张凭证”或“上张凭证”，审阅所有凭证的信息无误后，选择“批处理/成批审核凭证”，系统对所有凭证进行主管审核，完成后弹出信息框提示完成，单击“确定”按钮，完成凭证的主管审核工作，系统返回“凭证审核”窗口，如图 12-14 所示。

（4）单击“凭证审核”窗口的“关闭”按钮，系统返回“凭证审核列表”窗口，如图 12-15 所示。

易桌面　凭证审核列表

凭证共 27张　已审核 27 张　未审核 0 张　凭证号排序

制单日期	凭证编号	摘要	借方金额合计	贷方金额合计	制单人	审核人	系统名
2017-04-09	记 - 0001	采购入库单	400.00	400.00	赵技巩	李吉棕	存货核算系统
2017-04-09	记 - 0002	采购入库单	56,400.00	56,400.00	赵技巩	李吉棕	存货核算系统
2017-04-09	记 - 0003	采购入库单	3,100.00	3,100.00	赵技巩	李吉棕	存货核算系统
2017-04-09	记 - 0004	采购专用发票	468.00	468.00	赵技巩	李吉棕	应付系统
2017-04-09	记 - 0005	采购专用发票	65,988.00	65,988.00	赵技巩	李吉棕	应付系统
2017-04-09	记 - 0006	采购专用发票	3,627.00	3,627.00	赵技巩	李吉棕	应付系统
2017-04-11	记 - 0007	材料出库单	56,400.00	56,400.00	赵技巩	李吉棕	存货核算系统
2017-04-11	记 - 0008	采购入库单	65,800.00	65,800.00	赵技巩	李吉棕	存货核算系统
2017-04-11	记 - 0009	采购专用发票	10,998.00	10,998.00	赵技巩	李吉棕	应付系统
2017-04-14	记 - 0010	销售专用发票	26,910.00	26,910.00	赵技巩	李吉棕	应付系统
2017-04-21	记 - 0011	现结	102,960.00	102,960.00	赵技巩	李吉棕	应收系统
2017-04-21	记 - 0012	材料出库单	183,840.00	183,840.00	赵技巩	李吉棕	存货核算系统
2017-04-21	记 - 0013	产成品入库单	229,320.00	229,320.00	赵技巩	李吉棕	存货核算系统
2017-04-21	记 - 0014	专用发票	16,000.00	16,000.00	赵技巩	李吉棕	存货核算系统
2017-04-21	记 - 0015	专用发票	64,000.00	64,000.00	赵技巩	李吉棕	存货核算系统
2017-04-21	记 - 0016	收到光明公司的期初货款	234,000.00	234,000.00	赵技巩	李吉棕	应收系统
2017-04-21	记 - 0017	收到光明公司的本期货款	26,910.00	26,910.00	赵技巩	李吉棕	应收系统
2017-04-21	记 - 0018	同方公司的期初货款	351,000.00	351,000.00	赵技巩	李吉棕	应收系统
2017-04-21	记 - 0019	核销	234,000.00	234,000.00	赵技巩	李吉棕	应收系统

图 12-15　“凭证审核列表”窗口

（5）退出。单击“凭证审核列表”窗口的“关闭”按钮，退出窗口。

7. 总账系统中凭证的记账

提示：完成凭证的主管签字审核后，您可以以账套主管赵技巩或您自己的身份，登录进入“企业应用平台”，或者继续以总经理李吉棕的身份，完成以下操作。

(1) 打开“记账”对话框。在“总账”子系统，依次单击“凭证”→“记账”菜单项，系统打开“记账”对话框。

(2) 记账设置。先单击对话框中的“全选”按钮，以选中所有的未记账凭证，然后单击“记账”按钮，系统弹出期初试算平衡表(参见图 4-25)。

(3) 完成记账工作。单击期初试算平衡表的“确定”按钮，系统自动完成记账工作，并弹出信息框提示记账完成，单击“确定”按钮，系统返回“记账”对话框，如图 12-16 所示。

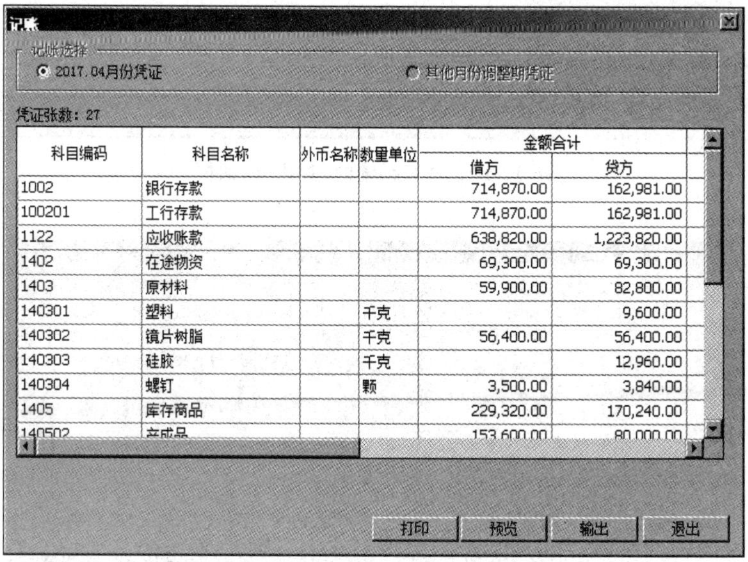

记账

记账选择

◉ 2017.04月份凭证　　○ 其他月份调整期凭证

凭证张数：27

科目编码	科目名称	外币名称	数量单位	金额合计	
				借方	贷方
1002	银行存款			714,870.00	162,981.00
100201	工行存款			714,870.00	162,981.00
1122	应收账款			638,820.00	1,223,820.00
1402	在途物资			69,300.00	69,300.00
1403	原材料			59,900.00	82,800.00
140301	塑料		千克		9,600.00
140302	镜片树脂		千克	56,400.00	56,400.00
140303	硅胶		千克		12,960.00
140304	螺钉		颗	3,500.00	3,840.00
1405	库存商品			229,320.00	170,240.00
140502	产成品			153,600.00	80,000.00

打印　预览　输出　退出

图 12-16　记账完成后的“记账”对话框

(4) 退出。单击“记账”对话框的“退出”按钮，关闭退出对话框。

8. 总账系统的月末对账与试算

(1) 打开“对账”对话框。在“总账”子系统，依次单击“期末”→“对账”菜单项，系统打开“对账”对话框，参见图 12-17。

(2) 对账设置。在“对账”对话框中，将光标定位在“2017.04”所在行，然后单击工具栏的“选择”按钮，“是否对账”栏出现 Y 字样，参见图 12-17。

(3) 对账。单击工具栏的“对账”按钮，系统自动对账并显示对账结果，如图 12-17 所示。

(4) 试算。单击“试算”按钮，可以对各科目类别余额进行试算平衡，如图 12-18 所示。

(5) 退出。单击试算结果对话框的“确定”按钮返回“对账”对话框，再单击“对账”对话框的“退出”按钮，退出该对话框。

提示：

(1) 若对账结果为账账相符，则对账月份的“对账结果”栏显示“正确”；若对账结果为账账不符，则对账月份的“对账结果”栏显示“错误”，单击工具栏的“错误”按钮，可查看引起账

图 12-17　总账系统的"对账"对话框

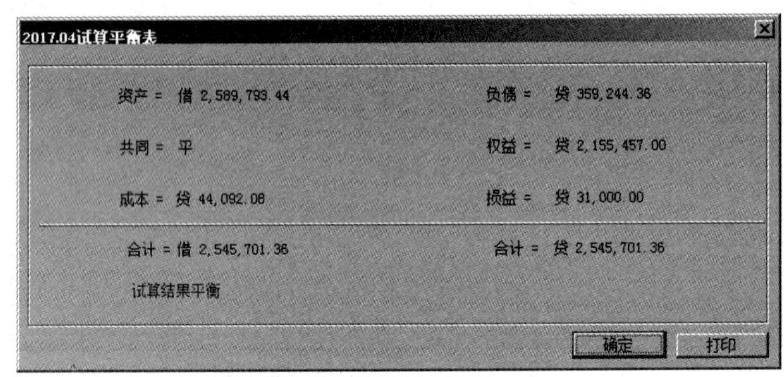

图 12-18　总账系统月末试算结果

账不符的原因。

(2) 若需要恢复记账前状态,其操作步骤:

- 在"企业应用平台"的"业务工作"页签,依次单击"财务会计"→"总账"→"期末"→"对账"菜单项,系统打开"对账"对话框,
- 在期末对账界面中,按 Ctrl+H 键,则在"凭证"菜单中增加"恢复记账前状态"菜单项(如再次按 Ctrl+H 键则隐藏此菜单项)。
- 选择恢复方式为"最近一次记账前状态",这种方式一般用于记账时系统造成的数据错误的恢复;选择"2017 年 04 月初状态",则恢复到 4 月初未记账时的状态。
- 选择是否恢复"往来两清标志"和选择恢复两清标志的月份,系统根据选择在恢复时,清除恢复月份的两清标志。
- 系统提供灵活的恢复方式,可以根据需要而不必恢复所有的会计科目,只需将要恢复的科目从"不恢复的科目"选入"恢复的科目",即可只恢复需要恢复的科目。

9. 总账系统的月末对账与结账

(1) 打开"结账"对话框。在"总账"子系统,依次单击"期末"→"结账"菜单项,系统打开

"结账"对话框。

(2) 对账。在"结账"对话框中,单击要结账月份 2017.04,然后单击"下一步"按钮,再单击"对账"按钮,系统对要结账的月份进行账账核对。

(3) 结账。单击"下一步"按钮,系统显示"4 月工作报告",如图 12-19 所示。

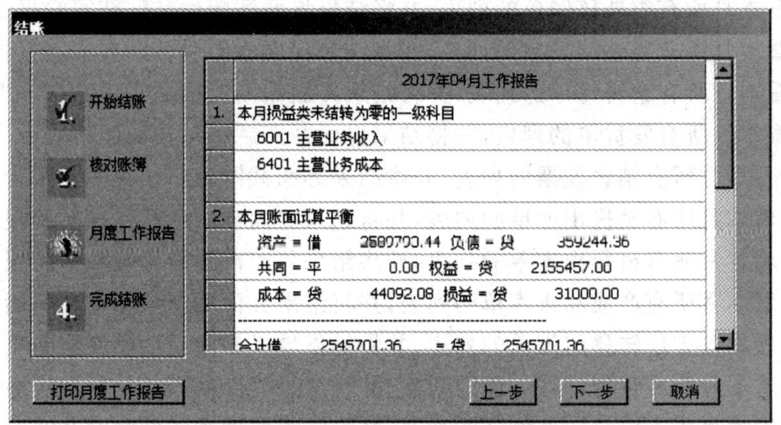

图 12-19　总账系统月末结账对话框

(4) 查看"4 月工作报告"后,再单击"下一步"按钮,若符合结账要求,则系统自动进行结账,否则不予结账。

(5) 不结账并退出。单击"结账"对话框的"取消"按钮,系统不结账并退出该对话框(因为本月还没有进行对应结转、期间损益结转等财务会计方面的工作,建议不做总账结账。若仅为练习操作,也可单击"结账"对话框的"结账"按钮)。

提示:

(1) 结账只能由有结账权的人进行。

(2) 结账必须按月连续进行,若上月未结账,则本月不能结账。

(3) 如本月还有未记账凭证(包括作废凭证),则本月不能结账。

(4) 若总账与明细账对账不符,则不能结账。

(5) 已结账月份不能再填制凭证。

(6) 反结账操作只能由账套主管执行,操作步骤如下。

- 在"企业应用平台"的"业务工作"页签,依次单击"财务会计"→"总账"→"期末"→"结账"菜单项,系统打开"结账"对话框;
- 选择要取消结账的月份 2017.04;
- 按 Ctrl+Shift+F6 键,激活"取消结账"功能;
- 单击"确认"按钮,取消结账标志。

12.3 实验报告内容

(1) 查看本月所有采购订单的执行统计表,并将其输出成 htm 文件,然后在上交作业前,将该文件与实验报告文件压缩在一起上交。

(2) 查看本月所有到货单的列表,并将结果界面截图后粘贴在实验报告中。

(3) 查看本月所有采购发票的列表,并将结果界面截图后粘贴在实验报告中。

(4) 查看本月所有采购入库单(含委外入库单)的列表,并将结果界面截图后粘贴在实验报告中。

(5) 查看月所有采购结算单的列表,并将结果界面截图后粘贴在实验报告中。

(6) 查看本月所有委外核销单的列表,并将结果界面截图后粘贴在实验报告中。

(7) 查看本月所有委外结算单的列表,并将结果界面截图后粘贴在实验报告中。

(8) 查看本月所有销售订单的列表,并将结果界面截图后粘贴在实验报告中。

(9) 查看本月所有发货单的列表,并将结果界面截图后粘贴在实验报告中。

(10) 查看本月所有销售发票的列表,并将结果界面截图后粘贴在实验报告中。

(11) 查看本月所有销售出库单的列表,并将结果界面截图后粘贴在实验报告中。

(12) 查看本月所有材料出库单的列表,并将结果界面截图后粘贴在实验报告中。

(13) 查看本月所有产成品入库单的列表,并将结果界面截图后粘贴在实验报告中。

(14) 查看本月工序转移明细单的列表,并将结果界面截图后粘贴在实验报告中。

(15) 查看本月所有存货记账凭证的列表,并将结果界面截图后粘贴在实验报告中。

(16) 查看本月所有应收记账凭证的列表,并将结果界面截图后粘贴在实验报告中。

(17) 查看本月所有应付记账凭证的列表,并将结果界面截图后粘贴在实验报告中。

(18) 查看本月预测消抵明细表(MPS),并将结果界面截图后粘贴在实验报告中。

(19) 查看本月供需追溯明细表(MPS),并将结果界面截图后粘贴在实验报告中。

(20) 查看 MRP 计划维护界面,并将结果截图后粘贴在实验报告中。

(21) 在总账中查看科目汇总表,并将结果界面截图后粘贴在实验报告中。

(22) 在总账中查看科目余额表,并将结果输出到 Excel 文件,然后打开 Excel 文件,把相关内容截图后粘贴在实验报告中。

(23) 在总账中查看供应商往来两清,并将结果界面截图后粘贴在实验报告中。

(24) 在总账中查看供应商科目余额表,并将结果界面截图后粘贴在实验报告中。

(25) 在总账中查看客户往来两清,并将结果界面截图后粘贴在实验报告中。

(26) 在总账中查看客户科目余额表,并将结果界面截图后粘贴在实验报告中。

第13章 综合实验

本章设计的综合业务，有利于读者从企业管理者的角度，理解与分析业务，并可在步骤概要的提示下，理解业务与软件操作之间的关系，用于检验读者是否理解并掌握了相关操作。

本章的操作请按照业务描述中的系统日期（如4月1日），以账套主管赵技巩（或读者本人）的身份，在第5章完成的基础上，对案例企业4月份的业务，包括销售预测、MPS/MRP规划、产能管理、采购、委外、生产订单管理、车间管理、库存、存货核算、应收和应付业务进行综合练习。

如果需要，您可以到百度网盘空间（云盘地址为 https://pan.baidu.com/s/1RYhQLt7jZn9lFsZJD9I55g 提取码：eh69）的"实验账套数据"文件夹中，将"05 物料清单.rar"下载到实验用机上，然后"引入"（操作步骤详见1.3.5节）到ERP-U8系统中。

需要注意的是，因百度网盘中的账套备份文件均为压缩文件，所以下载完成引入前，需要用解压缩工具进行解压（建议用 WinRAR 3.42 或以上版本），得到相应可以引入的账套数据文件。

本章的授课时间建议讲课2学时（综合分析企业供应链与生产制造的业务流和数据流，内容可参见教程配套的课件）、实验4～6学时，实验目的与要求如下：

- 熟练掌握用友ERP供应链子系统中各个模块的操作。
- 熟练掌握用友ERP生产制造子系统中各个模块的操作。
- 掌握相关账表的查询。

13.1 企业日常业务操作

提示：

- 日常业务中的业务数据（如订单数量），与第6～第11章的数据可能有差异。
- 请在完成第5章的物料清单维护工作的账套中，进行本节业务的操作。
- 企业应用平台启用的系统日期和业务日期，请以每个业务描述的时间为准。

13.1.1 产能管理准备

1. 产能参数设置

2017年4月1日，对产能管理的系统参数进行设置。除系统默认的外，还需要进行以下设置。

- 预测版本为YCMPS，时格为SG01。
- 资源需求计划的截止日期为2017-12-31，时格SG01能力需求计算的截止日期为2017-04-30。
- 超载百分比为110%，低载百分比为60%。

- 能力需求计算对全部资源进行。
- 选择所有状态的生产订单。

2. 资源清单生成与维护

2017 年 4 月 1 日，对亮康眼镜及其所有的子件，进行工艺路线转资源清单的操作，并查看与维护资源清单。

13.1.2 销售预测与资源需求计算

1. 销售预测

2017 年 4 月 1 日，生产部根据销售部的预测，完成以下预测订单的填制。

- 2017.04.01～2017.10.01，将有 14 000 副亮康眼镜的需求，该预测订单需要做月均化处理，取上整。
- 2017.04.15～2017.04.25，将有 100 副亮康眼镜的需求，该预测订单不需要做均化处理。
- 2017.04.28～2017.05.03，还将有 1200 副亮康眼镜的需求，该预测订单也不需要做均化处理。

2. 资源需求计算与查询

2017 年 4 月 1 日，进行资源需求的计算，以及按工作中心进行资源需求的查询和维护。

13.1.3 销售订货与 MPS 计划

1. 客户订货

【业务 1】 2017 年 4 月 1 日，销售批发部夏于与光明公司签订购销合同(合同号为 XS011)，销售亮康眼镜 200 副，无税单价 220 元，税率为 17%，约定 2017.04.20 发货，销售主管赵飞审核通过。

【业务 2】 2017 年 4 月 1 日，同方公司向销售部夏于订购亮康眼镜 800 副，要求无税单价 200 元/副(税率为 17%)，发货日期为 2017.04.24，本公司接受该订货要求，夏于填制销售订单(订单号为 XS012)，销售主管赵飞审核通过该订单。

2. MPS 计划准备工作

2017 年 4 月 1 日，进行 MPS 计划前的准备工作，具体包括如下内容。

(1) 累计提前期推算。

(2) MPS 计划参数维护。除系统默认的外，还需要进行以下设置。

- 编辑“计划代号”为 JHMPS，“计划说明”为“主计划 MPS”，选择“默认计划”和“是否生效”复选框。
- 将“需求时栅”设置为 SZ01，设置“截止日期”为 2017.04.30。
- 在“计划时考虑”区确认已选中“生产订单”、“委外订单”、“请购订单”、“采购订单”和“计划订单”。
- 选择“供需追溯”和“逾期时正向排程”复选框。

3. MPS 计划

2017 年 4 月 1 日，进行 MPS 计划的生成、维护与查阅，并理解亮康眼镜的 MPS 计划结果。

4. 粗能力需求的计算与查询

2017 年 4 月 1 日，进行粗能力需求计算，并按工作中心查阅粗能力需求汇总表、查阅关键资源负载明细表。

13.1.4 MRP 规划与能力需求计算

1. MRP 计划参数设置

2017 年 4 月 1 日，进行 MRP 计划参数维护。除系统默认的外，还需要进行以下设置。

- 编辑"计划代号"为 JHMRP，"计划说明"为"主计划 MRP"，选择"默认计划"和"是否生效"复选框。
- 选择"需求时栅"为 SZ01，设置"截止日期"为 2017.04.30。
- 选择"来源 MPS 计划代号"为 JHMPS，"计划时考虑"区确认已选中"生产订单""委外订单"、"请购订单"、"采购订单"和"计划订单"。
- 选择"供需追溯"、"逾期时正向排程"复选框。

2. MRP 规划生成、查阅与维护

2017 年 4 月 1 日，进行 MRP 规划的生成、维护与查阅，并理解镜架、镜腿、镜片和螺钉的 MRP 计划结果。

3. 能力需求计算与查阅

2017 年 4 月 1 日，进行能力需求计算，并按工作中心查阅能力需求汇总表、查阅资源负载明细表。

4. 产能核验

2017 年 4 月 1 日，进行产能问题核查并查看各个工作中心资源的"产能-负载图"。

13.1.5 协同采购管理

1. 协同采购

2017 年 4 月 5 日，根据 MRP 运行的结果，采购部张新海逐一签订所有的采购订单，每种物料生成一个采购订单，订单的无税单价可参见表 13-1，税率为 17%。

本业务需要填制并审核采购订单。

在下面的单据中，需要填入或确认存货单价的信息，可参见表 13-1。

表 13-1 物料单价

存货名称	存货单价	委外加工单价(不含税)	存货名称	存货单价	采购单价(不含税)
亮康眼镜	160		塑料	1000	1000
镜片	70	10	镜片树脂	6000	6000
镜架	50		鼻托	20	
镜框	12		硅胶	1600	1600
镜腿	12		螺钉	1	1

2. 采购到货与采购发票处理

2017 年 4 月 8 日，所有采购的物料，按下订单的先后依次到货，相应的采购专用发票随

货到达。货款尚未支付。

本业务需要填制与审核采购到货单、填制采购发票，对采购发票进行应付审核与制单。制单时凭证上的科目直接采用在应付款管理系统中设置的默认科目。

3. 采购入库

2017 年 4 月 8 日，仓管部将所有到货的物料，依次检验入仓库(塑料、硅胶和镜片树脂入原材料仓库，螺钉入半成品仓库)，单价采用默认值。

本业务需要填制并审核采购入库单。

4. 采购结算与采购成本核算

2017 年 4 月 8 日，采购部对采购入库单和采购发票进行采购结算。随后，财务部对采购入库单进行记账和制单。

本业务需要进行自动或手工的采购结算，采购存货的单据记账和制单，制单时直接采用在存货核算中设置的默认科目，但要求在凭证的“摘要”部分增加物料名称，以利于后期的数据追踪。

13.1.6 协同委外管理

1. 协同委外

2017 年 4 月 8 日，采购部根据 MRP 运行的结果，签订委外订单，注意将所有的委外计划单生成一个委外订单。

本业务需要填制并审核委外订单。

2. 委外发料

2017 年 4 月 8 日，仓管部根据委外订单，进行委外发料，镜片树脂的单价为 6000 元。

本业务需要填制并审核材料出库单，请注意“仓库”(原材料仓库)和“出库类别”(委外领料)。

3. 委外到货与加工费发票处理

2017 年 4 月 12 日，委外加工的物料到货，相应的委外加工费专用发票随货到达，还没有入库。应付的加工费尚未支付。

本业务需要填制并审核委外到货单，填制委外专用发票，对委外应付进行审核与制单。审核时在“应付单查询条件”中增加“未完全报销”，制单时凭证上的科目直接采用在应付款管理系统中设置的默认科目。

4. 委外入库

2017 年 4 月 12 日，仓管部将委外到货的物品，验收入半成品仓库，入库单价待定。

本业务需要参照委外到货单，填制并审核的采购入库单，入库单价为空。

5. 委外领料记账

2017 年 4 月 12 日，财务部对委外领料单进行记账。

本业务需要进行正常单据记账。

6. 委外材料核销

2017 年 4 月 12 日，采购部对委外的材料进行核销。

本业务需要进行委外手工核销。

7. 委外结算与委外成本核算

2017 年 4 月 12 日，采购部对委外入库单和委外加工费发票进行委外结算。随后，财务部对委外入库进行成本确认。

本业务需要进行委外手工结算、委外入库单的记账和制单。制单的要求如下：

- 在凭证的“摘要”部分增加物料名称，以利于后期的数据追踪。
- 委外业务的“采购入库单”和“材料出库单”的凭证科目，均采用在存货核算中设置的默认科目。

13.1.7 生产车间管理与存货核算

1. 生产订单生成

2017 年 4 月 12 日，生产部根据 MPS 和 MRP 规划的结果，按照物料清单从下向上的顺序（即鼻托、镜腿、镜框、镜架、亮康眼镜）生成生产订单，每种物料生成一张生产订单。

本业务需要进行生产订单自动生成。

2. 生产订单审核

2017 年 4 月 12 日，生产部审核所有的生产订单。

本业务需要进行生产订单的审核，请通过“生产订单手动输入”菜单项，查看和审核所有自动生成的生产订单。

3. 鼻托的生产领料

2017 年 4 月 12 日，生产部根据鼻托的生产领料单，到仓管部进行生产领料。

本业务需要填制并审核材料出库单，领料的硅胶单价为 1600 元。

4. 鼻托的完工入库

2017 年 4 月 14 日，生产部将完工的鼻托送到仓管部，仓管部验收入库。经成本核算，这批鼻托的入库成本为 20 元。

本业务需要填制并审核产成品入库单。

5. 镜腿的工序计划生成

2017 年 4 月 14 日，生产部对所有镜腿的生产订单，一次性地进行生产订单工序计划生成。

本业务需要进行生产订单工序计划生成。

6. 镜腿的工序领料

2017 年 4 月 14 日，生产部根据工序领料单到仓管部进行生产的工序领料。

本业务需要填制并审核材料出库单。请注意设置“查询条件选择-父项过滤条件”对话框中的“工序行号”为 0010；领料的塑料单价为 1000 元。

7. 镜腿的工序转移

2017 年 4 月 15 日，生产部完成了所有镜腿的生产任务。

本业务需要逐笔填制工序转移单。

8. 镜腿的完工入库

2017 年 4 月 15 日，生产部将完工的镜腿送到仓管部，仓管部验收入库。经成本核算，这批镜腿的入库成本为 12 元。

本业务需要填制并审核产成品入库单。

9. 镜框的生产领料

2017 年 4 月 15 日，生产部根据镜框的生产领料单到仓管部进行生产领料。

本业务需要填制并审核材料出库单，领料的镜框单价为 12 元。

10. 镜框的完工入库

2017 年 4 月 15 日，生产部将完工的镜框送到仓管部，仓管部验收入库。经成本核算，这批镜框的入库成本为 12 元。

本业务需要填制并审核产成品入库单。

11. 镜架的生产领料

2017 年 4 月 15 日，生产部根据镜架的生产领料单，到仓管部进行生产领料。

本业务需要填制并审核材料出库单，相关的物料单价参见表 13-1。

12. 镜架的生产完工入库

2017 年 4 月 18 日，生产部将完工的镜架送到仓管部，仓管部验收入库。经成本核算，这批镜架的入库成本为 50 元。

本业务需要填制并审核产成品入库单。

13. 亮康眼镜的生产领料出库

2017 年 4 月 18 日，生产部根据亮康眼镜的生产领料单，到仓管部进行生产领料。

本业务需要填制并审核材料出库单，相关的物料单价参见表 13-1。

14. 亮康眼镜的生产完工入库

2017 年 4 月 20 日，生产部将完工的亮康眼镜送到仓管部，仓管部验收入库。经成本核算，这批亮康眼镜的入库成本为 160 元。

本业务需要填制并审核产成品入库单。

15. 生产成本核算

2017 年 4 月 20 日，财务部对所有的领料出库单和完工入库单进行记账和逐一制单，制单的要求如下：

- 在凭证的"摘要"部分增加领料母件的物料名称，以利于后期的数据追踪。例如"镜架领料出库单"是生产镜架的领料出库单的凭证摘要，"亮康眼镜成品入库单"是亮康眼镜完工入库单的凭证摘要。
- 凭证科目，均采用在存货核算中设置的默认科目。

13.1.8 销售与应收管理

1. 销售的开票与发货

2017 年 4 月 20 日，销售批发部完成光明公司(销售订单号为 XS011)的销售开票(票号 66170401)和发货业务，要求先开票后发货。

本笔业务需要填制并复核销售发票，审核销售出库单，销售收入确认(销售发票的审核与制单)和销售成本结转(销售存货的记账与制单)。应收凭证和存货凭证的科目均使用默认科目。

2. 销售的发货与开票

2017 年 4 月 24 日，销售批发部完成同方公司(销售订单号为 XS012)的销售发货和开票(票号 66170402)业务，要求先发货后开票。

本笔业务需要填制并审核销售发货单、填制并复核销售发票，审核销售出库单，销售收入确认（销售发票的审核与制单）和销售成本结转（销售存货的记账与制单）。注意，应收凭证和存货凭证的科目均使用默认科目。

13.1.9 收款与付款管理

1. 应收收款处理

2017 年 4 月 26 日，财务部收到银行的入账通知单，通知单上载明是光明公司依据销售订单 XS011 用转账支票（票号为 22170401）转入货款 51 480 元。

2017 年 4 月 26 日，财务部收到银行的入账通知单，通知单上载明是同方公司依据销售订单 XS012 用转账支票（票号为 22170402）转入货款 187 200 元。

本笔业务需要财务部填制与审核收款单，收款单据制单，应收核销与制单。

2. 应付付款处理

2017 年 4 月 26 日，财务部开具转账支票（票号为 22170411，转账金额为 150 228），用于支付塑料二厂的本月采购应付款。

2017 年 4 月 26 日，财务部开具转账支票（票号为 22170412，转账金额为 25 038），用于支付吉祥公司的本月委外加工费用。

2017 年 4 月 26 日，财务部还开具转账支票（票号为 22170414，转账金额为 9711），用于支付螺钉厂的本月采购应付款。

本笔业务需要财务部填制与审核付款单，付款单据制单；应付核销与制单。

13.1.10 月末处理

1. 采购、委外与应付系统的月末结账

2017 年 4 月 30 日，采购部对采购管理和委外管理进行月末结账，财务部对应付款管理进行月末结账。

2. 销售与应收系统的月末结账

2017 年 4 月 30 日，销售部对销售管理进行月末结账，财务部对应收款管理进行月末结账。

3. 库存管理系统的月末结账

2017 年 4 月 30 日，仓管部对库存管理系统进行月末结账。

4. 存货核算系统的月末结账

2017 年 4 月 30 日，财务部对存货核算系统按仓库进行月末处理，以及存货核算的月末结账。

13.2 实验报告内容

(1) 打开计划代号为 JHMPS 的 MPS 计划维护界面，并将结果界面截图后粘贴在实验报告中。

(2) 打开亮康眼镜的供需资料查询-明细（物料）界面，并将结果界面截图后粘贴在实验报告中。

(3) 请解释亮康眼镜的“审核预测”单的“订单原量”和“订单余量”的数量来源。

(4) 请解释亮康眼镜的“审核预测”单的“规划供应”的“审核日期”的来源。

(5) 打开镜片的供需资料查询-明细(物料)界面,并将结果界面截图后粘贴在实验报告中。

(6) 打开镜架的供需资料查询-明细(物料)界面,并将结果界面截图后粘贴在实验报告中。

(7) 打开镜腿的供需资料查询-明细(物料)界面,并将结果界面截图后粘贴在实验报告中。

(8) 打开螺钉的供需资料查询-明细(物料)界面,并将结果界面截图后粘贴在实验报告中。

(9) 查看所有工作中心的资源需求汇总,并将结果界面截图后粘贴在实验报告中。

(10) 请给出资源需求汇总表中第1行的“可用产能”和“产能需求”的计算公式和计算过程。

(11) 查看所有工作中心的粗能力需求汇总,并将结果界面截图后粘贴在实验报告中。

(12) 请给出粗能力需求汇总表中第2行(即“状态”为“超载”的行)的“可用产能”和“产能需求”的计算公式和计算过程。

(13) 查看所有工作中心的(细)能力需求汇总,并将结果界面截图后粘贴在实验报告中。

(14) 请给出能力需求汇总表中第1行的“可用产能”和“产能需求”的计算公式和计算过程。

(15) 查看采购结算单列表,并将结果界面截图后粘贴在实验报告中。

(16) 查看委外核销单列表,并将结果界面截图后粘贴在实验报告中。

(17) 查看工序转移单明细表,并将结果界面截图后粘贴在实验报告中。

(18) 查看生产完工入库单列表,并将结果界面截图后粘贴在实验报告中。

(19) 查看销售出库单列表,并将结果界面截图后粘贴在实验报告中。

(20) 查看销售发票列表,并将结果界面截图后粘贴在实验报告中。

参考文献

1. 龚中华，何平，等. 用友 ERP-U8 完全使用详解[M]. 北京：人民邮电出版社，2013.
2. 龚中华，何平，等. 用友 ERP-U8(V8.72)模拟实战——财务、供应链和生产制造[M]. 北京：人民邮电出版社，2012.
3. 张莉莉. 用友 ERP 生产管理系统实验教程(U87.2 版)[M]. 北京：清华大学出版社，2012.
4. 陆安生. ERP 原理与应用[M]. 北京：清华大学出版社，2010.
5. 何平，龚中华，等. 用友培训教程——财务核算/供应链管理/物料需求计划.(第 2 版)[M]. 北京：人民邮电出版社，2010.
6. 龚中华，何平. 模拟实战—财务、供应链和生产制造[M]. 北京：人民邮电出版社，2012.
7. 刘翔，施文. ERP 原理与应用[M]. 北京：清华大学出版社，2011.
8. 许建钢等. ERP 应用教程[M]. 北京：电子工业出版社，2006.
9. 李继鹏，董文婧，李勉. 用友 ERP 供应链管理系统实验教程(U8 V10.1 版)[M]. 北京：清华大学出版社，2014.
10. 赵建新，何晓岗，周宏. 用友 ERP 供应链管理系统实验教程(U8.72 版)[M]. 北京：清华大学出版社，2012.
11. 张莉莉，李吉梅，等. 企业财务业务一体化实训教程(用友 ERP-U8.72 版)[M]. 北京：清华大学出版社，2013.
12. 王新玲. 财务业务一体化实战演练(用友 ERP-U8.72 版)[M]. 北京：清华大学出版社，2013.

"十二五"职业教育国家规划教材

经全国职业教育教材审定委员会审定

普通高等教育"十一五"国家级规划教材

21 世纪高职高专规划教材 ◆ **市场营销系列**

推销与谈判技巧

(第四版)

TUIXIAO YU TANPAN JIQIAO

主　编　安贺新

中国人民大学出版社

·北京·

前　言

马克思曾经说过："由产品到货币的转移其实是一种惊险的跳跃，如果跳不过去，被摔坏的将不是产品，而是资本家。"的确，在激烈的市场竞争中，企业能否顺利地实现产品的销售，关系到企业的生存与发展。可以认为，推销与谈判已经成为企业经营活动的重头戏。在销售工作中，怎样向客户推销、怎样与客户谈判已经成为销售人员必须了解和掌握的技巧，企业也迫切需要掌握这方面技巧的人才。

目前在图书市场上，有关推销与谈判的图书大多是关于"推销学"或"谈判学"方面的书籍，也就是将"推销"和"谈判"这两个有着密切联系的学科或工作分别研究，或仅从某个方面进行阐述，而一些"推销与谈判"教材也偏重基本理论和一般原理的介绍，不适合高职高专学生选用。本编写组应时之需，通过大量的调查研究和案例、资料的收集，在多年教学实践的基础上，参考一些专家和学者的研究成果，针对高职高专教育的特点，编写了本书。

本书第一版自2006年2月由中国人民大学出版社出版以来，受到广大高职高专类院校师生的高度认可，每年销售量比较大，市场覆盖面较广，经济与社会效益显著。2006年6月被评为普通高等教育"十一五"国家级规划教材（高职高专部分），2012年6月被评为"十二五"职业教育国家规划教材。

近几年，随着经济环境的发展变化、互联网的普及以及电子商务的蓬勃发展，企业界相关人士进行推销与谈判的形式和内容也发生了一定的变化。作为用于指导企业推销与谈判实务的教材，必须能够体现这些变化，与时俱进，才能有针对性地为企业实践提供指导。另外，根据我们对教材使用的调查和检查，发现书中仍有一些内容和结构需要进一步完善。因此，我们在第三版的基础上进行了修订，以期在内容上充分体现时代特征，在结构上进一步完善。

本书经过修订，体现出的特点如下：

（1）很强的实践性。本书主要讲述了推销与谈判各方面的技巧。为便于阅读学习，在每一章中都结合推销与谈判过程中的实际情况安排了导入案例和具体实例，帮助读者思考和理解。每一章结束时，不但给出了本章小结和复习思考题，还选编了一些案例分析题和实训题，以期让学生能够身临其境地感受所学所知，从而锻炼与完善自身的推销与谈判技巧。

（2）广泛的适用性。本书在体例编排上，安排了本章学习目标、导入案例、实例、补充知识、案例分析、实训等内容，以突出实务性和可操作性，使学生能够按照书中所提示的策略、方法有效地学习推销与谈判的技巧。所以，本书非常适合作为高职高专院校市场营销专业的教材和参考资料，同时也适合作为一般高等院校市场营销专业的教学参考资料，以及作为不同层次、不同领域的企业界人士自学和培训的学习材料。

（3）较强的系统性。本书以推销与谈判的实务程序为线索设计内容体系，力求直截了当、系统而全面地介绍推销与谈判的基本知识、基本技能与技巧。

（4）较强的时代性。本书理论精练，充分吸取了推销与谈判的最新理论成果。随着互联网的普及、电子商务的蓬勃发展，推销与谈判过程也在发生显著的变化。因此，为适应环境的变化，本书做了一定的内容调整和结构完善，力求具有时代特征，对推销与谈判实践具有现实指导意义。

本书由安贺新教授主持编写并统稿。参加本书编写的人员有张宏彦（第一章），夏颖和黄婧瑜（第二章、第六章），靳红伟和肖秋迪（第二章、第四章、第八章），王乙臣和郃航（第六章），关剑和赵铁柏（第三章、第五章），赵璇（第五章），王力和侯慧君（第七章、第八章），汪榕（第七章、第十一章、第十三章），安贺新（第九章、第十章），宋琛（第十一章、第十二章），单娜和汪丞基（第十三章、第十四章），张巧珍（第十五章）。

在本书编写过程中，参考了一些已出版的有关推销与谈判方面的研究成果和著作，得到了中国人民大学出版社的支持和帮助，在此一并表示衷心的感谢！

由于编者的知识、能力及时间有限，书中难免存在缺点和不完善之处，敬请专家与读者批评指正。

编　者

2017 年 6 月

目　　录

第一章 推销概述

本章学习目标

学完本章后，应该能够：

1. 掌握推销的定义；
2. 熟悉推销的特点；
3. 了解推销的类型；
4. 掌握推销的基本程序。

导入案例

2016年天猫“双11”交易额最终数据

阿里实时数据显示，截至11日24时，天猫“双11”全天总交易额达1 207亿元，创造了新的世界纪录。无线交易额占比81.87%，覆盖235个国家和地区。

2016年“双11”创下的“中国速度”

整整24小时，“双11”全球狂欢节现场的大幕一直在滚动，数字从0到1 207亿。14分钟，2012年被甩在身后；1小时，2013年被甩在身后；6小时54分，2014年被甩在身后；15小时19分，2015年被甩在身后。

11.11

8年前，阿里把11.11从光棍节变成狂欢节；8年后，阿里又把这个数字变成自己巨大的交易额。

订单数

2016年天猫“双11”共产生6.57亿个物流订单。而截至16时，其中1.87亿个订单已经点击发货。

52 秒

零点的倒计时话音未落，交易额冲破 10 亿元。随后，又迅速在 0 时 6 分 28 秒，达到 100 亿元！

13 分 19 秒

13 分 19 秒，“双 11”第一单，送达广东佛山芦苞镇；28 分，跨境进口第一单，送达浙江宁波北仑区；1 小时 25 分，农村第一单，送达云南红河弥勒市中以则村。

235 个

截至 11 日 23 时 51 分，全球 235 个国家和地区参与到此次“双 11”当中。其中最热门的进口国家是日本、美国、韩国、澳大利亚、德国。而参与“双 11”最活跃的海外国家前五名是俄罗斯、西班牙、以色列、乌克兰、法国。

问题：为什么“双 11”的交易量会如此惊人？

第一节　推销的内涵

一、推销的概念

（一）对推销的几种认识

推销自古有之，随着商品生产和商品交换的发展，其含义也在不断地演变。目前国内外专家学者对于“推销”下的定义有很多，分别从不同侧面反映了推销的内涵。其中比较有影响的观点有以下几种：

（1）美国市场学会：推销是用人为或非人为的方法协助和说服顾客购买某种商品或劳务，并依照对出售者具有商业意义的意见采取有利的行动。

（2）欧洲著名的推销专家海因兹·戈德曼：推销就是使顾客深信他购买你的产品是会得到某些好处的。

（3）日本“推销之神”原一平：推销就是热情，就是战斗，就是勤奋地工作，就是执着地追求。

（4）美国学者汤姆·霍普金斯：推销是一种令人骄傲的职业，你必须喜欢你所从事的这项工作，才能为工作神魂颠倒；你脑海中只有一个念头，自己的产品与服务一定会得到顾客的青睐。

（5）我国学者认为：推销是指推销人员在一定的推销环境里，运用各种推销技术和推销手段，说服一定的推销对象，达到推销人员自身特定目的的活动。

（二）推销的定义

上述观点各有独到之处，分别从不同的角度对推销进行了解释。本书综合了各家之长，将推销定义为：推销是企业推销人员根据营销规划，运用一定的手段和技巧，通过与消费者直接的接触，将商品或劳务的信息传递给消费者，使消费者认识商品或劳务的性质、特征，并进而激发其购买欲望，实现购买行为的整个过程。这一定义具有下述几种含义。

1. 推销是具有双重目的的活动过程

推销主体（推销人员）、被推销主体（顾客、用户等推销对象）、推销客体（产品、服务、观念等）是推销活动的基本要素。现代推销学认为，推销活动的出发点和归宿点均是顾客，只有顾客的利益得到保证，他才会自觉自愿地购买产品和服务，推销者的目的才有可能实现。因此，推销是具有双重目的的活动过程，推销者目的的实现有赖于顾客需求的满足。推销者只有把企业的产品和劳务与顾客的利益结合起来，才能实现销售。

2. 在推销过程中，推销人员要运用一定的方法和技巧

随着经济的发展，商品极大丰富，消费者的选择余地越来越大，在市场竞争日益激烈的情况下，推销的难度也越来越大，这就要求推销人员以对市场和消费者的客观分析为依据，灵活地采用各种方法和技巧，促使推销目的的实现。

3. 推销的核心内容是说服顾客

怎么才能有效地说服推销对象？这不仅要求推销人员具备良好的口才，更重要的是要掌握说服别人的正确原则，即抓住对方切身利益展开工作。在日常生活中，我们往往会发现一些推销人员在推销过程中，喜欢将说话的重点放在夸耀自己的产品上，而忽视顾客的利益。打个简单的比方，钓鱼的人绝对不会用自己喜欢吃的巧克力作为鱼饵，而是用鱼儿喜欢吃的虫子。这个道理虽然非常简单，每个人都视为理所当然，可是在推销的时候，依然会有很多推销人员忽略它的重要性。很多推销人员在推荐商品的时候，仍然会将自己认为的那些重要的商品特征作为陈述的重点，而不是根据顾客需求来陈述商品的特性。

推销人员要谨记：推销不是为了满足自己的需求，而是为了满足顾客的需求；推销也不是卖推销员自己认为顾客所需要的产品，而是卖顾客本身需要的东西。例如，对一个关注汽车是否省油的顾客大谈汽车的加速性能如何好，肯定不会有好的效果；向工厂或中间商推销时，产品的质量可能不是核心问题，他们最关心的是你的产品能不能为他们节约成本或为他们创造更大利润。如果推销员看不到这一点，其推销活动肯定不会有好的效果。作为一名推销员，应当时刻关注顾客的切身需求，这才是成功说服别人的关键所在。

4. 推销是包含一系列相关活动的系统过程

推销包含一系列相关活动，从寻找客户、接近客户、推销面谈、处理推销障碍、促成交易到交易反馈等，一环扣一环，互相制约、互相影响，是感情、能量、信息、物质不断变换和交流的系统过程。

总体看来，推销是一种既富有挑战性又非常艰苦的工作。要做好推销工作，必须对推销有一个正确的认识，同时，推销员应该时刻意识到自己是一个非常重要的人，应该有一种职业自豪感。

二、推销的特点

推销是一门艺术，需要推销人员根据不同的环境和顾客，灵活运用多种推销技巧来实现销售。推销活动的主要特点如下所述。

（一）特定性

推销活动是从寻找潜在目标顾客入手的。推销人员只有事先确定好推销对象，才能够有效地开展推销活动，因此，推销总是有特定对象的。从这种意义上来讲，推销是企业在特定的市场中，为特定的产品寻找特定对象，或者说是向特定顾客进行推销的商业活动。根据欧洲著名推销专家戈德曼的调查研究，如果事先把潜在顾客加以合理的分析归类，就可以使推销活动的效果提高30％。

（二）主动性

大多数销售方式如批发、零售等，都是以潜在顾客主动前来购买为主要特征，买卖双方的联系实际上是由买方主动建立的，这些销售方式的起点，是已经产生购买欲望的顾客。而推销却是一种主动把产品或服务介绍给潜在顾客的销售方式。这种主动性贯穿推销过程的每个阶段和每个环节：从潜在顾客的寻找到与顾客建立联系，从激发顾客的购买兴趣到唤起顾客购买的欲望，从顾客异议的转化到买卖双方的成交，都是推销人员主动行为的结果。

（三）互动性

互动性是推销活动最显著的特征，为推销人员灵活地运用和调整各种推销方法与技巧提供了可能。推销人员在与顾客面对面交谈过程中，根据顾客态度与行为的变化，不断地调整策略，逐步缩小双方交易条件的差距，促使顾客采取购买行动。推销过程的互动性还为推销员加强与顾客的联系、培养稳定的顾客群创造了条件。推销员与顾客直接接触和交流，可以在业务关系之外发展人际关系，而这种个人友谊反过来可以促进和巩固业务关系。优秀的推销员往往努力追求这种关系，因为这种关系不仅可以引发顾客的重复购买，还可能带动更多的潜在顾客。

（四）互利性

推销是由推销者和购买者共同参与的、具有双重目的的活动。由于购销双方的目的不同，导致利益追求和观点行为不同，这种差异是客观存在的。在推销过程中，推销人员不仅要考虑自己是否有利可图，而且要考虑顾客的利益追求，帮助顾客解决问题，设法满足顾客的需求。只有双方互利，推销才能成功。

三、推销的要素

推销的要素是指构成推销活动的基本要素，具体包括推销人员、推销对象和推销产品三大要素。其中，推销人员和推销对象是商品推销活动的主体，推销产品是商品推销活动的客体，三者之间相互依存、相互制约。

（一）推销人员是企业与顾客间的桥梁

推销人员是实现商品推销活动的关键，没有推销人员也就没有推销活动。推销人员的主要任务就是通过走访顾客，了解顾客的需要与问题，为顾客提供服务，说服顾客购买所推销的商品。为此，推销人员应做到以下六个方面的推销：[①]

（1）推销自己；

（2）推销观念；

---

① 崔利群，苏巧娜. 推销实务. 北京：高等教育出版社，2002：2.

(3) 推销知识;

(4) 推销所代表的企业;

(5) 推销商品;

(6) 推销服务。

(二) 推销对象是接受推销的主体

推销对象又称为顾客或购买者，是推销人员推销商品的目标，包括各类潜在购买者、经常购买者和购买决策者。可以说，推销的过程就是推销对象对推销人员及其产品从陌生到认识、从认识到接受或拒绝的过程。可见，推销对象在推销过程中是一个能动因素。因此，在推销过程中必须重视推销对象的主体作用，密切注意其需求的变化。推销对象需求的变化是企业提供新产品和服务的依据。

(三) 推销产品是推销活动的客体

推销产品作为推销活动的客体，是指被推销人员所推销又被推销对象所接受的有形产品和无形产品(包括服务和观念)，是产品、服务和观念三个方面的综合体。在推销活动中，这三个方面是密不可分的。例如，推销人员在推销产品的过程中，一方面要使推销对象了解和熟悉所推销的产品，另一方面要向推销对象提供所推销产品的信息、技术及使用等方面的服务，同时还要引导顾客购买，向顾客推销现代消费观念。

四、推销活动的分类

(一) 按推销产品的形态划分

按照推销产品的形态，推销可分为有形产品推销、服务推销和观念推销。有形产品推销是指针对一切有形产品而进行的推销活动，它在所有推销活动中占据主要地位；服务推销是指服务领域的推销活动，如交通、旅游、教育、宾馆、饭店服务等的推销；观念推销是指为了说服某人接受自己的观念、思想、创意等进行的推销，比如，公司为了获得风险投资，就得说明该项目的前景、风险、收益及退出机制等。

(二) 按推销的具体做法划分

按照推销的具体做法，推销活动通常可分为人员推销、广告推销和非常规推销。

1. 人员推销

这是指推销人员直接面对顾客和用户的推销。人员推销是一种最古老、最普遍的推销类型。具体可分为:

(1) 推销人员上门推销。即推销员到顾客、用户的家里或其所在单位进行推销。

(2) 营业现场推销。即业务人员利用固定营业场所向光临现场的顾客、用户推销。

(3) 会议推销。即推销人员利用订货会、交易会、洽谈会等商务会议中顾客、用户集中的机会进行推销，这也是一种人员的直接推销。

人员推销过程的实质是推销人员帮助、劝说、激发顾客购买商品或劳务的过程，其特点是直接、灵活、具有针对性，特别是在争取顾客的喜好、信任和促成当面迅速成交方面，其效果特别显著。但这种方法费用较高。

2. 广告推销

广告推销是指运用各种广告手段对产品进行的推销。广告推销尽管不如人员推销那样直接和具有针对性，但广告在推销中的作用却不能低估。随着商品经济不断发展，商品交换的深度和广度也不断扩展，市场竞争日趋激烈，在复杂多变的市场环境下，广告的作用日渐明显。

3. 非常规推销

非常规推销是指在一定情况下采取的某种特殊的促进顾客购买的推销活动。其常见的形式有展销、展览、赠送礼品、有奖销售、分期付款、成套供应、表演、示范、咨询、技术代培等。尽管形式多种多样，但非常规推销不是企业经常采用的推销方式，只是人员推销和广告推销这两大主要推销方式的补充。企业在采用这类推销方式时，要从实际出发，同时也要考虑本企业生产或经营商品的特点，把握住市场环境，勇于创新，不要一味仿效别人。

第二节　推销的一般过程

推销是一个商品交换的过程。推销的直接目的就是把商品卖出去，从而获得盈利。在这个过程中，必须遵循市场经济规律，如价值规律、供求规律等。

推销又是一个信息传递过程，这是从传播学角度来看待推销。这里把推销主体和客体的关系看做信息传递的关系，这是一个信息双向运动的过程。整个推销活动需要信息的传递、接收、储存、加工、反馈、整理。

推销同时也是一个心理活动过程，推销人员只有把握了顾客的心理活动规律，才能更有效地运用推销技巧。研究推销，就必须研究消费心理，把握消费者心理过程的规律。

推销过程是上述三种过程的统一。这三种过程相互交织在一起，按各自的规律共同作用于统一的过程中。

尽管推销活动形式多样，但是大多数有效的推销都存在一定规律性。如果我们从推销人员与客户接触的时间顺序来考察，推销过程可以分为前期、中期、后期三个阶段。前期包括推销准备、寻找客户等环节；中期包括约见客户、接近客户、推销洽谈等环节；后期包括处理顾客异议和促成交易等环节（见图 1－1）。当然，这并不是说所有的推销活动一定要经过这样几个环节，这要视具体情况而定。

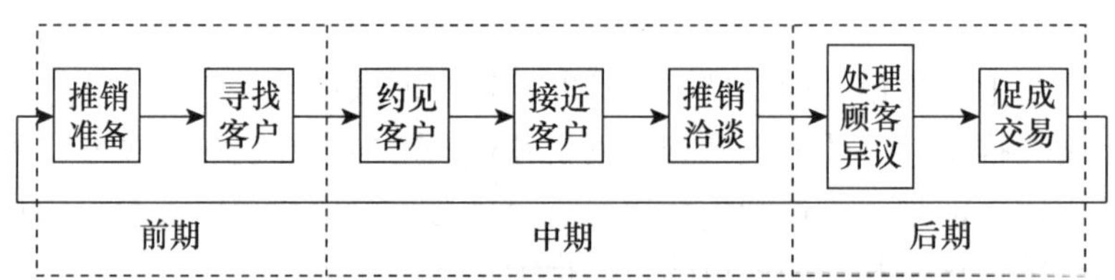

图 1－1　推销的一般过程

一、推销准备

在推销工作展开之前，进行严密、认真的推销准备工作，是保证推销活动成功的基础，也是减少推销活动风险的关键环节。那么，在正式推销前应该做好哪些准备工作呢？

第一，推销人员务必做好自我准备，包括心理准备、形象准备及必需的物质准备等。第二，必须充分了解和熟悉自己的公司和产品，以及竞争对手和市场上同类商品的优、缺点，明确本公司及产品拥有的优势和不足。第三，要了解消费者的消费现状和趋势，特别是对本公司产品的评价等。

二、寻找客户

寻找有可能成为潜在购买者的目标客户是推销前期阶段中另一个重要环节。实际上，有些产品，尤其是属于生产与经营范畴的产品，由于需求的专业性与不可替代性，其购买对象具有明显的特征。推销人员的工作是把属于这些特征范围的客户寻找出来并加以确定，以便有针对性地开展推销活动。

实例 1－1

某企业的一位推销员唐某从事推销工作多年，经验丰富，关系户较多，加之他踏实肯干，在过去的几年中，销售量在公司内始终首屈一指。而一位新推销员赵某自参加完推销员培训回来后，不到半年，销售量直线上升，当年就超过了唐某。对此唐某百思不得其解，问赵某："你出门比较少，关系户没我多，为什么销售量比我大呢?"赵某指着手中的资料说："我主要是先分析这些客户资料，然后有针对性地选择客户进行拜访，比如，我对 124 名老顾客进行分析后，感到有购买可能的只有 94 户，根据以往的经验，94 户中有 21 户的订货量不大，所以，我只拜访另外的 73 户，这样订货率就较高。另外，节约出来的大量时间我去拜访新客户。当然，这些新客户也是经过挑选的，尽管订货概率不高，但建立了关系，还是值得的。"从赵某这些话可知，其成功之处，就在于重视目标顾客的选择。

从这个案例不难看出：是否重视寻找客户的过程，能否科学地寻找客户，对推销工作的成败起着至关重要的作用。

三、约见客户

当推销人员做了必要的准备后，就可以约见客户。约见是推销人员实现征得客户同意洽谈的行动过程，是推销进入面谈阶段的基础。推销人员只有采取适当的约见技巧，向对方提出正当的约见理由，才能赢得客户的信任与配合。否则，忽视约见策略与技巧的运用，没有相应的约见准备，是很难与客户见面的。

实例 1－2

查理是美国一家写作咨询公司的成员，经常代人写书，并通过写作咨询公司向大众及目标客户推销自己的写作才能。有一天，查理得知一位女士想找人为她代笔写书，便马上跟她通了电话。遗憾的是，尽管这位女士很有兴趣与查理讨论这件事，但她已经与另一位作家面谈并讨论了此事，而且准备与他签署合同了。为了挽救这笔生意，查理打算面约这位女士，并向她建议不管这笔交易如何，他们应该在第二天上午坐在一起喝点咖啡，他会付费的，花点时间讨论一下这件事又有什么害处呢？客户同意了，约见前的关键一步就这样完成了。

当查理与客户在约见地点见面时，彼此都感到相互之间的关系一下拉近了，这是前一天在通电话时所没有的感觉。这次的约见本应是15分钟或20分钟，喝喝咖啡、聊聊天什么的，此时却变成了关于人生哲学、个人观点及业务目标的长达2个小时的谈话。这位女士当晚就打来电话，说已经选择由查理代她写书。可以说，如果没有这次约见，查理的这次写作生意是不可能做成的！

约见客户是为了达成交易，但过程并不一定直接与交易挂钩，聊天、问好、请教问题、探讨人生价值等都能为进一步交易和交友奠定良好的基础。

四、接近客户

接近顾客是指推销人员正式接触推销对象的一个步骤，是正式开展推销面谈的前奏。接近的目的与任务是让客户认识与注意推销人员，注意推销的产品。当然，推销人员也可以从接近中了解客户的需要及特殊性，为下一步的洽谈做准备。接近的时间从客户的角度看，不宜太长，时间太长反而会使客户的注意力下降甚至转移。

五、推销洽谈

推销洽谈就是推销人员运用各种方式、方法、手段与策略去说服客户购买产品的过程，也是推销人员与客户进行信息沟通的过程。推销洽谈是整个推销过程进入实质性阶段的标志，也是关系到整个推销成败的关键环节。

在推销洽谈过程中，推销人员要充分发挥能动性与创造性，善于运用各种技巧，对客户提出的各种问题予以满意的回答。

实例1-3

一位客户在观看一把有塑料手柄的锯时，问推销员："为什么这把锯的手柄要用塑料的而不用金属的呢？一定是为了节省成本吧。"

推销员说："我明白您说的意思，但是，改用塑料手柄绝不是为了降低成本。您看，这种塑料其实是很坚硬的，这种塑料柄的锯和金属柄的锯一样安全可靠。许多人都非常喜欢这种材料。"

如果推销员说"您是从哪里听说的"，客户可能会生气。而推销员用真诚和柔和的语气给予解释，情况就大不相同了。

六、处理顾客异议

在推销活动中，顾客对推销人员所做的各种推销努力和传递的各种推销信息会有不同的反应，或是积极响应、同意购买，或是迟疑观望、提出异议。顾客异议是推销活动中必然出现的现象。推销人员应尊重顾客异议，欢迎顾客提出异议，通过科学有效的处理技巧化解顾客异议，使推销工作顺利进行。

补充知识

应该怎样应对顾客的异议

推销成功的最大障碍之一就是顾客异议。推销人员在引出顾客异议，以及理解并克服异议的时候，要运用恰当的方法。推销人员要做到以下几点：

（1）做好异议出现的准备。

（2）预测异议，以防患于未然。

（3）当顾客提出异议时，要做到：态度积极，认真倾听，理解异议，澄清异议。

（4）选择合适的方法与技巧来回答异议，从而解决异议。

（5）运用试探式结束法，确认是否解决了顾客异议。

七、促成交易

推销成交是指顾客接受推销人员及其推销演示并立即购买推销品的过程。成交是整个推销活动的核心，其他推销阶段的工作都是在为最终成交奠定基础。比如一支篮球队在比赛中，依靠其身高优势能占得先机，抢到篮板球，接传配合也不错，能把球传到前场，但因为队员投篮命中率低，不能把球投进篮筐中，那么这支球队必输无疑。同样，推销人员在找准顾客后，对顾客资格进行审查，并认真地进行了接近前的准备，接近洽谈也很成功，但就是最后不能成交，拿不到订单，这样的推销员只能算是失败者，当然也就不是合格的推销人员。

正如“战争的根本目的在于赢得胜利”，促成交易是推销员的根本目标。因此，一个优秀的推销人员必须是成交率很高的推销人员。

第三节　21世纪的推销

一、21世纪推销大背景的特点[①]

经济的发展和社会的进步促使了营销观念从生产观念向产品观念、传统推销观念、市场营销观念和社会营销观念演进。人类进入21世纪以来，知识经济的加速发展和互联网的普遍使用，使我们的营销环境和推销环境发生了很大的变化。在推销领域，传统推销观念已被现代推销观念所代替，强力推销正向关系推销、绿色推销、互动推销和顾客份额推销等新型推销理念演进。

分析21世纪我国的推销大背景，可以发现如下主要特点。

（一）推销视角放宽，全球化和一体化成为企业推销发展的新视角

随着经济的发展，国家边界对经济界线的划分作用越来越小，“经济无边界”正在成为现实。国际竞争国内化、国内竞争国际化趋势日益明显，想逃避国际化竞争的企业几乎没有生存空间，不可能得到发展。

---

① 易开刚. 现代推销学. 上海：上海财经大学出版社，2004：139-142.

（二）居民消费多样化、高档次、理性化

随着我国经济的持续快速发展，居民消费已逐步进入新一轮消费周期，主要标志是家电在农村普及，商品房、轿车逐步进入城市家庭。即农村从百元级向千元级、万元级消费发展；城镇居民消费从千元级向万元级、十万元级消费发展。居民的消费重点正由大量的普及性消费转向追求时尚、个性化的消费。消费观念和行为也正在由从众到选择、从盲目到理性转变，许多消费者已经建立起了成熟的消费观念。具体来说：一是理性消费占主导，是否真的需要、商品质量和服务的好坏、价格的真实度，成为消费者选购商品的首要条件；二是个性消费盛行，事实上，消费者在经历了量的消费时代和质的消费时代后，带有感性色彩的个性消费将逐步占上风；三是信贷消费兴起，“花明天的钱，圆今天的梦”，这无疑是消费观念的深刻变革。在这样的变革趋势下，企业需要创新产品和服务模式，满足客户日益多元化的需求。

实例 1－4

2015 年柏林国际电子消费品展览会（IFA）在柏林会展中心正式拉开帷幕。本届 IFA 展的主题为“创新驱动更高消费”。这意味着，产品不应止步于满足人们的刚性需求，而应当向人们展现高于现实的图景，从而唤起人的消费欲望。作为全球大型家电领军品牌，海尔在 IFA 上以富有吸引力的产品展示了他们对于创新的理解。

海尔欧洲大区总监孙书宝向国际在线记者介绍，海尔 2015 年的主题是“Innovative Life”，即“创新你的生活”，给用户提供一个更便捷的生活。2015 年展出的几大模块：“超大容量”“能耗等级”以及“创新差异化的产品”。

产品创新首先是为了提高生活品质。海尔 2015 年 IFA 展上推出的干湿分储冰箱首次实现了“干区保存不返潮”和“湿区存放不脱水”双重保鲜功能，这样更好地保障蔬菜鲜嫩多汁，奶酪减少霉变。A＋＋＋智能双开门冰箱不仅刷新了欧洲市场能耗最低值，而且它的无霜保鲜技术不破坏食物细胞结构，能够减少营养流失。3D 打印空调具有鱼鳞状的外观，开启时表面鳞片纹路“撕裂”，形成大面积的缝隙，满足出风需要。浴室的“魔镜”只需几秒就能显示出镜前人的各项生理指标，并且根据性别、喜好建议性地给出包括热水温度、水量、娱乐版块、健康分析等信息。这些炫酷的家电从视觉上、味觉上和心理上着实激发了用户的好奇心与购买欲。

（三）营销方式现代化

与传统市场营销相比，现代市场营销实现了五个根本性转变：从以生产为中心转变为以消费者为中心；从以销售产品为主转变为以消费者满意为主；从质量竞争转变为服务、品牌竞争；从以推销产品的宣传为主转变为与消费者互动沟通为主；从单纯追求企业利润转变为兼顾造福于环境和社会。与此相适应，整合营销、服务营销、关系营销、定制营销、形象营销、绿色营销、网络营销、体验营销、互动营销、直接营销、病毒式营销、微信营销、微博营销、跨界营销等方式层出不穷。

实例 1－5

“双 11”营销进化：微博裂变式传播引爆“双 11”话题

2016 年 11 月 11 日，天猫“双 11”购物狂欢节正式拉开帷幕，为了这场 24 小时的狂

欢，早在一个月前，营销大战就已经打响。微博作为本次天猫“双11”的营销主阵地，双方在内容、娱乐、品牌三大方面展开深度合作，通过社交媒体实现“双11”的营销进化。

内容升级　打响双营销阵地

作为“双11”前天猫主打的活动话题，“双11来了”话题在活动期间新增讨论量达2 000万次，阅读量较去年（2015年）同期增长率为110%，长期霸占微博热门话题榜榜首，体现了微博社交媒体平台拥有引发裂变式传播效应的独特作用。

微博通过“双11”红包分会场和尤物频道主题包场，产出优质内容强势覆盖用户，头条文章升级导购体验，聚合“双11”优质内容，形成双营销阵地。

截至11月9日，微博“双11”红包分会场整体访问量超过4 000万人次，参与用户超2 000万人。参与红包争夺的用户累计超过600万人，最终累计超过200万人获得了天猫红包，总金额超过千万元。

在10月20日至11月10日，主题为“双11来了”的尤物频道内容包场，共持续了22天，分为四个阶段以不同的主题进行文章发布导购，所有头条文章均围绕商品展开，平均每天更新文章10篇。期间，10月20日至25日的“新品首发”和10月26日至30日的“全球好物大赏”两个阶段主打内容性介绍；10月31日至11月4日的“厉害了的尖货”和11月5日至10日的“低价有好货”两个阶段主打价格点。

娱乐内核　台网联动+成功挑战吉尼斯

11月3日，在天猫“双11”爆款清单发布会当天，微博官方发起“挑战吉尼斯世界纪录™称号”活动。11月7日，吉尼斯世界纪录™宣布，根据独立第三方市场调研机构尼尔森统计数据，从11月3日14时到11月4日13时59分，天猫“双11”主活动24小时内在微博上的提及量达到2 250 535次，成功挑战“24小时微博上提及最多的活动名称”吉尼斯世界纪录™称号。

2016年，为响应天猫“双11”全球狂欢节“国际化”和“娱乐化”的主题，提升直播的娱乐性，增强吸睛效应，天猫“双11”与暴走漫画进行跨界合作。在11月3日，双方联合推出主题为“暴走双11，好货交出来”的2016天猫“双11”爆款清单直播发布会，邀请大量明星网红参与互动。微博用户同时在线峰值超40万，总观看次数超过了600万，总点赞数超过1 000万，总评论数超过5万。

“双11”前夜，11月10日晚间，天猫联合浙江卫视打造“2016天猫双11狂欢夜”引爆电视收视率，微博也成为晚会最大的互动阵地。“双11狂欢夜”以及“浙江卫视双11”话题分别获得超过10亿及超过100亿的总阅读量，互动量累计超过16万。晚会上出现的明星及主持，包括陈奕迅、梁朝伟、李沁、宋茜、TFBOYS等也先后登上微博热搜排行。

品牌跨界　社交媒体引爆品牌传播

通过定制微博“BigDay”社交媒体全覆盖解决方案，天猫从10月底开始在微博上进行有针对性的营销投放。通过网友感兴趣的内容创意吸引网友关注，结合二次元与互联网文化的深度结合，针对微博用户年轻化、时尚化的特点打造“双11”品牌宣传，并利用微博广告位推荐、明星“大V”参与以及商业化产品的协作，将“双11”话题在微博上全面引爆。

各大品牌也积极与微博合作以扩大“双11”活动影响力，同时实现自我品牌价值的提升。作为合作伙伴，华为荣耀业务部总裁赵明发布微博给网友赠送福利，并配上华为在

“双11”期间推出的爆款福利产品长图，在微博上引起了热烈追捧，互动量超过了6万。

而星巴克则与天猫微博进行了合作，在天猫官方微博发布赠饮活动，并配了3张天猫与星巴克的卡通动图，充分调动了微博用户的兴趣，互动量超过了6万。随后，天猫微博公布了获赠用户名单，引起了新一轮的互动传播效应。

天猫在微博上的重磅推广助力其“双11”活动的巨大成功，微博作为全球最大的中文社交媒体平台，拥有近3亿的月活跃用户，其开放的轻社交属性为电商营造更多的营销场景。“挑战世界吉尼斯纪录™称号”的成功更是展示了微博强大的内容产生和话题引爆能力。

（四）信息化浪潮催生营销管理的信息化

20世纪最伟大的技术革命要数因特网技术的诞生了。因特网改变了整个世界，大大突破了企业经营和人类生活的时空限制。从供应链管理（SCM）到企业资源计划（ERP）到客户关系管理（CRM），三者构成了整个企业信息化的链条。CRM便是营销管理信息化的产物，通过客户信息的采集、客户数据库的建立、数据分类与挖掘等工作来提升整个企业的客户服务质量与水平，从而提升整个企业的竞争优势。企业必须顺应信息化浪潮，通过电子网络系统，建立起市场快速反应机制，多渠道收集与营销有关的环境信息、技术信息、企业信息、产品信息、需求信息，为企业产品开发、技术改造和营销决策提供第一手准确而及时的资料。

（五）客户关系网络成为企业发展最重要的资源

在激烈竞争的市场环境下，没有客户，就没有企业生存的价值和空间。有多少客户，有多少有价值的客户，就有多大的生存空间。这已经是企业界普遍达成的共识。实施客户关系管理，提升客户价值，成为企业发展的战略选择。在市场营销观念指导下，单纯提高市场或顾客份额已经不是最重要的了，关键在于增加顾客购买的频率和每次购买的价值，进而提高企业在顾客终身购买价值中所占的份额。此外，随着国民生活水平的不断提高，人们的消费观念已经发生了很大变化，追求商品物美价廉、持久耐用的消费观念正在逐步向追求个性消费和高质量服务的消费观念转变，越来越多的顾客变得对价格不甚敏感，而对服务质量和购买感受日趋关注，顾客消费的理性程度逐步提高。随着可供顾客选择的商品品牌数量以及顾客购买理性的增加，真正能让顾客做出购买选择的就只有那些赢得顾客忠诚的品牌。建设企业自己的和谐稳固的客户关系网将是企业核心竞争力所在。

（六）网上推销备受关注

21世纪是网络经济的时代，网上销售成为商家“新宠”，越来越多的商家开始重视网上推销。而网上推销的重点与传统店面推销和人员上门推销大不相同。不管是对于生活节奏快的都市白领，商品缺乏的偏远地区住户，还是依赖虚拟世界的宅男宅女，网上购物产品丰富和方便快捷的特点都很有吸引力。于是商家成功推销的保障重点除了产品品质外，还有物流的迅捷。网上推销讲究“效率为王”，因而产生了一些新的工作岗位，例如淘宝网的“橙领”，专门为了促进网上销售写“开箱文”，力求使网上顾客在很短的时间内对网上店铺及其产品产生认同，点击鼠标完成购买。近年来，全球网上销售交易量出现了惊人的增长，有些商铺靠传统的店面销售甚至无法维持经营，不得不将推销的重点转到网上商铺。

二、现代主要推销理念

推销理念是指如何引导、组织和控制推销活动，以及在推销活动中如何协调组织、消费者和社会利益关系的观念、思想和价值取向。推销理念是企业推销管理活动的导向，并随着市场形势的变化而发展变化。企业的经营管理者和员工只有进行理念创新，解放思想，才能积极有效地推动企业的推销创新活动。

（一）关系推销理念

关系推销是以与顾客建立关系为目标，注重与顾客的情感交流，站在顾客的角度，通过推销满足顾客真正的需求，成交只是通过与顾客的沟通培育良好顾客关系的产物。顾客是关系推销的立足之本，关系推销不仅将注意力集中在与顾客的关系上，而且扩大了推销的视野。所涉及的关系包含了企业与其利益相关者之间发生的所有关系。

关系推销的本质特征是企业与顾客、企业与企业间双向的信息交流，是企业与顾客、企业与企业间的以合作协同为基础的战略过程，是关系双方以互利互惠为目标的推销活动，是利用控制反馈的手段不断完善产品和服务的管理系统。

获得顾客忠诚是关系推销的中心，而发现正当需求、满足需求并保证顾客满意、营造顾客忠诚，构成了关系推销的三部曲。

（二）绿色推销理念

绿色推销是指以保护环境和回归自然为主要特征的一种生态型、环保型推销活动。随着工业的发展，人类生存环境受到了越来越严重的破坏，生态环境的破坏使越来越多的人环保意识增强，引发了追求人与自然和谐共处的环保运动，由此，绿色推销的理念随之诞生。摒弃传统的发展模式，减少和消除使发展不能持续的生产行为和消费行为，是 21 世纪企业推销面临的最大、最深刻的环境变化因素。

绿色推销是在消费者绿色需求的条件下产生的，绿色需求是绿色推销的源泉。因此，企业应当注重培养绿色文化意识，从而形成绿色推销的文化环境；在产品设计、制造和服务过程中，不断研究和创造有利于保护生态环境、消费者身心健康的科学技术成果，形成绿色推销的科技环境；提高推销人员的整体素质，提高企业的绿色推销质量和水平。

实例 1-6

2016 年 4 月 18 日，快时尚巨头 H&M 举办的世界旧衣回收周活动拉开帷幕，通过全球超过 3 600 多家门店向世界各地顾客回收 1 000 吨闲置衣物。其宣传海报中“每回收一件 T 恤可以节省 2 100 升水”的标语激发了大家关于旧衣回收的积极性。

早在 2013 年，H&M 就开展了旧衣回收计划，倡导服装的“再穿着、再利用、再循环”。H&M 接受任何类型、任何品牌和任何成色的衣物。顾客每提交一袋衣物便可以获得一张 85 折的优惠券。回收的衣物会由 H&M 的合作伙伴 I：Collect 公司进行处理。通过此举可以减少被浪费的衣物，从而降低时尚产业对环境的影响。随着人们环保意识的提高，顾客倾向于减少自身对环境造成的不利影响，H&M 的这种做法正是满足了顾客的诉求。

（三）互动推销理念

互动推销强调企业和消费者之间互动式交流的双向推动，改变了传统推销中企业对消费者的单向推动。随着居民收入的提高、消费意识的成熟以及消费理念的转变，差异消费、个性消费成为时尚，人们越来越注重消费的参与性和满足感。网络推销和体验推销可以说是互动推销的两个代表。

强大的网络通信能力和电子商务系统，不仅缩短了企业与消费者之间的距离，而且促使消费者不再满足于传统的购买、使用、投诉等市场行为，使消费者能亲自参与产品的设计、生产、评测等企业经营活动的各个环节。同时，在全球互通的网络环境下，通过电子商务这种手段，企业将信息以多媒体方式在网上传播，方便消费者在网络上搜索查询，这样企业可以直接面对消费者，和消费者进行沟通、交流，从而共同创造新的市场需求。

此外，人们在购物中越来越关注购物所带来的享受和产品的独特适应性，体验推销随之诞生。北京有一家汽车销售公司为了推销汽车，建立了一个很大的汽车公园，供买车的人试乘试驾，甚至还可以参加汽车越野比赛。这种体验式的推销模式得到了大量汽车爱好者的青睐。

除关系推销、绿色推销和互动推销等新型推销理念外，还有直销、文化推销、战略联盟推销等，这些都是推销理念的创新成果，推销员应紧跟推销理念创新的步伐，加强实践，实现自己的推销理想。

三、21 世纪推销人员分类

在当今商业环境下，顾客的需求层次是不尽相同的，一些客户仅仅关注产品的日常使用价值，另一些则除关注产品的使用价值外，还希望企业能针对自己的问题提供一个全套的解决方案。相应地，现有推销人员可以分成三个级别，即战术型推销人员、战略型推销人员和竞争型推销人员。

（一）战术型推销人员

战术型推销人员的关注点在于产品本身，他们每天将注意力放在促销活动中的战术运用上，如作一个漂亮的产品介绍或组织一个好的产品演示等。这些可以满足消费者初级需要的推销员可以称为“产品专家”。

（二）战略型推销人员

战略型推销人员把关注焦点从产品转移到了客户身上，他们了解客户业务中存在的问题，并能找到解决这些问题的方法，从而挖掘出客户潜在的需求。

（三）竞争型推销人员

竞争型推销人员是在激烈的市场竞争环境中产生的，他们不仅通过对客户业务范围的准确理解，能清晰地阐明产品或服务给客户所带来的利益，而且对客户的业务环境及发展方向能做出具体准确的分析，提出有针对性的解决方案。竞争型推销人员不仅掌握了促进客户业务发展的要素，更重要的是他们清楚供应商在现代市场经济社会中扮演着越来越重要的角色，他们强调业务合作关系给客户带来的好处，强调建立一种良性循环的企业“生物链”的重要意义。

曾经有一位企业主管这样描述竞争型推销人员：“他就像一位咨询顾问，给我提出连我自己都从未想到过的建议，通过那次会面，他向我展示了新的商业价值，并且使我产生了再次约见他的种种理由。”

四、21 世纪推销的层次

21 世纪是产品极大丰富的时代，越来越多的市场成为买方市场，在这样的背景下，销售人员的销售层次必然会逐渐提高，从乞求型推销、交易型推销发展到顾问型推销、战略合作型推销。

（一）乞求型推销

乞求型推销是最低端的一种推销模式，也是目前国内最普遍的一种推销模式。当市场上同类产品非常丰富的时候，顾客就有多种选择，而企业的产品如果缺乏特色，没有特殊价值，无法以产品自身的优势吸引顾客，企业和推销人员就会放低姿态，尽可能多去接触顾客，或把更多的注意力放在公关、广告、促销手段方面。

很多企业会利用人情关系增加销售机会，有的企业或推销人员甚至会塑造“可怜”的形象，赢得客户的同情购买。这种推销模式下，企业完全处于被动地位。这样的手段即使短期内会奏效，但从长期来看，是无法维持企业可持续发展的。

（二）交易型推销

交易型推销是指有效地针对价格敏感型顾客的需要进行推销的模式。

交易型销售是第二个层次的推销模式，它的前提是顾客在购买企业产品前，知道要买什么，而且对不同企业提供的同类产品有所了解而且有比较，他们对企业产品的要求是“物美价廉”，而且交易过程要便利。

销售人员如果不能让自己推销的产品成为顾客的唯一选择，但至少要使其成为顾客的首选产品，而让顾客觉得划算，无非几点：省钱、省时、省力。

交易的顾客最关注价格的低廉，所以交易型推销常常采用低成本的推销策略。为了促进交易尽快达成，企业常常在价格上做文章。例如，我们常会看到有些商家打出“让利酬宾”“赔本价”“放血价”“跳楼价”“自杀价”等宣传，吸引顾客，企图让顾客相信企业目前的销售行为已经无利可图，此时购买是最划算的。除了价格之外，让顾客觉得划算的还有人力成本和时间成本的节约。例如，企业承诺送货上门、售后服务等会使顾客感觉更贴心。另外，在金融越来越发达的今天，支付的便捷性也变成了很重要的一个因素，能提供多种支付渠道（例如在卖场提供 POS 机刷卡、ATM 服务取现、支付宝支付、微信支付等服务）的商家会促成更多的交易。

但在这样的方式下，企业对客户、对市场的掌控能力还是比较弱，要想在推销中争取主动，赢得更为有利的地位，就需要企业和销售人员在销售过程中更具主动性，进行顾问型推销。

（三）顾问型推销

顾问型推销起源于 20 世纪 90 年代，是一种新的销售概念与销售模式，具有丰富的内涵以及较强的实践性。

顾问型推销是指销售人员在了解顾客的基础上，运用产品知识及专业销售技巧进行推销，主动运用分析能力、创造能力、说服能力等满足顾客现有需求，并对顾客的未来需求进行预测，提出积极建议的销售方法。

这种推销模式与传统推销模式有明显的不同，见表1-1。

表1-1　　传统推销与顾问型推销的比较

	传统推销	顾问型推销
理论基础	顾客是上帝	顾客是朋友
对好商品的看法	性能好、价格低	顾客真正需要
对服务的看法	为了更好地卖产品	与顾客达成沟通
对顾客需求的看法	满足其现有需求	满足现有及未来需求

在顾问型推销模式中，推销人员的作用显得格外重要，从一重身份变成三重身份：销售者、顾客的朋友、购买顾问。

推销人员在销售中如何同时扮演好这三种角色，就成为顾问型推销的关键所在，而推销人员的主观能动性也得到了前所未有的重视。

实例1-7

美国一位乡下小伙子去应聘城里一家大百货公司的销售员。老板问他："你以前做过销售员吗？"他回答说："我以前是村里挨家挨户推销的小贩。"老板喜欢他的机灵："你明天可以来上班了。下班的时候，我会来看你。"

第二天傍晚5点，差不多该下班了。老板真的来了，问他："你今天做了几单买卖？""一单。"年轻人回答说。"只有一单？"老板很吃惊地说："我们这儿的售货员一天基本上可以完成20～30单生意呢！这单生意你做了多少钱？""30万美元。"年轻人回答道。

"你是怎么卖到那么多钱的？"目瞪口呆、半晌才回过神来的老板问道。

"是这样的，"乡下来的年轻人说，"一位男士进来买东西，我先卖给他一个小号的鱼钩，然后中号的鱼钩，最后大号的鱼钩。接着，我卖给他小号的渔线，中号的渔线，最后是大号的渔线。我问他去哪儿钓鱼，他说海边。我建议他买条船，所以我带他到卖船的专柜，卖给他长20英尺有两个发动机的帆船。他说他现在的汽车可能拖不动这么大的船。我于是带他去汽车销售区，卖给他一辆新款豪华型'巡洋舰'汽车。"

老板难以置信地问道："一个顾客仅仅来买个鱼钩，你就能卖给他这么多东西？"

"不是的，"乡下来的年轻售货员回答道，"他是来给他妻子买卫生棉的。我就告诉他：'你的周末算是毁了，干吗不去钓鱼呢？'"

在例1-7中，推销人员赢在主动上，推销员从朋友的角度去关怀顾客的生活及乐趣，并充当"顾问"，甚至为顾客"创造"出需求。尽管他推荐了很多顾客本没有计划买的东西，但是他却赢得了顾客的信赖，并创造出优秀的销售业绩。

掌握顾问型推销需要推销人员具备充分的知识和技巧，包括：

（1）要了解产品知识和技术，为顾客推荐时才能游刃有余；

（2）了解产品适合的目标顾客，观察并甄选目标顾客；

（3）消除顾客的抗拒心理，表现出亲近感；

（4）有效的开场、有条理的询问、真诚的聆听；

(5) 坦诚地分析产品利弊，而不是一味赞美推荐；

(6) 善于“讲故事”，吸引顾客；

(7) 抓住时机，促成顾客主动购买；

(8) 不要表现出对销售成功的功利心。

此外，还可以采用欲擒故纵、声东击西、榜样的力量等一些心理小技巧。而且，每天应当对接待顾客的情况进行记录和总结，加深对顾客群体的了解。

(四) 战略合作型推销

尽管顾问型推销调动了推销人员的主观能动性，但是这样的推销模式仍然常常局限在一次性的购买行为的促成上，更为高端的推销模式是战略合作型推销模式。

战略合作型推销模式不仅仅局限于一次性的销售，而是致力于与顾客形成长期战略合作伙伴关系，在互利共赢基础上，把销售变成合作，从而与顾客建立更为牢固的关系，最终保障长期的销售业绩。

在这种模式下，精心选择合作伙伴就是最重要、最关键的任务。

实例 1－8

自动洗碗机是一种先进的厨房家电，但当美国通用电气公司率先将洗碗机推上市场的时候却遭到冷遇。

公司想尽了办法，广告、产品演示、科学实验……但客户就是不买账，消费者固执地认为，这东西没用。

后来公司请教市场营销设计专家，专家们提出了新的方案：将销售对象转向住宅建筑商人。

通用电气公司和建筑商们合作进行了一次市场实验，相同条件的房子，一部分安装自动洗碗机，一部分不装。结果安装自动洗碗机的房子很快就卖出去了，出售速度比不装自动洗碗机的房子平均要快两个月。

这一结果使建筑商们大受鼓舞，于是通用电气与建筑商们建立了长期的合作伙伴关系，双方的销售业绩都有了明显的增长。

五、21 世纪的推销模式

21 世纪的推销模式将由爱达模式（AIDA 模式）向优效推销模式转变，它被认为是国际成功的推销公式。AIDA 是四个英文单词的首字母：A 为 Attention，即引起注意；I 为 Interest，即诱发兴趣；D 为 Desire，即刺激欲望；A 为 Action，即促成购买。

它是指一个推销员要取得成功，就要把顾客的注意力吸引过来，并使之集中到产品上，让顾客对推销的产品产生兴趣，激发购买愿望，再促成顾客购买行为，最终达成交易。

进入 21 世纪，优效推销模式受到越来越多的关注，逐渐开始取代 AIDA 模式，成为新世纪的推销模式，它包括建立和谐、引发兴趣、激发购买动机和促成交易四个步骤（见图 1－2）。

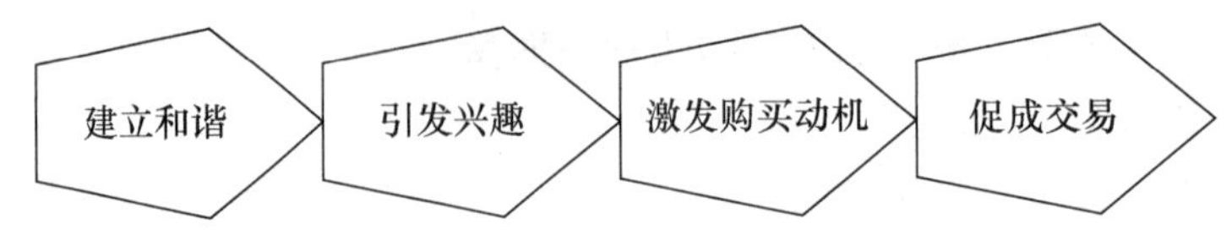

图 1－2 优效推销模式步骤图

（一）建立和谐

过去的推销过程中，推销人员往往是以销售产品为出发点，因而有时会犯不顾顾客意愿的错误。而优效模式中，首先强调的是以建立和谐关系为前提。具体体现在以下两点：

（1）态度。推销人员首先要有一个正确的态度，不是盲目推销自己的产品，而是在尊重顾客需求的基础上进行针对性的推销。

（2）与顾客建立信任关系。成功的销售往往建立在信任的基础上，一个好的推销人员应当先推销自己，让顾客相信自己，然后相信自己推荐的产品。

（二）引发兴趣

推销行为常常遇到这样的困境，就是顾客对产品没有兴趣，完全漠视推销人员所有的努力。如何引起顾客的兴趣，是企业及推销人员需要动脑筋思考的重要问题。

（1）与顾客产生关系，让顾客参与进来。很多顾客之所以漠视推销行为，是因为在销售过程中的参与感薄弱，有时，适当地让顾客参与产品的定制和销售，会使顾客感到自己是重要的，从而乐于接受推销。

实例 1－9

威森为一家专门替服装设计师和纺织品制造商设计花样的画室推销草图。威森每个礼拜都去拜访纽约的一位著名服装设计家。“他从不拒绝接见我，”威森说，“但他也从来不买我的东西。他总是很仔细地看看我的草图，然后说，‘不行，威森，我想我们今天谈不拢了。’”经过多次的失败，威森终于明白自己过于墨守成规，于是他下定决心，每个星期抽出一个晚上去研究为人处世的哲学，以及发展新观念，创造新的热情。

不久，他就开始尝试一项新方法。他随手抓起六张画家们未完成的草图，冲入买主的办公室，对买主说：“这是一些尚未完成的草图，请问，我们应该如何做才能使你满意？”

买主默默看了那些草图一会儿，然后说：“把这些图留在我这儿几天，过几天再来取。”

三天以后威森又去了，得到了他的一些建议，取回草图，回到画室，按照买主的意思把它们修饰完成。事情的发展令威森出乎意料，六张图全被接受了。

从那时候起，买主已订购了许多其他的图案，这全是根据买主的想法画成的。他深有感触地说：“我现在才明白，这么多年来，为什么我一直无法和那些买主做成买卖，我以前只是催促他们买下我认为他们应该买的东西。我现在的做法正好完全相反。我鼓励他把他的想法告诉我。他现在觉得这些图案是他创造的，确实也是那样。我现在用不着去向他推销，他会自动来买。”

（2）产品对顾客的一般性好处说明。对于产品销售来讲，使顾客了解产品的好处始终

是非常重要和基本的一项工作。因为产品的价值是以使用价值为基础的，从长远来看，产品给公众带来的好处还是它的“用处”。兴趣只是打开推销局面的一个起点，对于多数消费者而言，真正有吸引力的还是产品能给顾客带来的好处。

(3) 营造吸引人的情景。引起顾客兴趣的原因可以是多方面的，有时可能是声音，有时可能是颜色，还有的时候可能是气味，或者是其他具体的场景内容。营造气氛，吸引顾客，让顾客的注意力能够停留，是下一步激发购买的铺垫。

实例 1-10

边看电视剧边用手机扫码下单购物，“电视节目+电商”模式能否叫好又叫座?

电视剧《何以笙箫默》开播正酣，沉浸于跨年追剧热潮中的剧迷们不难发现，这一次他们再也无须发帖求助，男神女神“同款”变得唾手可得。

2015 年，国内一家卫视频道的开年大戏《何以笙箫默》，最抢眼的玩法是电视机旁的观众在看电视的同时还可以掏出手机，在天猫上购买剧中出现过的同款产品，实现 O2O 衍生傍焦营销 T2O (TV to Online) 效应。

记者了解到，还是有不少“铁杆粉丝”为《何以笙箫默》剧中的商品蠢蠢欲动，抢购了一些正版同款。一件条纹短袖圆领T恤，销量轻松破百，不少买家坚定地留言“就是因为我的偶像才买了同款”。珠宝品牌佐卡伊在《何以笙箫默》剧中 100%同款求婚戒指，特惠价 3 999元起，也有买家为此埋单，并声称要以满满的“代入感”上演一场浪漫的求婚。

除了来自官方的 100%同款，跟随着《何以笙箫默》剧情发展，剧中的取景地也被眼尖的吃货们相继曝光。上海的“小芳廷”“香风丽道咖啡与茶”“小南国”等餐厅因剧中人物坐过的餐位，也迎来寻求“神同步”的追剧迷们追捧。

对于电视剧的“边看边买”，多数网友表示“愿意一试”。但也有网友坦言“不会盲从”，“同款服装特别挑人，穿上也未必好看”，“网购美食倒是门槛比较低，老少皆宜”。

据悉，《舌尖上的中国 2》在热播之前，国内生鲜平台、电商网站就提前与制片方签订了合作协议，尝试起“边看边买”。作为《舌尖上的中国 2》的独家整合传播体验平台，《舌尖上的中国 2》播出的第五天，淘宝网的相关食材的成交量就高达 729 万余件。电商平台上的美食专场一炮而红，让更多不同行业的商家有了跃跃欲试的信心。

(三) 激发购买动机

并不是只要顾客产生兴趣，就一定能够达到销售目的，如果不能趁顾客还有兴趣的时候尽快激发其购买动机，那么销售成功的机会也会转瞬即逝。

(1) 用简单实例“教育”顾客。一般常见的方法是用简单的实例去说服教育顾客。可以选择的实例有多种类型，可以用以往产品用户的满意实例，也可以举不使用产品导致利益损失的例子，还有其他很多种类型的实例可以考虑。这些案例要能让顾客有触动，感觉到购买的必要性。例如很多化妆品专柜都会给顾客试用产品的机会，让顾客看到化妆品对皮肤的改善；灭火器材经营商会向顾客介绍火灾事故；一些产品会请代言人，让名人以自身的例子说服公众购买。

(2) 运用事件营销。事件营销是指企业通过策划、组织，利用有新闻价值、名人效应以及社会影响力的事件或人物，引起公众的兴趣与关注，从而提高企业或产品的知名度，树立品牌形象，最终促成销售目的的手段和方式。

运用事件营销方式，前提条件是选取的“事件”有轰动效应，能吸引公众的眼球，更重要的是，公众不仅仅是关注和有兴趣，还要能够将这种兴趣转化为购买力。

实例 1－11

从《来自星星的你》到《太阳的后裔》，从千颂伊的气垫BB，到姜暮烟的口红，热播韩剧不仅圈粉儿，还能圈钱。

第一财经商业数据中心发布了《2016美妆线上消费趋势大数据报告》（以下简称《报告》）。《报告》基于阿里巴巴大数据，显示美妆行业发展走势良好，其中，日韩产品更受消费者喜爱。

《来自星星的你》《太阳的后裔》等韩剧的热播，使得剧中主角的美妆用品受到热捧。数据显示，“乔妹”在片中所使用的口红品牌在一月之内销售额增长了近550%，一、二线城市销售金额占比近77%，其中，29～35岁年龄段女性受热播剧带动明显，对流行趋势最为敏感。

（四）促成交易

促成交易是最终的目的，也是很重要的一环，有些时候一笔交易会毁在最后的环节，我们有时会在超市看到因为排队太久而放弃结账的顾客气愤地离去，在银行也会看到等候太久的顾客抱怨着走出银行大厅。这就是最后环节失去了顾客。

（1）注意捕捉购买信号，促进成交。有些时候推销员会在对顾客信息的捕捉上出现问题，喋喋不休地推荐，而忽略对顾客的观察，有时过多的语言会使顾客失去耐心，使成交机会流失。因而推销人员要适时地关注顾客的反应，把重点放在顾客感兴趣的地方，当顾客流露出购买信号时，要尽快开始价格和支付方式的洽谈，把顾客带进“我要怎样购买”的话题和情境，加强顾客的购买决心。

（2）营造必须及时购买的情境。顾客有时在流露出购买愿望或者已经谈好价格后，还会有反悔行为，这种推销中的反复行为也是常见的。原因往往是顾客要货比三家，想延迟购买。而延迟购买的前提是推销员一直能提供相同的货物，这时突破的关键点就在于释放货物热销或紧缺的信息，让顾客担心错过想要的产品，从而下决心立刻购买。

本章小结

推销既是一门科学，又是一门艺术。推销是企业推销人员根据营销规划，通过与消费者直接的接触，运用一定的推销手段和技巧，将商品或劳务的信息传递给消费者，使消费者认识商品或劳务的性质、特征，引起注意，激发购买欲望，实现购买行为的整个过程。具体包括推销人员、推销对象和推销产品三大要素。它具有特定性、主动性、互动性、互利性等特点。

推销的一般过程是：推销准备→寻找客户→约见客户→接近客户→推销洽谈→处理顾客异议→促成交易。进入21世纪，推销具有了新的特点，并出现了关系推销、绿色推销、互动推销等新的推销理念。21世纪的推销人员分为战术型推销人员、战略型推销人员和竞争型推销人员三个级别。21 世纪的推销层次包括乞求型推销、交易型推销、顾问型推销和战略合作型推销。21 世纪的推销模式将由 AIDA 模式向优效推销模式转变，优效推销模式包括建立和谐、引发兴趣、激发购买动机和促成交易四个步骤。

练习与思考

一、案例分析题

当 Uber 进入中国市场时，它已经是后来者，并且处于劣势地位，快的和滴滴都是在 2012 年上线的。为了能在中国有立足之地，Uber 除了专注其产品差异化外，还充分利用中国人对娱乐噱头的关注。Uber 几乎每天都是话题制造者，请佟大为做暖男司机、打直升机、打人力车、互联网招聘大学生等，充分利用其移动互联网的特性，一步一步被消费者熟悉。Uber 不只是单纯的话题制造者，它最擅长的是在一个最正确的时刻，用最正确的方式来点燃一个最正确的话题，就如在《复仇者联盟 2》热播期间，顺势而为，推出只属于自己的英雄专车行动。所以，选择和当下时间点相符的热点话题，通过和第三方合作做线下活动，走媒体宣传的道路，而并非使用铺广告的方式进行。

Uber 不仅仅提供专车服务，它还传递给消费者一种时尚的、创新的现代化生活方式。它符合营销 3.0 时代的核心理念，即以人文化营销，为顾客提供良好的价值，努力打动顾客的情感和精神，赢得他们对品牌的忠诚。它与消费者的沟通主要诉求于情感。例如 2014 年 9 月 1 日，Uber 与妈妈网合作，为妈妈网网友的新入园宝宝们提供专车接送，并用镜头记下宝贝最珍贵的瞬间。除此之外还有“雪糕日”“公主南瓜车”“激动车副驾驶员”“一键呼叫水陆空”等。Uber 专注于传递生活方式的做法，极大地满足了不同消费者的用户体验，用贴心服务去打动目标消费者，颠覆了我们对于一款打车软件的预期。

Uber 在占领市场份额的过程中并非单打独斗，其专车活动基本都会与一些强大的运营后台合作。与哈根达斯合作推出“全球雪糕日”活动，与耐克合作推出“We Run GZ”，与奥迪合作推出“A3 试驾”活动。通过品牌跨界营销，利用本地品牌的知名度扩大自身的知名度，降低消费者的心理防线，同时也降低营销成本，加速融入中国市场。除此之外，还是顺势而为，以客户为中心，每一个城市的 Uber 运营团队，都会根据自己所在的城市情况，来量身打造属于自己的城市活动。

Uber 不是通过广告轰炸消费者，而是让消费者参与到传播进程中。通过非凡的乘车体验，用创意、娱乐的元素将整个服务包装成有故事的东西，引发用户自愿充当传播者，帮助 Uber 共同完成宣传。因此很多人最初都是通过微信朋友圈认识 Uber 的，那些鲜活的、生动的乘车故事，因为讲述的人与你息息相关，从而降低了信赖成本。

问题：Uber 采用了多少种新型推销手段?

二、实训题

下面是一个推销衣服的情景：

推销人员：“这件衣服对您再合适不过了。您穿蓝色的看上去很高贵，而且这种样式也正是您这种工作所需要的。”

顾客（犹豫地）：“不错，是一件好衣服。”

推销人员：“当然了，您应该马上买下它，这种衣服就像刚出炉的热蛋糕，您不可能买到更好的了。”

顾客：“嗯，也许，我不知道。”

推销人员：“您不知道什么？它是无与伦比的。”

顾客：“我希望你不要给我这么大的压力。我喜欢这件衣服，但我不知道我是否应当买别的颜色的衣服，我已经有一套蓝色的了。”

推销人员：“照照镜子，难道您不认为这件衣服给了您一种真正的威严气质？您知道您可以买得起，而且可以刷信用卡。”

顾客：“我还不能确定，这得花很多钱。”

推销人员：“好吧，但当您再回来想买时或许这种衣服已经没有货了。”

问题：如果你是这名推销员，你会怎样推销这件衣服？请两名同学进行演示。

三、复习思考题

1. 什么是推销？应该如何全面把握推销的定义？
2. 推销的特点有哪些？
3. 推销的基本程序是什么？试简要分析各个环节。
4. 简述绿色推销和互动推销理念。
5. 结合实际谈谈遵循现代推销理念的重要性。

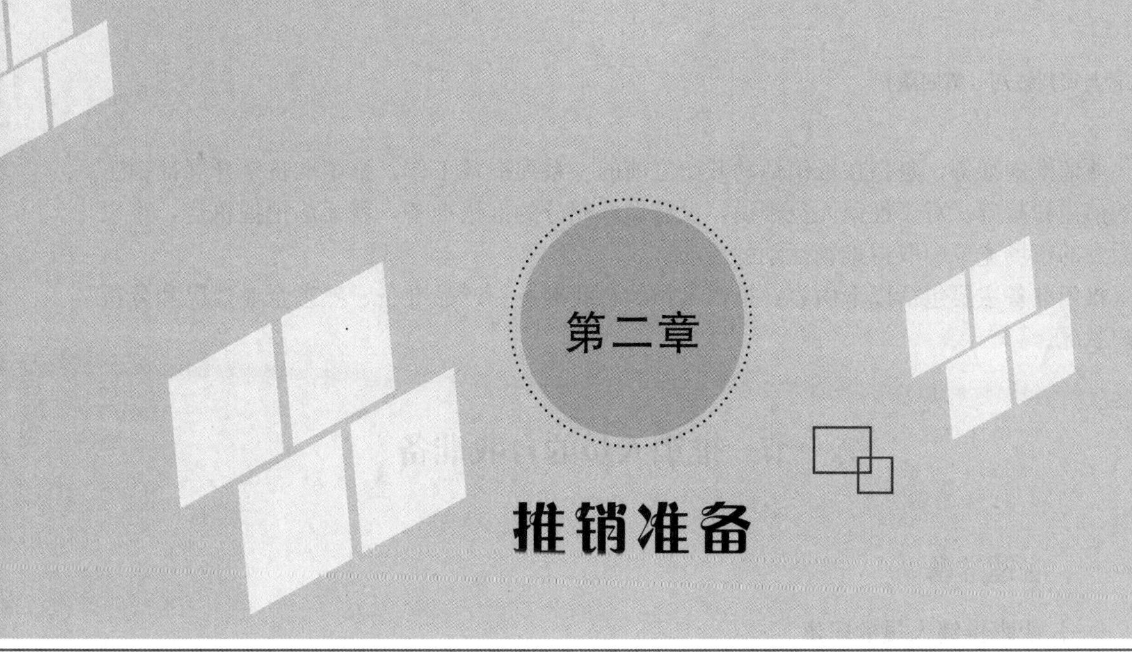

第二章 推销准备

本章学习目标

学完本章后，应该能够：

1. 了解推销准备工作的主要内容；
2. 掌握推销人员的自我准备，包括心理准备、外在形象准备和物质准备；
3. 了解产品准备的内容和注意事项；
4. 学会分析企业及其竞争对手的基本情况；
5. 掌握分析客户状况的内容和方法，了解几种特殊类型的客户。

导入案例

某年年底，广州气象台预测翌年春节之后当地将出现一段持续的低温阴雨天气。就在此时，南方大厦的业务部经理从广州外事部门获悉，在此期间将有几个外国代表团来羊城游览。

两则消息似乎毫不相关。但南方大厦的推销员头脑灵敏，把这两则消息联系起来分析，从中发现一笔有利可图的生意——卖雨具。

他们从本市组织货源时发现，由于这次阴雨天气属反常现象，市场的雨具销售这时是淡季，当地批发部门备货还不齐备。于是他们又专门走访外事部门，详细了解了来团外事成员的不同国家和地区的消费心理和习惯，有针对性地从外地及时组织了一批式样新颖的雨具。当宾客到来时阴雨连绵，他们热情地送货上门，数万把雨伞很快便销售一空，受到代表们的好评。

资料来源：李津. 推销的细节：金牌推销员的128个秘诀. 北京：企业管理出版社，2005.

问题：如果是你，你如何做好抓住销售机会的准备？

所谓推销准备，是指在推销活动开始之前的一系列准备工作。推销准备是开展推销工作的前提和基础。对于推销人员来说，没有做好充分的推销准备，就无法把握机遇，难以在激烈的市场竞争中取得推销活动的成功。

推销准备主要包括以下内容：推销人员的自我准备、产品准备、熟悉企业情况和分析客户状况。

第一节　推销人员的自我准备

一、心理准备

（一）明晰推销人员的职责

推销人员只有在明晰自己职责的前提下才能正确开展推销活动。推销人员的职责是把推销工作和顾客的实际需要有机地结合起来，既要满足顾客的需求，向顾客提供周到的服务，又要通过完成推销任务为企业带来良好的经济效益。一般来讲，推销人员的职责包括下述几个方面。

1. 传递和收集信息

推销人员在进行推销活动前必须收集足够的信息资料，以便在面对目标顾客时能准确、及时地传递产品以及所在企业的相关信息。推销人员还应该随时注意收集有关的市场信息，包括消费者对产品的评价和建议、竞争对手的情况、市场环境变化对推销活动的影响等。信息掌握得越多，推销人员就越有可能把推销工作做好。

2. 制订推销计划

掌握了必需的信息资料后，推销人员应该着手制订推销计划。具体包括：

（1）预计购买可能性。根据对市场的分析，判断购买者的潜在购买量和可能性，把购买者分成若干个等级。

（2）安排重点访问。推销人员应该尽量排除那些不可能达成交易的洽谈，确定重点访问对象。

（3）拟订访问计划。推销人员要做好向顾客介绍产品或服务的准备，确定访问的程序、步骤和方式，必要时应准备好访问洽谈的提纲。

（4）确定访问路线。应注意尽量减少旅途时间，使销售活动时间充裕。

3. 实施产品推销，开拓目标市场

销售产品是推销人员的主要职责。推销人员在分析顾客特征的基础上，运用各种手段引起顾客的注意和兴趣，有效刺激顾客的购买欲望，最终促成交易，销售产品。

开拓新的目标市场是指推销人员通过努力把潜在市场变为现实市场，增加企业盈利机会的活动。开拓新的目标市场也是推销人员的职责。

4. 提供周到的推销服务

提供周到的推销服务是推销人员职责之一，推销服务的方式和质量是决定交易能否达成的重要因素。完整的推销服务包括售前、售中和售后三个阶段。

实例 2-1

王永庆十几岁在一家小米店做学徒，第二年自己就用借来的钱开了一家小米店。为了和隔壁日本米店竞争，他很是费了一番心思。

当时大米加工技术落后，大米粒混杂着米糠、沙粒、小石头等，买卖双方也都见怪不怪。王永庆就多了一个心眼，每次卖米前都把米中的杂物拣干净，这一额外的服务深受顾客欢迎。

王永庆卖米多是送米上门，他在一个本子上详细记录了顾客家有多少人、一个月吃多少米、何时发薪等。算算顾客的米该吃完了，就送米上门；等到顾客发薪的日子，再上门收取米款。他给顾客送米时，并非送到就走了。他先帮人家将米倒进米缸里。如果米缸里还有米，他就将旧米倒出来，将米缸刷干净，然后将新米倒进去，将旧米放在上层。这样，米就不至于因陈放过久而变质。他这个小小的举动令不少顾客深受感动，铁了心专买他的米。

就这样，他的生意越来越好。从这家小米店起步，王永庆最终成为台湾工业界的“龙头老大”。

5. 做好善后工作

推销人员的善后工作主要包括以下三个方面的内容：

(1) 与顾客继续保持联系，了解他们对产品使用的满意程度，对感到不满意的顾客要采取补救措施，对合理要求要尽量予以满足。

(2) 保存销售记录。推销人员要保存顾客的基本资料，对销售过程中的有关情况做详细的记录，并对这些记录进行认真的加工整理。

(3) 从销售记录中选出那些购买量大的顾客作为重点顾客，将他们确定为未来销售工作的重点对象。

(二) 相信自己

人们最大的敌人就是自己，超越自我是成功的必要因素。自信对推销人员来说尤为重要。推销人员应该时刻怀有“我是最优秀的推销员”这样的信念，并且以这样的信念指导行动，才能在推销过程中排除万难，促成交易的达成。

补充知识

在过去相当长的一段时期内，人们一直相信要在 4 分钟内跑完 1 英里（约 1.61 千米）是不可能的，但是并没有放弃对这一目标的挑战。据说古希腊人曾设法让狮子在后面追逐奔跑者，并给奔跑者喝真正的老虎奶，但这个办法没有成功。经过许多年的努力，绝大部分人认为由于人类自身的生理极限，包括骨骼结构和肺活量等方面的原因，这个目标是不可能实现的。而当罗杰·班尼斯特率先打破 4 分钟跑完 1 英里这一极限后，奇迹出现了，在其之后竟然有 300 多位运动员闯过了这一关。

怎么来解释这一现象？可以说，训练技术并没有多大突破，人体的生理结构也不会在短期内有多大改变，所改变的只是人们的态度。班尼斯特不相信固有说法，而相信自己，于是他成功了。更为重要的是，他让更多的人有勇气去超越自我，自信是一种不可思议的力量。

（三）树立目标

推销目标就是推销人员预期所要达到的推销成果，它是推销人员开展业务活动的纲领和方向。树立一个适当的目标，是推销人员必要的心理准备之一。

在药物学中有一个著名的实验：实验人员将100名感冒患者分为两组，分别给予特效感冒药和乳糖，但是两组患者都被告知他们服用的是同一类感冒药。实验的结果出人意料，两组的好转率都在60%以上。对头痛者也做过类似的实验，结果大同小异。这类例子告诉我们，心理暗示的效果是存在的。“暗示效果”能对人们的心理和生理产生不可忽视的作用。推销人员所制定的推销目标可以起到类似的暗示作用。作为一名推销人员，需要对既定目标采取“我能成功”的自我暗示。通过自我暗示，优秀的推销人员往往能够有效地激励自己取得成功。

当然，仅仅有“自我暗示法”是不够的，推销人员还应该制定详略得当并且现实可行的目标体系，并在此基础上形成自己的行动计划。

实例 2-2

2001年5月20日，美国一位名叫乔治·赫伯特的推销员，成功地把一把斧子推销给了小布什总统。布鲁金斯学会得知这一消息，把刻有“最伟大的推销员”字样的一只金靴子赠予了他。这是自1975年该学会的一名学员成功地把一台微型录音机卖给尼克松总统后，又一学员获得这一殊荣。

布鲁金斯学会创建于1972年，以培养世界上最杰出的推销员著称于世。它有一个传统：在每期学员毕业时，设计一道最能体现推销员能力的实习题，让学生去完成。

1976—2000年，这个学会的学员都没有完成实习题。克林顿总统卸任后，布鲁金斯学会把题目换成“请把一把斧子推销给小布什总统”。

许多学员知难而退，然而，乔治·赫伯特做到了，并且没有花多少工夫。在一位记者采访他的时候，他是这样说的：“我认为，把一把斧子推销给小布什总统是完全可能的，因为小布什总统在得克萨斯州有一个农场，里面种着许多树。于是我给他写了一封信，说：‘有一次，我有幸参观您的农场，发现里面有许多矢菊树，有些已经死掉，木质已变得松软。我想，您一定需要一把小斧头，但是从您现在的体质来看，这种小斧头显然太轻，因此您仍然需要一把不甚锋利的老斧头。现在我这儿正好有一把这样的斧头，它是我祖父留给我的，很适合砍伐枯树。假若您有兴趣的话，请按这封信所留的信箱，给予回复。’……最后他就给我汇来了15美元。”

（四）把握推销的原则

推销的基本原则，是基于推销规律而进行推销活动的依据和规则。推销人员掌握正确的推销原则，可以增强推销人员按照客观规律办事的自觉性，提高推销的效率。

1. 满足顾客需求原则

所谓满足顾客需求原则，是指推销活动旨在通过满足顾客的需求来达到推销目的。有人认为，把产品销售出去是推销的唯一目标，也就是说推销的中心问题是卖出商品，赚取利润。事实上，推销人员不可能通过使顾客购买他们不需要的产品来维持长久的销售。推销的目标是双重的，既要售出产品，又必须满足顾客的需求。

2. 互利互惠原则

互利互惠原则是指推销人员要保证交易能为双方带来利益或好处。互利互惠是双方达成交易的基础，双方的共同利益是进行交易活动的支撑点和结合点，只有双方都感受到了利益的存在，才有可能自觉地去推动交易。

互利互惠原则还有利于形成良好的交易气氛。顾客虽然付出了一定的费用，但在推销人员的帮助下得到了自己想获得的利益，所以双方都会感到满足和愉快。

3. 推销使用价值原则

推销使用价值原则，就是指推销人员在推销产品时，要利用或改变顾客原有的观念，设法使顾客形成对产品使用价值的正确认识，以达到说服顾客购买的目的。

决定顾客最终购买的，一是购买力，二是对产品有用性的认识。许多时候，顾客对购买持观望态度，就是因为对产品的有用性认识不足。所以推销人员应该通过宣传说服工作，帮助顾客认识和缩短认识过程，促使顾客采取购买行动。

4. 人际关系原则

在推销活动中，如果推销人员与顾客的关系是偶然的、暂时的或是不稳定的，那么这种人际关系的心理相容度显然较低。而和谐的人际关系，能够缩短推销人员与顾客之间的心理距离，帮助推销人员获得顾客的理解和信任，有利于双方的信息交流和沟通。推销人员应致力于与顾客建立一种真诚的、长期的、稳定的人际关系，这种人际关系能使购销双方感到满意和愉悦，并能促成今后的长期合作。

5. 尊重顾客原则

尊重顾客原则是指推销人员在推销活动中要尊重顾客的人格，重视顾客的利益。当顾客在交易中获得尊重时，对推销人员的疑虑和不信任很快就会消失。尊重顾客原则有利于消除双方某些不必要的隔阂，可以融洽交易气氛，促成交易的达成。

推销人员应该善于换位思考，从顾客的立场和角度出发考虑问题，尊重顾客，这是推销获得成功的保证。

（五）养成良好的工作习惯

1. 拥有良好的工作心态

曾经有推销大师表示：对于推销人员来说，推销就意味着拒绝，没有经过拒绝的推销是不常见的。所以，推销人员尤其要具备好的心态，耐心、热情必不可缺，保持愉快的工作情绪。

2. 培养广泛的兴趣

推销人员要面对广泛的人群，即使是面对同样的商品，顾客可能关心的层面也不太一样，推销人员要和顾客找到谈话的共同点，最好是与顾客有相似的兴趣点，培养广泛的兴趣可以使推销人员容易和顾客沟通及深入交流。

3. 养成随时挖掘顾客的工作习惯

成功的推销人员往往不会只在上班时间关注推销问题，他们往往是随时随地注意到潜在顾客和销售机会，一旦发现与推销有关的信息就会记录下来，以备不时之需。

二、外在形象准备

推销实际上是一种社交活动，注重推销礼仪，是推销人员应具备的基本素质。作为企业和顾客沟通的桥梁，推销人员的一言一行都代表着企业的形象。推销人员应该本着文明礼貌、诚实守信、平等交往、相互尊重的礼仪原则，树立良好的个人形象，为成功的推销打下基础。

（一）仪表

推销人员的仪表不仅能展示推销人员的外部形象，同时也可以反映出推销人员的精神状态和素质修养。一个蓬头垢面的推销人员，无论他所推销的产品多么吸引人，也很难被顾客接受。在推销工作中，推销人员能否赢得顾客的尊重与好感，能否得到顾客的承认和赞许，并给顾客留下良好的第一印象，仪表是非常重要的因素。一般来讲，男士仪表以“洁”为原则，女士仪表以“雅”为原则。

（二）服饰

得体的着装能够给人愉悦的感受和值得信赖的感觉。衣着能够体现出个人的素质修养，对推销人员来说更意味着对顾客是否尊重。“服饰语言”留给顾客的第一印象十分重要，推销人员应该注重自己的服饰及其礼仪。

服饰的穿着并没有固定的模式，推销人员应该根据不同的场合和所推销产品的类型灵活处理，并且因人而异。服饰方面总的原则是：协调得体、整洁大方、干净利落，不穿奇装异服，不佩戴繁杂的装饰。在推销活动中，推销人员得体的服饰装扮和相应的服饰礼节，会给其仪表增加光彩，帮助推销人员赢得顾客的认同和信任。

推销人员穿正装一般都没有问题，另外还需要注意顾客的穿着，双方如果反差太大会使顾客感到不自在。有专家提出：“顾客＋1”，就是只比顾客穿得好一点，既不会让双方反差太大，又能表现出尊重。

补充知识

男女推销人员的衣着规范和仪表要求

一、男性推销人员的衣着规范和仪表要求

西装：深色，如果有经济能力最好选择高档的西装。

衬衣：单色，白色、浅色或中色，注重领子、袖口的清洁，并且要熨烫平整，最好每天更换。

领带：以中色为主，不要太暗或者太花，注意同衬衣和西装的搭配。

长裤：选用与上衣色彩、质地相衬的面料，裤长以盖住鞋面为准。

便装：中性色彩，干净整齐，没有油污。

皮鞋：黑色或深色，注意和衣服的搭配，要把鞋面擦亮，底边要清理干净。

短袜：黑色或深色，不要露出里裤。

身体：无异味，可适当选用男士香水，但切忌香味过于浓烈。

头发：梳理整齐，不要有头皮屑。

眼睛：没有眼屎、眼袋、黑眼圈和红血丝。

嘴：不要有烟味、异味和口臭。

胡子：最好不要留胡子，把胡须清理干净。

手：不留长指甲，指甲无污泥，手心清爽干净。

二、女性推销人员的衣着规范和仪表要求

头发：干净整洁，不留怪发型，无头皮屑。

眼睛：不要有渗出的眼线、睫毛液，没有眼袋和黑眼圈。

嘴唇：选用合适颜色的口红，并且保持口气清新。

服装：西装套裙或套装，色泽以中性为宜。不可穿过于男性化或过于性感的服装，款式简洁大方。

鞋子：黑色高跟淑女鞋，保持鞋面的光洁和鞋边的干净。

袜子：高筒或连裤丝袜，色泽以肉色为最好。

首饰：不可太过醒目，最好不要戴三件以上的首饰。

身体：不可有异味，选择高品位的香水。

化妆：一定要化妆，否则会被认为是对客户的不尊重；也不可浓妆艳抹，以淡妆为好。

（三）言谈

语言是推销人员说服顾客的主要手段，无论是介绍产品还是解答顾客的疑问，都需要有很好的语言技巧。对推销人员来说，较强的语言表达能力是必不可少的。

推销人员在与顾客的交谈中应该注意以下问题：

（1）发音准确，注意语音、语调、语速及停顿等语言基本功；

（2）条理清楚、逻辑性强，不能自相矛盾，谈话有理有据，不能强词夺理；

（3）交谈富有热情、充满活力，使人感觉到亲切并愿意与之交流；

（4）注意语言的规范化，尽量避免使用俚语或其他不规范的语言；

（5）尊重对方，不随意讽刺、挖苦、打断人，善意聆听客户的发言，不与顾客争辩，也不要与顾客开粗俗的玩笑。

尤其要注意的是，话并非讲得越多越好。顾客对那些油腔滑调的推销人员其实是很反感的，推销人员只要能够清楚表达自己的意思就足够了，重要的应该是言谈的技巧而不是数量。

（四）举止

在推销活动中，推销人员除了语言外还大量运用其他非语言符号与顾客交流。这些非语言符号通常称为体语，包括面部表情、手势、站姿、坐姿和走姿等。非语言符号可以表达语言的未达之意，比语言表达更生动形象。有一项调查显示，在推销活动中，推销人员用体语向对方传达的信息占信息量的83%。

（1）微笑。微笑给人以真诚、自然和亲切的感觉。在面部表情中，微笑最具社会意义，是人际关系最佳的润滑剂。推销人员恰当利用微笑，有助于与顾客建立良好的关系。

实例2-3

威廉·怀拉是美国推销保险的顶尖高手，年收入百万美元。他成功的秘诀就在于拥有一张顾客无法抗拒的笑脸，但他那张迷人的笑脸不是天生的，而是长期苦练出来的。

威廉在最初求职时被拒绝了，人事经理对他说："推销员必须有一张迷人的笑脸，而你却没有。"威廉没有因此气馁，他决心苦练笑脸，每天在家里放声大笑百次，邻居都以为他因失业而发神经了。为避免误解，他干脆躲在厕所里大笑。而且，他还搜集了许多公众人物的笑脸照片，贴满屋子，以便随时观摩。他还买了一面比身体还高的大镜子，摆在卫生间，每天进去对着镜子笑。此外，他还对邻居、路人微笑来检验自己的训练成果，有人说："怀拉先生，你看起来跟过去不一样了。"信心大增的他再一次去见经理，得到的回答是："有点味道了，不过仍然不是发自内心的笑。"

威廉不死心，又回去苦练了一段时间，终于悟出"发自内心，如婴儿般天真无邪的笑容最迷人"，最终他练成了让顾客无法抗拒的笑脸。

（2）手势。手势是最具表现力的身体语言，在谈话中配以恰当的手势，往往能够起到表情达意的良好效果。推销人员在与顾客交往的过程中，可以适时运用恰当的手势，配合与顾客的谈话内容。但应注意手势的幅度不宜过大，频率不宜过快，不要过于夸张，要清晰、简单。另外，要注意克服一些不文雅的手势，如搔头等。

（3）坐、站、行。具体来讲，女性站立时，双脚应呈"V"字形，而男性站立时，双脚要微微叉开，最多与肩同宽。双腿交叉站立给人以轻浮的印象，应该避免。行走时要步履稳健，不要摇头晃脑、左顾右盼。在坐的礼仪上，不仅要注意坐姿的端正，还要懂得入座方法和座次的安排。

（4）名片接、递方式。当客户主动递名片时要面带微笑双手去接并说谢谢。接过名片后在短时间内注视一下名片上的公司名称和客户姓名及职务。在递名片的过程中，双手拿着名片二角，正面朝上，字体要正面对着客户这样一来可以让客户在第一时间内认识你，要面带微笑地说"您好，有什么为您效劳"等礼貌用语。

当然，推销的礼仪远远不止这些，还包括其他很多方面，需要推销人员在推销实践活动中逐渐地理解、领悟和修正。

三、物质准备

推销人员在开展推销活动以前还应进行必要的物质准备。具体来说，主要包括以下几个方面：

（1）与产品有关的物质准备。包括产品的样品、样本、图片、宣传资料、说明书、价目表、产品检验合格证等。

（2）与公司有关的物质准备。包括企业法人营业执照、产品生产许可证、卫生许可证和企业的相关介绍资料等。

（3）与推销人员个人有关的物质准备。包括个人的身份证明、企业法人的授权委托证明、工作证、名片等。

第二节　产品准备

推销人员不是技术专家，也不是产品设计人员，不可能透彻地了解有关产品的每个细节，但是，售前说服顾客购买产品的工作和销售过程中的服务工作是推销工作的必要内容，推销人员只有了解并熟知自己的产品，才能向顾客推销适合其需要的产品，指导顾客更好地使用、保管产品，并最终说服顾客购买。

一、有关产品的知识准备

（1）产品自身。产品自身的知识包括品种、品名、规格、型号、供应量、产地、生产日期、知名度、价格及价格政策等。

（2）产品质量。包括产品内在的功能、技术标准、规范性能、成熟性、保质期、安全性、外观、包装式样、新用途等。

（3）产品的售后服务。包括免费更换期、免费保修期、保修期、服务反应时间、服务程度、收费标准、投诉等。

（4）产品的发展前景。包括产品的生命周期和市场占有率等方面的知识。

二、销售工具的知识

推销人员的推销活动一般要借助于某些工具。销售工具是指推销人员在推销活动中使用的产品目录、客户名录、图片以及公司的画册、名片、价格表、赠品等可以帮助销售的工具。

推销工具容易引起客户的注意和兴趣，使销售说明更直观、简洁和专业，能帮助推销人员提高效率。推销工具的合理使用可以有效地促进销售工作的开展。

一个好的推销人员应该能熟练运用各种推销工具，了解相关推销工具的使用范围。当然，推销人员应该意识到的一点是：推销工具不应该完全由别人提供，推销人员应该充分发挥自己的能动性去创造和使用。

三、推销人员在掌握产品知识时应该注意的事项

（一）合理判断推销品的性质

推销品可以分为感性产品和理性产品两类。对于不同性质的推销产品，应该根据其特性的不同采用不同的推销策略。一般来讲，耐用的大件消费品和生产资料类产品属于理性产品。这类产品往往价格昂贵，因此顾客会在详细了解产品的特性、服务和价格等多方面的因素后才会做出购买决定。在这种情况下，推销人员必须用自己所掌握的专业知识说服顾客，促使顾客做出购买决定。相对于理性产品来说，感性产品价格较低，用户的购买次数也较多，因而用户在购买时不会考虑太多的因素，这时用户的购买决定往往取决于对产品和推销人员的第一印象。

（二）准确把握整体产品的概念

整体产品是指能够提供给顾客以满足其需求或欲望的有形的或无形的任何东西。

整体产品是一个多层次的概念，包括核心产品、形式产品和延伸产品三个基本层次。核心产品为顾客提供最基本的效用和利益，这种效用和利益是顾客购买决策的主体推动力。推销人员应该善于发现顾客购买某种产品的真实需要。形式产品是核心产品的外部特征，是核心产品借以实现的具体形式，主要体现在质量、形态、品牌、特色和包装五个方面。延伸产品是推销形式产品时顾客能获得的各种附加利益的总和，包括各种服务和观念。

整体产品的原理，要求推销人员在推销过程中，首先要注意分析顾客购买所追求的基本效用和利益，其次要满足不同层次、不同类型顾客对外观、形式的追求，再次要注意推

销产品的过程也是向顾客提供服务和进行观念宣传的过程。优秀的推销人员应该善于把产品的推销与满足顾客的需要联系起来。

（三）合理使用产品的质量因素

产品质量是顾客进行购买决策时考虑的一个必要因素，但不是唯一的因素。顾客购买时重视质量，并不意味着推销人员在推销活动中要一味地宣传产品优良的品质，这样往往就会忽视了顾客的其他需要。

对顾客来说，实用性比产品质量更为重要。如果一种产品不符合顾客的特殊要求，顾客就不会做出购买决定。因此，推销人员在用质量因素说服顾客购买的同时，更应当强调产品对顾客实际问题的解决能力。

另外，推销人员在向顾客介绍产品质量时，应尽可能介绍得浅显易懂，不要过量使用让顾客感觉陌生的技术词汇。

（四）合理制定产品的价格

价格并不是顾客购买的原动力，顾客之所以会有购买某种产品的冲动，是因为存在潜在的、没有被满足的需要，这种需要进一步产生了购买的动机。虽然价格不能起到决定性的作用，但是有时具有诱惑力的价格往往能促成交易。同样的商品，价格低的要比价格高的容易推销，这是显而易见的。价格作为交易达成的促进因素，推销人员应该予以重视。

实例 2－4

在美国波士顿城市的中心区，有一自动降价商店，它以独特的定价方法和经营方式而闻名遐迩。这个自动降价商店里的商品摆设与其他商店并无区别。架子上挂着一排排各种花色、式样的时装，货柜上分门别类地摆放着各类商品，五花八门，应有尽有。商店的商品并非低劣货、处理品，但也没有什么非常高档的商品。

这家商店的商品不仅全都标有价格，而且标着首次陈列的日期，价格随着陈列日期的延续而自动降价。在商品开始陈列的头 12 天，按标价出售，若这种商品未能卖出，则从第 13 天起自动降价 25％。再过 6 天仍未卖出，即从第 19 天开始自动降价 50％。若又过 6 天还未卖出，即从第 25 天开始自动降价 75％，价格 100 元的商品，只花 25 元就可以买走。再经过 6 天，如果仍无人问津，这种商品就被送到慈善机构处理。该店利用这种方法取得了极大的成功，受到美国人及外国旅游者的欢迎。从各地到波士顿的人都慕名而来，演员、运动员，特别是妇女，格外喜欢这家商店，波士顿的市民更是这家商店的常客。商店每天接待的顾客比波士顿其他任何商店都多，熙熙攘攘，门庭若市。现在，自动降价商店在美国已有 20 多家分店。

补充知识

关于价格的经验总结

（1）在同样情况下，顾客购买某一产品的次数越多，往往就对产品的价格因素考虑得越少，甚至完全不加考虑。

（2）支付方式可以降低顾客对价格的敏感度，包括优惠的付款条件、赊销、分期付款、非现金支付等。

(3) 免费赠送一些廉价的易损零件、免费提供购物袋、免费修理等措施也可以降低顾客对价格的敏感性。

(4) 充满善意的接待和帮助会令顾客感到满意，虽然从表面上看与价格无关，但实际上是有价的，顾客在心情愉悦的时候往往对价格不太敏感。

(5) 如果所推销的产品在顾客的总支出计划中占有很大的比例，顾客往往对价格斤斤计较；反之，如果比重很小，顾客往往不大在乎。

(6) 主动推销可以减少顾客的比较机会，比坐等顾客上门更容易处理价格问题。

(7) 产品越复杂高级，价格问题越不重要。

(8) 当顾客急需某种产品时，往往不会计较价格。

(9) 顾客理所当然地认为，名牌产品的价格高是很正常的，大公司的产品比小公司的产品价格要高，这就是产品的声誉和公司的声望对价格产生的影响。

(10) 采用一揽子交易的办法，可以使顾客感觉到价格较低，其实这是一种错觉。成套出售的产品，分拆开来其实相对价格并不低。

(11) 心理定价的影响较大。比如9.9元与10.1元，虽然差别很小，但给购买者的心理感受却差别很大。不过对于礼品一类的东西，10.1元或许比9.9元更为恰当。

（五）相信产品

推销人员要对自己所推销的产品树立信心。如果一个推销人员连自己都说服不了，是不可能说服顾客购买的。

有些推销人员时常抱怨自己推销的产品知名度低，质量也不好，似乎很难对产品树立信心。其实，任何一种产品都有自己的优势和劣势。比如，质量好的产品，价格往往较高；而价格有吸引力的产品，质量又或多或少存在一定的问题。推销人员必须深入了解自己所推销的产品，找出其独到优势。

第三节 熟悉企业情况

在推销活动中，企业的良好信誉往往可以减轻顾客对陌生推销人员的疑虑，使之对推销人员及其所推销的产品、服务产生信赖并乐于购买。所以，推销人员应当在推销过程中充分向顾客展示企业自身的特点、优势和其已在社会上建立起来的良好信誉。

一、企业的基本情况

企业的基本情况主要包括企业的发展历史、目前的经营情况、组织结构和人员情况等。

（一）企业的发展历史

企业的发展历史中包含很多有价值的资料。这有利于推销人员在顾客当中树立企业的形象，传播企业文化。具体来说，企业的历史发展资料包括：

(1) 企业创立的时间、地点和创办人。企业创办人的精神力量和人格魅力往往对企业日后的发展有着重要的影响。

（2）早期的生产规模、产品种类和销售状况。

（3）产品的发明时间和过程。

（4）企业里有代表性的人物的经历和影响力。

（5）企业名称和商标的来历以及相关的小故事。

所有与企业发展历史有关的信息，推销人员都应该尽力去了解，这要求推销人员在工作中注意积累。

（二）目前的经营情况

推销人员应该了解企业目前的经营情况，具体来说包括以下几个方面：竞争能力、市场占有率、行业地位、企业发展战略、定价策略、销售区域及销售额、生产能力、供应能力、销售政策等。供应能力和销售政策可能是消费者最为关心的，因为关系到产品的供应问题。

（三）企业的组织结构和人员

推销人员的推销活动离不开企业内其他部门的配合。每个企业都有其特有的组织结构，推销人员应该对那些与销售有关的部门和工作人员有一定的了解，并且争取他们的支持与配合，这样才能顺利地开展推销工作。

二、企业竞争对手的基本情况

（一）可能的竞争者

一个企业一般要面对四种不同层次的竞争者，即生产完全相同产品的直接竞争者、生产同类型产品的侧翼竞争者、生产替代品的间接竞争者和争夺消费者同一消费计划的准竞争者。只有明晰企业在某地域范围内的竞争者层次，推销人员才能认清本企业所面临的威胁和挑战，在推销过程中做到扬长避短，及早实施对策，在稳定老顾客的同时吸引新顾客。

（二）竞争者情况

在推销本企业某一产品的过程中，推销人员常常会遇到顾客把所推销的产品和竞争对手的产品进行比较的情形。因此，推销人员首先需要了解竞争者的生产技术、生产方式、生产能力、生产成本、价格水平和广告策略等企业决策方面的信息。其次，要了解竞争产品有什么特性，哪些性能优于自己的产品，哪些性能不如自己的产品等。再次，还要了解对方销售人员的个人品性、能力、常用推销手段等。竞争者的营销战略、营销策略、客户状况等信息也需要了解。最后，对整个产品市场竞争力量的强弱、价格的涨落、供求关系的变化、产品生命周期运动、顾客兴趣转移、消费倾向的改变等情况也要了如指掌。全面了解竞争者情况和市场信息是推销活动获得成功的不可或缺的因素。

实例 2-5

全球规模最大的中式快餐连锁是什么？不是真功夫，也不是大家乐，而是美国的熊猫快餐，这家由一数学硕士和一电子工程学博士创建的快餐连锁品牌已经拥有 1 600 多家餐厅、23 000 多名员工，年营业额超十亿美元。

近两年，熊猫快餐在加速扩张。它的总部在美国西部的加利福尼亚，西部市场开发得较充分，地产部副总裁史蒂芬·布鲁姆表示，他们这两年的工作重点在东边，并且重点在社区和家庭市场。他说，他们的一个优势是，人们知道中国菜是什么，中国菜是人们熟悉的东西。

熊猫快餐大部分是直营的，随着分店数目不断增加，熊猫快餐从商场扩展到超市、机场、大学、写字楼、赌场以至图书馆等各类场所。伴随发展速度加快，临街的独立店面也开始多起来。近几年最令人瞩目的熊猫快餐分店有两个：一个设在西海岸洛杉矶市中心公共图书馆内，另一个设在纽约曼哈顿华尔街。

程正昌认为，在中餐这个充满活力、竞争加剧的市场环境里，多元化的企业策略是必要的。除了熊猫快餐，熊猫餐饮集团还经营全服务式餐厅聚丰园、日本料理餐厅 Hibachi-San、快餐格局的家常式餐厅双双熊猫、Kitchen Garden 餐厅，以及 Bookends Cafe 餐厅。“抢占先机是必要的，1992 年我们决定做日本料理餐厅就是一种防御策略，是为了防止日本餐厅供应跟熊猫快餐厅一样的中式菜品。”程正昌说。

第四节　分析客户状况

一、客户的需求与欲求

了解客户的需求与欲求，是确保推销活动顺利进行的基础。

（一）需求

需求是指人们感受到的贫乏状态，即没有得到某些基本满足时的感受。需求往往不是企业经营活动所能创造的，而是存在于人类本身的生理组织和社会地位状况之中的。按照马斯洛的需求层次理论（见图 2-1），人的需求分为以下几个层次：

（1）生理的需求。是指维持个人生存的基本需求，包括饮食、着装和睡眠等。该需求处于需求层次的最底层。

（2）安全的需求。是指防范人身安全、职业、财产和住所等方面威胁的需求。

（3）社交的需求。也叫归属与爱的需求，是指个人渴望得到家庭、团体、朋友、同事的关怀、爱护、理解，是对友情、信任、温暖、爱情的需求。

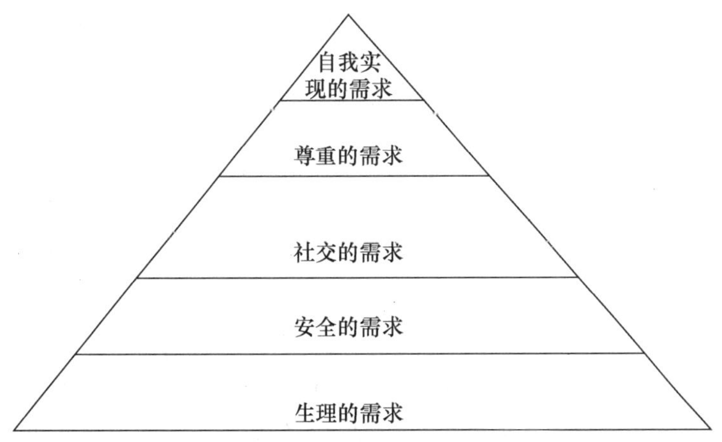

图 2-1　马斯洛需求层次图

（4）尊重的需求。指人追求自尊和受人尊重的需求，可以分为内部需求和外部需求。

（5）自我实现的需求。这是最高层次的需求，就是要实现个人理想和抱负，最大限度地发挥个人潜力并获得成就，实现自我价值。

推销人员应该了解其推销的产品所能满足客户的需求层次。例如，所有的轿车都满足消费者对交通便利的需要，在这种情况下，消费者就会寻找那些让他们动心的特性，逐渐形成偏好。推销人员如果能了解消费者的心理特征，就会比较容易借助推销技巧使消费者产生购买欲望，最终促成交易。

实例 2-6

中国古代发生过一个真实的故事：

一位诗人来到一个卖镜子的店里，这个镜子店是自产自销的。店里陈列着十面镜子，其中只有一面磨得雪亮，可以照得清楚，其他九面都磨得似明似暗，人照上去很不清楚，只能看出个大概。

诗人觉得很奇怪：为什么把这种劣质品同精品摆放在一起？卖镜子的人解释说：并不是不能把镜子都做得一样好，而是多数人都喜欢买那种看不清楚的镜子。因为雪亮的镜子会把人脸上的细微缺陷都照出来，一点都无法掩盖，只有对自己的美貌十分自信的人才会喜欢那种雪亮的镜子。所以好镜子往往卖不出去，每卖掉十面镜子，大约只有一面是好镜子。诗人听后，感叹世人竟然宁要劣货不要精品。于是赋诗一首：

昏镜非美金，漠然丧其晶。
陋容多自欺，谓若他镜明。
瑕疵既不见，妍态随意生。
一日四五照，自言美倾城。
饰带以纹乡，装匣以琼瑛。
秦宫岂不重，非适乃为轻。

为什么劣质的镜子反而受人欢迎呢？这个问题值得我们深思：劣质镜子，照起来模糊，看不到脸上的缺陷，可以用来“自欺欺人”，留下尽情想象自己“美貌”的空间。这样的镜子，拿在手里，越照心情越好。而那种精致雪亮的镜子，不能讨多数人的喜欢，自然遭受冷落。

这个故事同时也道出了销售的真谛——卖商品除了满足人的物质需要，还要兼顾人的精神需要。

（二）欲求

欲求是指对于那些能满足更深层次需要的物品的要求。社会的文明程度不同，欲求被满足的方式也不同。人们的需要有限而欲求非常广泛。很多客户的欲求是受企业用多种促销方式为产品或品牌塑造的个性形象的影响而潜移默化养成的。

无形的欲求会对推销活动产生不可忽视的影响。推销人员的目的不仅是要将产品销售出去，而且要建立客户的品牌忠诚度。有些消费者在购买产品时，注重的是内心的一种感觉，而不是有形的产品。成功的推销人员及其所推销的产品具有竞争对手难以模仿的特点。所有这些都与推销人员对消费者欲求的把握密不可分。

二、影响客户购买的人口因素

人口因素是指消费者的年龄、性别、家庭规模、收入、职业、教育、种族以及国籍等因素。这些因素都会对消费者的购买行为产生影响。

推销人员在推销准备过程中应该注意分析人口因素对顾客购买的影响，主要从以下几个方面着手：

（1）年龄。处于不同年龄阶段的顾客往往有不同的购买习惯，对商品的需要程度和购买量都存在差异。

（2）性别。男女由于性别的不同形成了不同的心理特征，购买偏好往往有很大的差异。

实例 2-7

美国纽约闹市区的一家妇女用品商店进了一批妇女用品，很长时间无人购买。

老板见状，便叫店员将货物散乱地堆放在门口，路过的女士们见状，马上围成一圈，寻宝似的翻来翻去，找出各自需要的物品。

有人对老板说，为什么不把货物整齐地摆在货架上？老板说："如果我把这些商品都整整齐齐地摆在货架上，这些女士们还会这么仔细地挑选吗？要知道，她们就是对胡乱堆放的商品感兴趣。女士们购物爱挑剔，恨不得将商店的货物翻个底朝天，才会对自己手上的商品放心。"这家商店采用这种方法后，商品很快销售一空。

（3）收入。收入因素对推销活动的影响是显而易见的。推销人员不可能说服一个年收入只有十万元的顾客购买一艘豪华的游艇，因为这对于他的购买力来说是不可能实现的。

（4）种族和国籍。扎根于不同环境中的文化会直接影响人们的生活习惯和消费行为，从而对推销活动产生深远影响。

实例 2-8

火锅作为民间流行的汉族的特色美食，流行于全国各地。火锅产品刚进入延边市场时，当地的朝鲜族居民不大愿意接受。由于朝鲜族人历来喜欢吃狗肉，故一些餐饮公司就推出"狗肉火锅"这一独特的美食。该产品结合了属于朝鲜族传统饮食的狗酱汤和汉族传统饮食之一的火锅，完美地展现了朝鲜族和汉族两个民族的优秀的饮食传统，在延边地区已成为最受欢迎的美食之一，也深受来自海内外的游客的欢迎。

三、客户的购买心态

推销人员应该善于洞察客户的购买心理，根据具体的推销对象采用相应的推销技巧。客户在准备购买某种产品时，至少希望达成以下两个目标：一是所购买的产品能够满足自身的某种特定需要，解决实际的困难或问题，并希望以有利的条件达成交易；二是与推销人员建立良好的长期关系，以便于日后的长期合作。不同的客户，对这两方面的重视程度也不尽相同，据此可以将客户的购买心态分为以下五种类型：漠不关心型、软心肠型、防卫型、干练型和寻求答案型。

（一）漠不关心型

处于这种心态的客户，既不关心推销人员，也不关心购买行为。这种类型的顾客或者是受人之托，自己没有购买决策权，如果购买情况与委托人的交代略有不同，就会拒绝购买；或者是由于害怕承担风险，避免引起麻烦，往往把购买决策权推给上级主管或其他人员。由于该类型的采购者购买的不是自己需要的产品，所以对购买持消极态度，尽量回避推销人员以推脱购买责任。

（二）软心肠型

处于这种心态的客户，重视与推销人员建立融洽的关系，而对于自己的购买行为则不是很关心。软心肠型客户极易被说服，一般不会拒绝推销人员所推销的产品，通常对推销人员的友好投桃报李。在这种情况下，推销人员只要善于处理人际关系，给客户留下良好的印象，客户就会觉得推销人员所推销的产品可以接受，在信任推销人员的同时也就对推销品产生信任。这类客户比较注意推销人员的言谈举止，重视建立感情，对于推销气氛十分敏感。

（三）防卫型

处于这种心态的客户，极其重视自己的购买行为，而对推销人员漠不关心，甚至对其抱有一种敌视的态度。防卫型的客户拒绝推销人员不一定是因为不需要推销品或服务，而可能仅仅是不能接受推销人员所进行的推销工作。针对这种客户的购买心理，推销人员应该首先推销自己，要以实际行动说服和感化客户，使客户对推销人员产生信任，打消客户的偏见，而不是急于推销产品或服务。

（四）干练型

处于这种心态的客户，既关心自己的购买行为，也关心推销人员的推销工作。干练型的客户比较冷静，通常要在经过全面的分析和客观的判断后，才会做出购买决策。这种客户既尊重推销人员的人格，愿意听取推销人员的意见和购买建议，但又不轻信推销人员的全部言语。对待这种类型的客户，推销人员应该摆事实、讲道理，比较竞争产品与推销品的优缺点，帮助购买者分析如何购买才能获得最大的实惠，让客户在自行判断后做出购买决策。

（五）寻求答案型

处于这种心态的客户，既高度关心自己的购买行为，又高度关心推销人员的推销工作。他们往往明确自己需要什么样的产品和服务，而且也希望购买到自己所需要的东西，愿意接受能够帮助自己解决问题的推销人员。对于这种类型的客户，推销人员应该认真分析客户需要解决的问题，向他们推荐最适合的产品。否则，不管推销人员的推销手段如何高超，向这类客户推销他们不需要的东西是不会收到理想的推销效果的。

四、顾客购买行为的类型

顾客在购买诸如牙膏、网球拍、电脑和轿车等不同种类的产品时其行为差异很大。对于不同的产品，顾客在购买时的介入程度不同。根据同类产品不同品牌的差异程度以及购买者在购买时的介入程度，可以将顾客的购买行为分为四种类型：复杂的购买行为、减少失调感的购买行为、习惯性的购买行为、寻求多样性的购买行为。

（一）复杂的购买行为

如果购买的产品单价很高，购买行为是属于偶尔购买的、冒风险的和高度自我表现的，这种购买行为就属于高度介入购买。如果顾客属于高度购买介入者，并且了解到现有品牌之间存在明显的差别，则顾客就会产生复杂的购买行为。

例如，某顾客要购买一台个人电脑，他甚至有可能连不同品牌电脑的属性都不知道。在这种情况下，购买者将经历认知性的学习过程。其基本过程是首先建立他对品牌的信念，然后转变为态度，最后谨慎地做出购买决定。推销人员必须了解高度介入的消费者收集产品信息并对其进行评估的行为，制定出各种策略以帮助购买者掌握该产品的属性、各种属性的相对重要性以及该产品具有的较重要的特征。同时，运用主要的印刷媒体和详细的广告文字图案来描述其品牌的好处，以影响消费者的最终决定。

（二）减少失调感的购买行为

有时顾客会高度介入某种商品的购买，但由于品牌差异不明显，因此购买行为将极为迅速。选购地毯就是一例。地毯的价值昂贵而且与个人的自我认同有关，购买者认为在某一价格范围内的大多数地毯是没有什么区别的。但在购买之后，顾客可能会产生购买后的失调感，因为他发现该品牌的地毯有某些缺陷，或听到一些其他品牌的地毯的好处。这时该顾客将着手了解更多的东西，并力图证明原购买决定是有道理的，以减少失调感。在这种情况下，推销人员的主要任务是，通过一定的资料或语言信息，帮助购买者在购买后对其选择感到心安理得。

（三）习惯性的购买行为

许多产品是在顾客低度介入和品牌之间没有什么差异的情况下被购买的，如一些单位价值较低的生活必需品（食盐、白糖等）。消费者对这类产品的购买属于习惯性的购买行为。顾客很少介入这类产品，他们走进商店时会顺便购买。即使某人在寻找某一品牌，那也是受习惯的影响，谈不上强烈的品牌忠诚感。

在这种情况下，顾客的品牌购买行为并不经过信念-态度-行为的正常顺序，只是被动地接受电视广告或印刷品广告所传递的信息。也就是说，顾客选择某品牌的商品，并非由于对它持什么态度，而只是熟悉罢了。因此，购买的过程是：由被动的熟悉形成了品牌信念，然后是购买行为，最后并不予以评估。

对于顾客低度介入并且品牌之间差异极小的产品而言，利用价格和销售促进作为某品牌产品试用的诱因，是一种非常有效的方法。

（四）寻求多样性的购买行为

这类购买行为的特征是顾客所购买的产品品牌之间差异显著并且顾客低度介入，在现实生活中表现为顾客经常变换购买的品牌。例如饼干，顾客有一些信念，但在选择某种品牌的饼干时不会做太多的评估，而在消费时才加以评估。顾客非常有可能在下次购买时会由于厌倦原有口味或想换换口味而买其他品牌的产品。

这类产品的推销策略与其他产品的推销策略是不同的。一方面可以通过占有更多的货架，避免脱销和提醒顾客购买来鼓励习惯性的购买行为；另一方面可以以提供较低的价格、折扣、赠券、免费赠送样品和强调试用新口味的推销策略来促使顾客选择其产品。

五、组织市场的购买行为

资本品市场、中间商市场、公共产品市场的消费者都是组织单位，一般将这三个市场统称为组织市场。推销人员只有了解这三个市场购买行为的不同特点，才有可能取得交易的成功。

（一）资本品市场的购买行为

资本品市场也称为生产者市场、产业市场或生产资料市场。在资本品市场上，个体或组织购买货物或劳务的目的是生产其他产品和劳务，以便出售、出租或供给他人。资本品市场与消费品市场相比，具有很多显著的特点：购买者数量少、规模大，地理位置比较集中，其需求量一般不会因为价格波动而直接变动，一般由专业人员直接购买等。

与消费品市场的购买行为相比，资本品市场的购买行为更为理性。资本品购买者常常抛开了产品与使用者的个性，直接追求资本品最大的效用和最低的价格。因此，代表供应商的推销人员应努力满足购买者的这一要求。但是也有人指出，产业用户的采购人员也具有一般社会人的特点，特别是当供应商在质量、价格和服务等方面的条件大致相似的情况下，采购人员选择供应者时主要考虑人际关系因素和个人感情因素。

影响资本品市场购买行为的因素可以分为以下四大类：

（1）环境因素。指企业外部不可控制的所有因素，如宏观经济环境和国家的法律法规。

（2）企业内部因素。指企业自身影响资本品购买的因素。由于企业的内部因素会影响资本品购买者的购买决策和购买行为，作为推销人员必须了解购买者的内部情况，收集相关的资料，认真分析需求方的特点，制订推销计划以促进推销活动的顺利开展。

（3）人际因素。资本品市场上的购买行为，常常会受到企业正式组织以外的各种人际关系的影响，比如决策者的亲朋好友和其他一些社会关系等。推销人员如果对这方面的情况缺乏了解，那么推销活动很难顺利开展。

（4）个人因素。每位参与资本品购买的决策者都会有自己的一些偏好。决策者的个性并不是难以把握的，是其受教育程度、宗教信仰、家庭背景、社会阶层等因素的综合体现。推销人员必须对资本品购买决策者的上述情况进行调查，概括出他们的个性特征，运用恰当的推销技巧刺激他们的购买欲望。

（二）中间商市场的购买行为

中间商是指那些采购商品再进行转卖，以获取利润的个体和组织，包括批发商和零售商两类。对于某些商品的推销人员来说，中间商市场是其推销的必经环节，推销人员必须了解中间商的规模、性质以及资信状况，与中间商建立相互信任的关系，将产品尽快地销售给最终用户。中间商市场在地理分布上比资本品市场分散，但是比消费品市场集中。

可以按照中间商市场上的采购者的购买行为将其划分为以下七种类型：

（1）忠诚的采购者。这类采购者对某一供应商有一定的忠诚度，一般不轻易与其他供应商合作，除非有较大的利益诱惑。

（2）机会采购者。这类采购者善于从备选的几个供应商中间选择比较有利的货源。获取最大的经济利益是他们取舍供应商的唯一标准。

（3）最佳交易条件采购者。这类采购者专门选择那些在特定时间内能给予最佳交易条件的供应商。

（4）创造性采购者。这类采购者往往会向供应商提出他们要求的产品类型、服务和价格水平，以及希望得到的成交条件等。

（5）广告采购者。这类采购者在每一笔交易中都要求供应商补贴一定的广告促销费用。

（6）经济采购者。这类采购者在每一笔交易中都要求供应商给予一定的价格折扣或折让，那些能提供最大价格优惠的供应商常常是他们选择的交易对象。

（7）谨慎采购者。这类采购者往往以产品质量来选择供应商。

推销人员应该了解中间商市场上采购人员的特点和采购风格，并据此制定出有针对性的推销策略。

（三）公共产品市场的购买行为

公共产品是指那些向社会大众提供的，但不直接收取费用的公用设施，如道路、国防和天气预报等。公共产品的主要购买者是政府以及执行政府职能的有关组织。公共产品市场上政府采购行为是非常复杂的。政府采购的方法一般分为公开招标采购和议定合同采购两种。企业的推销人员要通过各种渠道了解政府部门一定时期内的物资需要和采购程序，以制定针对性较强的推销策略。

公共产品市场的政府采购行为除受环境、组织、人际关系和个人因素的影响以外，还要处于社会大众的密切监视之下。所以，在采购核准之前，必须通过烦琐的手续，反复签字，公共产品的推销人员必须有耐心，认真做好各种推销准备工作。

本章小结

推销准备是指推销人员在推销活动开始之前所做的一系列准备工作。它是开展推销工作的前提和基础，主要包括以下内容：推销人员的自我准备、产品准备、熟悉企业情况和分析客户状况。推销人员的自我准备包括心理准备、外在形象准备和物质准备。产品准备包括产品知识准备、销售工具准备。推销人员不仅要了解所在公司的情况，还要了解竞争对手的情况。对于客户，推销人员应该尽力了解他们的需要和欲求、购买心态、购买类型等与交易有关的因素，还要对某些特殊的客户有所了解，如资本品市场、中间商市场和公共产品市场的客户。

练习与思考

一、案例分析题

一天下午，某保险公司的周经理走进某银行位于东区的储蓄所去存钱，当他在柜台外等候时，看到一位年轻人在办公室里面，正在向一位职员说明参加某项保险的好处。

周经理对那位年轻人不整洁的外表大为吃惊，因为他衣着皱皱巴巴，略有污损的灯芯绒西装没有配领带，鞋子就好像下雨天在泥里走过似的都是污泥。当周经理认清那个年轻人是自己公司的推销人员时，忍不住斥责了他。那名推销人员却说："我的外表是我自己的事情，只要我努力做我的工作，别人无权干涉。"

问题：这位推销人员所说的话正确吗？如果你是周经理，你会如何处理这个问题？推销人员的仪表在推销过程中会起到什么作用？

二、实训题

假设你是一名家用冰箱的推销人员，在开始进行推销活动以前你认为需要做好哪些准备工作？请发表你的看法并与同学交流。

三、复习思考题

1. 推销人员应掌握哪些基本知识？

2. 你认为推销人员应该具备怎样的推销礼仪？

3. 关于企业自身和竞争对手，推销人员需要了解的信息有哪些？

4. 根据你的理解，影响客户购买的因素主要有哪些？怎样识别客户的购买心态和购买行为的类型并在此基础上采取相应的策略？

第三章 寻找客户

本章学习目标

学完本章后，应该能够：

1. 掌握寻找客户的各种方法；
2. 学会将各种技巧结合起来使用，创造性地寻找客户；
3. 学会对客户资料进行分析。

导入案例

有一次，日本著名推销员原一平坐出租车去办事，经过十字路口时，遇到红灯，尾随其后的一辆黑色轿车停上前与他的车子并列。原一平转头看了一眼那部豪华的轿车，发现车内坐着一位白发苍苍、气度非凡的老先生。当红灯转绿，那台黑轿车因为启动较快，超过了原一平的车子。原一平看到轿车是自用车的白号码，于是立刻掏出笔记本，快速记下了车牌号码。

结束了一天的工作以后，原一平立即打电话到车辆监理所查询。“您好！打扰您了，请问白号码的某某号是哪一单位的车子？很抱歉，我有急事，麻烦您查一下。”

过了一会儿，监理所查出了那是F公司的自用轿车。致谢之后，原一平立刻打电话给F公司。“您好！是F公司吗？请问贵公司某某号的黑色轿车是哪一位先生专用的？”

“请问您是谁啊？”

“敝人姓原，名一平。没什么特别的事，只不过今天在街上碰到这部车，觉得车内的那位先生好面熟，所以才冒昧打听。”

“哦，请您等一下。”

过了一会儿，电话里说道：“某某号是川崎常务董事长的车子。”

“非常感谢，再请问一下，他平常大约什么时候下班呢？”

“不太一定，大约在五点至五点半。”

“谢谢！谢谢！打扰您了。”

若不是时时注意发掘潜在客户，原一平怎么会想到去接近素昧平生的川崎常务董事长呢？

资料来源：陈莞. 成功推销的秘密. 北京：经济管理出版社，2003.

问题：你认为原一平在寻找潜在客户时注意了什么要点？用了什么方法？你能提出更多寻找客户的方法吗？

所谓寻找客户，是指推销人员在不确定的客户群中，寻找并确定可能购买推销品的个人或组织的活动。寻找客户有利于保证基本客户队伍的稳定和发展，有利于明确推销活动目标，提高推销工作效率。

第一节 寻找客户工作的要点及方法

寻找客户是整个推销过程的开始，是推销人员有效推销的前提。现代营销学认为，客户的需求需要挖掘、引导和激发。积极主动地寻找客户，是每一个推销员不可推卸的责任。要在众多客户中寻找到符合条件的准客户，推销人员必须遵循一定的规律，把握科学的准则，这样才能使寻找客户的工作科学化、高效化。寻找客户的方法很多，推销人员要根据自己所推销产品的特点、客户情况等，采取行之有效的方法。

一、寻找客户工作的要点

（一）确定推销对象的范围

随着市场经济的高速发展，客户的消费需求日趋多样化，没有一种商品能达到如此的完美——覆盖整个消费市场，为所有的消费者所接受。每一种产品都有特定的消费市场、消费对象，不同品种、不同性能和用途的商品，其适用的对象也是不同的。因此，在寻找准客户之前，必须根据推销品的特点，确定推销对象的范围，进行市场细分，以便有针对性地寻找准客户。

准客户的范围确定包括两个方面：

（1）区域范围，即确定推销品的推销区域。主要考虑该地区的政治、经济、法律环境及社会文化环境是否适合推销该产品。

（2）交易对象的范围，即确定目标客户群体的范围。这要视推销品的特征而定。不同的产品，由于性能、用途不同，推销对象的群体范围是不一样的。

（二）多样和灵活地选择合适的寻找途径

科学地选择寻找途径，要求推销人员根据实际情况，善于发现、运用、创新各种寻找方法。对大多数商品来说，寻找准客户的合适途径不只有一条，而是有多条。所以，在实际工作中，寻找准客户往往多种方法并用，这比仅用单一方法的收效大得多。

实例 3-1

纽约有位年轻人摩斯，在一个闹市区租了一家店铺，满怀希望地择了个吉日做起了保险柜的买卖。然而生意却十分惨淡，虽然店里形形色色的保险柜摆放得整整齐齐，每天都有成千上万的人从他的店铺前走过，但很少有人购买。

看着店外川流不息的人群，摩斯思来想去，终于想出了一个好办法。

他从警察局借来了通缉犯的照片，并把照片放大了好几倍，然后贴在店铺的玻璃上，照片下附了一张缉拿犯罪的说明。

照片贴出来以后，来来去去的行人都被照片吸引，纷纷驻足观看。人们看了通缉犯的照片后，产生了恐惧心理，本来不想买保险柜的人，此时都想买一个。因此，摩斯的保险柜一下子热销起来，第一个月卖出了 48 个，第二个月卖出了 72 个，此后每个月都能稳稳地卖出七八十个。

不仅如此，因为他贴出了逃犯的照片，使警察局得到了有价值的线索，顺利地缉拿了逃犯，他还因此领到了警察局的奖状，报纸也做了大量的报道。他也毫不客气地把奖状连同报纸一并贴在玻璃窗上。从此他的生意更加红火了。

（三）树立随时寻找客户的意识

推销人员要想在激烈的市场竞争中为本企业挖掘出更多的客户，就必须培养一种随时寻找客户的意识，并且要注意培养敏锐的观察力和正确的判断力。日本三菱财团的创始人岩崎弥太郎是这样回答人们关于他事业成功秘诀的问题的：“临渊羡鱼，鱼儿永远也不会跑到你的手中。尽管有时鱼儿成群游来，但若没有准备，赤手空拳是捕捉不到鱼的。鱼儿不是能够应招即来的，什么时候出现是由鱼的本身习性所决定的。因此，要想捕鱼，平时就必须准备好渔网。可以说，这与人们在一生中捕捉良机完全是一回事。”

实例 3-2

20 世纪 90 年代初，安徽芜湖某瓷砖厂经营部正在为大批瓷砖积压发愁。有一天，该经营部推销员偶然听一位老乡说起他们县的建筑公司正在上海某一地区建造民用住宅楼，目前新楼房已竣工，建筑公司已迁至其他工地，盖好的新楼即将分配给住户。住户搬迁时，装饰厨房与卫生间肯定需要瓷砖。得到这一消息后，该部推销员决定在新楼附近与另一家商店开展联营，推销瓷砖。由于该瓷砖厂的瓷砖价廉物美，而且销售点就设在居民点附近，住户购买十分方便，因此，该厂的库存瓷砖很快销售一空。

实例 3-2 中的推销员具有高度的职业敏感性，在与老乡的闲谈中发现了有大量准客户需要瓷砖。在分析了上海人搬迁新居通常都有装修的愿望，而且也有相当的财力进行室内装修的基础上，决定在新竣工的住宅楼处设点销售瓷砖。事后的销售成功也证明此销售员事前的分析判断是正确的。由此案例不难看出：现代推销人员必须具备随时寻找客户的意识。

（四）建立准客户档案

对于已确定的准客户，必须为其建立档案，以加强对准客户的管理。推销人员应根据新掌握的实际情况，对准客户进行分类，列出重点先后，以便有计划、有步骤地开展推销活动，使推销工作标准化、程序化、规范化，避免忙乱地、毫无头绪地推销。建立准客户档案是现代科学推销的一项重要基础工作，也是一项细致的工作，必须踏实认真地去做。

二、寻找客户的方法

（一）地毯式访问法

地毯式访问法也称“普访寻找法”或“全户走访法”，是指推销人员在不太熟悉或完全不熟悉推销对象的情况下，普遍地、逐一地访问某地区或某职业的所有个人或组织，从中寻找自己的客户的方法。

采用地毯式访问法寻找客户，关键是要确定一个适当的访问范围。推销人员需根据自己所推销商品的特性和用途，确定一个比较可行的推销地区和推销对象范围，这样可以减少盲目性。例如，到医院、诊所等医疗机构推销药品、医疗器材；到大中专院校推销适用的书籍或其他文化用品等。

地毯式访问法的优点是：

（1）推销人员可借机进行市场调查，能够较客观、全面地了解客户的需求情况。因为这种访问法能够扩大推销人员的接触面，而且大多数情况下被访问者与推销人员素不相识，可以表明自己对推销品及推销工作的真正立场和真实看法。

（2）可以扩大企业和产品的影响，提高产品知名度。推销人员寻找客户的过程，也是传播产品信息的过程。通过地毯式访问，推销人员可以广泛地接触客户，进而广泛地传播企业和产品的有关信息，扩大企业和推销品的影响。

（3）可以培养和锻炼推销人员的意志，有利于其积累丰富的工作经验。拜访众多的客户，可以培养推销人员坚忍不拔、吃苦耐劳和不怕挫折的意志和精神，同时也有利于推销人员了解和研究各种类型、各个阶层客户的消费心理和消费特点，便于积累丰富的推销经验。

地毯式访问法最大的缺点在于它的相对盲目性。采用地毯式访问法寻找客户，推销人员通常是在不太了解或完全不了解被访问者的情况下进行的，这会浪费大量的时间、精力及财力。再有，采用地毯式访问法容易造成推销人员和客户的心理隔阂。由于在进行地毯式访问之前，推销人员一般不通知对方，客户常常毫无精神准备，感觉突然，会对推销人员的造访存有戒心甚至拒绝接见，这样就给推销工作带来阻力，并给推销人员造成一定的精神负担，影响推销人员的工作积极性。

（二）无限连锁介绍法

无限连锁介绍法也叫连锁介绍法，即推销人员在寻找客户的过程中通过现有客户挖掘准客户的方法。在产品推销过程中，由于客户的社会性特征，许多客户都有可能提供与自己消费需求相同、购买力相近的潜在客户，从而使推销人员发现新的推销对象。推销人员可以从每一次推销谈话中得到更多的潜在客户的资料，为下一次推销访问做好准备工作。

无限连锁介绍法的具体形式很多，比如，推销人员可以请现有客户代为推销产品或代为传送资料，也可以请现有客户以书信、电话等方式介绍新的潜在客户。采用无限连锁介绍法寻找客户，关键是推销员要树立全心全意为客户服务的观念，千方百计解决客户的实

际问题，使现有客户对自己的人格和所推销的产品感到满意，真正赢得其信任，从而源源不断地获得新客户名单。

在西方推销学著作里，无限连锁介绍法常常作为最有效的寻找客户的方法之一，甚至被喻为“推销王牌”，这种说法不无道理。因为无限连锁介绍法使推销人员单枪匹马的推销活动变成广大客户本身的群众性活动，使推销工作具有坚实的群众基础，避免了推销员主观判断的盲目性，可以赢得被介绍客户的信任，推销的成功率较高。研究表明，由潜在客户的亲朋好友及其他熟悉的人向其推销产品，影响力高达80%；向由现在客户推荐的新客户推销比向没有人推荐的新客户推销，成功率要提高3～5倍。

无限连锁介绍法的最大优点是：针对性强，成功率高，成本费用低，可以避免推销人员工作的盲目性，使推销活动的效率提高。

无限连锁介绍法的缺点是：由于推销员不可预知现有客户能介绍哪些新客户，因此难以做事先准备和安排，有时会打乱整个访问客户的计划；再加上现有客户并没有为推销员介绍新客户的义务，较易造成推销人员工作局面的被动。

（三）权威介绍法

权威介绍法是指推销人员在某一特定的推销范围内发展和发掘出一些具有影响力和号召力的核心人物来消费自己的推销品，并通过他们来影响其周围的人成为潜在客户的方法。实际上，权威介绍法是无限连锁介绍法的一种特殊的推广运用。这种特殊性就表现在选择的客户上，即他必须是在一定范围内有较大影响的人，也就是所谓的中心人物。

一般来说，核心人物指政界要人、企业界名人、文体界巨星以及知名学者、专家、教授等。这些核心人物的知名度高，且拥有众多的崇拜者，他们的行为会诱导其他潜在顾客进行效仿，即所谓的“名人效应”。

利用权威介绍法寻找客户，关键在于两点：一是要使核心人物相信推销员的推销人格和所推销的产品；二是要选准消费者心目中的核心人物，若选择不当，可能会造成推销失误和损失。

权威介绍法的优点是：推销人员避免了大量的寻访工作，而是对核心人物开展耐心细致的推介工作，这样可以大大提高推销效率。

权威介绍法的缺点是：很难确定谁是某类产品目标市场上有影响力的核心人物。因此，采用权威介绍法时，推销人员要进行大量的营销调研，确保选定的核心人物在社会大众心目中的印象与推销产品的市场定位相一致。如果所选核心人物的社会形象与推销产品的特征不相符，就会弄巧成拙。

（四）广告开拓法

广告开拓法也称广告吸引法或广告搜寻法，是指推销人员利用各种广告媒介刊播多种形式的广告来寻找客户的一种方法。推销人员利用多种媒体将有关企业或产品的信息传递给社会大众，激发他们的购买兴趣，从而使他们产生购买欲望，最终达成交易行为。

由于现代广告媒介不仅载体的信息量大，传递速度快，而且覆盖面广，如果一则推销广告被一百万人看到或听到，就等于推销人员对一百万人进行了地毯式访问，这是其他任何推销手段所无法比拟的。所以，广告吸引法是推销人员推销产品、寻找客户的较有效的手段。

实例3-3

浙江杭州的“胡庆余堂”药店，试制成功一种新药品“复方抗结核片”，经过五年的临床观察，确认对肺结核病疗效显著，但却是“养在深闺人未识”，打不开销路，结果积压了34万瓶之多。后来，药店在中央人民广播电台作了“复方抗结核片”的广告。仅两个月的时间，就收到来自全国各地要求订货的信函5 700多封，不仅售出了全部的存货，还打开了销路，赢得了众多的客户。

利用广告开拓法的关键是要选择好广告媒体。推销人员应因时因地，针对商品和客户的特点来恰当地选择媒介，要做到使有限的广告经费发挥最大的效应，影响最多数量的潜在客户。

广告开拓法的优点是：使用起来简便、灵活，信息传递速度快；有的媒体费用比较低，能为企业节约大量的人力、物力和财力。有的媒体信息传递的覆盖面广，可以在短时间内打响企业产品的品牌。

广告开拓法的缺点是：需要支付广告费用，针对性和及时反馈性不强。由于现代社会正处于“广告爆炸”的年代，许多客户对广告产品已经熟视无睹，甚至产生了逆反心理，这样会极大地影响广告宣传的效果。

实例3-4

2012年，浙江卫视《中国好声音》节目开播后，收视率不断攀升，据统计总决赛收视人群达到2亿人，让同类节目望尘莫及。“正宗好凉茶正宗好声音欢迎收看由凉茶领导品牌加多宝为您冠名的加多宝凉茶中国好声音……”这一串机关枪速度的广告词也由此响彻大江南北。

通过“好声音”一役，加多宝的“正宗凉茶”身份也随着“正宗好凉茶，正宗好声音”广告语的流行而深入人心。更重要的是，在这一次的完美营销中，加多宝凉茶实现了品牌的完美转身。公开数据显示，更名后的加多宝凉茶品牌知晓率高达99.6%，品牌第一提及率、推荐度方面均占据绝对领先优势。销量也是大幅攀升，在广东、浙江等凉茶重点销售区，同比增长超70%。

（五）委托助手法

委托助手法是指推销人员通过委托聘请的信息员或兼职推销员等有关人士帮助寻找与推荐客户的一种方法。这些接受雇用、被委托寻找客户的人士通常被称为“推销助手”。推销助手往往利用市场调查等途径，对某些可能性较大的推销区域进行地毯式访问，一发现潜在客户，便立即通知委托人安排推销洽谈。委托助手法可以让推销人员集中精力从事具体的推销活动。

实例3-5

某一推销住宅栅栏的推销员，委托其负责区域内的公用事业抄表员为他记下那些有小孩或狗，但还没有装栅栏的住户地址和主人姓名，因为这些住户很可能就是将来购买栅栏的客户。

采用委托助手法的关键在于助手人选的确定。助手既要热心推销工作，又需要具有相关的专业知识，而且费用不能太高。一般来说，可以委托参加社会实践与推销实习工作的大专院校学生做推销助手。

委托助手法的优点是：可以节约推销人员的时间和精力，减轻推销人员的工作量，节约推销费用，提高经济效益。

委托助手法的缺点是：在实际推销工作中，理想的推销助手不易确定；推销助手一般不是企业员工，对其难以管理，他们甚至还可能是企业竞争对手的推销员。

（六）市场咨询法

市场咨询法是指推销人员利用社会上各种专门的市场信息服务部门或国家行政管理部门等市场信息咨询机构所提供的咨询信息来寻找客户的一种方法。

市场信息咨询机构大体上分为两种：一种是专门的市场信息咨询服务公司，这些咨询公司专门从事市场调查和市场预测工作，为社会提供咨询服务。另一种是政府机构，如工商行政管理部门，所有从事生产经营活动的个人和组织都必须在此注册，而且日常的经营活动也要受到工商管理部门的监控。因此，工商行政管理部门既是政府的管理机构，也是一个巨大的信息资源库，从中可以了解到许多有关目标客户的情况，能为推销员寻找目标客户提供帮助。

市场咨询法的优点是：方便迅速，费用低廉，信息可靠；专业调研人员具有丰富的专业知识和经验技巧，能够迅速地提供可靠的目标客户的名单，效果较好；可以节省推销人员大量的时间，使推销人员集中精力做好拜访前的准备工作。

市场咨询法的缺点是：推销人员被动地接受咨询组织提供的各种市场信息，放弃了亲自了解市场行情、把握市场动态的机会；推销人员容易对咨询组织产生一定的依赖心理，长此以往就会丧失推销人员必备的开拓精神；由于是通过间接方式获取信息，因此这种信息不可避免地带有主观倾向和片面性，这就需要推销人员根据具体情况酌情选择，不要过度依赖。

总之，市场咨询法是一种比较经济和理想的寻找客户的途径和手段。目前在我国，咨询行业几乎已经遍及工业、农业、商业、交通运输业、旅游业等所有经济领域。随着商品经济的飞速发展，市场咨询业也会得到迅速的成长，运用市场咨询法寻找客户的应用范围会逐渐扩大，其作用也会逐渐加强，这是现代推销方式发展的一个趋势和方向。

（七）资料查询法

资料查询法是指推销人员通过查阅各种现有的信息资料来寻找客户的方法。这种方法能够通过利用他人或其他机构已有的可供查阅的资料或出版物，较快地了解到大致的市场容量和目标客户的情况，为寻找目标客户提供方向和依据。

一些西方国家拥有十分发达的情报资料系统，为推销人员查阅各种信息资料提供了方便，因而资料查询法是西方国家的推销人员寻找客户的一种常用方法。而目前在我国，各类信息资料的收集、整理和汇编工作较为欠缺，尚未形成系统化的情报资料网络，可供推销人员查阅的资料还比较有限。但近年来，随着计算机应用的普及，相当多的企业建立了自己的网站并在互联网上发布信息，推销人员通过网上查询来获知客户的信息已成为一种非常便捷的方法。

资料查询法的优点是：利用查阅资料的方法寻找客户，可以减少寻找客户的盲目性，节省寻找的时间和费用；推销人员可以通过阅读相关资料对潜在客户进行了解，为推销访问做好准备；成本较低，比较可靠。

资料查询法的缺点是：大部分资料是经过整理后公开发布的，时效性较差，加之有些资料内容简略，信息容量小，使这种寻找客户的方法具有一定的局限性。

（八）缘故法

所谓缘故法是指利用血缘、业缘、地缘等关系来寻找客户的方法。这是推销人员在推销中经常使用的方法。

运用缘故法寻找目标客户的具体做法是：

（1）清点人际关系的“库存”，并将亲朋好友的名单列出来。

（2）将列出来的名单按照一定的标准细分整理，以便在推销中找到共同语言，找准切入点。例如，与自己的家庭成员（双亲、配偶、孩子）有关的人，同学及校友，同事及因工作关系结识的人，参加社会活动认识的人，有共同兴趣、爱好的人，等等。

（3）填写相关资料。将人员名单细分后，应及时将每一个人员的相关资料，如年龄、性别、工作单位、职务、通信地址、电话、网址、兴趣爱好、家庭情况等填写清楚，并且越细越好。

（4）根据推销品所适用的推销对象，在已列出的名单中寻找合适的潜在客户。

我国香港推销界有一句名言：“亲戚朋友是生意的扶手棍。”推销先从亲朋好友入手，特别是对于初次推销的人员来说，这是一个绝好的方法。运用缘故法寻找客户、推销产品，要求推销人员首先要对推销品有信心，对自己有信心，要怀有“好东西要与好朋友分享”的情感。其次，推销人员应该明了：亲朋好友确实需要推销品，有许多同类商品的推销人员正向他们推销，为了更好地满足亲朋好友的需要，保障他们的利益，这件事应该由自己来做。

缘故法的优点是：利用自己固有的人际关系，能尽快产生推销业绩，有利于自信心的培养；从熟悉的人员中开始推销，有利于克服心理障碍，弥补推销起步时技巧上的不足。

缘故法的缺点是：利用现有的人际关系网会在一定程度上限制寻找客户的范围。寻找新客户，不能一味地利用老关系，而是要随时注意创造机会、把握机会，多参加各种活动，多接触各类人群，广泛结交各界人士，拓展新的人际关系。

（九）个人观察法

个人观察法也称市场观察法，是指推销人员在潜在客户经常活动的场所，通过对在场人员行为的观察和判断，来确定谁是准客户的方法。

个人观察法运用的关键在于推销人员的职业素质。潜在的客户无处不在，有心的推销人员随时随地都能找到自己的准客户。例如，有的汽车推销人员整天驾驶着一辆新车在高档住宅公寓旁边的道路上转来转去，寻找旧汽车。当发现一辆旧汽车时，就想方设法与旧汽车的主人取得联系，将其视为自己的准客户。推销人员在利用观察法开拓市场时，不仅要积极主动，而且要耳、目、心并用，要善于察言观色，根据以往的经验来准确地做出判断。

个人观察法的优点是：可以培养推销人员的观察能力，有利于推销人员积累宝贵的推销经验，掌握直接面对客户的推销技巧；由于推销人员深入市场进行观察，所以有利于推销人员把握市场动态和发展趋势，及时了解消费者的需求偏好，为企业调整产品结构提供第一手资料。

个人观察法的缺点是：仅凭推销人员的观察、分析来判断谁是理想的准客户有时是不准确的。大多数客户对唐突来访的推销人员都有一定的戒备心理，他们对购物过程中或日常生活中的推销类访问大都持反感态度，因此，对推销人员来说，个人观察法的成功率比较低。

除以上介绍的几种常用的寻找客户的方法外，还有一些其他的方法，如宣传报道法、会议寻找法、电话寻找法、代理寻找法、行业突击法、竞争寻找法等。无论哪种方法都有其长处和特点，也有其不足，这就要求推销人员在实际推销活动中，结合实际，勇于创新，大胆摸索出一套高效率寻找客户的方法为己所用，做到取长补短，灵活运用。

（十）网络查询法

网络用户的迅速增加使得在网上寻找客户成为一种新的方法。企业可以通过多种方法吸引互联网的浏览者成为自己的客户。

（1）建立网站，在互联网上宣传产品并留下联系方式；

（2）登录 B2B 贸易平台，主动出击发布销售信息；

（3）筛选网络客户信息，寻找网上目标客户，发出电子邮件；

（4）通过 B2C 方式，实现网络销售；

（5）借助企业名录搜索工具。

网络查询法的优点是：信息量大，信息取得及时。

网络查询法的缺点是：受到网络技术掌握及运用程度的限制，而且网上信息的真实性有时无法确定。

表 3-1 列出了各种寻找客户方法的优缺点。

表 3-1　寻找客户方法比较表

寻找客户方法	关键点	优点	缺点
地毯式访问法	访问范围	全面、广泛接触客户	相对盲目性
无限连锁介绍法	现有客户口碑	针对性强、费用低	被动、不可预知
权威介绍法	核心人物	工作量小、效率高	确定核心人物困难
广告开拓法	广告创意与媒介	传播快、覆盖广	针对性、反馈性弱
委托助手法	助手人选	省时、省力、省钱	助手选定及管理的困难
市场咨询法	信息咨询机构确定	方便迅速、专业可靠	被动接受、容易形成依赖
资料查询法	信息来源	省时、可靠、成本低	时效性差、信息量小
缘故法	人际关系	建立信心、容易起步	寻找范围受限
个人观察法	善于发现	把握市场、了解客户	准确性差、容易引起客户戒备
网络查询法	网络技术全面运用	信息量大、信息及时	技术限制、信息真实性不确定

实例 3-6

据英国媒体报道，2014 年，美国硅谷一名匿名富豪投下一份超级人寿保险保单，受益者可获得高达 2.01 亿美元（约合人民币 12.3 亿元）赔偿，刷新吉尼斯最贵人寿保险纪录，较美国娱乐界匿名富豪 1990 年创下的 1 亿美元旧纪录多了一倍。

吉尼斯在公布这一消息时称，确认是史上最大的保单。虽然称投保人来自硅谷、从事技术行业，但未披露其具体身份，更未提及受益人的信息。因此，投保人身份引起各方猜测。卖出这份保险的经纪人法兰西斯也卖关子说，他不会公开客户详细信息。

令人大跌眼镜的是，法兰西斯的公司是通过宣传电邮拉到这笔生意的。美国媒体形容，谁会想得到硅谷亿万富豪竟会开启垃圾电邮？吉尼斯认可法兰西斯卖保险创纪录，超过了英国保险销售员彼得·罗森加德，他曾参与美国娱乐界匿名富豪的1亿美元保单。

第二节 客户资格审查

一、客户资格审查的概念

所谓客户资格审查，是指推销人员对可能成为客户的某个具体对象进行详尽的考查和分析，以确定该具体对象成为准客户可能性的大小。客户资格审查实质上就是对客户的购买资格进行审核与认定。一般而言，只有那些对产品有真实需求，同时也有货币支付能力和购买决策权的客户，才能成为现实意义上的客户，才是合格的客户。

客户资格审查能节省推销时间，使推销工作更具有针对性。所以，做好客户资格审查、鉴定，对成功推销起着至关重要的作用。

二、分析客户资料

在采用一定的方法获得目标客户名单和相关资料后，为了提高工作业绩和成功概率，推销人员还需要对这些准客户进行评定审查，以确定他们是否是真正的推销对象。分析客户资料的实质是推销人员选择、确定特定的推销对象和范围，即锁定目标客户。

（一）客户需求与欲望的分析

目标客户对推销产品具有需求与欲望是指该客户确实需要该推销产品或对该产品具有可激发的潜在性需求。对于推销员来说，主要应从以下两方面对客户的需求进行评价。

1. 估计客户需求的可能性

客户是否需要所推销的产品，是推销活动能否成功的关键。如果客户明确表示需要所推销的产品，那么，推销人员能够毫无疑问地认定该客户就是目标客户。但是在现实的推销活动中，推销人员所接触的客户大多会表示他们并不需要所推销的产品，这个时候推销人员就需要做出适当的判断。如果客户根本就不需要所推销的产品，那么对其展开推销攻势肯定是徒劳的；如果客户因刚刚购进同样的商品或因资金困难暂时无购买力等原因而不需要推销品，推销人员就应该选择合适的时机推销自己的产品；如果是客户尚未认识到他对推销品有需求，这时推销人员就要善于站在客户的立场上，多为客户着想，千方百计唤醒客户的需求与购买欲望。

客户的需求既多种多样又千变万化，因此，要想准确把握客户的需求并非易事。这需要推销人员凭借丰富的推销经验和运用有关知识，进行大量的市场调研才能做好。有时，仅凭个别推销人员的力量还不行，需要借助集体的力量甚至需要邀请有关专家来做此工作。作为一名产品推销人员，必须不断学习，善于观察，随时注意收集有关资料，寻求有关人员的帮助，尽力做好客户需求的判断工作。

2. 估计客户的需求量

推销人员在确定客户有需求之后，还要对其需求量做出估计。因为有些客户虽对产品有需求，但需求数量很少，对其进行推销是不合算的。推销工作的重点应该是那些需求量较大且又有长期需要的客户。推销人员在估计客户的需求量时，要坚持以全面的、联系的、发展的观点进行动态的分析，既要估计客户现在的需求量，又要估计客户潜在的需求量；既要估计客户未来可实现的需求量，又要估计客户尚未开发的需求量。只有这样，才能对客户的需求量做出一个正确的评价。

（二）客户购买力的分析

客户的购买力就是客户购买产品时的支付能力或筹措资金的能力。许多人对产品都有需求，但是只有具有一定支付能力的需求才能真正成为市场经济中现实的需求。推销人员必须对客户的购买力进行认真科学的评价，选择具有推销价值的目标客户，这样才能有效防止呆坏账的发生，降低企业风险，从而提高推销工作的实际效果。客户的购买力可以划分为现有购买力和潜在购买力两种。推销人员在评价客户的购买力时，主要应从下述两个方面着手。

1. 对客户的现有购买能力进行评价

具有产品购买意向并具备现有购买能力的客户是最理想的目标客户。推销人员对客户的现有购买能力进行评价时应注意区别不同类型的客户：对个体客户的购买能力的评价主要是从影响消费者购买能力的各种因素进行审查，如实际收入、消费支出、储蓄与信贷情况等，也可以运用恩格尔系数来衡量居民家庭的贫富程度，进而评价和衡量个体客户的购买能力；对团体客户购买力的评价主要是从团体客户的生产状况、经营状况、资金状况、财务状况、信用状况等方面进行审查。

2. 对客户的潜在支付能力进行评价

掌握具有潜在购买能力的客户，可以为产品推销开拓更为广阔的市场前景。对具有潜在购买能力的客户，应保留其准客户的资格，推销人员在认为不存在什么风险的情况下，可以主动帮这类准客户解决支付困难，如准许客户分期付款或延期付款；如果认为风险较大，可以适当延缓一下推销活动，待客户经济状况好转之后再行推销，但要注意与客户保持必要的联系。

（三）客户购买资格的分析

对推销产品具有购买需求和支付能力的客户如果不具备购买资格，也不是合格的目标客户。因此，推销人员要对潜在客户的购买资格进行审查，以确定其是否具有作为市场经营主体的行为能力以及对推销产品的购买是否有某些限制。

市场经营主体的行为能力是由国家法律赋予的，这种行为能力是通过国家行政机关颁发的相关证照来体现的。

此外，推销人员在审查市场经营主体的各种证照时，还要注意其时间效力，过期失效以及被吊销、撤销的证照更要引起重视，以免发生问题。

（四）客户购买权力的分析

只有拥有购买决策权力的目标客户才能决定最终是否成交。对客户购买决策权力的评定，就是评价推销对象的购买决策权状况，旨在缩小潜在客户的范围，确定明确的推销对象，从而避免盲目推销，进一步提高推销效率。

在推销过程中，推销人员要善于通过对客户的拜访及对所掌握资料的分析，判断其是否拥有购买决定权。只有准确地寻找到真正具有购买决定权的客户（千万别忘了幕后操纵者），推销人员才能使推销活动更具有针对性，才能在较短的时间内完成任务。

1. 对家庭购买决策权的分析

对于一个家庭来说，购买决策权通常掌握在一家之长手里，同时，每一个家庭成员的意见对最后的购买决定也会产生很大的影响。在实际生活中，要正确地判断谁掌握购买决策权，并非易事。在面对家庭客户推销时，推销人员最好对每一家庭成员都客气礼貌，礼节周全终归不是坏事。这一做法对于企业或组织型的消费单位也同样适用。

2. 对企业或组织购买决策权的分析

对企业或其他各种社会团体和组织来说，购买决策权会因其所有制性质与组织结构等方面的不同而有所差异。一般来说，企业购买决策者的购买权限是按不同层次和级别来划分的，购买决策者只能在其购买权限范围内购买产品，越权购买的，则必须向上级报请审批，有些项目的购买甚至要高层领导集体讨论后才能做出决策。作为推销人员，仅掌握一定的推销知识和推销技巧是远远不够的，还需要熟悉现代科学管理知识，了解企业或组织的组织结构、人事关系、决策运行机制、规章制度等，以便准确地评价客户的购买权力。

（五）客户购买信用的分析

审查、鉴定客户的信用情况，对推销员来说也是一项重要工作，因为客户的购买信用涉及推销后货款能否安全收回的问题。推销人员如果不对客户的信用情况进行调查和评价，就可能会出现货卖出去了，但货款无法收回的情况，给企业造成经济损失。

无论是对老客户还是新客户，推销人员都要进行信用分析，不能被表面现象所迷惑，应时刻保持头脑的清醒和冷静。

1. 对新客户的信用分析

推销人员首先要慎重选择新客户，对于新客户既不能轻信对方的表白，也不能轻信外界的传言。有的人虽然口袋里没钱，但却很会说话办事，装出一副有钱的样子，对推销员的商品极力称赞，要货数量也是多多益善，生怕推销员不卖给他。对这样的人一定要特别警惕，因为他很可能就是不讲信用的人。现实中，真正有支付能力的人往往并不张扬，从表面上也很难看出具有多大的实力，可谓“真人不露相，露相非真人”。如果确实难以把握客户的信用情况，那么在最初的交易中还是应该坚持钱货两清的原则，待有了深入的了解之后再逐渐放宽交易条件，但应注意要把风险控制在可承受的范围之内。

2. 对老客户的信用分析

推销人员要随时观察老客户信用的变化情况。虽然与老客户已经有过多次甚至多年的交往，彼此有一定程度的了解，但是谁也确保不了情况不发生变化。因此，在与老客户进行交易时，推销员尤其要注意坚持原则，不要因为交往时间长，了解深，就将条件越放越宽，最终使企业蒙受损失。

本章小结

本章首先介绍了几种寻找客户的方法，包括地毯式访问法、无限连锁介绍法、权威介绍法、广告开拓法、委托助手法、市场咨询法、资料查询法、缘故法、个人观察法、网络查询法。在此基础上进一步提出了对客户资料进行分析的方法，主要有客户的需求与欲望分析，客户对推销产品的购买力分析，客户对推销产品的购买资格分析，客户对推销产品是否具有购买权力的分析，以及客户是否具有购买信用的分析。

练习与思考

一、案例分析题

宁波新海电气股份有限公司（以下简称“新海”）是中国规模最大的打火机生产企业，其产品90%以上出口国际市场。为拓展美国市场，新海派了两名年轻销售人员长期驻美国工作。在调查美国市场后，销售人员认为参加展销会是一个寻找商机的好途径，于是销售人员就经常前往各有关展销会现场寻找客户。一次偶然的机遇，销售人员了解到美国的A公司在美国大量销售中国另一家打火机企业的产品，于是抱着试试看的心态来到A公司的摊位前，与A公司的代表进行交谈。可没想到的是，当新海的销售人员说明来意后，A公司代表居然对新海一点兴趣都没有，连名片都不愿收下。他说：“我们有自己的合作伙伴，你们还是另找他人吧。”新海的销售人员受过良好的训练，面对这样的回答依然表现出很好的礼仪，在随后的日子里依然抽时间去拜访他，每次交谈虽然不多，但给对方留下了较好的印象。

“功夫不负有心人”，在时隔半年后的2003年展销会上，新海的销售人员终于打动了A公司代表。由于当时是国内“非典”期间，参会人数不多，展会比较空，新海销售人员和A公司代表在交谈中谈了很多关于国内非典的情况以及国内打火机行业的发展情况，双方进行了比较融洽的沟通。在这一次沟通中，A公司代表也第一次表示他们对现在的供应商不太满意，并表示如果新海有样本和样品的话，可以拿到公司来看看。

后来新海的销售人员几次打电话要求拜访，都因A公司代表很忙被拒绝了。直到有一次，A公司代表终于答应了销售人员的拜访，但要求销售人员必须早上8点赶到。由于两公司距离1个多小时的车程，所以销售人员早晨5点便起床，提前半小时赶到了约定地点。遗憾的是双方约见后还是因为价格太高而没有达成协议。不过值得欣喜的是，这次见面虽然没达成协议，但双方加深了了解。在随后的时间里，新海销售人员与A公司代表仍然保持着很好的关系，隔一段时间通一次电话。终于，在新海的努力下，A公司代表答应试用新海的样品，由于新海的产品质量和服务都很好，A公司在进行了3个月的试用后决定大规模采用新海的产品，并把以前从其他公司订货的订单也交给了新海生产。

现在，A公司已经逐渐成为新海的大客户，双方合作非常愉快，建立了非常好的关系。

问题：结合案例谈谈如何寻觅客户和冷静耐心地处理难得的商机。

二、实训题

让同学们到某一公司的销售部门帮助销售人员创造性地确定某一产品的推销范围和推销方法。

三、复习思考题

1. 简述寻找客户的基本方法及其适用范围。
2. 如何灵活地选择合适的寻找客户途径？
3. 如何进行客户资格鉴定？

第四章 约见客户

本章学习目标

学完本章后，应该能够：

1. 了解约见客户前应做的准备；
2. 熟悉约见的内容；
3. 掌握约见的具体方法。

导入案例

某推销员推销一种办公用品。

“××先生，我有件事想和您谈谈。我只需要您 10 分钟的时间，让我为您介绍我们的产品，您就能决定它是否适合您。”

“你能在电话里告诉我吗？让我大概了解一下。”

“我很乐意，但我有样东西一定要亲自拿给您看。”

客户很好奇：“什么样的东西这么重要，要不你把资料邮寄给我吧。”

“我很愿意。但您知道现在邮递速度太慢，我干脆到您办公室去一趟好了，我星期二下午刚好会到您办公室附近，您会在吗？我只需要 10 分钟，然后您就可以知道这是不是您一直在寻找的东西。”

资料来源：陈企华．最成功的推销经验．北京：中国纺织出版社，2003：204-205.

问题：这是哪种约见方式？你觉得其中用到了哪些约见技巧？

第一节　约见客户的准备

约见客户是推销工作中的重要环节，是推销人员与客户会面之前预先与其联系，征得其同意面谈的行为过程。约见是推销人员与客户进入面谈阶段的基础，对今后的洽谈成功起着非常重要的作用。

一、约见的重要性

（一）可以增加接近客户的机会

客观地讲，每个人都有自己的事情要做，任何人都不可能随时处于接待状态。因此推销人员一定要注意：推销产品，要事先约见客户。一般情况下，只要顾客同意见面，接近与洽谈的机会就很大。

（二）为进一步的推销工作做铺垫

事先征得客户同意约见，可以使双方先有一定的思想准备，这便于在洽谈开始时就进入一种融洽的氛围中，客户也较容易接受推销员。因此，有效的约见可以为推销人员进一步的推销洽谈工作奠定良好的基础。

（三）有利于开展迎合不同客户特点的推销工作

推销人员通过事先约见潜在的目标客户，确定拜访的时间、地点，可以对潜在客户的特点做进一步的推测，进而可以对实际推销过程中会遇到的问题有一个大致的预测，为面谈做好充分准备。

如果客户约定单独会见，可能说明其对此十分重视；如果客户约定下班后在家中商谈，则可以猜想客户本人及其家人可能在场参加讨论，或者说明这位客户的家庭作风民主，或者说明他本人没有最后的购买决策权。

无论用什么方式约见客户，只要推销人员善于察言观色，就可以根据客户的外表、口气、声调、眼神、表情等来了解客户的个性，从而帮助推销人员为面谈进行充分的准备。

（四）可以提高推销效率

约见客户能避免推销人员扑空。推销人员的每一分钟都是十分宝贵的，事先约见客户，就可以合理安排推销时间，紧紧抓住每一个推销机会，提高推销工作的效率。

二、约见前的准备

推销人员接近客户前要进行充分的准备，考虑可能会出现的各种问题，想好解决问题的办法，这对推销工作的顺利进行至关重要，如图 4－1 所示。

图 4－1　约见前准备流程图

（一）深入分析客户的有关资料，做到知己知彼

一般来说，推销人员要了解并分析客户所在行业的状况和使用商品的状况，以及其所经营区域的市场潜力（市场饱和度、区域内客户规模的大小及数量、区域内的竞争者强弱及市场份额的比例、区域内适合销售该产品的行业的多少）等。只有在充分了解这几个方面的情况下，才能制定出科学的销售策略（如决定客户的拜访顺序和拜访频率、对不同行业客户的接触方法、对竞争产品的应对策略等）和合理的销售计划，对区域内的潜在客户做有效的拜访。

（二）关注所要拜访的客户的需求

满足客户需求是推销工作的宗旨。在做推销访问前，推销人员应站在对方的角度向自己多问问与销售有关的问题，设身处地地为客户着想，这是拜访前准备工作的重点。

（三）找出买卖双方的共同点

推销人员在安排洽谈时间、拟订推销要点、制订业务洽谈计划时，都要以买卖双方的共同点为前提，否则将一事无成。

（四）对洽谈所要达到的目标进行分析，要求具有层次性

推销人员在确定洽谈所要达成的目标时，既要有主要目标，也要有次要目标；既要考虑目标的科学性，又要使目标具有一定的弹性，留有余地。首先要尽力实现主要目标，当主要目标不能被客户接受时，切莫形成僵局，而是要当机立断，做出某些妥协和让步，并推出次要目标。当然，这个次要目标不能低于公司的底线。这样的安排，一定程度上可以防止推销人员在达不到主要目标的情况下放弃推销机会。

（五）对潜在客户进行再识别

根据购买欲望和购买能力，可将潜在顾客分为三种：有购买欲望者，有购买能力者，既有购买欲望又有购买能力者。在进行约见准备时，推销人员应对潜在顾客进行再识别，只有重点对购买欲望和购买能力同时具备的人发动攻势，才能收到预期的效果。

第二节　约见的内容

在实际推销工作中，推销人员应根据与客户关系的密切程度等具体情况，灵活地安排约见的内容：对关系比较密切的客户，约见的内容应尽量简短，无须面面俱到，提前打个招呼即可；对往来不多的客户，约见的内容应详细，准备应充分些，以期发展良好的合作关系；对从未谋面的新客户，约见的内容则应详细、周到，以引起对方的注意和兴趣，消除客户的疑虑，赢得客户的信任与支持。

通常，约见的内容主要包括接触约见对象（Who）、明确约见事由（Why）、安排访问时间（When）、确定访问地点（Where）四个方面，简称“4W”。

一、接触约见对象

如果约见的对象不明确，推销就是盲目的，所以在推销前要确定并接触约见对象。设法接触约见对象时应注意：

（1）推销人员要约见的对象应该是拥有购买决策权的人或其他能够对购买行为产生影响的人。一般来说，有购买决策权的人往往是公司的高层领导，直接约见有一定难度，这些领导通常会委派秘书来应对推销人员。如果事情比较重要，秘书可能会安排会面，但一般的推销多会被秘书挡驾。可见，秘书也对购买行为产生一定的影响。因此，推销人员要运用一定的技巧来通过秘书这一关。

实例 4－1

推销人员接触约见对象的技巧

推销员："哎呀……我忘了你们经理怎么称呼了，您得提醒我一下，要不打过去就不好意思了，谢谢您了。"

秘书："您说的是程总吧？"

推销员："哦，这我知道，我是说，我忘了他的全名，请您告诉我他的全名。"

（暗示：以前你和经理有过来往，这样，秘书就不会轻易为难你了。）

推销员："我这有一个样品，要送给总经理，但我想当面交给他。您能告诉我他的名字吗？谢谢您。"

秘书："你找的是赵总吧？"

（暗示：我要把一个样品送给我要找的人，我公司与你公司在业务上正有来往。）

推销员："我是中友公司的，上午领导要我把一个文件传给你们总经理，嗯，对不起，我把纸条弄丢了……上面有你们总经理的名字，请您帮个忙，告诉我他的名字。"

（暗示：我把领导交代的那张写着有关事项的纸条丢了；我们两方的经理很熟。）

（2）尊重决策者周围的人。通常一个具有决策权的人，其身边必有辅助决策者。一般来说，领导都是决定大政方针，具体业务则交给自己的助手处理。所以，推销人员不能怠慢或不尊重这些决策者周围的人。比如，对这些影响决策者的人，推销人员可以对其恰当地恭维几句，送一点企业的小礼品也许会有不错的效果，使他们乐于帮助推销人员顺利约见购买决策者。

（3）约见对象前要做好每一个细节。比如，出门前检查一下，看看必要的证件、产品说明书、订货单等都带好了没有。要记得它们都放在公文包的哪一个夹层，以保证在用的时候能准确取出。如果是炎热天气出门，别忘了带块手帕。坐在顾客那里满头大汗、手足无措时，会十分难堪。梳子、小镜子、擦鞋布都有用。到了客户的公司，整理一下形象再敲门是稳定情绪的不错方法，客户办公楼的洗手间是个值得利用的地方。

此外，要尽量减轻心理压力，告诉自己不要紧张，克服"访问恐惧"。要相信自己能做到镇定沉着、应付自如。再有就是认真想一想：这次见面要达到什么目的？想和对方说点什么？有几个要点？

二、明确约见事由

推销人员在接触到了约见的对象后，要向对方说明约见的事由。这样才会让潜在目标客户感到有必要接受约见。为此，约见事由一定要引起目标客户的重视。一般来说，约见客户的目的和事由不外乎下列几种。

（一）推销产品

推销访问的主要目的是直接向客户推销产品。在约见时，推销人员应设法引起准客户的注意和重视，着重说明所推销产品的特性和用途，以及能给准客户带来的好处。若准客户确实需要推销产品，自会欢迎推销人员的来访，给予必要的合作。若准客户根本就不需要推销的产品，而推销人员以借口约见客户，必是强人所难，自然推销不成功。

如果推销人员坚信推销产品对某特定的准顾客有利，而这位准客户又拒不接见，此时推销人员可以另找时间再约见客户，不要死缠烂打，给客户留下不好的印象。

（二）调查市场

市场调查是推销人员的重要职责之一。推销人员既要为直接推销进行准备，又要为企业经营活动提供决策所需的信息。一般来说，在实际工作中，推销人员以市场调查的名义约见顾客比较容易被客户接受，因此市场调查常常成为推销人员约见客户的一种事由。推销人员通过与客户面谈，可以了解到客户的一些真实情况，为以后的推销做准备。优秀的推销人员往往会在调查的过程中，不知不觉将客户引向正式的推销，从而一举两得。

（三）提供服务

为客户提供服务也是推销人员的重要职责。客户往往对推销服务十分关注，推销服务质量的好坏往往决定着推销活动的成败。在实际推销工作中，以提供服务作为访问事由约见客户，往往会受到客户的欢迎，如技术指导、安装、调试维修等。如果这些服务工作推销人员自己就可以承担，自然为约见客户增加了机会，也为今后的推销工作创造了条件，甚至在服务的同时就可以开展新的推销活动。

（四）走访用户

走访用户是与老客户保持业务关系并开发新业务的重要方法。在客户购买商品之后，定期或不定期地走访用户，征求一下客户的意见，可以增进客户对企业和推销人员的信任感，以此为由约见客户，也往往会受到欢迎。推销人员在征求意见的同时，要尽力了解顾客的需求情况，得到的反馈信息可为再次推销创造条件。

（五）其他约见事由

除了以上的约见事由之外，推销人员还可以某些富有人情味的借口约见客户，比如联络感情、礼仪拜访、节日赠送、祝贺喜庆、代传口信等，这样既可使拜访对象乐于接受，又可以避免见面时纯推销的尴尬，最终达到“投石问路”的目的。

实例 4－2

一位推销人员多次想要约见某大公司经理，但都被挡在门外。这位经理告诉他的秘书不管什么理由都不会见这位推销员。后来推销员告诉秘书：“请转告你们经理，我是来推销钞票的。”秘书听后觉得很有趣，就向公司经理转达了推销员的话。这位经理大笑着说：“让他进来吧，我倒要看看他怎么推销钞票。”当推销员见到经理后，介绍了所推销的产品能给这家公司带来的利益，解释说这些利益就是他所说的推销钞票。而这位经理听完介绍后，被打动了，于是，该推销员完成了一次成功的推销。

总之，不论是以何种理由约见客户，总的原则是要让客户感觉到与推销人员见面会得到帮助，而不是增加麻烦。推销人员应根据具体推销情况，适当选择并灵活运用约见客户的事由，切不可千篇一律。只要约见的事由充分，推销人员心意诚恳，预期的满意效果最终会出现。

三、安排访问时间

一般来说访问时间的选择，通常直接关系到接近客户甚至整个推销工作的成败。在这一问题上，推销人员往往没有主动权，一般应尊重客户的意见。推销人员在确定访问时间时应注意以下几点。

（一）根据客户的特点确定访问时间

在确定访问时间时，推销人员应注意客户的生活作息时间与上下班活动规律，尽量避开客户的忙碌时间、休息时间。另外，推销人员在确定访问时间时，还要考虑到客户的情绪和身体状况，最好不要选择客户心绪不佳或生病时前去拜访。

补充知识

不同的职业，不同的访问时间

职业	建议访问时间
会计师	切勿在月初和月尾，最好是月中
医生	上午 11 点后至下午 2 点前，最好的日子是雨天
行政人员	上午 10 点前后到下午 3 点
股票行业	避免在开市后，最好在收市后
银行家	上午 10 点前或下午 4 点后
公务员	工作时间内，切勿在午饭前或下班前
饮食业	避免在用餐时间，最好是下午 3 点到 4 点之间
建筑业	大清早或收工时
律师	上午 10 点前或下午 4 点后
教师	大约在下午 4 点后，放学的时候
零售商	避开周一或周末，其他时间最好是下午 2 点至 3 点之间

（二）应考虑访问的目的

如果是为了直接推销商品，应选择在有利于达成交易的时间约见，如换季前推销季节性商品，节日前推销节日礼品等；如果是进行市场调查，应选择在市场行情变化较大、客户面临多种选择时约见；如果是提供服务，应在客户需要服务时约见。由此可见，只有依据不同的目的选择恰当的时机拜访，才能较好地实现约见的目的。

（三）要考虑访问地点和路线

如果约定在客户家中会面，应当选择在客户的工作之余；如果是在办公室会面，则应在工作时间之内；如果是在其他的公共场合，则要根据客户的出行路线来恰当选择时间。

（四）要尊重顾客的意愿

在约定访问时间时，推销人员应首先听取对方的意见，让客户确认一个方便的时间会面。如果客户提出的时间与推销人员的时间安排不相符，推销人员应礼貌地与对方协商，以取得一致意见。另外，推销人员应注意，与客户时间约定不要过死，可确定一个时间范围，留有适当余地。

（五）严格守信践约

推销人员应将与客户确定好的约见时间记录下来，并且必须按照约定好的时间准时到达，否则会给客户留下不好的印象。如果推销人员确因重要事情不能按时赴约，要提早通知对方，另约时间，以免客户久等。

实例 4-3

确定约见时间的技巧

下面是两种确定约见时间的方式：

方式一：“张经理，我明天上午 10 点拜访您可以吗？”

方式二：“张经理，我是明天上午 10 点还是后天下午 3 点来拜访您好呢？”

其中，用方式二来确定约见时间更为恰当。约见的时候，推销人员应提出两个见面的时间让客户选择，不要问客户“有没有空”，而应该问他们“在这两个时间里，哪个时间合适”。因为同样是确定约见时间，方式一容易使客户以“不可以”“我很忙”等理由拒绝约见，使推销人员陷入被动；而方式二给出两个约见时间供客户选择，不易遭到对方的拒绝，从而能达到确定约见时间的目的。

如果客户回答：“你明天再打电话与我约时间吧！”此时推销人员应注意：不可以答应！如果同意第二天打电话确定约见时间就等于约不到时间了。可以这样应答：“我知道您的时间非常宝贵，而我也不希望浪费您的时间，所以如果我们现在就把时间约好，可能会比明天再打电话麻烦您更能节省您的时间。”依照经验，当推销人员用这种方式回答客户时，大多数的人都会同推销人员约定好见面的时间。

四、确定访问地点

推销人员在确定访问地点时，也要视具体情况而定。一般有两点需要注意：一是应照顾约见对象的要求；二是尽量避免干扰。一般来说，有以下几类地点可供选择。

（一）工作地点

最常用的约见地是客户的工作地点。这对于客户来说非常方便，但由于办公地点人员来往较多，极易受到干扰，对洽谈不利。如果客户有专门的洽谈室或者会议室，选择这些地方，可使双方都能静下心来关注彼此，有利于洽谈的深入进行。

（二）家庭住所

如果推销人员推销的是个人生活用品，选择客户的家庭住所作为访问地点是比较合适的。但由于种种原因，许多客户不愿意推销人员到自己家里来推销产品，以免生活受到干扰。因此，除非客户主动提出将访问地点选在自己家里，推销人员一般不要主动建议，如果客户不情愿，更不可强求。

（三）公众场合

饭店、球场、展销会、订货会、音乐茶座、咖啡厅等场合都可作为会谈的地点，选择这些场合作为访问地点有利于拉近双方的距离，对于联络双方的感情是一种不错的选择。

（四）己方场所

选择推销人员所在的工作单位或下榻的饭店进行会谈，对推销方是有利的。推销人员占有地利之便，可以很好地创造会谈的环境，而且占有心理上的优势，但会给客户带来一些不便。因此，不是所有的客户都可以约在己方场所进行洽谈。如果选择己方场所作为洽谈地点，推销人员一定要做好接待工作，礼节周全，使客户感到舒心。

综上所述，约见拜访的基本内容就是选择并约定推销拜访的对象、目的、时间和地点；约见拜访的任务是把握最佳时机，确定最佳的推销地点，拜访最佳的推销对象，提高推销效率；约见拜访的基本原则是方便客户，有利于推销。

第三节　约见的方法

约见客户的方式往往直接决定约见效果。约见客户的实质是方便顾客，实现有效推销。但约见又很自然地要占用客户的时间，甚至影响客户的工作和生活。因此，推销人员在约见客户时要牢记：尊敬对方和心怀感激。只有尊敬对方，才能赢得好感和信赖，获得客户的支持与合作，从而顺利实现约见的目的；只有心怀感激，才能真正以客户为核心，以方便客户、服务客户为宗旨，才能充分考虑客户的利益，从而赢得客户的“回报”。

要达到约见目的，不仅要考虑约见对象、时间和地点，还必须讲究约见的方法。在现代商务活动中常见的约见方法主要有以下几种。

一、当面约见

当面约见是指推销人员和客户面对面约定再见面的时间、地点、方式等访问的具体事宜。这是一种较为理想的约见方式，在实践中应用较多。

推销人员可以利用某些在公共场合（如展销会、订货会等）与客户“不期而遇”的机会，与客户面约，也可以到客户的单位、家中去面见客户。若因客户忙于事务，或需要和有关人士商量之后再做商谈时，推销人员可顺势约定再谈的时间。

当面约见有许多优点：首先，当面约见可以缩短双方的距离，有利于双方交流感情、消除隔阂，易确定有关见面的时间、地点等事宜；其次，当面约见可使推销人员近距离地观察了解顾客，准确地做出推销预测，做好接近客户的准备；再次，当面约见可以把其他约见方式不易说清楚的问题讲清楚，避免造成误会。

但是，当面约见也存在一定的局限性：其一，由于受地理因素限制，常常不能做到和所有的客户当面约见；其二，推销人员和客户不认识时，当面约见容易遭到客户拒绝，使推销人员处于被动局面，影响推销工作的进一步展开；其三，某些场合下，约见对象可能会敷衍了事，随口答应，过后就抛到脑后，从而造成推销工作无法继续。

需注意的是，推销人员想要当面约见团体客户的决策人时，必须成功突破一些“关口”，比如公司的秘书、助理等服务人员。推销人员在约见客户时，需要随机应变，灵活运用一些技巧，以保证约见工作的顺利完成。

实例 4－4

应对“看门人”的技巧

（1）简单明了、干脆利落地介绍自己，切忌拖泥带水，这样会让对方感到你和约见对象很熟悉，因而不便阻拦。例如：

“您好，我是金龙公司的李一鹏，请问王经理在吗?”

（2）回答对方的反问要简单明了，并显示事情的重要性，使其不敢轻易阻拦。例如：

秘书：“请问你找王经理有什么事吗?”

推销人员：“我有一桩要紧的事情，这关系到你们公司几千万元的生意，必须面见王经理。”

（3）用简短、抽象的语言或较深奥的专有名词说明来意，让对方认为你的拜访很重要而不敢轻易挡驾。

（4）利用合适的赠品和恰到好处的赞美接近“看门人”，以便联络感情，融洽气氛，使“看门人”愿意为你引荐或转达你的来意，从而达到当面约见关键人士的目的。

二、电话约见

（一）电话约见的步骤

在电话日益普及的今天，电话约见的方式非常普遍。电话约见是指通过电话连线的方式对客户提出约见要求，争取约见成功，并安排约见时间、方式等。

电话约见的优点很明显：既经济又便捷，而且可避免当面被拒绝的尴尬，很多约见可以在很短的时间内安排下来。

但是电话约见也有一些限制，即用电话来安排约见更受时间限制，用时过长使客户不耐烦，因此一定要长话短说，简明扼要。

记住，打电话是为了安排一次约见，并不是为了完成这次交易。遵循以下六个步骤可以使你成功地利用电话来安排约见①：

（1）问候对方。称呼对方的姓名及职务，以表达你的敬意。

（2）自我介绍。简单明了地介绍自己和公司，并提及公司的业务。

（3）感谢对方。诚恳地感谢对方能抽出时间接听电话，让客户感觉你把他们当成重要人物来对待。

（4）说明拜访理由。以自信的态度清晰地表达出拜访理由，让客户感觉你很专业且可以信赖，以引起客户的注意。

（5）约定拜访时间。进一步提出选择性的约定时间供对方选择，这样不易遭到拒绝，且推销员仍占主动地位。

（6）结束电话。再次感谢对方，并进一步强调约定的时间，弄清楚约见的地点，然后快速地结束电话。

（二）电话约见的方法

对于老客户，电话约见方便、快捷、效率高，但对于新客户，用电话约见难度较大。下面介绍几种如何在三十秒内进行自我介绍、引起客户兴趣、陈述优点并约定会面时间的方法。

1. 强调利益法

即强调推销品能为客户带来的利益，以此来吸引客户。

---

① 吴金法. 现代推销理论与实务. 大连：东北财经大学出版社，2002：84.

(1) 陈述利弊式介绍。例如:

“早上好!陈经理。我叫于晨,是三讯公司的外销人员。像您这样的商户如果使用我们公司的服务将会极大地提高办事效率。我们能否在下周一上午九点见面谈一谈呢?或者您选一个您认为更方便的时间。”

(2) 解决问题式介绍。例如:

“请问您是王厂长吗?我叫吴磊,是机械快速修理公司的。我们公司可以养护和维修连续运转的设备,从而使贵厂能够避免由于停机而造成的损失。我们公司提供快速周到的服务,可以修理您公司的所有机器设备,而且收费低廉。我可以在周二上午十点钟与您面谈一下我们服务的各种细节吗?要是您不方便的话,咱们就周三谈,您觉得什么时间合适?”

2. 信件预寄法

信件预寄法是推销人员先将产品说明等有关资料寄给客户,再打电话询问客户的想法,以达到约见客户目的的方法。这一方法显示了对客户的尊重,易博得客户好感,被拒绝的可能性较小。一些刚从事推销工作的人员在没有掌握技巧之前,用电话进行联系多多少少会有些不自然,先写封信说明情况有助于推销人员度过这一关。因为已事先在信里做过自我介绍,再打电话约见时,推销人员与客户之间肯定会有一个有下文的话题——那封信。对方是否收到信不是最主要的,重要的是推销人员可以借此话题展开与客户的谈话。例如:

“孙经理,我是鸿基公司的赵凯。我上星期给您寄过一封信,不知道您收到了没有?”

推销人员在邮寄有关资料给顾客时要掌握一个原则,即不能把所有的报价单、产品质量证明、彩色外观图片、工艺制作流程、同类企业产品对比说明等都寄给对方。这样做一是为邮资考虑,二是为与购买决策人见面考虑——如果推销人员把所有的资料都寄给了客户,就可能失去了与客户面见的机会。就像一部电影,如果事先告诉观众全部的内容,他们就不再有兴趣到电影院去了。而事实上,推销人员所推销产品的价值远不是几页材料所能表达的,现场面对面的沟通必不可少。所以,推销人员寄发材料给客户,仅仅是为了创造一个见面的机会,不要忘记这个目的。

实例 4-5

推销员:“郝经理,您好,我是三洋公司的王丹。是这样,我在本月 6 号的时候给您寄过去了一些资料,您看过了吗?”

郝经理:“我看过了,所有的材料我都看过了,同类产品我们这里已经进了不少,我们的货架有限,不能再进你们的产品了。实在对不起,没有办法,我们考虑过了,不行。”

推销员:“郝经理,您再比较比较,我准备和您见个面,把有关的事和您详细说明一下。”

郝经理:“不用了,所有的材料我都看过了,不适合我们商场的定位,你再到别的商场问一问,好吗?我还有事,再见。”

这个案例说明如果推销人员只选一两种有关材料,只把彩色样品图片和制作工艺流程寄过去，就比较容易为下次的约见会面寻找合适的理由，从而增加与客户见面的机会。

实例4-6

推销员："王经理，您好，我是华友公司的白兰。是这样，我在本月5号的时候为您寄过去一张我们公司新投入生产的系列肉肠图片，您看过了？"

王经理："我看过了，可是你没有寄报价单，同类产品我们的货架已经摆放很多了，可以说已经超载了，如果价格没有什么优势的话，我们不准备再进同样的产品了。"

推销员："那好，王经理，我准备和您见个面，把有关的资料和价格再跟您详细说明一下。这个星期二或者星期四，您看哪个时间合适？我到您那里谈几分钟，拜访您一下。"

---

3. 借机感激法

这种方法一般用于已有业务联系的客户，推销人员首先对客户前一次的购买表示感谢，然后借机约见客户推销新的产品。例如：

"李经理，您好，我是银河电脑公司的业务员，您4月底寄来的订单已经收到了，非常感谢您的支持。我们公司最近又推出了一批新产品，性能、价格都不错，想尽早介绍给您，您看××时间或××时间我们面谈一下吧……"

（三）应答托词的技巧

下面列出了一些推销人员采用电话约见方式经常可能遇到的托词，以及应答技巧。

托词（1）：

"请你把资料给我邮寄过来就行了。"

应答技巧：

"赵总，每个企业的情况是不一样的。我特地根据您公司的实际情况，准备了一份最好的计划。您定个时间，咱们当面谈谈。"

托词（2）：

"我目前很忙，根本没时间。"

应答技巧：

"大家都能看出来，您能把这个企业从一个小柜台发展成现在这样的规模，不忙怎么能行呢？我们都认为您是一位讲效率的人。所以我才会先给您打电话，跟您约一下。其实我不会占用您太多的时间，当您亲眼看到我们的产品给贵公司带来了效益时，您一定会微笑的。"

托词（3）：

"你就在电话里跟我说说吧！"

应答技巧：

"我知道您经商多年，是很练达的一个人，很谨慎。所以我想还是应该亲自拜访，当面向您解释。您或许还有一些不应有的怀疑，所以，我们愿意把一些更详细的资料呈送给您，向您亲自做一个演示，您看怎么样？"

托词（4）：

"让我考虑一下。"

应答技巧：

“王小姐，如果我们当面谈一下的话，会使您的思路更清晰，我可以给您介绍一些细节。”

托词（5）：

“我买不起。”

应答技巧：

“何先生，我们的产品是贵了些，不过，如果咱们能当面谈一谈的话，您会认为它是物有所值的。”

（四）应对语音信箱的技巧

在语音信箱时代，推销人员越来越难以接近潜在客户。怎么样才能提高获得回电的几率？什么样的问候语可以增加销售人员约见客户的机会？下面介绍一些应对语音信箱的技巧。

如果遇到的是自动接线员（“请直拨分机号码”），请按下转人工接线员的键，问清你想找的人的直拨号码，然后拨打过去。例如，你可以在合适的时候对总机说：

“谢谢您，在您将电话转给经理之前，请告诉我他的直拨号码好吗？这样我下次打电话时，就可以直接联络他，而不必麻烦您转接了。”

如果电话里遇到的是秘书，一定要搞清楚要找的购买决策人什么时候回来，或者是可以找到那个人的最佳时间。例如：

秘书：“喂！对不起，让你久等了。李经理不在。”

推销员：“太遗憾了。请告诉我，李经理什么时候回来？”

秘书：“他三点以后应该在。”

推销员：“好，麻烦您告诉李经理，王强来过电话，说好三点一刻会再来电话，谢谢您。”

如果不得不通过语音信箱留言时，请在留言中提到一个推荐人，或者解释你的产品或服务所具有的独特优点，最好两者并用。推销人员应谨记：你在打电话之前，先准备几条能说明对方与你见面有什么好处的理由，不然就不要拿起话筒。

推销人员还可以采用“逆反”的方法来对付语音信箱。当信箱要求留下口信时，推销人员可定下预约，指定他打算与客户见面的日期和时间（如周三上午十点），并且说明，如果这些安排不方便的话，一定要客户给他回电。大多数客户不会花时间来询问一个推销电话，但他们会花时间来防止它。不管客户同意与否，销售人员都赢了。若是潜在客户来电取消预约，推销人员正好有机会把信息直接传递给他。

三、书信约见

书信约见是指通过邮寄书信的方式联系客户，在书信当中常常会包括对本公司的产品介绍及对会面机会的邀约。

书信约见的方式有其独特的优点，在进行推销拜访前给潜在顾客写一封亲笔信，是个很好的方法。尤其是当所提供的产品或服务技术性很强时，这是一个很切实可行的方法，推销人员可以随信寄出有关的文字资料。以信函方式约见比采用电话方式成功的可能性更大。这也是求得客户接见的主要方法之一。

但是书信约见比起当面约见及电话约见有一些明显的缺点。例如，无法立即了解客户的想法，要等待客户答复；且缺乏沟通性，不能实现即时对话；缺乏前两种方式的生动性。

推销人员给潜在客户写信应该实现以下目标：

（1）让收信人感到其需求正在被关注。

（2）就如何才算是最佳地满足客户需求提出一些疑问，使其对此心有所思。

（3）请求实现会晤。

通常，采用书信约见要注意：写清收信人姓名，称呼要准确；强调顾客的受益性；文字生动，简明扼要；提出面谈的必要性；告知通信联系的方法；尽量手写，不要忘记贴邮票。

此外，在实际生活中，有相当数量的公司或家庭经常会收到一些广告信函。其中，有许多信函根本没有拆开就被丢弃了。因此，推销人员以信函作为约见的手段，必须了解这一事实。

补充知识

利用信函约见潜在客户，首先，必须认真筛选信函邮寄的名单。其次，要设计好信函的外观。信函的外观最基本的要求是要符合邮寄标准，信封封面可设计一些美丽的图案，或具有诱惑力的文字，也可采用鲜艳的色彩，另外信封的纸质也不能太差。最后，要精心设计信函内容。由于近年来社会上滥用信函约见方式欺骗客户钱财的事情屡有发生，人们往往不太信任信函约见，所以信息反馈率也较低。为此，信函内容一定要实事求是，要情真意切，有礼貌，不落俗套。

进行约见的信件标准样本如下所示：

敬爱的夏先生：

您好！那天有幸承蒙王先生引荐，与您相识并与您分享成功的喜悦，甚是荣幸。不过，在您目前的染料生意中，每升染料您至少少赚了一元。我将在下周抵达贵地，并在周五上午专程去拜访您。我们的染料报价肯定会令您大吃一惊。如果周五上午不方便的话，请您按上面的电话号码与我联系，我们再约定时间。

此致

敬礼

李×

四、委托约见

委托约见是指推销人员委托第三者约见客户的方法，简称托约。所托之人是与客户有一定联系和交往的人士，对客户能产生一定的影响，包括助销人员、接待人员、秘书、同事、邻居、亲朋好友等。

委托约见的具体做法包括在会面、信函、电话中提及这位中介者的姓名或直接委托这位中介人向潜在客户征求约会时间。

与自己约见相比，委托约见较易达到约见顾客的目的，有利于推销人员顺利接近顾客，开展推销面谈。受托人与客户的关系越密切，约见的效果就越好，越容易得到客户首肯。但是，如果被托人与要约见的客户关系一般，则不易引起客户的重视，而且被托人有时会将所托之事遗忘，或不负责任而造成误约。这些都是委托约见的不足之处。

五、广告约见

广告约见是指推销人员利用各种广告媒介约见客户，把约见的目的、内容、要求、时间、地点等广而告之的约见方式。

广告约见适用于约见客户不明确或太多或者要约见的个别对象在短时间内无法找到的情况。推销人员可利用各种传播媒介如报纸、杂志、广播、电视，或依靠直接邮寄、张贴、散发印刷广告等进行广告约见。

广告约见具有许多优点：有利于推销人员请客户上门；作为一种应急手段及时约见准客户，覆盖面广，节省推销时间，较容易提高推销效率。同时，广告约见也具有一定的局限性：针对性较差，一旦媒介选择失误，会造成巨大浪费；有时无法引起客户的注意，连真正的客户也常是熟视无睹，令推销人员错失推销良机；在约见客户较少时，广告约见的平均费用较高；广告约见之前，推销人员处于主动地位，可主动安排约见时间和地点，而在广告约见开始之后，推销人员就转入被动地位，只能待在指定的约见地点坐等客户上门。

六、登门拜访

登门拜访是指推销人员直接前往客户的办公地点或住所进行私人拜访。拜访的主要目的是希望能够遇到客户并同他敲定将来的会面时间。但这种方式在许多公司不受欢迎，客户都希望推销人员能够提前与其约定时间。未打招呼的来访有可能会被认为是无礼和不成熟的表现。

七、社会化媒体约见方式

网络及通信方式的迅速发展，使社会化媒体成为人们日常工作的平台之一，电子邮件和即时通信平台的作用日渐重要。越来越多的人通过电子邮件、短信、QQ、微信等方式传达约见信息，一些视频聊天工具也被商务人士用来进行约见。

社会化媒体约见方式的优点是，这种方式发展非常迅速，也很受年轻人青睐，重视这种渠道的运用，就赢得了大量的潜在客户。而且，随着上网方式更加便捷，客户随时能够上网，这意味着企业能够随时联系到客户。

但是，这种方式也有弊端，有些网上获得的客户信息不能确保真实，而且有些社会化媒体的用户对待这种渠道获得的约见信息非常随意。

上面介绍了几种常用的约见方法，在具体运用这些方法时还应注意如下几个问题：

首先，应根据具体情况确定具体的约见方式。

其次，约见的具体方式各有所长，也各有所短，推销人员要灵活运用各种方式，必要时可以交替使用和同时并用多种方式约见客户，确保万无一失。

最后，要不断创新，增强约见的效果。

只要推销人员认真进行约见准备，灵活运用各种约见方法，取信于人，就一定可以成功地约见推销对象，推动推销工作走向成功。

本章小结

约见是指推销人员事先征得客户同意会面的行动过程。推销人员要想赢得主动，就必须在每次拜访客户前或在每笔业务洽谈前，做好充分的约见准备工作。所谓约见拜访的准备工作，就是再斟酌一下推销拜访的各要点是否翔实，该准备的推销工具、样品是否齐全，是否做好了充分的应对准备等。

约见的内容主要包括接触约见对象（Who）、明确约见事由（Why）、安排访问时间（When）、确定访问地点（Where）四个方面，简称“4W”。

在现代商务活动中常见的约见方法主要有以下几种：当面约见、电话约见、书信约见、委托约见、广告约见、登门拜访及社会化媒体约见。在推销实践中要注意根据具体情况选择使用这些约见方法，不要拘泥于理论。

练习与思考

一、案例分析题

“挑战者”牌高级润滑油是长沙市一家高新技术企业开发的新产品，在洋品牌林立的润滑油市场上还是名不见经传的“无名小卒”。该企业强化训练了一周的推销人员开始对汽车配件商店的老板和维修厂的厂长进行登门拜访。尽管推销人员满怀信心和热情，可这些经销商反应冷淡，要么不屑一顾，要么让你吃“闭门羹”。一天下来，推销人员沮丧的心情溢于言表，刚组建的队伍遭受挫折，士气低落。

突破口在哪里？与其被动应付，不如主动出击，去化解经销商心中的冷漠。心理学告知我们，人的需求是多层次的，盈利固然是经销商追求的目标，但并非唯一目标，他们同样渴望得到他人的尊重，同样渴望有深层次的感情交流。

于是该企业的推销人员决定换种方式出击，即淡化商业痕迹，力求理解沟通。酝酿良久，决定以公司总经理的名义写一封致经销商的信，做到动之以情，晓之以理，示之以利。推销人员从《汽车市场》杂志和电话簿上掌握了这些顾客的名单，写好信封，以私人信件的形式亲自送呈各位顾客。

这次拜访产生了意想不到的效果。当推销人员诚恳地对维修厂的厂长说：“××厂长，这是我公司陈总写给您的信，请多多指教。”对方接过上面清楚地写着自己名字的信封，惊奇之余，甚感兴趣地撕开信封，认真仔细地读起来，看完后马上问这问那，如价格如何，付款方式如何，等等。有位原先态度冷漠的先生，这次也来个180度的大转弯，看完信后，又是请坐，又是敬烟，又是泡茶，并一再声称，一定大力支持他们的推广活动。想不到，短短一封信，胜过百万师。

附信如下：

尊敬的经理（厂长）阁下：

您好！

首先，请原谅我对您的冒昧打扰！

正如您所知道的，汽车工业将成为我国未来经济的支柱，和您的修理业一样，作为汽车工业的相关行业，润滑油业也将获得成长的良机。大量国产低劣润滑油充斥市场，造成设备和机件的损坏，润滑油更新换代迫在眉睫。

以“美孚”为代表的洋品牌看准中国巨大的市场，纷纷登陆抢滩，来势汹汹。而偌大一个中国至今还无一个叫得响的品牌与之抗衡。曾有有志之士不无忧虑地说，润滑油市场的沦丧，不能使之成为第二个饮料行业是我们的责任。

长城永不倒，国货当自强！

我们致力于向洋品牌挑战，创立中国自己的品牌。我公司是由高级科研人员组成的高科技企业，我们历时五年苦心研制的“挑战者”系列高级润滑油即将推向市场。它具有国际领先水平，能在金属表面形成一层坚韧的保护膜，在润滑油漏光或冷启动时（此时润滑油已回落到油底壳）仍可提供有效的润滑保护。“挑战者”牌润滑油不仅是磨损的克星，更重要的是能为消费者带来看得见的利益。

您是维修业的行家，什么样的润滑油能为发动机提供最有效的保护，您是最有发言权的，就像医生开处方一样，司机朋友相信您的判断！“挑战者”润滑油的质量到底如何，必须通过您的检测和评判。为此，在我们的产品即将大举进入市场之际，我公司决定诚邀您作为我们的合作伙伴，并免费赠送您一些样品，请您销售给司机朋友试用。我们相信试用结果一定会令您倍感惊奇和鼓舞。

“不为别人的利益着想，就没有我们事业的繁荣。”这是我们的经营理念。我们真诚地期望在以后的市场推广中，能得到您的悉心指教和热情支持，有了您做我们的坚强后盾，“挑战者”高级润滑油一定能发展成为中国润滑油市场第一品牌！

祝您

身体健康　事业发达！

××公司总经理×××
×年×月×日

问题：(1) 推销人员采用书信约见的策略是否得当？为什么？

(2) 该策略是否能够调动客户的积极性？

(3) 你认为是否还存在更有效的策略？

二、实训题

1. 山东省的张勤俭一次收听广播时，偶然听到郑州永新花生制成的花生酱上市了。他怦然心动，心想：“花生，我们这里有的是。”于是他灵机一动，一口气写了十几封信寄往北京、天津、上海、西安、武汉等大中城市的副食公司，询问要不要用新收的花生制成的花生酱。过了没多久，他首先收到了天津市河东区副食公司的回函，要求寄上样品。张勤俭立即请能人研磨，制作了一小桶花生酱，亲自带着上了天津。对方见到样品后，当即要求订货 5 万千克。于是张勤俭成了改革开放之初我国农村最受人羡慕的万元户。

要求：以小组为单位，每位同学为张勤俭撰写一封推销约见信函，在小组内交流，然后选拔出较优秀者在班内交流，评出班内优秀者。

2. 以推销某一生活用品为例，撰写电话约见文稿，先在小组内讨论交流，选出较优秀者，在班内模拟演出，评出班内优秀者。

三、复习思考题

1. 约见准客户的基本内容有哪些？
2. 在确定约见时间和地点时应注意哪些问题？
3. 约见的方法有哪些？
4. 运用各种约见方式时应注意哪些问题？

第五章

接近客户

本章学习目标

学完本章后，应该能够：

1. 明确接近客户的任务；
2. 掌握对个体潜在客户、组织潜在客户以及老客户接近准备的具体内容；
3. 掌握并能实际运用各种接近客户的方法。

导入案例

格林先生是一家杂货店的老板，他非常顽固、保守，非常讨厌别人向他推销。这次，香皂推销员彼得来到店铺前，还未开口，他就大声喝道："你来干什么！"

但彼得并未被吓倒，而是满脸笑容地说："先生，您猜我今天是来干什么的？"

格林先生毫不客气地回敬他："你不说我也知道，还不是向我推销你们那些破玩意儿！"

彼得听后并不生气，反而哈哈大笑，说："您老人家聪明一世，糊涂一时，我今天可不是向您推销的，而是求您老向我推销。"

格林先生愣住了："你要我向你推销什么？"

彼得回答："我听说您是这一地区最会做生意的，香皂的销量最大，我今天是来向您请教推销方法的。"

格林先生干了快一辈子，也从来没有遇到有人登门求教，今天看到年轻的推销员对他如此崇敬，便兴致勃勃地向彼得大谈其生意经。直到彼得起身告辞，格林先生还意犹未尽。彼得刚走到门口，格林先生突然像想起什么来了，大声说："喂，请等一等，听说你们公司的香皂很受欢迎，给我订 30 箱。”

资料来源：晓东. 成功推销的 99 法则. 北京：中国经济出版社，2005.

问题：推销员彼得在接近客户时采用的是什么方法？你还能说出其他接近客户的方法吗？

从整个推销过程来看，在约见这一环节取得进展后，推销人员就可以正式接近客户了。推销接近的初级目的是引起客户的注意。只有当目标客户能集中注意力听推销人员讲话，才有可能做成交易。接近的中级目的是引起客户的兴趣。注意力是瞬间的事，兴趣却能使注意力持久、稳定地保持下来，因此，接近客户还必须引起客户的兴趣。接近的最终目的是引导客户洽谈，达成交易。

第一节　接近客户前的准备

接近准备（Preapproach），是指推销人员在接近某一特定“潜在客户”之前，对潜在客户情况做调查了解，以设计接近、洽谈计划的过程。接近准备实际上是客户资格审查的延续，目的是掌握潜在客户更多的情况，为成功推销做好前期准备。

一、接近准备的任务

推销人员应该明确推销接近需要做些什么，事后还要评价是否达到了事先设计的目标，以便改进接近方法，提高效率。

一般来说，接近准备包含下列几项任务。

（一）增强推销的信心

在对潜在客户一无所知的情况下贸然访问，必然会显得信心不足。是否会搅乱被访者的正常生活？客户是否会接受推销访问？客户拒绝成交怎么办？这些担忧如果表现在推销过程的言谈举止中，会使客户对推销人员及其推销产品缺乏信心。因此，推销人员必须掌握客户、产品、企业等方面的情况，并通过设计说什么、怎样说及反复的练习，来减少紧张感，增强自信心。

（二）培育友好氛围

懂得客户需求、知道产品如何使客户受益的推销员才能得到客户的尊重和欣赏。关注客户的需求显示了对客户的诚意，由此客户也会以友好的态度作为回报，并逐渐建立起对推销人员的信心和信任，甚至形成购买。这一切都来源于推销接近前对客户情况的了解。

（三）拟订洽谈计划

洽谈是推销过程的关键环节，推销能否成功通常取决于此，因而设计一个行之有效的洽谈计划是非常必要的。通过接近准备，可以了解客户重视推销品的哪些方面，谈话用什么形式更易为客户所接受等问题，以便有针对性地制订洽谈计划。如果潜在客户最感兴趣的是减少费用开支，但推销人员却大谈产品质量的优越而忽视价格方面的分析介绍，那么推销品就不可能为客户所接受；如果潜在客户不在乎费用多少，而较为关心产品品质，推销人员却尽力宣传价格的便宜，就会引起客户的反感，不可能让其做出购买决策。因而，推销人员要进行充分的前期准备，明确推销洽谈中的侧重点，选用适宜的介绍商品的方式，才能达到激发客户的购买欲望，并最终实现销售的目的。

（四）进一步审验潜在客户的资格

通常来说，推销人员能够通过已经掌握的信息资料判断某个线索指向的是否是潜在客户，但在对潜在客户做进一步了解后，可能会得出完全相反的结论，这些线索所指向的客户或者已经购买同类产品，或者没有足够的支付能力。因此，推销人员在接近准备阶段，要进一步审验潜在客户的资格，挖掘出真正的客户。

实例 5－1

《美国木材商》杂志的一位征订推销员有这样一段经历。由于在一天的推销中收获甚少，这位推销员暗下决心：一定不能让下一个客户从身边溜走。当他走进下一家木材商的办公室时，就大力推销他的杂志，声称其权威性、全面性、快捷性如何如何，客户极力想打断他的谈话，但他一直不给客户说话的机会，最后当推销员口干舌燥地闭上嘴时，只听木材商说："你这个倒霉蛋，我已经有这种杂志了。"事实上，只要推销员在洽谈之前验证一下信息，就用不着徒劳地进行推销演说了。

（五）适应推销情景

不同客户有着不同的特征或情况，一种接近客户的办法不可能适合于所有人。推销员只有认真仔细地进行前期准备，摸清潜在客户的身份、地位和心理特点，才能有针对性地采取接近策略，从而达到成功接近客户的目的。

二、接近准备的内容

推销对象不同，接近准备的内容也不相同。推销对象有三个层次：一是个体潜在客户（Prospect as an Individual），即为自己或家庭消费而购买商品的人；二是组织潜在客户（Prospect as a Business Executive），即为组织生产经营或业务需要而采购商品的单位；三是老客户（Regular Customer），即指推销人员已经掌握其基本情况并在购买本企业产品方面相对稳定的客户。下面分别介绍接近不同潜在客户的准备内容。

（一）接近个体潜在客户的准备内容

（1）姓名。对个体潜在客户的姓名一定要注意核对、读准。人们对姓名很敏感，如果访问时弄错，很容易造成尴尬的局面。准确地称呼潜在客户的姓名，容易使推销接近的氛围变得融洽，缩短推销员与潜在客户之间的距离。

（2）年龄。了解潜在客户的真实年龄，有助于推测潜在客户的个性心理特征与需要。值得注意的是，不少人喜欢隐瞒自己的真实年龄，尤其对于女士不要当面打听其芳龄，万不得已的情况下（如人寿保险推销）才可询问其年龄；对于德高望重的老者，应高估其年龄以示尊敬。

（3）性别。不同性别的潜在客户在性格、气质、需要和交际等方面都有所差异，推销人员应区别对待。

（4）民族。不同民族有不同的风俗习惯与宗教信仰，推销品应该在包装、色彩、商标等方面适合特定民族的习惯。

（5）受教育程度。事先了解潜在客户的受教育程度，可以为洽谈提供一个话题，寻求交流的基点，同时可为洽谈方式的选择提供参考依据。

（6）籍贯。推销人员如果事先了解到潜在客户的籍贯与自己的一样，就可在访问时谈及同乡关系，这样易为潜在客户所接受。

（7）需求状况。了解客户是否确实需要你的产品。如果需要，应该弄清楚潜在客户对产品熟悉的程度；如果不需要，则应判断是暂时性的还是长期的，以便进行分级管理。

（8）需求内容。包括购买的主要动机、需求的指向和特点、需求的排列顺序、购买能力、购买决策，以及购买行为在时间、地点、方式上的规律性等。

（9）购买能力。应该向买得起你产品的人进行推销，接近准备阶段应进一步确认潜在客户的购买能力。

（10）购买决策权。根据已经收集的资料，判断购买决策权到底掌管在谁手中，并根据购买决策者的特征设计推销接近的计划与方法。

（11）家庭状况。很多的购买决策是由于人们想取悦配偶或子女形成的，因此要注意家庭成员在购买决策中的作用。

（12）住所。只有知道潜在客户的详细地址，才能进行访问推销。另外，依据客户住所所在的社区与状况还可以推测潜在客户的社会地位等情况。

（13）职业。职业体现身份、地位和不同的购买意向。潜在客户靠什么谋生？是雇主还是雇员？从事哪一行业？为什么人工作？能力怎样？干了多久？了解清楚这些问题有利于推销员找到推销洽谈的话题。

（14）参考群体。了解潜在客户属于哪一个参考群体，在群体中担任什么职务，有无权威性，等等。掌握这些信息，有利于利用群体的影响和认同感使之接受推销品。

（15）个人癖好。每个人都有一些独特的癖好，推销中应注意投其所好。

（16）消遣、兴趣、爱好。了解潜在客户工作之外的娱乐项目、兴趣爱好，可以找到更多的谈话话题，使推销接近顺利步入正轨。它不仅可以作为接近和面谈的话题，而且可以成为交朋友、促交易的媒介。对目标客户兴趣和爱好的利用要有一个“度”的界限。这种方法是做最后一招使用的。现实经济生活中，绝大部分企业的领导更喜欢谈论业务而不是个人爱好。为保险起见，对于目标客户的一眼可辨的爱好，推销人员在面谈时要格外小心。

（17）宗教信仰。推销人员了解客户的宗教信仰，可免于卷入争论的旋涡之中，避免给接近、面谈带来阻力。

（18）最佳访问时间。如果推销员能在潜在客户空闲并且情绪较佳之时去拜访，将会受到友好的接待，要是拜访时间不当，则可能会吃“闭门羹”。因此，搞清楚客户在什么时间能够心平气和地接待来访是很重要的。

（二）接近组织潜在客户的准备内容

所谓组织潜在客户，是指除个体潜在客户之外的所有潜在客户，包括各种企事业单位及其他社会团体组织，其最大的特点是购买人的复杂性。由于组织潜在客户的购买目的是为了获利或开展正常业务活动（比如学校购买课桌、椅子、粉笔、电脑等是为了组织教学），因此其购买除具备个人采购的一些特点外，还具有以下特点：购买数量大，周期较长，选择性更强，供购关系稳定，重视品质，专业人员购买，影响购买决策的人员多，属于理智型购买。采购者通常不是做出购买决策的人，因而向购买决策者推销，或向影响购买决策者的有关人员施加影响，促使决策者做出购买决策是十分重要的。组织潜在客户购买决策的复杂性，必然要求推销人员更加充分地做好接近准备工作。因此，除应准备个体潜在客户的一些内容外，还应准备以下内容：

（1）组织名称。准确地了解组织潜在客户的名称，有利于与推销对象取得联系，顺利开展推销工作。

（2）组织性质。组织性质主要是指它是官方组织还是民间组织，是营利组织还是非营利组织，所有制性质如何等。掌握组织所属的性质有利于制订恰当的推销计划。

（3）组织规模。组织规模是指它拥有多少固定资产、多少人员、多大生产规模等。了解这些方面的资料，可以间接地推测该组织可能接受推销品的数量以及支付能力的强弱等。

（4）组织所在地。掌握组织总部及其分支机构的所在地、通信地址、电话号码、传真号码、E-mail、交通运输情况等，才能及时与组织取得联系，并前往组织所在地进行推销。

（5）组织的机构设置与人事。包括：组织机构的设置如何？总经理是谁？各个部门的负责人分别是谁？是否设立了独立的供应部门？对在组织购买行为与决策中起关键作用的部门和具体的人员等有关情况，推销人员应重点了解。

（6）组织的采购状况。包括：一般的采购决策由谁做出？重大的采购项目由谁决策？影响这些重大购买决策的有哪些人？组织现在的供应商是谁？对现在供应商提供的货物或劳务是否感到满意？现在供应商的产品最大缺陷是什么？掌握组织潜在客户采购方面的情况，有利于有针对性地开展推销接近工作。

（7）组织的经营状况。包括潜在客户的生产规模、经营管理水平与能力、盈利能力、市场状况、技术装备水平、产品主要销售地点及市场反应、产品结构调整及执行情况、市场占有率及销售增长率、管理风格及水平、经营业绩及利润水平等。了解这些情况，有助于进一步审查潜在客户的资格，判断组织购买者购买活动的方向和水平。

（8）组织的购买习惯。包括潜在客户购买商品的时间、订购次数、订购批量、订货方式、订货要求、购买信用及购买力集中程度、现有进货渠道、支付方式等。了解组织购买者的购买习惯，有利于推销人员在推销洽谈中适应或迎合客户的购买习惯。

（三）接近老客户的准备内容

所谓老客户，是指推销人员已经掌握其基本情况并和本企业保持相对稳定业务关系的客户。尽管老客户是那些多次重复购买的固定买主，对他们以前的情况也有一定程度的了解，但老客户的情况也不是一成不变的，因此在新一轮推销同样需要进行接近准备。约见熟悉客户的准备工作比约见陌生客户的要容易得多，但也不能疏忽大意，推销人员应时常与老客户联系，维持融洽关系，并不断调整和补充客户信息库中的内容。老客户接近准备是对潜在客户接近准备的延续，是在已有资料的基础上进一步收集老客户的新情况，包括以下内容：

（1）老客户的基本情况。首次接近准备时对潜在客户的基本情况已有所了解，应该把这些资料输入计算机，建立完善的客户购买信息系统，以备查阅、调整及补充。在客户由潜在客户转变为正式客户，经过多次交易继而成为老客户后，推销人员在访问前也应对其基本信息进行整理，总结出基本要点，进一步熟悉基本情况。对原来所了解的客户的基本情况，如果有不清楚的、不确切的、错的或遗漏的地方，在接近客户前要进行补充或修正，这样才能掌握更为全面和准确的资料。

（2）老客户的变动情况。老客户的情况不会一成不变，而是可能随着市场环境的变化而变化，因而除掌握其基本情况之外，还需要掌握其变化后的资料。对个体潜在客户来说，要掌握老客户的经济状况是有所改善还是恶化，工作岗位或职位是否变更，生活习惯与方式是否有变化，家庭情况是否有改变，居住地是否有变化，上班时间是否有变动，联系方式（如电话、传真、E-mail 等）是否有变动，等等。对组织老客户来说，推销人员应注意组织的名称是否变动，业务范围是否有变动，人事是否有变更，经营状况是变好还是变坏，购买的存货是增多还是减少，是否有继续购买的可能，等等。新情况的出现，可能使原来不合格的潜在客户变成合格的潜在客户，也可能使客户的标准升级，当然也有可能使原有客户不再是企业的客户。

（3）老客户的反馈信息。客户在与推销人员接洽及交易过程中，可能提出这样那样的问题。有些要求得到推销员当面的回答或解释，有些则采取向推销员所在组织进行投诉，有些则诉诸社会。不管客户采取何种形式反馈信息，也不管这些反馈信息对企业有利还是不利，推销人员都应了解，并对客户的不同反馈情况加以利用，以帮助客户及时解决问题。

实例 5-2

丹·罗伯特是某大学出版社的推销员，该出版社专门出版发行大学教材。为了推销出版社的新版和再版教科书，他曾经走访了许多高校的教授。有一次，丹·罗伯特去拜访他负责的销售区域内的一所学校的 Elizabeth Johnston 教授，以下是他进入办公室后与教授的对话：

推销员：“您好，是 Johnson 教授吗？”（名字拼错了）

教授：“是的，我是 Johnston 教授。有什么事吗？”

推销员：“我是××大学出版社的丹·罗伯特。”

教授：“我现在要上课了，我只能在办公时间见你。”

推销员：“哦！办公时间，好的。我想与您谈谈有关推销新技巧方面的书，您讲授推销学课程吗？”

教授（意想不到地）：“那是我最喜欢的课程。作者是谁？”

推销员：“噢，我不是很清楚，让我查一下目录，在这里……Johnston，原来就是您。”

很明显丹·罗伯特没有做接近准备。他不知道如何拼教授的名字，不知道教授的办公时间，也不清楚教授是讲授推销学课程的，更不知道他的著作。当他发现教授就是所推销图书的作者时，感到很尴尬。罗伯特并没有一个明确的接近目标。实际上，他应该先看看学校的课程表，查一查是谁在什么时间讲授这门课程。这表明他不是一个好的推销员，也不把接近准备视为有价值的活动，这些不足是导致他接近教授不成功的根本原因。

三、接近准备的信息来源

(1) 现有客户。通过已购买产品的客户的信息反馈，可使推销人员了解到许多值得接近的新客户。

(2) 其他推销人员。一般来说非竞争性的推销人员之间会互相交流信息，有时相互竞争的推销人员也会有一些信息交流。

(3) 专、兼职信息人员。

(4) 现场观察。推销人员要根据不同的推销对象，确定不同的观察内容，获得对推销本企业产品或劳务有价值的信息。

(5) 阅读报纸、杂志。

(6) 名人录。

(7) 可查询的机构，如工商局、统计局、行业协会和商会等。

(8) 客户数据库中的客户档案。

(9) 网上有关客户信息来源。

第二节 接近客户的技巧

接近潜在客户的技巧多种多样，运用起来又有很多种方式，推销人员应掌握尽可能多的技巧及方法，并加以灵活运用，以达到成功推销的目的。

一、接近客户的基本原则

(一) 因人而异，随机应变

不同客户的购买动机、可以承受的购买价格、购买方式和购买行为是不同的，因此，对于不同的客户，推销人员运用的接近方式和技巧也应有所不同。

(二) 把握客户心理，避免硬性推销

从心理学角度讲，当推销人员接近时，客户会产生一种无形的心理压力，似乎一旦接近推销人员，就承担了购买的义务。正是这种心理压力，使一般客户害怕接近推销人员，从而态度冷淡或拒绝推销人员的接近。因此，要想顺利实现接近客户、成功推销的目的，推销人员必须掌握减轻客户心理压力的技巧，避免硬性推销。

(三) 讲究推销礼仪，文明接近

推销人员应该讲究规范的推销礼仪，掌握文明接近客户的技巧。从推销学角度讲，推销人员应该培养良好的心境，训练真诚自然的职业微笑，做一个礼貌的使者，这样才会受到客户的欢迎。

(四) 控制时间，转入洽谈

推销人员必须善于运用并控制接近时间，不失时机地转入正式洽谈。从整个推销过程来看，接近只是其中的一个环节，接近的目的不仅在于引起客户的注意和兴趣，更重要的是要转入进一步的推销洽谈。因此，在接近过程中，推销人员一方面要设法引发客户的兴趣和保持客户的注意力；另一方面要看准时机，及时转入正式洽谈。

二、推销接近的基本方法

为了在较短的时间内达到接近客户的预期目的，必须运用适当的接近方法。根据客户及推销品的具体情况，接近客户的方法主要有下述几种。

（一）介绍接近法

所谓介绍接近法，是指推销人员自行介绍或经第三者介绍而接近推销对象的一种方法。推销商品前，先推销自己，是推销员迈向成功的第一步。有人说："客户不是购买商品，而是购买销售商品的人。"因此，接近客户，推销人员首先要将自己介绍给客户，让客户对一位以销售为职业的人抱有好感。

1. 自我介绍法

所谓自我介绍，就是走入潜在客户的家庭或办公场所后主动亮明自己的身份，以此与客户相识。口头介绍可以详细解说一些书面文字或材料无法说明清楚的问题，利用语言优势取得客户的好感。此外，给客户递上一张自己的名片也可以弥补口头介绍的不足，并且这样能够让客户尽快了解推销员和所推销产品的概貌，迅速缩短彼此间的距离。

自我介绍法是推销人员最常用的一种接近客户的方法，但是这种方法很难在一开始就引起客户的注意和兴趣，因此，通常还要与其他的方法配合使用，以便顺利地进入正式面谈。

2. 第三者引荐法

所谓第三者引荐法，就是利用与客户熟悉的或关系甚好的中间人，通过写信、打电话或当面介绍的方法来接近客户。介绍人的介绍可以缩短推销人员与客户的心理距离，比较容易引起客户的注意并获得客户信任。一般情况下，介绍人与客户之间的关系越密切，所发挥的作用就越大，推销人员也就越容易成功接近客户。

（二）推销品接近法

所谓推销品接近法，也称实物接近法，是指推销人员凭借推销品的魅力吸引客户而达到接近潜在客户的一种方法。推销品接近法是推销员与客户第一次见面时经常采用的方法，其接近媒介就是推销品本身。让产品先接近客户做无声的介绍，默默地推销自己，这是推销品接近法的最大优点。大多数客户在决定购买之前总希望能彻底了解产品及其各种特征，有些客户还喜欢亲手触摸和检查产品，甚至动手试试，或者干脆拆开，看个究竟。推销品接近法正是利用了一般消费者的上述心理，给客户提供了亲手操作产品的机会，充分调动了客户的积极性。

实例 5－3

广州表壳厂的推销人员到上海手表三厂去推销。他们准备了一个产品箱，里面放着各式各样制作精美的新产品。进门后，推销人员不说太多的话，只请求客户看看箱内产品，箱子一打开一下子就吸引了该厂采购人员，达到了接近的目的。

用产品开路的方法很简单，只需将产品塞进潜在客户的手里即可。这种方法最适合于推销那些具有独特性的产品。

运用这种方法应该注意的是，在适当的场合和时间进行接近，要保证客户有时间和兴趣能够观察和试用产品。而且要注意选择目标客户，最好是接近的客户就是拥有购买力和有购买可能的客户。

（三）利益接近法

利益接近法，是指推销人员利用产品的实惠引起客户注意和兴趣进而转入洽谈的接近方法，这是一种在推销中被广泛使用的开场方法。利益接近法的接近媒介是产品实惠的特性，而主要方式是直接陈述，即告诉客户购买该产品的好处。

采用利益接近法，推销人员的语言不一定要有惊人之处，但必须直切客户的利益点，这样才能达到接近的目的。有时一些客户不明真相，认识不到推销给自己带来的利益，推销人员就要从这一要害问题入手，引导客户注意到产品的该项优势。例如：一个冰激凌供应商向一位冷饮厅经理推销时首先提出这样一个问题："您愿不愿意每销售一加仑的冰激凌增加40%的利润?"不用说，这位经理很愿意听听到底是怎么一回事。

在使用利益接近法时，推销人员应注意两个问题：一是不能将产品利益夸大，欺骗客户。二是产品有一定的可比性，能使客户认识到它比市场上同类产品具有明显的优势，这样才能取信于客户。

使用这种方法也有两个欠缺。首先，在拜访开始时，推销人员不能立刻明确应该对产品哪方面的利益加以强调；其次，即使正巧撞上了潜在客户很注重的那方面利益，也只有对该潜在客户有所了解之后，才能讲出一些具有重要作用的、掷地有声的话来。

因此，这种接近方法主要适用于推销各种生产消费品或具有较大实惠的日用消费品，尤其适用于推销那些效益较大而又不为人所知的特殊产品。

（四）好奇接近法

所谓好奇接近法，是指推销人员利用客户的好奇心理接近客户的方法。好奇心是消费者购买的原始推动力，人们在日常生活中的消费行为有时受好奇心的驱使。在推销活动中，推销人员可以首先唤起客户的好奇心，引起客户的注意和兴趣，然后从中道出推销产品的利益，以便能迅速转入推销洽谈。唤起好奇心的具体办法较多，推销人员应尽量做到灵活运用，以达到接近的目的。

实例5－4

某百货商店老板曾多次拒绝接见一位服饰推销员，原因是该店多年来经营另一家公司的服饰品，老板认为没有理由改变这固有的业务关系。后来这位服饰推销员在一次推销访问时，首先递给老板一张便笺，上面写着："您能否给我十分钟就一个经营问题提一点建议?"这张便笺引起了老板的好奇心，推销员被请进门来。他拿出一些新式领带给老板看，并要求老板为这些产品报一个公道的价格。老板仔细地检查了每一件产品，然后做出了认真的答复。推销员也进行了一番讲解。眼看十分钟时间快到了，推销员拎起皮包要走。然而老板却要求再看看那些领带，并且按照推销员自己所报的价格订购了一大批货，这个价格略低于老板本人所报的价格。

（五）表演接近法

所谓表演接近法，也叫戏剧接近法或马戏接近法，是指推销人员利用各种戏剧性表演技法引起客户的注意和兴趣，进而转入洽谈的接近方法。在推销中，表演术、经营术、招徕术，均是容易引起客户的注意和兴趣的技能。表演接近法作为一种比较古老的推销术，至今仍有一定的作用。

在使用这一方法时，应注意以下四个问题：

（1）对待不同的客户应采用不同的表演手段。

（2）推销员必须选择有利时机出场，剧情安排恰当。以表演而接近的成功之处就在于客户看不出推销人员是在演戏，如果表演过分做作，可能引起客户的反感，达不到目的。

（3）推销员要设法让客户参与演出，成为其中一名演员，这样才能引起客户的兴趣，深深打动客户，有利于顺利转入面谈阶段。

（4）要分析客户的兴趣爱好、业务活动，扮演各种角色；或者到客户经常逗留的地方等待。

实例 5-5

一个推销员进入客户的办公室后，彬彬有礼地向主人打招呼，然后指着一块粘着污垢的玻璃说："请让我用新投放市场的玻璃清洁剂擦一下这块玻璃。"果然，使用这种清洁剂可以毫不费力把玻璃擦洗干净。这一番表演立即引起了客户的兴趣，纷纷上前打听这一新产品的有关问题。

利用表演接近法，可以避免与客户正面接触，绕过明显的接近障碍，兜着圈子去接近客户，这就是表演接近法的最大优点。

（六）问题接近法

问题接近法，也叫问答接近法，是指推销人员通过提问的形式激发客户的注意力和兴趣点，进而顺利过渡到正式洽谈的一种方法。问题接近法是一种比较常用而有效的方法。以提问方式接近客户，帮助客户找出问题、研究问题，然后提供答案、解决问题。在推销活动中，问题接近法不仅可以单独使用，还可以和其他各种接近方法配合使用，如与利益接近法、好奇接近法、震惊接近法等配合以实现目标。

问题接近法的优点在于能马上吸引客户的注意力，引起客户的反应，从而迅速转入推销洽谈。但在具体使用问题接近法时，推销人员必须注意以下几个问题：

（1）接近时所提出的问题应表述明确。推销人员必须在做好接近准备的基础上设计要提的问题。

（2）所提的问题应做到有的放矢、一语破的。

（3）所提的问题应当是客户乐意回答和容易回答的，应避免语出伤人，引起客户的反感。

实例 5-6

美国一位推销女士总是从容不迫、平心静气地提出 3 个问题：

"如果我送给你一套有关个人效率的书籍，你打开书发现内容十分有趣，你会读一读吗?"

"如果你读了之后非常喜欢这套书，你会买吗?"

"如果你没有发现其中的乐趣，你把书重新塞进这个包里给我寄回，行吗?"

这位推销女士的开场白简单明了，使客户几乎找不到说“不”的理由。后来这3个问题被该公司的全体推销员所采用，成为标准的接近方法。

（七）陈述接近法

所谓陈述接近法，又称报告接近法或说服接近法，是指推销人员利用直接陈述来引起客户的注意和兴趣，进而转入洽谈的接近方法。陈述的内容可以是一件有关商品的事实，也可以是其他客户的评论。无论接近陈述的具体内容如何，都必须与客户有密切的关系，这样才能引起客户的注意和兴趣。

一般来说，在利用陈述接近法时，推销人员应该注意四个问题：

（1）接近陈述必须高度概括，简单明了，切不可面面俱到。

（2）接近陈述必须富有新意，不落俗套。

（3）接近陈述必须诉诸客户的主要购买动机，具有震撼力，只要陈述内容能深深打动人心，即使陈述方式平淡无奇，也能接近客户。

（4）接近陈述必须有理有据，杜绝一切不实之词和无稽之谈。

（八）馈赠接近法

所谓馈赠接近法，也叫附赠接近法或有奖接近法，是指推销人员将一些小巧精致的礼品赠送给客户，以此吸引客户并达到接近客户目的的一种方法。通常推销员接近客户的时间不长，利用馈赠礼品的方式接近客户，能迅速引起对方的兴趣，效果显著。

在利用馈赠接近法时，必须注意以下五个问题：

（1）要根据客户的兴趣与爱好及当地的习俗，选择恰当的赠品。

（2）选择的礼品通常可以是本企业生产的产品，也可以是具有一定纪念意义或有民族特色或有地域特点的礼品。

（3）馈赠礼品还应注意时机与场合。

（4）馈赠接近应该与馈赠广告同时进行，积极扩大产品影响。

（5）馈赠礼品应具有一定的实用性，能够吸引客户，有助于客户形成联想。赠品最好是经久耐用的，以期留给客户深刻的印象。

实例5-7

一位推销员到某公司推销产品，被拒之门外。女秘书给他提供一个信息：总经理的宝贝女儿正在集邮。第二天推销员快速翻阅有关集邮的书刊，恶补自己的集邮知识，然后带上几枚精美的邮票又去找经理，告诉他是专门为其女儿送邮票的。一听说有精美的邮票，经理热情相迎，还把女儿的照片拿给推销员看，推销员趁机夸其女儿漂亮可爱，于是两人大谈教育经验和集邮知识，非常投机，关系一下子拉近了。

（九）调查接近法

所谓调查接近法，是指推销人员利用调查研究某些问题的机会，以征求意见的方式，上门访问用户、接近客户的一种方法。这种方法隐蔽了推销产品这一目的，因而很容易为客户所接受。

在利用调查接近法时，推销人员必须注意三个问题：

（1）突出推销重点，明确调查内容，争取客户的支持和协助。

（2）做好调查准备，消除客户的戒备心理，达到接近客户的目的。

（3）运用适当的调查方法，确保调查成功，顺利接近客户。

总之，调查接近法作为一种比较可行的接近方法，既是为生产厂家服务，也是为消费者服务，既有利于推销人员收集市场情报，又有利于客户获得最佳的推销服务。

（十）赞美接近法

所谓赞美接近法，也叫夸奖接近法或恭维接近法，是指推销人员利用客户的求荣、求美的心理来引起客户的注意和兴趣，进而转入洽谈的接近方法。从理论上讲，无论是实荣还是虚荣，只要有利于接近客户，推销人员就应该多加赞美。

著名的人际关系学家卡耐基在《人性的弱点》一书中指出："每个人的天性都是喜欢别人赞美的。"在推销中，会遇到各种类型的客户，只要推销人员不抱成见，不先入为主，总会找到一些可以赞美的地方，这就是推销学里的辩证法或称推销哲学。使用赞美接近法应该注意选择适当的赞美目标，运用适当的赞美方式，进行适度的赞美。

实例 5－8

比恩·崔西是美国的一位图书推销高手，他曾经说："我能让任何人买我的图书。"他推销图书的秘诀只有一条：非常善于赞美顾客。

一天，比恩·崔西到某家公司推销图书，办公室里的员工选了很多书，正要准备付钱，忽然进来一个人，大声道："这些跟垃圾似的书到处都有，要它干什么？"

崔西正准备向他露一个笑脸，他接着一句话冲了过来："你别给我推销，我肯定不会要，我保证不会要。"

"您说得很对，您怎么会要这些书呢？明眼人一下子都能看得出来，您是读了很多书的，很有文化素养，很有气质，要是您有弟弟或者妹妹，他们一定会以您为荣为傲，一定会很尊重您的。"崔西微笑着，不紧不慢地说。

"你怎么知道我有弟弟妹妹的？"那位先生有点兴趣了。

崔西回答："当我看到您，您给我的感觉就有一种大哥的风范，我想，谁要是有您这样的哥哥，谁就是上帝最眷顾的人！"

接下来，那人以大哥教导小弟的语气与崔西说话，崔西像对大哥那样尊敬地赞美着，两人聊了十多分钟。

最后，那位先生以支持崔西这位兄弟工作为由，为他自己的亲弟弟选购了五套书。

崔西写下了一条人性定律："人是感性左右理性的动物。若一个人的感性被真正调动了，那么，他想拒绝你，比接受你还要难。而要想迅速控制一个人的感性，最有效和快捷的方法就是恰如其分的赞美。"

（十一）请教接近法

所谓请教接近法，也叫咨询接近法，是指推销人员利用慕名拜访客户或请教客户的理由来达到接近客户的一种方法。在现代推销中，推销人员经常会遇到各种疑难问题，有时必须向客户请教。这种方法体现了尊重客户、满足客户自尊心的推销思想。尤其是对那些个性较强，有一定学识、身份和地位的专家型客户，这种方法更为奏效。

使用这种方法接近客户时，应注意以下几个问题：

(1) 请教可以是推销品经营方面的问题，也可以是人品修养、个人情趣等方面的问题。

(2) 请教时的赞美必须让客户感觉真诚、得体。

(3) 请教的同时要学会积极倾听，并且推销员可以用轻轻点头的方式表达自己正在认真听客户的讲话。

(十二) 聊天接近法

所谓聊天接近法，又叫闲谈接近法或闲聊接近法，是推销人员主动与潜在目标客户寒暄、聊天，巧妙地接近客户的方法。在一定的环境下，聊天接近法可以消除接近障碍，减轻客户的心理负担，有助于推销人员接近某些难以正面接近的客户。比如在商场、会所等场合，甚至火车上、飞机上都可以成为聊天接近客户的场所。除了传统的聊天场所外，网上聊天场所也开始被一些商务人士利用来接近客户。

在使用聊天接近法时应注意以下几个问题：

(1) 采用聊天接近法一般耗时耗力，所以要求推销人员有足够的能力选对客户。

(2) 避免在客户工作或很繁忙的时候采用此方法，否则可能会引起客户的反感。

(3) 推销人员应在恰当的时候将闲聊与自己的目的联系起来，否则效果不明显。

(十三) 连续接近法

所谓连续接近法，也叫重复接近法、多次接近法或回访接近法，是指推销人员利用第一次或上一次接近时所掌握的有关情况实施第二次或下一次接近客户的一种接近方法。在推销中，有些客户一次接近就可以成交，有些客户则需要多次接近才能转入实质性的推销洽谈。

运用这种方式要注意两个问题：首先是客户的选择，这种方式针对犹豫型的客户可能会成功，但针对性格坚定的客户就不太容易成功，甚至招致客户的反感；其次要注意接近的变化性，如果每一次对客户介绍的内容和接近客户的理由都高度一致，会让客户厌倦，感到没有新意。

总之，接近是推销过程中的一个重要环节，能否成功地接近客户，是决定整个推销工作能否成功的关键一步。寻找客户是为接近指明方向，而客户资格审查、约见客户和接近准备都是接近的前奏。推销人员应灵活运用各种接近方法，以不同的方式去接近不同类型的客户。在接近客户时，应保持勇气、信心、耐心、礼貌、诚心和良好素养，关心客户，消除客户的心理压力，以取得客户的好感和信任。

三、推销接近方法的运用

以上介绍的接近客户的每一种方法都有其自身的特点和适用范围，很难说哪种方法最好，推销人员应根据具体情况选用其中一种或若干种方法综合使用。比如，如果推销人员对客户的需求或问题已经完全了解时，推销接近可采用陈述方式；如果推销人员对潜在客户的需求情况还不是很有把握，需要进一步收集信息或核实推销准备中的资料，则最好采用提问方式接近。推销人员应注意，无论使用哪一种方法，都要有能够吸引客户注意和兴趣的东西。

推销人员所面临的情境决定了其需要采用的推销接近方法，而推销接近情境是由许多变量构成的，只有靠推销人员自己在推销现场去把握。最常见的情境变量是：

（1）推销产品的类型；

（2）第一次访问还是重复访问；

（3）对客户需求的了解程度；

（4）计划销售访问的时间长短；

（5）客户是否意识到了自身需要解决的问题。

推销接近的最大挑战就在于，推销人员要运用自己的信心和智慧唤起一个冷漠、毫无兴趣甚至怀有敌意的潜在客户对产品或服务的兴趣。迅速地引起潜在客户的注意，是推销接近平稳地过渡到推销洽谈的前提，也是走向成交的基础。

当推销人员计划去接近某个潜在客户时，可以设身处地把自己视为客户本身，试一试设计的接近方法是否能引起自己的兴趣，自己对这样的来访者能否产生好感，这将有助于推销接近的实现。

本章小结

本章首先介绍了接近准备的任务：增强推销的信心；培育友好氛围；拟订洽谈计划；进一步审验潜在客户的资格；适应推销情景。接着阐述了对个体潜在客户、组织潜在客户以及老客户接近准备的具体内容。最后介绍了各种接近客户的方法，包括介绍接近法、推销品接近法、利益接近法、好奇接近法、表演接近法、问题接近法、陈述接近法、馈赠接近法、调查接近法、赞美接近法、请教接近法、聊天接近法、连续接近法。

练习与思考

一、案例分析题

宁先生是一位图书推销员，他正在拜访一家刚开业一个月的书店的王经理。以下是宁先生接近王经理时的部分谈话内容：

宁先生："真是家吸引人的书店！装修漂亮，环境幽雅。"

王经理："谢谢。我们这儿的一切都是为了满足市场需求。"

宁先生："在您心里，有没有什么重点的目标客户？"

王经理："我们主要针对经常光顾书店的女性客户。"

宁先生："那你们打算多进哪些类型的图书呢？"

王经理："我们对各类小说、散文文学和菜谱、健身等类的书籍有很大的需求。"

宁先生："你们有什么不想进的书吗？"

王经理："我们一般不进廉价书、库存书和低级幽默类图书。"

宁先生（心想，多亏我没从这几类书开始推销）："您在选择书上还有什么其他的原则吗？"

王经理："我倾向于带有书评的文学类书籍，另一个原则就是根据我的预算来进书。我现在差不多已经花完了我开业时所有的预算，所以我要做一些选择。"

宁先生："我这儿有一些可能正是您想进的书。我给您一本很精美的烹饪书——《烹饪技术大全》……”

问题：(1) 宁先生使用了哪些推销接近方法？

(2) 你认为宁先生的接近有哪些可取之处？

二、实训题

某汽车公司的推销员准备向一家出租车公司推销汽车，请你设计至少三种接近客户的方法。

三、复习思考题

1. 简述接近准备的内容。
2. 简述接近客户的基本原则。
3. 联系实际谈谈推销接近的基本方法在推销工作中的应用。

第六章 推销洽谈

本章学习目标

学完本章后，应该能够：

1. 了解推销洽谈的概念和基本原则；
2. 熟练掌握推销洽谈的方法和技巧；
3. 理解并掌握推销洽谈的策略。

导入案例

有一天，一个推销员在温斯波罗市兜售一种炊具。他敲了公路巡逻员安徒先生家的门，安徒先生的妻子开门请推销员进去。

安徒太太说："我的先生和隔壁的史密斯先生正在后院，不过，我和史密斯太太愿意看看你的炊具。"

推销员说："请你们的丈夫也到屋子里来吧！我保证，他们也会喜欢我对产品的介绍。"

于是，两位太太"硬逼"着他们的丈夫也进来了。

推销员做了一次极其认真的烹调表演。他用他所要推销的那一套炊具温火煮苹果，然后又用安徒太太家的炊具以传统方法加水煮，两种不同方法煮成的苹果区别如此明显，给两位丈夫留下了深刻的印象。但是男人们显然害怕他们会贸然买下什么，因而装作毫无兴趣的样子。

推销员洗净炊具，包装起来，放回到样品盒里，对两对夫妇说："嗯，多谢你们让我做了这次表演，我实在希望能够在今天向你们提供炊具，但我今天只带了样品，也许你们将来才想买它吧。”

说着，推销员起身准备离去。这时两位丈夫立刻表现出对那套炊具很感兴趣，他们都站了起来，想要知道什么时候能买得到。安徒先生说：“请问，现在能向你购买吗？我现在确实有点喜欢那套炊具了。”

史密斯先生也说道：“是啊，你现在能提供货品吗？”

推销员真诚地说：“两位先生，实在抱歉，我今天确实只带了样品，而且什么时候发货，我也无法知道确切的日期。不过请你们放心，等发货时，我一定会记得你们的要求。”

安徒先生坚持说：“也许你会把我们忘了，谁知道呀？”

这时，推销员感到时机已到，就自然而然地提到了订货的事情。

于是，推销员说：“噢，也许——为保险起见——你们最好还是付定金买一套吧。一旦公司能发货就给你们运来。这可能要等一个月，甚至可能要两个月。”

两位丈夫赶紧掏钱付了定金。

资料来源：李津. 推销的细节：金牌推销员的128个秘诀. 北京：企业管理出版社，2005.

问题：这个推销员在推销洽谈过程中运用了哪些方法和技巧？

按照推销的一般程序步骤，推销人员在成功地接近顾客之后，即进入推销洽谈阶段。在整个推销程序和过程中，推销洽谈是一个关键性的阶段，是极其重要的环节。如果说，推销约见和推销接近的目的是引起顾客的注意和兴趣，那么，推销洽谈就是使顾客对推销产品的兴趣上升到强烈的购买欲望。能否说服顾客，进一步激发顾客的购买欲望，最终达成交易，关键在于推销人员与顾客的洽谈是否成功。掌握推销洽谈的原则、方法与策略，是推销人员顺利完成推销任务的重要条件。

第一节 推销洽谈的任务、种类及原则

一、推销洽谈的任务

推销洽谈是指推销人员运用各种方式、方法和手段，向顾客传递推销信息，说服顾客购买推销产品的过程。推销洽谈的目的在于沟通推销信息、诱发顾客的购买动机、激发顾客的购买欲望。为了实现推销洽谈的目的，推销人员需要完成下列任务（见图6－1）。

（一）向顾客传递推销品信息

推销人员为了说服顾客、达成交易，必须向顾客传递推销品信息。顾客只有接受推销产品的信息，对其产生一定的认识，才有可能做出购买决策。推销人员要把真实、全面及最新的推销品信息，包括产品的品牌、商标、功能、价格、质量、市场定位等传递给顾客，以帮助顾客尽快认识和了解推销品的特性以及能给自己带来的利益，增强顾客对推销品及生产企业的好感，诱发顾客的购买欲望。推销人员应该根据具体情况，利用口头语言、推销样品和其他必备的推销工具与顾客进行沟通交流，确保全面、有效地传递推销信息。

（二）设法保持顾客的注意和兴趣

顾客的注意和兴趣是产生购买欲望的前提，推销约见和推销接近的目的是引起顾客的注意及兴趣，而在推销洽谈时，推销人员应想方设法保持顾客的注意和兴趣，否则，再详细的介绍，也难以激发顾客的购买欲望，从而也就不能达到推销的目的。

（三）刺激顾客需求，使顾客做出购买的决定

对于顾客来说，做出购买决定通常是重要而又困难的一步。购买动机决定购买行为，而购买动机又来自顾客的需求。因此，推销人员应该了解顾客的各种需求，帮助顾客解决需求中存在的问题，有效地刺激顾客的需求，诱发顾客的购买动机，进而推动其产生购买行为。

（四）解答顾客提出的问题，取得顾客的信任

推销人员在推销洽谈时，不仅要向顾客介绍产品、传递信息，同时还要快速、准确地解答顾客提出的各种问题，只有这样才能保持与顾客的进一步沟通，取得顾客的信任，最终促成交易。

图 6-1 推销洽谈的任务

二、推销洽谈的种类

推销洽谈的种类，按洽谈的人员多少可以划分为一对一洽谈和小组洽谈；按洽谈的主题可划分为单一型洽谈和综合型洽谈。

（一）按洽谈的人员多少划分

1. 一对一洽谈

所谓一对一洽谈，是指一个推销人员直接与一个顾客进行推销洽谈。这种推销洽谈一般适于数额较小、内容比较简单的产品推销。推销洽谈中，由于推销人员直接面对顾客，单兵作战，得不到任何帮助，只能完全依靠自己。因此，它是一种最为困难的推销洽谈。它要求推销人员必须具备良好的心理素质、较高的业务知识、专业的技能和独立的分析判断能力。

2. 小组洽谈

所谓小组洽谈，是指若干推销人员一起直接与买方若干人员进行推销洽谈。这种推销洽谈一般适于数额较大或内容比较复杂的产品推销。对小组洽谈而言，重要的是合理配备洽谈小组的组成人员，成员之间达成共识，分工协作，取长补短，形成整体优势。

（二）按洽谈的主题划分

1. 单一型洽谈

所谓单一型洽谈，是指推销人员在向顾客推销时，其推销洽谈的内容只围绕一个主题

进行，例如推销品的质量、交货期、贷款结算方式等问题。只要洽谈双方在某一问题上达成共识，推销洽谈就大功告成。

2. 综合型洽谈

综合型洽谈是相对于单一型洽谈而言的，即推销洽谈的主题是多方面的，凡是能够满足谈判双方利益要求，促成双方达成共识，有利于交易成功的因素，都可以成为洽谈的主题。

三、推销洽谈的原则

推销洽谈的原则是指导推销人员具体从事推销洽谈的准则。在推销洽谈过程中，推销人员为了达到推销目的，往往采取各种方式、方法及手段推销产品、说服顾客。但无论推销人员采取何种方法和技能，在推销洽谈中都必须遵循以下原则。

（一）针对性原则

针对性原则，是指推销人员的推销洽谈必须针对推销环境、顾客的购买目的和购买动机、顾客的个性心理、推销产品的特点等，灵活地运用各种推销方式、方法进行有的放矢的产品推销。不同的顾客，由于其性格、能力、兴趣、受教育程度、职业、经济条件以及人生观、价值观的不同，必然形成不同的需求。如果推销人员不能针对不同顾客推销，“千人一面”“千人一词”是不可能取得推销成功的。另外，推销人员还要针对推销品的特点设计洽谈方案，开展推销，以突出推销品的特色，增强推销洽谈的说服力。

（二）诚实性原则

诚实性原则，是指推销人员在推销洽谈过程中切实对顾客负责，实事求是地介绍产品，出示真实的推销证明，不玩弄骗术，做到诚实推销、合法推销。诚实是推销人员最基本的行为准则，唯有诚实方可取信于顾客，并赢得顾客。只有坚持诚实性原则，才能树立良好的推销信誉，有利于与顾客建立长期稳定的业务关系。诚实性原则包括以下三方面的内容：

（1）讲真话，实事求是地向顾客传递推销信息，力争取得顾客的信任；

（2）出示真实可靠的身份证明和推销品证明，打消顾客的疑虑，坚定顾客的购买信心；

（3）货真价实，不以假充真、以次充好，树立良好的推销信誉。

（三）参与性原则

参与性原则，是指推销人员在推销洽谈过程中，应设法引导顾客参与洽谈，促进推销信息的双向沟通。而且，还要鼓励或带领顾客亲自操作，使顾客更进一步了解推销品的功能、特点，熟悉推销品的使用方法，有利于顾客加深对推销品的印象，诱发顾客的购买动机。顾客参与洽谈的程度直接影响着顾客对推销的态度。因此，它要求推销人员必须与顾客打成一片，消除顾客的心理戒备，创造一个良好的推销氛围，认真听取顾客的意见，积极鼓励顾客亲自动手操作推销品，进一步引发顾客的购买欲望。同时，推销人员必须注意掌握推销洽谈的主动权，在控制推销洽谈的局势和发展进程的前提下，充分调动顾客的积极性，保证推销洽谈不因顾客的参与而改变方向。

（四）鼓动性原则

鼓动性原则，是指推销人员在推销洽谈中用自己的信心、理解和知识去激发顾客的购买情绪，促使顾客采取购买行动。顾客的情绪往往受推销人员情绪的影响，推销人员应以极大的热情去感染顾客。推销人员的热情来源于对本职工作的热爱，对企业和推销产品的信心。离开了推销知识、推销信心，推销热情不过是一句空话。一般来说，推销人员的知识面越宽，推销经验越丰富，说服顾客的能力就越强。

（五）倾听性原则

倾听性原则，是指推销人员在推销洽谈过程中，不要急于滔滔不绝地推销，而是要注意倾听顾客的意见与要求。有经验的推销人员大都明白，明智之举是让顾客尽可能地多说，自己则注意倾听。倾听，会使顾客感到推销人员对自己的尊重；倾听，会使顾客感到推销人员在尽心了解自己的各种问题，以便为自己提供真正有效的服务。这样，就会赢得顾客的信任。

在推销洽谈中遵循倾听性原则，成为一个好的聆听者，必须做到以下几点：

（1）表现出兴趣。使顾客相信你在注意聆听他的讲话、重视他的看法的最好方式，是耐心真诚地发问和要求阐明他正在讨论的一些观点。无人聆听会使顾客有一种受挫感。

（2）抑制争论的念头，不要打断顾客谈话。推销人员必须善于激发顾客的“表达欲望，参与热情”，避免打断顾客的谈话。推销人员打断顾客的话，匆匆为自己辩解，竭力证明顾客的看法是错误的，会激怒顾客，后果不堪设想。

（3）认真倾听，分析对策。在推销洽谈中，顾客会成为意愿的表达者、疑问的提出者。一个优秀的推销人员要善于激发顾客表达异议、疑虑甚至不满，以便从中发现问题的症结，从而“对症下药”。

实例 6－1

乔·吉拉德被誉为当今世界最伟大的推销员，回忆往事时，他常念叨如下一则令其终生难忘的故事。

在一次推销中，乔·吉拉德与客户洽谈顺利，眼看就要签约成交时，对方却突然变了卦——快进笼子的鸟飞走了。

当天晚上，按照顾客留下的地址，乔·吉拉德找上门去求教。客户见他满脸真诚，就实话实说：“你的失败是由于你没有自始至终听我讲话。就在我准备签约时，我提到我的独生子即将上大学，而且还提到他的运动成绩和他将来的抱负。我是以他为荣的，但是你当时却没有任何反应，而且还转过头去用手机和别人讲话，我一生气就改变主意了！”

此一番话重重地提醒了乔·吉拉德，使他领悟到“听”的重要性，让他认识到如果不能自始至终倾听对方讲话的内容，认同顾客的心理感受，难免会失去自己的顾客。

第二节　推销洽谈的方法

推销洽谈是一门艺术。在推销洽谈中，推销人员要针对不同的产品、不同的顾客，灵活地采用适宜的推销洽谈方法，激发顾客的购买欲望，说服顾客，最终促成交易。

一、推销洽谈的导入

要保证推销洽谈的顺利进行，必须有一个良好的开端。建立一种融洽的气氛，是良好开端的关键，并能为正式洽谈铺平道路。为了建立和谐的洽谈气氛、成功地进行洽谈的导入，推销人员应该注意以下两点。

（一）给顾客留下良好的第一印象

推销人员给顾客留下的第一印象，比未来接触中形成的印象要强烈得多，更容易影响顾客的心理。因此，推销人员与顾客首次正式见面的瞬间是决定洽谈气氛的关键，它能影响甚至决定以后推销洽谈的气氛是温和、友好还是紧张、强硬，是沉闷、冗长还是活跃、顺畅，直至影响全面的推销洽谈。所以，推销人员在与顾客洽谈时应当做到衣着端庄，言谈举止礼貌有度、诚实可信。

（二）先谈些双方容易达成一致意见的话题

推销洽谈伊始，双方不可能立即进入实质性话题。因此，推销人员应当针对不同类型的顾客、不同的需求，巧妙地运用开场白，创建良好的推销洽谈气氛，争取轻松、顺利地将谈话导入正式的推销洽谈。推销人员这种谈话内容的转换，应做到平缓、自然，不要让顾客感觉到生硬和突然。

推销洽谈的开场白最好是谈一些轻松的、非业务性的，并且容易使买卖双方达成一致意见的话题。例如向对方表示问候，以对方感兴趣的事为话题；以自己或企业的经历为话题；也可以以向顾客请教问题为话题等。这些开场白容易使双方找到共同的语言，引起顾客的谈话兴趣，为进一步沟通做好准备。推销人员应注意，开场白不宜过长，应在轻松、愉快的气氛下尽快将洽谈引入正题，以免浪费时间或使顾客产生反感。

二、推销洽谈的具体方法

（一）诱导法

诱导法，也叫谈论顾客需求法，是指推销人员在推销洽谈时，为了引起顾客的兴趣，刺激顾客的购买欲望，从谈论顾客的需要与欲望出发，并巧妙地把顾客的需要与欲望同推销品紧密结合起来，诱导顾客明确自己对推销品的需求并最终说服其购买的方法。运用这种方法时，推销人员应该注意：必须在推销洽谈的准备阶段，深入了解顾客的需要与愿望，如果在推销洽谈时不能清楚顾客的需要与愿望，推销人员则要首先通过聊天、提问等方法，挖掘出顾客的真实需要与愿望。

（二）介绍法

介绍法是推销人员在推销洽谈中最常用的方法。它是指推销人员利用生动形象的语言介绍推销品，说服顾客购买的洽谈方法。介绍法一般分为直接介绍法和间接介绍法两种。

1. 直接介绍法

直接介绍法，就是推销人员直接介绍推销品的性能、特点、价格、服务及该产品能给顾客带来的好处等，以劝说顾客购买的方法。例如，推销人员在推销空调、清洗剂和童装时分别做如下介绍：

“低噪声，超薄机身，轻巧美观，还配有大液晶中文屏幕，室内室外温度实时显示，绿色环保。拥有这样的空调，您肯定会舒舒服服地度过炎热的夏天。”

“这是一种快速清洗各种油污的清洗剂。一喷、一擦，简单、方便。”

“儿童服装一律五折出售。”

直接介绍法的最大优点是开门见山，节省推销时间，推销效率比较高。

运用这种方法，推销人员必须注意：抓住易被顾客接受的推销品的明显特征或者优点向顾客介绍；针对顾客的不同购买心理，介绍推销品及顾客所能得到的好处；尊重顾客，避免冒犯顾客。

2. 间接介绍法

间接介绍法是指推销人员往往不直接说明推销品的质量、性能、价格、服务以及能给顾客带来的好处，而是通过介绍与其密切相关的其他事物，达到间接地介绍推销品、说服顾客的目的的方法。例如，“这是今年卖得最好的款式，儿科的小王大夫一下子就买走五件呢!”推销人员没有介绍具体的商品信息，而是通过介绍大家熟悉的小王大夫一下子买了五件来说明商品好。

推销人员运用间接介绍法时应注意：选用的说明资料一定要真实、可靠，最好是顾客熟知或容易接受、认可的；介绍、推销的语言要温和、婉转、含蓄，并注意观察顾客的反应。

（三）提示法

提示法是指推销人员用语言形式直接或间接、积极或消极地提示顾客购买推销品的一种方法。具体来说有以下几种提示方法。

1. 直接提示法

直接提示法是指推销人员开门见山，直接说服顾客购买其所推销产品的一种提示方法。这种方法的特征是将推销人员对推销品信息的直接陈述与建议顾客立即采取购买行动的提示相结合。该方法直截了当，有利于节省时间，提高推销效率。因此，直接提示法是目前使用最多、应用范围最广的一种推销洽谈方法。例如，某位推销一种试剂的推销人员是这样提示顾客的：“听说你们在寻找一种反应速度更快的试剂，我们公司新近开发了一种新的试剂产品，它能将反应的速度提高 5～10 倍，这是这种试剂的实验报告，您看看，一定会达到您的要求的。”

在运用直接提示法时应注意以下几点：

(1) 在运用之前要做好准备，对顾客的需求、购买目的、性格等特点做到心中有数，并准备好应急方案，以便在洽谈时更好地劝说顾客。

(2) 推销人员一般需要具有很好的观察能力和判断能力、很好的语言表达能力与感染力。

(3) 提示的内容要真实可靠。推销人员一定要实事求是地陈述推销的有关信息，真实地向顾客介绍推销品，以赢得顾客的信任、支持与合作，决不能采用夸大、虚构的方法欺骗顾客。

2. 间接提示法

间接提示法是指推销人员借用其他信息媒体、采用间接的信息传递方法向顾客传达推销品的重点信息，以间接劝说顾客购买推销品的一种方法。这种方法有利于营造良好的洽谈氛围，有利于消除推销异议，有利于增加洽谈介绍的信任力度，从而促进洽谈的顺利发展。间接提示法在推销洽谈中也得到了广泛的应用。例如，推销人员针对换季商品的推销，可这样说：“现在的商品价格全部实行七折优惠。如果您要等到明年应季时再买，可就要恢复原价了。”推销人员没有直接说明推销品的价格便宜，而是巧妙地提醒顾客如果错过季节优惠，则购买此商品将会支付更多的钱，暗示顾客现在购买能得到更多利益。

运用间接提示法时应注意：一是要善于选准时机，在顾客对推销品发生兴趣并且有意购买，但还有些犹豫，没有勇气做出购买决定时，推销人员就要进行推销重点的提示；二是要选准顾客，有的顾客心直口快，开门见山，对于这类顾客最好用直接提示法，而有的顾客感情细腻，自尊心强，虚荣心也强，对于这样的顾客，推销人员最好用间接提示法；三是说服顾客语言要含蓄、委婉，这样顾客比较容易接受，推销人员才能达到事半功倍之效。

3. 名人提示法

名人提示法是指推销人员利用顾客对名人的崇拜心理，借助名人购买、使用其推销品的事例，来劝说顾客采取购买行为的一种提示方法。这种方法借助名人的权威效应消除顾客的疑虑，诱发顾客的购买欲望。

请名人做广告古来有之，《战国策·燕二》记载：“人有卖骏马者，比三旦立于市，人莫知之。往见伯乐曰：臣有骏马，欲卖之，比三旦立于市，人莫与言，愿子还而视之，去而顾之，臣请献一朝之贾。伯乐及还而视之，去而顾之，一旦而马价十倍。”在这个故事中，伯乐相马之前，这匹马在市场上三天卖不出去，而伯乐看过之后，就以十倍价格卖出去了。

利用名人效应进行洽谈提示成本较高，如果选择不当，还可能产生明显的负效应。运用名人提示法时应注意：在公共场合运用时，必须征得名人本人的同意；推销人员应根据名人效应的特定范围来选择明星；推销人员应注意向不同类型的顾客提示不同的名人。

例如，中国人寿保险公司为了吸引体育爱好者，请姚明以投篮姿势做广告：“要投就投中国人寿”。招商银行为吸引高端客户，请国际著名钢琴家郎朗作为形象大使。甚至，有时不需要名人为某产品做广告，只要名人使用某种商品的信息引起公众的兴趣，一样可以起到示范效应。

4. 鼓动提示法

鼓动提示法是推销人员建议顾客立即采取购买行动的一种提示方法。鼓动提示法可以直接传递推销信息，刺激顾客的购买欲望，并适时地鼓动顾客立即采取行动。例如，“只有这一件了，错过机会就没了。”“今天是打折的最后一天，明天来就是原价了。”

在运用鼓动提示法时，应该注意以下几点：

(1) 推销人员应把握顾客的心理状况，在非常适宜的时机采用此方法。

(2) 推销人员在采用此方法时要掌握说话的技巧，否则可能会得罪顾客或让顾客产生逆反心理。

(3) 应根据不同顾客的关注点（价格、款式、数量等）选择不同的劝说理由。

5. 联想提示法

联想提示法是指推销人员通过向顾客提示或描述与推销有关的情景，使顾客产生某种联想，进而刺激顾客购买欲望的一种提示方法。例如，汽车推销人员开车时，其示范动作轻松自如，顾客就会联想到：这种汽车性能良好，灵敏度高，容易操作。

联想提示法是推销人员用行动或语言勾画出一幅情景，引导顾客去联想，增强推销品的吸引力，强化顾客的购买欲望。运用联想提示法时要注意：推销人员的表情、举止要有助于顾客产生有益的联想；提示的语言要有感染力，有助于引导顾客产生联想；提示的动作必须真实、自然。

实例 6－2

一家大公司为了招聘营销人员，出了一道把梳子卖给和尚的实践题。不少应聘者见了这个怪题很生气，说出家人怎么会买梳子？认为这是故意捉弄人，于是拂袖而去。可是有三个人却想试一试。

第一个人拿着梳子到几家寺院简单推销，一整天也没卖出去，在下山时见到一个小和尚一边晒太阳一边挠着又脏又硬又痒的头皮，他见状忙送上一把梳子，小和尚用后很高兴，当即买下一把。

第二个人去了一座较大的庙卖了 10 把。是因为他见这座庙山高风大，前来烧香叩头者的头发被风吹得乱七八糟，对此他灵机一动找到方丈说，你看进香朝拜者蓬头散发，这是对佛的不敬。寺院应该在香案上摆着梳子，供虔诚的人梳头，方丈一听觉得在理，于是为 10 个庙门的香案买了 10 把梳子。

第三个人最有心计，他找到一座闻名遐迩的香火旺盛的宝刹对方丈说：这么多心诚的朝拜者，又购票又买香还买纪念品，是寺院的财神。如果方丈对这些善男信女有所馈赠，定能温暖人心，招来更多的回头客。再说方丈的书法超群，可以在梳子上题写“积善梳”三个字，让人们带着题字梳将佛教的真善美广传天下。方丈听后大喜，当即买梳 1 000 把，并同卖梳者一起举行了向香客赠梳仪式。宝刹向香客赠梳施善之事不胫而走，吸引着香客纷至沓来，宝刹香火越来越旺，方丈乐开了怀，又找到这个卖梳人续签了合同，让他保证今后源源不断地供梳。不用说，公司录取了第三个人。

在实例 6－2 中，第三位营销员就是用了联想提示法，使方丈想到购买梳子后的益处，从而激发了顾客的购买愿望。

6. 逻辑提示法

逻辑提示法是指推销人员通过逻辑推理来引导顾客接受推销品并进行购买的一种提示方法。推销人员通过向顾客摆事实、讲道理来引导顾客进行分析、思考与判断，使顾客逐步认识到推销品的性能和功用等，由此信任推销品，从而实施购买行为。这种方法尤其适用于理智型的顾客。

实例 6－3

我与销售员的对话

“一双皮鞋 558 元，新年活动打折后也要 358 元。你们的鞋子怎么这么贵？”导购小妹看着我，笑着说：“您很会挑鞋子，这双鞋是新款，是厂家请的国际设计师设计的，听说在国际上还获过奖的，而且材料和做工都很不错……一分钱一分货，价格是不低，但绝对是值得的。”

好吧，有这番说辞，我不好再说贵了，只好问能否便宜一点？导购小妹回答说：“您先试试吧，如果不合适，再便宜你也不会要不是。您的脚多大码？哦，43 码，这双正是您要的大小，您坐这里试试。这双鞋真的是很合算的，如果不是新年，不可能打折。另外，这双鞋质量很好，至少可以穿两年，只要 358 元，每天算下来才 5 毛钱。我看您手上的钱包啊，是 PRADA 的，这个值好多双鞋子了，要是鞋子太便宜也不般配不是。"

小姑娘一番话，让我觉得身价被认可了，再还价真的不好意思。但我接着又说："我的这个钱包是冒牌的啊，才 50 块钱。"我倒想看看小姑娘怎么接话。

"您开玩笑了，从您的气质一看就是在外见过世面的，再看您钱包的拉链做工也不可能是仿品。您挑中一双鞋也不容易不是，其实 358 元，价格真的不贵，就当您多请了一位好朋友吃饭而已。"

我真的有点服了，一方面告诉我时间也需要成本，另一方面又告诉我也就是一顿饭钱，还是请好朋友吃饭的钱，说得都合情合理。我只能选择购买。

这个过程让我感觉很舒服，她最终也没有降价，我还觉得占了便宜。

（四）演示法

演示法又称直观示范法，是推销人员运用非语言的形式，通过实际操作推销品或辅助物品，让顾客通过视觉、听觉、嗅觉和触觉直观感受推销品的信息，最终促使顾客购买推销品的一种方法。根据演示对象即推销工具的类别，演示法主要分为产品演示法、图文演示法、证明演示法等。

1. 产品演示法

产品演示法是指推销人员通过直接演示推销品来劝说顾客购买的方法。推销人员通过对产品的现场展示、操作表演等方式，把产品的性能、特色、优点表现出来，使顾客对产品形成直观的认识。

例如，吸尘器推销商为了吸引顾客和展示其吸尘器精美的外观、简便的操作及良好的性能，把吸尘器启动起来，吸扫地上的灰土、碎纸、瓜子皮等，让顾客观其操作的简便，看其工作效果，听其噪声大小。

产品演示法的作用有两个：一是有助于弥补推销人员对某些产品，特别是技术复杂的产品不能完全用语言介绍清楚的缺陷；二是创造一个真实可信的推销情景，起到证实作用。

运用产品演示法时应注意以下几点：

（1）要明确示范目的，演示是推销员向顾客提供的一种证据，示范之前一定要明确产品要证实什么事实。

（2）要抓住演示的关键点，根据产品的特点选择演示的方式、内容和地点，演示要熟练。

（3）在演示和讲解时，尽可能增添趣味性，以吸引顾客。

（4）尽量让顾客参加演示，让顾客亲身体验产品的优点，从而产生认同感和占有欲。

（5）操作演示一定要速度适当，演示时间不可过长，要抓住产品的主要特征进行集中演示。

2. 图文演示法

图文演示法是指推销人员通过直接演示一些与推销品相关的图片、文字资料来劝说顾客购买产品的方法。在展示产品的过程中，使用恰当的图片、文字资料能够产生较好的说服力和感染力，引发顾客的购买欲。

图文演示法既准确可靠又方便省力，能生动、形象地向顾客介绍推销品，传递推销信息。但运用这种方法应注意：

（1）收集的图片、文字资料要可靠、有说服力，不能使用毫无说服力的资料。

（2）事先整理好相关资料，从而便于推销人员使用及顾客阅读，如对重点文字进行勾画、放大和特写处理等。推销人员所准备的图片、文字资料应遵循两个原则：一是充分体现产品的特点和优点；二是针对顾客的主要购买动机、习惯与购买障碍，进行资料整理，做到不仅能突出产品的形象，而且更有针对性。

（3）使用时注意结合目标顾客的特点。对于不同的顾客，应有区别地展示图文资料，突出不同的重点和顾客可能关注的点。

3. 证明演示法

证明演示法是指推销人员通过展示有关证明材料来劝说顾客购买推销品的方法。现代推销的关键在于取信于顾客，推销证明材料是取信于顾客的重要推销洽谈工具。推销证明材料多种多样，这些证明材料可以是一种反映产品特性的行为，也可以是博得第三方认可或赞誉的文字资料。

对于产品质量非常自信的推销人员甚至会用产品破坏性试验进行证明演示。例如，某推销塑料盆的推销人员，为了证明其塑料盆不怕摔，高高举起塑料盆往地上摔去。推销人员类似的行为都是典型的证明演示法。

实例 6-4

瑞士手表雄踞世界100多年，各国都不能动摇其霸主地位。后来，日本研制成了性能良好的“西铁城”手表，又一次向钟表王国发起了冲击，终于跻身于世界名牌手表的行列。

但在开始时，西铁城手表并不受人赏识，无法打破瑞士手表一统天下的局面。日商为此专门召开公司高级职员的会议来商量对策。有人建议：“要公众眼见为实，最好的办法是搞破坏性试验。”为此他们通过新闻媒体发出了一条令人咋舌的消息，某时将有一架飞机在某地抛下一批手表，谁拾到就归谁。

这条消息在社会上引起了很大的轰动。有人惊喜，有人好奇，也有人怀疑。但人们的心理就是这样，越是令人惊奇、怀疑的东西，就越要探个究竟，所以人群像潮水般涌向指定地点。时候到了，只见一架直升机飞临人群的上空，盘旋片刻后，在百米高空向人群旁的空地上洒下一片“表雨”。期待已久的人们纷纷奔上去捡表。抛下的表是如此之多，以致大家都有所收获。他们在惊喜之余还发现西铁城手表在空中丢下后，居然还在“嘀嗒嘀嗒”地走动，于是，在场上发出了一次又一次的惊呼声：“这种表真是精良耐用，名不虚传。”接着，电视台又播放了这次抛表的实况录像，使得“西铁城”很快深入人心。此举巧妙地将广告、当众破坏性试验和实物奖励三种办法结合在一起，使“西铁城”名震整个钟表业。

证明演示法常常会使顾客产生一种出乎意料的感觉，推销工作会收到意想不到的效

果。但在运用证明演示法时应注意：

（1）推销人员应该针对不同的顾客和推销洽谈环境展示有针对性的证明资料，而不是盲目地罗列和陈述。每次推销洽谈前应准备好具有专业水平的、权威的、足够的证明材料。在推销洽谈的过程中，应根据顾客心理活动反应及推销说服的重点，出示相应的证明材料。

（2）演示的推销证明材料必须是真实可靠的。如果使用夸大的、不真实的文字、图片资料而被顾客察觉，顾客就会产生一种厌恶心理，成交的可能性就会降低。

（3）演示推销证明材料要自然，如果推销人员过分炫耀推销证明材料，就会引起顾客的反感。

三、推销洽谈的技巧

（1）推销洽谈要言之有物。推销人员应该明白要向顾客说明什么，如何向顾客阐述推销要点，哪些要点具有说服力，哪些没有说服力。

（2）推销语言要悦耳动听。悦耳动听的语言常常能打动顾客，使他们对推销人员产生好感，进而产生购买欲望，最终达成交易。

（3）说话要注意节奏。在进行推销洽谈时，推销人员说话要有一定节奏，即要注意语速、语调、停顿以及重点等。推销人员可以通过说话的声音和语调的变化来显示出必胜的信念和决心，这比使用一长串形容词的效果要好得多。

（4）注意推销洽谈中的细节。在推销洽谈过程中，推销人员要密切注意顾客的反应，根据顾客能否理解自己的谈话，以及对谈话中重要情况的理解程度，来调整自己说话的速度和方式。推销人员要避免使用以“我”为中心的语句，如“我认为……”“如果我是您的话……”“我的意见是……”等，这些语句不利于推销人员和顾客之间的正常交流，不利于营造良好的洽谈气氛，有可能会扩大与顾客的意见分歧。

第三节 推销洽谈的策略

一、自我发难策略

自我发难策略是指在推销洽谈中针对对方可能提出的问题，推销人员先自行列出，然后再加以解释、阐明立场的洽谈策略。例如，由于己方的报价比其他企业同类产品高30％，考虑到对方一定会对这个问题心存疑惑并且会怀疑己方洽谈的诚意，进而影响到对洽谈的态度和信心，所以，在洽谈的一开始，不等对方发问，就主动予以介绍：与同类产品的定价相比，本企业的价格要高出30％，看起来似乎价格过高，但是实际上这个价格是合理的。首先，企业采用的是进口优质原料，虽然成本高但是质量绝对可靠，而其他企业的产品采用的是国产原料；其次，本企业的产品合格率比其他同类产品高，并且采用的是国际ISO 9000标准，对不合格的产品一律给予无条件退货；最后，本企业是该行业最大的供应商，货源充足，能够保证长期稳定的供应。通过这种自我发难策略，能使对方认为己方是以诚相见，从而解除疑虑，达到洽谈的目的。但是，这种策略的运用必须建立在深入调查、知己知彼的基础上，问题和角度必须选得恰当，理由必须令人信服，否则不但达不到预定的目的，还会使自己陷于被动的局面。

二、扬长避短策略

扬长避短策略是推销人员在推销洽谈中尽量突出己方优点和长处，避免谈及缺点和不足的策略。这种策略的目的是要改善推销人员在洽谈中所处的不利地位。例如，本企业产品在合格率及性能先进性方面落后于同类产品，但是，价格便宜、能够大量供应、提供不合格产品的退换货制度、提供零配件供应和厂家售后维修的支持等方面是己方的长处。因此，推销洽谈人员就可以在这些方面下功夫，突出自身的优势，说服对方，达成交易。

运用这种策略进行洽谈时，推销人员应注意，扬长避短是突出优势、弥补不足，绝不意味着弄虚作假、欺骗对方。

三、曲线求利策略

一般来说，推销洽谈的双方为了交易的达成都必须做出一些让步。为己方谋取利益必须从整体的角度考虑，而不能只是在某些小地方坚持己见甚至钻牛角尖。曲线求利策略就是从这一思想出发，在某些条件上己方可以向对方做让步，损失部分利益，但是可以通过在其他方面提出条件要求对方让步来弥补这部分利益的损失。例如，产品降价的损失可以通过提高技术转让费和易损零配件的价格等来弥补；坚持产品要价不松动，则可以通过免费提供人员培训以及运货和安装等服务来弥补对方的损失。

四、先发制人策略

先发制人策略是指在洽谈中由推销方先提出有关条件和合同草本的策略。例如，预先提出一个包含产品价格、供应数量、品种、规定产品的构成比例、付款方式等的洽谈框架。在这种情况下，对方很难另起炉灶，再提出一个方案，只能在已有方案的基础上做有限的修改。

先发制人要求知己知彼，掌握当前市场的有关情况及双方的力量对比，提出的条件要适度，过高容易导致洽谈失败，过低则会失去一定的利润。这种策略对推销方来说，多数应用于大企业对小买主的情况。先发制人并不意味着就是一口说死，不可改变。所以，提出方案后还要准备应变方针，即哪些条件可以让步，哪些条件是不能让步的，让步可以让到什么程度，等等。

如果对方采取这种策略，推销方不应为其所动，不能被对方牵着鼻子走。应该坚信，任何条件都是可以通过洽谈改变的，所以要按照己方原定的方针进行洽谈，不能被对方的方案束缚住手脚，而不敢提出自己的方案或条件。

五、步步为营策略

步步为营策略是指推销人员在推销洽谈中，不是一次就提出总目标，而是先从每一具体目标的洽谈入手，最后完成整个洽谈目标的洽谈策略。例如，先就订货数量、产品规格、型号、质量标准等进行洽谈，等达成一致意见后再就产品价格进行洽谈，然后再就付款方式、交货时间等进行洽谈。在每个具体问题上都取得了成果，基本上也就完成了总的洽谈任务。

实例 6－5

文森特是个保险推销员，他很擅长逐步引导客户进行购买。例如：

“我们登记您妻子做受益人行吗?”

“好的。”

“您愿意一年交一次保险手续费，还是半年一次，或者是一季度一次?”

“半年一次吧。”

“您想免缴附加保险费吗?”

“不。”

“您想免缴意外死亡保险费吗?”

“不。”

“好吧，请在这里签字。”

文森特赢得客户，就是建立在这种巧妙提问的基础上的。一切显得如此顺理成章，甚至客户还没有任何察觉就自己做出了选择。

六、折中调和策略

折中调和策略是指在洽谈处于僵持局面时，由一方提出折中调和方案即双方都做出一些让步以达成协议的策略。例如，推销方同意降价 15%，但顾客也得同意将订货数量增加 30%；推销方愿意以优惠价供应这条生产线，但顾客必须再订购 1 000 套散件。

折中调和貌似公平，但是实际上并不一定。所以，对付这种策略必须权衡得失，要经过仔细的计算，用数字说明问题。折中调和本身就意味着双方都有让步的余地，所以，坚持自己的原则立场，在关键问题上不做让步，有时是可以使对方妥协、达成交易的。

本章小结

推销洽谈是推销人员运用各种方式、方法和策略去说服顾客购买推销品的过程，也是推销人员向顾客传递推销信息的过程。推销洽谈是推销人员最重要的工作之一，它是实现成交的过程和手段。对于任何一个推销人员来说，必须在掌握推销洽谈相关基本知识的基础上领会推销洽谈的方法和策略。推销洽谈的方法主要有诱导法、介绍法、提示法、演示法等；策略主要包括自我发难策略、扬长避短策略、曲线求利策略、先发制人策略、步步为营策略、折中调和策略等。这些方法和策略的妥善运用，是推销成功的关键。

练习与思考

一、案例分析题

对话 1：

李老太到集市买李子，她走到第一家水果店门口。

问店员：“这个李子怎么卖?”

店员回答说："每斤 1.8 元。这李子又大又甜，很好吃的。"

李老太没等她话说完，转身就走了。

对话 2：

李老太走到第二家水果店门口。

问店员："你这李子怎么卖？"

店员回答说："每斤 1.8 元。您要什么样的李子呢？"

李老太说："我要酸的李子。"

店员说："正好我这李子又大又酸，您尝尝。"

李老太选了一个尝了尝，有一点酸，于是买了两斤。

对话 3：

李老太提着李子回家时路过第三家店，她想验证下她买的李子是不是贵了。

问店员："你这李子多少钱一斤？"

店员回答说："每斤 1.8 元。您要什么李子呢？"

李老太说："我要酸的李子。"

店员奇怪："这年头大家都要甜的，您为什么要酸的呢？"

李老太说："我儿媳妇怀孕四个月了，想吃酸的。"

店员说："原来这样？那您为什么不买点猕猴桃呢？猕猴桃口味微酸，营养丰富，特别是含丰富的维生素，同时这些维生素很容易被小宝宝吸收呢！既可满足您儿媳妇的口味，也为小宝宝提供了丰富的维生素，一举两得呢！"

李老太觉得店员说得有道理，于是买了两斤猕猴桃。

问题：相同的场景下，为何产生了不同的推销效果？

二、实训题

假设你是某商场某一品牌电视机（品牌由学员自己设定）的销售人员，当顾客（可随机指定其他学员扮演）来到电视机前驻足时，你要如何进行推销洽谈？

顾客扮演者任务：

——至少 2 次对产品提出质疑

——至少 2 次拒绝购买

推销员扮演者任务：

——推销员的开场白

——引起顾客兴趣

——适时地倾听

——了解顾客需求

——解决顾客的质疑

——尽力达成销售

三、复习思考题

1. 如何理解推销洽谈？它在推销过程中地位如何？
2. 推销洽谈的原则有哪些？你是如何理解的？
3. 简述推销洽谈的方法及其应用。
4. 简述推销洽谈的策略及其应用。

第七章

处理异议

本章学习目标

学完本章后，应该能够：

1. 了解顾客异议产生的根源及顾客异议的类型；
2. 了解处理顾客异议的原则与步骤；
3. 熟练掌握并能灵活运用处理顾客异议的技巧。

导入案例

亚伯特·安塞尔是铅管和暖气材料的推销商，多年以来一直想跟布洛克林的某一位铅管承包商做生意。那位铅管承包商业务极大，信誉也出奇的好。但是安塞尔一开始就吃足了苦头。那位铅管承包商是一位喜欢使人窘迫的人，以粗线条、无情、刻薄而感到骄傲。他坐在办公桌的后面，嘴里衔着雪茄，每次安塞尔打开他办公室的门时，他就咆哮着说："今天什么也不要！不要浪费你我的时间！走开吧！"

然后有一天，安塞尔先生试试换了一个理由去见客户，这一次他的说辞是——请你帮个忙。

安塞尔的公司正在商谈准备在长岛皇后新社区开一家新的公司。那位铅管承包商对那个地方很熟悉，并且做了很多生意，因此，安塞尔去拜访他时就说："先生，我今天不是来推销什么东西的。我是来请你帮忙的。不知道你能不能抽出一点时间和我谈一谈？"

"嗯……好吧，"那位承包商说，嘴巴把雪茄转了一个方向，"什么事？快点说。"

"我们公司想在皇后新社区开一家公司，"安塞尔说，"你对那个地方了解的程度和住在那里的人一样，因此我来请教你对那里的看法。你看好还是不好呢？"

情况有些不同了！多年以来，那位承包商总向推销商吼叫，命令他们走开，而今天当这位大公司的推销员跑来向他请教问题时，他觉得自己很重要。

“请坐请坐。”他说，接着他用一个多小时详细地解说了皇后新社区铅管市场的特性和优点。他不但同意那个分公司的地点，而且还把他的注意力集中在购买、储备材料和开展营业等全盘方案上。他告诉安塞尔一个批发铅管公司如何去展开业务，进而，他扩展到了私人方面，变得非常友善，并把家务的困难和夫妇不和的情形也向安塞尔先生诉苦了一番。

“那天晚上当我离开时，”安塞尔先生说，“我不但口袋里装了一大笔初步订单，而且也建立了坚固业务友谊的基础。这位过去常常吼骂我的家伙，现在常和我一块儿打高尔夫球。这个改变，都是因为我请他帮了个小忙，而使他觉得有一种重要人物的感觉。”

资料来源：广通. 经典营销故事全集. 北京：地震出版社，2009.

问题：安塞尔是如何使目标客户转变态度的？

第一节　顾客异议的根源和类型

一般情况下，当推销人员以各种方法和手段向顾客介绍产品和服务的有关信息以后，顾客会有不同的反应，或是积极响应愿意购买，或是迟疑观望，或是提出一些不同的意见而拒绝购买。实践证明，积极响应的顾客比较少见，大约只占15%。日本一位推销专家曾这样说过：“从事推销活动的人，可以说是同拒绝打交道的人；战胜拒绝的人，才是推销成功的人。”在大多数情况下，顾客会对推销产品或推销人员提出一些不同的意见、看法和问题，并以此作为拒绝购买的理由。被顾客用来作为拒绝购买理由的各种问题、意见和看法就是顾客异议。

一、顾客异议产生的根源

顾客异议产生的根源是指引起顾客异议的深层原因及其相关的影响因素。顾客异议产生的根源是多种多样的，各因素之间互相联系、互相影响。

（一）顾客方面的原因

1. 顾客没有真正意识到自己的需求

由于顾客一直习惯于原来的消费方式，没有意识到自己其他方面的需求或新的消费方式，从而缺乏对新产品或新服务项目的需求及购买动机。推销员对因为缺乏认识而导致需求异议的顾客，应进行深入、全面的调查，从关心与服务顾客的角度出发，通过详细讲解使顾客发现、认识其需求。

2. 顾客对产品的认识不足

随着科学技术的发展，产品更新换代的速度日益加快，新产品的功能也日益强大。但是由于更新速度太快，顾客来不及完全认识新产品，从而产生异议。此时，推销人员应通过各种有效的演示和介绍方法，浅显易懂地向顾客推荐产品。

实例 7-1

2012 年 12 月底，家住北京昌平区、75 岁的杜某和老伴拿着刚补发的年底分红 5 万元到附近某银行存款。办理完后，老两口才发现他们办理的是人身保险的定期存款（属于一种银保产品）。随后，杜某拿着这份银保存单咨询后被告知，当事人已经在协议上签字，不能更改。对此，老两口觉得十分气愤，到昌平区阳坊法律援助工作站咨询维权。

在法律援助工作站工作人员的耐心调解下，保险公司及银行最终同意为老人将人保定期储蓄更改为活期储蓄。同时，银行负责人表示将进一步加强银保人员的管理，并欢迎广大群众通过“3·15”消费者热线和银监会等监督平台对他们的工作进行监督指正，确保类似的事情不再发生。

3. 顾客缺乏足够的购买力

顾客的购买能力是实现顾客购买的物质基础。如果顾客缺乏购买能力，就会拒绝购买或选择延期付款等其他结算方式作为购买推销品的条件。常见的情况主要有以下三种：

(1) 顾客经济状况一直不好，没有资金支付；

(2) 顾客暂时出现经济困难，一时难以筹措资金；

(3) 顾客以缺乏支付能力为借口，向推销人员施加压力，以达到拒绝购买或者争取更多的交易利益的目的。

对于这三种情况，推销人员应该区别对待：对于完全没有支付能力的顾客，推销人员应该慎重推销；对于暂时出现经济困难的，推销人员可在顾客有抵押、保证等担保条件下向顾客推销产品；对于以缺乏支付能力为借口的，推销人员可在不损害己方利益的前提下，适当让步，从而达成交易。在判断顾客的支付能力过程中，需要注意的一点是，有的顾客不愿意承认自己缺乏支付能力，而以其他种种理由拒绝购买，从而影响推销人员的判断。

4. 顾客的偏见、成见及购买经验

偏见与成见往往不符合逻辑，其内容十分复杂并带有强烈的感情色彩，推销人员不是靠讲道理就可以轻易消除由此而产生的异议的。顾客在以往的购买活动中都会获得一些经验和教训。当推销活动与顾客经验有偏差时，顾客就会产生异议。推销人员对由于偏见、成见及购买经验而产生异议的顾客，要努力消除顾客的成见，否则推销人员的介绍一定会受到质疑。

5. 顾客有比较稳定的采购关系

在长期的消费过程中，大多数顾客都有一些比较稳定的采购关系和固定的交易伙伴。一般情况下，顾客在接受新的交易伙伴时，必然会考虑与原有采购关系的协调问题。只有当顾客确信通过此次交易，他可以得到更可靠的合作或更多的利益时，他才会考虑是否舍弃原有关系，接受新的合作。

6. 顾客的决策权有限

如果顾客说“这个事情我做不了主，等我们头儿回来再说吧”，或者“这个事情不属于我们部门管理的范围，实在很抱歉”等，就可能表明顾客没有决策能力。但有时顾客往往不愿意承认这一点，所以，推销人员在对顾客进行资格审查时，要对顾客的需求、支付能力和决策能力进行严格的评估。

（二）推销方面的原因

1. 推销品本身的问题

产品的性能、款式、质量、包装、价格等不能满足顾客的需求，这是比较常见的导致顾客异议的原因。对此，推销员可以采取以下措施：

（1）尽量强调产品给顾客带来的利益；

（2）强调产品的适用性，向顾客说明性价比；

（3）适当提供售后服务保证。

2. 以前的产品推销人员信誉不佳

由于以前的推销人员在推销过程中曾经欺骗顾客，不严格履行合同等，顾客对其公司商业信誉方面表示怀疑并提出异议。在这种情况下，推销员应诚恳地解释，并以实际行动争取顾客的信任，此外还可以采用商业担保形式消除顾客的顾虑。

3. 推销信息匮乏

在推销过程中，如果推销人员提供的相关信息不足，不具有代表性和说服力，顾客就难以做出决定，也会因此提出各种异议。因而，推销人员应掌握大量相关信息，抓住关键信息，并以有效的方式传达给顾客。

二、顾客异议的类型

顾客异议是指顾客对推销品、推销人员、推销方式或交易条件产生的怀疑、抱怨，提出的否定或反面意见。顾客提出异议往往是出于保护自己的目的，其本质不具有攻击性，但它的后果却不能忽视，它不但可能影响一次推销的成功，还可能形成舆论影响，造成对推销活动在空间、时间上扩大的不利影响。要消除顾客异议的负面影响，首先要区分顾客异议的类型，然后采取相应的办法予以处理。

（一）从顾客异议的主体划分

1. 借口

这种顾客异议是指顾客并非真正对推销品不满，而是有别的不便明说的理由而提出的异议。例如，有的顾客为了掩饰自己无权做出购买决定，就推说产品质量有问题。在这种情况下，推销员即使消除了顾客的异议也不能达成交易。这时推销员应当首先了解顾客隐藏在借口后面的真实动机，帮助顾客消除真正的障碍。但同时要注意给顾客一个从借口立场上下来的台阶。

2. 真实的意见

这是指顾客确实有心接受推销，但从自己的利益出发对推销品或推销条件提出的质疑和探讨。例如，对产品功能、价格、售后服务、交货期等方面的顾虑等。在这种情况下，顾客十分注意推销员所做的反应。此时，推销员必须做出积极的响应，有针对性地补充说明商品的有关信息。推销员如果回避问题、掩饰不足，将会导致推销的失败。承认问题，并提出解决问题的办法，才能解决这类顾客异议。

3. 偏见或成见

这是指顾客从主观意愿出发，提出的缺乏事实根据或不合理的意见。对于这类异议，推销员应从顾客的角度出发，理解他们所提出的异议，对其偏激、片面之处予以委婉的劝导，让其保留自己的观点，引导其将注意力放到能对推销品做出正确认识的新问题上来。例如，有的顾客认为保健品价格太高，不值得购买。推销员可以附和说，保健品价格确实比食品要高一些，但是服用保健品后，增强了体质，能够减少疾病，节省医疗费用，还是合算的。如果顾客接受了这样的观点，就有可能在比较利弊之后接受推销品。

（二）从顾客异议指向的客体划分

1. 需求异议

需求异议是顾客自认为根本不需要推销产品而产生的异议。常见的需求异议如“我们已经有了”“我们已经有很多存货”“这个东西有什么用”，等等。顾客提出这种异议，或许是借口，或许是对推销品能带给自己什么利益缺乏认识。推销人员应对顾客的需求异议做具体分析，弄清异议产生的真实原因，并加以妥善处理。从现代推销理论来讲，早在顾客审查阶段，推销人员就已对顾客的需求状况做了严格的资格审查，在接近准备阶段又进行了更具体的需求状况分析，因此推销人员对顾客的需求和爱好应该是心中有数的。推销人员应该利用自己所掌握的情况巧妙转化顾客的异议。如果顾客是因为缺乏对产品的认识，推销人员就应当详尽地介绍产品，帮助顾客认识到产品能给其带来的利益。当然如果顾客确实不需要推销品，这时推销员就应当停止推销。因为推销活动是建立在满足顾客需求的基础上的，如果顾客确实不需要推销品，而推销人员仍要推销给顾客，是很难达成交易的，就算是勉强达成交易，顾客事后也可能产生不满。

2. 支付能力异议

支付能力异议是指顾客认为他支付不起购买产品所需的款项而产生的异议。常见的异议有：“产品确实不错，但是我们无钱购买”“我很想买，但钱不够”“最近资金周转有点紧张，很对不起”“您说的我相信，但价格贵，我买不起”。

对于顾客的支付能力异议，推销员应根据在资格审查与资信审查中掌握的情况分别处理：

（1）如确属无支付能力的顾客，推销员应立即停止推销洽谈并吸取教训。

（2）如属于有支付能力的，应该继续找出异议产生的真正原因，再分情况有针对性地进行处理。

3. 决策权力异议

决策权力异议是指顾客表示无权对购买行为做出决策的异议。上门推销时，顾客有时会说：“这件事我做不了主，需要厂长做决定。”有的顾客甚至干脆说：“订货的事我无权决定。”类似这样的言语称之为决策权力异议。从权力异议的性质来看，真实的权力异议是成交的主要障碍，说明推销员在顾客资格审查时出现了差错，应予以及时纠正，重新接近有关销售对象；而对于虚假的权力异议，应看做是顾客拒绝推销人员和推销品的一种借口，要采取合适的转化技术予以化解。推销员应仔细鉴别，针对不同情况做出处理。

4. 产品异议

产品异议是指顾客对产品不满而提出的异议。在洽谈过程中，当顾客对所推销产品的质量、规格、品种、设计样式、包装装潢方面提出反对意见时，说明顾客对产品有了异议。产品异议是一种常见的顾客反对意见，一旦顾客担心眼下所推销的产品不能满足自己的需要时，必然会产生某种异议。这类异议带有一定的主观色彩，主要是顾客的认识水平、购买习惯以及其他各种社会成见影响所造成的，与企业的广告宣传也有一定的关系。推销员应在充分了解产品的基础上，采用适当的方式进行比较说明以消除顾客的异议。

5. 价格异议

价格异议是指顾客认为产品价格过高或过低而提出的异议。这是顾客最容易提出来的问题，因而也是最常见的一种异议。在推销工作中经常会听见一些议论："这个商品的价格太高了""这个价格我们接受不了""别人的比你的便宜"，等等。这是顾客受自身的购买习惯、购买经验、认识水平以及外界因素影响而产生的一种自认为推销品价格过高的异议。

许多顾客在产生购买欲望之后，首先就会对价格提出异议。对价格的异议通常包括价值异议、折扣异议、回扣异议、支付方式异议以及支付能力异议等。折扣异议和回扣异议是顾客对价格折扣和回扣的数量、方式等提出的异议。支付方式异议是对用现金支付还是非现金支付，是一次性支付还是分期付款等产生的异议。支付能力异议是顾客以无钱购买为由提出的一种异议。通常顾客出于面子和信用的考虑，是不愿意让别人知道其经济状况不佳的。如果提出这种异议，可能是寻找借口拒绝购买。

6. 服务异议

服务异议是顾客对推销品交易附带承诺的售前、售中、售后服务的异议，如对服务方式方法、服务延续时间、服务延伸度、服务实现的保证程度等多方面的意见。根据营销学对产品整体概念的分析，服务是产品的附加部分，有关服务的异议属于产品异议。但在市场竞争日益激烈的情况下，加强服务、提高商品的附加值已经成为企业竞争中的一种重要手段。顾客购买行为能否发生，很大程度上取决于企业能够提供什么服务以及服务的质量和水平。

顾客异议是多种多样的，推销人员必须根据推销品的特点，在推销计划实施之前，对各种可能出现的顾客异议做出预测和分析，做好化解各类顾客异议的准备，这样就能大大提高推销洽谈中的应变能力，有利于妥善处理好顾客异议。

第二节　处理顾客异议的原则和步骤

俗话说："小不忍则乱大谋。"这句话用在商品推销上是最合适不过的了。在推销活动中，推销人员常常会遇到顾客提出的各种各样的异议。这就要求推销人员要千方百计、灵活地运用一切方法来消除顾客异议，以促成交易。而首要的是要掌握处理顾客异议的基本原则和步骤。

一、处理顾客异议的原则

推销人员不能限制或阻止顾客提出异议，只能设法加以控制和引导。在处理顾客异议时推销人员应注意把握以下原则。

（一）情绪轻松，避免紧张

推销人员要认识到异议是必然存在的，在心理上不可有过激的反应，听到顾客提出异议后应保持冷静，不可动怒，更不可采取敌对行为，应当继续以笑脸相迎，同时了解反对

意见的内容、要点及重点，一般多用下列语句作为开场白："我很高兴您能提出这些意见""您的意见非常合理"，等等。

想要轻松地应对异议，推销人员必须对产品、公司政策、市场及竞争者有全面的认识，这些是控制异议的必备条件。

（二）认真倾听，找出异议原因

顾客既然提出异议，一定有他自己的理由。所以，对待有异议的顾客，要尊重、理解、体谅，并找出异议产生的真正原因，然后帮助他、说服他。这是取得顾客信任的极好的方法。

当顾客提出异议时，推销人员要认真倾听，同时还要带着问题，例如，他为什么会提出这方面的问题？他为什么在这个时候提出这个问题？等等。此外，推销人员应适时提问，并仔细对顾客的回答加以分辨，弄清顾客异议的真正含义。推销人员让顾客讲得越多，就能越清楚地了解顾客异议产生的真正原因。此外，推销人员必须承认顾客的意见，以示对其尊重，这样当提出相反意见时，顾客也容易接受。

（三）保持真诚合作的态度

从某种程度上说，商品推销实质上就是推销人员与顾客双方如何合作的问题。虽然真诚合作的态度应是双方的，但作为推销人员要首先表露出这种态度来。当顾客提出异议时，推销人员不仅要面露微笑，认真倾听，耐心讲解，还要用实际行动——提供优质的、全方位的服务表现出真诚合作的态度。

推销人员应以坦诚的态度来处理顾客异议，必要时可将有关数据、资料或证明送交给顾客，以解决问题。

实例 7－2

请感谢那些投诉你的顾客

顾客投诉不可避免，就算是最好的公司也不例外。投诉实质上是顾客在免费帮你找出问题、解决问题、改进业务。面对投诉，要克服排斥心理，把它当作一个提升公司产品和服务质量的机会，认真倾听，真诚致谢。

当顾客由于你的失误开始咆哮时，一般人会感到不痛快，甚至有抵触情绪，这很正常。不过当这种情况发生时，你还是应该用心聆听。理由如下：

这是个留住顾客的好机会

丽思·卡尔顿酒店（Ritz-Carlton）各方面几乎都是世界一流，不过他们最重视的还是出色的顾客服务。他们认为，微小的错误实际上是营造优秀用户体验的好机会。甚至有传闻说，那里的员工会故意在一些小问题上不满足顾客的要求，然后郑重其事地道歉、提供补偿，让顾客留下深刻的好印象。本质上讲，他们是在导演故事，让顾客在亲友圈中传播。结果，心怀不满的顾客最后反而变成了终身支持的顾客。

想想另一种情况：即使你不向顾客提供抱怨的机会，他们还是会用实际行动表达不满——出门以后，他们就再也不会回来了。

这是个发现问题、解决问题的好机会，而且还是一个免费的机会

不少公司每年都要花费数百万美元来开展形式多样的顾客反馈调查，从而搞清楚他们哪里做得好，哪里做得不对。而其中有许多公司却往往忽视了顾客直接给出的信息。伟大的公司不会将顾客的投诉作为经营中令人不快的副产品，而是接纳它们，借此找出沟通、流程或政策上的宏观问题。

这是向顾客展现公司人性化一面的好机会

杰夫·贝佐斯是亚马逊（Amazon）的创始人和领袖，他明白“公司官方用语”不适合用于应对顾客的投诉。2009 年，亚马逊由于草率地删除了非法下载的 Kindle 版《一九八四》和其他图书而遭遇了大量投诉。公司除了采用了官方语言进行回复，还一反常态地附上了一封贝佐斯给顾客的非常人性化的道歉信。信中没有含糊其辞，而是坦率地承认了错误。消费者不仅接受了道歉，其中许多人还上网声援贝佐斯，表达了自己对于亚马逊的支持。

所以下次当顾客打电话投诉时，请认真倾听，而且一定要说声“谢谢”。

（四）尊重顾客，适时处理顾客异议

推销人员应切记不可忽视或轻视顾客的异议，以免引起顾客的不满或怀疑而使交易谈判无法继续下去。推销人员更不能赤裸裸地直接反驳顾客，如果粗鲁地表示反对，甚至指责其愚昧无知，会使顾客受到伤害，双方的关系将永远无法弥补。

对于顾客提出的异议，推销人员应选择适当的时机予以答复。一般来讲，推销员能够给予异议一个圆满答复的，应该立即处理；对于不能自圆其说的，或是异议偏离主题的，推销人员可以不马上给出答复。推销人员对于意料之中的异议，应该先做好准备，先发制人，在顾客提出异议之前予以解答，以消除顾客的疑虑。

实例 7-3

2007 年发生了全国首例手机电池爆炸致死事件，作为问题手机的制造商——摩托罗拉未能在第一时间内采取积极的应对措施，在事发大约 10 天之后，以推卸事件责任为出发点，将这起爆炸事件的责任推到了手机电池上，同时在没有权威证据的前提下，宣称爆炸元凶非摩托罗拉原装电池。这样一来，使得原本主要因用户在高温条件下的长时间错误用机导致的爆炸事件一波不平一波又起。这一回应除了使众多媒体与广大公众认清了摩托罗拉推卸事件责任的真面目外，还引发了在广东等多地的手机电池安全检查中的更大被动。

（五）准备撤退，保留后路

推销人员应该明白，顾客有些异议是不能轻而易举地解决的，但面谈时所采取的方法对于双方将来的关系会有很大的影响。如果认为一时不能成交，那就应设法敞开今后重新洽谈的大门，以期再有机会去解决这些分歧。因此，推销人员要时时做好遭遇挫折的心理准备，学会在适当的时候做“理智的撤退”。

二、处理顾客异议的步骤

无论一个推销人员的推销能力多么出色，在交易的过程中都难免会面对一些顾客异议。因此，对推销人员来说，事先了解清楚处理顾客异议的步骤是非常重要的。在处理顾客异议时，一般来说有以下几个步骤，如图 7-1 所示。

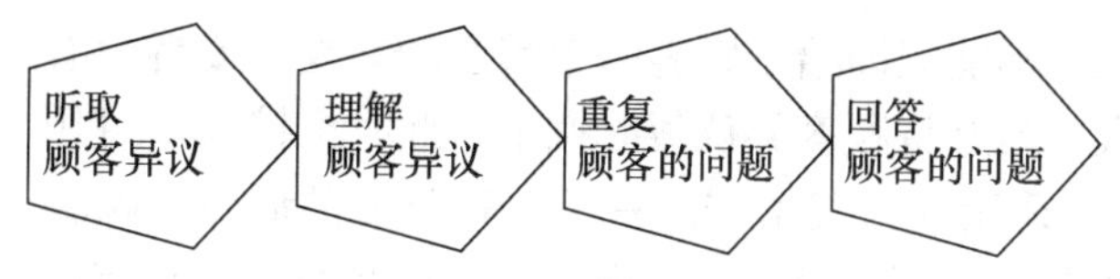

图 7-1　处理顾客异议步骤图

（一）认真听取顾客的异议

推销人员在听取顾客的异议时，应全神贯注，认真倾听，并适时做些引导，要在顾客全部讲完后，再诚恳地解答顾客异议。在实际推销工作中，一些推销人员，特别是年轻的推销人员，一旦遇到顾客的异议，就心情紧张，急于辩解，希望在气势上压倒顾客，这是大错特错的，这样最终只能引起顾客的不满，使顾客拂袖而去。

（二）理解顾客异议

推销人员要明白，从顾客的角度来说提出异议是合情合理的，推销人员要向顾客表达出自己是理解他们考虑问题的方法和立场的，但这并不表示推销人员完全赞同顾客的观点。在解决异议阶段，推销人员与顾客之间肯定有矛盾和分歧，为了减少对立，推销人员需要赢得顾客情感上的认同。

实例 7-4

海尔公司曾经接到过一个投诉，四川的一位农民投诉海尔洗衣机排水管老是被堵，服务人员上门维修时发现，这位农民用洗衣机洗红薯，泥土多，当然容易堵塞。服务人员并不推卸自己的责任，而是帮顾客加粗了排水管。顾客感激之余，埋怨自己给海尔人添了麻烦，还说如果能有洗红薯的洗衣机，就不用烦劳海尔人了。农民的一句话，被海尔人记在了心上。海尔营销人员调查四川农民使用洗衣机的状况时发现，每当红薯大丰收的时节，许多农民除了卖掉一部分新鲜红薯，还要将大量的红薯洗净后加工成薯条。但红薯上的泥土洗起来费时费力，于是农民就动用了洗衣机。更深一步的调查发现，在四川农村有不少洗衣机用过一段时间后，电机转速减弱、电机壳体发烫。向农民一打听，才知道他们冬天用洗衣机洗红薯，夏天用它来洗衣服。这令张瑞敏萌生一个大胆的想法：发明一种洗红薯的洗衣机。1997 年海尔为该洗衣机立项，1998 年投入批量生产。首次生产了 1 万台投放农村，立刻被一抢而空。

（三）重复顾客提出的问题

重复顾客提出的问题是与顾客沟通的一种技巧，至少有四个方面的好处。首先表明推销人员认真听取了顾客的意见；其次能检验推销人员是否正确理解了顾客的观点；再次可以使顾客在推销人员复述时对自己的观点进行思考；最后能鼓励顾客以合乎逻辑的方式继续表明观点。

（四）回答顾客提出的问题

在通常情况下，推销人员应该即时回答顾客异议，但也并不是说所有的顾客异议都要马上回答，在回答顾客异议之前作短暂的停顿，可以让顾客觉得推销人员的回答是经过思考后才做出来的，是负责任的，不是随意敷衍顾客的。另外，推迟回答也会让顾客更加注意听取推销人员的意见。特别是在出现以下两种情况时，推销人员最好推迟回答顾客异议：

（1）如果推销人员不能立即给予顾客一个满意的答复，或者没有足够资料做出说服性的回答，那么推销人员最好将顾客异议暂时搁下。此时推销人员可用“对不起，等会让我们的总工给您答复”“请稍候，我给您问一下”等类似的话回答顾客。这样，推销人员能向顾客表明自己是认真对待顾客异议的，容易得到顾客的理解和信任。

（2）如果推销人员马上回答顾客的异议会妨碍自己深入、细致地进行说服工作，甚至会影响整个推销计划，那么，推销人员不必马上回答顾客异议。稍后，再逐渐将话题引到推销品上，迂回回答顾客的异议。

在大多数情况下，一旦顾客提出异议，推销人员就应该按以上步骤进行处理，但在某些特殊情况下，推销人员可以回避或推迟处理顾客的异议，比如在面谈开始阶段顾客提出的价格异议，推销人员可以暂时不予处理。对于顾客提出的虚假异议或明显的借口，推销人员也可以不予理会。

需要特别注意的是，对顾客的异议不予回答，只有在万不得已的情况下才使用，以免触怒顾客。如果推销人员经过认真倾听、分析，感到不理睬顾客会引起其不满或疑心时，最好还是耐心解答，不要“装聋作哑”。

综上可知，在实际处理顾客异议时，推销人员只有选择最有利于处理异议的时机和方式，才能取得处理异议的最佳效果。为此，推销人员要认真倾听顾客异议，仔细分析辨别，密切注意顾客的行为及情绪变化，抓住处理顾客异议的最好时机。

第三节　处理顾客异议的方法

顾客异议是推销的障碍，它给顾客极强的消极心理刺激，使顾客在认识上和感情上对推销活动产生抵触情绪。为了进行有效的推销，推销人员既要抓住适宜的时机，又要针对具体问题，选用合适的方法，灵活、妥善地处理顾客异议。下面介绍几种常用的处理顾客异议的方法。

一、补偿法

补偿法又称抵消法、平衡法，是指推销人员利用顾客异议以外的优点、利益来补偿或抵消顾客异议的一种处理方法。当顾客的反对意见确实有道理时，推销人员就不应采取否认态度，而应先肯定顾客的意见并提供一定的补偿。

例如，一位顾客说：“IBM 电脑确实不错，就是价格高了点！”这是一种客观的购买异议。推销人员不应予以反驳和否定，而是在肯定的基础上采用补偿法。如：“价格确实有点贵，但质量可靠呀，在 5 年之内几乎不会出现故障。对您来说，最宝贵的是时间，您购买 IBM 电脑就相当于配备了一名能干的助手，您不用再为修理电脑而花费大量时间和精力了，您的工作效率肯定会提高。”推销人员运用补偿法承认顾客异议，并突出了诉求重点，抵消了顾客异议，使顾客在心理上找到了平衡，有利于交易的达成。

实例 7－5

一位房地产推销人员承担了一项很艰难的房产推销任务。尽管所要推销的房产存在明显的缺点，但推销人员能充分挖掘其优点来说服顾客，最后终于完成了任务。

下面是这名推销人员与顾客之间的对话：

顾客："怎么？楼房附近还有一家小木材加工厂？会有噪声吧？"

推销人员："是啊，这房子美中不足的正是离木材加工厂稍近了一些，可能会有噪声。这也正是我们这么好的房子卖这么便宜的原因。您看，这房子的地点，四通八达，出行便利，周围又有医院、幼儿园、学校、超市，而且房子的朝向正、结构合理，又很实用，价格还比同类房产便宜20%。如果您觉得加工厂的噪声没太大的关系，那么这房子是再合适不过的了。我陪您去看看？"

顾客："好吧。"

（顾客看房后）

顾客："啊，你特别提到噪声问题，我们还以为很严重，其实比我们现在住的临公路的房子好多了。而且加工厂每天只工作几小时，没关系，就是它了。难得你这么坦诚，我很放心。"

……

就这样，推销人员顺利完成了原本很难做的生意。

（一）补偿法的优点

对于顾客针对推销品的某些不足而提出的异议，推销人员可以巧妙地运用补偿法来化解顾客的异议。补偿法具有下列优点：

（1）有利于推销人员赢得顾客。当顾客因对推销品的某些不足而提出异议时，推销人员坦诚地承认事实，这不仅让顾客在心理上获得被尊重的满足，而且还能赢得顾客的赞许和信任。同时，也有助于建立良好的人际关系及融洽的商谈气氛。

（2）有助于重点推销，促成交易。运用补偿法进行推销，推销员不仅能坦诚地认同顾客的异议，而且还能适时地着重提出推销品的其他优点，并通过说明与解释，让顾客既看到推销品的不足，又能看到推销品的长处，而且让顾客相信其长处大于短处。

（3）可以给推销员留有一定的回旋余地。坦白承认推销品的不足，可为推销员在顾客抱怨的时候留有回旋余地。因为推销员已经有言在先，而决定是顾客自己最终做出的。

（二）应用补偿法应注意的问题

（1）推销人员首先要承认、肯定顾客异议，尤其对顾客的有效异议，绝不能一味地反对与否认。尽管顾客异议可能有不合理之处，但是只要顾客提出产品客观上存在的不足，推销员就应该表示肯定。

（2）必须区分出有效的、能给予补偿的异议。有效异议隐藏于顾客的众多异议之中，推销人员应加以分析、区别。在不可能对顾客所有异议进行补偿的情况下，补偿那些真实有效的主要异议，淡化那些不能给予补偿的异议。

（3）切忌在某些疑虑与问题上与顾客纠缠不清，这样容易浪费大量宝贵的时间，降低推销效率。

二、反驳法

反驳法又称直接否定法，是指推销人员根据较明显的事实与理由，对顾客提出的异议进行直接否定的一种处理方法。

例如，顾客异议："你们的产品比别人的贵。"推销员回答："不会吧，我这里有同类商品不同企业的报价单。我们产品的价格是最低的。"

又如，顾客异议："这种分体式空调机只负责上门安装，又没有说上门维修，坏了不知道怎么办，我既不会拆，又不会装，还是不买了。"推销员回答："你尽可放心，生产这种空调机的厂家，在我市有特约维修服务部，随时可以上门维修、保养。你看产品说明书上写明了维修服务部的地址和电话。"

（一）反驳法的优点

（1）以合理而科学的根据反驳顾客，能加强推销的说服力，增强顾客的购买信心。

（2）针对顾客异议中的谬误，直截了当地回答，可以有效地节省时间，提高推销效率。

（二）应用反驳法应注意的问题

（1）反驳法并不适用于所有的顾客异议，只有当顾客异议是由顾客的偏见、成见、信息不足等原因引起的，才能使用反驳法。

（2）必须运用科学合理的根据去反驳顾客异议。

（3）应当始终保持良好的推销氛围，反驳法如使用不当，容易引起双方的正面冲突，不利于推销活动。因此，推销人员应做到态度诚恳，面带笑容，用词委婉，从顾客角度出发说服顾客。

三、利用法

利用法又称转化法、反戈法，是指推销人员直接将顾客异议中有利于推销成功的观点转化为自己观点的一部分来消除顾客异议，说服顾客接受推销的一种处理异议的方法。这种方法的实质就是"以子之矛，攻子之盾"，即把顾客拒绝的理由转化为说服顾客的理由，把成交的障碍转化为成交的动力。例如，顾客说："成品油又涨价了？"推销人员回答："每升涨了 0.20 元。根据市场行情，下个月还会再涨，您最好多买几桶储备着，可以节约一部分资金。"

实例 7－6

在一次冰箱展销会上，一位打算购买冰箱的顾客指着不远处一台冰箱对身旁的推销员说："那种 AE 牌的冰箱和你们的这种冰箱同一类型，同一规格，同一星级，可是它的制冷速度要比你们的快，噪声也要小一些，而且冷冻室比你们的大 12 升。看来你们的冰箱不如 AE 牌的呀！"推销员回答："是的，你说得不错。我们冰箱噪声是大点，但仍然在国家标准允许的范围以内，不会影响你家人的生活与健康。我们的冰箱制冷速度慢，可耗电量却比 AE 牌冰箱少得多。我们冰箱的冷冻室小但冷藏室很大，能储藏更多的食物。你一家三口人，每天能有多少东西需要冰冻呢？再说吧，我们的冰箱在价格上要比 AE 牌冰箱便宜 300 元，保修期也要长 6 年，我们还可以上门维修。"顾客听后，脸上露出欣然之色。

（一）利用法的优点

（1）可以充分利用顾客的反对意见，将其转化为说服顾客的正当理由。这是一种典型

的“借力打力”的策略，将不利于产品销售的因素巧妙地转化为促进产品销售的有利因素。

(2) 在维护顾客自尊的前提下显示了推销人员看待问题的前瞻性，更容易使推销人员在处理顾客异议时掌握主动。

(3) 可以保持良好的人际关系和融洽的洽谈气氛，有利于建立长期的合作关系。

(二) 应用利用法应注意的问题

利用法是把顾客拒绝购买产品的理由转化为说服顾客的理由，促使顾客产生购买欲望，最终达成交易。但运用利用法处理顾客异议时也应该注意：

(1) 如果转化的理由不充分，不仅不能够使顾客心悦诚服，甚至还可能弄巧成拙，使顾客产生逆反心理，所以推销人员应该能够提供更多的信息来消除顾客的疑虑。

(2) 推销人员必须认真分析与区别对待顾客的异议，只肯定与赞美顾客异议中的正确部分与积极因素，并且在赞美、肯定顾客异议中的积极因素时，做到态度诚恳热情，方式得当，以保持良好的推销气氛。

四、询问法

询问法又称提问法、追问法，是指推销人员通过对顾客的异议提出疑问来处理异议的一种策略和方法。在实际推销活动中，顾客异议具有不确定性、复杂多变性，推销人员很难分辨异议的性质、类型、真实原因等，因而需要通过不断询问、沟通，掌握更多的异议信息，从而确定异议的真实根源，为排除异议提供方向。

实例 7－7

一位铸砂推销员向一位铸铁厂采购科长推销一种新型优质铸砂。

顾客异议：“这种铸砂倒是不错，不过我们和××厂已有十几年的协作关系，现在要换这种新砂我可做不了主。”

推销员回答：“××科长，您真会说话，您做不了主谁能做主?”

(一) 询问法的优点

(1) 可以更深入地了解顾客及其异议。通过询问，可以掌握更多顾客信息，辨别顾客异议的实质，从而对症下药，排除异议。

(2) 推销人员也能从被动地听顾客申诉异议，变为主动地提出和探讨问题，有利于引导推销过程。

(二) 应用询问法应注意的问题

询问法如果运用不当，也会引起顾客的反感，在运用这种方法时应注意：

(1) 推销人员向顾客询问时，不要急于求成，要由浅入深、循序渐进地提问。

(2) 对于顾客异议要有针对性地进行询问，以免浪费时间，延误成交时机。

(3) 推销人员要讲究礼仪、尊重顾客，顾客只有在感受到自己被尊重的情况下才愿意说出异议的真实根源。

五、装聋作哑法

装聋作哑法也称不理睬法或一带而过法，是指推销人员有意不理睬顾客的异议，以分散顾客的注意力，回避矛盾的处理方法。通常情况下，推销人员应该热情地解答顾客提出的各种问题，以帮助其了解、认识商品，解除疑惑。但有时顾客提出的异议是推销人员无法回答的，如果非要回答，则会陷入纠缠不清的辩解之中。另外，对于和推销无关的异议、故意刁难的异议或微不足道的异议，推销人员也可以采用装聋作哑法，以保持良好的洽谈气氛。

例如，顾客说："你们厂可真不好找。"推销员可随声附和一语带过，接着转入正题："是的，我们厂的位置是有点偏。您看看我们的新产品在性能上又有一些改进。"再如，一位办公用品制造公司的女推销员到一家公司进行推销，顾客说："你们公司怎么会用女推销员？"推销员回答："这种复印机是引进国外先进设备生产的，各项质量指标在国内都是一流的。"

（一）装聋作哑法的优点

（1）运用这种方法可以避免与顾客正面交锋，避免与顾客发生争执，从而缓解谈话的气氛。

（2）运用这种方法可以回避一些难以回答的问题，在此基础上，想办法转移顾客的注意力。

（二）应用装聋作哑法应注意的问题

推销人员在使用这种方法时应注意：如果运用不当，顾客可能会感到被轻视而产生不满情绪，也可能因为推销员对其异议不理睬的态度而产生疑心。因此，推销人员应认真倾听顾客异议，仔细辨别，只有当确定为无关异议时，才使用此法。

六、委婉处理法

委婉处理法又叫重述处理法，即推销人员在没有考虑好如何答复顾客的反对意见时先用委婉的语气，把对方的反对意见重复一遍。比如，顾客说："又涨价了？真没想到上涨幅度如此之大！"推销员可先这样回答："是的，我理解您的心情。价格与去年相比的确是高一些，您不太喜欢……"

（一）委婉处理法的优点

（1）这样可以软化对方的立场，有时转化一种说法会使问题容易回答得多。

（2）可以淡化矛盾冲突，并将话题转到对推销员有利的方面。

（二）应用委婉处理法应注意的问题

推销人员在使用这种方法时应该注意：

（1）切不可摆出咄咄逼人的姿态，要用请教，而不是质问的口吻复述异议。

（2）应该让顾客认识到，他很重视顾客的意见，复述是为了进一步明确问题，以便双方共同寻找解决问题的途径。

七、但是处理法

但是处理法又称间接否定法，是指推销人员根据有关的事实与理由来间接否定顾客异议的一种方法。这种方法首先承认和肯定顾客的异议有一定道理，然后用转折词阐述自己的看法，对顾客异议进行分析和反驳。

实例 7-8

一位童装厂的推销员向一位零售商推销童装。

顾客异议："这种童装布料太薄了，现在的小孩子都很淘气，这种服装估计穿不了两天就会破，消费者不会买的。"

推销员回答："看到这套服装的顾客都担心它不禁穿。这种布料虽然看上去很薄，但其实它是用一种高级纤维织成的，穿在身上轻飘、凉爽，而且耐磨力和抗拉力都非常好，消费者知道了它的优点后会喜欢的。"

（一）但是处理法的优点

（1）有利于与顾客建立友善的关系，营造融洽的推销氛围。推销人员首先表示理解顾客的异议，避免了顾客因直接反对其异议而产生抵触心理，同时满足了顾客希望被尊重的需求，从心理上赢得顾客的好感。

（2）有利于推销活动继续有效地进行。推销人员采取这种方法，能使顾客平和心态，继续听取推销人员的介绍说明，同时推销人员也有时间进行分析、辨别、判断顾客异议，以采取有针对性的办法妥善处理顾客异议。

（二）应用但是处理法应注意的问题

在推销实践中，但是处理法使用得比较广泛，因为这种方法是先退后进，一般不会冒犯顾客，有利于保持良好的推销气氛和人际关系。但这种方法也不是万能的，使用但是处理法时应注意以下问题：

（1）选择转折词要谨慎。推销人员应尽量少用那些听起来比较生硬、转折过于强硬的转折词，如"但是"等，同时应巧妙地运用语言技巧来表达自己与顾客不同的意见。例如，"您的话一点也不假，不过……""是啊，通常情况下是这样，可这种情况有点特殊……""我原来也跟您想的一样，后来我才发现……"，等等。

（2）态度要真诚。推销人员在表示同意、理解顾客异议时，一定要真诚，切不可给顾客一种虚情假意的感觉。

八、推迟处理法

推迟处理法也叫推延处理或延缓处理法。如果顾客接连不断地向推销员提出反对意见，特别是在顾客带着怒气提问题，或者不愿意继续往下交谈的时候，推销人员最明智的做法是不直接进行反驳，而是集中力量把谈话进行下去。推迟处理法就是对顾客的异议暂不做处理，待顾客重新提出时再行答复。

（一）推迟处理法的优点

（1）可以在顾客情绪不再激化的时候处理异议，使双方能够在理性的基础上进行交流。

（2）可以给企业一个缓冲期，使相关人员能有时间考虑，并作出最为恰当的处理。

（二）应用推迟处理法应注意的问题

（1）注意推迟处理不等于敷衍塞责，要以耐心的态度让顾客感到尊重，同时要以坚定的态度，承诺顾客问题一定会被重视，并且最终会给顾客一个处理意见。

（2）注意推迟的时间问题，推迟的时间不能太长，否则办事人员会遗忘处理异议，而顾客也会在等待中失去耐心，甚至提出更多的质疑。

本章小结

在推销实践中，顾客对推销品、推销人员、推销方式和交易条件等产生怀疑、抱怨，提出否定或反面意见，既是常见的，也是正常的。正确对待和恰当处理顾客异议，是推销人员必须具备的基本功。

按顾客异议的主体划分，顾客异议分为借口、真实的意见和偏见三种类型。按顾客异议指向的客体划分，顾客异议分为需求异议、支付能力异议、决策权力异议、产品异议、价格异议、服务异议等。

认真分析顾客异议的类型和成因，有利于有效地处理并化解顾客异议。

处理顾客异议的方法，贵在实践和创新。对本章所介绍的方法以及其他书刊介绍的方法，要结合推销的具体对象，变通应用，切忌生搬硬套。

练习与思考

一、案例分析题

推销人员李明去一家商场推销一种包装简陋、售价为 32.8 元的黏性清洁器。他向经理说明了来意后，对方显然兴趣不大。李明毫不在意。他一声不响地从提包里拿出事前准备好的一包碎头发、一团白棉花和一小块地毯。经理及其办公室的人都好奇地看着他。李明看了大家一眼，然后将碎头发洒在地毯上，又把白棉花在地毯上搓了搓。接着李明对大家说："我们的衣服上，家里的布艺沙发上、地毯上常常会沾有灰尘、头发和宠物的毛发等，这些东西很难被清除掉。即使用水清洗，有时也很难办。别发愁，大家看——"说着，李明拿起黏性清洁器在地毯上来回推了几下，刚才还沾满碎头发和白毛毛的地毯一下子就干净了。再看黏性清洁器的表面沾满了原来沾在地毯上的杂物。

办公室里的人都感叹清洁器的良好效果。他们有的拿过清洁器在地毯上试，有的把清洁器拿在手里仔细端详。有的人却说道："这么点玩意，就要三十多元，包装还这么差！"

李明没有正面回答，而是说："黏性清洁器是我们的专利产品。"接着，他把专利证书的复印件递了过去，继续说到："这是我们的专利证书。乍一看我们这种清洁器，三十多元好像是贵了点，但它能反复清洗使用 5 000 多次，平均每次花费不到六分钱。每次只花六分钱，就能给我们的生活带来这么大的方便，您说贵吗？我们还替顾客着想，不让顾客花费太多，所以使用了最简易的包装，降低了价格。要不，它就不会只卖三十多元了，而是四十多元、五十多元了。这种生活日用品是以实用为主的，商品的包装能起到保护商品的作用就够了。顾客花 32.8 元购买我们的黏性清洁器，是不付包装费的。"

办公室里的人们终于被李明说服了。最后商场订购了 500 只黏性清洁器。

问题：（1）李明推销的黏性清洁器有什么不足？

（2）李明是采取什么方法说服顾客的？

（3）该案例给你什么启示？

二、实训题

假定你是某个公司的推销员，试推销一种产品，完成下面的练习。

(1) 列出买主可能向你提出的三个异议。

异议一：

异议二：

异议三：

(2) 用三种不同的方法处理上述三个异议。

方法一：

方法二：

方法三：

(3) 为每个异议写出你的回答。

异议一回答：

异议二回答：

异议三回答：

三、复习思考题

1. 什么是顾客异议？顾客异议产生的根源有哪些？
2. 顾客异议有哪些主要类型？请举例说明。
3. 处理顾客异议的方法有哪些？

第八章 促成交易

本章学习目标

学完本章后，应该能够：

1. 学会识别成交的信号；
2. 掌握促成交易的策略；
3. 熟练掌握并能灵活运用促成交易的方法。

导入案例

一家锅具公司推出一款新型的压力锅，初期这家公司为了推广该产品，特别针对该产品的优点和特点训练了一批推销员，准备进行上门推销。

一位推销员在下午4:00左右到了一位正在准备晚餐的主妇家里，向主妇介绍这个压力锅的特点。正当推销员头头是道地介绍压力锅的优点时，那位主妇听到烧开水的笛声响，就转身关煤气去了，这位销售员只好悻悻地离开了。

晚餐过后，夫妻俩坐在客厅里看电视，主妇向丈夫提及下午推销员和压力锅的事情："我觉得那只压力锅十分好用而且价格公道，我真想买一个。"丈夫疑惑地问她："既然你这么喜欢，为什么不马上买下来呢?"主妇说："我一直在等待他要求我买一个，可是那位推销员自始至终都没有开口问我要不要买一个来用。"

资料来源：刘志敏，张爱玲. 推销策略与艺术. 北京：中央广播电视大学出版社，2007.

问题：从这个案例中，你得到了什么启示?

促成买卖双方的交易是推销人员的根本目标。顾客只有购买了推销品，推销工作的目标才算完成。一个优秀的推销员，应该具有明确的推销目的，在实际推销活动中千方百计地促成交易。

第一节　成交的信号

所谓成交信号，是指顾客在接受推销人员推销的过程中有意无意地通过表情、体态、语言及行为等流露出来的各种成交意向。尽管成交信号并不必然导致成交，但推销人员应把成交信号的出现当做促成交易的有利时机。

顾客所表现出来的成交信号通常分为语言信号和非语言信号两种。

一、语言信号

所谓语言信号，是指推销人员在与顾客的交谈中发现的顾客某些语言所流露出来的成交信号，这种信号可以从顾客的询问及措辞中觉察到。

在推销活动中，如果有以下情况出现，就可能是顾客发出了成交信号：第一，顾客对推销人员的几次提问都做出积极的反应，并且主动提出成交条件。第二，顾客对推销员的推销说明表示满意，如顾客十分肯定地说："这个商品的确不错!""很好！这条生产线真的值得购买!"第三，顾客在听完推销员的介绍后，高兴地与推销员谈论自己的利益，或者顾客提出的问题转向了推销细节，例如，"是否可以分期付款?""如果我们购买，你们是否能帮助我们培训操作人员?""我们再试一试你的产品好吗?""你们公司最早可以在什么时候交货?""你们公司的售后服务有何保障?""这种产品其他情况下也适用吗?""如果我们购买，你们可以给我们多少折扣?"

二、非语言信号

顾客的行为、表情等非语言信号往往能比较真实地表露购买意图和决心，比起语言信号，非语言信号更微妙，更具有隐蔽性。

（一）行为信号

行为信号是推销人员在向顾客推销产品的过程中，从顾客的某些细微行为中发现的成交信号。当顾客有购买意向的时候，通常会做出与之前不太相同的动作。因此，推销人员应通过细致观察顾客的动作变化，辨别顾客是否有成交倾向。

下面是顾客发出成交信号的一些常见行为：

（1）顾客由原来静静地听推销员介绍产品，转为仔细端详或触摸产品，翻动产品，动手操作产品等。

（2）顾客面对不了解或不能接受的产品时，可能会处于一种戒备状态，动作紧张，当他对产品熟悉起来，并慢慢接受产品时，就会处于一种放松状态，动作行为也会让人感到轻松。

（3）顾客从多个角度观察产品，并反复翻看产品说明书。

（4）顾客靠近订单，仔细阅读订单相关内容，找笔，等等。

（二）表情信号

表情信号是在推销产品过程中，从顾客的面部表情中表现出来的成交信号。

人的内在心理活动，总是要通过其外部行为，尤其是面部表情表现出来。推销人员可以通过反复观察和分析比较，从顾客的面部表情中识别出成交信号，例如：面对推销人员的说明，顾客频频下意识地点头或者眨眼睛，表现出感兴趣的神情，等等。

当推销人员从顾客的面部表情识别出顾客已经有了强烈的购买欲望，促成交易的最佳时机已经到来时，就完全可以大胆地提出成交的要求了。

（三）事态信号

事态信号是指推销人员在向顾客推销产品的过程中，从形势的发展和变化中发现的成交信号。例如：顾客由专心地听转为要求看合同书；顾客接受推销人员的重复约见，或者主动提出会面时间；顾客开始主动征求其他人的意见。这些事态的发展都表明了顾客的成交意向。

表 8－1 为顾客常发出的有关购买与否的信号。

表 8－1　　顾客购买信号对照表

正	负
提出要求	保持沉默
谈话随意	使用讽刺、挖苦的语言
仔细研究商品	用笔敲桌子
要求对商品进行操作示范	坐在椅子里辗转不安
下意识点头	不时地看表或天花板
微笑	皱眉
看销售合同	打哈欠
有意压价	离谱地杀价
提出有关问题	陈述反面意见
赞成你的意见	捏造借口

资料来源：张迺英．推销与谈判技巧．上海：同济大学出版社，2012．

第二节　促成交易的策略

推销人员正确地掌握并灵活运用促成交易的基本策略，对最终实现推销目标有重要意义。一个积累了丰富推销经验、掌握了有效策略与方法的推销员，知道应该在什么时候、以什么方式较好地把握住成交良机。成交的基本策略可以概括为下述几种。

一、识别成交信号，及时成交的策略

一个成功的推销员不仅需要理解顾客的有声语言，更重要的是要能够观察到顾客的无声语言信号。当顾客的语言信号和非语言信号不相同时，推销人员更应当相信他的非语言信号，如表情、眼神、语音语调、体态等，都会使其内心深处的活动暴露出来，如实反映人的大脑正在进行的思维活动。因此推销人员在实际推销活动中，必须学会细心观察与体会，识别、判断顾客发出的成交信号，及时促成交易。

二、当机立断，适时成交的策略

从推销学理论上来讲，一个完整的推销过程要经历发现顾客、推销接近、推销面谈、处理顾客异议等不同阶段，这个过程是漫长的。但在实际推销工作中，并不是说每一次成交都是这样漫长，需要经历每一个阶段，可以说在任何一个阶段里都可能达成交易。一旦顾客发出成交意向，推销人员就可以结束洽谈，同顾客成交。

例如，一位顾客跑进一家文具店，匆匆忙忙地对售货员说："给我一瓶墨水，快一点!"这时售货员就没有必要对商品进行说明了，也不用推销其他文具耽误顾客时间了，直接给顾客他要的墨水就行了。因为在这种情况下最开始就是达成交易的最好时机。

如果上述的推销员没有意识到这一点，一直不停地介绍其他文具，不能在最开始成交，那么这个顾客肯定会转身就走，这个售货员也就失去了成交的机会。所以在实际推销中，推销员要具备一定的判断直觉和职业敏感，机动灵活，随时发现成交信号，把握成交时机。一般而言，下列三种情况可以视为促成交易的最好时机：

（1）重大的推销障碍被有效处理之后。

（2）重大的产品利益被顾客接受之后。

（3）顾客发出各种购买信号时。

有时推销面谈的结束时刻，也是成交的绝好机会。因为在这个时候，顾客没有心理压力，心情比较轻松愉快，他们往往会对推销员产生一点点同情，同时也会在心里考虑是否错过了购买的最佳时机。这时推销员要善于察言观色，捕捉顾客心理活动的瞬间，抓住时机，灵活地运用这一点，有时候会收到意想不到的结果。

三、选择成交环境，排除成交干扰的策略

一般情况下，优美的环境可以减轻顾客的心理压力，熟悉的环境能增强顾客的自信心，安静的气氛能促进推销员和顾客的情感交流；而嘈杂、烦乱的环境会妨碍成交的顺利进行，甚至有时会导致成交的失败。正因为如此，要求推销人员在关键时刻，把顾客请到一个适宜的环境，进行最后的成交工作，以避免各种干扰。

四、慎重对待顾客的否定回答，多次促成交易的策略

实践证明，一次成交的成功率是很低的，大约超过90%的成交要求会遭到顾客的拒绝。但是推销人员必须明白，一次成交的失败并不等于整个成交工作的失败，推销人员完全可以通过一定的方法和技巧促成最后的交易。

在实践中，很多推销人员都很害怕顾客的否定回答。事实上，人生本来就面临着种种拒绝，顾客对推销员说"不"是很正常的，只要你所推销的商品真正能为顾客解决所面临的问题，就不怕顾客不识货。因此，推销人员需要克服心理恐惧，加强心理训练与培养，敢于不断提出成交请求。即使在提出试探性成交请求遭到拒绝后，还可以重新推荐商品，争取再次成交，积极促成交易。

五、留有余地的成交策略

在推销洽谈中，推销员应该及时地向顾客提示推销重点，并围绕推销重点积极展开推

销工作，以吸引和说服顾客。但推销人员要注意在洽谈过程中不要把自己的“底牌”全盘托出，因为顾客从注意推销活动、发生兴趣到下定决心购买是需要一个过程的。如果推销员在一开始就将商品、价格及优惠条件等所有信息和盘托出，不仅会影响顾客对推销信息的接受，而且还将使自己在成交过程中处于被动地位。只有到了成交阶段，推销员再有重点地提出推销品的优惠条件，或者针对顾客的需要进行重点推销，才能使顾客下定决心购买。

例如，在成交的关键时刻，推销员说：“哦，对了，我刚刚想起来了，还有一点没有和您谈，这笔货的运费将由我们承担。”“您为什么不能今天做出购买决定呢？其实您今天做决定和您下星期做决定是一样的。为什么不早一点受益呢？”

所以，为了能够与顾客达成最后的交易，推销人员应在推销介绍时讲究方法与策略，把握好推销提示的有利时机，保留一定的成交余地。

另外，即使某次的成交不能实现，推销人员也应该为顾客留下一定的购买余地，希望以后还有成交的机会。因为顾客的需求是不断变化的，今天不接受推销员的推销，并不代表以后永远都不接受。在一次不成功的推销活动之后，推销人员非常有礼貌地对顾客说：“如果哪一天您有需要的话，请随时与我联系，我很愿意为您服务。在价格和服务上，还可以有一些优惠。这是我的名片。”这样，推销人员会经常发现一些回心转意的顾客。

第三节　促成交易的方法

促成交易的方法是指推销人员用来促使顾客做出购买决定，最终促成顾客购买推销品的方法。常用的促成交易的方法主要有直接请求成交法、假定成交法、选择成交法、小点成交法、从众成交法、异议成交法、机会成交法、优惠成交法、对比平衡成交法、总结利益成交法和以退为进成交法等。这些方法可以单独使用，但在比较复杂的推销活动中，往往需要把几种方法结合在一起使用才能达成交易。

一、直接请求成交法

直接请求成交法，也称直接发问法，是指推销人员直接要求顾客购买其推销品的一种成交方法。当推销人员和顾客经过一番面谈后，尤其是当双方的主要看法趋于一致的时候，推销人员就应该抓住机会及时提出成交要求，以便达成交易。直接请求成交法是一种最简单、最基本的成交方法，在许多场合下，也是一种最有效的成交方法。例如，推销员对顾客说：“王主任，既然大家的货色相同，对您来说向谁购买都无所谓，可对我却有着完全不同的意义。所以，希望还是让我为您提供这项服务吧，我保证您会非常满意的。”

（一）直接请求成交法的优点

（1）可以有效地促成交易。因为在推销活动中，顾客普遍有这样一种心理，即使有比较明显的购买意向，也不愿意主动提出成交。在这种情况下，若推销员能看准时机，主动提出成交要求，就可以促使顾客立即做出购买决定，达成交易。

（2）可以充分利用各种有利的成交机会。在推销过程中，会出现一些有利的成交机会和信号，推销人员一旦发现这些机会与信号就应立即向顾客提出成交要求，以及时促成交易。

（3）可以节省推销时间，提高推销效率。在实际推销活动中，有时顾客会故意拖延成交时间，迟迟不做出购买决定。因此，推销人员发现成交时机已经成熟，直接提出成交，能节省时间，提高效率。

（二）应用直接请求成交法的条件

通常，在下列几种情况下可采用直接请求成交法：

（1）顾客已流露出购买意愿时。如果顾客已经对推销品产生好感，并且已经流露出购买意愿，但一时还拿不定主意时，推销员就可以采用直接请求成交法促使顾客下定决心购买。例如，一位顾客对推销人员推销的洗衣机很感兴趣，反复询问洗衣机的安全性、质量和价格等问题，但又迟迟不做出购买决定。这时推销人员可以用直接请求成交法帮他做出购买决定："这种洗衣机是新产品，非常实用，现在是促销期间，我们可以给您八八折的优惠，如果这时候买下来，您还会享受终身的免费维修，一定会让您很满意的。"

（2）向老顾客推销时。因为双方已经建立了良好的关系，推销人员比较了解顾客的需求，并且顾客对推销人员也比较信任，因此，顾客一般不会反感推销人员的直接请求。例如，面对老顾客，推销人员可以直接说："您好！近来生意好吧！这两天我这里刚到了一批新货，对您的商店正合适，我给您留两三箱？"

（3）当顾客没有意识到要做出购买决策时，也可以采用这种方法。如果一位顾客已经对推销品产生兴趣，但思想上还没有马上意识到成交的问题，推销人员在回答了顾客的提问或详细介绍完推销品后可说："产品的质量没有问题，我们实行三包。请您填一下订单。"其实，这样的请求并非一定要与顾客马上成交，而是集中顾客的注意力，让顾客意识到该对是否购买这个问题做出考虑。

（三）直接请求成交法的局限性

直接请求成交法有许多优点，在推销实践中可以灵活运用，但它也有一些局限性，主要表现在：

（1）可能对顾客产生压力，破坏成交的气氛。如果推销人员没有看准推销时机，过早地提出成交请求，就可能使顾客产生一种紧张的情绪，有意无意地自动抵制交易，破坏成交的气氛。

（2）这种方法是以推销人员的主观判断为标准的，一旦推销人员判断失误，就会让顾客对推销人员产生误解，使推销人员处于被动地位。

（四）应用直接请求成交法应注意的问题

直接请求成交法是一种常用的方法，是推销人员应该牢牢掌握的最基本的成交技术。要想使直接请求成交法发挥出最大的成效，必须注意以下问题：

（1）要向顾客提容易做出肯定回答的问题。推销人员提出的每一个问题都要尽量使顾客能够做出肯定和正面回答，鼓励顾客多从正面思考问题，并不断对你的看法表示赞赏。

实例 8－1

推销员向一对夫妻推销化纤地毯，劝他们不要买羊毛地毯。

推销人员："你们是想找一种耐磨又不褪色的地毯，是吧？"

顾客："是。"

推销人员："您看，羊毛地毯豪华、漂亮，但脏东西弄到地毯上，顽固的污迹很难洗掉，你们是不是想找一种比较容易清洗的地毯？"

顾客：“是啊！我们这么大岁数了，主要是考虑实用，还是买容易清洗的地毯好。”

推销人员：“您看，这是化纤地毯。它不仅漂亮实用，价格适中，脚感也很好，特别是使用方便，容易清洗。尤其适合老人和儿童。”

顾客：（详细地端详并用手触摸。）

推销人员：“你们认为这些颜色中哪一种颜色最漂亮、最适合你们的房间？您看，这两种图案你们喜欢哪一种？您一共需要几块地毯？”

顾客：“我们还是先买两块吧。”

（2）把握好请求成交的时机。推销人员应该密切注意各种成交信号，一旦发现有利信号，就应及时提出成交请求。

（3）推销人员要敢于开口请求顾客成交。直接请求成交法的最大优点就在于推销人员一旦看准推销时机，就及时并直截了当地向顾客提出成交请求，这要求推销人员具备高度的自信心和勇气。

二、假定成交法

假定成交法，也称假设成交法，是指推销人员假定顾客已经接受推销建议，而直接请求顾客购买推销品的一种成交方法。这种方法假定的基础是推销人员的自信心，对顾客“肯定会购买”深信不疑，这样人为地提高了推销人员与顾客谈判的起点，而推销人员表现出来的对于成交的信心，也会感染顾客，增强顾客的购买信心。例如，一位化妆品推销员对一个正在比较各种颜色口红的顾客说：“您手上的这支很适合您的年龄和肤色。来，我替您装好。”当顾客点头认可时，这次交易就算实现了。又如，推销人员对顾客说：“×先生，我用一下您的电话，告诉公司下个月来送货。”在这种情况下，如果×先生允许推销人员使用电话，也就意味着他已经决定购买了。

（一）假定成交法的优点及不足

假定成交法最大的优点是节省时间，但这种方法也有明显的不足：

（1）容易给顾客造成较大的心理成交压力，破坏推销气氛。在使用假定成交法时，如果推销人员没有看准推销时机，盲目假定顾客已经决定购买，这样很可能给顾客带来过大的心理压力，从而破坏推销的气氛。

（2）不利于进一步处理有关顾客异议。假定成交法的前提是假定顾客已经没有任何异议，而实际上一些顾客的异议是客观存在的，如果不解决这些异议，顾客可能会因此提出更多的异议，甚至提出一些无关或者虚拟的异议，这样不利于进一步推销。

（二）应用假定成交法应注意的问题

（1）善于分析顾客，有针对性地使用假定成交法。一般来说，对于老顾客及依赖性强、性格比较随和的新顾客，可以采用这种方法，但对于那些自我意识强，过于自信的顾客，则不太适合采用这种方法。

（2）善于把握机会，适时使用假定成交法。一般应在发现成交信号，确信顾客有购买意向时才用这种方法。

（3）善于制造推销气氛，要尽量使用亲切、温和的语言，切忌咄咄逼人，使顾客望而却步。

三、选择成交法

选择成交法，也称有效选择成交法，是推销人员直接向顾客提供一些购买决策方案，并且要求顾客立即选择购买推销品的一种成交方法。选择成交法的理论依据是假定成交法，它是假定成交法的应用和发展，即推销人员在假定成交的基础上向顾客提出成交决策的比较方案，先假定成交，让顾客不去考虑是否购买，而是考虑买多少、买哪个以及如何购买等问题，即无论顾客做出何种选择，其最后的结果都是购买。例如，服务员对顾客说："先生，这是菜单，您要什么？请看，有烧鸡、蒸肉、烩鱼、炒蛋，还有……"服务人员总是先假定顾客必定要点菜，问题仅仅在于顾客点什么菜。

实例 8－2

某化学试剂推销员在向电镀厂杨厂长详细介绍了硫酸镍的价格、质量以及售后服务后，杨厂长找他要了一份产品说明书仔细研读。推销人员不失时机地说："杨厂长，根据您每月的生产能力，您看我是给您送一吨硫酸镍，还是送两吨？"

这样二选一的问话可以直接让顾客考虑到底买多少的问题，而不去考虑应不应该买的问题。这样就会大大降低顾客提出异议拒绝购买的机会。

（一）选择成交法的优点及不足

选择成交法的优点如下：

（1）既可以减轻顾客的成交心理压力，又给推销员留下一定的成交余地。这种方法是把成交的选择权交给了顾客，让顾客在一定范围内做出自己的选择，主动参与成交活动。这样既调动了顾客决策的积极性，又减轻了顾客的心理压力，创造了良好的成交气氛。同时，推销人员在推销洽谈中掌握了主动权，让顾客在一定的范围内进行选择，使顾客很难全面拒绝成交选择方案，给推销人员留有一定的成交余地。

（2）成功地运用了选择提示的基本原理。选择成交法虽然把成交的选择权交给了顾客，但把顾客的购买选择限制在目标范围之内，即无论顾客做出什么样的选择，推销人员都能实现其推销目的。

但这种方法也有不足之处：如果顾客发觉推销人员的意图，就会感觉到被绑架购买，会产生反感；另外，如果提供的选择太多，会让顾客感到购买过程被打扰。

（二）应用选择成交法应注意的问题

（1）必须针对顾客的购买动机和购买意向，给顾客提供有效选择。推销人员在提供可供选择的方案时，应该选择能够使顾客产生积极心理效应的方案，不能向顾客提供非成交性或否定性的选择方案。

（2）应掌握成交主动权，积极促成交易。在推销过程中，推销员应掌握成交的主动权，把成交的选择权留给顾客，在适当的时候对顾客施加一些成交压力，以促成交易。

（3）应主动当好顾客的购买向导，协助顾客进行正确的成交选择。顾客面对众多的成交方案，会感到无从选择。为了提高成交效率，推销员可以主动向顾客介绍各种成交方案的优点与特点，帮助顾客尽快做出购买决策，提高成交效率。

四、小点成交法

小点成交法，是指推销人员通过对次要问题的解决来促成交易的一种方法。一般情况下，人们在次要问题上做出决定比在重大问题上做出决定要容易很多，在成交的问题上也一样。因为从顾客购买心理来讲，在进行重大的成交决策时，往往心理压力较大，比较慎重，也比较敏感，而在处理较小的成交问题时，心理压力较小，比较果断，容易做出明确的决策。小点成交法正是利用了顾客这样一种心理规律，避免直接提出重大的、比较敏感的成交问题，先小点成交，后大点成交。即先对成交活动的具体条件和具体内容达成协议，再就成交本身达成协议，从而最终实现成交。

（一）小点成交法的优点

小点成交法运用的是成交心理减压原理，它的优点主要有以下几个：

（1）可以创造良好的成交气氛。推销人员在使用这种方法的时候，避免了直接提示重大的成交决策问题以及顾客比较敏感的问题，而把顾客的成交注意力集中在有关成交的一些小点问题上，从而减轻了顾客的心理压力，有利于营造良好的成交气氛。

（2）有利于推销人员把握成交的主动权，不断进行成交尝试。在使用小点成交法时，推销人员可以利用各种成交小点来尝试成交，即使顾客拒绝某一个成交小点，推销人员还可以利用其他的小点继续成交，以便最后小点促成大点。

（3）小点成交法是推销人员发现与合理利用成交信号的机会。当推销人员向顾客提出一些次要的问题并要求其同意的时候，如果顾客答应得较为爽快，推销人员完全可以把这次小点成交当作顾客愿意购买的信号。例如，一位推销员对顾客说："您完全不必担心交货时间方面的问题，我们保证按照顾客的具体要求，及时交货，这个月或下个月都可以，您看呢？"这位推销员先就交货时间方面的问题（成交小点）与顾客达成协议，然后再间接地促成交易。

（二）小点成交法的局限性

小点成交法可以创造良好的成交气氛，有利于推销人员主动尝试成交，使推销人员始终掌握成交的主动权，但这种方法也存在明显的不足：

（1）如果推销人员错误地提示成交小点，可能会分散顾客的成交注意力。使用小点成交法就是要把顾客的成交注意力集中于成交小点，减轻顾客的心理压力。而成交小点的选择与确定，就成了这个方法运用的关键。

（2）可能拖延成交时间。由于小点成交法遵循循序渐进、积少成多、逐渐接近目标的规律，需要较长时间达成最终成交，这样可能既耽误了时间，又浪费了精力。

（3）可能会引起顾客的成交误会。小点成交法是把小点成交看成是大点成交的信号，把成交信号假定为成交行为。但小点成交并不等于大点成交，因为在实际推销过程中，顾客接受小点并不等于接受大点，成交信号也并不等于成交行为。因此，如果推销员错误地假定大点成交，很可能会引起顾客的误会，认为推销人员在其他问题上承认了顾客的意见。

（三）应用小点成交法应注意的问题

（1）应针对顾客的购买动机，选择适当的成交小点。注意小点问题与大点问题的关系。

（2）避免直接提示顾客比较敏感的重大决策问题。

（3）必须认真处理顾客的异议，不能故意回避顾客提出来的有关购买的重大问题。

（四）小点成交法的适用条件

小点成交法是一种很好的成交方法，它主要适用于交易内容较多而且复杂，不能立即达成一致的情况。另外，小点成交法对于优柔寡断型的顾客特别见效，因为这种方法可以让他们在做出最后决定的时候感到更自然。

五、从众成交法

从众成交法，又称排队成交法，是指推销人员利用顾客从众心理来促使顾客立即购买推销品的一种成交方法。社会心理学研究表明，从众行为是一种普遍的社会心理现象。顾客在购买产品时，不仅要考虑自己的需要，受自己购买动机的支配，同时也要顾及社会规范，服从社会的某种压力，以大多数人的行为作为自己行为的参照。例如，一位售货员对顾客说："这是今年最流行的款式，您穿上一定漂亮，我们昨天刚进了十套，今天已经卖出了三套。"又如，一位推销员对顾客说："王经理，这种冷热饮水器目前在一些大城市非常流行，特别适合大公司的办公室使用。既方便、实用，又能增添办公室的豪华感和现代感。像与贵公司齐名的大宇公司、中天公司等，办公室里都换上了这种饮水器。"

（一）从众成交法的优点

（1）能够吸引顾客。大部分人都存在从众心理，推销人员可以利用一部分购买者的购买去吸引和说服另一部分购买者，让其感觉只有随大流才是唯一选择。例如，在购物网站，网店常常会把以往顾客的购物"好评"显示在醒目的地方，顾客常常会对好评较多的商品更加青睐。

（2）有利于提高交易量。在使用这种方法的时候，推销人员利用少数基本顾客或者中心顾客去吸引大批的从众顾客，可以促成大量的成交。

（二）从众成交法的局限性

（1）不利于推销人员与顾客沟通。在使用这种方法的时候，推销员与顾客都只是关注有多少人买了这种产品，而忽视了对商品性能、特点等信息的传递，也不利于反馈顾客的信息。

（2）有时顾客购买完商品后会后悔。因为顾客在购买商品的时候是在一种从众心理驱使下做出购买决定的，顾客在购买商品后有时会后悔，这对今后的推销活动也会产生负面影响。有时，如果遇到了个性较强、喜欢标新立异的顾客，用从众成交法进行推销，会让顾客对商品和推销员产生反感，起到相反的作用。

（三）采用从众成交法应注意的问题

（1）推销人员应针对顾客的从众心理，选择和使用具有一定成交影响力的基本顾客或者中心顾客。

（2）推销人员必须讲究职业道德，不能利用虚假的成交气氛来欺骗顾客。

（3）要将这种方法与有关的广告宣传相结合，以提高企业及其产品的知名度，扩大社会影响，进而吸引大批的从众型顾客。

六、异议成交法

异议成交法又称大点成交法，是指推销人员利用处理顾客异议的时机直接向顾客提出成交要求而促成交易的一种成交方法。异议成交法是请求成交法的实际应用和发展，它是一种直接成交法。只要推销人员能妥善地处理好有关的顾客异议，排除成交障碍，使顾客拒绝成交的理由或借口不存在，就可以有效地促成交易。例如，顾客说："您说的打印机的确不错，但我现在需要的是一台托架比较宽并且有更多数学符号的打印机。"推销员回答："没有问题，标准打印机完全可以改装成您所需要的样子。如果我能够为您提供宽托架和具备更多数学符号的打印机，满足了您的要求，您今天就订货，是吗?"顾客说："如果符合我的要求，那没问题。"可见，如果对方提出的异议是真心话，而且这是唯一的障碍，当推销人员把问题解决了，顾客就会同意成交。

实例 8-3

顾客："听你这么一说，这个险种倒挺适合我，要是每年能领取分红就好了。"

推销人员："说心里话，我也这么想。不过有个问题，要想获得分红就得投入本钱，您说是吗?"

顾客：……

推销人员："当然要多投钱。这样，您所交纳的保费就包含了您为分红而做的投资，那么您的负担肯定会多一些，您说是不是？而我们这个险种承担的是意外伤害赔偿责任，所以保费才低。"

顾客："哦，原来是这样。"

推销人员："这种险很适合您，连我们都给家人投保。您是投两份还是投三份?"

顾客："投三份吧。"

实例 8-3 中，顾客已经有了成交意向，但仍然有异议。为了促成交易，推销员将心比心，清楚地讲明所推销险种的优点，以及分红险种的不足，排除顾客异议，并及时暗示成交。

（一）异议成交法的优点及局限

异议成交法的优点在于其能够化不利为有利，使顾客感到推销员准备充分，而且善于处理问题，同时会认为自己的异议是常见的事，企业对此已有所考虑，这样顾客会对企业及产品产生信任。

但异议成交法也有一定的局限性，主要表现为：

（1）可能产生过高的异议成交心理压力。由于顾客异议类型很多，其中有些异议并不是成交信号，而推销人员处理这些并非成交信号的异议后，就立即请求成交，会给顾客造成极大的心理压力，反而不利于成交。

（2）可能会降低成交效率。在实际推销活动中，顾客会提出各种购买异议，既有有关异议，也有无关异议；既有真实异议，也有虚假异议。

（二）采用异议成交法应注意的问题

（1）在运用异议成交法时，推销人员首先应正确识别异议的成交信号，并充分利用各种有利的异议成交时机，对顾客施加适当的异议成交心理压力，以及时促成交易。

（2）在成交时，如果推销人员急于求成，或是试图去处理那些无关的或者虚假的顾客异议，可能会招致更多的顾客成交异议，这样反而降低了成交的效率。

七、机会成交法

机会成交法，也称限制成交法，是指推销人员向顾客提示最后的成交机会，使顾客立即购买推销品的成交方法。

例如，某电熨斗售货员对犹豫不决的顾客说："这种电熨斗就只剩下这么几个了，现在正赶上促销活动，价格优惠了近一半。等这几个电熨斗卖完，活动就结束了，优惠的价格也就没有了。为了节省费用，现在购买是最合适的。"顾客终于被打动了，果断地购买了商品。

（一）机会成交法的优点及局限

任何人都不愿意错过好的机会，这是人的天性。这种"机不可失，失不再来"的心理效应，通常能够引起顾客的注意力和浓厚的兴趣。这种方法最大的优点就是有利于顾客立即购买商品。

但这种成交法也不能多次重复使用，尤其是对老顾客这种方法用多了之后，会使顾客产生怀疑，对推销员不再信任。

（二）采用机会成交法应注意的问题

在运用机会成交法的时候应注意以下问题：

（1）在使用这种方法促使顾客做出决策之前，应当让顾客对产品和推销人员树立起信心。

（2）要讲究职业道德，实事求是，不能用欺骗手段引诱顾客购买，否则就会在推销人员和顾客之间造成很大的裂痕，导致顾客对推销人员和所在公司的反感，推销人员或所在公司甚至会永远失去这个顾客。

八、优惠成交法

优惠成交法，也称让步成交法，是指推销人员通过提供优惠条件来促使顾客立即购买推销品的一种成交方法。这种方法是充分利用了顾客求利的心理动机，直接向顾客提供一些优惠的交易条件或者做出一些让步，促使顾客成交。优惠的条件一般包括：价格折扣、运输服务、产品包装、设备安装、人员培训、后期服务等。

例如，一位顾客对着一件爱不释手的商品迟迟下不了购买决定，这时推销人员对顾客说："我看你很喜欢这件商品，如果你买下它，我给你打个八五折。通常我们是不打折或者只打九五折的。"

（一）优惠成交法的优点及局限

优惠成交法的优点在于能促成顾客购买，而且让顾客感到实惠。如果该名顾客知道其他的顾客没有得到优惠，会产生被重视的感觉，从而为以后的再次购买奠定基础。

优惠成交法的局限性表现在，优惠不能成为常态，偶尔的优惠可以使顾客感到自己得到了更大的利益，但经常性的优惠会让顾客失去兴趣，顾客会认为原先的价格是高估的，所谓的优惠价也许根本就是商品真正的正常价格。例如，有些商店长年打出"打折""赔本"促销的广告，经常路过的顾客就会认为这些商店缺乏诚信。

（二）采用优惠成交法应注意的问题

使用该方法要注意，优惠的幅度不能一次过大，否则顾客会认为原先的产品价格是随意定的，这中间“水分”很大，顾客就可能继续压价，甚至把价格压到很低。而且不适宜每一次销售都使用优惠法，这会“惯坏”顾客，使之每一次购买都习惯性地要求优惠。

九、对比平衡成交法

对比平衡成交法也称 T 形法，即运用对比平衡的方式来促使顾客做出购买决策。在一张纸上画一个“T”，销售人员需要在潜在顾客的参与下共同完成对比分析。可以将购买的原因列在“T”的右侧，同时将不购买的原因列在“T”的左侧。销售人员在与潜在顾客共同完成对比表以后，还得向顾客逐一说明，然后邀请成交并提出诸如“对此你感觉怎样”的坦率问题。

（一）对比平衡成交法的优点及局限

对比平衡成交法的优点在于销售人员可以根据轻重缓急对需要解决的问题进行排序，客观而全面地列出购买和不购买的原因。与潜在顾客的共同完成可以提高销售人员的可信度，激发顾客的购买欲望。

对比平衡成交法的局限在于适用的范围有限，对强调沟通理性的驾驭型和分析型顾客比较有效，而且该方法比较费时，需要销售人员认真仔细的分析。

（二）采用对比平衡成交法应注意的问题

运用对比平衡成交法时，销售人员应该承认产品的有关缺点，及时提示有关优点，进行重点推销。销售人员应该实事求是，承认并肯定顾客不购买的原因。正确处理有关的顾客异议，肯定购买异议，提示产品的优点，提示推销重点，使顾客达到一定程度上的心理平衡。

十、总结利益成交法

总结利益成交法是指推销人员针对顾客的内在需求，将顾客关注的产品的主要特色、优点和利益，在成交中以一种积极的方式来成功地加以概括总结，以得到顾客的认同并最终获取订单的成交方法。例如，顾客在挑选运动服装时，销售人员介绍：“小姐，您好。这款运动上衣采用了高科技功能面料，它具有十足的透气功能，还能防止外部水汽和油污的渗入，所以，您在运动时穿着它会特别舒适，洗起来也非常容易。”顾客就会在短时间内了解产品的优点。

（一）总结利益成交法的优点及局限

总结利益成交法能够使顾客全面了解商品的优点，便于激发顾客的购买兴趣，最大限度地吸引顾客的注意力，使顾客在明确自己既得利益的基础上迅速作出决策。该方法特别适合于相对复杂的购买决策。

总结利益成交法的局限在于针对性不足，容易造成交易的失败。

（二）采用总结利益成交法应注意的问题

运用总结利益成交法时，推销人员必须把握顾客真正的内在需求，有针对性地汇总阐述产品的优点，不要将顾客提出异议的方面作为优点加以阐述，以免遭到顾客的再次反对，使总结利益的劝说达不到效果。

十一、以退为进成交法

以退为进成交法是指在与顾客谈判时，销售员先做一小步退让，同时将合作的条件进行相应的调整，并立即进行促成交易。

（一）以退为进成交法的优点及局限

以退为进成交法的优点在于此举暗示了让步，显示出销售人员的诚意，有利于缓解谈判的紧张气氛。

以退为进成交法的局限在于若掌握不好让步的程度，可能会使顾客产生新的异议。

（二）采用以退为进成交法应注意的问题

前期谈判过程中，销售员不宜轻易降价，这是因为一方面要争取最大的利润空间，另一方面是凸显让步的艰难程度。对于成交前夕的让步，应该以一定目标为前提，不能一次性作出大幅度让步。对销售员来说，让步不是目的，而是最终获得理想利润的手段，有条件的退让，既能够让客户看到销售员的诚意，又能保证产品的利润。

实例 8－4

某建材公司的销售员同一个房地产公司的采购负责人进行谈判商榷。

销售员：“您对我们的产品还有什么问题吗？”

客户：“我觉得你们的产品价格还是偏高，如果你能再降些价格，我们可能会认真考虑一下……”

销售员：“我想我们产品的质量您是十分清楚的，我公司的建材产品之所以这样受欢迎，完全得益于产品良好的质量和信誉。您完全不用担心质量问题，而且我们还会为您的装修工程提供多种解决方案，从设计方案到材料的各项配置，我们都可以提供全程服务。您觉得这价位合理吗？”

客户：“你们的产品和服务的确不错，但是，相对于我们的预算，还是有点贵。如果能再优惠一些我会考虑的。”

销售员：“如果能降，我当然会给您降的，但是，您知道目前原材料涨价，供货商也纷纷涨价，我们的利润已经非常小了。”

客户：“但这价位还是贵。”

销售员：“这样吧，我们都谈了那么久了，总不能让您白跑一趟。我们每件门窗的降价范围即使是老客户也不能超过50元，我给您降50元，怎么样？但是，我们必须先拿到70%的首付，其余的三个月内还清，其他条件不变，您看怎么样？”

客户：“哦，行，那就这样吧。”

本章小结

成交是一切推销活动的最终目的，推销人员要想顺利达成交易，必须消除成交中的各种障碍。首先要识别各种成交信号，把握成交时机，然后需要运用各种成交策略，灵活地促成交易。在成交的过程中，推销人员还要根据不同的情况，选择适当的成交方法，提高成交效率。在成交的最后阶段，避免催促强迫或喜形于色，应保持语调平和，态度自然。

练习与思考

一、案例分析题

推销员老黄带着小张前去拜访省教育厅的一位郑处长，推销笔记本电脑。小张向郑处长详细地介绍了商品，并拿出样品向他做了一番演示。郑处长接过笔记本电脑摆弄一番，说：“这东西很不错。这样，我还有一点事情，过几天我给你打电话。”

很显然，这是顾客在委婉地拒绝。小张只好抱着万分之一的希望对处长说：“好吧，那我等您电话吧。”

老黄在旁边仔细地观察着这一幕，这时他站起来，走到郑处长办公桌前，向处长问到：“郑处长，使用笔记本电脑很方便，带在身上很气派，你说对吗？”

郑处长点点头说：“是很方便，也很气派。但我今天有一点事情，改天再谈吧。”

老黄接着说：“省里的几位处长都买了这种笔记本电脑，他们都感到使用起来很方便。”

郑处长马上问：“是吗？”

老黄马上说：“是的。而且这种产品目前是在试销期，价格很优惠，试销期以后，价格会上涨百分之十，这么好的产品，您为什么不现在购买呢？”

郑处长默默地看着老黄，终于点点头说：“好吧，我买一台。”

问题：（1）小张在推销活动中犯了哪些错误？

（2）老黄在推销活动中使用了什么推销技巧？

（3）老黄的言语和行动验证了什么道理？

二、实训题

1. 利用所学知识，结合你的推销实践，针对某一种产品，自编、自导、自排、自演一部推销作品。

2. 以小组为单位，采用角色扮演法，结合某一具体推销活动，运用各种成交方法促成交易，然后记录成交过程。

三、复习思考题

1. 促成交易的基本策略有哪些？

2. 促成交易的方法有哪些？如何灵活运用这些成交方法？请举例加以说明。

3. 什么是成交信号？如何利用成交信号成交？

第九章

收回货款

本章学习目标

学完本章后，应该能够：

1. 理解客户信用度的概念，掌握客户信用调查与信用分析的内容，了解避免债务发生的措施；
2. 了解讨债的主要方法，掌握讨债的主要手段；
3. 掌握讨债的策略和技巧。

导入案例

（一）

某钢铁公司与某洗衣机厂签订了两项买卖合同，一项是钢铁公司向洗衣机厂购买洗衣机 2 500 台，另一项是洗衣机厂向钢铁公司购买与洗衣机货款等额的钢材。钢铁公司先行支付了购买洗衣机的货款，但洗衣机厂却迟迟不供货。钢铁公司在收到洗衣机厂购买钢材的货款后也拒绝供应钢材，并且明确告诉洗衣机厂只有立即供应洗衣机，才能获得钢材。洗衣机厂在履行了交货义务后，就向钢铁公司追讨违约金并要求赔偿损失。

问题：洗衣机厂的这种要求有无道理？钢铁公司能否拒绝对方的这种要求？

（二）

一公司的某驻地业务员，把公司价值十几万元的服装以两万元低价抵押给当地一个开发廊的社会混混。这个混混面对公司讨债人的追债威胁说：“我是本地人，黑道白道我都有人。”讨债人回答：“我信，但是你也别忘了，黑道白道都是靠钱养的，我们一个年收入上亿元的公司，我不信摆不平你。”随即讨债人又温和地帮他分析利害关系：“其实，这件事跟你一点关系都没有，你确实借钱给他了，而且看得出来你并不是有意要侵占公司的财产。这件事情中只有那个业务员有责任，但如果你抓着这批货不放，可能就会导致你也卷进这个案子里，将来法院来查封货，反倒会使你受到牵连。本来你跟他之间不过是互利互惠的经济利益关系，就算是朋友也不能趟这浑水吧。”这个人慑于涉案的后果，同意把服装还给公司。

问题：讨债人运用的是哪种讨债策略？

收回货款是销售工作的重要环节，货款的回收情况是企业考核推销人员销售业绩的主要依据之一。推销员对已经发生的应收账款，应采取有力的措施，加强管理，努力争取按时收回，避免因拖欠时间过长而发生坏账，使企业蒙受损失。如果只是把产品卖给客户而货款不能收回，这样的推销是没有意义的。

第一节　客户信用限度和风险控制

随着市场经济的发展，我国大部分商品市场已经由卖方市场转变为买方市场，市场竞争不断加剧。企业为了扩大市场份额，增加销售额，越来越多地采用赊销、分期付款的方式出售产品。赊销又叫信用销售，是指企业在同客户签订购销协议以后，让客户将企业的产品先拿走，客户则按照购货协议规定的付款日期付款，或以分期付款的形式逐渐付清货款。赊销和分期付款对于企业来说，虽然存在风险，但只要注意把握客户信用限度，加强风险控制，实行这一政策是可行的也是必要的。这其中需要处理好两个问题，即信用标准和信用条件。

一、信用标准

信用标准是指客户获得企业的商业信用所应具备的最低条件。如果客户达不到信用标准，就不能享受企业的信用优惠或只能享受较低的信用优惠。信用标准的高低直接影响着企业的销售成果。如果企业信用标准过高，将使大量客户因为信用品质达不到要求而被拒之门外，这样虽然可以使企业避免或减少坏账损失和收账费用，但是却影响了企业的市场竞争力和销售收入。如果企业信用标准过低，虽然有利于扩大销售，但是容易导致坏账风险加大和费用增加。

（一）信用标准的影响因素

影响信用标准的因素主要有三个：同行业竞争对手的情况；企业承担风险的能力；客户的资信程度。

1. 同行业竞争对手的情况

面对同行业竞争对手，企业首先对自身要有一个清楚的认识，认清自身在行业中所处的地位、优势和劣势。如果对手实力很强，企业要取得或保持优势地位，就应该采取比较低（相对于竞争对手）的信用标准；反之，则信用标准可以相对高一些。

2. 企业承担风险的能力

一般来说，当企业具有较强的风险承受能力时，就可以用较低的信用标准来争取客户，以扩大销售；反之，如果企业承受风险的能力较弱，就只能选择较高的信用标准，以尽可能降低风险。

3. 客户的资信程度

企业在制定信用标准时，必须对客户的资信情况进行调查，在此基础上，判断客户的信用等级并决定是否给予以及给予客户什么样的信用优惠。通常，可通过对客户进行“5C”系统评估来确定其资信程度。所谓“5C”，是指评估客户资信程度高低的五个相互联系的因素，包括：

(1) 信用品质 (Character)。主要是指客户在经营管理活动中表现出来的信用行为特征，具体可由以下几个因素来判断：

1) 企业基本情况；

2) 企业历史；

3) 经营管理者的个人情况；

4) 企业经营战略和方针；

5) 企业的组织管理状况；

6) 银行往来情况；

7) 信用评价情况。

客户的信用品质在对客户的资信评估中是非常重要的。因为客户是否愿意尽自己最大努力来按照协议付清货款，直接影响到应收账款的回收速度、额度和收账成本。企业应该从众多的客户申请中找出品质好的客户，向这些客户提供信用销售。客户品质的好坏，主要根据客户过去的信用记录来确定。

(2) 偿付能力 (Capacity)。主要是指客户的偿债能力。客户的偿债能力可以由以下几个因素来衡量：

1) 经营者能力；

2) 基础设施条件；

3) 企业规模与设备条件；

4) 员工能力；

5) 生产能力；

6) 销售能力。

客户的偿付能力主要根据客户的经营状况和资产状况来判断。一般说来，具有较好的经营业绩、较强资本实力和现金流量合理的客户，其偿付能力较好。经营状况走上坡路的企业，一般偿付能力比较强。管理水平较高的客户，一般愿意取得企业提供的现金折扣。

(3) 资本 (Capital)。资本反映了客户的经济实力，表明客户可能偿还债务的背景，是客户偿还债务的最终保证。资本能力可由以下一些因素来衡量：

1) 资本构成；

2) 资本关系；

3) 增资能力；

4) 财务状况。

资本状况可以通过客户的财务报表和比率分析得出。资本既与偿付能力相关联，又有自己的特殊意义。

（4）担保品（Collateral）。主要是指客户在接受信用融资时，可以提供的足以偿还授予信用价值的担保品的情况，包括以下两个因素：

1）授信状态；

2）担保品状况。

一般来说，对于有担保或有资产抵押的客户信用条件可以适当地放宽。对于没有信用记录和有不良信用记录的客户来说，以一定的资产作为抵押是必要的。

（5）环境或条件（Conditions）。主要是指影响客户经营管理状况的外部环境，包括如下因素：

1）政府鼓励与限制政策；

2）行业发展情况；

3）市场供需情况；

4）行业竞争情况及客户在其所处行业中的地位。

客户信用要素的分析方法，为企业从客观的角度判断客户的资信情况提供了基本的思路和方向。然而，对于上述各个要素的分析，还应当建立在对客户更为详细、具体的信息收集的基础上，并且其中每个因素都应当从客户的实际经营管理中获得，并加以说明和测量。另外，还需要对客户财务状况进行量化分析。

（二）信用标准的确立

1. 设定信用等级的评价标准

根据对客户资信资料的调查分析，确定评价客户信用优劣的数量标准，具体可通过流动比率、资产负债率、应收账款周转率、总资产报酬率、赊购付款履约情况等指标的计算来确定。

（1）流动比率。流动比率是企业流动资产与流动负债的比值。它反映企业在短期内的偿债能力，流动资产越多，短期债务越少，偿债能力越强。其计算公式为：

$$流动比率=\frac{流动资产}{流动负债}\times 100\%$$

（2）资产负债率。资产负债率是企业负债总额（包括长期负债与短期负债）与企业资产总额的比值。它反映企业对债权人利益的保证程度。负债率越高，债权的安全系数越低。如果已超过100%，就意味着企业已资不抵债。其计算公式为：

$$资产负债率=\frac{负债总额}{资产总额}\times 100\%$$

（3）应收账款周转率。应收账款周转率是年度内应收账款转为现金的平均次数。它反映企业应收账款的周转速度。周转次数越多，说明其短期偿债能力越强。其计算公式为：

$$应收账款周转率=\frac{销售收入}{平均应收账款}\times 100\%$$

$$平均应收账款=\frac{期初应收账款-期末应收账款}{2}$$

（4）总资产报酬率。总资产报酬率用于反映企业运用全部资产的获利能力。这种能力越强，企业的偿债能力越强。其计算公式为：

$$总资产报酬率=\frac{利润总额}{资产总额}\times 100\%$$

（5）赊购付款履约情况。赊购付款履约情况用于综合反映客户的偿债能力与付款态度，一般采用定性描述，如及时、一般、拖欠、长期拖欠等。

在对上述指标进行计算确定之后，根据数年内信用最差的一年的情况，分别找出信用好和信用差的两类客户的上述指标的平均值，以此作为比较其他客户的信用标准。例如，根据上述方法，某企业确定的信用标准如表 9-1 所示。

表 9-1　　信用标准一览表

指标	信用标准	
	信用好	信用差
流动比率	2.6∶1	1.6∶1
资产负债率	0.5∶1	0.9∶1
应收账款周转率（次）	15	9
总资产报酬率	35%	20%
赊购付款履约情况	及时	拖欠

2. 计算有关客户的指标值，并与所设定的信用等级标准进行比较

具体方法为：若某一客户的某项指标值等于或低于坏的信用标准，则该客户的拒付风险系数（即坏账损失率）增加 20%；若某一客户的某项指标值处于好与坏的信用标准之间，则该客户的拒付风险系数增加 10%；若某一客户的某项指标值等于或高于好的信用标准，则该客户无拒付风险，系数为 0。最后，将客户的各项拒付风险系数累加，累加值即为该客户发生坏账损失的总比率。

例如，计算分析某一客户的各项指标值后，与表 9-1 所示的信用标准进行比较，得到这样一组数据，如表 9-2 所示。

表 9-2　　某客户信用状况评价表

指标	指标值	拒付风险系数（%）
流动比率	2.7∶1	0
资产负债率	0.5∶1	0
应收账款周转率（次）	11	10
总资产报酬率	35%	0
赊购付款履约情况	及时	0
累计拒付风险系数		10

由表 9-2 可见，该客户的流动比率、资产负债率、总资产报酬率、赊购付款履约情况等项指标均等于或高于好的信用标准，因此，这些指标发生拒付风险的系数为 0；而应收账款周转率的指标值在信用好与信用坏的标准之间，发生拒付风险的系数为 10%。这样，该客户的累计拒付风险系数为 10%，可以认为该客户预期可能发生的坏账损失率

为10%。

3. 确定各有关客户的信用等级

根据上述风险系数的分析结果，将客户累计风险系数由小到大进行排序，然后，结合企业承受风险的能力及市场竞争的需要，划分出客户的信用等级。比如，累计拒付风险系数在10%以内的客户为A级客户，10%～20%的客户为B级客户，等等。企业对于不同信用等级的客户应区别对待，即对其分别采取不同的信用政策，包括接受或拒绝客户信用申请，以及给予不同的信用条件等。

需要注意的是，由于实际情况错综复杂，不同企业的同一指标常常存在很大差异，难以按统一标准进行衡量。因此，在实际操作中，也可以设置并分析更多的指标，以求能更详细地对客户拒付风险做出准确判断。

二、信用条件

信用条件是指企业接受客户信用申请时所提出的付款要求，一般包括信用期限、现金折扣两个要素。在实践中，经常使用诸如“2/10，N/45”“3%，10”等销售专业语言来表示企业的信用条件，这些信用条件表达了不同的信用折扣政策。如“2/10，N/45”所表达的信用条件是，如果客户在10天内付款，则企业给予2%的现金折扣；如果放弃折扣优惠，则需在45天内付清全部货款。在这里，45天为信用期限，10天为折扣期限，2%为现金折扣（率）。一般来说，企业的信用条件是在遵循本行业的惯例，基于一定的外部环境，充分考虑到本企业自身实力的情况下，本着提高竞争力和企业最终效益的指导思想确定的。给客户信用条件如何，直接影响甚至决定着企业的应收账款水平。

（一）信用期限

信用期限是企业允许符合信用标准的客户赊欠账款的最长期限，又称付款期限。信用期限一般有15天、30天、60天、90天、180天等。确定适宜的信用期限是企业制定信用政策时首先要考虑的问题。

信用期限和企业的经营战略密切相关。一般来说，信用期限越短，应收账款会越小，坏账损失也越小，但会影响企业的销售量、市场份额和市场竞争力。如果延长信用期限，会吸引更多的客户，刺激销售增长，提高市场竞争力，同时也会增加信用风险。因此，信用期限主要受以下几个因素的影响：

（1）企业的市场营销战略；

（2）行业普遍的信用期限；

（3）客户的资信水平和信用等级；

（4）企业自身的资金状况。

合理的信用期限应当着眼于使企业的总收益达到最大，理论上的信用期限最低限度应该是损益平衡。

（二）现金折扣

企业给予客户的折扣包括两种情况：一是企业将产品销售给付现金的客户时给予客户在价格上的折扣，以鼓励客户同企业进行现金交易；二是在信用销售方式下，企业对于客户在规定的短时间内付款所给予客户发票金额的折扣，其目的是鼓励客户及早付清货款。

这里的现金折扣指的就是第二种。

现金折扣是企业信用条件中的另一个重要组成部分。企业给予客户的现金折扣中包含两个要素：折扣期限和折扣率。折扣期限指的是在多长时间范围内给予客户折扣优惠，折扣率指的是在折扣期限内给予客户多少折扣。例如，作为卖方的企业在信用条件中做出“5/10，3/20，N/45”的现金折扣规定，则表示，客户履约的最迟付款期为45天；如果客户能在10天内付清货款，可以享受5%的现金折扣；如果客户在20天内付清货款，则可享受3%的现金折扣。给予客户的现金折扣率应该与折扣期限成反比例关系，即折扣期越短，折扣率越高；反之，折扣期越长，折扣率越低。这种做法充分反映了企业现金折扣政策的基本目的，即鼓励客户尽快付款。

与延长信用期限一样，采取现金折扣方式在有利于扩大销售的同时，也需要付出一定的成本。企业由于其所处的行业和自身情况的不同，给予客户的现金折扣和折扣期限也不同。一般折扣率为1%～5%，折扣期限往往为10～20天。而企业究竟应当给予客户多长的折扣期限，以及多少折扣，应该视具体情况来定。如果提供的现金折扣所带来收益大于现金折扣的成本，那么，企业就可以考虑采取现金折扣或进一步改变当前的折扣条件，如果情况相反，采取现金折扣则是不恰当的。

三、避免信用风险的发生

赊销乃销售风险之源，它很可能悄无声息地侵蚀企业利润，最终将企业拖垮。所以，企业必须密切关注信用销售与回款的各个环节，避免陷入追讨债款的困境。

（一）赊销的误区

（1）心存侥幸，想当然认为客户会按时付款。

实例9－1

小李是某食品公司驻杭州的销售代表，好不容易找了一家经销商，答应尽力帮其开拓市场，但是有个条件：新产品销路如何，心中尚无把握，故先做试销。言下之意就是货我可以帮你销，货款暂时不能支付。小李很想做出点业绩，就默认了，谁想到这次赊销竟让他付出很大的代价。小李为了讨回这笔货款，跑了七八次，几乎磨破了嘴皮，结果还是被这位黑心的经销商扣了广告补贴、推广津贴。小李不仅没有提成奖，反挨了公司领导的批评，并且浪费了时间（要是把这讨债的时间花在开发新客户上的话，应该有希望创造效益）。初涉商海的小李有了这次深刻的体验后，发誓再也不能做这种赔本生意了。

（2）对中间商，尤其是老客户不进行信用调查和评估，唯恐得罪朋友。

（3）企业急于销货，在付款条件上做无条件让步，致使某些不法之徒有机可乘。

（4）对实力较大的中间商过于依赖，以为“大树底下好乘凉”，却不知大树不倒则已，一倒则成崩溃之势，到时只好自认倒霉。

（5）在签订合同时，被客户根本不讨价还价的假象所迷惑。其实客户很可能根本无意付款，而是准备“捞一把就跑”。

（6）对客户延期付款过于宽容。

（7）客户一开始还比较守信用，回款比较及时，骗取企业信任后，则加大进货量；此后便施展种种伎俩拖欠货款，甚至逃掉。

（二）付款危机征兆

经验证明，大多数企业的付款危机都有一些征兆，现将一些常见的危机征兆列举出来，供企业财务人员和销售人员参考。

（1）在要账时客户强调各种客观原因，如“公司的客户没有付款”“老板出差了”“我们双方贸易时间很长，你为什么不相信我们”“你们公司货物有质量问题”“购货单与账单不一致”“我公司还没有收到账单”，等等。

（2）推翻已有的付款承诺。

（3）未经同意退回有关单据。

（4）不经许可退货。

（5）突然或经常转换银行及账号。

（6）交易额突然增大，超过客户的信用限额。

（7）提出延期付款。

（8）提出改变原有的付款方式。

（9）客户提出了破产申请。

（10）在媒体或其他场合听到或看到对客户不利的消息。

企业或销售人员应当根据上述种种迹象，判断出自己是否已面临危机。

（三）避免债务发生的行为准则

对客户进行信用调查分析，在一定程度上可以做到预防债务的发生，除此之外，推销人员在推销过程中，也应该遵循一些行为准则，避免货款不能及时收回。

（1）未雨绸缪，回款工作开始于销售之前。与其在应收账款追讨上耗费精力，不如在客户选择上早下功夫。

（2）债务发生后，要立即要账。英国销售专家波特·爱德华研究发现，赊销期在60天之内，要回的可能性为100%；在100天之内，要回的可能性为80%；在180天内，要回的可能性为50%；超过12个月，要回的可能性为10%。另据国外专门负责收款的机构研究表明，账款逾期时间与平均收款成功率成反比。账款逾期6个月以内应是最佳收款时机，如果欠款拖至1年以上，成功率仅为26.6%，超过2年，成功率只有13.6%。

（3）经常要账。对那些没有及时付款的客户，如果推销员要账时太容易被打发，客户就不会将还款放在心上，能拖则拖。而如果推销员经常要账，则会使客户很难再找到拖欠的理由，不得不还款了。

（4）要账方法要因客户而异。推销员要根据客户的类型运用不同的方法要账。有时，客户还款确实存在一定困难，并不是存心赖账，这时可以运用一些变通的方法。如在了解了客户的经营困难后，推销人员就可以利用自己的知识，帮助客户分析市场，策划促销方案，以自己的诚心和服务打动客户；也可以“象征性”地帮客户收几笔其下线客户的欠款。这样，往往会收到很好的效果。

第二节　讨债方法与手段

虽然在产品销售之前，企业就对客户进行了信用调查和分析，并且在销售过程中、销售活动后企业也会采取一些信用风险防范措施，但是在现实的市场推销活动中，很难完全避免客户拖欠货款情况的发生。对于推销人员来说，采用一些策略和技巧及时有效地讨回货款就显得十分必要。在学习讨债策略与技巧之前，本节先介绍一下讨债的方法和手段。

一、讨债方法

讨债的基本方法主要有以下四种。

（一）企业自行追账

企业自行追账的基本方法包括函电追账、面访追账和IT追账三种。

（1）函电追账。是指企业自身的追账员通过电话、传真、信函等方式向债务人发送付款通知。

（2）面访追账。是指企业自身的追账员通过上门访问，直接与债务人交涉还款问题，了解拖欠原因。

（3）IT追账。是指企业利用电子邮件向债务人发送追讨函，或与其交流意见。

自行追账，企业一般委派内部人员独立操作，不经过仲裁或司法程序，追账员可以见机行事，灵活应变，同时采用自行追账也可以节省一定的时间和费用。不足之处是，自行追账追讨债的力度较小，不易引起重视。

（二）委托专业收账机构追账

委托专业收账机构追账是指债务纠纷发生后，企业委托专业收账机构，由其代理完成向债务人的追收工作。目前，国际上的欠款追收大都是依靠各国的收账机构相互代理、协助完成的，比例达60%以上。

与自行追账相比，委托专业机构收账具有以下几点优势：

（1）处理案件专业化。专业机构在处理债务问题方面具有相当丰富的经验和知识，对于每一个拖欠案件，都会制定一套包含多种手段的追讨方案，包括对案件的分析评估，与债务人直接接触、协商，通过多种途径施加各种压力（如由律师协助追讨、代理诉讼、申请执行仲裁）等。

（2）节约追账成本。在自行追讨无法取得实际效果时，如果直接诉诸法律，费用相对较高，程序复杂而且漫长，即使胜诉也不易执行，因此企业较少采用。而专业追账机构一般采取“不成功，不收取佣金”的政策，最大限度地为企业承担追账风险，减少损失。

（3）缩短追讨时间。企业自行追讨债务，由于不熟悉债务人当地的法律和有关商业惯例，往往费时费力却收效甚微。而专业追账机构一般委托债务人当地的追账员或追账代理进行追讨，他们熟悉当地的法律、商业惯例，与债务人没有语言文化的障碍，便于沟通和协调，因此，无论是从追收形式、效果上，还是从债务人的心理压力上，都远远高于企业自行追讨的力度，能够提高追讨效率，较快收回欠款。

（三）仲裁

仲裁的方法是指债权债务双方根据债务纠纷发生前或者发生后双方所达成的书面协议，自愿将争议交给双方都同意的仲裁机构，由仲裁机构根据双方协议的授权审理争议，并做出对债权债务双方都有约束力的裁决。仲裁不具有诉讼的属性，它也是解决债务纠纷的一个重要方法。

我国已于 1987 年 4 月正式加入《纽约公约》，因此，我国涉外仲裁机构做出的裁决在世界上可以得到其他该公约成员国的承认和执行，这为解决国际债务纠纷提供了便利条件。

（四）诉讼

诉讼这种方式是指债务发生后，债权人向法院提出诉讼请求，由法院根据诉讼程序和有关法律规定审理案件，并做出对双方具有法律强制执行力的判决。诉讼以法律为依据，对债务人有权威性和震慑力。

二、讨债手段

（一）利用行政干预手段协助讨债

利用行政干预手段协助讨债，是指讨债人（债权人）在讨债过程中，经过自己的努力工作，取得债务人的上级领导机关的同情与支持，通过债务人的上级领导机关对债务人进行说服教育，规劝债务人尽快偿还债务。

由于国家行政机关尤其是企业的主管部门既负有为企业服务的义务，又享有对企业进行宏观管理和监督的权力，因此债权人在遇到讨债难题时，应争取债务人的主管部门的同情与支持，利用主管部门和企业之间的管理与被管理、监督与被监督的关系，由债务人的主管部门帮助督促债务人履行债务合同。

需要注意的是，债务人的上级主管机关帮助讨债的力度一般来说是有限的。这是因为债务人的上级主管机关几乎没有权力命令或者裁决债务人必须履行债务。只有人民法院和工商行政管理机关设立的经济合同仲裁机构才拥有这种权力。债务人的上级主管部门只能通过说服教育来督促债务人履行合同，所以讨债者不能将此作为唯一的讨债手段，其他方面的努力仍不可放松。

另外，由于我国各地经济发展不平衡，地方保护主义在某些地区、某些部门、某些人的思想和行为中还相当严重，很多时候债务人的主管部门会为债务人开脱责任，甚至包庇、纵容债务人。因此，债权人在决定是否通过行政渠道帮助自己追讨债务时，最好先调查一下主管机关的情况，了解一下主管机关对其下属清偿债务的态度，以免白费功夫，甚至适得其反。

（二）利用金融机构的监督职能帮助讨债

采用这一手段催讨债务具有两方面的含义：其一，可利用金融机构的独特地位对债务人进行规劝说服，帮助讨债。企业开展经济活动离不开金融机构的支持，如果金融机构出面劝说，企业不得不认真考虑，这会对催讨债务有一定的帮助。其二，可以利用金融机构的监督管理职能协助执行。我国各大银行都具有双重身份，一方面它们作为独立的民事行为主体与其他民事行为主体发生平等互利的经济联系；另一方面它又行使国家金融管理机关的职能和权力，即依照国家有关法律法规及政策对取得银行贷款的经济实体或者公民个人的经济活动进行全面的信贷监督。

我国法律规定：凡是法人之间的经济往来，除国家规定允许使用现金的以外，都必须由银行或信用社转账结算。这一规定，使银行除了承担为开户人（法人或企业）收支款项等义务外，还享有对开户人的金融及经济活动进行监督的权力。同时，银行还享有按照法律规定对开户人实施强制结算的权力。比如，买卖双方以托收承付方式付款，如果买方无正当理由而拒付货款，则银行有权进行强行划拨。

我国法律还规定，银行具有协助执行职能。具体地说，银行所具有的协助执行职能主要是指当买卖双方的债务纠纷已由国家仲裁机构或人民法院仲裁、判决，而另一方当事人仍然拒绝履行义务的，则另一方当事人可向人民法院提出申请，由人民法院通知有关金融机构进行强行扣款划拨，以支付债务人所欠的债务。

（三）以中断合作关系的手段帮助讨债

随着我国社会主义现代化进程的加快，社会化大生产的程度越来越高，社会分工越来越细，企业之间相互依赖、相互协作、相互制约的关系加深，任何一个经济实体都不可能单独存在，它必须在与其他经济实体的相互协作中得以生存和发展。根据这一特点，讨债人在讨债过程中，就可以利用中断合作关系这一手段来迫使违约不履行债务的一方尽早偿还债务。

实例 9－2

我国山西省是一个产煤大省，在全国煤炭市场中占有举足轻重的地位。但在一个时期内，由于货款拖欠严重，已经影响到其煤矿企业的正常运转。为了追收拖欠款，山西省各大矿业集团采取了一个统一的行动，不清欠则不发煤，从而在短期内收回了大量欠款。

（四）运用经济抗衡手段帮助讨债

运用经济抗衡手段帮助讨债，是指债权人在讨债过程中根据双方合同（即合同双方互为债权人和债务人）应当同时履行的原则，针锋相对地逼使债务人履行债务的办法。

现实往来中的债务合同多数都是双方合同，即债权人同时也是债务人，债务人同时也是债权人。比如，在技术转让合同中，债权人转让技术给债务人，债务人有向债权人提供转让费的义务，同时他也享有使用该技术的权利；债权人享有获取转让费的权利，同时，他也负有提供转让技术的义务。如果受让技术的一方不按照合同规定按时给付转让费，那么，转让技术的一方就会推迟转让技术的时间，这样，受让一方就得不到使用技术的权利，也不能获得使用技术的利益。直到受让的一方将转让费如数支付给转让技术的一方，转让方才将技术出让，这就被称作抗衡。在现实的讨债过程中，债权人会经常运用这种方法。

实例 9－3

某企业与一客户签订购销合同，规定付款方式为款到发货，但眼看已经过了交货期，仍然不见客户的货款到账。与此同时，客户却接连不断地发函要货。尽管客户一催再催，企业仍然拒绝发货。这其实就是一种经济抗衡。

实例9-3中的方法对技术交易、租赁交易比较适用，而对于商品的交易则有一定的局限性。在买方市场条件下，除非是一些紧俏商品的交易，否则先款后货往往难以做到。所以，有的企业为了牵制对方想出了一些比较实用的方法。比如，在一些成套供应的商品的交易中，卖方往往会扣住其中的一些关键部件暂时不发，直到对方付款才予以发货。这其实也是一种抗衡。

需要注意的是，在运用经济抗衡手段追讨债务时容易陷入一个误区。比如，债务人在某一债务中欠债不还，债权人则在双方的另一债务中进行以牙还牙地对抗，结果，债权人就跟债务人一样，其行为都属于违约行为。因此，在运用经济抗衡手段追讨债务时，要注意经济抗衡手段的适用范围。一般来说，运用经济抗衡手段追讨债务只限于同一债权债务关系中。如果债权人不是在同一债权债务关系中，采用经济抗衡手段同样也属违约。

（五）通过对债务人进行“输血”扶持的手段帮助讨债

对于客户确实因为能力不足而形成的拖欠，企业也可以通过“输血”扶持手段来帮助收回货款。常用的方式有以下几种：

（1）给予经济资助。如果债务人不能按期履行债务是因为缺乏足够的流动资金而不能维持正常的生产经营活动，只要补充适量的资金就可以恢复生产并获取良好的效益，那么，债权人在掌握了拖欠的真正原因后，可以通过经济资助或为债务人提供银行担保的形式，帮助债务人解决流动资金不足的问题，使债务人恢复正常的生产经营活动，取得利润，偿还债务。

（2）给予技术资助。如果债务人不能偿还债务是由于技术落后而造成效益不佳，支付困难，对此债权人可以通过给予技术援助来帮助债务人提高技术水平，增强市场竞争力，进而提高支付能力。比如，帮助债务人对其设备进行更新改造，对债务人的生产工艺、生产流程进行改革，改进债务人所生产产品的性能，帮助债务人开发新产品等。

（3）给予物质资助。如果债务人不能清偿到期债务的原因是由于缺乏必需的原材料而导致生产不能正常进行，资金周转困难，债权人可以向债务人直接供应或帮助债务人购买紧缺的原材料，使债务人能够维持正常的生产经营活动。

（4）给予管理资助。如果债务人不能清偿到期的债务是因为其管理不善造成的，债权人可以通过帮助债务人建立一套科学的管理机制来使债务人提高经营管理水平，从而提高盈利能力，清偿债务。

（5）临时资助。如果债权人只是着眼于把货款收回来，不愿意或没有精力去考虑债务人的生存和发展，那么，债权人可以对债务人给予一些只有短期效应的帮助，使其短期内产生收益，能够还清债务。如将自己的畅销品交给债务人销售，为债务人牵线搭桥，让其在短期内做成几笔大生意等。

债权人在为债务人提供“输血”扶持时应该注意，无论是给钱、给物，还是给技术、给管理扶持债务人，都有一定的风险。因此，债权人应当密切关注债务人接受“资助”后的情况，必要时给予监督检查和指导，使“输血”扶持达到预期的效果。

（六）应收账款融资

除了收账之外，企业还可以进行应收账款融资。目前，我国应收账款融资的常见方式有两种：一是银行办理的应收账款质押，是一种贷款业务；二是专门办理保理业务的公司从事的应收账款转让融资。近年来，一些企业也开始尝试应收账款资产证券化

（ABS）融资。

1．应收账款质押

在法律上，应收账款是一种债权，因此，应收账款质押是一种权利质押，属于贷款业务，受《担保法》约束。可以办理质押的应收账款应该具备：可转让性、特定性和时效性。

2．应收账款保理

这种业务是指企业的应收账款以协议的形式有条件转让给银行，银行对企业提供贸易融资、应收账款催收、应收账款管理以及坏账担保等综合性服务的业务。

3．应收账款资产证券化

应收账款资产证券化（ABS）是指企业或者银行作为发起人，将应收账款按一定的标准卖给专门为资产证券化交易设立的特殊目的载体（SPV），特殊目的载体再把应收账款汇集到一个资产池，并以此为保障，在金融市场上发行固定收益工具特征的资产支持证券，最后再用资产池中的应收账款回收额偿还资产支持证券的本金及利息。

实例 9-4

创新融资模式　三一重工首单应收账款 ABS 落地发行

2016 年 11 月 10 日，三一重工发布公告，宣布"三一重工-中泰光大 2016 年 1 期应收账款资产支持专项计划"正式设立，总发售规模为 131 500 万元，这意味着工程机械行业首单上交所挂牌的资产支持证券成功发行。

该证券由我国工程机械行业的龙头企业——三一重工股份有限公司作为原始权益人，以子公司在业务经营活动中形成的应收账款作为基础资产，面向银行、券商、基金等各类合格投资人发行，在上交所上市交易，本期证券的成功发行，实现了工程机械行业融资模式创新。

投资人认购踊跃，发行利率创市场新低

本期证券包括优先 A 档、优先 B 档、次级档，共"两层三档"，其中，优先 A 档和优先 B 档面向合格投资人发售，次级档由三一集团认购。

本期证券获得市场青睐，各类型合格投资人认购踊跃，在近期资金面有所收紧、利率上行的背景下，本期证券圆满发行，优先 A 档和优先 B 档证券认购倍数分别为 3.96 倍和 5.11 倍，票面利率分别为 3.60%和 4.50%。发行利率创近期同类型产品新低，认购倍数创同类型产品新高。

金融板块发力，打造证券化融资标杆

本期证券由三一集团金融板块牵头组织实施，全程参与产品交易结构设计以及发行，优选入池资产，精心设计交易结构，采用结构化技术、超额现金流覆盖以及差额支付承诺提高证券信用评级，并广泛开展询价及路演，积极拓展各类型合格投资人，实现近期市场同类产品发行成本新低。

本期证券发行不仅有利于三一重工盘活存量资产、加速经营资金周转、提高资金使用效率，还有利于拓宽融资渠道、降低融资成本、优化资产结构，对我国工程机械行业乃至制造业资产证券化具有里程碑意义。

第三节 讨债策略与技巧

一、债务人类型及讨债策略

推销人员在追讨债务的过程中，应当根据债务人的不同特点采取不同的讨债策略，以提高讨债的效果。

（一）对付“强硬型”债务人的策略

“强硬型”债务人突出的特点是态度傲慢。面对这种债务人，总的指导思想是：避其锋芒，设法改变其认识。具体策略主要有以下两种。

1. 沉默策略

沉默策略是指在讨债过程中，面对对方的傲慢态度，不卑不亢，既不与之争锋，也不软语相求，而是观看对方态度。这种策略对待“强硬型”对手不失为一个有力的讨债手段。这一策略的成功之处就在于对手因你的沉默而摸不清你的底细，所以会产生心理恐慌，不知所措，甚至乱了方寸，这样就达到了削弱对方气势的目的。所以，推销人员在运用这一策略时，关键就是不让对手摸清你的底细，尽量少说话，以静制动。当然，运用沉默策略要注意审时度势，否则运用不当，效果会适得其反。比如，你如果一直沉默不语，债务人会认为你是慑服于他，这样反而会增大债务人的拖欠欲望。

2. 软硬兼施策略

软硬兼施策略也叫黑白脸策略。这种策略是将讨债队伍分成两部分，其中一部分人扮演强硬角色（黑脸），即鹰派，另一部分人扮演随和角色（白脸），即鸽派。谈话开始，先由黑脸出场，以强硬的态度，果断地提出还款要求，没有商量的余地，甚至表现出一点吓唬式的情绪行为。黑脸对债务人轰炸过一阵后，气氛会变得十分紧张。这时，白脸开始登场。白脸一面劝阻自己的伙伴，一面平静地指出：这种局面的形成与债务人也有关系。最后建议双方都做些让步并态度和缓地提出一些还款条件。这些条件听起来似乎更加合情合理，对方当然愿意与这位“通情达理”的人进行交谈，这样比较容易促成债务的清偿。

（二）对付“阴谋型”债务人的策略

有一些债务人为了满足自身的利益与欲望，常利用一些诡计或借口拖欠对方的债务。这一类债务人被称做“阴谋型”债务人。在债权人讨债时，“阴谋型”债务人经常会摆出一副“要钱没有，要命一条”的无赖样。对付这类债务人可以采用以下策略。

1. 反“车轮战”的策略

“阴谋型”债务人常常会采用不断变换接待人员的“车轮战术”来应付讨债人，以使债权人精疲力竭，不得不降低条件或做出让步，从而达到其少付或不付款的目的。对付这种战术的策略是：

（1）及时并当面揭穿债务人的这种诡计，直截了当地告诫对方不要耍花招，否则后果自负。

（2）对更换上的接待人员置之不理，以挫其锐气。

（3）对原来的经办人员紧追不放，并采取一些手段使其不得安宁，逼其出面解决还款问题。

(4) 不停地向债务方的负责人施加压力，不给其躲避的机会，促使债务人尽快还款。

2. “兵临城下”策略

这种策略是指讨债人向债务人采取大胆胁迫的做法，迫使对方还款。这一策略虽然具有冒险性，但对于“阴谋型”债务人时常有效。

实例 9-5

欧阳先生承包了某大城市一些商场的相关柜台，A 公司以联营的方式跟欧阳先生合作。收了三个月的货款后，欧阳一算账，收支不抵，于是便从各个厂家的销售款中倒扣 20%作为租赁费，但在跟租赁商场所交的费用相抵之后，欧阳发现不但没有预期的盈余，而且已经出现了不小的亏空。欧阳顶不住了，但商场不同意终止合同，无奈之下他选择了卷款逃跑。

A 公司的讨债人通过平时替欧阳办事的一位员工追查到欧阳的住处。为了堵到欧阳，清晨六点就赶到他住的那个地下室，敲门后，一个男声（欧阳）问：“谁啊，这么早敲门?”跟讨债人一起来的同事，不待讨债人阻拦，已经回答：“我是 A 公司的业务员，想跟您对一下账。”这句话说完，房间里立即悄无声息了。之后任凭讨债人敲破了门，磨破了嘴，房间里没有丁点声音。好不容易才堵到欧阳，怎么可能放弃。讨债人突然心生一计，对同事说：“你去派出所报警，就说有人骗我们的钱。”同事走后，他拿出手机，先在手机上随便按 7 个数字（按键有声音），装成接通后，照着电话本上的姓名，大声说话：“某经理您好，我是某某厂家的业务员，也是跟您一样在某商场没接到款的厂家，现在我找到了欧阳的住处，您是不是要过来谈一谈？等您？好的。这里的地址您方便记一下吗?”假装打了几个类似的电话后讨债人还特意装着用家乡话给自己的老乡打电话，让他们即刻分两路出发，一路去往欧阳的老家，查访欧阳的家属；一路赶到欧阳的住处增援。话还没有说完，警察已经来了，敲开了欧阳的门，欧阳连忙说：“误会误会，我还钱，这不正在数钱呢。”

（三）对待“合作型”债务人的策略

“合作型”债务人是清债实践中人们最愿意接受的，因为他们的特点是合作意识强，能给双方带来皆大欢喜的满足。所以，对付“合作型”债务人的策略是互惠互利。

1. 假设条件策略

这种策略是指在清债过程中，债权人向债务人提出一些假设条件，用来探知对方的意向。比如：“假如我方再供货一倍，你们前面的款还多少?”“每月还款 15 万元，再送 3 吨棉纱怎么样?”，等等。由于这种做法比较灵活，能使索款在轻松的气氛中进行，有利于双方在互惠互利的基础上达成协议。

2. 私下接触策略

这种策略是指清债人员有意利用空闲时间，主动与债务人一起聊天、休闲、娱乐，联络感情，以利于讨债工作的顺利进行。

（四）对待“感情型”债务人的策略

“感情型”债务人往往容易被人接受。他们性格温和，很会体贴别人，能迎合对手的兴趣。但是，在某种程度上，“感情型”债务人比“强硬型”债务人更难对付。“强硬型”债务人容易引起债权人的警惕，而“感情型”债务人则容易被人忽视，他们能够在不知不觉中说服债权人。对待这类债务人的策略有以下几种。

1. 以弱为强策略

这种策略要求讨债人在与债务人商谈时以一种近似乞讨的态度提出还款要求。如“我们企业很困难，请你们给予帮助”“这笔款确实已经拖了很长时间了，再拖下去，我们也无法向公司交代了，请您为我们考虑一下”，等等。由于“感情型”债务人的性格特点，往往会给予考虑。

2. 恭维策略

“感情型”债务人往往会比较看重债权人以及外界对自己的认可，因此，讨债人如果在与债务人协商时说出一些令债务人高兴的话，会对收回欠款比较有效。如“早就听人讲，李总一向讲信用，要不是前一个时期的突发事件，根本用不着我们跑一趟”“你们对我们厂一直都很支持，这一点我们厂领导是公认的”“现在企业资金都很困难，你们能挺过来很不容易”，等等。

3. 在不失礼节的前提下保持进攻态度

“感情型”债务人一般不适应冲突气氛，对进攻和粗暴的态度通常会采取回避的办法。针对其这一特点，债权人讨债时要创造一种公事公办的气氛，与对方在感情上保持一定距离，使之感到你不好对付。与此同时，要就对方的还款意见提出反问，以引起争论，如“拖欠这么久，利息谁承担”等，这样会使对方感到紧张。但要注意掌握好分寸，不可撕破脸皮，否则，债权人很难再指望商谈能取得结果。

（五）对待“固执型”债务人的策略

“固执型”债务人的特点是坚持自己所认定的观点，喜欢照章办事，对新的主张、新的建议很难接受，有一种坚持到底的精神。对待这类债务人的策略主要有下述两种。

1. 试探策略

这种策略是指债权人提出一些试探性的问题，用来观察对方的反应，据此分析其真实意图。例如：提出一个对双方都有利的还款计划，如果债务人反应激烈，那么，债权人就可以采取其他方式清债；如果债务人反应温和，就说明还有协商的余地。

2. 先例策略

“固执型”债务人所坚持的观点一般不容易改变。为了使债务人转变态度，可以试用其他债务人还款的例子来影响他、触动他，促使其改变看法。

（六）对待“虚荣型”债务人的策略

“虚荣型”债务人的特点是自我意识强，好表现，好面子，对别人的暗示非常敏感。对待这类债务人的策略可以采取下述几种。

1. 从其熟悉的话题入手

在与“虚荣型”债务人商讨货款问题时，最好先谈对方熟悉的话题，为对方提供一个自我表现的机会，满足其虚荣心，同时也可以进一步了解对方的习惯和爱好，为进一步收回货款铺平道路。

2. 顾全面子策略

讨债人一般不要在公共场合向“虚荣型”的债务人提欠款一事，因为“虚荣型”债务人非常注重面子，当然，你要将你维护其形象的做法告诉他，使他清楚你这样做都是为他好。如果债务人对此无动于衷，那么，你也可以利用其好面子的特点，与其针锋相对而不再顾及情面。

3. 制约策略

“虚荣型”债务人大都有浮夸的弱点，对此，债权人应该有所准备。为了免受浮夸之害，在清债谈话中，对债务人的承诺要有记录，最好要他本人以企业的名义用书面的形式表达，以免对方事后反悔或否认。

二、讨债技巧

(一) 制定讨债策略

“兵马慎动，策略先行”，就讨债问题来说，推销人员应在如实反映情况的基础上，请专家、顾问帮助制定讨债方案或策略。讨债过程一般可分为准备、软磨、强攻、收尾四个阶段。在准备阶段，讨债人一方面要与债务人保持好关系，另一方面应抓紧摸底，多方取证，收集对今后的催讨、诉讼有利的证据。在软磨阶段，主要是通过函催、面催等形式，探清债务人的真伪虚实和个性品质。同时，注意节奏的把握，不要延误约定和法定时效。在强攻阶段，与债务人公开对立，诉诸法律。此时若不慎，易陷入僵持局面。在收尾阶段，是非已经清楚，关键在于执行，要防止对方转移财产，逃废债务。

(二) 选择讨债场合

讨债场合的选择对收回债款意义重大。一个具有丰富的经验和知识、良好心理素质和较强公关能力的推销员，会根据债务方的具体情况选择适当的场合讨回债务。

1. 登门讨债

目前，我国大多数债权人在选择讨债场合时，仍然将债务人的所在地作为首选目标。人们将债务人所在地作为讨债的理想场合，主要是基于以下几方面的原因：

(1) 讨债人主动登门要账，既可营造一种对债务人不利的社会舆论，同时也会加重债务人心理上的不光彩的感觉，从而使债务人发现自己为了占点便宜却失去得更多，甚至会影响与其他人的业务往来，他便会主动地尽快偿还债务。

(2) 债权人上门讨债，可以了解到债务人的一些真实情况和欠债不还的真正原因，这对讨债人确定下一步的行动计划有重大意义。

(3) 债权人上门讨债，便于寻求社会支持。在债务人的大本营进行讨债活动，讨债人不仅可以同债务人进行面对面针锋相对的交涉，同时，还有条件寻求债务人所在地的社会力量，如政府机关、新闻媒介等的支持，这样可以利用当地的各种力量对债务人施加压力，促使其尽快清偿债务。

总之，登门讨债与在其他场合讨债相比，其优势较明显，因而被人们广泛使用。但是，也有些债务不适合在债务人的大本营而适合在其他的场合进行追讨。

实例 9-6

某企业为了追回一笔久拖不还的欠款，向那家欠款的公司派出了几名女工，女工们每人带着二三斤毛线，整天坐在公司的经理办公室里，一边织着毛线衣，一边陪那位欠债不还的经理办公。遇到其他客户来洽谈业务也一点不回避。结果，没过几天，这家公司便乖乖地还上了欠款。

2. 请进自家门

债权人选择自己的办公所在地作为实施讨债活动的地点，在债务问题的协商中容易占据主导地位。债务人因为拖欠债务，心理上有压力，一般不愿意与债权人见面，更不用说到债权人的大本营去了。所以，债权人将债务人请进自己的大本营实行讨债行为，最关键的是“请”的方式和“请”的时间。只要债权人请的方式妙，请的时间合适，债务人就会愉快地接受邀请，债权人也会顺利地达到目的。当然，以什么样的方式在什么时间“请”，这要看债权人和债务人的具体情况而定。一般来说，债权人以参加交易会、联谊会、研讨会的方式邀请债务人，债务人容易接受。在具体时间上，债权人最好在债务合同快到期时邀请债务人。比如，有一些精明的债权人在债务合同快到期时，邀请债务人到债权人所在地商谈另一笔生意，并表示出极大的兴趣准备与债务人再合作，当然其前提是要债务人先将快到期的债务了结，这样，通过对债务人诱之以利，债权人很轻松地达到索要债务的目的。

3. 不期而遇

在实际工作中，常常会有这样的情况，讨债人多次登门讨债都因债务人外出而无收获，但却在一个意外的场合，正好碰上了债务人。这种不期而遇的场合比较多，如在火车、轮船、飞机等交通工具里，或在一些公众场所和一些社交场合里。讨债人遇到久寻不见的债务人，这对债务人来讲是极不情愿的事，而对债权人来说却是天赐良机。在这种场合下，讨债人首先要沉着、冷静，切忌说出一些过激的话语，更不要有任何过激的行为，对债务人要像久别的朋友意外相遇一样，热情、礼貌。在彼此之间摆脱了尴尬之后，再有理有节、柔中有刚地向债务人讲明你的清偿要求。因为机会难得，所以，讨债人一定要有一种不达目的誓不罢休的精神。

此外，还有一种表面不期而遇，实则却是故意安排的“邂逅”。这就是讨债人经过调查，了解到债务人的去向，然后跟踪而至。一般说来，债务人单纯为躲债而出去观光旅游的不多，特别是一些企业的厂长经理们，他们出去一般是双重目的，既躲债又开展业务。如果讨债人跟踪而至，并且缠住不放，将对他的业务产生不良影响，因此，这种“不期而遇”的讨债方式往往都会产生奇效。

4. 各种聚会

在现代社会中，每一个社会成员都处在纵横交错的人际关系网中。每一个债权人或债务人都有极其复杂广泛的社会关系，要应酬这些关系，必然会经常出入于各种各样的社交场所和聚会中。所以，讨债人可以利用债务人的一些聚会场合实施催讨。在这种场合讨债往往会得到令人满意的结果。但同时要注意，在这样的场合实施催讨，要做到有理有节，否则会适得其反。

5. 喜庆场合

当债务合同快到期限之时，债权人应关注债务人的一切重大活动，只有这样，债权人才能抓住时机实施催讨债务的行为。特别是当债务人遇到大喜事时，债权人出现在这样的场合实施债务催讨常常会产生特殊的效果。比如当债务人因厂庆、产品获奖、工厂晋级等而举行隆重的庆祝活动时，债权人应前去贺喜，并在贺喜的过程中不失时机地向债务人提醒或催讨债务，在这种场合债务人往往都会有“慷慨之举”。但需注意的是，讨债人不能怀有敌意，抱着捣乱的态度出席债务人的喜庆活动，否则会引起债务人的强烈对抗情绪，

使彼此之间的关系进一步僵化，导致债务合同更加难以履行。

（三）法理情义并用

对确因市场疲软、销售不畅、银根紧缩等客观因素还不起债的债务人，讨债人应采用法理情义并用的办法。一方面，讨债人可以通过采用协助对方改善目前的经营状况的方式（如帮助对方寻找产品销路，给予对方经济、技术、物质、管理等方面的资助）追讨欠款；另一方面，讨债人如果在实施上述措施均无效时，可通过法律或行政手段来追讨债务。

（四）攻其薄弱环节

很多时候，债务人会寻找种种借口企图赖账，左推右躲。在这种情况下，债权人要对其进行深入细致的调查，抓住债务人的薄弱环节，并根据对方的特点采取相应的对策。

（五）出其不意，以快制胜

讨债要行动迅速，争取主动，这样可以有效防止以下情况的发生：

（1）债务人中断承包、租赁、联营协议，摆脱债务关系。

（2）当事人辞职、退职、退休，变成自由人，难以寻找。

（3）企业被兼并或破产倒闭，法人代表更换，新负责人推却不管。

（4）债务人将资金转入其他账户，难以查寻。

（5）债务人故意拖延时间，致使超过法定或约定的质量异议期限、产品质保期限、保修期等有效期限。

（6）债务人找到某种社会关系，利用人情或行政干预手段为讨债制造障碍。

（7）市场行情突变，价格大跌，以原价讨回的抵债物大大贬值。

（六）见风转舵，保本舍末

在激烈的市场竞争中，企业经营情况往往大起大落，难以预料。讨债人应密切注意市场状况，在预见到行情不利的情况下，应以约定期限内不收罚息、减少或取消违约金等为条件，劝诱对方迅速归还本金，以免遭受更大的损失。

本章小结

在买方市场条件下，企业之间的竞争不断加剧。企业为了扩大市场份额，增加销售额，越来越多地采用赊销、分期付款的方式出售产品。企业采取赊销、分期付款的销售方式可以扩大产品销路，增加利润，与此同时却也面临着资金成本增加、应收账款收不回来的风险。在当前的市场条件下，对于推销人员来讲关键是要注意控制客户信用限度，加强风险控制，这其中需要处理好两个问题，即信用标准和信用条件。

虽然在产品销售之前，企业就对客户进行了信用调查和分析，并且在销售过程中、销售活动后企业也采取一些信用风险防范措施，但是在现实的市场推销活动中，很难完全避免客户拖欠货款情况的发生。对于推销人员来说，采用一些策略和技巧及时有效地讨回货款就显得十分必要。另外，推销人员在向债务人追讨债务的过程中，应当根据当事人不同的性格特点分别采取不同的策略，以提高讨债的效果。

练习与思考

一、案例分析题

2008 年 12 月初的一天，天气晴朗。

在嘉利酒业公司销售总监的办公室，区域主管易定胜正在做最后的“命令”复述：调整状态，想方设法克服困难完成任务，如果要不回赊欠货款，坚决不收兵。

易定胜要去的第一家欠账户，是一位姓张的老板，他是嘉利酒业在陵县的总经销商，由于他销量大，几次发货时，货款不足，于是打了欠条，积攒下来竟达 8 万元之多。

可赊账容易要账难呀，稍有不慎，就会伤了和气，甚至中断合作。

易定胜去找客户的当天是一个礼拜六，之所以选择这天过去是有用意的，这天是客户生日，是一个大喜的日子，在客户高兴的时刻，更有助于成功。同时，在这样的一个日子前去，易定胜认为客户会明白他的用意，理解他的苦心，为此，他还准备了一个价值 200 多元的保健按摩仪作为生日礼物送给客户。

“张老板，我一直把您当成我的大哥，甚至说是师长。”易定胜抛出话题。

“最近，小弟有一个事情很头痛，不知道大哥能否帮上忙?”易定胜紧紧握着张老板的手说。

“什么事，只要哥哥我能帮得上，肯定会帮哦!”被酒精麻醉了神经的张老板斩钉截铁地说。

“还是以前赊欠货款的事情，快年底了，公司有考核，如果不能回款，工资都发不了，年都没法过呀。”易定胜叹口气，一副伤心和无奈的样子。

“哦，这个事情啊，我想想。”张老板似乎清醒了一些。

“多少钱?”张老板头也没抬地问道。

“8 万元。”易定胜边隐蔽地掏出欠条，边小声地说。这个时候，他知道要给对方留些面子。

“好像手头没有这么多钱。”张老板想了一下说。

“刚才听业务员小刘说，他昨天才从下边乡镇客户那里收回了将近 10 万元，您好像还表扬他了。”易定胜把他事先掌握的信息及时向张老板透露。

“哦，好像是，我怎么给忘了呢？不过，那是我准备进别的货的钱啊。”张老板好像有点难为情。

“是这样，现在经济形势不好，今年的春节肯定赶不上以前，建议您还是聚集资源，缩减产品种类，把一些销量不大的小厂家货给停掉，这样能抽调一部分资金，并且对您未来的发展很有好处，同时，公司也会因为您一直信守承诺，更加大力支持您。”易定胜给张老板分析道。

“你说得有些道理，好，就按你说的办，叫出纳过来，我让他给你办款。”张老板看了一眼易定胜，挥手招呼财务人员。

资料来源：崔自三．业务如何成功催收货款．http://www.p5w.net/news/xwpl/200906/t2401887.htm.

问题：易定胜这次为何能收回货款？他都运用了哪些讨债策略和技巧？

二、实训题

某企业向某商场租借柜台，签订合同时讲好企业必须每月按时向商场交纳租金，但商场却连续几个月没有收到租金。如果你是债权方，遇到下列情景时，你会采取什么样的手段或策略讨债？

1. 情景类型

(1) 企业负责人“哭穷”；

(2) 企业负责人蛮横无理；

(3) 企业负责人反挑剔商场没有尽到义务；

(4) 企业负责人态度良好，承诺很快付款，但实际一直拖欠；

(5) 见不到企业负责人，接触到的办事人员声称自己无权负责。

2. 实训开展具体做法

安排5组学员，分别对应以上5组情景，每组2人，一位扮演企业负责人（或办事人员），一位扮演债权方代表，两人分别准备各自的说辞，无须事先演练，准备时间（10～20分钟）过后，每组依次上场进行讨债洽谈的仿真模拟。

三、复习思考题

1. 什么叫信用标准？影响企业信用标准高低的因素有哪些？
2. 什么叫信用条件？信用条件包括哪些内容？
3. 讨债的方法与手段有哪些？
4. 举例说明债务产生的原因有哪些。作为一名推销员该如何防止债务的发生？
5. 债务人可分为哪几种类型？对于不同类型的债务人应分别采取什么样的讨债策略？
6. 讨债有哪些技巧？如何正确使用？

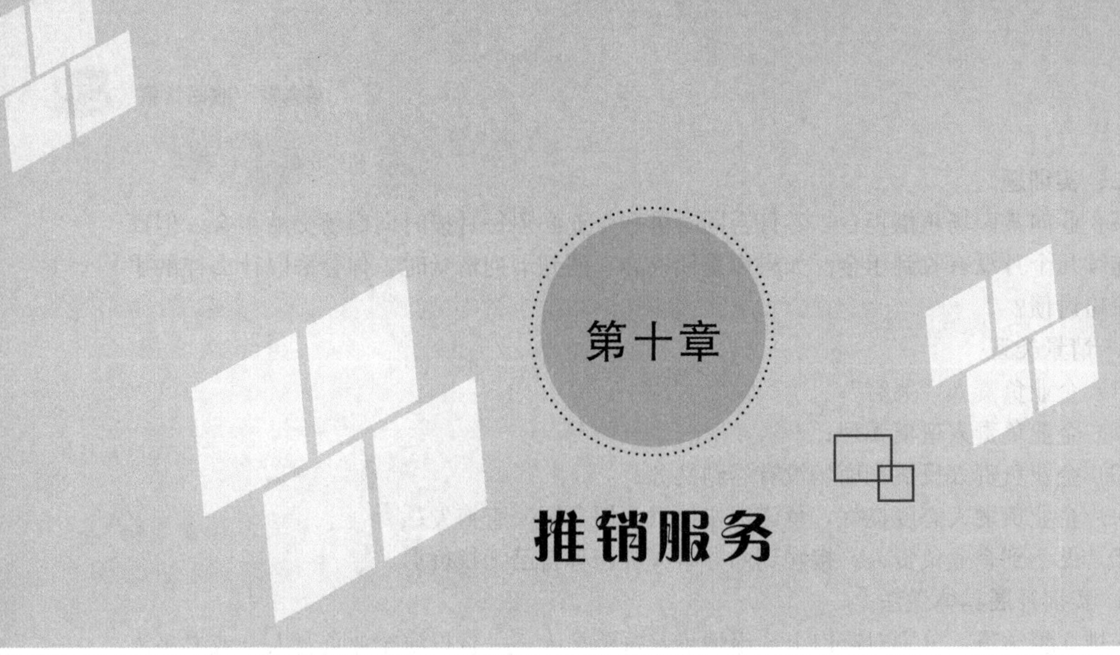

第十章

推销服务

本章学习目标

学完本章后，应该能够：

1. 了解推销服务的含义、特征；
2. 掌握推销服务的内容；
3. 熟悉提高服务质量的方法。

导入案例

（一）

奔驰公司在德国有两张网。第一张网是推销服务网。任何一位顾客或潜在顾客，在奔驰公司的推销处或推销人员那里，都可以对其汽车样式、性能、特点等进行全面了解。而且，针对顾客的不同需要和爱好，对诸如车型、空间设备、车体颜色，甚至不同程度的保险钥匙等，都可以分别给以满足。第二张网是维修网。奔驰公司在德国国内共设了1 000多个维修站，维修人员多达五六万人，在德国的公路上，平均不到25千米就有一个奔驰车的维修站，维修站的工作人员态度热情，技术娴熟，修车速度非常快。在任何一条公路上，汽车出了故障，只要就近向维修站打个电话，维修站就会派人来帮助修理，或者将车拉到站里修理，一般修理项目当天就能完成，不影响车主的使用。

问题：通过此案例，你是否看到我国汽车生产企业在销售服务方面的不足？你认为应该在哪些方面做一些改进？

（二）

闻名全球的亚马逊网站是世界上最大的网上书店之一，它成功的秘诀有许多，其中有一点很重要，那就是“简单”二字。

亚马逊网站上的每一个设计都让使用者能简单地寻找到所要的书籍，并且浏览容易，搜索容易，获取相关资料容易，下订单也同样容易。鼠标轻轻一点，它就会将你要的书放进购物篮中，并且自动帮你结账。如果你在两小时内购买两本以上的书，亚马逊会将它们一起打包运送，无形中也替你节省了运费。而且，你所要的书都会低于市场价。

同时，亚马逊网站还在网页上专门为顾客设置了留言板，顾客可以问问题，也可以提供文章。网站还邀请顾客参加有趣的竞赛活动，开辟意见交流园地，让访客提供他们的意见与观点。

亚马逊的成功不是偶然的，今天的成就是以前努力的结果。亚马逊网站的创办人和几个员工花了1年的时间设计及测试他们的网站系统。也就是说，他们在招揽第一位顾客前花了1年的时间来致力于研究如何为顾客服务。

问题：从亚马逊网站的成功你能得到哪些启示？

为客户提供推销服务是推销活动不可缺少的组成部分。推销服务的方式、内容、质量不仅直接关系到当前的销售业绩，也影响到以后销售的深入和发展，所以推销服务日益成为竞争的焦点而受到人们的极大重视。因此，无论是企业还是推销人员，都必须把推销服务摆在重要的位置上，牢牢树立为客户服务的观念，不断增加服务内容，改善服务态度，提高服务质量。

第一节　推销服务的含义、作用与特征

一、推销服务的含义

美国著名的市场营销学专家菲利普·科特勒为服务下的定义是：服务是一方向另一方提供的基本上是无形的任何功效或利益，并且不导致任何所有权的产生；它的生成可能与某种有形产品密切联系在一起，也可能毫无联系。可见，推销服务是指企业或推销人员在推销过程中为客户提供的各种无形的功效或利益的总称。

过去，在市场经济不发达的情况下，企业的生产技术水平比较低，难以实现生产的规模化。市场上的商品数量有限，市场处于供不应求的卖方市场状态。这种状态促使企业不断地将全部资源用于提高产量，完全忽视服务。由于企业不断地扩大生产规模，市场上产品数量日益增加，市场供求关系发生变化，形成了供过于求的买方市场。在买方市场状态下，客户对商品的选择范围扩大了，选择商品时的要求也提高了，尤其是对商品的性能、花色、品种、规格、款式的重视程度相当高。针对这种情况，企业为了在竞争中争夺更多的客户，开始关注产品的这些属性，力图通过实现产品的差别化与竞争对手的产品相区别，以获得差别竞争优势。但是，随着企业生产技术的发展以及信息手段的发达，产品的差别化也不再能够为企业带来长久、稳固的差别优势。不但技术工艺上的模仿变得更加容易，而且随着企业经营管理水平的提高，其生产经营的灵活性也不断增强，从而改进产品以适应竞争的能力也提高了。于是，企业将关注的重点逐步转移到客户服务上来。因此，

服务这个一度被企业和客户完全忽视的领域现在已成为竞争的焦点。一方面，客户以服务的优劣作为选择商品的重要标准和依据；另一方面，企业也以提供比竞争者更加丰富、更加优质全面的服务为手段展开对客户的争夺。可以说，只有能向客户提供完善的产品利益的企业，才有可能在市场竞争中成为优胜者。

二、推销服务在推销中的作用

（一）全面满足客户的要求

客户购买商品是为了获得商品的使用价值。服务作为一种无形的利益或功效，是商品使用价值的重要组成部分。随着生活水平的提高，人们对服务的要求越来越高，这使服务的内容花样翻新，更加丰富。现代生活的节奏不断加快，也使人们越发要求提供更多的便利，以节约时间，提高效率。而且，伴随着科学技术的迅速发展及其在产品生产中的广泛应用，产品的技术含量越来越高，导致产品说明书、操作说明书等难以理解。因此，客户要求企业提供安装、调试、培训指导等方面的服务。例如，一件商品出售给客户，而客户缺少使用商品的专门知识，从而使商品的使用价值不能得到全部发挥，或者根本不能发挥，这时，如果企业或推销人员向客户提供一些指导，传授有关的使用知识，帮助客户掌握使用方法，商品的使用价值也就能够全部发挥出来。这些指导、传授均属服务的范畴。由此可见，服务与使用价值密不可分，它能够全面地满足客户的需求。

（二）提高企业的竞争力

要提高企业的竞争力，除了在产品开发、成本、质量等方面的努力之外，提高服务水平也是一个重要手段。尤其在现代化大生产的条件下，产品往往不存在明显的差别优势，同时由于一些产品科学技术含量越来越高，消费者对产品的质量越来越难以判断和确定，因此，服务水平常常成为客户决定取舍的唯一因素。企业或推销人员提供的服务项目、服务内容，所采取的服务态度、服务手段均会影响到企业的竞争力。此外，服务作为一种补偿，还可以弥补产品本身存在的某些不足，解除客户的后顾之忧，提升企业的竞争力。

（三）增加企业的收入

企业向客户提供的推销服务并不都是免费的，其中有一部分要收取费用。通过收费的服务项目，企业扩大了经营范围，相应地也增加了收入。

（四）促进企业改善经营管理

企业经营管理是指在企业内，为使生产经营、劳动力、财务等各种业务能按经营目的顺利地执行、有效地调整而所进行的系列管理、运营之活动。推销也是经营管理活动中的一个环节。通过对顾客提供推销服务，可以促进企业完善推销过程，进而改善经营管理。

三、推销服务的特征

（一）商品性

推销员为客户提供服务，需要付出必要的劳动，而这种劳动并不全部是无偿的；这种劳动也不是无用的，它确实给客户带来了一定的利益，甚至成为客户在选购商品时所要考虑的重要因素。在推销实践中，尽管大量的服务并不收费，但事实上客户在购买所推销的产品时已经为服务支付了费用。因此，推销服务具有商品的特性。

（二）复杂性

由于产品不同，服务的对象、条件、时间、地点也有所不同，因此导致服务的内容、方式各不相同，从而使推销服务具有复杂性。

（三）无形性

多数情况下，推销服务都是以劳务的形式提供给客户的，一旦提供，便立即消失。服务的生产者在其行为结束后并未将服务物化或固化在某种物品上，因而服务具有无形性的特征。

（四）竞争性

随着市场经济的发展，企业间的竞争日趋激烈，在传统的价格竞争、质量竞争的基础上，服务竞争逐步成为市场竞争的主要内容之一，企业纷纷推出完善的推销服务，以赢得客户的信赖与忠诚，从而稳定和扩大市场占有率。

（五）不可储存性

服务的不可储存性与服务的无形性有关。由于服务不具有实物形态，因此，它也就不占据任何空间，不能像储存商品一样将推销服务储存起来。服务生产出来，若不及时消费，立即就会消失。

（六）不可分割性

服务本身是一系列活动或过程，具有不可分割的特征。在服务中消费者和服务提供者直接发生联系，服务人员为客户提供服务之时，也正是客户消费服务之时，服务的生产过程就是服务的消费过程，服务的生产和消费是同时、同地进行的。服务的这种特性表明，客户只有而且必须加入到服务的生产过程中才能最终消费到服务，服务的过程是客户同服务提供者广泛接触的过程，服务绩效的好坏不仅取决于服务提供者的素质，也与客户的行为密切相关。

（七）异质性

异质性是指服务的质量很难像有形产品那样用统一的质量标准来衡量。服务质量依赖于由谁来提供、在何时何地提供等这些可变性因素。一方面，由于推销员的气质、修养、能力和水平各不相同，服务的质量也就会因人而异。另一方面，由于客户直接参与服务的生产和消费过程，因而客户本身的因素也会直接影响服务的质量和效果。

第二节 推销服务的分类及内容

一、推销服务的分类

推销服务的方式多种多样，内容也很丰富，依照不同的划分标准可以对推销服务进行不同的分类。

（一）按服务的时间顺序分类

1. 售前服务

售前服务是指在商品出售之前为客户提供的各种服务，包括进行市场调研活动，了解客户的需要，并据此组织商品；进行广告宣传；以多种方式为客户提供有关商品的信息咨询；提供样品或产品说明书；开设技术培训班；精心布置销售场所，为客户提供良好的购物环境；合理安排营业时间。

2. 售中服务

售中服务是指在销售过程中为客户提供的服务，包括推销人员以友好的态度接待客户；热情周到地为客户介绍商品的性能、质量、用途、保养知识；解答客户提出的问题；为客户做现场的操作示范、表演或请客户当场试用；替客户包装商品；为客户代办各种购买、托运手续。

3. 售后服务

售后服务是指在产品出售后为客户提供的服务，包括提供设备的安装、调试服务；提供送货上门服务；解决客户在技术上遇到的难题；实行“三包”服务。

（二）按服务的性质分类

1. 技术性服务

技术性服务是指与产品技术和效用有关的服务，一般由专门的技术人员提供。主要包括产品的安装、调试、维修服务及技术咨询、技术指导、技术培训等。

2. 非技术服务

非技术服务是指与产品技术和效用无直接关系的服务。主要包括广告宣传、送货上门、提供信息、分期付款等。

（三）按服务的地点分类

1. 定点服务

定点服务是指在固定地点设立服务点或者委托其他部门设立维修服务网点，为客户提供维修和咨询服务。维修网点的设立，要选择在企业产品销售比较集中的地方，这样便于客户随时送货修理。同时，维修服务网点的设备和零配件要齐全，技术力量要强。

2. 流动服务

流动服务是指没有固定地点，由推销人员或专门派出的维修人员定期或不定期地按客户分布线路巡回提供维修或咨询服务，如流动货车、上门服务、巡回检修等。这种服务多适用于企业的客户比较分散的情况。因为流动服务能够深入客户，为客户提供更大的便利，因而深受客户的欢迎。但是，由于客户比较分散，一般来说，提供流动服务人员的费用支出比较高，而且由于巡回需要一定的时间，因此推销人员有可能会不能及时地为客户提供服务。有时维修工具的携带不方便，也给流动服务造成了一定的困难。

3. 网上服务

网上服务是指企业为客户提供网络渠道的服务，例如，网上咨询、网上订单、网上支付、订单查询、订单状态跟踪、费用发票查询、物流查询等功能。不但商家会提供网上服务，很多银行也会提供网上服务，例如网上账户管理、账务查询、网上理财、网上贷款等。

（四）按服务是否收费分类

1. 免费服务

免费服务是指提供的不单独收取费用的服务。一般的服务都是附加的、义务性的服务，如售前、售中、售后服务中的大部分工作都是免费的，例如大型家电的配送与安装。

2. 收费服务

收费服务是指提供的需要单独收取费用的服务。收费服务是在产品价值之外的加价，一般只有一些大宗的服务项目或超过保修期的维修服务要收取一定的费用，但这类服务一般也不以盈利为目的，主要是为了方便客户。

（五）按服务的时间长短分类

1. 长期服务

长期服务是指服务期限为 10 年或者更长时间的一种服务。终身服务是长期服务的极限。长期服务主要适用于产业用户所使用的机械设备和耐用消费品，这些产品使用寿命较长，但其零配件容易损坏，因此需要长期服务。

2. 中期服务

中期服务是指服务期限为 5 年或较长时间的一种服务。中期服务适用于寿命不是很长或者更新速度比较快的产品。

3. 短期服务

短期服务是指服务期限在一年以内的服务。短期服务适用于那些寿命短、更新速度非常快的产品。如果对那些寿命很长、更新速度慢的产品实施短期服务，就会造成客户的不满意，不利于产品的销售。

（六）按服务的次数分类

1. 一次性服务

一次性服务是指在整个推销过程中，企业或推销人员只为客户提供一次全面的服务，如产品安装、送货上门、使用培训等。以后如果客户还需要更多的服务，则需要与维修服务部门或专业的服务企业联系和协商。

2. 经常性服务

经常性服务是指根据客户的需要多次提供的服务，比如在电脑售出后，经常为消费者提供的维修、咨询和软件升级服务等。

二、推销服务的内容

推销服务的内容非常丰富，由于企业不同、产品不同，服务的方式和具体内容也会有很大差别，在这里主要从售前、售中、售后服务三个方面来介绍。

（一）售前服务

随着市场上产品的日渐丰富，客户选择商品的范围扩大了，企业之间的竞争愈来愈激烈。要在多种多样的商品中使客户对自己企业的产品产生兴趣并萌发购买欲望，售前服务无疑在其中担当着重要的角色。售前服务的内容相当广泛，一般来讲，主要包括下述几个方面。

1. 广告宣传

广告宣传已成为一种重要的售前服务的方式。它通过向客户传递有关产品的功能、用途、特点等方面的信息，使客户了解产品并能诱发客户的购买欲望，同时还有利于树立良好的产品形象和企业形象，增加企业与产品的知名度和美誉度。因此，一般企业都很重视广告宣传。但需要注意的是，企业应当根据目标客户的特点来选择适当的媒体，以实现最佳的广告媒体组合。例如，国外某啤酒公司在进行了调研之后发现，该公司客户多半喜欢看拳击节目，于是公司就选择拳击节目时间插播广告，果然销量大增。另外，企业在注意提高广告制作水平的同时，还要注意广告的投放时间和投放频率，因为它们也是决定推销成败的关键因素。

广告的核心是广告主题，广告主题又包括广告内容和广告语言。广告语言一般要求主题明确，体现产品核心价值。一般成功的广告语多具有通俗易懂、简洁凝练等特点。例如，海尔公司在欧洲的广告语就很简短——“haier and higher”。甚至有些特别成功的广告语还能深入人心，广为流传，例如“钻石恒久远，一颗永流传”。

广告媒介也发展得越来越多样化，可以用日新月异来形容。常见的广告媒介有：

（1）最古老的形式：口头广告，至今仍在沿用；

（2）利用报纸、期刊、图书等刊登广告；

（3）利用广播、电视、电影、录像、幻灯等播映广告；

（4）利用街道、广场、机场、车站、码头等的建筑物或空间设置路牌、霓虹灯、电子显示牌、橱窗、灯箱、墙壁等做广告；

（5）利用影剧院、体育场（馆）、文化馆、展览馆、宾馆、饭店、游乐场、商场等场所内外设置、张贴广告；

（6）利用车、船、飞机等交通工具设置、绘制、张贴广告；

（7）通过邮局邮寄各类广告宣传品；

（8）利用馈赠实物进行广告宣传；

（9）利用网络、E-mail 等进行广告宣传，属于数据库营销的一种；

（10）利用短信、彩信进行广告宣传，属于数据库营销的一种；

（11）利用其他媒介和形式刊播、设置、张贴广告。

……

除了以上媒介，近年来微博、微信营销也发展很快。特别是在网络技术迅速发展的今天，网上信息发布快，影响扩散迅速，有些产品经过成功的宣传，可以在网上迅速“吸睛”。尤其是文化类产品，甚至在产品尚未形成的时候，就可以通过事件发布、社交媒体平台讨论等多种方式引起公众兴趣，为日后的成功发售奠定人气。

实例 10－1

2016 年 7 月，超人气新生代艺人王青跨界加盟，邀请好友汪苏泷为国内首个跨次元 IP《长生歌》量身打造的推广曲《逍遥》首播。《长生歌》作为国内首个多次元大神倾力加持的原创 IP 项目，一经推出就受到出版、影视、游戏等各界的密切关注。该曲在亚榜、百度 king 榜、音悦台等平台多次获得打榜冠军，并创下音悦台四项周吉尼斯记录。由于成功的概念推销，仅仅在推广曲发布两个月的过程中，社交媒体平台上话题讨论就数以亿计。

2. 销售环境布置

客户在购买商品时不但重视产品本身和推销人员的服务，对销售环境的要求也在不断提高，他们都希望在舒适、卫生的环境下购买商品。不同的铺面风格、招牌设计、标志设置、环境卫生、通道设计、灯光色彩、店铺音乐、商品陈列、营业设备等因素综合而成的整体购物环境会给客户留下不同的印象，由此引发客户不同的心理感受，这种感受将在很大程度上左右客户的购买决策。比如，一件商品放在一个令人舒适或者赏心悦目的环境中，会使人感觉其有不同寻常的身价，而且客户也会因其良好的购物环境而心情舒畅，从而比较容易做出购买决策。相反，如果把同样的一件商品摆放在一个地摊上，并且周围的环境“脏、乱、差”，那么，产品价值在客户心目中自然会大打折扣，不利于客户做出对企业有利的购买决策。另外，销售环境布置还对企业的形象有着重要的作用，能在一定程度上体现企业的经营管理状况。因此，销售环境的布置作为售前服务的一种方式，应该受到推销员和企业的重视。

实例 10－2

在 MUJI 闲逛时，柔和的背景音乐是否让你不由自主地放慢脚步，停下来享受这美妙的氛围？当然，在享受的同时，你免不了要细细欣赏那些精致的设计，免不了要去把玩令你心动的物件，最后也免不了将其中一些收入囊中。

你可能还没有发现，在这个过程中，音乐竟然主导了你的消费节奏。

一项关于店铺背景音乐对消费行为的影响的研究报告指出：“慢节奏背景音乐会使消费者在店内产生较慢的步伐、较长的停留时间和较高的消费金额。”

除了 MUJI 以外，据了解，很多百货店和奢侈品牌在播放背景音乐时，也倾向于选择节奏较为舒缓的音乐。“在我们为奢侈品牌打造的店铺音乐中，多是传达一种舒适感和优雅感，营造平静而放松的氛围。”店铺音乐解决方案供应商相关负责人表示。

就像小夜曲、摇篮曲能让人安宁，慢节奏的背景音乐，让人精神放松，充分享受购物场所营造的氛围。一旦顾客愿意停留下来，那么，消费的机会无处不在。

3. 开展技术培训

随着科学技术日新月异的发展，产品的科技含量越来越高，有相当一部分商品的使用需要具有专门的知识。如果让客户自己拿着产品说明书和操作指南按图索骥般地查找学习，一是未必能够学会，二是即便能够学会，客户也未必有足够的时间和精力，从而会丧失购买的信心。因此，企业应该为客户举办相应的培训班，提供技术咨询和指导。客户通过参加培训班，掌握了有关的技术后，也就会对产品产生兴趣，甚至产生购买欲望，这样就会促进企业产品的销售。例如，许多经营电脑的企业，在进行产品销售的同时还举办各种培训班。培训所使用的产品多为企业经营的品牌。这样，从一开始就培养了客户的一种使用习惯，等客户真正需要购买此种商品时，首先想到的就是已经熟悉的产品。

4. 开通业务电话和品牌主页

企业只在有限的地区设立分销处或派遣推销人员，能直接触及的市场是有限的，由此会丧失很多商机。开通业务电话，提供电话订货服务，可使企业的推销业务得到有效延伸，从而能抓住更多的销售机会。

品牌主页是企业在社交网络上开设的官方主页，企业通过品牌主页在社交网络上吸引那些对品牌感兴趣的用户成为粉丝，通过发布一些企业的内容（资讯、产品信息、活动）和用户进行互动交流，品牌粉丝可以随时关注该品牌的最新资讯，品牌粉丝之间还可以进行互动交流，换句话说，企业的品牌主页是企业在社交网络上开设的企业官网，一方面，企业可以利用品牌主页发布一些最新的资讯和产品信息，通过企业品牌主页组织一些活动；另一方面，企业可通过主页倾听用户声音，为其提供更加人性化的服务，实现社会化电子商务功能。

5. 提供咨询

客户在购买商品之前一般都要尽可能多地收集有关商品的信息，在此基础上权衡利弊，然后做出购买决策。因此，企业应该派具有专业知识的人员在销售场所开设咨询服务台，向潜在客户提供宣传品，解答客户的有关疑问，以加深客户对商品的了解。

6. 提供多种方便

客户购买商品不只是看中商品本身，还非常注重购买商品的方便性。由于竞争的压力加大，现代人的生活节奏不断加快，闲暇时间越来越少，如何在有限的闲暇时间里获得最大限度的休息和放松是人们关注的一个重要问题。因此，企业应该尽可能地为客户提供方便。比如，在繁华地段或居民集中的地方设立零售商店，在商场设立专门的问询处、试衣间、休息室、母婴哺乳室、儿童活动天地、寄存物品处、储蓄所等，一些大的商场还应设有免费停车场，在用户较为集中的地区设立周转仓库，等等。

（二）售中服务

售中服务是指在销售过程中为客户提供的服务。售中服务的水平和质量如何，不仅关系到交易能否达成，而且会影响到企业的形象和声誉，因此，对售中服务必须给予高度重视。一般来说，售中服务主要包括以下一些内容。

1. 详细介绍商品信息

每一位客户都想买到称心如意的商品，而且希望对所买商品的功能以及优缺点都比较熟悉，因此，推销人员在向客户推销产品时，必须向客户介绍有关商品的性能、质量、用途、用法、造型、规格、品种以及使用商品能为客户带来的利益等。客户只有在充分了解了商品的有关信息之后，才有可能会做出购买的决定。

当年四通公司之所以能够迅速地打开产品的销路，让四通打字机风靡全国，其根本的策略就是在推销过程中，积极主动地向客户传授四通打字机的基本知识，包括性能、优缺点、使用方法等，并将其编辑成册，供客户学习，甚至在各销售网点开办培训班等。在销售过程中，向客户介绍有关商品的知识，不仅是企业促进产品销售的行之有效的服务手段，也是企业有力的竞争手段。如果企业或推销人员真正意识到向客户推销产品的过程就是向客户推销知识的过程，那么会有源源不断的客户流向企业。另外，在销售过程中，推销人员热情地接待客户，详细地向客户介绍商品，有利于培养良好的销售气氛，形成和谐的人际关系，从而促进商品销售。

2. 帮助客户选择商品，当好参谋

大量调查表明，推销人员在客户购买过程中提供的服务会在很大程度上影响客户的购买决策。其实，很少有顾客在购买商品之前就明确知道自己要买什么，大多数顾客都是在挑选的过程中发现了适合的商品才购买。因此，推销人员在顾客购买过程中，一定要当好顾客的参谋，帮助顾客购买到他认为适合自己的商品。比如，有些顾客买衣服时并不知道自己的尺寸是多少，不知道什么样的款式和颜色适合自己；买化妆品时不知道哪种类型适合自己的皮肤等。因此，推销人员要根据自己丰富的经验帮助顾客挑选商品。优秀的服装推销人员总能够根据顾客的身高、体型和气质提出服装的款式和色彩的建议；优秀的化妆品推销员总能够根据经验和借助仪器判断顾客的皮肤类型，向顾客推荐合适化妆品，并教会顾客如何使用以及每次的使用量。

推销人员在为客户服务的过程中要注意，应设身处地地为客户着想，放弃自身的爱好

和习惯，依据客户的特点和想法，帮助客户认真挑选商品。

3. 为客户做商品演示或实物表演

进行商品演示或实物表演能真实地体现出商品在质量、性能、用途等方面的特色，引发客户的兴趣，激起客户的购买欲望。

在进行商品演示或实物表演的时候，要注意一些问题。首先，推销人员要尽量使消费者真正参与进来，一起体验商品的功能和魅力。其次，推销人员在演示商品的特征和性质时，一定要抓住重点，即消费者最关心的问题进行演示。再次，演示的时间不宜过长，这会分散消费者的精力，使其无法关注演示内容。

实例 10－3

有一位推销家用水果榨汁机的推销员，用梨和苹果给顾客进行演示。围观者看了演示后认为效果很好，而且使用也比较方便。但是，他们对榨汁机的质量还有所疑惑：到底这个看起来像是塑料做的榨汁机结不结实、耐不耐用？有没有对身体不利的副作用？推销员敏锐地把握到了消费者此时的心理，他一边演示，一边说，这个榨汁机是用特殊的材料做成的，对身体没有任何副作用，大家请尽管放心使用。而且说完此话，他把榨汁机使劲往地上摔，结果毫无损坏。紧接着，推销员拿出一些宣传资料证明这种材料制成的榨汁机具有环保性，对身体没有任何副作用。结果，好多围观者都被说动了，纷纷掏钱购买。

推销人员在演示技术性越强的商品时，其操作越要熟练，要运用自如。这样给消费者的感觉就是产品的操作性很好，而且性能优越，简单方便，同时也会增强消费者购买该商品的信心。如果推销人员笨手笨脚地摆弄机器，或者是小心翼翼地演示，给顾客的感觉会是这些产品很容易坏，要小心使用，从而使顾客对产品留下不好的印象。另外，在商品演示过程中，推销人员要尽量采用幽默的表演方式，以加深顾客的印象，增加产品的吸引力。

4. 办理售货的各种服务

客户在做出购买决策后，推销人员要迅速地为客户提供售货服务，其中包括包装、收款、付货等。售货服务一定要注重效率。快速优质的包装，精确无误的计算、收款，会使客户感到满意。以生产和销售汉堡包的美国麦当劳公司为例，其汉堡包日销量近两亿个，成功的秘诀就是准确快速的服务。即使在生意最忙的时候，也能做到两分钟内为顾客送上热腾腾的汉堡包。

在售货阶段，对推销人员的具体要求可以总结为以下四点：一是迅速，是指称量、计价、收款、付货等活动要熟练快捷；二是准确，是指提供给客户的商品的品种、规格、数量、价格准确无误；三是完善，即要多为客户着想，为客户提供方便，尽最大努力满足客户的合理要求，提高客户的满意度，增强客户对推销人员的信任；四是礼貌送别，即当客户拿到商品准备离开现场时，推销人员不能认为拿到钱就万事大吉，不再搭理客户了，而是要礼貌地与客户道别，微笑送走客户，且不要与他人窃窃私语，不要给客户一种被欺骗的感觉。

5. 代办其他销售业务

企业可以利用自己的有利条件为客户代办一些他们自己办起来比较麻烦的事情，包括代办各种购买手续、代办托运和邮寄、代办保险、代购零配件、代办包装、代办合同、代办住宿、代办往返机票等。比如，有的客户购买了汽车后，希望给汽车上保险，而到保险公司去投保，又会觉得很麻烦。如果汽车销售企业在现场为车主办理保险业务，就会极大地方便车主，同时也能为企业赢得更多的客户。

实施代办服务虽然会提高企业的服务成本，但从长远利益看，它有助于建立企业与客户之间长期友好的合作关系，是赢得客户良好的口碑、树立企业品牌的好途径。

（三）售后服务

售后服务就是在商品销售之后所提供的服务。随着买方市场的逐渐形成，企业之间的竞争日益激烈，售后服务已成为竞争的焦点。成功的推销员把成交之后继续与客户维持关系视为推销的关键。他们信奉的准则是“真正的销售始于售后”“推销的最好机会是在客户购买之后”。

实例 10－4

全球访问量最大的汽车网站——汽车之家发布“2016 年品牌售后服务满意度指数得分排名榜”，观致汽车以明显高出市场平均水平的不俗成绩，位列中国汽车品牌的前茅。作为年轻的中国品牌，观致汽车不仅在产品设计、性能品质上引领同侪，同时还凭借“客户第一”的服务理念，与不断开拓创新的服务模式，践行着为用户提供卓尔不凡出行体验的一贯承诺。

观致汽车设立的全天候客户关怀中心提供 365 天、7×24 小时、覆盖 9 种沟通渠道的客户服务，同时还有 365 天、24 小时的免费道路救援。据 2016 年全年统计，观致汽车客户关怀中心总共完成了 367 753 人次的客户沟通，解决了 70 166 人次的客户问题，客户满意率达到 96%。未来，观致汽车还将增派专业技术人员进驻客户关怀中心，协助解答客户用车过程中遇到的技术疑问。从客户接触观致的第一步开始，到客户救援等多个用车环节，均能确保获得最佳满意度。

为更好地倾听客户声音，观致汽车还在 2016 年组织系列线下车友活动：家庭夏令营、观致婚车车队服务、车主组团参观观致工厂以及试驾体验营等，都为广大车主提供了与厂家深度交流的机会；同时，辅以线上的话题传播和车主论坛交流，持续广泛地拉近观致品牌与车主的距离。

“总监在线”是观致汽车于 2016 年全新推出的一档直播互动栏目，实现企业各部门负责人与观致品牌粉丝真正的零距离沟通，为客户体验提供更完善、更创新的方式。每期直播，观致汽车相关部门的负责人或技术专家会通过直播平台与客户随心畅谈，收集建议与反馈，以此不断改进各项工作。

售后服务的内容主要包括下述几个方面。

1. 送货上门服务

对于购买不易搬运商品的客户，或一次性购买商品数量过多而携带不便的客户或有特殊困难的客户，企业有必要提供送货上门服务。其形式可以是自办送货，即由企业自己的运输工具为客户送货，也可以由企业代客户委托有固定联系的运输单位统一送货。送货上门对于企业来说并不是很困难的事，但却为客户提供了极大的便利，能提高客户的重复购买率。例如，有一家主食店数年如一日，每天为住在附近楼上的一位行动不便的老人送食

品上门，周围居民看在眼里，记在心上，对这家主食店交口称赞，自然，这家主食店的生意也是附近最红火的。

2. 安装调试服务

客户购买自行安装调试有困难的商品，如大型的机器设备、高精尖设备、空调、家用电脑、家用防盗门、取暖设备等，企业应提供上门安装、调试的服务。只要客户认为有必要提供帮助的，企业都应尽量给予满足，从而保证售出商品的使用效果。

3. “三包”服务

“三包”服务是指包修、包退、包换服务，是企业为保证所售出商品的质量而提供的一系列服务。包修是指对客户购买本企业的商品，在规定的保修期内实行免费维修；包退是指客户如果发现商品有质量问题或者对所购买商品不满意，卖方在一定期限内保证给予退货；包换是指对客户认为不合适的商品负责调换。企业在销售出商品之后可能都会做出一些承诺，比如，在七天之内包退，在一年之内包换，在三年之内包修等。“三包”服务消除了客户的后顾之忧，降低了购买风险，对于促进商品销售有极大的帮助。

企业在为客户提供“三包”服务的同时，还承担着由此而产生的经济责任。企业应该根据不同商品的特点、客户的需求、竞争对手的做法以及有关的法律法规，明确质量保证的范围、质量保证方法、保证期限，以及企业和客户在质量保证服务过程中所承担的责任和义务。

实例 10－5

南京晨兴机器厂把搞好产品售后服务作为取信用户、减少用户后顾之忧、参与市场竞争的重要工作来抓。铜川矿务局有一台掘井机因在井下使用时突然损坏，导致生产停顿。该矿派人去晨兴机器厂求援，要求更换被损坏的零部件。正巧该零部件库里无货。为解决该矿的困难，机器厂立即决定从正在装配的整机上拆下这种零件，供该矿使用。铜川矿务局的人员对此十分感动，认为机器厂“供应靠得住，服务信得过”。所以在后来选购产品时，又投了该厂一张信任票。近年来，有不少用户已发展成为晨兴机器厂的基本用户，这些用户定点定向认购该厂产品，用户与工厂之间已不是那种单纯的买卖关系，而成为相互信任、相互依托、互惠互利、共同发展的合作伙伴。这种“以诚取信，以信取存”的真诚合作关系，成为该厂最能持久的竞争能力，使该厂近几年的生产和销售，呈现出良好的发展势头。

4. 提供咨询和指导

对于技术性较强的产品，用户对其使用、维修方法不熟悉，或者会有一些其他的疑难问题需要卖方给予解答，企业和推销人员应该给用户提供咨询和指导，必要时，还要对用户进行培训，帮助其掌握使用、维修方法。

5. 处理客户投诉

无论企业或销售人员多么努力地为客户服务，总会有一些客户对企业、推销品、推销员不满，所以难免有一些客户投诉。企业和销售人员在遇到投诉时，首先要弄清楚客户为什么投诉；其次应根据客户的投诉提出解决问题的方案，并将方案及时与客户沟通；最后对方案的实施进行跟踪，直到客户满意为止。

6. 电话回访和人员回访

在客户购买商品后，推销人员应该定期以打电话或上门服务的形式进行回访服务，及时了解客户使用产品的情况，解答客户提出的问题。

7. 建立客户档案

建立客户档案的目的是与客户保持长期的联系。通过这种方式，一方面可以跟踪客户所购买的商品的使用和维修状况，及时主动地给予相应的指导，以确保商品的使用寿命；另一方面，还可以了解到客户的一些基本情况，如兴趣、爱好以及购买商品的种类、数量、频率和购买价格等，及时预测客户需求和商品销售态势，从而调整企业的生产经营策略，更好地为客户服务。

实例 10－6

日本N商社的小野先生当年在德国的一家机械工厂访问时，该厂一科长不仅热情地招待了小野先生，而且对小野先生的家庭、兴趣、爱好、生日、所属的社会团体、宗教信仰等都表现出很大的兴趣。小野先生被他的敬业精神和热情所感动，尽力促成了N商社与这家机械厂的合作，从这家机械厂购买了大量的设备。在此后的十多年间里，双方始终保持着密切的交易关系。为什么会这样呢？原来，德国的这家机械厂为与之交往过的每一位客户都建立了详细的档案，随时可以调用，因而才有了这样的结果。

第三节　提高服务质量

现代市场竞争的重点已经逐渐过渡到服务的竞争。服务的内容和形式固然是服务竞争的重要内容，但服务质量却是服务内容和形式的基础和支撑。服务的内容再丰富，形式再多种多样，如果服务质量无法令客户满意，企业在服务的竞争中也必然遭到失败。因此，企业在推出花样翻新的服务的同时，必须注重提高服务的质量。

一、服务质量的含义

服务质量是产品生产的服务或服务业满足规定或潜在要求（或需要）的特征和特性的总和。它是一个主观范畴，取决于客户对服务质量的预期同其实际感知的服务水平的对比。通常客户主要从技术和职能两个方面来感知服务质量，因此服务质量包括技术质量和职能质量两个方面。

（一）技术质量

技术质量是指服务过程的产出，即客户从服务过程中得到的东西。它包括服务的环境条件、服务项目、服务设备，等等。例如，宾馆为客户提供的房间和床位、饭店为客户提供的菜肴等。对于这一方面的质量，客户容易感知，也便于评价。

（二）职能质量

职能质量是指服务推广过程中客户所感受到的服务人员在履行职责时的行为、态度、仪表等给客户带来的利益和享受。职能质量完全取决于客户的主观感受，难以进行客观评

价。而客户的感受又是同其自身的经历、个性、兴趣爱好、知识水平等因素相联系的，这也是服务比有形产品更难把握、更难以标准化的原因所在。

当然，服务质量具体体现在许多方面，如商品的数量、品种、质量、规格、型号是否对路；商品销售的方式和服务设施的现代化程度；售后服务的方便程度等。

二、服务质量的评价

从理论上来讲，服务质量是客户的预期与实际感知之间的对比。客户对服务质量的感知不仅包括他们在服务过程中所得到的东西，而且还要取决于他们是如何得到这些东西的。而且，对服务质量高低的评价与客户的期望值有关。客户对服务质量的预期是由过去的经验、口头传闻和服务提供者的广告宣传所形成的。客户根据自己的信息来源决定购买，在接受服务后，将自己的感受与预期进行比较，如果实际感受的服务比预期的服务好，就会形成一个高的质量评价，如果实际感受的服务不如预期，客户就会形成一个低的质量评价，如果二者相等，表示服务恰好满足客户的需要，客户是满意的。但是客户的感知往往是主观的，并且会因人而异。

一般来说，客户在评价服务质量时主要从图 10－1 所示的几个方面进行考虑：

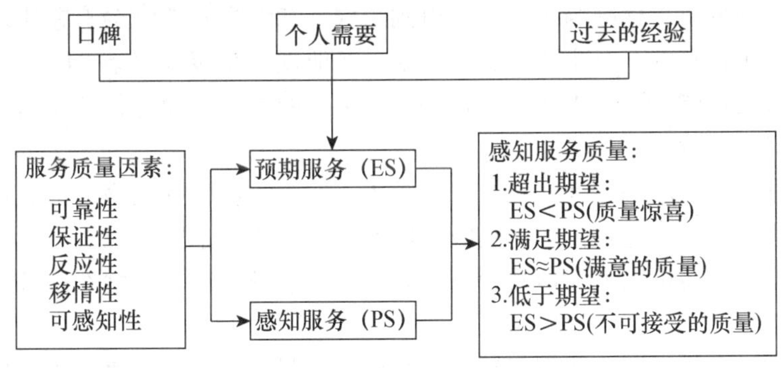

图 10－1 感知服务质量

（1）可靠性，是指服务提供者所承诺的服务可以准确无误地提供给客户。

（2）保证性，是指服务提供者友好的服务态度和胜任服务工作的能力。

（3）反应性，是指企业随时准备为客户提供有效、快捷的服务。

（4）移情性，是指服务提供者设身处地为客户着想和对客户给予特别的关注。

（5）可感知性，是指服务被感知的部分，包括有形的设施与设备、人员的实体形态。有形的环境条件是服务提供者对客户更细致的照顾和关心的有形表现。

三、提高服务质量的方法

从服务质量的概念可知服务质量取决于客户对服务的预期与其实际感知之间的差别。要提高服务质量，实际上就是平衡客户对服务的预期和其实际感受，使二者之间的距离缩小。

（一）缩小管理者的认知差距

作为企业的高层管理人员，实际上并不一定完全了解客户需要什么样的服务，以及应该在什么时候通过什么方法来为客户提供服务。这种认知上的差距，就会造成企业的服务行为与客户的实际需要之间存在差距。要缩小这种差距，需要注意以下几点：

（1）了解客户需要。企业可以通过深入的市场调查、走访客户、对客户投诉进行分析以及召开客户座谈会等形式了解客户的需要。

（2）注意上下沟通。企业高层管理人员所掌握的信息主要是通过推销人员的汇报获得的，如果这种沟通不及时、不顺畅，也会使企业提供的服务与客户实际需要之间产生差距。因此，要注意加强企业内部的这种上下沟通关系，并尽量减少中间层次，使客户的有关需求信息能及时真实地反映给高层主管。

（二）缩小服务标准存在的差距

企业为了提高服务质量，规范服务行为，往往制定了相应的服务标准。而这种服务标准是否符合客户的期望则不一定。一般情况下，企业制定的标准常常低于客户的期望，客户自然不满意。要缩小这种差距，应该注意：

（1）加强市场调研，从客户的角度出发设计服务规范。

（2）使重复性较大的服务标准化、程序化。

（3）对服务进行定期评估并定期反馈。

（三）缩小服务传递过程中存在的差距

企业制定的服务质量标准与客户实际得到的服务二者之间常常会有差距。这种差距是目前在实际工作中存在的一个主要问题。比如，企业规定在接到电话 24 小时内上门服务，但实际上服务人员可能过了几天才去，这并不是标准的问题，而是执行中有偏差。要缩小这种偏差，就必须注意：

（1）员工参与制定服务标准，减少角色矛盾。在一线从事推销服务的人员经常直接与客户接触，对客户的要求比较了解，吸收他们参加标准的制定，可以有效化解标准与期望之间的差距，同时，还可以大大地减少员工对标准的抵触情绪，使之在服务中严格按照标准行事。

（2）加强对员工的培训，使其能够胜任所担负的服务工作。在培训中，要明确规定服务人员所应担负的具体责任和具体要求，使服务人员明白他们的工作将被如何评估，以及劳动报酬如何计算等。

（3）建立监督控制体系。这个监督控制体系应该以客户的反馈意见为主，依据对客户的调查结果进行考评，并将考评结果与服务人员的报酬挂钩。

（4）加强员工的团队合作精神。服务工作往往牵涉到许多部门，只有各部门之间密切配合、团结合作，工作才会卓有成效。如果各部门之间相互扯皮、推卸责任，必然影响工作成效。

（四）缩小客户感受的差距

由于企业推销员在提供服务时，是以企业的标准为依据，而客户对服务的感受是与其原来所抱有的期望作对比，二者衡量的尺度不一致，由此造成了客户感受的服务与员工提供的服务之间的差距。一般来说，客户过高期望的形成主要受到企业不实宣传的影响。为缩小客户这种感受的差距，需要注意以下两个方面：

（1）加强水平沟通。一方面要加强服务人员与宣传人员之间的沟通，使广告宣传能使客户产生合理的预期，同时，服务人员也应该了解企业的广告宣传计划，以便为客户提供宣传中所规定的服务。另一方面要加强销售人员与执行人员的沟通，销售人员不盲目许诺，执行人员努力践诺，这样，客户的满意度就会提高。

(2) 不要盲目攀比，夸大宣传。由于企业之间竞争日益激烈，为了吸引客户，企业之间相互攀比，夸大宣传，从而也抬高了客户的期望，其结果是因为事实与客户期望的偏差，使客户更加不满意。要使客户满意，广告宣传还是应该实事求是。

本章小结

随着市场经济的发展，企业之间的竞争日趋激烈，在传统的价格竞争、质量竞争的基础上，服务竞争逐步成为市场竞争的主要内容之一，企业纷纷在推销服务上寻求竞争的差别优势，以赢得客户的信赖与忠诚，从而稳定和扩大市场占有率。

推销服务是指企业或推销人员在推销过程中为客户提供的各种无形的功效或利益的总称。推销服务的方式多种多样，内容也很丰富，依照不同的划分标准可以对推销服务进行不同的分类。

服务的内容再丰富，形式再多种多样，如果服务质量无法令客户满意，企业在服务的竞争中也必然遭到失败。因此，企业在推出花样翻新的服务的同时，必须注重提高服务的质量。服务质量是产品生产的服务或服务业满足规定或潜在要求（或需要）的特征和特性的总和。它是一个主观范畴，取决于客户对服务质量的预期同其实际感知的服务水平的对比。通常客户主要从技术和职能两个方面来感知服务质量，因此服务质量包括技术质量和职能质量两个方面。

练习与思考

一、案例分析题

海底捞提供“地球人拒绝不了”的服务

2010 年，海底捞已经成为拥有超过 50 家连锁店的餐饮企业，公司营业收入超过 6 亿元，营业利润超过 1 亿元，资产总额达到 2.5 亿元。让顾客无可挑剔的服务已经成为海底捞的独门秘诀，而这一切，也正是海底捞董事长兼总经理张勇的成功秘诀。

今天，如果你走进海底捞，排队等待用餐往往是不可避免的，这是一个极其枯燥的过程，但在海底捞却成为一个让顾客印象深刻的环节。其间，服务员会时不时送上免费的饮料、水果和点心，顾客既能免费享受擦皮鞋、上网、美甲等服务，也可以随意挑选打牌、下棋之类的娱乐项目。因此在漫长的等待中客人们感到不是那么着急了。

像这样贴心的服务，张勇已经使其延伸到海底捞从用餐到结账的各个环节中：上了饭桌，火锅菜可点半份，饮料可以免费续杯，水果免费……针对不同的顾客还有特殊服务，比如对女士，会赠送皮筋，用来绑起头发，避免粘到食物；顾客中有孕妇，服务员会送上柔软的靠枕；戴眼镜的客人则会得到擦镜布，以免热气模糊镜片……

除此之外，“海底捞式服务”还格外大方。在卫生间准备了免费的护肤品和牙刷、牙膏；糖果几乎可以无限量拿取。有意思的是，因为服务员在不停地给排队等候的客人发饮料和小吃，有些客人还没等到上桌吃火锅，就感到差不多已经吃饱了。

尽管免费服务的项目种类繁多，但张勇却并不担心亏本。在他看来，这些小小的付出都只是生意应付的成本，而特色服务所积累的人气，却可以换来更大的回报。用大方、人性化的服务换取口碑，是张勇尊奉的逻辑。

渐渐地，“服务”成了海底捞的制胜法宝，几乎所有到海底捞吃过饭的人都会对海底捞的服务伸出大拇指，而这些人中的绝大多数，都成了海底捞的回头客。

对海底捞的成功，张勇并没有避讳谈到自己成功的秘诀，“做好火锅跟做好其他传统行业是一样的，没有什么秘密可言，就是要把我们千百年来所提倡的诚信经营、优质服务落到实处。”在试图模仿海底捞成功轨迹的企业看来，这句平淡无奇的话只是“顾客就是上帝”这一经典信条的翻版。但似乎只有海底捞把它变成了自己的核心竞争力，并使众多风投趋之若鹜。

资料来源：海底捞提供“地球人拒绝不了”的服务. 经济参考报，2011-08-19.

问题：有人认为海底捞服务过度，你如何评价这种看法？

二、实训题

1. 选择某一个行业，试描述一下你所在的企业应该为客户提供的服务。
2. 假如你是一个企业的销售主管，请谈一谈如何缩小服务标准存在的差距。

三、复习思考题

1. 服务在推销中有什么作用？
2. 什么是售前、售中、售后服务？各包括哪些内容？
3. 客户是从哪些方面对服务进行评估的？
4. 如何提高企业的服务质量？

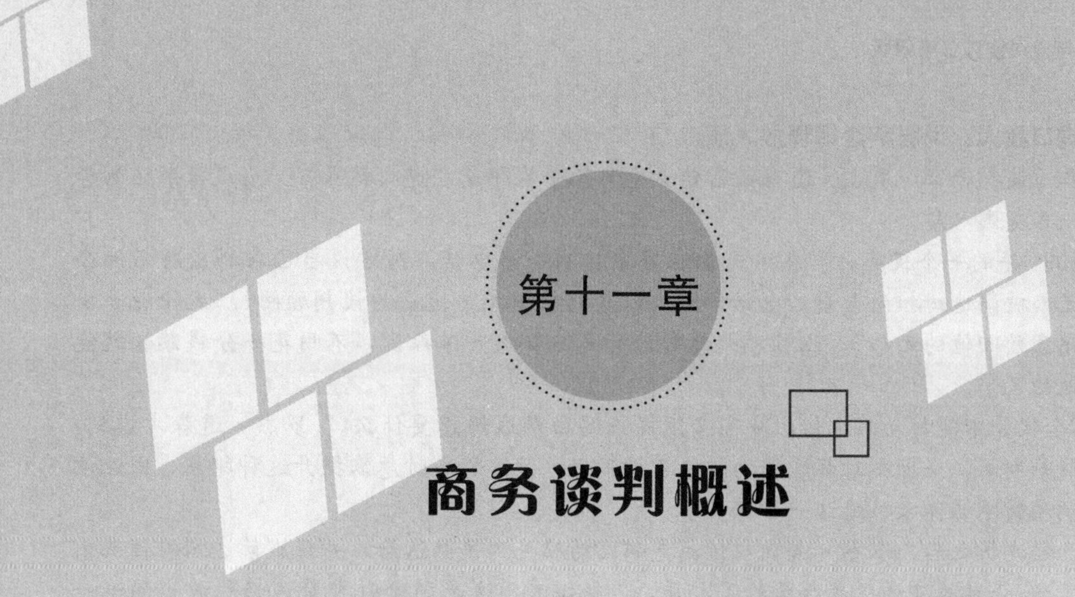

第十一章

商务谈判概述

本章学习目标

学完本章后，应该能够：

1. 明确谈判和商务谈判的概念、特征；
2. 初步了解商务谈判的基本内容和类型；
3. 熟悉商务谈判的成功模式。

导入案例

罗杰·道森：“生活就是谈判。”

“生活就是谈判”：幸福需要谈判，商业互动需要谈判，与人合作需要谈判，团队领导需要谈判，国与国之间需要谈判，夫妻关系需要谈判，亲子教育需要谈判……

备受瞩目：克林顿背后的谈判高手

罗杰·道森是美国前总统克林顿的首席谈判顾问，当今世界上最会谈判的人。当面对来势汹汹的共和党人罗伯特·多尔，克林顿犹豫了，是罗杰·道森让克林顿重新回到讲坛并赢得了选民的支持。克林顿当时直视着他的眼睛说：“罗杰，如果你支持我，我会坚持。”道森说：“有我在呢，总统先生。”

事实上，在美国政治谈判领域，有两座高峰，会让任何妄想超越的后来者胆战心惊。一位是联邦调查局反恐谈判顾问赫布·科恩，而另一位，就是罗杰·道森。

依靠其对国际政治的谙熟、对政治局势的敏锐嗅觉以及他那似乎与生俱来的无与伦比的谈判技巧，当他无数次突然与米洛舍维奇或者沙龙坐在谈判桌旁之后，他总是会带着一份值得《纽约时报》或 CNN 拼命炫耀的胜利飞回华盛顿复命。

虎口救人：说服萨达姆释放人质

作为谈判专家，罗杰·道森最富传奇色彩的手笔即是“虎口救人”——说服萨达姆释放了一名美国人质。

1991 年的一个夜晚，罗杰·道森在家中接到一个电话。对方说自己在科威特石油公司的兄弟被萨达姆扣为人质。电话那边的人想聘请罗杰·道森为谈判顾问，“无论花多少钱都愿意赎回他的兄弟”。让对方大感意外的是，罗杰·道森说，不用花一分钱赎金就能救回他的兄弟。

“金钱并不能打动萨达姆，我们必须真正明白萨达姆想要什么。”罗杰·道森考虑到，海湾战争期间，全世界对萨达姆的印象都很不好，萨达姆当时急需提升这种印象，因此他开始调动新闻媒体来报道这一事件。

几经波折之后，罗杰·道森在伊拉克邻国约旦见到了萨达姆，并说服萨达姆在镜头前发表了 20 分钟的演讲，最后释放了人质，“要知道，这是那段时期萨达姆所放出的唯一人质。”

最喜欢的头衔：“商务谈判训练师”

其实道森还是一个谈判训练师，如果你问是谁训练出了美国战后最多的销售部门主管和职业经理人，那么答案毫不犹豫只有一个，那就是罗杰·道森。

资料来源：罗杰·道森. 生活就是谈判. 深圳商报，2010-07-08.

问题：罗杰·道森认为“生活就是谈判”，你如何理解这句话？

在经济、科技迅速发展，商业日益兴旺的今天，顾客或推销对象成了主人。他们变得越来越挑剔，要求越来越难以满足了。即便如此，企业或商家也还在激烈地争夺这样的顾客。而企业或商家作为商品推销的主体，在市场经济条件下，自主经营、自负盈亏，为了求得自身的生存和发展，也必须寻求合法的最高的经济利益和目标。然而，现实的情况往往是一方利益的满足会影响他方利益的满足。在这种情况下，为了同时达到交易双方的利益和目标，要求有着不同目标和利益的人或组织坐下来，通过谈判来共同寻求能为双方或多方接受的方案。

当然，谈判有着自己独特的运行规律和技巧。随着我国社会主义市场经济体制的形成和加入世界贸易组织，各种谈判的实践尤其是商务谈判的实践大量增加。尽管人们经常与不同对象进行不同内容的谈判，但由于只是在自发的状态下进行，还不能正确把握谈判的内容、运行规律和技巧，因而，谈判成功的可能性较小。为了确保谈判的成功，必须系统地掌握有关谈判的理论、策略和方法。在这里，首要的问题是什么是谈判和商务谈判，如何来认识谈判。

第一节　谈判与商务谈判

一、谈判与商务谈判的概念

什么是谈判？按照最一般的认识，谈判是人们为了协调彼此之间的关系，满足各自的需要，通过协商而争取达到意见一致的行为和过程。美国谈判学会会长、著名律师杰勒德·尼尔伦伯格在《谈判艺术》一书中指出：谈判的定义最为简单，而涉及的范围却最为广泛，每一个要求满足的愿望和每一项寻求满足的需要，至少都是诱发人们展开谈判过程的潜因。只要人们是为了改变相互关系而交换观点，只要人们是为了取得一致而磋商协议，他们就是在谈判。

人们为什么要谈判呢？从本质上说，谈判的主要目的是通过交换观点进行磋商，共同寻找使双方都能接受的方案。在日常生活中，很多方面都需要谈判，例如学生时代，成绩不好时想想回家怎么向家长交代；工作后，考虑如何从领导那儿得到更重要的任务，如何使自己的薪资待遇有更大的提高，如何与客户及竞争对手进行沟通；甚至谈恋爱也是一个谈判的过程。

商务谈判是谈判的一种，是指不同利益群体之间，以经济利益为目的，就双方的商务往来关系而进行的谈判。一般包括货物买卖、工程承包、技术转让、融资等涉及群体或个人利益的经济事务的谈判。

谈判是门艺术，商务谈判更能具体体现出谈判的艺术魅力。在商务谈判中，灵活运用多种学科知识，掌握谈判的主动权，能够为企业或经济组织争得近期乃至长远的利益。

实例 11－1

罗杰·道森认为：世界上最赚钱的事就是谈判。

他兴致勃勃地说起帮女儿茱莉亚买车的小故事。“茱莉亚试驾了一辆二手宝马车，立刻就爱上了。硬拉着我陪她去谈价格。在路上，我问她做好了两手空空回家的准备吗？她叫起来：‘不！当然不！’我回答说：‘抱着这样的心态，那直接付钱算了，价格只能是人家说了算。’”

最后，那次砍价花了两小时，罗杰一共两次走出销售厅。最后成交的价格比茱莉亚当初预想的要低 2 000 美元。

“两小时赚了 2 000 美元，想想看，这个世界上还有什么生意比谈判来钱更快呢？”罗杰笑着说，这道理适用于全球所有的 CEO，几分钟时间内，谈判可能会决定“是赢得还是失去几千万乃至数亿美元”。

二、商务谈判的特征

（一）交易对象的广泛性和不确定性

任何商品流通客观上都是没有地区和国家界限的，只要是商品，从理论上讲，可以出售给任何一个人。作为卖方，其商品销售范围具有广泛性，同理，作为买方，其所购商品的选择范围也十分广泛。因此，无论是买还是卖，其谈判交易的对手遍及全国乃至全世界。此外，为了使交易更加有利，也需要广泛接触交易对象。但是，交易者总是同具体的交易对象谈判成交，而具体的交易对象在各种竞争存在的情况下是不确定的。这不仅是交易对象方面的要求和变化，而且也是自身方面的要求和变化所决定的。

（二）以获取经济利益为目的

不同的谈判其目的是不同的，外交谈判涉及的是国家利益，政治谈判关心的是政党、团体的根本利益，军事谈判则主要是关系敌对双方的安全利益。虽然在这些谈判中都不可避免地会涉及经济利益，但是常常是围绕着某一种基本利益进行的，即其重点不是经济利益。商务谈判则十分明确，谈判者以获取经济利益为基本目的，在满足经济利益的前提下才涉及其他非经济利益。在商务谈判过程中，虽然谈判者可以调动和运用各种因素，而各种非经济利益的因素也会影响谈判的结果，但其最终目标仍是经济利益。所以，人们通常以获取经济效益的多少来评价一项商务谈判的成功与否。不讲求经济效益的商务谈判就失去了价值和意义。

（三）以价值谈判为核心

商务谈判涉及的因素很多，谈判者的需求和利益表现在许多方面，但价值则几乎是所有商务谈判的核心内容。这是因为在商务谈判中价值的表现形式——价格最直接地反映了谈判双方的利益。谈判双方在其他利益上的得与失，在很多情况下或多或少都可以折算为一定的价格，并通过价格升降而得到体现。需要指出的是，在商务谈判中，我们一方面要以价格为中心，坚持自己的利益，另一方面又不能仅仅局限于价格，应该拓宽思路，设法从其他利益因素上争取应得的利益。有时，与其在价格上与对手争执不休，还不如让对方在其他方面不知不觉地让步。这是从事商务谈判的人需要注意的。

（四）注重合同条款的严密性与准确性

商务谈判的结果是由双方达成的协议或合同来体现的。合同条款实质上反映了各方的权利和义务，其严密性与准确性是保障谈判获得的各种利益的重要前提。有些谈判者在商务谈判中花了很大气力，好不容易为自己获得了较有利的结果，对方为了得到合同，也迫不得已做了许多让步，但如果在拟订合同条款时掉以轻心，不注意合同条款的完整、严密、准确、合理、合法，其结果往往会掉入谈判对手在条款措辞或表述技巧上设置的陷阱中，从而把到手的利益丢掉，甚至有时还要为此付出惨重的代价。这种例子在商务谈判中屡见不鲜。因此，在商务谈判中，谈判者不仅要重视口头上的承诺，更要重视合同条款的准确性和严密性。

（五）具有“临界点”

商务谈判中有一个临界点，即谈判双方达成协议的最低要求，如果最低要求不能被满足，谈判目标也就不能实现。比如，保本就是价格条款的临界点。低于这个临界点，谈判就难以进行。从谈判双方的目标期望中，我们可以断定，双方的目标之间是有相当大的距离的，要不然，双方就不会走到一起来谈。实现己方的目标的途径就是让对方做出妥协。但如果有一方在价格或其他方面寸步不让，或欲将对方置于死地，将会导致谈判的破裂，结果双方都将一无所获。了解了商务谈判的这一特征，谈判人员在进行谈判时就应注意，为了实现己方的目标，就应该在对方的立场上，重视对方的利益得失，考虑己方所提出的利益要求是否能够被对方所接受，即己方的条件是否在对方的承受范围内。如果谈判人员能够把握好谈判的临界点，谈判成功的概率将会大大提高。

第二节　商务谈判的基本内容和类型

一、商务谈判的基本内容

商务谈判是有关商业事务的谈判，它包括商品买卖、劳务买卖、工程承包、咨询服务、中介服务、技术转让和合资合作等方面的谈判。但无论是哪一方面的商务谈判，一般都包括下述基本内容。

（一）合同之外的商务谈判

合同之外的谈判，是指合同内容以外事项的谈判，它是谈判的一个组成部分，为谈判直接创造条件，影响着合同本身的谈判效果，因此要加以重视。合同之外的商务谈判主要包括以下几部分。

1. 谈判时间的谈判

是指关于谈判举行时间的谈判。谈判时间可能是一方决定的结果，也可能是双方协商的结果。谈判时间不同，对双方的影响是不同的，这是因为时间不同，双方的准备程度会不同，需求程度也会因外部环境的变化不同而不同，进而谈判实力也不同。因此，谈判者要尽量争取于己方有利的时间。

2. 谈判地点的谈判

是指关于谈判举行地点的谈判。一般来说，主场谈判比客场谈判更有利。谈判到底在哪一方举行，往往由谈判实力强的一方决定，但实力弱的一方也可以通过采取一定的谈判策略争取。

3. 谈判议程的谈判

是指关于谈判议题安排的谈判，先谈什么、后谈什么，该谈什么、不该谈什么，主要谈什么、次要谈什么等，对谈判结果的影响是显而易见的。谈判议程是谈判策略的重要组成部分，其确定往往是双方协商的结果。

4. 其他事宜的谈判

包括谈判参加人员的确定、谈判活动的相关规定、谈判场所的布置等的谈判，往往可以通过协商去争取于己方更加有利的条件。

（二）合同之内的商务谈判

1. 价格（金额）的谈判

商务谈判中的价格是指谈判双方让渡的金额，而不仅指商品价格。价格是商务谈判的核心，价格谈判也是商务谈判中最敏感、最艰难的部分，是商务谈判策略与技巧的集中体现。商务谈判的失败往往是价格谈判的失败导致的。价格谈判内容包括价格术语、价格计量、单价与总价、相关费用等。

2. 交易条件的谈判

是指对以价格为中心的相关构成条件的谈判，它们与价格相辅相成、相互影响，并可以通过价格体现出它们的状况，是谈判者利益的重要组成部分。这些交易条件主要包括标的、数量与质量、付款方式、服务内容、交货方式和保险等。

3. 合同条款的谈判

合同条款是构成一份完整、有效的合同所必不可少的部分，是价格和交易条件的补充与完善，是履行合同的保证。主要包括双方的权责约定、违约责任、纠纷处理、合同期限、补充条件和合同附件等。

二、商务谈判的基本类型

按照不同的标准，商务谈判可分为不同的类型。

（一）按谈判人数分

1. 一人谈判

一人谈判是指由谈判双方各派出一位代表出面谈判的方式。它有多种具体形式，如采购员与推销员的谈判、推销员与顾客的谈判等。

采用一人谈判这种类型大多是基于以下原因：

（1）供需双方有着长期的合作关系，彼此之间比较熟悉，对交易的条款、内容也都比较明确。

（2）买卖双方各自有权决定在什么条件下出售或购买商品。

（3）续签合同的谈判。由于具体内容及条款在以往的谈判中都已明确，只需在个别地方进行调整与修改，谈判内容简单、明确。

（4）在许多重要的、大型的谈判中，对于某些具体细节的讨论，不需要所有人都参加，或者是从更好地解决问题的角度出发，双方主要代表单独接触比较好时，也会采取一人谈判的类型。

从某种角度看，一人谈判的类型有着其他谈判类型不可比拟的优点：

第一，由于谈判规模小（当然这并不等于说谈判内容不重要），因此在谈判工作的准备以及时间、地点安排上都可以灵活、变通。

第二，由于谈判双方的人员都是自己所属公司或企业的全权代表，有权处理谈判中的一切问题，从而避免了令出多头、无法决策的不利局面。

第三，谈判的方式可以灵活选择，气氛也比较和谐随便，特别是当双方代表互相之间熟悉、了解时，谈判气氛就会更为融洽。这就可以消除小组谈判中紧张的会谈气氛，有利于双方代表的沟通与合作。

第四，一人谈判克服了小组谈判中人员之间相互配合不利的状况。谈判一方人员的相互配合与信任是战胜对手、争取谈判主动的必要条件。但是，如果相互间不能很好配合，反而会暴露己方的弱点，给对方以可乘之机。许多重要的谈判采取小组谈判与一人谈判交叉进行，正是基于这一原因。

第五，一人谈判有利于双方沟通信息，也有利于双方封锁消息。当某些谈判内容高度保密，或由于时机不成熟而不宜让外界了解时，那么一人谈判是最好的谈判类型。

许多谈判专家认为，一人谈判是看似最简单，其实是最困难的谈判，因为谈判人员在谈判中没有别的依靠，只能靠个人的智慧和技能。当然，谈判前的充分准备以及企业的强有力的支持也是取得谈判成功的保证。

2. 小组谈判

小组谈判是指每一方都是由两个以上的人员参加协商的谈判类型。小组谈判可用于大多数正式谈判。特别是一些重要的、复杂的谈判，必须采用小组谈判的形式。这是由小组谈判的特点所决定的：

（1）集体的智慧与力量是取得谈判成功的保证。每个人由于经验、能力、精力多种客观条件的限制，不可能具备谈判中所需要的一切知识与技能，因此需要小组其他成员的补充与配合。

（2）采用小组谈判，可以更好地运用谈判谋略和技巧，更好地发挥谈判人员的创造性、灵活性。

（3）小组谈判有利于谈判人员采用灵活的形式打破谈判的僵局，消除谈判中的障碍。比如，小组某一成员可以担当谈判中间人或调节人的角色，提出一些建议，缓和谈判气氛，也可以采用小组人员相互磋商的办法，寻找其他的解决途径，从而避免一对一的谈判中要么“不”、要么“是”的尴尬局面。

（4）经小组谈判达成的协议或合同具有更高的履行率。双方认为这是集体协商的结果，而不是某个人的产物，因此更容易遵守协议。集体的决定对其成员具有更大的约束力，经由集体讨论产生的协议具有极大的合理性，没有理由不执行。

小组谈判最大的优点是能发挥集体的智慧。所以，正确选配谈判小组成员是十分重要的，如小组领导人的选配、主要成员与专业人员的选配等。

（二）按谈判方向分

1. 逐项谈判

逐项谈判是指双方在确定谈判的主要问题后，就每个问题和条款逐一讨论、解决，一直到谈判结束。例如：在某一项产品交易谈判中，双方确定出价格、质量、运输、保险、索赔等几项主要谈判内容后，开始就价格进行磋商。如果价格确定不下来，就不谈其他条款。只有价格谈妥之后，才依次讨论其他问题。

逐项谈判方式主要适用于原则性谈判，其优点是：

（1）程序明确，把复杂问题简单化。

（2）每次只谈一个问题，讨论详尽，问题解决较彻底。

（3）避免了多头牵制、议而不决的弊病。

当然，这种谈判方式也存在不足，主要有：议程确定过于死板，不利于双方沟通和交流；讨论问题时不能相互通融，当某一问题陷入僵局后，不利于其他问题的解决；不能充分发挥谈判人员的想象力、创造力，不能灵活地、变通地处理谈判中的问题。

2. 循环谈判

循环谈判是指在确定谈判所涉及的主要问题后，开始逐一讨论预先确定的各个问题，如在某一问题上出现矛盾或分歧时，就把这一问题放在一边，先讨论其他问题，当其他相关问题解决后，再来讨论这个问题。如此周而复始地讨论下去，直到所有内容都谈妥为止。例如：在资金借贷谈判中，谈判内容要涉及货币、金额、利息率、贷款期限、担保以及宽限期等问题，如果双方在贷款期限上不能达成一致意见，就可以把这一问题放在后面，继续讨论担保、还款等问题。当其他问题解决之后，再回过头来讨论贷款期限问题。

这种谈判类型的特点就是灵活、变通。只要有利于问题解决，经过双方协商同意，讨论的条款可以随时调整。也可采用这种方法，把与此有关的问题一起提出来，一起讨论研究，使所谈问题相互之间有一个协商让步的余地，这非常有利于某些问题的解决。例如，贷款期限不能确定，可与利率、还款及宽限期一起讨论磋商，促进问题的解决。有时双方对要讨论的主要问题要磋商两到三遍，第一遍只是对列出的问题提出大致的意见与要求，相互摸摸底，交换一下初步的看法，直到第二遍、第三遍才逐步确定所要讨论的问题。

循环谈判的优点是：

（1）议程灵活，方法多样。不过分拘泥于议程所确定的谈判内容，只要有利于双方的沟通与交流，可以采取任何形式。

（2）多项议题同时讨论，有利于寻找变通的解决办法。

（3）有利于更好地发挥谈判人员的创造力、想象力，更好地运用谈判策略和谈判技巧。

循环谈判的不利之处在于：加剧双方的讨价还价，容易促使谈判双方做过多让步；容易使谈判人员纠缠在枝节问题上，而忽略了主要问题。

总之，在商务谈判中，不是循环谈判，就是逐项谈判。至于采用哪一种类型，主要根据谈判的内容、复杂程度以及谈判的规模来确定。一般来讲，大型谈判、涉及两方以上人员参加的谈判大都采用循环谈判；规模较小、业务简单，特别是双方已有过合作历史的谈判，则可采用逐项谈判。

另外，采取哪种谈判类型并不是绝对不变的，当双方发现原来的谈判类型不能有效地解决和处理谈判中的问题与分歧时，也可以改变谈判类型，采取双方认可的类型。

（三）按谈判内容分

商务谈判所包括的内容是广泛的，因此按谈判内容划分的谈判类型有多种。谈判的内容不同，所涉及的问题以及合同的条款也不相同，因而谈判的重点与策略也要做相应的调整。这里主要介绍几种有代表性的谈判类型。

1. 工程项目谈判

工程项目谈判与产品交易谈判有很大的区别。如果从买方和卖方的观点来看，买方是工程的使用单位，卖方是工程的承建单位。

工程项目谈判是最复杂的谈判之一，不仅谈判的内容涉及广泛，而且谈判常常是两方以上的人员参加，包括使用一方、设计一方、承包一方等。承包一方又可能有分包商、施工单位，而使用一方还可能有投资方、管理方等。

在工程项目谈判中，卖方即承包方是通过对其人工成本、分包商成本、所购入原材料和安装设备成本的计算，相应提高标价来获取利润的。因此，标价越高，获利越大。但是，买方在多数情况下是通过招标的方式来选择自己的谈判对手。这样，在谈判开始之前，双方对标价就有一个大概的估价，在谈判中着重讨论的是工程预算的各项成本费用、工程的质量标准、工期、保险等。同时，承包商的信誉、能力以及技术人员的经验都是影响谈判双方的重要因素。

需要特别强调的是：在施工过程中，买方可能常常会对设计进行一些调整，以提高建筑水平或改变项目的范围，如不能规定明确的计算费用标准，很可能被承包商钻空子。许多承包商都是靠设计变更以获得“额外收入”来补偿最初投标的低利或无利。

2. 技术贸易谈判

技术贸易是指有偿的技术转让，即通过买卖方式，把某种技术从卖方转给买方的行为。

技术贸易与商品贸易有一定的区别。这是由于技术是一种特殊产品，它不像一般商品那样具有可见的形状，可以计量和检验质量。技术不是物，而是以知识的形态存在，如一项发明创造、一种新的制造工艺与技术资料等。技术必须“凝结”在劳动力和生产资料中才能变为物质力量，才能充分体现其使用价值。在技术贸易中，当一方转让某项技术时，通常是介绍使用该项技术可以实现何种新的工艺、生产出什么新产品，或者达到何种改进生产状况预期目标。这种预期目标是否能够达到，对技术引进方来说，只能在签订技术转让协议并使用过该项技术之后，才能体验、评估出来。

商品交换的过程是相对短暂的，一笔交易完成后，双方的买卖关系就告终止。技术交易则是一个很复杂的过程，从谈判签约转让技术到投产受益，往往要延续较长的一段时间。因此，在技术贸易中，每笔交易都要签订合同，对技术转让过程中可能出现的争议都要明确规定。

技术保密是技术交易的另一个特点。商品在成交前是不保密的，甚至可以先试用。但是，在技术交易市场上，技术提供方为了保护自身的利益，在技术交易签约前，对技术是保密的，或者不愿透露技术的关键细节。这在某种程度上也影响了技术交易谈判的进行。

3. 机器设备谈判

进行机器设备谈判，必须明确设备的分类，并据此确定谈判的要点。设备可分为以下三类：

（1）标准设备。卖方向每一顾客提供同样的机器设备，一般无须提供配件或附属设备，如打字机、计算机以及一部分生产设备等。

（2）特制设备。卖方特制某一型号的设备以适应顾客的特定需要。特制设备一般包括配件及附属设备。配件是为了保证机器运转而选用的，如发动机和传动系统；附属设备是为了提高设备的功能，如空调器、收音机等。

（3）定制设备。卖方为某一方专门制造某种机器以满足其特定需要。这种机器可能包括如发动机或电气控制装置等标准部件，但机器的整体设计和结构是特制的。

一般说来，购买标准设备选择卖方比较容易，价格也相对便宜；特制设备要选择专门的卖方，价格高昂，但从需要来讲，价格是第二位的；定制设备是标准设备与特制设备的混合，伸缩变动的余地较大，由于其费用昂贵而且卖方较多，买方要认真考虑筛选，以保证决策最优。

4. 产品交易谈判

产品交易谈判在商务谈判中占很大的比例。由于产品种类繁多、用途广泛、性能各异，因此谈判内容也有一定的差别。但是，不论什么样的产品交易谈判，都包括某些最基本的议题，可归纳为以下几项：

（1）价格；

（2）质量；

（3）规格、型号；

（4）预付款和最终付款；

（5）原材料、生产工艺；

（6）包装、运输方式；

（7）保险；

（8）关税和许可证；

（9）交货日期。

5. 服务贸易谈判

服务贸易谈判是包括运输、咨询、广告、项目管理、设计、劳务、旅游等方面的商务合作谈判。服务贸易谈判在目前的国际贸易中，应用面十分广泛，而且发展得较快。

服务贸易与工程项目谈判、产品交易谈判有很大的不同，它涉及的常常不是有形的企业、工程、货物，而是以提供某一方面的服务为特征的无形的产品——服务的贸易。服务具有无形性，而且服务还具备不可储存性等特点。

随着第三产业的发展和国际交流的频繁，服务贸易在国家之间的开展越来越经常化和多样化，这类谈判所占的比重也越来越大，也成为国际经济活动中越来越重要的方面。

（四）按谈判地点分

1. 主座谈判

主座谈判是指在己方所在地的谈判，包括在自己所居住的国家、城市或办公所在地的谈判。总之，主座谈判是在自己做主人的情况下组织的谈判。这类谈判的特点是：

（1）谈判底气足。由于是在自己企业的所在地谈判，谈判资料的准备、新问题的请示等都比较方便，从而给谈判人壮了胆，谈判起来底气就足。

（2）以礼压客。东道主一般总是以“礼节”来表现自己，礼貌的程度会使对方感到是否受到重视与尊重，这是主座谈判者手中一张有利的牌。

（3）内外线谈判。谈判场所在自己家门口，一方面有利于客座谈判人多了解一些自己的情况，如参观现场，成为支持自己谈判的辅助行动；另一方面可能出现被客座主谈人告状的情况。这就要求主座谈判人要兼顾内外的反应，有效发挥主座谈判的优势。

2. 客座谈判

客座谈判是指在谈判对手所在地的谈判。“客座”在某种意义上讲可以是在海外或国外。当然，从广义上讲，在同一个国家的不同城市，在同一城市的不同办公地点，只要不是在自己企业所在地或办公楼内的谈判，都可以看做是客座谈判。作为商务谈判，海外或国外的客座谈判更具有代表性。这类谈判的特点是：

（1）语言过关。在海外谈判首先是语言问题，双方应达成一个统一的工作语言，谈判人员要能说会写，否则谈判就要遇到麻烦，甚至无法进行。

（2）客随主便。身处异国会有拘束感，许多陌生的东西可能造成阻碍，所以刚开始谈判时，往往是“客随主便”，在谈判上显得较“被动”一些，应随时、随机变“被动”为“主动”，争取“主应客求”的谈判局面。

（3）易坐冷板凳。客居他乡的谈判人，会受到各种局限与束缚，如时间限制、上级授权的限制等，可施展的谈判手段有限，往往会落进主座谈判手的“圈套”里，这就要求客座谈判人员要在矛盾的处境中审时度势、灵活调整谈判策略。

（五）按谈判方式分

1. 面对面谈判

面对面谈判就是谈判的双方或多方直接见面会谈的方式。这是最古老的谈判方式，即使在当今，这种谈判方式仍然是主流的谈判方式。在这种方式下，由于谈判的所有参与方能直接见面，能够观察和体会彼此的表情、语气、态度，所以这种谈判方式是多数情况下会采取的谈判方式。它的优点是适合重要事件的谈判，便于双方进行谈判观察；但是它的缺点也很明显，由于谈判各方必须寻找谈判场所，制定谈判程序，而且要坐到一起谈判，还要选择各方都方便的时间进行，所以程序烦琐、成本较高，而且效率有时会比较低，尤其是在国际贸易中，如果每一次意见的交换都采取这种谈判方式就显得费时、费力。

2. 电话谈判

电话的发明使远程即时通信成为可能，通过电话进行谈判虽然不能像面对面谈判那样观察对方，但是这种方式可以成为非重大的日常事项谈判的首选，也可以作为面对面谈判的一种补充。它的优点是成本小、操作方便，缺点是非正式性，双方的意思表示都是口头表示，需要电话录音或补充书面意见。

3. 函电谈判

在买卖双方不在同一地方时，经常性地见面会谈会耗费企业不必要的成本，通过函电的方式，把一些谈判细节传送到对方手中，是相对比较经济的做法。具体来说，谈判的双方可以通过邮寄信函和发送传真等方式，进行意见交换。它的优点是成本小，操作方便，有纸质凭据；缺点是要特别注意函电的安全接收及内容的保密性。

4. 网上谈判

随着电子商务的发展，网上购物也以惊人的速度增长，很多商家都为客户提供网上谈判渠道。通过网上即时通信工具，商家与客户之间可以实时进行联系和磋商，从而为促成交易打下基础。例如，淘宝的“阿里旺旺”平台，就为商家与客户提供了能够随时联系的渠道，双方可以在该通信页面进行简单的买卖谈判，对产品价格、质量及物流方面进行谈判，最终决定是否达成买卖共识。它的优点是方便、及时；缺点是依赖于网上谈判平台的建设程度。

第三节　商务谈判的成功模式

一、商务谈判的价值判断标准

现实中，虽然不少人常常耳闻或目睹谈判，有的还可能是“久经沙场”，但问及他们何谓成功的谈判时，回答则往往并不正确。有的把谈判中自己获得利益的多少作为衡量谈判成功与否的标准，认为获得利益越多则标志着谈判越成功；有的则认为，在谈判中己方气势越高，对方气势越低，则谈判越成功……其实，这些看法都是比较片面的，有时甚至是有害的。

美国谈判学会会长、著名律师杰勒德·尼尔伦伯格认为，谈判不是一场棋赛，不要求决出胜负；谈判也不是一场战争，要将对方消灭或置于死地。恰恰相反，谈判是一项互利的合作事业。谈判中的合作是互利互惠的前提，只有合作才能谈及互利。因此，从谈判是一项互惠的合作事业和在谈判中要实行合作的利己主义观点出发，我们认为可把评价一场商务谈判是否成功的价值标准归纳为下述几点。

（一）要看商务谈判目标的实现程度

业务人员在参加谈判时总是要事先规划一定的谈判目标，即将自己的利益需求目标化。当谈判结束时，就要看一下自己有没有实现、在多大程度上实现了预期谈判目标。商务谈判目标的实现程度是评价业务洽谈成功与否的首要标准。需要指出的是，不要简单地把谈判目标理解为利益目标，这里所指的谈判目标是具有普遍意义的综合目标。不同类型的商务谈判，不同的参谈者，其谈判目标均有所不同。比如，举办合资企业的谈判，对于中方来讲，其谈判目标有可能是尽快地以最合理的控股权在某地合资生产某种产品。对于租赁业务洽谈，承租方的谈判目标则有可能是以最低租金租到功能较齐全的某种设备。

实例 11 - 2

有两个孩子在邻居家做客时得到了一个橙子。拿到橙子后这两个孩子便讨论起如何分这个橙子。两个人吵来吵去，最终达成了一致意见，即由一个孩子负责切橙子，而另一个孩子先选。结果，这两个孩子按照商定的办法各自取得了一半橙子，高高兴兴地拿回家去了。

第一个孩子把半个橙子拿到家，把皮剥掉扔进了垃圾桶，把果肉放进果汁机榨果汁喝。另一个孩子回到家后把果肉挖掉扔进了垃圾桶，把橙子皮留下来磨碎了，混在面粉里烤蛋糕吃。

从上面的情形可以看出，虽然两个孩子各自拿到了看似公平的一半，然而，他们各自得到的东西却未物尽其用。这说明，他们在事先并未做好沟通，没有事先申明价值，而这导致了双方盲目追求形式上和立场上的公平，结果，双方各自的利益并未在谈判中达到最大化。

假设两个孩子先充分交流各自所需，那么他们会想办法将皮和果肉分开，一个拿果肉去榨果汁，另一个拿皮去做烤蛋糕。

（二）要看谈判的效率如何

任何商务谈判都要付出一定的成本。有人认为谈判成本无法计算，而且也没有必要计算，这种看法是极为错误的。经济领域里的任何经济行为，都须讲效率，即要将付出与收益进行对比。商务谈判本身是经济活动的一部分，怎么能不谈成本呢？谈判成本可以从以下三个部分加以衡量计算：

（1）为了达成协议所做出的所有让步之和。其数值等于该次谈判预期谈判收益与实际谈判收益之差值。

（2）为洽谈而耗费的各种资源之和。其数值等于该次谈判所付出的人力、物力、财力和时间的经济折算之和。

（3）机会成本。由于企业将部分资源投入到该次谈判中，即该次谈判占用和消耗了一部分人力、物力、财力和时间，于是这部分资源就失去了其他的获利机会，企业因此也就损失了可望获得的价值。这部分成本的计算，可用企业在正常生产经营情况下，这部分资源所创造的价值的大小来衡量；也可用事实上由于这些资源的被占用和耗费，某些获利机会的错过所造成损失的大小来计算。

以上三部分成本之和构成了一次谈判的总成本。通常情况下，人们往往认识到的只是第一种成本，即对谈判桌上的得失较为敏感，而对第二种成本则常常比较容易忽视，对第三种成本考虑更少。要想准确考核谈判的效率，对谈判成本的准确计算就显得格外重要。

计算出谈判成本后，就可将其与谈判所获收益进行比较，从而评价谈判效率的高低。如果谈判成本很低，而收益却较大，则本次谈判是成功的、高效率的。反之，如果谈判成本较高，收益较少，则本次谈判是低效率的、不经济的，甚至在某种程度上讲是失败的。

（三）要看谈判后的人际关系如何

商务谈判是两个组织或企业之间经济往来活动的重要组成部分，它从形式上表现为业务人员之间的关系，而在更深层次上代表着两个企业或经济组织之间的关系。因此在评价一场谈判成功与否时，不仅要看谈判双方市场份额的划分、出价的高低、资本及风险的分摊、利润的分配等经济指标，而且要看谈判后双方人际关系如何。商务谈判实践告诉我们，一个能够使本企业业务不断扩大的精明的谈判人员，往往将眼光放得很远，而从不计较某场谈判的得失，因为他知道，良好的信誉、融洽的关系是企业得以发展的重要因素，也是商务谈判成功的重要标志。

综合以上三个评价指标，一次成功或理想的谈判应该是：通过谈判双方的需求都得到满足，而且这种较为满意的结果是在高效率的节奏下完成的，同时双方的友好合作关系得以建立或进一步发展和加强。

有了衡量商务谈判是否成功的价值评判标准，谈判人员就可以按照这个标准来计划、组织、安排每次业务洽谈。

二、商务谈判成功模式

谈判的成功模式主要由图 11－1 所示的五个部分构成。

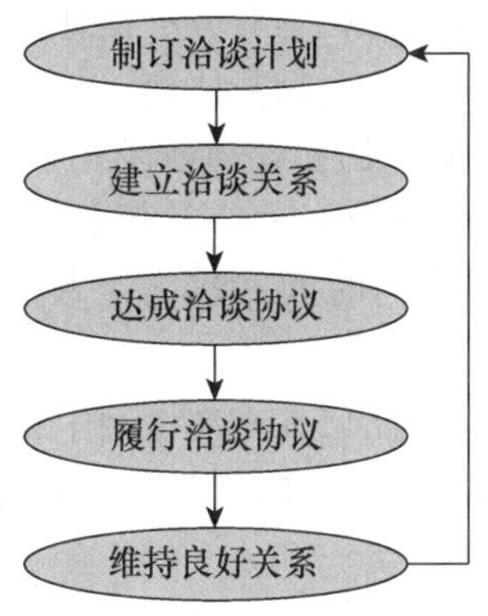

图 11－1 谈判的成功模式

（一）制订洽谈计划

制订洽谈计划是成功模式的第一步。在制订洽谈计划时，要做到知己知彼，即先要弄清己方在本次谈判中的目标是什么，然后要通过各种渠道去设法搞清对手的谈判目标是什么。明确了双方的谈判目标之后，还要进一步分析双方的目标构成，通过对比，分析出双方利益一致的地方和有可能产生分歧的地方，以便在进入正式谈判时采取相应的对策。

（二）建立洽谈关系

在正式洽谈前，就要与对手建立起良好的洽谈关系。这是一种有意识形成的，能够使双方在洽谈过程中都能感到顺畅、融洽、自然、舒展的关系。这种关系是使洽谈顺利进行的保障。

通常情况下，人们都愿意与自己比较了解、信任的人做生意。如果同一个从未见过面或听说过的人打交道、做生意，就会十分谨慎，层层设防，在谈判中肯定会小心从事，不轻易许诺。因此，当双方都已相互了解，并且建立了一定程度的信任关系时，就会减少相互之间的戒备心理，从而使谈判的难度大大降低，而成功的可能性则相应地大大提高。可以肯定地说，洽谈双方之间的相互信赖关系是洽谈成功的基础。

（三）达成洽谈协议

在洽谈双方已经建立起良好的洽谈关系之后，即可进入实质性洽谈阶段。为了达成双方满意的协议，在进入这一步骤前，首先应该核实对方的谈判目标，其次，对彼此意见一致的问题加以确认，而对彼此意见不一致的问题，则要通过双方充分的磋商和交流，寻求一个为双方都能够接受的方案，达成洽谈协议。

（四）履行洽谈协议

作为洽谈人员，应清醒地认识到：达成协议并不是业务洽谈的最终目标。商务谈判的最终目标应该是：达成协议后，协议的内容能够得以圆满地贯彻和执行。因为，写下来的协议如果不付诸实践，即使对己方再有利，也只是“白纸黑字”而已。如果对方由于某种原因而不履约，虽然己方可以依法提起诉讼，但真正解决起来要花费许多时间和精力。只有当双方均认真履行了协议，对于一项具体谈判来讲，才可以画上一个圆满的句号。但对于一个具有长远战略眼光的谈判人员来讲，则还有一项重要工作要做，这就是成功模式的第五步，即与对手维持良好的关系。

（五）维持良好关系

谈判结束后的一项重要工作就是维持与对方的良好关系。在实际业务交往过程中，特别是亲身参与过商务谈判的人员都有一个切身体会：与某业务往来对手之间的关系，如果不积极地、有意识地加以维持的话，就会逐渐地淡化，慢慢地双方就会疏远起来，有时甚至由于某些外因还会导致关系的恶化。而一旦疏远了或者恶化了，再想重新将关系恢复到原来的水平，则需要花费很多的时间和精力，甚至比与一个新对手建立关系还要复杂。

因此，为了以后的业务发展，对于已在本次谈判中建立起的良好关系，应想方设法保持。其实，维持关系的方法也很简单，主要是保持与对方的接触和联系，特别应注意个人之间的接触。

以上就是商务谈判成功模式的五个步骤。各个步骤之间不是相互独立的，前一个步骤为后一个步骤打下了基础，从而实现循环发展，不断成功。

实例 11－3

一名飞机推销员到新德里推销飞机，想在印度航空市场上占有一席之地。没想到，当他打电话给有决定权的某印度将军时，对方反应十分冷淡，根本不愿与他见面。最后，在推销员的一再要求下，将军才勉强答应给他 10 分钟的见面时间。

推销员决定要利用这 10 分钟的时间改变将军的印象。当他跨入将军的办公室时，满面春风地对将军说：“将军阁下，我衷心地向您道谢。因为您使我得到了一个十分幸运的机会，在我过生日的这一天，又回到了出生地。”“什么，您出生在印度吗?”将军半信半疑地问道。“是的!”推销员借机打开了话题，“1933 年的今天，我出生在贵国的名城孟买，当时我的父亲是英国某公司驻印度的代表。”

10分钟过去了，将军丝毫没有结束谈话的意思，他被推销员绘声绘色的讲述深深地吸引住了，并邀请他共进午餐。这时，推销员从公文包中取出一张颜色已经泛黄的照片，双手捧着，恭恭敬敬地请将军看。“这不是圣雄甘地吗?”将军惊讶地问。“是的，您再仔细看一下那个小孩，那就是我。4岁时，我和父亲一道回国，在途中十分幸运地与圣雄甘地同乘一条船，照片就是那时我父亲为我们拍摄的。我父亲一直把它当做最珍贵的礼物珍藏着，这次因为我要去拜祭圣雄甘地的陵墓，父亲才把照片给了我。”“我十分感谢你对圣雄甘地和印度人民的友好感情。”将军紧紧握住了推销员的手。

午餐自然是在亲切无比的气氛中进行的。两人像是一对久别重逢的老朋友，越说越投机。当两人告别时，不用说，这宗本来希望渺茫的大买卖已经成交了。

本章小结

本章首先介绍了谈判和商务谈判的基本概念，并简要描述了商务谈判的特征；其后进一步阐述了商务谈判的基本内容以及分类；最后介绍了一种普遍公认的商务谈判的成功模式，包括它的实现前提和内容。

练习与思考

一、案例分析题

某一家工业企业最近采用电子数据处理系统。原来与客户的所有业务往来，都是用电话或传真的方式来处理的。采用电子数据处理系统之后，这些业务往来活动都改用新技术来处理了。开始时一般职工还觉得新技术很复杂、很难掌握。一段时间之后，职工们逐渐学会了新技术，使用起来觉得它不仅不复杂，还比电话、传真机等方便得多，行政管理方面的工作量也随之有了明显减少。这个部门的负责人想把通过采用电子数据处理系统而节省下来的人力用来改善服务状况，从而使客户对企业和本部门的满意程度提高一步。与此同时，他还考虑到要防止可能出现的危及就业岗位的问题。

然而在职工方面，面对新的技术装备，职工逐渐产生了抵触情绪，而且这种情绪还在不断发展，变得越来越强烈。职工对自己所在部门负责人的这种合乎逻辑的、着眼于未来的理由和设想抱有怀疑的态度。因为他们担心这些变化会给他们带来极为严重的后果。他们感到自己的利益受到了威胁，所以他们强调眼下的问题，不愿把眼光投向未来。

于是，电子数据处理系统的提供方、企业的管理层及职工代表三方进行了谈判。谈判进行得很困难，谈判过程越来越多地受到谈判者情绪的影响，带有浓厚的感情色彩。直到最后几轮谈判时，谈判各方才找到了他们能够共同认可的基础。他们开始认识到，绝大多数职工不仅不会失去工作，而且将会有档次更高、要求更高或更有干头的工作。这就是说，他们通过谈判共同认识到，通过改变现有的劳动组织结构，会使工作变得更有趣味、更有节奏，使原本紧张的工作得到合理的调节。与客户、用户之间的接触和交往原本是日常工作，采用电子数据处理技术和相应地改革劳动组织结构之后，则变成了为帮助客户解决所遇到的各种问题而同他们交往的活动。这样一来，有关各方对采用先进技术，改善职工劳动条件，改进整个工作的做法就会真正满意了。

问题：(1) 此次谈判得以成功的原因是什么？

(2) 这个案例所讲述的模式，对其他相类似的商务谈判有无启示？如果有，是什么？

二、实训题

1. 背景设计

A大学欲新建学生公寓一栋，经过招标，B建筑公司中标，开始了工程建设，但就在公寓楼即将竣工的时候，楼内部分宿舍房间内出现墙体裂缝，此时，A大学已按照建筑合同约定，支付了共计60%的款项（按约定竣工后A大学应再付30%建筑款，交工验收后1月之内还应支付10%的尾款）。建筑公司通知A大学准备好竣工支付款30%，而A大学却认为工程出现明显质量问题，支付款项应延后，要求建筑公司限期解决墙体裂缝问题。双方出现矛盾，于是A大学派出3位代表与建筑公司进行谈判。

2. 训练要求

由学员自愿报名组成A大学（模拟）谈判团3人，另由学员自愿报名组成建筑商代表团3人，各自分别准备谈判内容，准备时间1～2天，准备结束后，在课堂上进行模拟谈判。

任务：

(1) 准备谈判计划；

(2) 了解建筑工程相关管理规定；

(3) 估计对方谈判内容及要求；

(4) 确定己方的谈判底线；

(5) 谈判时的辩论技巧展示；

(6) 尽力达成谈判共识。

三、复习思考题

1. 什么是谈判？什么是商务谈判？二者关系如何？
2. 商务谈判有哪些特征？包含哪些内容？
3. 商务谈判可划分为哪几种类型？
4. 成功的商务谈判模式包括哪几个步骤？

第十二章 谈判前的准备

本章学习目标

学完本章后，应该能够：

1. 了解谈判信息的作用及分类；
2. 初步掌握两种谈判信息收集的方法；
3. 熟悉信息收集的途径；
4. 掌握谈判资料整理的程序；
5. 了解谈判目标的层次、确定原则及注意的问题；
6. 了解谈判的人员组成结构；
7. 掌握谈判方案和计划的编写；
8. 学会组织、安排谈判的各项前期准备工作。

导入案例

荷兰某精密仪器生产厂与中国某企业拟签订某种精密仪器的购销合同，但双方在价格上还未达成一致。谈判一开始，荷方代表就将其产品的性能、优势及目前在国际上的知名度等做了详细介绍，并说明许多国家的企业欲购买其产品。然后，荷方代表自信地说："根据我方产品的以上优势，一台仪器售价 4 000 美元。"

根据掌握的有关资料，国际上此种产品最高售价为 3 000 美元。于是，中方代表将其掌握的国际上生产该产品的十几家厂商的生产情况、技术水平及售价等向荷方代表做了说明。

荷方代表十分震惊，据他们掌握的情况，中方是第一次进口这种仪器，想必对有关的情况缺乏了解，没想到中方代表准备如此充分。荷方代表无话可说，立刻将价格降低到3 000 美元。

事实上，中方代表在谈判前就了解到，荷兰这家厂商产品虽具国际一流水平，但目前经营困难，陷入了一场巨额债务危机中，回收资金是当务之急，正在四处寻找其产品的买主。中方代表从容回答荷方代表："由于我国政府对本企业用汇额度有一定的限制，我方只能认可 2 500 美元的价格。"荷方代表听后不悦地说："我们的产品是物有所值且需求者也不仅是中方一家，若中方没有诚意，我们可终止谈判。"

中方代表仍然神色从容："既然如此，我们很遗憾。"

中方根据已掌握的情况，相信荷方不会就此终止谈判，一定会再来找中方。

果然，没多久，荷方即主动找到中方，表示价格可以再谈。

在新的一轮谈判中，双方都做了一定的让步，最终以 2 700 美元成交。

资料来源：刘园. 国际商务谈判考试指南. 北京：对外经济贸易大学出版社，2002.

俗话说："不打无准备之仗。"谈判也是如此，准备不好不能仓促上阵。有的人甚至坚持上谈判桌前进行模拟谈判，以熟悉并检验谈判的程序。良好的准备工作可以说是成功了一半。

尽管谈判中可能遇到的细节问题在事前的准备工作中无法全部料及，但是，谈判的方案、内容和方法等方面的准备工作，能为谈判取得圆满成功奠定基础。

第一节　收集谈判信息

在正式谈判以前，如果没有进行信息的收集与综合选择工作，就无法正确确定谈判的方案。如果对对方谈判的目的、谈判人员的组成情况、谈判风格、谈判权限、所允诺条件的优势等信息没有足够的认识，对谈判也就没有多少把握。在谈判过程中，对变化中的、动态的谈判信息——如对方谈判目标的变化、谈判策略方法的改变、竞争行情的变动、外界其他制约因素的变动等不能及时进行捕捉、分析，也就无法相应地做出己方谈判的应变对策，在谈判继续深入的过程中就会失去主动权，既谈不上"从容不迫"，也根本无法去获得谈判的最优结局。总之，谈判信息的收集工作非常重要。

实例 12-1

中国某冶金公司要向美国某公司购买一套先进的组合炉，派一名高级工程师与美商谈判，这位工程师查找了大量有关冶炼组合炉的资料，充分了解了国际市场上组合炉的行情，摸清了美国公司的经营情况，做了充分的准备工作。谈判开始后，美商开出了 150 万美元的高价。中方工程师随即列举了该商品在各国的成交价格，美商无言以对，终于以 80 万美元达成协议。

一、谈判信息的分类

谈判信息可以分为谈判背景信息、谈判在线信息和谈判干扰信息三大类。

（一）谈判背景信息

它的包容量最大，而且通常都是谈判者在进行谈判准备工作时最需要收集与掌握的，谈判的准备工作是否充分在很大程度上取决于谈判者是否充分掌握了谈判背景信息。

1. 大背景信息

大背景信息既包括谈判对手所属的国度、民族、地域或阶层，以及政策、法律、职业的风俗、习惯、道德行为规范、价值观念及宗教习俗等所构成的意识形态状况，也包括谈判所在地的地理位置、气候、自然环境以及谈判期间所处的季节、谈判场地的环境条件等所构成的自然形态状况。

补充知识

各国商务礼仪一览

1. 同法国人进行商务活动时应注意：(1) 严格按事先预定的时间地点和交谈内容进行，不要迟到，穿着要讲究。(2) 提供给对方的材料和相关的实物样品要翔实、完备和讲究质量。(3) 合同条款要细致周到，一旦签订合同，要严格按照双方预定的条款执行。(4) 法国人喜欢在晚餐时约会，用餐时间长，喜欢喝名酒。

2. 同加拿大人进行商务活动时应注意：(1) 加拿大人喜欢外国人到加拿大投资办企业，而自己则不热衷于对外投资。所以企业要加拿大人到我国投资，尤其是大的投资是不现实的。(2) 加拿大和美国建立有自由贸易区，双方在贸易方面相互依赖，关系较密切，在同加拿大人谈生意时要了解美加自由贸易区的有关限制和保护措施。

3. 与美国人进行商务活动时应注意：(1)“是”和“否”必须表达清楚，这是一条基本的原则。当无法接受对方提出的条款时，要明白地告诉对方不能接受，而不要含糊其辞，使对方存有希望。有些人为了不失去继续洽谈的机会，便装着有意接受的样子而含糊作答，或者答应以后作答而实际上迟迟没有回应，这些都会导致纠纷的产生。万一发生了纠纷，就更要注意谈判的态度，必须诚恳、认真，绝对不要笑。因为在美国人看来，出现了纠纷而争论时，双方的心情都很恶劣，笑容必定是装出来的，这就会使得对方更为生气，甚至认为你已经自认理亏了。(2) 与美国人谈判，绝对不要指名批评某人。指责客户公司中某人的缺点，或把以前与某人有过摩擦的事作为话题，或把与你有竞争关系的公司的缺点抖搂出来进行贬抑等，都是绝对不可以的。这是因为美国人谈到第三者时，都会避免伤及对方的人格。这点，务必牢记于心，否则是会被对方蔑视的。(3) 美国人对商品的包装和装潢比较讲究。因为在美国，包装和装潢对商品的销路具有重要的影响，只有新奇的、符合国际潮流的包装和装潢，才能激起消费者的购买欲，扩大销售。美国的一些日用品花在包装上的费用占到商品成本的很大比例。

4. 同韩国人进行商务活动时应注意：(1) 以恭敬代替对抗。(2) 愉快地接受宴请并适当地予以答谢。(3) 发展良好的个人关系。(4) 正式而有益的名片交换。(5) 选择适合的商务中间人。(6) 避免过分抬高自己。

5. 同日本人进行商务活动时应注意：(1) 日本人坚信“优胜劣汰”的道理，他们绝不同情弱者，如果你能拿出一套切实可行的办法，他们会给你提供最大的帮助。日本人属内向型很强的民族，他们尊敬的是强者。同他们打交道、做生意，必须多花时间去了解他们的理念和想法，如能建立互信关系，就会有很好的发展前景。(2) 日本人普遍很讲究礼节，尤其外出参加各种活动，男士一般是西装革履，女士必须穿和服。(3) 日本人的严谨态度是举世公认的，他们参加任何活动都非常准时。值得提醒的是：交换名片是必要的，离开办公室时赠送点小礼物。

6. 同瑞士人进行商务活动时应注意：(1) 按照瑞士的商务礼俗，平时适合穿三件套的西装。(2) 拜访各大公司或政府机构，必须先预定好时间，并且记住一定守时。一般公司或政府机构主管人员在早晨7—8点上班。(3) 瑞士人作风严谨、保守并讲究信誉，但有时也有固执的一面，与他们洽谈业务，必须有耐心。一旦对方决定购买你的产品，几乎就会无限期地一直买下去。相反，如果对方流露出了“不”字，你也就没有必要继续努力了，因为他们很少轻易改变主意。

7. 与奥地利商人接触，必须特别注意各种礼节，因为奥地利商人相当古板、严肃。在从事商务活动时，尤其要注意对方的头衔。比如，若把部长误称为处长，那么在以后的商谈中，准会麻烦百出。如果与奥地利人通信更要细心，务必正确无误地冠上他的正式头衔。如果他的名片上同时印有几个头衔，要提前问清楚哪一个是最重要的，另外还要加上“博士”“教授”“工程师”“经济学家”等头衔。无论拜会公私单位，均需提前预约。参加商务谈判一定要守时。见面或分手时，切记与每个人亲切握手。如应邀去吃午餐，千万不要抢着付钱，否则会被认为是你瞧不起他们，最好找机会回请一次午饭。若应邀吃晚饭或餐后听歌剧、看戏，并不需要回请，但如请你去家里做客，切记带上一束鲜花，以示对主妇的尊敬。

8. 英国人做生意，首先从建立信用着手，然后考虑到要“有助”于人。所以当交涉中某些事项未能遂愿时，千万不能强人所难，这在英国的商界是行不通的。遇到这种情况时，就得另想办法，或等待下一次机会，诉之于感情的做法是万万行不通的。此外，与英国人做生意，凡事都要有一定的程序，不能操之过急。

2. 中背景信息

中背景信息是指谈判双方各自所在行业的类型和发展趋势、各自在行业中所处的地位、相关行业的供求状态与竞争态势等方面的信息。

3. 小背景信息

小背景信息主要包括谈判对方公司的主体资格问题、性质和资金状况、营运情况、商业信誉情况，以及对方谈判的信息、对方谈判成员的有关资料、谈判对手实力状况等。

（二）谈判在线信息

谈判在线信息是指谈判实际展开的进程中围绕着谈判而出现的信息。它主要包括谈判策略和技巧的实施及其变更状况、谈判人员现场表现及人员变更状况、谈判双方实力变更状况、谈判意向变更状况等信息。

（三）谈判干扰信息

谈判干扰信息包括在谈判进行期间谈判双方政治经济、社会环境、市场行情的变化情况，相关的其他竞争者的动态，以及行政干预等方面的信息。这一部分信息也有着动态的特点，而且对谈判会形成直接的干扰作用。

二、谈判信息收集的方法

谈判需要收集的信息常常是既广泛又纷杂的。信息零乱不仅使人们难以理清头绪，起不到应有的作用，而且还容易喧宾夺主，扰乱谈判主议题的进行。因此，在谈判信息的收集过程中实现条理化、程序化就显得十分重要。

谈判信息的收集方法主要包括纵向收集法和横向收集法两种。

（一）纵向收集法

纵向收集法是指按照前面所述谈判信息分类的顺序，或是按照不同领域谈判的一定顺序来收集整理信息的方法。例如，在商务谈判中，关于谈判对手情况的信息收集可以按照图 12－1 所示的顺序来进行。

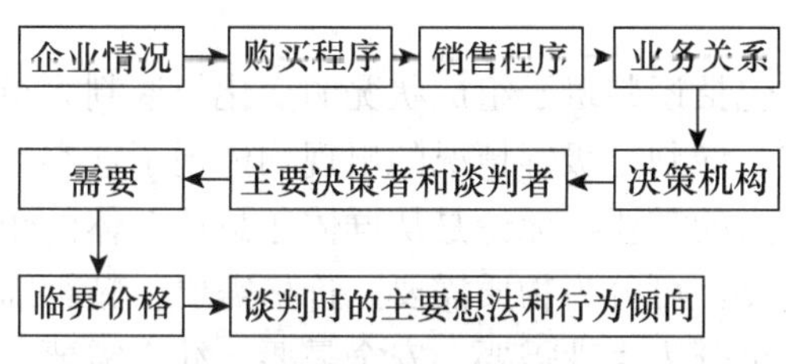

图 12－1　信息收集的顺序

（1）企业情况。包括地理位置、企业类型、资金规模、主要产品或服务、员工人数、组织结构、生产线和主要设备、推销手段、分配方法、发展计划、当前环境、竞争对手、企业战略等。

（2）购买程序。包括调查手段、决策程序、主要决策者、购买选择条件、价值分析、所喜欢的买主或卖主类型、购买时机、购买后的运输等。

（3）销售程序。包括销售决策、销售战略、销售机构与渠道、定价方法、折价比率、售后服务、销售状况、市场占有率、销售压力等。

（4）业务关系。包括除己方之外的其他客户，最主要的客户，客户的购买（或售出）数量与价格及其与己方的比较，这些客户在销售渠道的销售能力、市场信用等方面与己方的比较等。

（5）决策机构。包括购买或销售的决策层次、决策过程、决策方式、对业务部门和谈判者的授权、主持谈判者的权限等。

（6）主要决策者和谈判者。包括购买或销售的主要决策人、价格决定者、最后的批准者、技术评价者、具体执行者、谈判主持者及参加者的情况等。

（7）需要。一是对方企业对谈判结果的需要情况，二是谈判参加者的心理需要情况。

（8）临界价格。卖方要了解买方可以接受的最高价格，买方要了解卖方可以接受的最低价格。

（9）谈判时的主要想法和行为倾向。包括对于谈判的态度、赢得谈判的自信心、处理争议的习惯行为、能够容忍的压力限度、妥协的可能性等。

（二）横向收集法

横向收集法是指围绕谈判动态变化的诸多方面而分门别类地收集整理信息的方法。主要涉及以下几个方面：

（1）时间变化信息。指谈判议题在时间上变化的状态，即议题的时效性变化，谈判时间延续性、时机性、瞬时性变化等。谈判中常见的拖延时间、限期、休会、巧用时机等状态的出现都属此类变化信息。

（2）空间变化信息。包括谈判地点、谈判双方距离远近、谈判场所布置、谈判实力地位、市场竞争情况、谈判权力、经济发展趋势以及在经济领域中的空间、结构等方面的变化等。谈判中的针锋相对、场外交易、虚张声势、货比三家等情况的出现都是为了改变谈判中的空间位置。

（3）物质变化信息。物质利益常常是谈判的实质性内容，它的变化包括产品质量、包装、运输、保修条件、数量、技术标准、物质构成方式等方面的变化。谈判中出现的吹毛求疵、化整为零（附加其他物质性条件）、凑整、附件单列、先尝后买、数量有限等情况就属于物质变化信息。

（4）人员变化信息。包括谈判班子组成状况的变化与谈判人员的心理状态变化。谈判中途变换成员、运用权威、谈判升级等情况的出现均体现了这类信息。

（5）需要变化信息。人的需要，无论是从群体还是从个体的角度看都是多层次的。一般认为作为群体的谈判需要，可分为物质需要、价格需要、精神需要、时间需要和政治需要等。从个体角度看，又可分为生理需要、安全需要、社交需要、尊重的需要和自我实现的需要等。谈判中的转移视线、吊胃口、投其所好、声东击西、引诱、抛砖引玉、制造紧张等手法的出现就属此类变化信息。

（6）价格变化信息。在市场经济条件下，人们经常要进行经济谈判，而价格则是经济谈判的核心。从某种意义上说，整个经济谈判的过程，就是讨价还价的过程。所谓价格变化信息包括卖价、买价、服务附加、价格解释、价格评价、支付、保险等方面的变化。谈判中的“狮子大开口”、慎重出价、抬价、竞买竞卖、煽动与让步等手法的出现，就是价格变化信息的表现。

由于横向类信息往往交叉发生，并且时常是真伪掺杂，因此从这种角度来收集信息时就要格外注意去伪存真，判明各种信息交叉的真实联系，这样才能保证采取相应的措施去应付谈判的局面。

三、谈判信息收集的途径

一般来说，收集谈判信息有以下几个途径。

（一）从国内的有关单位或部门收集资料

这些可能提供信息资料的单位有：

（1）商务部；

（2）中国国际贸易促进委员会及其各地的分支机构；

（3）中国银行的咨询机构及有关的其他咨询公司；

（4）与该谈判对手有过业务往来的国内企业和单位；

（5）国内有关的报纸、杂志、新闻广播等。

（二）从设在国外的机构以及与本单位有联系的当地组织收集资料

这些可能提供信息资料的单位有：

（1）我国驻当地的使领馆、商务代办处；

（2）中国银行及国内其他金融机构在当地的分支机构；
（3）本企业集团或本企业在当地开设的营业分支机构；
（4）当地的报纸、杂志；
（5）国外许多大银行发行的期刊，这些期刊往往有最全面的报道；
（6）本公司或单位在当地的代理人；
（7）当地的商会组织等。

（三）从公共机构提供的已出版和未出版的资料中获取信息

（1）国家统计机关公布的统计资料；
（2）行业协会发布的行业资料；
（3）图书馆里保存的大量商情资料；
（4）图书馆提供的图书、文献、报纸、杂志等；
（5）专业组织提供的调查报告；
（6）研究机构提供的调查报告。

（四）本企业或单位直接派人员到对方国家或地区进行考察，收集资料

如果派人员出国进行考察，在出国之前应尽量全面地收集对方的有关资料，在已有的资料中分析出真实、不真实、可能还需新增内容、尚需进一步考察等几个部分，以便带着明确的目的和问题去考察。在日程安排上，应多留些时间供自己支配，切不可让对方牵着鼻子走，而且要善于捕捉和利用各种机会，扩大调查的深度和广度，以便更多地获取第一手资料。

（五）网络媒体信息的收集

21 世纪是信息爆炸的时代，尤其网络媒体信息量巨大，更新及时，因而要想获得最新的信息往往要依靠网络渠道。

（1）官方权威网站信息；
（2）行业协会网站信息；
（3）门户网站相关栏目信息；
（4）谈判相关企业、组织的网站信息；
（5）有关国际组织网站信息；
（6）知名中介机构提供的网上信息。

四、谈判资料的整理

由于受到各种条件的限制，收集来的信息资料往往是分散的、片面的，甚至可能是虚假的，因此需要先对其进行评价、筛选，即进行去粗取精、去伪存真的过程，然后再进行分类、储存，这就是资料的整理。资料整理的一般程序如图 12－2 所示。

（一）资料评价

对没有用的资料应该毫不犹豫地舍弃；对认为有用的需要保存的资料，也要根据其重要性的不同，将其分为三等，即可以立即利用的资料、将来肯定会用上的资料和将来有可能派上用场的资料。

（二）资料筛选

资料的筛选大体有以下几种方法：

（1）查重法。即删除重复资料，选出有用的信息资料。

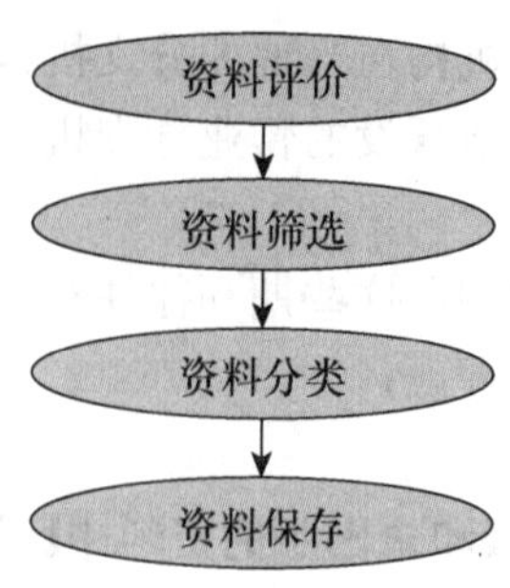

图 12－2　资料整理过程

（2）时序法。分析按时间顺序排列的信息。

（3）类比法。即按业务类别或按地区、产品层次分类对比信息资料。

（4）评估法。对于自己熟悉的业务范围，仅凭市场信息资料就可以决定取舍。

（三）资料分类

即依据资料筛选的标准进行资料的分类总结。

（四）资料保存

所有有用资料都要保存在安全、保密、利于查询的地方。

第二节　确定谈判目标

做任何事都要有一个目标，在进行谈判前，也需要设立目标。带着明确的谈判目标进入谈判，就会在谈判中有明确的方向，会使自己为达到此目标而做出认真的努力。这显然会对谈判的成功起到积极的推动作用。

一、谈判目标的层次

通常来讲，谈判目标可划分为三个层次：最优期望目标、可接受目标和最低限度目标。

（一）最优期望目标

在谈判桌上，最优期望目标是指对谈判者最有利的理想目标，它除能满足谈判一方的实际需求利益之外，还有一个“额外的增加值”。然而在实际的谈判活动中，谈判一方的最优期望目标一般是可望而不可即的，很少有实现的可能。因为谈判是各方利益兼顾和重新分配的过程，没有哪个谈判者会心甘情愿地拱手把全部利益让给他人。同样，任何一个谈判者也不可能指望在每个场合的谈判中独占鳌头。这种最优期望目标，又被谈判行家称为“乐于达成的目标”，老练的谈判者在必要时会放弃这一目标。

当然，这丝毫不意味着最优期望目标在谈判桌上没有积极作用，最优期望目标往往是谈判进程开始时的话题。如果一个诚实的谈判者一开始就全盘托出他实际想要达到的目标，由于谈判人员的心态和谈判双方的不同利益需求，他往往不能达到理想的谈判目标。因此，在讨价还价的谈判过程中，一个好的谈判者必须坚持“喊价要狠”的准则。倘若卖主喊价较高，则往往能以较高价格成交；倘若买主出价较低，则往往也能以较低的价格成交。所以在谈判桌上，卖方喊价高或买方讨价低的时候，都会带来对自己有利的谈判结果。

（二）可接受目标

可接受目标是谈判人员根据各种客观因素，考察种种具体情况，经过科学论证、预测和核算之后所确定的谈判目标。可接受目标能够满足谈判一方的部分需求。这种目标是谈判一方的内部机密，一般只在谈判过程的某种微妙阶段提出、挑明。由于可接受目标关系到谈判一方最基本、最实际的利益，因此，它对于谈判人员具有强烈的驱动力，它的实现，意味着谈判的胜利。在谈判桌上，为了达到各自的可接受目标，双方都会施展自己的技巧，运用各种策略。

（三）最低限度目标

最低限度目标是人们从事谈判活动必须达到的目标。对于一般的谈判者来说，这类必须达成的目标毫无讨价还价的余地，宁愿谈判破裂也不肯放弃这个最低限度的目标。在谈判桌上，最低限度目标与最优期望目标之间有着必然的内在联系，在谈判过程中，谈判一方一开始要价就很高，往往提出己方的最优目标，实际上这是一种谈判策略，目的是保护最低目标或可接受目标，这样经过双方在谈判过程中反复地讨价还价，最终可能在最低目标和最优目标之间选择一个中间值。

但是，谈判人员需注意的是，要使谈判能顺利进行以及能取得成功，不仅要考虑自己的目标，同时也要考虑对方的谈判目标。“能用别人的头脑去思考问题，这是一种艺术。”成功的谈判往往就要靠这种艺术。谁要是眼睛里只有自己的谈判目标，那么他在谈判准备的过程中就很难从片面的观察角度跳出来。要学会在谈判之前就考虑到对方的谈判目标是什么，找出对方的目标与自己的目标之间的相同之处，或者在谈判中如何趋同的方法等。同时，这种做法还能帮助谈判人员开阔思路，使其改变原来的某些不够正确的看法。若能设身处地站在对方的立场上去考虑问题，比如想一想对方在谈判中所追求的真正目标会是什么，什么样的方案对方有可能接受，采取什么样的方法能够使对方会考虑乃至赞成己方的观点——如果能这样做，那显然会让谈判准备工作做得更加充分。

二、如何确定谈判目标

（一）分清重要目标和次要目标

谈判之前一定要把目标写下来，并根据优先等级来作相应的排序。目标要分清轻重缓急，即哪个是最重要的目标，哪个是次要目标，把最优期望目标、可接受目标和最低限度目标一一排列。另外，制定谈判目标时，应该留有余地。实践表明，如果一个人的最优目标定得越高，最终结果就会越好。有人做过一个试验，给两组人相同的条件，把其中一组的目标定得高一些，另外一组的目标定得低一些，试验表明，目标定得高的那一组最终结果比较好。

（二）分清哪些可以让步，哪些不能让步

列出目标的优先顺序之后，还要分清哪些是可以让步的，哪些是不能让步的，同时要用简明扼要的语言来描述。因为谈判是一个复杂的过程，如果写得很长，就需要花很多的时间去理解，比较麻烦，也容易出错，可能会出现在不应该让步的地方做了相应的让步，而在该让步的地方却没有让步，从而使谈判陷入僵局的情况。

（三）设定谈判对手的需求

明确什么是自己想要的、能让步的之后，接下来要明确谈判对手需要的内容。例如，如果给街上的乞丐一张芭蕾舞演出的门票，他是不会要的。他最需要的是什么？是解决温饱之物。他需要一碗粥、一床棉被，解决温饱之后他才可能考虑其他的需要。所以，在确定谈判目标之前，一定要弄清对方的需求，并以此作为确定谈判目标的依据。

三、拟定谈判目标时应注意的问题

（一）目标应是可以测度的

目标越是准确，越是可测度，也就越能使谈判各方准确地了解一个目标是否可以实现，实现过程中会不会或者会出现多大的偏差，造成这种偏差的原因又在什么地方。

（二）目标应具有实用性、合理性、合法性

目标的实用性是指谈判双方要根据自身的实力与条件来制定切实可行的谈判目标。离开了这一点，任何谈判协议最终都将无法付诸实施。目标的合理性包括谈判目标的时间合理性和空间合理性。谈判目标对于不同的时间与空间领域，具有不同的适用程度，在一定时间与空间范围内是合理的、可行的谈判目标，而在另一个时间、另一个空间中就具有不合理性了。目标的合法性是指拟定的谈判目标必须符合一定的法律规定。

（三）谈判目标要具体并具有约束力

没有约束力的、含混不清的目标，往往暗含着很大的危险，会导致双方在谈判以后的实施中产生分歧。如果再举行补充谈判，又会遇到这样的问题：原协议中规定的各方应承担的义务还算不算数？仅仅这么一个问题，就会使补充谈判变得非常困难。因此，在确定谈判目标时应避免下列说法：“我们最好尝试着……”“原则上来说我们要力争……”“我们要致力于今后……”等，最好是把目标具体、清楚地提出来，如：“我们今天谈判的目标是：在已做出预算的框架内通过 XYZ 工程协议，该协议中要写明各方的明确责任、工作范围、工程进展的重要阶段，与 ABC 项工程有关部门之间的协调工作，以及确定对各方都有约束力的完成项目的时间等。”

第三节　谈判的人员准备

要提高谈判的成功率，达到预期的目标，选择合适的谈判人员是至关重要的。

一、谈判班子的组成

（一）主谈人员

主谈人员是指谈判小组的领导人或首席代表。在谈判中，主谈人员起着协调沟通或决定的作用，有效地调动小组成员的积极性、创造性，发挥每个成员的能力与智慧。

谈判班子的主谈人员应具有谈判这种高度竞智活动所要求的能力和素养，应当精通商务或国际市场营销实务，富有谈判经验，具有娴熟的谈判技能；知识广博，思维敏捷，表达能力强；善于随机应变，处事果断，能应付变幻莫测的环境，在极大的压力下仍能做出正确的决定；兼备领导才能，能使谈判小组成为一个团结一心的坚强集体。

谈判班子的主谈人应逐个向其他成员交代个人的任务和所扮演的角色。班子的成员必须服从主谈人的指挥。

实例 12－2

我国某油泵厂欲从一英国公司引进设备，中方人员赴英考察并进行第一轮谈判，确定引进 2 台卷簧机、1 台测试仪器、1 台双端面磨床，当时总价格为 59 万英镑。回国后经专家论证，以 59 万英镑的代价购买上述 4 台设备贵了一些，然而价格已经敲定不宜更改，唯一的补救方式是争取在 59 万英镑的价位上增加设备。第二轮谈判在国内举行，由油泵厂厂长出任主谈。在充分调查了解谈判对手情况的基础上，油泵厂厂长利用各种谈判技巧，据理力争，经过几天的激烈较量，在维持原价格的基础上，又为中方争得价值数万英镑的配套设备、免费的技术资料及六年内在英国的产品返销权等。

（二）专业人员

谈判班子应根据谈判的需要配备有关专家，选择既专业对口又有实践经验和谈判本领的人。视谈判的内容，专业人员大致可分为四个方面：

（1）商务方面。如确定价格、敲定交货的时间与方式、明确风险的分担等事宜。

（2）技术方面。如评价商品的质量、价格、包装和工艺等事项。

（3）法律方面。如起草合同文件、对合同中各条款进行法律解释等。

（4）财务方面。如决定支付方式、信用保证、证券与资金担保等事项。

（三）其他人员

其他人员是指谈判必需的工作人员，如记录人员或打字员，具体职责是准确、完整、及时地记录谈判内容，一般可委派专人担任，也可由上述各类人员中的某人兼任。另外，在国际商务谈判中，还需要技术过硬的翻译人员。虽然不作为谈判的正式代表，却是谈判组织的工作人员。

谈判班子的组成人数并无一定限制，在力求精干的原则下，可根据谈判项目的大小、工作的难易程度等情况来确定班子的规模，少的一人身兼数职，多的达十几人至几十人，可分成小组，如商务小组、技术小组、法律小组等，负责自己专业领域的谈判。

二、谈判人员的分工

当挑选出合适的人员组成谈判班子后，就必须根据谈判内容和个人专长在成员之间做出适当的分工，明确各自的职责。

谈判人员在分工上包括下述三个层次。

（一）第一层次的人员

第一层次的人员是谈判小组的领导人或首席代表，即主谈人。根据谈判的内容不同，谈判队伍中的主谈人也不同：购买产品原材料的谈判，可由原料采购员、厂长或生产助理担任；购买工厂设备的重要零部件，可由采购部经理、总工程师、有关部门经理担任；重要销售合同的谈判，可由销售部经理，或资历较深的业务总管，或指定担任此合同谈判的项目经理担任；对合同的争议，则由项目经理、销售部经理、合同执行经理或其他曾参加过谈判的有关部门经理担任。

主谈人的主要任务是领导谈判班子的工作。其具体职责是：

（1）监督谈判程序；

（2）掌握谈判进程；
（3）听取专业人员的说明、建议；
（4）协调谈判班子的意见；
（5）决定谈判过程的重要事项；
（6）代表单位签约；
（7）汇报谈判工作。

（二）第二层次的人员

第二层次的人员是懂行的专家和专业人员。他们凭借自己的专长负责某一方面的专门工作，是谈判队伍中的主力军。各专业人员要能适应谈判工作的需要，促进谈判的顺利进行。既要有熟悉全部生产过程的设计、技术人员，也应有基层生产或管理人员，更要有了解市场信息、擅长经营的销售和管理人员。其具体职责是：

（1）阐明己方参加谈判的意愿、条件；
（2）弄清对方的意图、条件；
（3）找出双方的分歧或差距；
（4）同对方进行专业细节方面的磋商；
（5）草拟、修改谈判文书的有关条款；
（6）向主谈人提出解决专业问题的建议；
（7）为最后决策提供专业方面的论证。

在第二层次的人员中，翻译扮演着特殊的角色。通过翻译可以了解和把握对方的心理和发言的实质，既能改变谈判气氛，又能挽救谈判失误，同时在增进双方了解、合作和友谊方面可起相当大的作用。

（三）第三层次的人员

第三层次的人员是谈判工作所必需的工作人员，如速记员或打字员，其具体职责是准确、完整、及时地记录谈判内容，包括：

（1）双方讨论过程中的问题；
（2）提出的条件；
（3）达成的协议；
（4）谈判人员的表情、用语、习惯等。

三、谈判人员的配合

谈判人员在明确自己职责、进入自己角色的同时，还必须按照谈判的目标和具体的方案与其他成员很好地配合。所谓配合，就是指谈判中成员之间的语言及动作的相互协调、相互呼应。分工与配合是一个事物的两方面：没有分工就没有良好的配合；没有有机的配合，分工也就失去了其目的性和存在的基础。

成功的谈判，有赖于谈判人员集体智慧的发挥。当主谈人要求谈判人员为实现谈判策略目标充当某种特殊角色时，谈判人员要义不容辞地接受并有充分的信心和把握来完成。例如：当主谈人因口误把信息透露出来，翻译人员应在翻译过程中恰当地加以纠正，或者事后主谈人意识到自己的失误而有意把责任推卸给翻译时，翻译应“忍气吞声”地承认自己的“技术性错误”，起到保驾护航的作用；当主谈人不便于反驳对方的观点，需要专家就某一专业问题充当“攻击手”时，专家理应挺身而出，舌战群雄；当对方处于困境，可能使谈判陷入僵局时，主谈人就要扮演“调和者”的角色缓和气氛，借替对方解围来劝说对方，给对方一个台阶下，使其妥协、让步。谈判人员之间的支持可以是口头上的附和，如“绝对正确”“没错，正是这样”等；也可以是姿态上的赞同，如眼睛注视正在发言的主谈人不住地点头等。谈判人员的这种附和、赞同，对发言人是一种有力的支持，会大大增强发言人说话的分量和可信程度。如果在主谈人提出己方的意见和观点时，其他谈判人员或是眼睛望着天花板，或是将脸转向一旁，或是私下干自己的事情，这不仅会影响到己方主谈人的自信心，也会减弱己方主谈人讲话的力量。

谈判小组内部成员之间的配合，不是一朝一夕能够协调起来的，而是需要长期的磨合。谈判中的角色分配见表 12－1。

表 12－1　　谈判中的角色分配

角色	责任
● 首席代表 任何谈判小组都需要首席代表，由最具专业水平的人担当，而不一定是小组中职务最高的人	● 指挥谈判，需要时召集他人 ● 裁决与专业知识有关的事。例如，决定是否有足够的财力来支持公司并购的投标 ● 精心安排小组中的其他人
● 白脸 由被对方大多数人认同的人担当。对方非常希望仅与白脸打交道	● 对对方的观点表示同情和理解 ● 看起来要做出让步。给对方安全的假象，使他们放松警惕
● 红脸 白脸的反面就是红脸，这个角色就是使对手感到如果没有他，会比较容易达成一致	● 需要时中止谈判 ● 削弱对方提出的任何观点和论据 ● 胁迫对方并尽力暴露对方的弱点
● 强硬派 这个人在每件事上都采取强硬立场，使问题复杂化，并要其他组员服从	● 用延时战术来阻挠谈判进程 ● 允许他人撤回已提出的未确定的报价 ● 观察并记录谈判的进程 ● 使谈判小组的讨论集中在谈判目标上
● 清道夫 这个人将所有的观点集中，作为一个整体提出来	● 设法使谈判走出僵局 ● 防止讨论偏离主题太远 ● 指出对方论据中自相矛盾的地方

资料来源：刘凡. 双赢谈判. 北京：北京大学出版社，2007.

第四节　谈判方案的制定

谈判是一项非常复杂的工作。它受到各种主客观因素的影响。要在错综复杂的局势变化中左右谈判的发展，使自己处于有利地位，谈判人员就要打有准备之仗，事先周密地收集整理各种情报，精心拟订谈判方案与计划。

一、谈判方案的内容

通常情况下，谈判方案一般应包括下述内容。

（一）谈判的基本策略

基本策略的确定是建立在对双方谈判实力及其影响因素的细致而认真的研究分析基础上的。谈判基本策略通常分下述三步来确定。

1. 分析对方的目标

首先要分析对方在本次谈判中的目标是什么，包括最低限度谈判目标、可接受谈判目标和最优期望谈判目标。通过分析对手的目标层次，了解他最想得到什么，他可能在哪些方面做出让步，他实现目标最有力的支持因素是什么，不利于他的因素有哪些。通过了解对手这些情况，己方可以采取一定措施促使对方为了得到最想要的东西而付出更多，也可避其有利而攻其不利。总之，可以帮助己方判断对方谈判实力，以便有针对性地提出己方的谈判目标，并在谈判中把握好利益界限，采取正确的进攻方式，取得最佳的谈判效果。

2. 估计对方的反应

要事先估计在己方争取最需要的利益时，将会遇到对方哪些阻碍，对方会提出什么样的交易条件。

3. 确定己方的对策

在了解对方的目标及可能的反应后，要明确己方在哪些条款上可以让步，哪些不能让步；对于坚决不让步的条款，如果对方也不肯让步的话，应该采取什么对策来解决。对这样一些问题，在结合具体业务谈判时，应落到实处，将对策制定得有理有据。

（二）合同条款或交易条件方面的内容

在制定谈判方案时，关键的问题就是要对交易条件或合同条款进行逐字逐句的分析和研究。在研究和分析时，应从政策、法律、经济效益等不同的角度进行衡量，彻底弄清其含义，从而分辨出哪些条款是可以接受的，哪些是可以通过双方协商来决定的，哪些是必须按己方意愿来改变的。通过区分这三种情况，己方再提出具体的修改或改动意见，以便在谈判中予以贯彻和实施，力争实现。

（三）价格谈判的幅度问题

价格往往是谈判的核心内容，同时也是争论最多的问题。在拟订谈判方案时，要对价格掌握的幅度有明确的看法和意见，并要设计出争取最佳结果的策略和具体措施。同时，应广泛收集能够支持己方意见的材料，以便在谈判中做到“有理、有利、有节”，使对方心悦诚服，从而收到良好效果。

二、谈判执行计划的制订

谈判执行计划是谈判小组为实施谈判方案而准备采用的一系列具体措施。谈判执行计划的制订包括安排议事日程、规定谈判地点、制定与实施谈判策略三个方面的内容。

（一）安排议事日程

谈判议事日程是对谈判内容所做的程序编排，它主要包括两方面的内容：一是谈判议题，即双方就哪些问题进行讨论；二是议程时间安排，即议题的先后次序与讨论的时间。

1. 议题的确定

确定议题的第一步，应根据谈判目标，将与之有关的问题都罗列出来，尽可能不要遗漏。第二步，根据对己方是有利还是不利这一标准，将所列出的问题进行分类。第三步，尽可能将对己方有利的问题列入谈判的议题，而将对己方不利的问题排除在谈判的议题之外。这样做的目的，是使谈判的议题安排有利于己方。

2. 时间安排

时间安排的原则是先易后难，将对己方有利、己方想要得到而对方又有可能做出让步的议题排在前面讨论，而将对己方不利，或己方要做出让步的议题放在后面讨论。对前一种议题安排尽可能多的时间，而对后一种议题则给予较少的时间。这样做，实际上是以对方的让步作为谈判继续和己方让步的前提和条件。

（二）规定谈判地点

谈判地点是影响最终结果的一个不可忽视的因素。选择谈判地点时通常要考虑即将展开的谈判中力量的对比情况、可选择地点的多少、双方关系等因素。谈判按地点可分为主座谈判和客座谈判。

一般来说，谈判双方都愿意在己方所在地进行谈判。一方面，己方谈判者对环境熟悉，谈判人员具有心理优势；另一方面，利用室内布置、座位安排乃至食宿招待安排等机会，创造某种机会和气势，给对方施加压力和影响。但主座谈判也有弊端，例如客方为了摆脱不利形势，可以借口资料不全或以远离工作之地等中止谈判。

实例 12－3

日本人很想购买澳大利亚的煤和铁，因为澳大利亚的煤、铁资源丰富，且质量好。而澳大利亚凭借自己的优势可以任意选择买主。在双方的谈判中，澳大利亚明显处于有利地位。但是，精明的日本人利用优厚条件把澳大利亚的谈判者请到了日本。而一到日本，双方的谈判地位就发生了微妙的变化。澳大利亚人过惯了富裕的生活，尽管日本人竭尽全力地热心照顾，但他们在到达日本之后不久，就还是希望享受游泳池、海滨浴场或在妻子和儿女身边，他们恨不能立刻达成协议好赶快回到家乡。而这就使得他们在谈判中急躁冒进，粗枝大叶。日本人则占尽地利之优势，不慌不忙地讨价还价。结果，日本人只花了很少的招待费，就在谈判桌上占了大便宜。

在某种意义上，客座谈判也有一定的好处。一是谈判人员可以不受承担安排其他事务的干扰而能够专心于谈判事务，二是对方无法借口自己无权决定而故意拖延时间。客座谈判最需要注意的问题是必须保持头脑冷静，与对方保持一定的距离。过分地接受款待、娱乐活动会使谈判人员失去斗志。

（三）制定与实施谈判策略

制定谈判的策略，就是要选择能够达到和实现本方谈判目标的基本途径和方法。谈判不是一场简单的讨价还价过程，实际上是双方在实力、能力、技巧等方面的较量。因此，制定谈判策略前应考虑如下影响因素：

（1）对方的谈判目标和主谈者的性格特点；

（2）对方和己方的优势所在；

（3）交易本身的重要性；

（4）谈判的时间限度；

（5）是否有建立持久、友好关系的必要性。

通过对谈判双方实力及其上述影响因素的细致而认真的研究分析，谈判者可以确定己方的谈判地位，即处于优势、劣势或者均势，并针对不同的谈判主题或对手，设计出不同的策略。比如，在某一特定条件下，可以采取拖延、长期施加压力的战略；而在另一特定条件下，可以采取速战速决的闪电战略。实施策略本身也需要制订出周密的计划，在计划中应具体规定谈判的各个阶段的每项内容，在何时由谁负责或实施，以及在多大的权限范围内实施等。在实际谈判过程中的每个阶段，都需要对最初的预期目标重新估计，例如，市场情况是否发生了变化？对方是否提出了意想不到的条件？己方是否需要修改原来的估计和策略？

三、模拟谈判

模拟谈判即模仿性谈判，就是从己方人员中选出或指定某些人在尽力“吃透”对方的基础上，扮演谈判对手角色，从对方的谈判立场、观点、条件、风格、个性、心理出发，与己方谈判人员对峙谈判，预演可能的谈判过程，检查实施己方谈判方案可能产生的效果。其中，己方还可不断地提出新问题，做出新假设，使谈判在极限条件下进行。如此“取法乎上”，至少可以“得乎其中”。模拟谈判可帮助己方发现新问题甚至破绽，从而对既定谈判方案做出修改、补充与完善，使谈判方案更具实用性和有效性。

模拟谈判的主要形式为小组对抗，即模拟对方小组与己方谈判人员对抗（见图 12－3）。它要求模拟小组成员必须具有专业知识、丰富经验和个人观点，才能使模拟谈判有声有色，真正起到检验己方谈判计划的可行性，找出其漏洞及其解决办法的作用。

模拟谈判的另一形式为即兴讨论会（见图 12－3）。依然是从己方遴选出富有专业知识与经验的人员，并要求其充分了解对方立场、观点等，然后由其模拟对方开展即兴讨论。与会者畅所欲言发表看法，标新立异，百无禁忌。会议主持者将这些看法详细、完整地记录下来，仔细研究，将其有价值部分补充到己方的谈判方案及计划中。

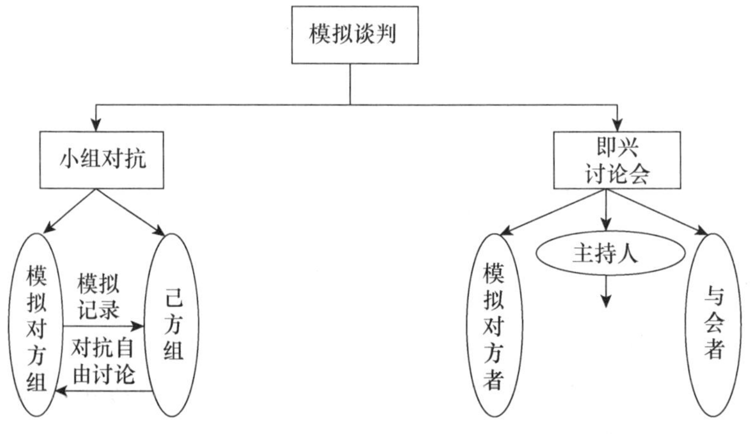

图 12－3　模拟谈判

模拟谈判完成之后，将进行评估与校正，其程序为对照、检查、评估、校正。对照即以模拟谈判与既定计划相互参照，根据模拟谈判中发现和揭示的问题，找出既定计划的不足、漏洞与缺陷。检查即寻求导致谈判计划不足与缺陷的原因，必须分析其为何种性质的原因所致。评估即对既定计划不足与缺陷的性质做出判断，以此为基础，对谈判方案总体及其修订程度做出判断：一般而言，方案没有根本性缺陷或计划缺陷，不是由不可克服的原因所导致，就无须做根本性调整与重新设计。校正即采取相应的针对性措施，对谈判计划做出调整、补充与修订，以弥补其不足，克服其缺陷。

本章小结

本章首先介绍了谈判信息的相关内容，如谈判信息的作用、分类、收集的方法、收集的途径等；其次阐述了谈判目标的层次、原则和应注意的问题；再次阐述了谈判班子的组成，谈判人员的务工与配合；最后论述了谈判方案的内容及谈判实施计划的制订。

练习与思考

一、案例分析题

委托加工方为美国A公司，加工方为唐山B工厂，加工品系A公司正在研发的一种抗癌药的中间体。由于生产该中间体的原料在中国北方极为丰富，A公司选择了唐山B工厂作为其加工厂。其要求是：从收购原料起，加工、化验、包装、发运均由B工厂负责。原料由A公司提要求，B工厂负责采购并承担费用；加工工艺按A公司提供美国食品医药协会的要求及其制作要求执行；化验方法及标准均由A公司提供；包装要求按A公司标准。B厂为精细化工产品生产厂，设备及人员齐备且具备一定工艺水平，适合A公司产品加工的需要，对于开发新的产品亦有浓厚兴趣。初次谈判一拍即合，由于双方的需要，第一个加工合同条件谈得比较顺利。按上述要求，B工厂每加工出一公斤中间体，A公司支付320美元，但B工厂加工出的所有中间体只能卖给A公司。

双方按此条件进行了多批加工，A公司订单也逐渐加大，B工厂虽说利益不大，但在熟能生巧的情况下，也能保持不亏。过了一年，B工厂想去美国看看A公司的情况，于是双方协商后，B工厂派了两个技术专家去A公司访问。通过实地访问，B工厂专家发现了两个问题：一是A公司的成品加工车间很小，工艺流程短，即加工成本远比中间体低；二是其成品也是供成药制造厂用的更进一步的中间体，但其价格在2 000美元/千克。两次加工的价值悬殊，B工厂人员心里极不平衡。

B工厂经理听了出国人员的汇报后，召开会议讨论对策。会上意见纷杂：一派主战，要求提价，或分利，或要开发生产销售产品的权利；一派主和，认为首先保住订单，不亏就行，人家有能耐，钱归人家挣。意见难以统一，唯一达成共识的是，先把问题提出来，看对方反应再说。

问题：为了在新一轮的谈判中取得双赢的结果，还应设置什么样的谈判目标？还应选择什么样的谈判策略？为防范谈判风险，应如何做好谈判前的各种准备？

二、实训题

以购买家用电器或自行车为例，制订一份谈判计划并组织一次模拟谈判。

三、复习思考题

1. 谈判信息可分为哪些种类？
2. 谈判信息收集有哪些方法？

3. 可以从哪些途径收集谈判信息？
4. 谈判资料整理的程序是什么？
5. 谈判目标包括哪几个层次？
6. 谈判班子由哪些人员组成？
7. 谈判方案包括哪些内容？
8. 如何制订谈判实施计划？

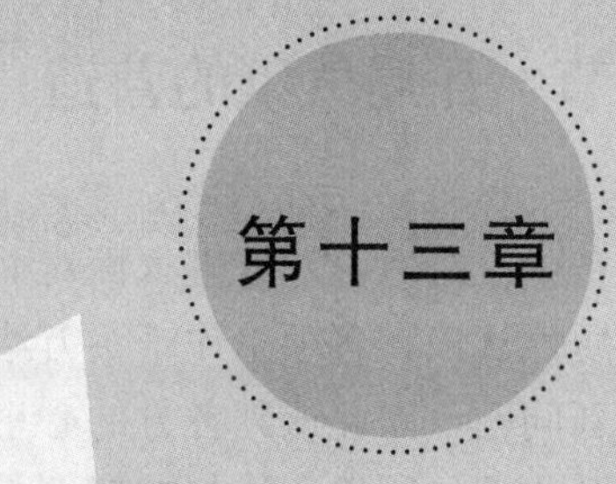

第十三章 谈判的开局与摸底

本章学习目标

学完本章后，应该能够：

1. 了解影响开局气氛的各种因素、一般方法和控制开局气氛的策略；
2. 了解谈判议程中时间安排和确定谈判议程的相关内容；
3. 了解通则议程和细则议程；
4. 理解谈判摸底的含义和内容，掌握摸底方法和策略。

导入案例

日本一家著名的汽车公司在美国刚刚“登陆”时，急需找一个美国代理商来为其销售产品，以弥补他们不了解美国市场的缺陷。当日本公司准备同美国的一家公司就此问题进行谈判时，日本公司的谈判代表团因路上堵车迟到了。美国公司的谈判代表抓住这件事紧紧不放，想要以此获取更多的优惠条件。日本公司的谈判代表发现无路可退，于是站起来说：“我们十分抱歉耽误了您的时间，但是这绝非我们的本意，我们对美国的交通状况了解不足，所以导致了这个不愉快的结果，我希望我们不要再因为这个问题耽误宝贵的时间了，如果因为这件事怀疑到我们合作的诚意，那么，我们只好结束这次谈判。我认为，我们所提出的优惠代理条件是不会在美国找不到合作伙伴的。”日本代表的一席话说得美国代表哑口无言，美国人也不想失去一次赚钱的机会，于是谈判顺利地进行下去了。

资料来源：樊建廷，干勤. 商务谈判. 大连：东北财经大学出版社，2007.

问题：你从案例中得到什么启示？

第一节　开局气氛的营造

谈判的开局阶段是指在谈判准备阶段之后，双方进入面对面谈判的开始阶段。由于在此阶段中，谈判双方对谈判尚无实质性认识，各项工作千头万绪，无论准备工作做得如何充分，都免不了遇到新情况、碰到新问题，因此谈判各方的心里都会比较紧张，态度也会比较谨慎，都试图探测对方的虚实及心理。所以，谈判的惯例是，双方在开局阶段一般不进行实质性谈判，只是见面、介绍、寒暄，以及浅谈一些不太关键的问题。在此过程中，双方的行为客观地营造了谈判的开局气氛。

开局气氛是指双方在谈判开始阶段通过初步接触形成的彼此间的相互态度。它由参与谈判的所有人员的情绪、态度与行为共同创造，任何谈判个体的情绪、态度或行为，如目光、动作、姿态、表情、谈话的语调等都可以影响或改变谈判开局气氛。与此同时，谈判开局气氛也会影响每个谈判个体的情绪、思维，使他们呈现不同的状态。因此，谈判开局气氛将对整个谈判进程产生重要的影响，其发展变化也将直接影响整个谈判的结果。

一、开局气氛的作用

（一）确定谈判基调

每一次谈判都有其独特的气氛，不同的气氛对谈判有不同的影响。在谈判过程中，谈判的开局气氛能为整个谈判定下一个基调，并在不知不觉中，把谈判向某种方向推进。例如，冷淡、对立、紧张的开局气氛，会不自觉地将后面的谈判推向更为严峻的境地；而热烈、积极、合作的开局气氛则会促进谈判人员达成一致的协议。

实例 13－1

美国总统尼克松 1972 年第一次访问中国的时候，为了在一开始就表达诚意，他要求警卫人员把守机舱门，不让随同人员一起下来，以便突出他一离开飞机就主动和周总理握手的场面。事后看来，其实两人握手的时间不过几秒钟，但尼克松的举动却一下子拉近了两国领导人之间的距离，给这次谈判确定了一个极好的开局基调，促使双方最终打破了中美之间多年的坚冰。

从实例 13－1 中不难看出，谈判人员在开局阶段通过努力营造良好的气氛，能为整个谈判确定积极的基调，对双方在谈判中达到双赢的理想结果意义重大。

（二）建立良好的谈判关系

由于商务谈判一般都是以互利互惠为最佳结果的谈判，因此在商务谈判中，谈判人员要做的第一件事，就是获得对方的好感，在彼此之间建立一种互相尊重和信赖的关系。从许多成功的商务谈判案例可以看出，在开局阶段，双方礼貌而真诚的举动可以充分显示谈判人员的文化修养和谈判诚意，使双方感受到彼此的合作诚意。

实例 13－2

我国某进出口公司与泰国一家公司谈生意，中方公司的王经理在此之前了解到泰国公司参加谈判的总经理徐先生喜欢下象棋。于是在谈判前一天的黄昏，王经理带着一副精工制作的象棋来到徐先生下榻的宾馆。“下一盘棋怎么样?”接到这样的邀请，年过半百的徐先生居然像孩子一样兴高采烈。原来，徐先生出生于象棋世家，他的孩子还酷爱收集各种各样的象棋。一场酣战下来。双方意犹未尽，王经理醉翁之意不在酒，又和徐先生畅谈事业、成就、亲情、家世。徐先生对王经理大为赞赏，当即表示：“能和你这样的人做朋友，这笔生意我少赚点都很值得!”两天后，双方在徐先生下榻的宾馆签订了协议。

在谈判开局阶段，如果双方能够通过努力建立起一种彼此信任的良好谈判关系，对谈判的成功将起到十分重要的推动作用。

二、合理运用影响开局气氛的各种因素

在商务谈判开始之时，小到谈判人员的表情、动作、服饰、个人风度、谈判进入正式话题之前的交流话题以及座位的安排等细节因素，大到双方组织间的关系、双方谈判人员间的关系和双方谈判实力等宏观因素，都会对开局气氛的营造产生不同程度的影响。谈判人员应当尽可能合理地运用这些影响开局气氛的因素，并通过技巧把一些消极因素转化为积极因素，使谈判气氛向友好、和谐的方向发展。

（一）微观因素

1. 表情

表情可以清晰地表明谈判人员的状态。在谈判气氛的营造阶段，谈判人员应积极主动地与对方进行情绪、思想上的沟通。例如，当对方还板着脸时，己方应该率先露出微笑。

2. 动作

影响开局气氛的因素还包括手势等动作。谈判者需注意，对同样的动作不同谈判对象的理解是不同的。例如，在初次见面寒暄时，握手用力些，有些人会认为这是相见恨晚的表现，心中油然而生亲切的感觉；而有些人则会认为这是对方在炫耀实力，或是有意谄媚，从而产生厌恶之感。可见，谈判者必须了解谈判对手的背景和性格特点，区别不同情况，采取不同做法。

3. 服饰

谈判人员的服装是决定其形象、体现其精神状况的又一标志。服装的色调与清洁状况反映着谈判人员的心理特征，也影响着开局气氛。通常，谈判人员的装束要美观、大方、整洁，以突出对对方的尊重，同时又不要穿过于亮色的服装，以免造成压倒对方的气势。另外，谈判人员的着装还要根据对方的文化背景和审美观来确定，以免在第一次见面时就引起不快。

4. 心理

无论双方在谈判之前是否有成见，以及身份、地位、观点、要求有何不同，一旦坐到谈判桌前，就意味着共同选择了磋商与合作。因此，谈判之初应心平气和，坦诚相见，这才能使谈判在良好的气氛中开场。

5．中性话题

谈判刚开始，良好的气氛尚未形成之时，最好先谈一些友好的或中性的话题。如询问对方的身体状况以示关心，回顾双方的交往历史以拉近关系，谈谈共同感兴趣的新闻，幽默而得体地开开玩笑，等等。这些都有助于缓解谈判开始时的紧张气氛，达到联络感情的目的。

6．座位安排

要营造良好的开局气氛，座位的安排也是很有学问的。面对窗户和阳光会令谈判者产生一定的心理压力，所以要尽量避免这样的座位安排。同时，椅子的大小也会影响双方的心理，造成主动与被动的心理倾向。因此，应当将谈判场地的椅子规格安排一致，以创造平等良好的开局气氛。

（二）宏观因素

1．谈判双方企业之间的关系

谈判以双赢为目的，但在具体实施时，需要根据谈判双方企业之间的关系来决定建立怎样的开局气氛，采用怎样的语言进行交谈，以及采取何种谈判姿态。具体来说有以下四种情况：

（1）双方过去有过业务往来，且关系很好。

在这种情况下，友好关系可以作为双方谈判的基础。开局阶段的气氛应该是热烈、友好、真诚和轻松愉快的。开局时，己方谈判人员在语言上应该热情洋溢；内容上可以畅谈双方过去的友好合作关系，或两企业之间的人员交往，亦可适当地称赞对方企业的进步与发展；在姿态上应该是比较自由、放松、亲切的。同时，可以较快地将话题引入实质性谈判。

（2）双方过去有过业务往来，但关系一般。

开局的目标仍然是要争取创造一个比较友好、和谐的气氛，但是，己方在语言的热情程度上应该有所控制。在内容上，可以简单地聊一聊双方过去的业务往来及人员交往，亦可说一说双方人员在日常生活中的兴趣和爱好；在姿态上，可以随和自然。在适当的时候，自然地将话题引入实质性谈判。

（3）双方过去有过业务往来，但本企业对对方企业的印象不佳。

开局阶段的气氛应该是严肃、凝重的。语言上，在注意礼貌的同时，应该比较严谨，甚至可以带一点冷峻；内容上，可以对过去双方业务关系表示出不满意、遗憾，以及希望通过本次交易磋商能够改变这种状况，也可谈论一下途中见闻、体育比赛等中性的话题。在适当的时候，可以慎重地将话题引入实质性谈判。

（4）双方在过去没有进行任何业务往来，本次为第一次业务接触。

在开局阶段，应力争创造一个友好、真诚的气氛，以淡化和消除双方的陌生感，以及由此带来的防备甚至略含敌对的心理，为实质性谈判奠定良好的基础。因此，在语言上，应该表现得礼貌友好，但又不失身份；内容上，多以途中见闻、近期体育消息、天气状况、业余爱好等比较轻松的话题为主，也可以就个人在公司的任职情况、负责的范围、专业经历等进行一般性的询问和交谈；姿态上，应该是不卑不亢，沉稳中不失热情，自信但不骄傲。在适当的时候，可以巧妙地将话题引入实质性谈判。

2．双方谈判人员个人之间的关系

谈判是人们交流思想的一种行为，谈判人员之间的个人感情会对交流的过程和效果产生很大的影响。如果双方谈判人员过去有过交往接触，并且还结下了一定的友谊，那么，在开局阶段即可叙旧。实践证明，一旦双方谈判人员之间发展了良好的私人感情，那么，提出要求、做出让步、达成协议就不是困难的事，通常还可以降低成本，提高谈判效率。

3. 双方的谈判实力

(1) 双方谈判实力相当。

为了防止一开始就强化对方的戒备心理和激起对方的敌对情绪，以致使这种气氛延伸到实质性谈判阶段，在开局阶段，要力求创造一个友好、轻松、和谐的气氛。己方谈判人员在语言和姿态上要做到轻松而不失严谨，礼貌而不失自信，热情而不失沉稳。

(2) 己方谈判实力明显强于对方。

开局阶段，在语言和姿态上，既要表现得礼貌友好，又要充分显示出己方的自信和气势。这样能在营造良好气氛的同时，使对方清醒地意识到与己方实力的差距，使其在谈判中不抱过高的期望。

(3) 己方谈判实力弱于对方。

为了不使对方在气势上占上风，开局阶段，在语言和姿态上，己方一方面要表示出友好，积极合作；另一方面也要充满自信，举止沉稳、谈吐大方，不致使对方轻视。

三、营造开局气氛的一般方法

谈判开局气氛对整个谈判过程起着相当重要的影响和制约作用。可以说，谁控制了谈判开局气氛，谁就掌握了谈判的主动权。根据不同的基调，可以把商务谈判的开局气氛分为高调气氛、低调气氛和自然气氛，谈判人员可以采取不同的方法来营造己方所需的开局气氛。

(一) 营造高调气氛的方法

谈判的高调气氛是指预期谈判气氛比较热烈，谈判双方情绪积极、态度主动，愉快成为谈判主导因素的谈判开局气氛。通常在下述情况下，谈判一方应当努力营造高调的谈判开局气氛：己方占有较大优势；价格等主要条款对己方极为有利；己方希望尽早达成协议。在高调开局气氛中，谈判对手往往会放松警惕，只注意到对他们有利的方面，而且对谈判前景也趋于乐观。因此，高调的开局气氛可以有效促进协议的达成。营造高调开局气氛通常有下述几种方法。

1. 感情攻击法

感情攻击法是指通过某一特殊事件来引发同存在人们心中的情感因素，从而达到营造气氛的目的。

实例 13－3

中国一家彩电生产企业准备从日本引进一条生产线，于是与日本一家公司进行了接触，双方派出各自的谈判小组就此问题进行谈判。谈判当天，双方代表刚刚就座，中方的首席代表就站了起来，他对大家说："在谈判开始之前，我有一个好消息要同大家分享。我的太太昨晚为我生了一个大胖儿子！"此话一出，中方职员纷纷起身向他祝贺，日方代表出于礼貌也只能起身一同道喜，整个谈判会场的气氛顿时高涨起来。后面的谈判也进行得非常顺利，中方企业最终以合理的价格成功地引进了所需的生产线。

在实例 13－3 中，那位代表为何要在谈判场合提及毫不相关的、自己太太生孩子的事情呢？原来，在以往与日本企业的谈判中，此代表发现日本人很愿意板起面孔谈判，一开局便造成一种冰冷的谈判气氛，给中方人员造成很大的心理压力，从而控制整个谈判，趁机抬高价码或提高条件。于是，他便想出了在开局阶段用自己的喜事打破日本人冰冷面孔的办法，营造一种有利于己方的高调气氛。

2. 称赞法

称赞法是指通过称赞对方来削弱其心理防线，使对方焕发谈判热情，从而营造高调开局气氛的方法。

在运用称赞法时，首先要选准称赞目标，投其所好，即选择对方最引以为豪的并希望己方关注的目标。其次要选择恰当的赞美时机和赞美方式，不要刻意奉承。

实例 13－4

一华人企业想成为一日本著名公司的地方代理商。双方几次磋商均未达成协议。在最后一次谈判刚开始时，华人企业的谈判代表突然发现日方代表喝茶及取放茶杯的姿势十分特别，于是他说："从××君喝茶的姿势看来，您十分精通茶道，能否为我们介绍一下呢？"这句话正好点中了日方代表的兴趣点，于是他滔滔不绝地讲了起来。结果后面的正式谈判进行得十分顺利，那家华人企业终于如愿以偿得到了代理权。

在运用称赞法时，还要注意选择恰当的称赞时机和称赞方式。称赞时机不恰当往往令称赞法适得其反；称赞方式不得体，就会变成刻意奉承，引起对方反感。

3. 幽默法

幽默法是指用幽默的方式来消除谈判对手的戒备心理，使其积极地参与到谈判中来，从而共同创造出高调谈判开局气氛的方法。采用幽默法同样要注意选择恰当的时机和适当的方式，另外还要做到收放有度。

实例 13－5

柯伦泰这人能言善辩，而且特别能随机应变。有一年，这位能干的女将被任命为苏联驻挪威的全权贸易代表。上任不久，柯伦泰为购买挪威鲱鱼的事，跟精明的挪威商人谈判。挪威商人是贸易谈判老手，很清楚谈判诀窍：自己越是乱抬高价格，对方就越得乖乖地跟着调整出价。而柯伦泰也深谙此道，于是挪威商人出价高，而柯伦泰出价低，双方互不让步，这场谈判要陷入僵局了。突然，柯伦泰一脸苦笑，极艰难地挤出了以下的话："我不能伤害你们的感情。好吧，我同意你们提出的价格。"挪威商人们顿时精神抖擞，交头接耳兴奋地议论。柯伦泰露出一脸尴尬的神情，继续说下去："如果我们政府不批准这个价格，我愿意用自己的工资来支付差额。不过，请各位原谅，这只能分期付款。哎，看样子可能要还一辈子债啦。"话音刚落，挪威商人个个面面相觑，但是他们也为柯伦泰的幽默所折服，之后的谈判就很顺利了。

4. 问题挑逗法

指提出一些尖锐的问题促使对方与自己争论，通过争议使对方逐渐进入谈判角色，这种方法通常是在对方谈判热情不高时使用，有点类似于“激将法”。这种发法很难把握火候，因此在使用时应注意些，要选好退路。

（二）营造低调气氛的方法

低调气氛是指预期谈判气氛十分严肃、低沉，谈判的一方情绪消极、态度冷淡，或一方过于张狂，不快因素构成谈判主导因素的开局气氛。通常在下列情况下，谈判人员应当努力营造低调开局气氛：己方在预期讨价还价中不占绝对优势；合同中某些条款并未达到己方要求；对方开场气势汹汹，刻意压倒己方。为了改变对己方不利的开局气氛，控制局面，谈判人员可以采用以下的方法营造低调开局气氛。

1. 感情攻击法

这里的感情攻击法与营造高调开局气氛中的方法性质相同，即两者都是以情感诱发作为营造和控制开局气氛的手段。但是，两者的作用相反，在营造高调气氛时，感情攻击是激起对方积极的情感，使得谈判开局气氛热烈；而在营造低调气氛时，是要诱使对方产生消极情感，致使一种低沉、严肃的气氛笼罩在谈判的开局阶段。

采用这种方法应该注意：感情攻击要适可而止，不能过度，因为成功的谈判是达到己方目的，如果对方过于消极，可能会失去谈判成功的进取心，导致放弃谈判。

2. 沉默法

沉默法是以沉默的方式来使谈判气氛降温，从而达到抑制对方过盛气焰，向对方施加心理压力的目的的一种开局方法。

实例 13－6

美国一家公司向日本一家公司推销一套先进的机器生产线，双方都派出了技术力量很强的谈判小组进行谈判。美方开局时的热情非常高，摆出一副志在必得的架势。谈判一开始，美方代表就喋喋不休地大谈特谈他们的生产线如何先进，价格如何合理，售后服务如何周到。在美方代表高谈阔论的时候，日方代表表现得十分低调，一声不吭，只是埋头记录，将美方所谈的每一个问题都详细记下。当美方代表兴致勃勃地讲完以后，问日方代表还有什么问题时，日方代表却摆出一脸茫然的样子装作没有听懂。如此反复了三四遍，美方一开始时的热情减退了很多，场面已不像刚开始那般热火朝天了，整个气氛随即转入了一种相对低沉的状态。日本代表看到时机已经成熟，便开始“冷冰冰”地向对手提出了一连串问题，问题的尖锐程度是美方代表始料未及的。在这种情形下，美方代表阵脚大乱，最终日方将价格压到了美方可以承受的极限，轻松获得了成功。

其实日方从一开始就已经明白了美方所谈及的每一个问题，但是，他们注意到当时的开局气氛完全被美方代表控制，如果当时就提出问题，那么美方代表很可能会乘兴对这些问题进行回击。于是，日方代表避开美方代表的锋芒，选择了适时适度的沉默，逐渐控制了谈判气氛，使谈判向有利于己方的方向发展。

采用沉默法营造低调开局气氛并不是要谈判人员一言不发地“沉默”，而是要在恰当的时候以恰当的理由选择沉默。通常，采用的沉默理由有：假装对某项技术问题不理解；假装不理解对方对某个问题的陈述；假装对对方的某些话语漠不关心。但在运用此方法时要注意，应沉默有度，因为沉默背后的最终目的是要实施反击，迫使对方让步。

3. 疲劳战术

疲劳战术是指利用主动的提问使对方对某一个问题或几个问题进行反复陈述，从心理和生理上使对手疲劳，降低对手的热情，从而达到控制对手并迫使其让步的一种营造低调开局气氛的方法。

一般来说，人在疲劳状态下思维的敏捷程度会下降很多，容易出现错误，工作情绪不高，并且比较容易屈从于别人的看法。因此，在采用疲劳战术营造低调开局气氛时，谈判人员应当多准备一些问题。同时，己方还要认真倾听对手的回答，以抓住对手回答中的漏洞，作为后面的谈判中迫使其让步的砝码。

采用疲劳战术应多准备一些问题，而且问题要合理。每个问题都能起到使对手疲劳的作用。其次要避免激起对方的对立情绪，致使谈判破裂。

实例 13－7

在埃及和以色列关于西奈半岛争端的谈判中，美国总统卡特为了使中东和平谈判能够早日达成协议，成功地在戴维营运用了疲劳战术法。

在戴维营，生活单调、枯燥，环境糟糕，令人厌倦。有人曾经这样来描述当时戴维营的生活：那里最刺激的活动就是捡捡松果，闻闻松香。卡特为了促成这次中东和谈，他安排的唯一的娱乐用具是供参与谈判的各方人员共 14 人使用的两辆自行车。每天晚上，住在那里的埃及总统萨达特和以色列总理贝京可以在总共 3 部电影中任选一部欣赏，以作为调剂。到了第六天，每个人都把每部电影看了两次，并且感到十分厌烦。每天早上 8 点钟，卡特都要去敲萨达特和贝京的房门，并用他那单调的声音说：“嗨，我是吉米·卡特，咱们准备再过内容同样无聊、令人厌倦的十小时吧。”

在这种境遇下，过了 13 天这样的生活，只要签约不至于影响自己的前途，谁都想立即签字离开那个鬼地方。卡特的良苦用心，终于换来了此次中东和平谈判的圆满成功——以色列归还埃及西奈半岛，埃及将西奈半岛划为非军事区。

4. 指责法

指责法是指对对手的某项小疏漏或礼仪失误运用各种手段不断强调，使其感到内疚，从而营造低调开局气氛，迫使对方让步的方法。

采用这种方法应该注意的是：指责不能过于持久，否则会激化矛盾；指责不能带有人身攻击性质，应该让对方感到己方只是在客观地就事论事；进行留有余地的指责，使对方感到只要做出适当让步谈判仍然可以成功。

（三）营造自然气氛的方法

自然气氛是指谈判双方情绪平稳，既不热烈也不消沉的谈判开局气氛。自然气氛十分有利于对对手进行摸底，因为谈判双方在自然气氛中传达的信息往往要比在高调气氛和低调气氛中传达的信息真实、准确。当己方对谈判对手的情况了解甚少，对手的谈判态度不很明朗时，在平缓的气氛中开始对话是比较有利的。

在开局阶段营造自然气氛，谈判人员要注意自己的行为、礼仪，避免一些唐突的举动；在与对方初步交流时要多听、多记，而避免与其就某一问题过早发生争执。同时，要准备几个问题自然地向对方提问，并且对对方的提问尽量多做正面回答，不能回答的要用委婉的方式回避。

四、控制开局气氛的策略

不同内容和类型的谈判，需要有不同的开局策略与技巧。通常，在营造开局气氛时，可以结合不同的谈判项目，分别采用以下四种策略。

（一）保留式开局策略

保留式开局策略是指在谈判开局时，对谈判对手提出的关键性问题不做深入、确切的回答，从而给对手造成神秘感，以吸引对手步入谈判的策略。

运用保留式开局策略应注意向对方传递的信息可以是模糊信息，但不能是虚假信息。否则，会将自己陷入非常尴尬的局面。该种策略适用于低调气氛和自然气氛，不适用于高调气氛。

实例 13－8

爱迪生发明了发报机以后，一家公司表示愿意买下爱迪生的这个新发明。爱迪生的妻子建议开价 2 万美元，爱迪生觉得开价有些高。

谈判时，爱迪生觉得这个价格很难说出口，于是他在谈判时，一直回避价格问题，随着时间的推移，对方公司的代表急躁起来，然而爱迪生仍然没有定下价格。最后公司代表失去了耐心，终于按捺不住试探性地问：“我们愿意出 10 万美元买下你的发明，你看怎么样？”爱迪生在惊喜中接受了这个价格。

（二）一致式开局策略

所谓一致式开局策略，是指在谈判开始时，为使对方对己方产生好感，以协商、肯定的方式，创造“一致”的谈判气氛，从而使双方在愉快友好的氛围中不断将谈判引入深处的开局策略。

一致式开局策略，目的在于创造取得谈判胜利的条件。

运用一致式开局策略的具体方式很多，可以在谈判开始时以一种协商的口吻来征求谈判对手的意见，然后对其意见表示认可并按照其意见进行工作。运用这种方式应当注意的是，用来征求对手意见的问题应是无关紧要的问题，即对手对该问题的意见不会影响到己方的具体利益。另外，在赞成对方意见时不要过度迎合，避免奉承之嫌。

采用一致式开局策略，还可以在谈判开始时以问询的方式或补充的方式诱使谈判对手走入己方的既定安排，从而在双方之间达成一致和共识。所谓问询方式，是指将答案设计成问题来询问对方，例如，“你看我们把价格及交货方式放到后面讨论怎么样？”所谓补充方式，是指借对对方意见的补充使己方的意见变成对方的意见。例如，“今天贵方提出的议题我们看过了，我方建议加入这些内容，然后就确定，如何？”这些话从表面上看好像无足轻重，但这些要求往往最容易得到对方肯定的答复，因此比较容易创造一种“一致”的感觉，如果能够在此基础上，悉心培养这种感觉，就可以创造出一种“谈判就是要达成一致意见”的气氛，有了这种气氛，双方就能比较容易达成互利互惠的协议。

实例 13－9

戴安在一个俱乐部做经理，他计划为俱乐部建一个舞厅。他找到一个承包商，而这个人正想进入建筑行业。承包商愿意为他廉价提供一个优质的舞厅，作为开张优惠，同时他要求在舞厅建成后允许别的客户参观，以宣传工程质量，为自己招揽生意。戴安答应了，但他又进一步要求承包商承担装饰工程。承包商开始很不乐意。戴安告诉他，舞厅美观有利于宣扬工程质量。后来，承包商不仅答应再加装饰而且不惜工本地大加装饰。最终戴安以很优惠的价钱得到一个装修非常不错的新舞厅，而承包商也获得几笔新的生意。这笔交易在双方都很满意和互惠的情况下成功了。

（三）进攻式开局策略

进攻式开局策略是指通过语言或行为来表达己方强硬的姿态，从而赢得对手必要的尊重并借以制造心理优势，使得谈判顺利进行下去的开局策略。进攻式开局策略的运用要谨慎，通常多在对手刻意制造低调气氛时运用，用以扭转对己方不利的局势，保护己方切实利益。

实例 13－10

赫鲁晓夫在一次联合国大会上讲话时，突然情绪激动起来，竟然用皮鞋粗鲁地敲打桌子。这一举动风闻全球，传为笑谈。但是，据说在几个月后，有人将赫鲁晓夫用皮鞋敲打桌面的照片放大，发现赫鲁晓夫的脚上仍然穿着鞋子。于是，有人猜测，他是事先将那只皮鞋装在公文包里的，还有人认为，他是在会议进行中从别的苏联代表那里借来的。无论是哪种情况，它都是一个事先设计好的计谋，通过皮鞋敲打桌子的狂怒行为，使谈判对手感到他态度强硬、粗暴、不好说服，于是就会在谈判中做出让步。

（四）坦诚式开局策略

坦诚式开局策略是指以开诚布公的方式向谈判对手陈述自己的观点或想法，从而尽快打开谈判局面的开局策略。

坦诚式开局策略比较适合具有长期业务合作关系的双方，双方相互比较了解，减少了很多外交辞令，直接坦率地提出己方的观点、要求，无疑可以节省时间，提高效率，并能够使对方对己方产生信任感。另外，坦诚式开局也可以供谈判实力弱的一方使用，当本方实力较弱为双方所共知，坦率地表明自己的弱点，更表明自己的谈判诚意，同时也表明自己对谈判的信心与能力。

实例 13－11

第二次世界大战时期，英国首相丘吉尔到美国会见美国总统罗斯福，要求共同打击德国法西斯。一天罗斯福去看他，没有事先通报，直接进入了内室。而此时，丘吉尔正在洗澡，罗斯福感到很窘迫，进退两难。丘吉尔见状，坦然地笑了，他拍着自己的肚皮：“总统先生，您看，大英帝国在您面前可什么也没有隐瞒啊！”罗斯福听后也笑了，之后的谈判十分成功。

第二节 谈判议程

谈判议程是指有关谈判事项的程序安排。在实际谈判工作中，谈判议程要能够体现己方谈判的总体方案，要能够引导或控制谈判的速度和方向以及让步的限度和步骤等。因此，谈判议程的安排对谈判双方非常重要，谈判议程本身就是一种策略，必须高度重视这项工作。

一、时间安排

谈判议程一般首先要说明谈判的时间安排。时间安排即确定谈判在什么时间举行和谈判时间的长短。如果谈判需要分阶段，在时间安排中还要确定整场谈判要分为几个阶段，以及每个阶段所花费的大约时间等。谈判时间的安排是议程中的重要环节。

谈判中的时间因素还有另一个重要的含义，即谈判人员对时机的选择与把握。时机选得好，将有利于谈判人员在谈判中把握主动权；相反，时机选择不当，则会丧失原有的优势。

鉴于时间安排对谈判的胜利有着不可忽视的作用，谈判人员需要充分运用时间策略，为占据谈判主动创造有利条件。

（一）谈判议程中的时间策略

要合理安排好己方各谈判人员发言的顺序和时间，尤其是关键人物在提出重要问题时，应当选择最佳的时机，不仅要有效回应对方的陈述与提问，更要适时主动地亮明己方观点，使己方掌握主动权。当然，在这个过程中也要给对方人员足够的时间表达意向和提出问题，充分遵循谈判中的礼仪。

对于谈判中双方容易达成一致的议题以及对己方意义并不重大的内容，应当尽量在较短的时间内完成，以免在无谓的争辩中浪费宝贵时间。也就是说，为了避免“眉毛胡子一把抓”、不分主次地进行谈判，应当在谈判前根据谈判内容对谈判时间进行合理划分。

对于重要的议题或预期争执较大的焦点问题，最好安排在谈判总进程的五分之三以前的这段时间内提出。这样，双方都有充足的时间交换意见、进行协商，从而有利于问题的解决，最终实现双赢的最佳谈判结果。

在议程安排中，要留有一定的机动时间，以应对可能发生的意外情况。当然机动时间也不可过长，否则会造成谈判节奏过于缓慢，效率低下。

在谈判期间，如果有条件的话可以适当安排一些文艺活动并邀请谈判对手参加。这样不仅可以活跃气氛，消除谈判疲劳，更重要的是可以加深了解，增进谈判双方的友谊。

（二）安排谈判时间应注意的问题

合理运用时间策略可以有效推动谈判走向成功，但在确定谈判时间时以下问题也是不容忽略的。

1. 谈判准备的程度

俗话说“不打无准备之仗”，各阶段的谈判都离不开充足的准备。因此，安排谈判时间时应当充分考虑己方的准备工作是否足够完善。如果没有做好前期准备，不宜匆匆忙忙地开始谈判。

2. 谈判人员的身体及情绪

参加谈判人员的身体、精神状态对谈判的影响很大，在谈判人员身体不适、情绪不佳的时候应避免安排谈判。尤其在实际工作中，参加谈判的多为中年以上的人士，因此更要考虑他们的身体状况。如果恰逢主要谈判人员状态不佳，可以建议谈判双方将一项长时间谈判划分为几个时间相对较短的谈判，从而为己方人员赢得更佳的谈判时机。

3. 市场紧迫度

市场是瞬息万变的，谈判的时间安排要紧密结合市场需要。如果所谈项目主要涉及季节性产品或时令产品，就应当在时间方面争取主动，及时安排谈判。同时，要尽量压缩谈判时间，抓住谈判重点速战速决。

4. 谈判议题的需要

在安排谈判时间时还需要充分考虑谈判议题的内容。对于涵盖多项议题的大型谈判，应安排相对较长的时间；对于单项的小型谈判，时间可安排得较短一些。

5. 谈判对手的情况

谈判是双方的洽谈，因此在时间安排上也应充分考虑对手的情况，如对手途中所要耗费的时间、必要的调整休息时间等。只有将这些看似细节的问题处理周全，才能为谈判创造一种友好的气氛，从而使彼此合作愉快，在谈判中达成双方满意的协议。

二、确定谈判议题

所谓谈判议题，就是指谈判双方在谈判中需要协商解决的问题。这种问题，可以是立场观点方面的，也可以是基本利益方面的，还可以是行为方式方面的。

一个问题要成为谈判议题，需要具备以下两个条件：

(1) 共同性。即这一问题是双方共同关心并希望得到解决的，如果不具备这一点就不能构成谈判议题。

(2) 可谈性。也就是说，谈判的时机要成熟，双方都有妥协、让步的心理准备。人们不难看到，在现实生活中，许多本该坐下来谈判的事情，一直未能谈妥，很多时候是因为谈判的条件尚未成熟。例如，两伊战争期间，许多国家都呼吁两方不要诉诸武力而应采取和平谈判的方式解决争端。然而，交战双方一直没能真正谈拢，主要就是因为两国在国家和民族利益上存在着根本冲突，这个问题根深蒂固，此时的谈判并不具有可行性。

确定谈判议题时，首先要明确己方需要提出哪些问题，然后要把所有的问题进行全盘比较和分析，最终明确哪些问题是要列入重点讨论范围的主要议题，哪些是需要列入次要范围的非重点问题，哪些问题可以忽略。同时，还要预测对方可能提出哪些问题，哪些问题是需要己方认真准备、全力以赴应对的，哪些问题是可以根据情况做出让步的，哪些问题是可以不予讨论的。

三、通则议程与细则议程

（一）通则议程

通则议程是谈判双方共同遵照使用的日程安排，可由一方准备，也可由双方协商确定，一般要经双方协商同意后才能正式生效。它主要包括双方所谈事项的次序和主要方式。

在通则议程中，通常应当确定以下一些内容：双方谈判讨论的中心议题，尤其是第一阶段谈判的安排；列入谈判范围的各种问题及问题讨论的先后顺序；谈判总体时间及各部分的时间安排；谈判中人员的细节安排；谈判地点及招待事宜等。

（二）细则议程

细则议程是谈判己方根据通则议程拟定的对谈判涉及事项的细节安排，供自己使用，是己方谈判方案的具体体现，具有保密性。其内容一般包括以下几个方面：对外谈判中口径的统一，比如文件资料说明、发言观点、证明材料、提供的证据等；对谈判过程中可能出现的各种情况的对策安排；己方的发言策略，如何时提出问题、提什么问题、向何人提问、谁来提问、谁来补充、谁来回答；谈判人员更换的预先安排；己方谈判时间的策略安排、谈判时间期限。

四、谈判议程的提出

在谈判的准备阶段中，关于谈判议程由谁提出，并无定法。在实际谈判中，一般以东道主为先，经双方协商后确定，或双方共同商议。也有单方面主动提出的，但需要对方同意才能成立。

谈判人员在谈判的准备阶段，应根据情况争取率先提出谈判议程，这样便于己方提前安排工作，同时帮助己方谈判人员在谈判心理上取得优势，进而令己方能够在谈判中发挥优势。这具体体现在：

(1) 谈判的议程安排如果能够依据己方的具体情况拟定，就能使己方在谈判中有效避己所短，扬己所长。例如，在购销合同谈判的议程中，可以先安排对手对己方的优质产品进行鉴别，让事实来加强己方的定价主动权，这样就能在程序上给己方提供扬己所长的机会。避己所短，就是在谈判的程序安排上，摈弃对己不利的因素。例如，当己方对某种信息尚未获取或某种话题尚不宜触及以及某种情势尚无定局时，可以安排在最后或必要的时间洽谈，以避免使己方陷于被动。另外，还应回避那些可能使对方难堪，从而导致谈判失败的话题。这一切在拟定谈判议程时，应当有所安排。

(2) 充分利用拟定议程的机会，能为己方运用谈判手段创造有利条件。谈判是一项技术性很强的工作，为了使谈判在不损害他人利益的基础上，达成对己方更为有利的协议，谈判人员应当适时运用谈判技巧。在谈判前，如果能够争取到议程拟定的主动权，就有机会为己方运用谈判手段创造有利条件。

应当指出的是，无论谈判的议程编制得多么好，都不会是一劳永逸的事，也不可能保证己方谈判的每一步都不会失利。所以，谈判人员决不应放弃在实际谈判中步步为营的努力。

第三节　谈判摸底

双方在做好了各种准备工作之后，面对面的实质性谈判工作就要正式进行了。实质性的谈判可能是多轮次的，还可能要经过多次的反复。在这个过程中，双方的接触摸底是必不可少的。接触摸底阶段所进行的一切活动，一方面要为双方建立良好的关系创造条件，这通常是通过营造良好的开局气氛实现的；另一方面，双方又要积极了解谈判对方的特点、意图和态度，通过掌握并分析对方的信息来修正自身的谈判方案，争取取得谈判场上的主动。

一、摸底的含义

在谈判的接触阶段，谈判双方较多地把注意力放在彼此的了解上，双方都想搞清对方的情况。首先，考察对方是否诚实、正直，是否值得信赖，能否遵守诺言；其次，了解对方对这笔交易到底有多大的诚意，这笔交易中对方的真实需要到底是什么；再次，要努力了解对方的谈判经验、作风，对方的优势、劣势，了解对方每位成员的态度、作风和对此次谈判的期望，甚至要知道对方认为有把握的和所担心的事是什么，是否可以加以利用等；最后，设法探求对方在此次谈判中所必须坚持的原则，以及在哪些问题上可以做出让步。这种在谈判的接触阶段，试图运用各种手段和信息来源摸清对方底牌的做法，叫做谈判摸底。

二、摸底的内容

（一）对手的基本情况

在摸底阶段，通过简单的交流，谈判人员应当对对手的基本情况有一个比较详细的了解。这些内容通常包括对方公司的历史，社会影响，资产与投资状况，技术水平，产品的品种、质量、数量以及生命周期等。

（二）对手的需求与诚意

对手的需求也就是对手在谈判中重点关注的内容，如果能探明对手的潜在需求，己方就能够将大部分精力放在这些重点内容上面，从而达到事半功倍的效果。了解对手真正的需求，就应当了解对方同己方合作的真正意图、合作的真诚度以及对实现这种合作的迫切程度。

（三）对手的谈判人员状况

通常在商务谈判中需要了解对方谈判人员的组成以及各成员的身份、地位、性格、爱好及谈判经验，首席代表或最高决策者的能力、权限、以往成败的经历、其在谈判中的特长和弱点以及对谈判的态度倾向，等等。根据不同的谈判性质和要求，有时还要收集一些更为深入、针对性较强的信息，如对方谈判人员各自的想法和打算是什么？相互之间关系如何？是否存在矛盾？谁可能是主要对手？谁可能是争取对象？有没有幕后操纵者？谈判代表与幕后操纵者之间存在怎样的关系？等等。有时甚至还必须考察对方以往不成功的谈判实例，以便从中了解对方的思维习惯、行动方式、心理倾向和自身需求。所有这些都会为我们了解对手提供线索。

（四）对手在谈判中所必须坚持的原则

在摸底阶段，己方应设法探求对方在此次谈判中所必须坚持的原则，这些原则主要包括对方在哪些问题上可以做出让步，在哪些问题上是被动的，其谈判的时间底线和价格底线如何。了解到这些，可以使己方在实质磋商阶段避重就轻，为己方争取到最大利益。

这种摸底，双方都会以十分巧妙的方式进行，在转入实质性谈判之前，应当充分利用

此阶段和对方接触，获得对方信息。在摸底阶段，我们不仅要在初步的接触中发现对方团队中具有合作倾向的人，更要注意听话听音，运用技巧了解潜在信息。

实例 13－12

一次，一家美国公司雇员科恩被派往日本一家公司谈判，一踏上日本的土地，两位日本公司的谈判人员便热情迎接并一路护送。其间，日本人问道："您是否定好了回国时间？我们到时可以安排车送。"科恩很高兴地将回程时间如实相告，使日本人轻易地了解了其谈判的时间底线。随后，日本人并不急于谈判，而是安排了一整周的游览。当科恩问及何时谈判时，日本人总说时间还早，并盛情邀请继续游览。就这样，直到最后两天才安排开始谈判。正式谈判开始了，而就在谈判的紧要关头，送科恩去机场的时间到了，商谈只能在车上进行。为了完成任务，科恩不得不在离开日本前很短时间内接受了日方的谈判条件，做出了很大的让步。日本人在这次谈判中大获全胜。

从这个实例我们不难看出，在商务谈判中，谁能最先、最巧妙地获得对手的谈判信息，套出对手底牌，谁就掌握了谈判的主动权，就更有可能取得谈判的胜利。

三、摸底的方法

英国著名哲学家弗朗西斯·培根曾在《谈判论》一文中指出：与人谋事，则须知其习性，以引导之；明其目的，以劝诱之；谙其弱点，以威吓之；察其优势，以钳制之。培根的精辟见解告诉我们：对于未来的谈判对手，了解得越具体越深入，估量越准确越充分，就越有利于掌握谈判上的主动权。在商务谈判中，通常可以采用以下几种方式探测有关谈判对手的情报。

（一）接近探测

在谈判的摸底阶段，为了引起对方的注意和兴趣，了解对方的需要从而确定其意图和动机，首先要在行动上和心理上接近对方，即通过接近了解对方谈判的底线、进度、期限和最终利益等。在谈判中常常采用赞美接近法和震惊接近法。

1. 赞美接近法

赞美接近法是指谈判人员利用夸奖、恭维的话语来满足对方的求荣心理，以引起对方的注意和兴趣，进而在逐步展开的谈话中探测其谈判意图的方法。通常，赞美对方的话题有：对方的个人因素，如仪表仪态、服饰、举止谈吐、才华成就等；对方的团体因素，如团队的生产规模、产品质量、经营业绩、社会声誉等；对方的环境因素，如城市景观、企业面貌、谈判场地、接待水准等。

在采用赞美接近法时，要注意以对方熟悉的事物为话题真诚赞美对方，同时要考虑对方的自我意识，重视被赞美者的言行、情绪及心理反应，以真正达到通过赞美接近对手，探测到有用信息的目的。

实例 13－13

美国华克公司在费城承包建筑一座庞大的办公大厦。但在接近完工阶段，供应内部装修的铜器承包商突然声称无法如期交货。公司与该承包商进行了多次电话交涉无果后，派出了高先生前往纽约与承包商面议。

高先生走进那位承包商的办公室后，微笑着说："你知道吗？在纽约你这个姓氏只有一个，一下火车，我在电话簿里很快就找到了你的地址。"

"这我一向不知道。"承包商惊喜之后，也兴致勃勃地查阅起电话簿来，同时还骄傲地谈论起他的家族和祖先，"我的家族是从荷兰移居来的，快有200年历史了。"高先生听了他的谈论，先是称赞他的祖先，然后称赞他本人的事业成功。承包商听后很自豪，并邀请高先生前去工厂参观。

参观时，高先生除了表现出很大的兴趣，还继续称赞工程的设备和管理，承包商听了非常高兴。到了中午，承包商坚持要请高先生吃饭。在这期间，高先生只字未提来访的真正目的。

用完午餐，承包商表示与高先生相处非常愉快，并承诺材料会如期运到。高先生的真诚赞美为他赢得了谈判，轻易地达到了他的目的。

2. 震惊接近法

震惊接近法是指谈判人员利用某种令人吃惊或震撼人心的事物来引起对方的注意和兴趣，进而探测对方意图的方法。震动和惊奇是引起对方注意和兴趣的最有效手段之一。商务谈判中，在某些特定的条件下，谈判的一方可以采用戏剧性的手法，如突然揭示某一鲜为人知的事实，或突然改变谈判的惯用方法，或提出对方意料之外的观点及提议，使对方为之惊奇和震动，引起对方较大的注意与兴趣，并自然而然地做出反应，或折服以至附和，或意外以至混乱，从而推动谈判双方的接近，为己方探测对方的谈判意图提供可乘之机。

实例 13－14

美国普拉公司的创始人兰德研制成功了"一步法"相机和与之相配合的成像材料，取名为"拍立得"。这种新产品从拍摄到出照片，只要短短60秒钟时间。

为了打开销路，兰德设计了一次绝妙的广告事件。一天，世界各国游客在迈阿密海滨浴场游泳、晒太阳时，突然海上传来了呼救声，一位美丽的少女落水了！她看起来不会游泳，在海水中不停挣扎。几个男青年勇敢地跳到海里，把少女救上岸来。人们都被吸引过来，议论这件事，就在此时，一位手持特殊相机的人挤进了人群，把刚才男青年救少女的惊险场面的照片散发给人们，引起大家的震惊。救人事件刚刚发生，照片怎么会这样快就出来了？人们马上把摄影师围住，摄影师自然地讲起"拍立得"相机的性能、操作方法。于是，人们一下子对这种新产品发生了极大的兴趣，许多人甚至当时就表现出购买意愿。

运用震惊接近法时，震惊的内容应当与谈判的内容相关，震惊的手段应当科学并尊重客观事实，同时震惊的程度应适可而止。在震惊的过程中，谈判人员还要相应地调整说话的分量，尽可能冲破对方的心理防线，接近其人，探测其底。

（二）观察探测

谈判活动通常具有两面性，即一方面难以捉摸，另一方面又可以察知。观察是察知的必要手段，在商务谈判中是一种基本的了解探测方法。谈判人员应当通过观察，从露中推知藏，从有形中测知无形，从而掌握对方的交易意图。在商务谈判中，通常采用行为观察法和心理观察法。

1. 行为观察法

行为观察法是指对谈判对手的各种体态、行为进行观察和判断，从而发现在语言、文字中难以发现的种种信息，探测对方意图的方法。运用行为观察法时，主要应当关注对方的体态语言，如握手、落座、表情、手势等，通过观察要细心体会出对方所给予的各种暗示信息，适时地做出判断，明了对手的性格、态度、风格及经验，探明谈判对手的实力、意向、策略和手法，以实现摸底探测的目的。

实例 13－15

2004 年 3 月 25 日，英国首相布莱尔走进利比亚首都的黎波里郊外的一处帐篷，与时任利比亚领导人卡扎菲握手寒暄，亲切交谈。这是第二次世界大战结束以来英国首相首次踏上利比亚领土，被媒体誉为“破冰之旅”，受到广泛好评。但是，英国一位“肢体解读”专家通过观察两人会晤时细微的动作，对此次会晤提出了“另类解读”——卡扎菲根本没把布莱尔放在眼里。

据这位名叫朱迪·詹姆斯的人类肢体语言专家分析，两位领导人会晤时，布莱尔双手放在膝盖上，始终端坐在沙发上。而卡扎菲却靠在沙发靠背上，漫不经心地看着布莱尔。他还高高地跷着二郎腿，左脚上的皮鞋尖朝着布莱尔，而且不断地晃来晃去。詹姆斯教授解释说，这种姿势表示对对方的轻视和侮辱。因为阿拉伯人认为脚上穿的鞋子是不洁的物品，与人交谈时应该始终放在地板上，并且鞋尖不能对人。所以，卡扎菲的这个动作表达了他潜意识中对布莱尔的真实态度。

2. 心理观察法

心理观察法是指对谈判对手外在表现进行体会和分析，从中察觉到对方的内心活动，探测其谈判意图的方法。由于心理观察是透过现象挖掘本质的过程，所以此种方法要在自然条件下进行，避免被对手察觉。而且心理观察要认真细致，不要忽略细微变化。同时心理观察要重点了解对方的内心活动，以补充表象观察的不足。

实例 13－16

美国谈判家荷伯回忆说：

几年前他代表一家大公司去俄国购买一座煤矿。矿主是个强硬的谈判者，开价要 2 600 万美元。多轮谈判后，买家出到 2 150 万美元，但矿主态度仍十分强硬，坚持 2 600 万美元的原始报价一文不少，谈判陷入僵局。

为什么卖主不接受这个显然是公平的还价呢？在谈判场上身经百战的荷伯忽然意识到双方对峙的背后肯定隐藏着其他的原因，只有挖掘出这一隐藏的需求信息，才能打破僵局，使谈判进行下去。

于是，荷伯非常诚恳地与那位矿主交流思想，邀请他去打网球，还一顿接一顿地跟他一块吃饭。每当荷伯与那位矿主在一起时，他都要向矿主解释公司做的最后还价是合理的，但卖主总是不说话或说别的。

一天晚上，他们一起吃饭时，那位矿主终于对荷伯的反复解释搭腔了，他说："我兄弟的煤矿卖了 2 500 万美元，还有一些附加条件。"

"哈，哈！"荷伯心里明白了，"这就是他固守那个数字的理由。矿主不只要卖掉煤矿，还有别的需要——要与他的兄弟攀比，他要超过他的兄弟。我们显然是忽略了这个问题。"

掌握了这一信息，荷伯就跟公司的有关经理人员碰头。他说："我们首先得搞清他兄弟究竟确切得到多少，然后我们才能商量我们的建议。显然我们应注重他的这个重要需要，这跟市场价格并无关系。"

公司的经理们同意了，荷伯就按这个路线进行。先去了解矿主兄弟的矿究竟卖了多少钱，他的附加条件是什么，然后对矿主提出买方的建议，而这一建议必须满足卖主的多维性需要。

不久，谈判达成协议，最后的价格没有越过公司的预算，但是付款方式和附加条件使卖主感到自己干得远比他的兄弟强。

荷伯展开心理攻势，设法挖掘出隐藏的需求信息，进而打破了僵局，取得了创造性结果。这表明人们在谈判过程中表现出来的需求具有多维性，了解谈判对手的心理，对谈判的成败起着至关重要的作用。

（三）倾听探测

在谈判摸底中，倾听对方的谈话并对对方的话题内容以及说话的姿态、表情、语气表现出浓厚的兴趣，是缩小双方心理距离，了解、分析、洞察谈判对方的重要方法。通过倾听对方吐露的话题，体会对方使用的措辞、选择的表达方式、运用的语气和语调，可以在摸底阶段探测对方的态度、意图和将要提出的条件。谈判者可针对这些情况推敲并恰当地提出己方的方案。在商务谈判摸底阶段，常用的倾听探测法主要有引导式倾听法和接纳式倾听法。

1. 引导式倾听法

引导式倾听法是指在谈判摸底中，潜心地听取对方的发言，适时地按照己方的思路向对方提出一些问题，诱使对方说出更多想法，从而探测其谈判意图的方法。引导式倾听不同于一般的倾听，它具有明确的目的性，因此，在认真倾听的同时，谈判者要排除无关刺激的干扰，适时地按己方的目的向对方提出一些简短的问题，以诱导对方多说，从而达到摸底的预期目标。

运用引导式倾听法时，不仅要专心致志地听，更要利用适当追问以协助和诱导对方深入地表达，同时将对方的意思进行整理，抓住要点，体察对方未能溢于言表的内心想法。

实例 13－17

日本松下电器公司创始人松下幸之助曾经回忆刚入商场时的一次谈判，他曾被对手以寒暄的形式探测了自己的底细，使其在谈判中失去了主动。当他第一次到东京，找批发商谈判时，刚一见面，批发商就看似友善地与他寒暄："我们第一次打交道吧？以前我好像没见过你。"但实际上，批发商是想用寒暄的方式，使谈判对手放松警惕，来探测对手究竟是谈判的老手还是新手。松下先生缺乏经验，如实地回答说："我是第一次来东京，什

么都不懂，请多关照。”

批发商因此获得了重要的信息：原来对方只是个新手。批发商问：“你打算以什么价格卖出你的产品?”接着，松下又如实地告知对方：“我的产品每件成本是20元，我准备卖25元。”批发商在看似轻松的聊天中，了解到松下在东京人生地不熟，而且松下在谈话中又暴露出急于要为产品打开销路的愿望，批发商就趁机杀价：“你首次来东京做生意，刚开张应该卖得更便宜些。每件20元，如何?”结果松下先生由于缺乏经验而在这次交易中吃了亏。

2. 接纳式倾听法

接纳式倾听法是指在谈判摸底中专注地听取对方谈话的同时，适当地迎合其谈话兴致，适时地表示理解，以使其消除戒备心理，更多地表露意见，进而从中探测其意图的方法。一般来说，接纳式倾听分为三个层次：第一层次，应当听出对方希望与己方交流沟通的意思倾向。如果对方在第一层次上没有这样的表示，则接纳式倾听的探测方式就不能使用。第二层次，对对方表示意愿的方式、语言修养、论述角度、情绪及影响谈判的其他因素，己方要做到初步判断和心中有数，对对方的谈判风格，要有明确的判断。第三层次，通过倾听和了解对方的主要意图、表面及实质目的，己方应当迅速检验自己对对方的意图以及目的的把握是否准确。

在运用接纳式倾听法的时候，谈判人员要专注并且尽量保持沉默，即使是熟知的内容，也不可充耳不闻，因为这既是在洞察对方的谈判意图，也是在建立接纳倾听的感情基础。同时，要使接纳式倾听获得良好的效果，不仅要专注倾听，还应做出反馈性的表示。比如在倾听对方谈话时，眼睛要注视对方，并辅之以适当的点头、应诺、微笑等，合适的时候还应做一些简要记录，以表示对对方意见的理解和赞许。通常，对方会因为谈判者的接纳而愿意更多、更深刻地表达自己的观点。另外，在倾听过程中一般不表示不同意见，而是要把注意力始终集中在鼓励对方多讲话的意图上。最后，还要注意接纳要适度，以免因为过度迎合使对方感觉其中有诈，不敢透露信息。

实例 13-18

日本一位中小企业的总经理到客户那里去，对方的经办人说，由于资金紧张，希望延期付款。这位总经理同情地问：“贵公司这样经营有方的企业也会资金紧张，我看是银行的问题吧。说真的，最近银行毫无支持企业的意愿。”

对方对银行也颇有怨气，发了一通的牢骚，这位总经理一直听着客户的抱怨，还不时附和一番，在这抱怨过程中，两人的关系友好了很多。最后，这位总经理拍了一下对方经办人的肩膀，说：“真的正如你所说，银行实在不像话。所以付款日期的事，也拜托啦。”而对方经办人只好点头答应。

（四）发问探测

发问是商务谈判人员向对方提出问题，要求回答，以获得信息的一种语言沟通形式。运用发问的形式进行摸底阶段的探测，可以引起对方注意，鼓励对方积极参与，在这一过程中为对方的思考和回答规定方向，从而探寻对方的信息、动机和意向。在实际的商务谈判过程中，常用的发问探测方法主要有诱导发问和佯攻发问。

1. 诱导发问

诱导发问是指在商务谈判中，谈判人员运用诱发引导的方法，向对方提出问题，以启发对方按照己方的思路回答问题，从而摸清对方谈判意图的方法。诱导发问常有以下几种形式：

（1）引导性发问。这是对答案具有一定暗示性的问句。例如："违约是要受到惩罚的，您说是不是？"这种问句通常引导对方按照己方的意图给予肯定回答。

（2）探寻式发问。这是针对对方的答复，要求引申或举例说明的问句。例如："您认为价格合理，那么它的构成是怎样的？"

（3）间接性发问。这是借第三者的意见而提出的问句。例如："听说铁路部门认为近期运输没有问题，那交货时间能否提前？"

由于诱导发问目的是要使对方按照己方既定的思路透露相关信息，所以要注意几个技术问题，包括：拟定好发问的腹稿；把握发问的时机；掌握发问的速度；发问围绕一个中心主体，简明扼要、具体明确，不含糊其辞，令对方难以回答；提出敏感性问题要附以发问的理由；只要有可能，应当将问题设计为足以获得肯定答复的形式，使对方养成提供正面和肯定答复的习惯。

2. 佯攻发问

佯攻发问是指在商务谈判中谈判人员运用声东击西、指南打北的手法，言辞激烈地向对方提出问题，使对方感觉迷惑、措手不及甚至愤怒，匆忙应答，己方从而摸清对方谈判意图的方法。在摸底阶段，发问探测的目的是探寻对方信息，如果对方对一般性发问不予重视，无动于衷，可以考虑运用佯攻发问法。佯攻发问主要有以下几种发问方式：

（1）试探性发问。这是一种给出假设条件，让对方直接回答，借以了解对方虚实的问句。例如："如果我们进行现款交易，贵方将给予什么样的优惠呢？""看来我方支付有困难，如果我方退货，您认为如何？"

（2）反诘性发问。这是在对方讲话思路不清晰、表达不明确或含而不露时，给对方以提示及反驳的问句。

（3）刺激性发问。这是运用一褒一贬、一喜一怒的手法激发对方的情绪，以暴露其本意的问句。

佯攻发问是带有刺激性的信息探测方式，因此在使用过程中要小心谨慎，不能带有敌意或锋芒毕露，以免影响开局气氛。通常，采用佯攻发问要在事前做好充分准备，确定好发问的目的、方向、方式、步骤以及应对方案等。如果对方避开问题，要适当追问，以求甚解；如果对方虚张声势地回答问题，应委婉指出，再次发问；如果对方激动愤怒地回答问题，应适度加温，诱使其怒中失误；如果己方佯攻发问的目的达到，则应当马上调和，以顾全对方面子，使其能继续体面地进行谈判。

四、摸底中信息获取策略

在谈判的摸底阶段，很重要的一件事情是要有效获取对方信息。一般来说，对方会隐藏信息，也可能制造一些假象或有偏差的信息来迷惑己方。这时，己方要善于甄别对方披露的信息并学会从大量的信息中提炼出关键点。这对谈判中其他策略的运用和谈判进程的影响是重大的。通常，可以运用如下策略获取和甄别有效信息，对对方进行摸底。

（一）以漏斗方式捕捉对手信息

所谓漏斗方式是指先提出一般化问题，然后再将提问逐步转向具体化，以便从中捕捉信息。这是一种从全部到部分的获取各种信息的方法。这种方式是问者从宽泛的回答中获取了足够的信息之后，提问的方向越来越窄，以求发现更为具体详尽的信息。

（二）从一般性的问题中得到较大收获

在很多时候，一个看上去很随意的一般性问题，例如“生意好吗?”可能一点都不随意。这也许是谈判摸底阶段有效收集情报的手法，而非漫不经心的客套话。对方如果不警觉，也许会把关键性的信息泄露出来。用这一方法引出信息对分析己方在谈判中的地位很有价值，它能避免己方低估或高估自己的地位。

（三）更直接的探寻方法

有时，运用漏斗方式很难快速有效地获取信息。为此，当谈判者认定对方不愿披露某些信息，而又想促使对方披露信息，就可以运用更为直接的发问。例如：“为了做成这笔有利于双方的交易，能否将贵方的目标和需求告诉我们?”“您以前是否有过与这种交易一样不快或不满意的经历？结果如何?”对于这样的直接探寻发问，虽然对方可能不采取正面回答，但从其给出的答案中，己方仍可以发现有价值的“蛛丝马迹”。

（四）以经验验证事实

丰富的谈判经验可以使己方能比较准确地获取所得信息中的真实内容。谈判者要善于从过去的经验和谈判前获取的信息中清醒地看出问题所在。缺乏必要的谈判经验，就可能忽视重要的问题。例如，在租赁谈判中，如果谈判者没有相关谈判经历，不懂得使用空间和租赁空间的区别，就可能在后面的谈判中忽略这个关键问题。所以对于谈判者，每一次谈判都是一个学习和积累的过程，都要为下一次谈判留下宝贵经验，以便更准确摸清对方底牌。

（五）合理利用一、二手资料

在摸底阶段对对方进行探测时，一种方法是依赖一手资料，即直接派人前往对方的所在地进行调查，这样花费的时间和金钱会较多，但其可靠性较高，针对性较强。

另一种方法是通过间接渠道获取第二手资料，如国家驻外使、领馆，各专业公司驻外代表机构，外国驻本国使、领馆，外国公司设在本国的子公司、办事处，国内外金融机构，国外有信誉的会计师事务所、律师事务所、专业咨询公司，国内外同行企业、行业协会，以及曾与谈判对手有过业务来往的国内外公司等，都可能成为信息渠道。尤其是国内外的金融机构和会计师事务所、律师事务所等具有广泛的业务网络，他们提供的分析资料客观性比较强。另外，谈判人员也可以从公开出版的各类报纸、杂志、书籍和公开发表的统计报告、财务报告中，特别是谈判对手亲自撰写的书面材料中，找到有价值的信息线索。二手资料往往是便宜而又比较容易获得的信息资料，因而可以广泛运用。

本章小结

开局阶段是商务谈判的起点，开局的好坏在很大程度上决定着整个谈判的走向和发展趋势。而摸底阶段是实质性商务谈判的开始，是在正式展开谈判但双方还未报价之前互相了解各自期望、观点和意图的阶段。这两个阶段的主要任务是营造良好的开局气氛。对于己方来说，要在这时尽可能窥探对方意图，捕捉对方最迫切的需求。这两个阶段的方法和策略主要包括开局的方法和策略、谈判议程的安排和摸底的策略。

练习与思考

一、案例分析题

美国一家面包公司生产的面包质量好，价格也适中，吸引了很多顾客。但奇怪的是，一家大饭店始终不肯订购该公司的面包。面包公司的老板杰克为了将产品打入这家饭店，费尽了心思和饭店经理联络却收效甚微。于是杰克决定另辟蹊径，在下一次见面会谈之前好好研究一下对方的情况。他通过多方打探收集该饭店经理的个人爱好，了解到该经理是美国某一饭店协会的会员并热衷协会活动，还被选为该协会会长。于是，在下一次会谈中，杰克开局阶段绝口不提面包的事，而是以饭店协会为话题和经理展开谈论。这果然引起了经理的极大兴趣，双方的心理距离一下子拉近了不少。在一种友好的气氛中，杰克自然而然地将生意作为话题的一部分引出，效果十分理想。

问题：杰克是如何打开谈判局面的？又是怎样营造开局气氛的？面对这样的情形，你有什么更好的建议？

二、实训题

1. 假如你是一名谈判人员，在谈判中遇到的对手在一开始态度就十分傲慢强硬，你如何处理这种情形？

2. 在一次谈判中，对方十分小心谨慎，在面对面的接触中，我方无法得到更多信息，面对这种情况，该如何对对方进行谈判摸底？

三、复习思考题

1. 如何营造良好的开局气氛？
2. 如何做好谈判议程的安排工作？
3. 怎样有效地进行谈判摸底以获得有用信息？

第十四章 谈判磋商

本章学习目标

学完本章后，应该能够：

1. 了解报价的基础与原则，理解先报价与后报价各自的利与弊；
2. 掌握报价的基本方法与策略；
3. 了解还价的基本过程和方式，学会应用讨价还价策略；
4. 掌握谈判磋商中对抗与让步的技巧与策略；
5. 掌握克服谈判障碍的技巧；
6. 掌握谈判中沟通说服的技巧。

导入案例

美国一家电器公司的推销员阿里森普谈过这样一件事：一次，他到一家不久前才发展的新客户那里去，企图推销一批新型的电机。一到这家公司，总工程师劈头就说："阿里森普，你还指望我们能多买你的电机吗？"经了解，原来该公司认为刚刚从阿里森普那里购买的电机发热超过正常标准。阿里森普知道强行争辩没有任何好处，决定采取苏格拉底劝诱法来和对方理论并说服对方，即决意取得对方做出"是"的反应和同意的姿态。

他了解情况后，先故意说："好吧，总工程师先生，我的意见和您的相同，假如那台电机发热过高，别说再买，就是卖了的也要退货，是吗？"总工程师果然做出他所预料的反应。

"自然，电机是会发热的，但您当然不希望它的热度超过规定的标准，是吗？""是的！"对方又说了一次。

然后，阿里森普开始讨论具体问题了，他问道：“按标准，电机的温度可比室温高40℃，是吗？”

“是的，”总工程师说，“但你们的产品却比标准高得多，简直叫人没法用手去摸，难道这不是事实吗？”阿里森普也不与他争辩，反问道：“你们车间的温度是多少？”总工程师略加思索，回答道：“大约24℃。”阿里森普兴奋起来，拍拍对方肩膀说：“好极了，车间是24℃左右，加上40℃，一共是64℃左右，如果你把手放进60多度的热水里，是否会觉得烫呢？”总工程师虽然不情愿，但也不得不点头称是，阿里森普接着说：“那么，以后就不要用手摸电机了，放心！那完全是正常的。”

谈判的结果是，阿里森普不仅说服了对方，消除了对方的偏见，而且又做成了另一笔生意。

资料来源：周忠兴．商务谈判原理与技巧．南京：东南大学出版社，2004.

问题：阿里森普运用了哪些沟通说服策略和技巧？如果是你，你将如何去说服总工程师？

第一节　报价与还价

一、报价

商务谈判的重点往往落在价格问题上，报价是谈判的重要环节。这里所说的报价不仅仅是指双方在谈判中就价格条款所提出的要求，还泛指谈判中某一方向对方提出自己的所有要求，包括商品质量、数量、包装、保险、支付条件、索赔等。其中价格条件具有重要的地位，对于谈判双方而言，报出一个恰当的价格，特别是开盘价，实际上为以后的谈判限定了一个范围，最终的协议基本是在这个基础上经过协商达成的。

（一）报价的客观基础与原则

1. 报价的客观基础

报价依赖的客观标准是根据商品价值订立的价格。定价是报价的前提和基础。定价的依据包括商品成本、供求关系和平均利润等因素。谈判人员往往通过周密的市场调研，对以往和现在所收集、掌握的来自各种渠道的商业情报和市场信息，在进行比较、分析、判断、预测后为商品定价。

市场的行情处于不断的变化当中，这种错综复杂的变化通常会通过价格的涨跌波动表现出来，同时，价格的波动反过来又会影响市场的全面波动。因此谈判人员要在收集有关信息的基础上注意分析和预测市场动向，主要是研究有关商品的市场供求关系及价格动态。此外，对商品或其代用品在生产技术上的重大突破和革新的征兆也应当密切关注。

2. 报价的原则

由于报价的高低会对整个谈判进程产生实质性的影响，因此要想成功地进行报价，谈判人员必须遵循一定的原则。

（1）确定己方“最低可接纳水平”。报价之前为己方设定一个“最低可接纳水平”是报价的首要原则。所谓“最低可接纳水平”，是指最差的但可以勉强接纳的谈判结果。例如卖方将其即将出售的某种商品的最低可接纳水平定为800元，这说明，假如谈判最终商定的价格高于800元，他将愿意成交。

（2）报价应当坚定、明确、完整，不加解释说明。开盘报价要坚定而果断地提出，没有保留，毫不犹豫，这样才能给对方留下己方认真而诚实的印象。欲言又止、吞吞吐吐必然会导致对方的不信任。报价还要非常明确清楚，以便对方能够准确地了解己方的期望，含糊不清易使对方产生误解。

同时，报价时不要对所报价格进行过多的解释、说明和辩解。这是因为无论己方报价的水分有多少，对方都会提出质疑，如果在对方尚未提问时己方就主动加以说明，会使对方意识到己方最关心的问题，而这些问题很可能是其尚未加以考虑的。因此，过多的解释说明会使对方从中找出破绽和谈判突破口，这对己方是十分不利的。

通常说来，只有对方对所报价格表示不满或产生质疑时，己方才有必要进行解释说明。归纳起来，在对所报价格进行解释时，要遵循下列原则：

第一，不问不答。指对方不主动问及的问题不要首先解释，以免造成言有所失的结果。

第二，有问必答。指对对方提出的问题，都要一一做出很流畅的回答。

第三，避虚就实。指对己方价格中比较贴近实质的部分应当多讲一些，对于虚高的部分则应当少讲或不讲。

第四，能言不书。指能用口头表达的就不要用文字来书写，这样可以给己方后期的谈判留有一定的余地。

（二）报价先后的利弊与技巧

在商务谈判过程中，到底是应该先报价，还是等待对方开价后再还价，这对于买方还是卖方都是一个没有定论的问题。实际上对于买卖双方来说，先报价和后报价均有其利弊，至于选择何种报价顺序，还要结合自身的实际情况而定。

1. 先报价的利弊

一般来说，先报价的好处在于争取主动，在价格谈判中比后报价更具有影响力。先报价的一方，实际上为谈判规定了一个价格框架或基准线，最终协议多数情况下不会超出这个范围。同时，先报价不仅能为谈判结果确定一个上限或者下限，而且能使先报价的一方在整个谈判过程中或多或少地支配对手的期望水平。因此，先报价比后报价的影响力要大。

然而，先报价的不利之处也是显而易见的。因为后报价一方在得知先报价方的报价后，可以不露声色地对自己的想法进行调整，从而使先报价一方丧失更好的交易机会。

实例 14-1

美国加州一家机械厂的老板哈罗德准备出售三台更换下来的机床，有一家公司闻讯前来洽购。哈罗德先生十分高兴，细细一盘算，准备开价360万美元即每台120万美元。当谈判进入实质阶段时，哈罗德先生正欲报价，却突然打住，暗想：“可否先听听对方的想法？”结果对方在对这几台机器的磨损与故障作了一系列分析和评价后说：“看来，我公司最多只能以每台140万美元的价格买下这三台机床。多一分钱也不行。”哈罗德先生大为惊喜，竭力掩饰住内心的欢喜，装着不满意，讨价还价了一番，最后自然是顺利成交。

2. 后报价的利弊

后报价的利弊正好和先报价的相反。其有利之处在于可以根据对方的报价及时调整己方的策略，以争取到最大利益。不利之处是被对方占据了主动，己方必须在对方划定的框架内谈判。

3. 报价先后的技巧

既然先报价和后报价都各有利弊，而且“利”与“弊”都与一定的条件相联系，实际谈判中选择“先入为主”与“后发制人”也都不乏成功的范例，因此，对于报价的先后次序，要根据特定条件和具体情况灵活选择。一般情况下，可以参照以下经验：

(1) 在己方信息不足、把握不大的情况下，争取让对方先开口，这至少可以从中了解更多的信息。实际谈判中常常会遇到这种情况：对方先开口报出的价格往往比自己预料的要优越得多。

(2) 如果谈判预计将会比较激烈，甚至可能出现互不相让的局面，在做好充分准备的前提下，通过先报价来划定谈判过程的起点，并由此对以后的谈判过程施加影响，使己方从开始就占据主动，于己方是有利的。

(3) 如果谈判对方是己方的老客户，而且合作一直很愉快，那么报价先后的问题就不重要了，双方往往无须经历任何艰苦的报价和磋商就能协商一致，达成理想的协议。

（三）报价策略

谈判的根本任务是正确表明己方的立场和利益要求，商务谈判的报价在这方面起着十分重要的作用，只有在报价的基础上，双方才能进行讨价还价，从而达到实质磋商。基于报价在商务谈判中的重要作用，我们必须掌握以下几种报价策略。

1. 报价时机策略

在价格谈判中，报价时机是一个十分值得重视的问题。有时，卖方的报价比较合理，但却无法刺激买方的交易欲望，这往往是因为报价的时机没有得到准确的把握。通常来说，买方关心的问题首先是此商品能否带来所需的价值，然后才是价格是否合理。这说明在价格谈判中，应当首先让对方了解商品，激发对方对商品的强烈需求感。实践证明，提出报价的最佳时机一般是对方询问价格时。此时报价，往往能水到渠成。

有时，对方在开局就询问价格。己方要明确此时报价并不科学，最好引导对方将注意力放在商品上，在了解对方真正需求和对商品的态度后再进入报价阶段，适时的拖延能给己方创造机会更深入地了解对方，从而不莽撞报价。当然，对方坚持要求报价时，也不要过分拖延，以免影响谈判气氛，造成不快。

2. 表达策略

报价无论采取口头还是书面形式，表达都必须十分肯定、干脆，要表现出没有商量和变动的余地。为了达到表达坚决的目的，“大概”“估计”“大约”这类含糊的词语都不适宜在这一阶段使用。另外，若买方以第三方报出低价为理由进行胁迫，己方应当引导对方将注意力放在商品品质上面，强调“优质优价”以及己方商品与其他企业商品的不同，并尽力表现出对第三方低价的毫不介意。只有在对方表现出真实的交易意图时，己方才可以表明诚意，在价格上开始选择让步。

3. 差别策略

由于购买数量、付款方式和期限、交货地点、客户性质等方面的不同，同一商品的购销价格有所不同。这种价格差别，体现了商品交易中的市场需求导向，在报价中应作为一种策略运用。例如，为巩固良好的客户关系或建立起稳定的交易联系，对老客户或批量购买的客户可以适当实行价格折扣；有时为了开拓市场，对于新客户，可以采取适当的优惠政策；对于需求弹性较小的商品，可以适当运用高价策略；等等。

4. 化整为零策略

化整为零是对价格进行人为分割以影响对方心理的一种策略。卖方报价时，采取这种策略能给买方心理上的价格便宜感。通常，化整为零策略主要包括以下两种形式：

(1) 用较小的单位报价。例如，茶叶每千克 200 元、大米每吨 3 000 元，听起来很贵。但若报成茶叶每两 10 元钱、大米每千克 3 元，就会使人产生一种便宜并且容易接受的价格感觉。

(2) 用较小的价格进行比较。例如：一瓶洗洁精，只花 5 元钱，可以轻松洗净 1 500 只碟子。

5. 中途变价策略

中途变价策略是指在报价的过程中，报价方突然改变原来的报价趋势，借此争取谈判成功的报价方法。中途变价策略可以理解为在一路上涨的报价过程中，突然报出一个相对较低的价格，或者卖方在一路下降的报价过程中，突然报出一个相对上升价格，从而改变原来报价趋势，使对方措手不及，促使其考虑和接受己方价格。

实例 14－2

一位客人在一家皮包店驻足，看到他，售货员赶忙上前推销，好话说尽，客人就是不为所动。售货员将价格一降再降，100 元，90 元，80 元……降到了 60 元，客人还是不接受，售货员也不能再降了，当应该报“50 元”时，突然改变了下降趋势，报出了“55 元”。对此感到十分奇怪的客人提出“50 元”的价格，售货员立即抓住客人的兴趣点，顺水推舟地将皮包以 50 元卖了出去。

谈判的实践告诉我们，当对手对于价格再三要求时，己方要采取中途变价的报价策略，改变原来的谈判趋势，遏止对己方不利的势头，重新占据主动。

二、还价

商务谈判中，一方报价后，另一方不会无条件地全部接受所报价格，而是会对报价做出相应的反应。谈判中的还价实际就是针对谈判对手的报价做出的价格回应。一般情况下，在一方报价后另一方要经过一次或几次讨价，估计对方的保留价格和策略性虚报部分，推测对方可接受的价格范围，然后根据己方的既定策略，提出自己的可接受价格，反馈给对方。双方在讨价还价的过程中不断调整自己的利益点，逐步走向“共赢”。

(一) 还价前的筹划

由于报价具有试探性，为了能使讨价还价朝着有利于己方的方向发展，在接到对方报价后，应当仔细察看其全部内容，推算出对方所报价格中有多少水分，并尽力揣摩对方的真实意图，找到其报价中的薄弱点，作为己方还价的筹码。要想充分利用还价获得最大利益，首先要在还价前做出周密的筹划。

1. 分析报价

己方在得到对方的报价后，应当分析其全部内容，以判断对方的真实意图，确定报价中哪一项是至关重要的，哪一些是次要的，哪项筹码是诱惑让步的。

2. 制定对策

在对方报价后，己方应当根据所掌握的信息和初步分析得出的结论对整个交易做出通盘考虑，估量对方及己方的期望值和保留价格，制定出己方还价方案中的最高目标、中间目标和最低目标。同时还可以把将要涉及的问题尽可能全面地罗列出来，分清主次、先后和轻重缓急。

3. 设计方案

对报价进行分析后，要将视角逐步转向己方，根据己方的目标设计出几种不同的备选方案，方案中要明确哪些条款可以灵活掌握，灵活的范围有多大，这样才能保证己方在价格谈判中的灵活性。

（二）还价方式

1. 根据性质划分

还价的方式从性质上讲，可以分为按比例还价和按成本还价两种。

按比例还价是指己方不了解所谈商品本身的价格，而以与其相近的同类商品的价格或竞争者的商品的价格作参考价进行还价。运用这种还价方式的关键在于一定要选择好作对比的商品，只有比价合理，对方才能信服和接受。

按成本还价是指己方能够大概估算出所谈商品的成本，然后以此为基础加上一定比例的利润为依据进行还价。运用这种还价方式的关键在于所计算的成本要准确，成本计算越准确，谈判还价的说服力越强。

2. 根据每次还价项目的多少划分

根据谈判中每次还价项目的多少，谈判还价可分为逐项还价、分组还价和总体还价。

逐项还价是指对主要设备或商品逐项、逐个分别还价，如对技术费、培训费、咨询费、包装费或运输费进行逐一还价。

分组还价是指把谈判对象根据价格差距档次划分成若干组，然后逐一还价。如商品单价高的，还价时压价的余地就大；单价低的，还价余地就有限。

总体还价是指不考虑报价中各部分所含水分的差异，将所谈商品价格集中起来，按照一个百分比还价。

在实际谈判中，采取以上哪种方式进行还价，要依据具体情况而定。

通常，如果卖方价格解释清楚、成交心切，买方手中比价材料丰富，并且有耐心和足够的时间，则采用逐项还价法对买方比较有利。如果卖方解释不足但有成交的信心，买方掌握的材料较少，则采用分组还价的方式对买方更为有利。

如果卖方报价粗略且态度强硬，造成双方相持时间较长，但还都有成交的愿望，则买方最好选择总体还价的方式。

（三）还价起点的确定

当选定了还价的方式以后，买方还要确定还价的起点，即以什么样的条件作为第一还价点。这第一锤敲得是否合适，将直接决定双方能否达成价格协议。确定还价起点，买方首先应估测卖方在己方还价后价格会改变多少；其次看卖方可能改善的报价与己方拟定的成交方案之间会存在多大的差距，这种差距是否是己方可以容忍的；再次，还要看己方是否准备在还价后让步。以上几点是决定还价起点的基本条件。

从实质上看，还价的目的并不仅仅是提供与对方报价的差异，而是着眼于如何使双方共同协商，接受这种差异，并愿意向双方互利性的协议靠拢。所以，确定还价起点的总体要求是一方面还价起点要低，力求使己方的还价给对方造成一定的压力，以影响或改变对方的判断；另一方面为保证价格磋商过程能顺利进行，还价起点又不能过低，其高度必须接近双方的目标，使对方有接受的可能性。

还价的起点是买方第一次公开报出的打算成交的条件，其高低直接反映出谈判者的谈判水平，同时也反映着买方自身的利益。因此，确定还价起点时要周全考虑，谨慎行事。

（四）还价的次数

还价的次数取决于谈判双方手中留有的余地。如买方第一次还价时价格压得很低，卖方手中余地不大，则再让价的可能性就小；或者卖方态度强硬，手中也无可让余地，则还价作用甚微。那么到底还几次价才合适呢？通常看来，如果卖方在二次报价后仍有价格改善的可能，买方则要积极争取更多还价次数，但每一次要视交易额的大小合情合理还价。在实际谈判中，卖方多以5%～10%为一档，把价格分成几次调节，以制造台阶，保护价格水平。若是项目小或商品总额不高，则还价的台阶不会太多，买方的还价要适度，反之可以加大还价力度。

三、讨价还价策略

讨价还价是谈判中一项重要的内容，一个优秀的谈判人员不仅要掌握谈判的基本原则、方法，还要学会熟练地运用讨价还价的策略与技巧，这是促成谈判成功的保证。

（一）投石问路策略

要想在谈判中掌握主动权，就要尽可能多地了解对方的情况，以及谈判中每一步骤对对方的影响及对方的反应。投石问路就是在讨价还价阶段了解对方情况的一种战术。例如，在价格讨论阶段，想要试探对方价格有无回旋的余地，就可提议：“如果我方增加购买数量，贵方可否考虑优惠价格呢?”然后，可根据对方的开价，进行选择比较、还价。通常情况，任何一块“石头”都有助于进一步了解对方价格的底牌，而且对方对这种方式往往难以拒绝。

（二）抬价压价策略

在谈判中，通常很少出现一方开价，另一方就马上表示赞同的情况，双方对价格达成协议，都要经过多次的抬价、压价，才相互妥协，最终确定一个一致的价格标准。由于谈判时双方都并不清楚对方要价多少，在什么情况下妥协，所以忍耐力、经验、能力和信心是十分重要的。在讨价还价中，时间越久，局势就会越有利于有信心、有耐力的一方。此时，压价可以说是对抬价的破解。如果是买方先报价格，可以低于预期进行报价，留有讨价还价的余地，如果是卖方先报价，则买方压价可以采取多种方式：

实例 14-3

A 公司想以每亩 60 万～70 万元的价格转让一块土地，这块土地具有相当好的增值前景。但在谈判的报价阶段，A 公司报价为 120 万元/亩，以试探对方的反应。其实买方事先已对这块土地进行过估价，也调查过周边的土地价格，结论是市场价格应该为每亩 58 万～60 万元。买方提出 50 万元/亩的出价，由于 A 公司急于将这块土地脱手，随即同意把价格降为 80 万元/亩，即原来的 2/3。由于卖方一开始就做出了大幅度的让步，所以在接下来的谈判中就失去了主动性，任凭买方砍价，毫无还手的能力。最终结果是以 55 万元/亩的价格成交。事实上，这块土地至少可以按 58 万元/亩的价格转让。

（1）揭穿对方的把戏，直接指出实质。比如算出对方产品的成本费用，挤出对方报价的水分。

（2）制定一个不超过预算的金额，或是一个价格的上下限，然后围绕这些标准，进行讨价还价。

（3）用反抬价来回击，如果在价格上迁就对方，必须在其他方面获得补偿。

（4）召开小组会议，集思广益找出对策。

（三）求疵还价策略

求疵还价策略，是指在谈判中一方为了达到自己预定的目标，先针对商品找出毛病，提出苛刻要求，然后再逐渐让步，求得一致，以此来获得己方最大利益的做法。例如，买方想要卖方在价格上给予折扣，但又估计自己若不在数量上做相应让步，对方很难接受这个要求。于是买方在价格以外的其他方面，如商品品质、运输条件、交货期限、付款方式等方面可以提出较为苛刻的合同条款，甚至对现有条件提出质疑，以这些作为双方洽谈的基础，在针对这些条件的讨价还价中，让对方感觉到己方忍痛做了较大的让步，因而甘愿在价格上予以一定的妥协或补偿。

实施这一策略的关键在于要让卖方觉得其在做出价格让步之前已经从买方得到了便宜，得到了让步，而事实上，这些“让步”是买方本来就打算给予卖方的。另外，任何谈判策略的有效性都有一定的限度，这一策略也是如此。先向对方提出要求，挑毛病不能过于苛刻、漫无边际，不能与通行做法相距太远。否则对方会觉得己方缺乏诚意，从而影响谈判氛围。

实例 14-4

某公司在购买瓷器厂的茶具时，为了压价，不断地挑毛病，给瓷器厂施加压力。该公司的经理刚一开始谈判，就问瓷器厂是否有新产品，厂长感到很尴尬，并对没有新产品表示歉意。之后公司经理又提出茶具、茶壶手柄太粗，茶杯镀金不均匀等问题。整个谈判明显出现一方压倒另一方的态势，为了留住客户，瓷器厂的厂长答应降价 5%。

四、讨价还价中的对抗与让步

（一）对抗

在谈判双方基本了解对方的价格期望后，价格谈判就进入了相互对抗阶段。在这个阶段，双方都会竭力获取信息、运用策略，以最大限度地遏制对方的企图，达到自己的目标。讨价还价中的对抗阶段是谈判中最关键的阶段，在这段时间内，双方的表现与能力发挥，直接关系到最终利益分配。因此，价格谈判中的对抗应当受到谈判双方的广泛重视。

1. 对抗的原则

在对抗过程中，谈判人员一定要把握对抗的原则，巧争巧让，礼貌而高姿态地赢得更多利益。为此，谈判人员应坚持以下几点：

(1) 对抗不轻易让步。

虽然为了最终达成协议，让步总是难免的，但这样的态度绝不应当是这一阶段的主旋律。在对抗时，只有坚决地坚持己方的主张，才能够占据有利地位。在这一阶段，应表现出极大的韧性和耐心，据理力争。

(2) 反复强调己方立场。

在对抗阶段，要反复陈述己方的立场，这不仅能够使对方适应己方的高期望目标，不自觉地降低自己的期望值，同时也可以转移对方的注意力，让其关注己方目标的合理性和己方坚决的态度。

(3) 小心隐藏弱点。

客观地说，所有参与谈判的企业和谈判者都不可避免地存在这样或者那样的弱点。但是，无论对抗多么激烈，谈判人员在此过程中都要出语谨慎，避免在情急之下暴露己方的弱点，造成不必要的损失。

2. 合理对抗的策略

对抗是价格谈判中最为激烈的环节，也是谈判的重头戏，要想赢得更多利益，除了注意遵循对抗的基本原则外，还要适当地运用策略，巧妙取胜。

有时，在对抗中扮演"哑巴"角色会有效控制谈判局势。当对手言辞生硬、态度坚决的时候，适当地保持一下沉默，可以达到泼水降温的效果，避免更为激烈的面对面冲突。同时，沉默不表示退让，因为沉默可以留给己方足够的时间把握谈判节奏，酝酿想法，实际上是为下一轮的进攻蓄积力量，此时沉默正是"无声胜有声"。

发问也是对抗中的有力语言武器。在谈判桌上，如果对对手不友好的话语产生反感，不妨用发问作为相应的反应。这样可以促使对方仔细审视他们自己的立场与主张，也使己方在不利气氛中得到缓和的机会。

反驳策略也能够帮助谈判者获得对抗中的有利地位。在对抗阶段，双方往往都习惯于列举事例说服对方，使其接受己方观点。同时，另一方也会对一方所举事例进行反驳。在反驳对方的意见时，要注意反驳的语言策略，不要使用绝对的对抗性语言。例如，"你要么接受，要么放弃，根本不可能有商量的余地!""绝对不行!"这类话语会给对抗带来负效应，使对手觉得反驳者缺乏必要的谈判诚意。在谈判对抗中，如果遇到对手使用了过火语言，或提出了明显不合理的要求，己方要以"外柔内刚"的反驳方式进行对抗，既赢利益也赢人心。

(二) 让步

谈判本身是一个理智的取舍过程，如果没有舍，也就无所谓取。在谈判中，对抗不可能无限制地延续下去，否则只能导致谈判陷入僵局或破裂。高明的谈判者，除了知道何时应该抓住利益据理力争外，还要知道何时应放弃利益。在对抗局面久久难以打破之时，合理的让步可以令谈判“豁然开朗”。正因为如此，对谈判人员来说，掌握让步的原则、策略显得尤为重要。

1. 让步的原则

让步的基本原则是以小换大。为了达到这一目的，要事先充分计划好在哪些问题上与对方讨价还价，在哪些方面可以做出让步以及让步的幅度有多大。一般来说，让步时要遵循下列原则：

（1）在做出让步之前不要让对方明显察觉到己方的意图。

（2）不要做太大、太轻易的让步。在谈判中任何一方轻易做出较大的让步，都会为对方所轻视，这时，让步的价值和作用就无法体现。

（3）要让对方感觉到己方所做的是一次重大让步。不能让对方理解为己方是迫于其压力而做出退让，也不能让对方认为己方的让步是轻率的、仓促的。

（4）不要做无谓的让步。让步的根本目的是获得利益，己方的让步要带动对方做出分量相当的让步。

2. 让步的策略

谈判中的让步要想达到更好的效果，也要讲究艺术。有效让步的基本策略有这样几种：

（1）替换策略。

有一则“朝三暮四”的寓言，说的是主人给猴子定量进食的故事：主人给猴子早上吃三只橡子，晚上吃四只橡子，猴子不满意；于是，主人重新做出安排，早上给它吃四只橡子，晚上给它三只，结果猴子很满意。同理，在讨价还价中可运用这种替换策略来让步。在谈判对抗中，一些谈判人员明知自己应该改变谈问题的角度，却常常因考虑“面子”等问题，如谈判人员自身或所代表的集团的声誉、尊严等，不是实事求是地修订目标方案，反而固守这种商讨问题的方式。这时，如果谈判一方采用替换策略，常常可以让对方体面地改变某些谈判要求，使谈判得以顺利地进行下去。另外，这一策略还不仅仅是一种象征性的让步，更多情况下，替代方案包含着这样一种实质内容：我方愿意以放弃某一方面的利益为代价，换取等同价值的另一方面的利益。就像一对争一个橘子的姐妹，姐姐只想吃果肉，而妹妹只想要拿橘皮去制作她喜爱的蜜饯，但她们争执的却是谁得到整个橘子。其实换个角度去做，两个人就都满意了。这种替换的道理在商务谈判中同样适用。

（2）价格让步策略。

价格让步是让步策略中最重要的内容。让步的幅度、次数、速度直接关系到让步方的利益。

1）让步幅度。下面我们用表格的方式介绍几种常见的价格让步策略。假设谈判的一方在价格上让步的幅度为 100 分，分 4 次进行，表 14－1 给出了 6 种让步幅度。

表 14－1

让步策略	第一次让步	第二次让步	第三次让步	第四次让步
1	100	0	0	0
2	50	50	0	0

续前表

让步策略	第一次让步	第二次让步	第三次让步	第四次让步
3	25	25	25	25
4	10	20	30	40
5	25	30	50	−5
6	40	30	20	10

现将表 14－1 中的 6 种让步策略分析如下：

第一种让步策略，是在开始就一次全部让出，不留任何余地，然后坚守阵地，因为再也没有本钱继续让步。这种策略会让对方觉得不可理解。一次让出会使对方认为初次报价水分过大，缺乏诚意。而在后面的迂回谈判中，己方又没有资本继续让步，会让对方感觉没有通融性，对之前的大幅让步并不存有感激。由此看来，这种让步策略并不可取。

第二种让步策略，是分两次作均等让步。两次让步幅度都很大且额度等同，这样一是让对方感觉到己方的让步是粗略的，而不是精确的；二是对方再次要求让步时得到的是和第一次等额的利益，因而缺乏满足感。

第三种让步策略，是四次均等让步。这种让步策略更不可取，它只是在理论上成立，在实际谈判中，这样的方式只会让对方产生无休止要求己方让步的欲望。

第四种让步策略是递增性让步。这种策略是谈判中最忌讳的。一次次增加让步的幅度，只会诱使对方提出更为苛刻的要求。

第五种让步策略，给人以极度缺乏诚意的感觉。前三步越让越多，最终却拒绝做出让步甚至要求加价，这样会严重影响谈判气氛。但在实际谈判中，也有人使用这种策略，主要目的是遏制对方无限要求让步的势头，而不是真的要加价。

第六种让步策略最为理想，即每次做递减式让步。它克服了上述几种让步策略的弊病，既能做到让而不乱，又能成功遏制对方无限制要求己方让步的欲望。首先，每次让步都给对方一定的优惠，表现了己方的诚意，同时保全了对方面子，使其产生满足感。其次，让步的幅度递减，显得越来越困难，能够使对方充分感受到己方让步不容易，是在竭尽全力满足其要求。最后己方的退让幅度不大，是在明示己方的让步已经到了极限。也有些时候，谈判人员刻意将最后一次让步的幅度加大，甚至超过前次，这是充分表示己方合作的诚意，发出签约邀请。

2）让步次数。让步次数不宜过多，过多不仅意味着利益损失大，而且影响谈判的信誉、诚意和效率。一般美国人认为让步次数不超过 3 次；中国人以 3～5 次为宜，不超过 5 次。

3）让步速度。让步速度也不可过快，过快容易鼓舞对方的斗志和士气，让步应做到步步为营。让步速度控制得当会使对方感受到我方让步的艰难以及想要达成协议的诚意。

第二节　克服谈判障碍的原则和技巧

在商务谈判中，谈判双方之间有时会产生较大分歧。其实，不少分歧都是缘于沟通中的障碍。要想使双方重新以合作态度来进行磋商，就要更好地掌握谈判的原则和技巧，相互沟通，克服谈判障碍。

一、克服谈判障碍的原则

（一）平和谈判气氛

谈判障碍的产生，归结为一条，就是各方利益不同所致的观点差异。而各方观点差异带来的障碍如果在平和的谈判气氛中，往往比较容易得到妥善化解。平和谈判气氛，追根溯源是谈判者保持一个正确的谈判态度，要做到这点，首先，要适度追求利益，即不可过分贪图己方的利益。其次，不要莽撞行事，在条件不成熟时急于突破障碍只能造成谈判气氛紧张。再次，遇到谈判障碍不能慌张，要根据交易的必要性、交易条件的实际差异以及对方的言谈和态度，冷静思考排除障碍的策略。最后，在对手对双方长时间僵持不下感到沮丧不已时，应设法使之感到谈判有希望继续下去，在谈判中充分调动对方情绪，并掌握排除障碍的主动。

（二）控制谈判情绪

在谈判中，每个谈判者都有自己的期望和梦想，也存在自己的不安与疑惑，尤其是在遇到谈判障碍的时候，谈判者的情绪往往会有较大波动。一名成熟的谈判人员，在紧张气氛中要能够控制和调节自己的情绪，这样能够有效地影响对手的情绪，以便共同克服谈判障碍。

（三）抓住排除障碍的最佳时机

在一般情况下，谈判中只要出现障碍就应当立即排除。假设对方提出反对意见，而己方不马上回答，对方会时时惦记，无法集中精力进行下面的谈判。有时，对方所提的问题正是达成协议的唯一障碍，一旦此问题得以解决，即可成交。因此，在绝大多数情况下，只要对方提出异议或疑问，谈判者就应当立即予以回答。

不过，当对方过早提及价格问题或提出些琐碎无聊的问题的时候，谈判者应当巧妙地运用技巧予以拖延，使自己有足够的时间做充分准备，以免仓促回答出现失误。

二、克服谈判障碍的技巧

在商务谈判中，总的指导思想应当是“互相了解、互相信任、互惠互利、长期合作”。对于整个谈判过程是如此，对于谈判过程的环节之一——谈判障碍的克服而言，所运用的技巧也应当建立在这个认识的基础上。

（一）力求客观

在某些谈判中，尽管主要方面因涉及双方的共同利益易于达成一致，但在一些具体问题上双方难免会存在分歧，造成达成协议过程中的谈判障碍。由于双方可能坚持己见，就很难找到一项双赢的方案克服障碍。这时，设法建立一项客观的准则往往是一种克服障碍的好办法。

（二）关注利益

谈判者是为了自身的利益坐在一起进行磋商的，然而在实际谈判中，谈判人员往往把更多的注意力集中于各自所持的立场上，当双方的立场出现分歧时，谈判障碍就不可避免。其实，在这种时候，双方只要把注意力重新集中于立场背后的利益，就可能给谈判的成功重新带来希望。

实例 14-5

一家百货公司计划在市郊建立购物中心，选中的土地使用权为A村所有。百货公司愿出100万元买下使用权，而A村坚持要价200万元。经过几轮协商，百货公司的出价上升到120万元，A村的要价下降到180万元，但之后双方都不愿在价格上再做出让步，因而无法达成协议。仔细分析，A村要高价的目的是维护村民的利益，因为农民失去土地，要依靠这些钱办一家厂，另谋出路。而百货公司因为是国有企业，支付120万元是经过层层审批才最终确定的，他们更多地站在维护国家利益的立场上，想节省资金扩大经营规模。双方表面看来各自代表一方利益，实际上仔细分析可以发现在双方对立的立场背后存在着共同利益：失去土地的农民要办厂并不是轻而易举的，而百货公司扩大规模急需大批人员，早些在当地建立购物中心，既可解决农民的谋生问题，又能招到大批售货员，这其实是双方共同利益所在。看到了这一点后，双方就有了共同的目标，很快找到了克服彼此间障碍的最优方案。

在商务谈判中，双方对立立场背后存在的共同利益常常大于冲突性利益，认识并挖掘出共同的利益，就能为双方克服谈判障碍带来新的契机。

（三）寻找替代

“条条大路通罗马”，这种说法用在谈判上也是很恰当的。谈判中一般都会存在多种可以满足双方利益的方案，而谈判人员经常惯于简单地采用一种方案，而这种方案若不能为对方接受，谈判障碍就会形成。

其实商务谈判中存在障碍是十分常见的事。这时，谁能创造性地提出可供选择的方案，而这种方案既能有效地维护自身利益，又能兼顾对方的利益要求，谁就能够掌握谈判的主动。要想减少谈判障碍，就不要试图在开局确定所谓的唯一方案、最佳方案，这往往会阻止许多其他可作选择的方案产生。同时，若能够在谈判准备时期就构思对彼此有利的更多方案，往往可以在对某种方案的协商产生障碍时选择其他方案进行合理替代，最终促成谈判胜利完成。

（四）回顾历史

当双方就某一问题产生重大分歧导致谈判障碍产生时，双方谈判人员都应当冷静下来，回顾以往的合作历史，同时总结谈判以来所达成的共识和取得的成果，强调双方之间的共同点，并且使双方同时认识到如果不能克服眼前的谈判障碍，那么在此前所付出的种种努力都将付之东流。这样一来，双方往往就能以一种积极的态度去寻找协调办法，消除谈判障碍。

（五）借用外力

当谈判双方都无法解决彼此之间的分歧时，可以请中间人、第三方进行调解。一个好的第三方可以找出顾全双方利益的办法，使谈判双方都满意。中间人、第三方在帮助克服谈判障碍的过程中通常可以提出符合实际的解决办法，并出面邀请双方继续会谈，同时刺激启发双方提出有创造性的建议并最终综合双方观点，提出方案，客观地促成交易的达成。

借用第三方这种外力帮助克服谈判障碍，需要注意的是：第三方必须是双方都信任的、能够站在客观立场上的人，或者由协议执行过程中不会获得较大利益且在协议条款的内容中并无直接利益关系的人来担当。

（六）适时改变

1. 改变谈判场所

正规的谈判场所，容易带来一种严肃的气氛，尤其在双方产生谈判障碍的时候，这样的环境更容易使人产生一种单调、压抑、沉闷的感觉。在这种情况下，可以采用改变谈判环境的办法来化解谈判障碍。如请对方人员参加己方组织的参观游览、运动娱乐、晚宴舞会等活动，在这些活动中加强交流，增进彼此的感情，然后再寻找克服障碍的机会就会容易得多。

2. 更换谈判人员和时间

由于每个人不同程度地都有保全面子的心理，所以在双方产生谈判障碍久谈不下的情况下，若能够适当地更换谈判人员，则可能使现有的僵局得以缓和。但是更换人员的办法应在迫不得已的情况下才使用，并且还要参考一下对方的意见。另外，在谈判遇到障碍一时无法进行的情况下，可以考虑暂时中止谈判，以缓和谈判气氛。但在双方退席前一定要确定下次继续谈判的时间，以避免其他麻烦。

总之，为了克服谈判障碍，使谈判能够顺利进行，谈判人员要尽可能做到对反对意见持接受态度，对不合理的意见持冷静态度，在谈判中用语要谨慎礼貌，最根本的还要从大局出发，以谈判双赢为解决问题的根本出发点，争取顺利达成协议。

第三节　沟通说服的技巧

商务谈判依赖于有效的沟通和说服技巧，这一点在谈判的实质阶段表现得相当充分。谈判到这一阶段，常常会不断出现双方意见分歧和立场对峙的局面。凡是抱有诚意的谈判人员，都希望能消除不必要的误解，让自己的观点为对方所理解和接受，并说服对方放弃其不合理要求。这样做虽然是困难的，但却一直是专业谈判人员所追求的目标。谈判就是一种沟通，而沟通效果与谈判人员沟通水平密切相关。谈判者应当善于运用各种文字语言、有声语言、体态语言等沟通方式来达到良好的沟通效果。通常，谈判中涉及的沟通技巧主要可以分为听、说、问、回答以及说服几个方面。

一、倾听技巧

倾听是人们交往活动中的一项重要内容，谈判就是需要更多倾听的交往活动之一。“多听少说”是一个谈判者应具备的基本素质。通过听，可以发掘线索，获得信息，了解对方的真实意图并预测对方的行动意向。从某种意义上讲，听比说的重要性更大。

所谓听，不只是听的动作本身，更重要的是指听的效果。谈判中的有效倾听就是要能够完整、准确、及时地理解对方讲话的内容和潜在含义。要想真正做到有效倾听，应当注意以下几个方面。

(一) 专心致志地听

积极而有效的倾听关键在于谈判人员在谈判过程中要有足够的耐心倾听对方的阐述，不随意打断，不开小差。一般来讲，人听话及思索的速度要比说话快四倍多，因此在倾听时，要把这些多余的时间放在围绕对方发言进行的思考上，使自己的注意力始终集中于对方发言的内容上。

(二) 主动地倾听

主动地倾听，就是在听的过程中不仅要对对方已做出的阐述予以某些肯定性的评价，以鼓励对方充分发表看法，而且还要恰当地利用自己的提问，加深对对方有关问题的理解，引导谈判方向。同时，主动倾听的过程也是去粗取精、去伪存真的过程。

(三) 创造倾听机会

一般人往往以为在谈判中讲话多的一方占据上风，其实一个有经验的谈判人员往往会尽可能多地给自己创造倾听的机会，尽量让对方多讲。通常，谈判者会在表明自己的意见后加上一句："我很愿听取贵方高见。""请问您意见如何?"从而把发言的机会留给对方。

总之，倾听不仅可以了解对方真实的需要，感知对方的心理状态，而且可以改善双方关系，促成合作。因此，谈判人员要学会有效地倾听。

二、语言技巧

商务谈判中，双方的接触和沟通都是通过语言来实现的。"成功的人都是出色的语言表达者"，从这个意义上看来，语言技巧对于谈判者是十分重要的。从谈判的特点来看，谈判人员应当注意如下语言技巧。

(一) 针对性强

在商务谈判中，语言的针对性要强，做到有的放矢。模糊、啰唆的语言，会使对方疑惑、反感，降低己方威信，成为谈判的障碍。针对不同的商品、谈判内容、谈判场合、谈判对手，要有针对性地使用语言。另外，还要充分考虑谈判对手的性格、情绪、习惯、文化以及需求状况的差异。

(二) 方式婉转

谈判中应当尽量使用委婉语言，这样易于被对方接受。要让对方相信所阐述的完全代表其观点。在这种情况下，谈判对手有被尊重的感觉，这时谈判双方容易达成一致，谈判也容易成功。

(三) 灵活应变

谈判过程中往往会遇到一些意想不到的事情，这要求谈判人员具有灵活的语言应变能力，与应急手段并用，巧妙地摆脱困境。当遇到对手逼迫，要求立即做出选择时，谈判者若说"让我想一想"之类的语言，会被对方认为缺乏主见，从而在心理上处于劣势。此时不妨看看表，然后有礼貌地告诉对方："真对不起，我与一个朋友约定，需要现在通个电话，请稍等五分钟。"在这得体地赢得的五分钟时间内，谈判者有足够的机会思量对策。

(四) 无声语言

在商务谈判中，谈判人员的姿势、手势、眼神、表情等无声语言，往往可以发挥重要的作用。在特殊环境里，有时需要沉默，恰到好处的沉默可以取得意想不到的效果。例如，在谈判双方口舌交战中适时地保持一会儿沉默，能够显示出一份自信，此时，所谓“沉默是金”的道理得以充分体现。

三、发问技巧

进行谈判，必然有问有答，其中发问具有很强的艺术性。问话首先要有一定的目的性，然后通过恰当的方式表达出来。在一般的谈判场合，发问的语言主要可以划分为封闭式问句和开放式问句两大类。

（一）封闭式问句

封闭式问句是指特定的领域限制的具有特定答复倾向的问句。一般用“是”或者“否”作为提问的预期答案。例如，“前天谈判会场没有见到您，是否有事情临时离开了?”“贵方有没有最终做出决定?”这类问句，可以使发问者得到特定的资料和信息。封闭式问句主要有以下几种情况：

（1）选择式问句。这种问句是指己方提出几种情况让对方从中选择的问句。例如，“贵方是选择离岸价还是到岸价?”“支付价款是分期还是一次付清?”这类问句都是给出两个或两个以上的条件供对方选择，而且这种选择的范围多由发问方确定，回答者的答案一般不超出此范围，因而，这类问句具有较强的导向性。

（2）暗示式问句。这种问句本身已经强烈地暗示出预期的答案。例如，“贵方已经同意自行承担运费了，对吗?”这类问句是为了在谈判中敦促对方表态而提出的。

（3）参照式问句。这种是以第三者意见作为参照提出的问句。例如，“按照国际通则，应当由贵方承担这项风险，您看如何?”这类问句所选的第三方意见应当是大家公认的原则或权威性的意见，这样才有说服力。

（二）开放式问句

开放式问句是指在广泛的领域内带出广泛答复的问句。例如，“你看我们的谈判工作应当如何进行下去?”“您对这项议案有什么看法?”这类问句因为不限定答复的范围，所以能使谈判对方畅所欲言，使提问方获得更多信息。开放式问句通常有以下几种形式：

（1）商量式问句。这是和对方商量问题的句式。例如，“如果我们在价格问题上做出合理让步，贵方愿意答应一次付款的条件吗?”这类问句一般和对方切身利益相关，属于征询对方意见的发问形式。

（2）探索式问句。这是针对对方答复内容继续引申的一种问句。例如，“贵方谈到继续谈判存在困难，能否告诉我主要存在哪方面困难呢?”“刚才贵方提到不满意我方所提条件，能不能进一步向我们说明?”探索式问句，不但可以发掘比较充分的信息，而且可以显示出发问者对对方所谈问题的兴趣和重视。

（3）启发式问句。这是启发对方充分发表意见、表达看法的问句。例如，“针对我方提出的议案，您还有什么意见?”

在谈判过程中，发问者要多听少说，多运用开放式问句，妙用封闭式问句。发问者应当事先了解对方情况，注意发问的时机，同时做到由广泛的问题逐步缩小到特定的问题，避免含混不清的措辞，避免盘问式或审问式的问句。

四、回答技巧

商务谈判中的回答有三种类型，即正面回答、迂回回答和避而不答。这三种类型又在实际中演变成多种回答方式，常用的回答方式主要有：

（1）含混式回答。这样既可以避免把自己的真实意图暴露给对方，又可以给对方造成判断上的混乱和困难。这种回答由于没有做出准确的答复，因而可以有多种解释，给后面的谈判留下了回旋余地。

（2）局限式回答。即将对方问题的范围缩小后再做回答。在商务谈判中，并非所有的问题都对己方有利，因而在作答时必须有所限制，选择对己方有利的内容加以回答。例如，当对方提问产品的质量时，只回答几个有特色的方面，以此给对方留下好的印象。

（3）转换式回答。即在回答问题时把谈判的话题引向其他方向，也就是所谓的“答非所问”。例如，对方提及价格时可以这样转换回答：“我知道您很关注这一问题，关于价格我们一定可以给您一个满意的结果，不过在谈这个问题之前请让我先把产品的几点特殊功能说明一下吧。”这样回答，自然而然地就把问题焦点转换到产品功能上了，能够使对方在听完介绍之后，将价格建立在新的产品印象上，这无疑对己方十分有利。

（4）反问式回答。这种回答实际上是利用向对方提其他问题的机会回答其所提问题。这是一种以问代答的方式。既可以为己方回答问题留下喘息机会，又可以在面对一些不便回答的问题时，利用反问给己方解围。

（5）拒绝式回答。即面对那些棘手的问题，寻找借口拒绝回答。

在谈判中，面对对方的层层发问，要充分掌握回答的技巧，不仅要在回答问题之前留给自己足够的思考时间，做好心理准备，了解和预测对方可能提出的问题并相应准备几套答案，还应当经过周密思考，准确判断对方提问的用意，以便把握回答的方向，从而掌握谈判主动权。

五、说服技巧

说服是一种设法改变他人初衷，使其能够心甘情愿接受己方意见的谈判沟通技巧。在商务谈判中，双方之间只有维系一种有效的沟通，使彼此都能充分而又正确地了解对方的真实需求，才有可能进一步寻求说服对方认同己方观点的途径。

对于谈判人员来说，要掌握说服技巧，应遵循以下几条原则：

（1）设法建立彼此间信任与融洽的关系，尊重对手并赢得他的尊重。在谈判中，双方的亲近程度和信任程度对信息接收的影响极大。如果双方处在对立的情绪中，要想说服对方几乎是不可能的。但如果建立了融洽的关系，对方从心理上来说就很容易接受己方的意见和建议。

（2）分析利益。认真分析你的建议可能给谈判双方带来的影响，比如，你能从中得到什么，又会失去什么？接受你的建议，对对方意味着什么？在整个谈判进程中它又起着怎样的作用？对于这一切谈判者都应该做到心中有数。不要自以为对手会相信你的提议纯粹是为了让他得到好处，明智的做法是要向对手说明这个建议能带给他的利与弊，如果能够让对方感到其利大于弊，那么就成功了一半。

（3）运用一些策略加强建议的信服力。如先谈容易取得一致意见的问题，再谈容易引起争论的问题，使对方一开始就感受到合作的氛围。强调利益一致，这比强调利益的差异更能提高对方的认同与接纳的可能；向对方挑明己方的建议对于满足其需要，特别是满足其潜在需要的价值。不要认为说服是一种一蹴而就的事情，它需要智谋、耐心，需要大量反复的劝说、证明与建议。当对方最终明白，接纳你的建议符合他的自身利益，并做出相应明确的承诺后，己方才实现了谈判中的一次飞跃。

实例 14-6

1970 年，韩国企业家郑周永投资创办造船厂，不多久，他就筹集了足够的贷款，只等客户来订货了。但订货单可没有那么容易得到。

当时，没有一个外商相信韩国的企业有造大船的能力。经历了多次谈判失败后，郑周永苦思冥想，终于想出了一招。他从一堆发黄的旧钞票中，挑出一张 500 元的纸币，纸币上印有 15 世纪朝鲜民族英雄李舜臣发明的龟甲船，其形状极易使人想起现代的油轮。而实际上，龟甲船只是古代的一种运兵船，李舜臣就是用这种船大败日本人，粉碎了丰臣秀吉的侵略。郑周永在以后的推销谈判中随身揣着这张旧钞，宣称朝鲜在 400 多年前就已具备了造船的能力，完全能胜任建造现代化大油轮。经他这么一游说，外商果然很快就签出了两张各为 26 万吨级油轮的订单。

（4）简化接受手续。当对方接受了己方的提议后，为了避免其突然改变决定，应当尽可能地使接受的手续简单易行，以使说服工作顺利完成。

本章小结

谈判磋商阶段是商务谈判中最核心、内容最丰富的阶段。在这个过程中，最复杂和艰难的阶段是以价格为中心的讨价还价阶段。一般来说，当谈判一方报价后，另一方不会无条件地接受，而是要进行一场实力、智力、技术和策略的较量。在谈判磋商阶段，无论是报价、还价，还是对抗让步、沟通说服，策略的运用都是最为丰富的，这一领域的经验和技巧也是需要在实践中不断积累和完善的。

练习与思考

一、案例分析题

甲到商店里买皮鞋，在两种不同的样式面前犹豫了起来。其中一双要价 195 元，比较便宜，但颜色差些；另一双要价 245 元，比较贵，但颜色和质量比较好。售货员看到这种情况，指着那双比较贵的皮鞋说：“您穿这双皮鞋特别好！这是我店刚刚进的新产品，卖得特别快！”显然，她是想让甲买贵的，以便多赚钱。

“好是好，就是贵了些！”甲说。

“贵是贵了些，但质量、样式好，您想过没有，一双鞋能穿几年？”

甲回答道：“大概两年吧。”

“好，咱们就按两年计算吧，这双比那双贵 50 元……”售货员一边说着，一边按计算器，“每年贵 25 元，每月平均贵 2.1 元，每天也就 7 分钱。”说到这里，售货员望着甲说：“您看，您每天抽一包烟要 10 元左右，却不心疼，每天多花 7 分钱还犹豫什么呢？更何况每天多花 7 分钱就可以让您在至少两年中都更潇洒、更有风度，难道这还不值得吗？”

售货员的一番计算和解说产生了明显的效果，甲爽快地掏钱购买了这双皮鞋。

问题：(1) 售货员运用了何种报价技巧？又运用了哪些沟通说服策略和技巧？

(2) 假设你是甲，想购买这双皮鞋，该如何与这位售货员讨价还价？

二、实训题

在一场涉及机械设备买卖的国际谈判中，谈判双方在价格问题上出现分歧，买方代表提出卖方所提供的设备价格比其他国家的同类产品价格要高出近 10%。假如你是卖方代表，面对买方代表对价格的反对意见，你如何应对？

三、复习思考题

1. 报价和还价的策略各有哪些？该如何应用技巧进行价格上的对抗与让步？
2. 怎样有效克服谈判障碍？
3. 如何在谈判中进行有效的沟通？

第十五章 签订买卖合同

本章学习目标

学完本章后，应该能够：

1. 了解签订买卖合同应遵循的基本原则；
2. 掌握买卖合同签订的形式和内容；
3. 掌握买卖合同签订的方式；
4. 了解买卖合同成立的时间和地点；
5. 掌握买卖合同签订中的注意事项；
6. 了解买卖合同代理签订的相关事项。

导入案例

S省某建筑工程公司因施工期紧迫，而事先未能与有关厂家订好供货合同，造成施工过程中水泥短缺，急需100吨水泥。该建筑工程公司同时向A市海天水泥厂和B市丰华水泥厂发函，函件中称："如贵厂有300号矿渍水泥现货（袋装），吨价不超过1 500元，请求接到信10天内发货100吨，货到付款，运费由供货方自行承担。"A市海天水泥厂接信当天回信，表示愿以吨价1 600元发货100吨，并于第3天发货100吨至S省某建筑工程公司，建筑工程公司于当天验收并接收了货物。B市丰华水泥厂接到要货的信件后，积极准备货源，于接信后第7天，将100吨袋装300号矿渍水泥装车，直接送至某建筑工程公司，结果遭到拒收。理由是：本建筑工程仅需要100吨水泥，至于给丰华水泥厂发函，只是进行询问协商，不具有法律约束力。丰华水泥厂不服，遂向人民法院提起了诉讼，要求依法处理。

资料来源：郭伟刚．推销与谈判．杭州：浙江工商大学出版社，2011．

问题：丰华水泥厂与某建筑工程公司之间是否存在生效的合同关系？

第一节　买卖合同及其签订的基本原则

买卖是商品交换最普遍的形式。推销人员在完成市场分析、客户选择、推销与谈判等一系列工作之后，其最终目的是将谈判结果以书面的形式确定下来，即签订买卖合同。买卖合同的签订既反映出推销人员的业务能力，又关系到企业自身的经济效益，因而签订买卖合同在整个推销活动中的地位十分重要。买卖合同的签订是推销活动的最后一步，如何正确签订买卖合同，防止推销成果付诸东流是推销人员不可忽视的一项重要工作。

一、买卖合同的概念

买卖合同是出卖人转移标的物的所有权于买受人，买受人支付价款的合同。转移标的物所有权的一方称为出卖人或卖方，支付价款而取得标的物所有权的一方称为买受人或者买方。

二、买卖合同的特征

（一）买卖合同是有偿合同

买卖合同是以等价有偿方式转让标的物所有权的合同，即出卖人转移标的物的所有权于买受人，作为等价交换，买受人必须向出卖人支付相应的对价。这是买卖合同的基本特征，这一特征使买卖合同区别于转移标的物所有权但无对价支付的赠与合同。

（二）买卖合同是双务合同

在买卖合同中，买卖双方都既享有一定的权利，又承担一定的义务，且双方的权利义务相互对应。出卖人负有交付合格标的物并转移标的物所有权给买受人的义务，买受人也同时负有依约向出卖人支付价款的义务，即买方的权利就是卖方的义务，买方的义务就是卖方的权利。因此，买卖合同是典型的双务合同。

（三）买卖合同是诺成合同

除法律另有规定或当事人另有约定以外，买卖合同自双方当事人意思表示一致就可以成立，并不以一方当事人交付标的物或完成其他给付行为作为合同的成立要件，当事人交付标的物属于买卖合同的履行。

（四）买卖合同一般为不要式合同

买卖合同的签订采用何种形式，一般由合同当事人自己决定。通常情况下，买卖合同的成立、有效并不需要具备一定的形式，显现出不要式性。但在法律有明确规定或合同有明确约定的情况下，买卖合同应当采用法律规定或合同约定的形式，否则可能导致有些买卖合同的无效。

三、签订买卖合同应遵循的基本原则

买卖合同作为典型的双务有偿合同，其签订应遵循以下基本原则。

（一）平等原则

平等原则，是指买卖合同当事人的法律地位一律平等。买卖合同的当事人不论是自然人、法人还是非法人组织，不论其经济实力大小，也不论其有无上下级关系，在合同中的法律地位一律平等。任何一方不得将自己的意志强加给另一方，实施不公平竞争和不平等交换；不得利用公共权利搞非法垄断，签订“霸王合同”；不得利用自己的经济实力强迫他人接受不平等的条款。

（二）自愿原则

自愿原则，是指买卖合同的当事人有权根据自己的意志和利益，自愿决定是否签订买卖合同，与谁签订买卖合同，签订什么形式的买卖合同，签订什么内容的买卖合同，是否补充、变更买卖合同的内容或是否解除买卖合同；有权自愿协商确定买卖合同的违约责任和选择争议的解决方式。任何单位和个人不得非法干预当事人签订买卖合同。

（三）公平原则

公平原则，是指买卖合同的当事人应当公平地确定双方的权利和义务，双方权利义务的设置应当具有对等性，不得明显失之于公平。

（四）诚实信用原则

诚实信用原则，是指买卖合同的当事人行使合同权利和履行合同义务应当诚实、守信。在买卖合同签订过程中不得隐瞒真实情况，用欺诈手段骗取对方签订合同；签订买卖合同后不得擅自撕毁合同，要严格履行买卖合同。

（五）守法原则

守法原则，是指买卖合同的当事人订立、履行合同，应当遵守法律、行政法规，遵守社会公德，不得扰乱社会经济秩序，损害社会公共利益。

第二节　买卖合同签订的形式和内容

一、买卖合同签订的主体

买卖合同的签订主体，即买卖合同的当事人，是平等主体的自然人、法人和非法人组织。买卖合同的当事人订立合同，应当具有相应的民事权利能力和民事行为能力。当事人依法可以委托代理人订立合同。

（一）自然人

自然人是基于出生而取得民事主体资格的人，包括本国公民、外国公民和无国籍的人。自然人不同于公民，公民仅指具有一国国籍的人。自然人从出生时起到死亡时止，具有民事权利能力，依法享有民事权利，承担民事义务。自然人的民事权利能力一律平等，不受限制和剥夺。我国《民法总则》根据自然人的年龄、智力和精神健康状况将自然人的民事行为能力分为完全民事行为能力、限制民事行为能力和无民事行为能力三种。

自然人作为买卖合同的签订主体，应具有与所签订的买卖合同相应的民事行为能力，不具有相应民事行为能力的自然人应由其法定代理人代为签订买卖合同。

（二）法人

法人是具有民事权利能力和民事行为能力，依法独立享有民事权利和承担民事义务的组织。法人依法成立，具有自己的名称、组织机构、住所、财产或者经费。法人的民事权利能力和民事行为能力，从法人成立时产生，到法人终止时消灭。法人以其全部财产独立承担民事责任。

合法存续的法人一般均具有签订买卖合同的相应民事权利能力和行为能力。当然，对某些特殊标的物的买卖，法律亦对法人主体资格进行了一定限制，有法律限制的，应遵循法律规定。

（三）非法人组织

非法人组织是不具有法人资格，但是能够依法以自己的名义从事民事活动的组织。非法人组织包括个人独资企业、合伙企业、不具有法人资格的专业服务机构等。非法人组织依照法律规定登记设立，法律、行政法规规定须经有关机关批准的，依照其规定。非法人组织的财产不足以清偿债务的，其出资人或者设立人承担无限责任。法律另有规定的，依照其规定。

合法存续的非法人组织一般具有签订买卖合同的相应民事权利能力和行为能力。当然，对某些特殊标的物的买卖，法律亦对非法人组织的主体资格进行了一定限制，有法律限制的，应遵循法律规定。

二、买卖合同签订的形式

合同的形式，是指表现合同内容的外观方法或者手段。根据我国《合同法》的规定，买卖合同的当事人签订买卖合同，可以采用口头形式、书面形式和其他形式。

（一）口头形式

口头形式，是指买卖合同的当事人以直接对话方式订立合同的形式。口头形式简便易行，日常生活中的买卖合同经常采用，如集市上的现货买卖、商店里的零售买卖等一般采用口头形式。但采用口头形式，在发生争议时，空口无凭，不利于举证。因此，对不能及时结清和标的额较大的买卖合同，不宜采用口头形式。

（二）书面形式

书面形式，是指合同书、信件和数据电文（包括电报、电传、传真、电子数据交换和电子邮件）等可以有形地表现所载内容的形式。书面形式最大的优点是合同有据可查，发生纠纷时容易举证，便于分清责任，解决纠纷。因此，对于关系复杂、标的额较大和重要的买卖合同，最好采用书面形式。《合同法》规定，法律、行政法规规定采用书面形式的，应当采用书面形式。当事人约定采用书面形式的，应当采用书面形式。

（三）其他形式

其他形式一般是指推定形式，即指口头形式和书面形式以外的买卖合同订立形式，是指买卖合同的当事人未用语言、文字表达其意思表示，而是采用积极的作为行为或消极的不作为行为达成合意，订立买卖合同的形式。如商场安装自动售货机，顾客投币订立买卖合同的形式。推定形式具有广泛的应用领域。买卖合同的当事人未以书面或口头形式订立合同，但从当事人的行为能够推定其具有订立合同意愿的，可以认定为是以推定形式订立了买卖合同。但是，以当事人消极的不作为行为推定当事人具有签订买卖合同的意思表示的，应有法律的明确规定。

三、买卖合同签订的内容

（一）买卖合同的条款

买卖合同的内容，就是买卖合同当事人的权利和义务，具体体现为买卖合同的合同条款。根据《合同法》的规定，在不违反法律强制性规定的情况下，买卖合同的条款可以由合同当事人自由约定，但一般包括以下条款：

（1）当事人的名称或者姓名和住所；

（2）标的；

（3）数量；

（4）质量；

（5）价款或者报酬；

（6）履行期限、地点和方式；

（7）违约责任；

（8）解决争议的方法；

（9）包装方式；

（10）检验标准和方法；

（11）结算方式；

（12）合同使用的文字及其效力。

（二）买卖合同的示范文本

买卖合同的文本一般由合同的首部、正文和尾部三部分组成。

（1）首部。即买卖合同的开头部分，主要包括合同的名称及合同编号，以及双方当事人进行相互沟通联系的有关资料，如当事人的法定代表人、统一社会信用代码、地址及当事人税务资质等，便于日后双方就合同的内容进行交流磋商。

（2）正文。即买卖合同的核心部分，用来表述合同的重要条件和实质性内容，以此明确买卖双方的权利、义务和责任。在表述正文时，应该本着“全面、明确、具体、准确”的原则。

（3）尾部。即买卖合同的结尾部分，主要包括双方当事人在对以上合同条款内容和格式进行详细审阅，确信合同内容完整无误后，进行的签字、盖章行为。合同当事人签字、盖章后合同随即成立，依法成立的买卖合同同时生效，对合同的双方当事人产生法律约束力。至此，整个买卖合同签订工作顺利完成。

举例：买卖合同示范文本。

<u>（产品名称）</u>买卖合同

合同编号：

甲方（卖方）：（公司名称）

法定代表人：

统一社会信用代码：

地址：

纳税资质：一般纳税人（或小规模纳税人）

乙方（买方）：（公司名称）

法定代表人：

统一社会信用代码：

地址：

纳税资质：一般纳税人（或小规模纳税人）

为了明确买卖双方的权利和义务，实现合同目的，本着双方当事人平等自愿、协商一致的原则，订立本买卖合同，以便双方共同遵守。

第一条　产品的名称、品种、规格和质量

第二条　产品的数量和计量单位、计量方法

第三条　产品的包装标准和包装物的供应与回收

第四条　产品的交货单位、交货方法、运输方式、到发地点

第五条　产品的交（提）货期限

第六条　产品的价格与货款的结算

第七条　验收方法

第八条　对产品提出异议的时间和办法

第九条　乙方的违约责任

第十条　甲方的违约责任

第十一条　合同争议的解决方式

第十二条　合同生效时间

第十三条　其他

甲方：（盖章）　　　　乙方：（盖章）

法人或委托代理人（签字）：　　　　法人或委托代理人（签字）：

签订日期：　　年　月　日　　　　签订日期：　　年　月　日

第三节　买卖合同签订的方式

当事人签订买卖合同，采取要约和承诺的方式。

一、要约

要约又称为发盘、出盘、出价或报价等。要约是希望和他人订立合同的意思表示，发出要约的一方当事人称为要约人，收到要约的对方当事人称为受要约人。

（一）要约的构成要件

1. 要约必须是特定人所为的意思表示

要约的目的在于要约人向受要约人作出含有买卖合同条件的意思表示，旨在得到受要约人的承诺而成立买卖合同，只有要约人是特定人，受要约人才能确定发出要约的是谁，

从而对其作出承诺，成立买卖合同。因此，要约人必须是特定人。所谓特定人，是指能为外界客观确定的人，可以是自然人、法人或是非法人组织，可以是本人或是其代理人。

2. 要约必须向相对人发出

买卖合同的要约人发出的要约必须经受要约人承诺才能成立买卖合同。因此，要约人必须向其有意签订买卖合同的相对人发出要约，才能获得相对人的承诺，从而成立买卖合同。一般情况下，要约的相对人也是特定的，但在特殊情况下或特殊的场合，要约也可以向不特定人发出。如悬赏广告和商店中明码标价的商品销售，就是向不特定的人发出的要约。

3. 要约内容必须具体、确定

要约是订立买卖合同的提议，必须使受要约人确切知道要约的内容，决定是否接受要约，做出承诺。因此，要约的内容必须具体、确定。这一方面要求要约必须具有买卖合同的主要条款，至少包括当事人、标的和数量等必备条款；另一方面要求要约的内容必须明确，不得含混不清。

4. 要约必须表明经受要约人承诺即受该意思表示约束，即要约必须具有缔结买卖合同的目的

买卖合同的一方当事人发出要约，是为了与对方签订买卖合同，要约人要在其意思表示中将这一意愿表示出来。同时，要约作为表达希望与相对人订立买卖合同的一种意思表示，其内容已经包含了未来成立的买卖合同的主要内容和条款，在此情况下，如果受要约人表示接受此要约，则双方达成了签订合同的合意，买卖合同即告成立。因此，要约必须表明，在受要约人表示承诺的情况下，要约人就要受该要约的约束，与受要约人签订买卖合同。

（二）要约的生效

要约到达受要约人时生效。要约人以口头形式发出要约，当时发出，当时到达，当时生效。以书面形式发出要约，只要要约已经送达到受要约人所控制的范围，如将载有要约内容的信件投入受要约人的信箱，就应当认定要约已经到达受要约人，要约生效。采用数据电文形式发出要约，收件人指定特定系统接收数据电文的，该数据电文进入该特定系统的时间，视为到达时间；未指定特定系统的，该数据电文进入收件人的任何系统的首次时间，视为到达时间，也是要约生效时间。

要约一旦生效即产生相应的法律效力。首先，要约对要约人产生约束力。要约一经生效，要约人即受到该要约的约束，不得任意撤销要约，或对要约加以限制、变更和扩张，以此保护受要约人的合法权益，维护交易安全。其次，要约对受要约人产生约束力。要约一经生效，受要约人即取得承诺的权利，或者说取得依其承诺成立买卖合同的权利。这一权利仅限于受要约人行使，不得随意转让。

（三）要约的撤回和撤销

1. 要约的撤回

要约的撤回，是指要约人发出要约后，在要约到达受要约人之前，取消要约使要约不发生法律效力的行为。出于对要约人意思自治的尊重和保护要约人的利益，《合同法》规定，要约可以撤回，撤回要约的通知应当在要约到达受要约人之前或者与要约同时到达受要约人。

2. 要约的撤销

要约的撤销，是指要约人在要约到达受要约人生效后，受要约人发出承诺通知前，将要约取消，使要约的法律效力归于消灭的行为。由于要约的撤销一般对受要约人不利，因此，要约的撤销受到一定的限制。《合同法》规定，要约可以撤销，撤销要约的通知应当在受要约人发出承诺通知之前到达受要约人。但有下列情形之一的，要约不得撤销：(1) 要约人确定了承诺期限或者以其他形式明示要约不可撤销；(2) 受要约人有理由认为要约是不可撤销的，并已经为履行合同做了准备工作。

(四) 要约的失效

要约失效，又称为要约的消灭，是指要约丧失其法律约束力。要约失效后，要约人不再受该要约的约束，受要约人也不再享有承诺的权利和资格，即使受要约人作出承诺，也不能产生买卖合同成立的后果。我国《合同法》规定了要约失效的情形：(1) 拒绝要约的通知到达要约人；(2) 要约人依法撤销要约；(3) 承诺期限届满，受要约人未作出承诺；(4) 受要约人对要约的内容作出实质性变更。

二、承诺

承诺又称为接盘，是指受要约人同意要约的意思表示。

(一) 承诺的构成要件

1. 承诺必须由受要约人作出

承诺是受要约人对要约人的要约表示同意的意思表示，是一种相对人的行为，只有受要约人享有承诺的权利和资格，因此，承诺只能由受要约人作出。受要约人为特定人的，承诺只能由该特定人作出；受要约人为不特定人的，承诺由该不特定人中的任何人作出。受要约人的代理人也可代为承诺。

2. 承诺必须向要约人作出

受要约人承诺的目的在于与要约人签订买卖合同，因此，承诺人只有向要约人作出承诺才有意义，才能达到与要约人签订买卖合同的目的。

3. 承诺的内容应当与要约的内容一致

承诺是受要约人同意按照要约的内容和条件与要约人订立合同的意思表示，因此，承诺的内容应当与要约的内容相一致，不得做出实质性变更。《合同法》规定，承诺的内容应当与要约的内容一致。受要约人对要约的内容作出实质性变更的，为新要约。有关合同标的、数量、质量、价款或者报酬、履行期限、履行地点和方式、违约责任和解决争议方法等的变更，是对要约内容的实质性变更。承诺对要约的内容作出非实质性变更的，除要约人及时表示反对或者要约表明承诺不得对要约的内容作出任何变更的以外，该承诺有效，合同的内容以承诺的内容为准。

4. 承诺应当在要约确定的期限内到达要约人

承诺应当以通知的方式作出，但根据交易习惯或者要约表明可以通过行为作出承诺的除外。承诺应当在要约确定的期限内到达要约人。要约没有确定承诺期限的，承诺应当依照下列规定到达：(1) 要约以对话方式作出的，应当即时作出承诺，但当事人另有约定的除外。(2) 要约以非对话方式作出的，承诺应当在合理期限内到达。要约以信件或者电报作出的，承诺期限自信件载明的日期或者电报交发之日开始计算。信件未载明日期的，自投寄该信件的邮戳日期开始计算。要约以电话、传真等快速通信方式作出的，承诺期限自要约到达受要约人时开始计算。

（二）承诺的迟延和迟到

承诺的迟延，是指受要约人超过承诺期限发出承诺的情形。受要约人超过承诺期限发出承诺的，除要约人及时通知受要约人该承诺有效的以外，为新要约。

承诺的迟到，是指受要约人在承诺期限内发出承诺，按照通常情形能够及时到达要约人，但因其他原因承诺到达要约人时超过承诺期限的情形。迟到的承诺，除要约人及时通知受要约人因承诺超过期限不接受该承诺的以外，该承诺有效。

（三）承诺的撤回

承诺的撤回，是指受要约人在发出承诺通知后，承诺通知到达要约人之前，取消承诺使承诺不生效的法律行为。《合同法》规定，承诺可以撤回，撤回承诺的通知应当在承诺通知到达要约人之前或者与承诺通知同时到达要约人。

（四）承诺的生效

承诺通知到达要约人时承诺生效；承诺不需要通知的，根据交易习惯或者要约的要求作出承诺的行为时承诺生效。以口头形式发出承诺通知，当时发出承诺通知，当时到达，当时承诺生效。以书面形式发出承诺通知，只要承诺通知已经送达到要约人所控制的范围，如将承诺通知的信件投入要约人的信箱，就应当认定承诺通知已经到达要约人，承诺生效。采用数据电文形式发出承诺通知，收件人指定特定系统接收数据电文的，该数据电文进入该特定系统的时间，视为到达时间；未指定特定系统的，该数据电文进入收件人的任何系统的首次时间，视为到达时间，也是承诺生效的时间。

三、买卖合同成立的时间和地点

（一）买卖合同成立的时间

买卖合同的当事人采用要约和承诺的方式签订买卖合同，承诺生效的时间就是买卖合同成立的时间。当事人采用合同书形式订立买卖合同的，自双方当事人在合同书上签字或者盖章时买卖合同成立；双方签字盖章不在同一时间的，最后一方签字盖章的时间是买卖合同成立的时间。当事人采用信件、数据电文等形式订立买卖合同的，可以在合同成立之前要求签订确认书，签订确认书时买卖合同成立。

（二）买卖合同成立的地点

买卖合同的当事人采用要约和承诺的方式签订买卖合同，承诺生效的地点就是买卖合同成立的地点。当事人采用合同书形式订立买卖合同的，双方当事人签字或者盖章的地点为买卖合同成立的地点；双方签字盖章不在同一地点的，最后一方签字盖章的地点为买卖合同成立的地点。当事人采用数据电文形式订立合同的，收件人的主营业地为合同成立的地点；没有主营业地的，其经常居住地为合同成立的地点。当事人另有约定的，按照其约定。

第四节　买卖合同签订的注意事项

由于经济谈判和经济活动的复杂性，买卖合同双方当事人为了促成合同的顺利签订，其真实意思表示往往并不能完全、正确地反映在买卖合同中，这导致买卖合同在具体履行过程中会出现理解及操作上的偏差，最终引起矛盾和纠纷。为此，我们在签订买卖合同时，要特别关注买卖合同签订的注意事项，尽可能完善合同内容，消除产生合同纠纷的不确定因素，确保买卖合同的签约、履约工作顺利进行。买卖合同日常签约中注意事项主要体现在以下几个方面。

一、买卖合同条款的注意事项

签订买卖合同是商务谈判取得成果的重要标志，但签约不是目的，买卖合同的切实履行、实现合同目的才是商务谈判的最终目的。买卖合同签订的质量如何，直接关系到商务谈判的成败。因此，对于买卖合同条款签订过程中的一些细节，我们要慎之又慎，以防合同欺诈，避免不必要的损失和纠纷。

（一）当事人条款

买卖合同的当事人是平等主体的自然人、法人和非法人组织。买卖合同中应明确合同当事人的名称或者姓名和住所。当事人的名称或者姓名，如果买卖合同的当事人是法人或非法人组织的，应以其营业执照的名称为准，不能写简称，也不能写外人不了解的代称或代号，以免造成履约过程中的误解，如“江苏省粮油食品进出口集团股份有限公司”不能只写成“粮油食品进出口公司”；如果买卖合同的当事人是自然人，则以居民身份证上的名字为准，不能写外号、绰号或小名等。当事人的住所，如果是法人或非法人组织，应准确写明其注册地或主要经营地；如果是自然人，应写明其户籍地址或经常居住地地址。

在签订买卖合同、确定合同的对方当事人之前，还应对对方当事人的主体资格进行确认，确认其是否具备订立买卖合同的资格，同时核实其是否具有实际履行能力。当对方当事人是法人或非法人组织的，在订立买卖合同时要求对方提供资格证明，如营业执照的原件，同时注意其证件复印件等非原件的证明材料的真实性，防止造假；注意审查营业执照是否有瑕疵，如被吊销或被暂扣等情况；通过当地的工商管理部门审查对方实际注册资本和资金，确保其有合同实际履行能力；确认卖方必须是标的物的所有人或者有权处分该物的组织。对方当事人是自然人的，对其进行履约能力的审查可以通过对其单位及其同事、家庭、朋友、邻居等进行调查，以获取相关信息，最后综合判断其是否具有履约能力和信用程度。

（二）标的条款

标的是买卖合同当事人的权利义务指向的对象。标的是买卖合同成立的必要条件，是买卖合同的必备条款。没有标的，买卖合同不能成立，合同关系无法建立。买卖合同对标的的规定应当完整、准确、无误。对于标的的名称、型号、规格、品种、等级、花色、质量、技术标准、生产厂家、保质期等都要约定细致、准确、清楚，防止出现差错。必要时可通过附件说明标的的实际情况。

（三）数量条款

数量条款是买卖合同的必备条款，没有数量，买卖合同是不能成立的。买卖合同只要有了标的和数量，即使对其他内容没有规定，也不妨碍买卖合同的成立与生效。买卖合同的数量要准确，选择使用当事人共同接受的计量单位、计量方法和计量工具。根据不同情况，要求不同的精确度，如允许的误差、超额交付数量的处理、自然耗损率等。

（四）质量条款

质量条款在买卖合同中非常重要，许多的买卖合同纠纷由此引起。买卖合同中应当对质量问题尽可能地规定细致、准确和清楚。国家有强制性标准规定的，必须按照规定的标准执行；如有其他专业或地区质量标准的，也应尽可能约定采用相关标准，但要写明执行标准的代号、编号和标准名称，具体内容可以适当省略。由当事人协商确定标准的或一方当事人有特殊要求的，要在买卖合同中详细表述具体的标准要求，内容较多的可以作为合同的附件明确，并在合同中注明“质量标准按附件××的规定执行”。当事人还可以在合同中约定质量检验的方法、质量责任的期限和条件、对质量提出异议的条件与期限等。

（五）价格条款

买卖合同的价款是买方取得标的物所有权向卖方支付的对价，一般为货币支付。买卖合同的价款如果有政府定价或政府指导价的，要按照规定执行；没有政府定价和政府指导价的，一般由买卖合同的当事人协商确定。对于当事人协商确定的价格，应在合同中明确约定标的物的含税价或不含税价、单价、总价以及币种、支付方式及程序等，或者明确规定计算价款的方法，不得含糊。有些买卖合同比较复杂，货款、运费、保险费、保管费、装卸费、报关费以及一切其他可能支出的费用，由谁支付都要在合同中约定清楚。

（六）履行期限、地点和方式条款

履行期限，是指买卖合同中规定的当事人履行自己的义务，如卖方交付标的或买方支付价款的时间界限。履行期限直接关系到合同义务完成的时间，涉及当事人的期限利益，也是确定买卖合同是否按时履行或者迟延履行的客观依据。履行期限可以是即时履行，也可以是定时履行；可以是在一定期限内履行，也可以是分期履行；期限可以以小时计，可以以天计，可以以月计，可以以生产周期、季节计，也可以以年计。期限可以是非常精确的，也可以是不十分确定的。买卖合同中的期限条款应当尽量明确、具体，或者明确规定计算期限的方法。

履行地点，是指买卖合同的当事人履行合同义务和对方当事人接受履行的地点。买卖合同的履行地点有时还是确定运费由谁负担、风险由谁承担以及所有权是否转移、何时转移的依据；履行地点也是在买卖合同发生纠纷后确定由哪一地法院管辖的依据。履行地点在买卖合同中应当规定明确、具体。

履行方式，是指买卖合同当事人履行合同义务的具体做法。买卖合同的卖方交付标的物的履行方式可以是一次性的，也可以是在一定时期内的，也可以是分期、分批的；买方支付价款的方式可以是现金结算、转账结算、托收承付、支票结算等。履行方式与买卖合同当事人的利益密切相关，应当从方便、快捷和防止欺诈等方面考虑采取最为适当的履行方式，并且在合同中明确规定。

（七）违约责任条款

违约责任，是指买卖合同的当事人一方或者双方不履行合同或者不适当履行合同，依照法律的规定或者按照买卖合同的约定应当承担的法律责任。违约责任是促使买卖合同当事人履行合同义务，使对方免受或少受损失的法律措施，也是保证买卖合同履行的主要条款。《合同法》对于违约责任已经作出较为详尽的规定，但考虑到买卖合同的特殊情况，买卖合同的当事人为了特殊的需要，为了保证合同义务严格按照约定履行，为了更加及时地解决合同纠纷，可以在买卖合同中约定违约责任，如约定定金、违约金、赔偿金额以及赔偿金的计算方法等。

（八）解决争议方法条款

解决争议的方法，是指买卖合同争议的解决途径。买卖合同解决争议的途径主要有：和解、调解、仲裁和诉讼。买卖合同的当事人应在合同中明确，在买卖合同出现纠纷时，双方应采取何种态度和方法。一般先由双方当事人自愿协商解决，经协商、调解无效后，可以选择向仲裁机构申请仲裁，或者向人民法院起诉。采取仲裁方式，必须是在双方自愿的基础上，最好能在合同中明确表述，避免发生纠纷时产生不必要的争议。采取诉讼方式则无须双方同意，任何一方均可以提出。买卖合同的当事人对于约定的争议处理机构和起诉法院不得超出地域管辖权。

（九）包装条款

买卖合同中标的物包装方式对于标的物的完好至关重要，包装不到位就可能发生货损，引起纠纷。对于包装方式可以按约定的包装；无约定的应当按照通用的方式包装；没有通用方式的，应当采取足以保护标的物的包装方式。包装物的提供可由双方当事人根据实际情况和交易习惯，以及买卖双方提供或准备包装物的可能性来确定由谁提供，同时对包装物如何计价、由谁负担包装费用等都要在买卖合同中做出明确约定。

（十）检验标准和方法

买卖合同中应当约定标的物检验的时间、地点、标准和方法，买方发现质量问题提出异议的时间及卖方答复的时间，发生质量争议的鉴定机构等。买方收到标的物后应当在合同约定的检验期间内对标的物进行检验，如发现货物的数量或质量不符合约定，应在检验期内通知卖方，买方怠于通知的，视为所交货物符合约定。买卖合同没有约定检验期间的，买方应及时检验，并在发现问题的合理期间内通知卖方。

（十一）结算方式条款

买卖合同中的结算方式应该具体、明确。买卖合同的结算方式按照支付结算办法的规定，应采用银行转账结算，包括银行汇票、商业汇票、银行本票、支票、汇兑、委托收款、托收承付等方式进行结算。买卖合同的当事人应在合同中明确结算方式，并对付款期限做出制约性的规定，是全付还是部分付，是一次性结算还是分期付款都需要在合同中明确约定。约定采用托收承付方式结算的，买卖合同中还应注明是验单付款还是验货付款。为了货款结算的需要，双方必须在买卖合同中写明结算单位及开户银行、账户名称和账号等。

（十二）其他条款

凡以上合同条款未列入而买卖合同的双方当事人认为有必要且应当增加的内容应写入此条款中。此类条款的内容可根据实际情况而定，不必拘泥于通用的格式，主要包括不可抗力、公证或鉴证、约定合同有效期限、合同书写文字等内容。

二、其他注意事项

（一）合同主体名称和签订人名字首尾须保持一致

买卖合同的双方当事人均应该注意，买卖双方合同尾部的单位名称须与合同首部的单位名称一致，所加盖的公章或合同专用章上的单位名称须与书写的单位名称一致，法定代表人、委托代理人的名字须与真实名字一致，不能有错字、别字、漏字或简称。

（二）防范买卖合同的恶意履行

买卖合同恶意履行的情况比较复杂，但在订立买卖合同时如能进行积极的事前防范将极大地减少合同风险。如对对方资信有质疑的，可以要求对方提供担保。另外，在合同履行中应注意保留相关证据，出现纠纷时积极行使诉权，通过仲裁机构或人民法院保护自己的合法权益，以免因超过诉讼时效而蒙受损失。

（三）买卖合同的签订尽量采用书面形式并使用比较标准的合同范本

尽管买卖合同可以采用书面形式、口头形式和其他形式等各种形式订立，但非书面形式在发生纠纷时不好确定双方责任，容易被人利用进行欺诈。因此，订立买卖合同时应尽量采用书面形式。同时，订立买卖合同时应尽量参照工商行政管理局等国家机关颁布的标准合同范本，并结合具体交易情况适当调整合同部分条款内容，合同内容应尽量详尽、明确。如果有疑问的，还可以咨询有经验的专业律师或工商局，保证买卖合同的合法性、真实性、有效性。

（四）买卖合同标的物的风险责任负担

标的物风险责任负担，是指买卖合同履行过程中发生的标的物意外毁损灭失的风险由哪一方当事人负担。在买卖合同中，对于债务不履行或不协助履行，标的物的风险通常由有过失的一方负担。在标的物非因双方当事人的故意或过失而发生意外毁损灭失的情况下，根据我国《合同法》规定，风险负担按交付原则确定。具体来说，即标的物毁损灭失的风险，在标的物交付之前由出卖人承担，交付之后由买受人承担，但法律另有规定或当事人另有约定的除外。对于不动产或船舶、航空器等以登记为权利变动公示的，风险由所有人负担。

对于各种不同交付方式，《合同法》确定的风险负担原则是：（1）买受人亲自提取标的物的，出卖人将标的物置于约定或法定地点时起，风险由买受人承担。（2）出卖人出卖交由承运人运输的在途标的物，除当事人另有约定外，自合同成立时起，在途风险由买受人承担。（3）对于需要运输的标的物，没有约定交付地点或约定不明确的，自出卖人将标的物交付给第一承运人起，风险由买受人承担。（4）买受人受领迟延的，自迟延成立时起负担标的物风险。

根据《合同法》规定，出卖人未按照约定交付有关标的物的单证和资料的，不影响标的物毁损、灭失风险的转移。因标的物质量不符合要求致使不能实现合同目的，买受人如果不接受标的物或者解除合同的，标的物毁损、灭失的风险由出卖人承担。

三、买卖合同的代理签订

买卖合同的签订，一般应由合同当事人亲自执行。但随着商品经济的日益活跃，经济活动变得愈加复杂，在实践中，企业和单位的负责人通常会指派所属职能部门的负责人或业务员作为代理人以法人名义签订买卖合同。

代理签订买卖合同，是指代理人在被代理人的授权范围内，以被代理人的名义向签订买卖合同的对方当事人作出意思表示或接受对方当事人的意思表示签订合同，其法律后果直接由被代理人承担的合同签订方式。代理签订买卖合同必须满足以下条件才是有权代理。

（一）必须具备授权委托证明

授权委托证明是法人与法人、法人与公民之间存在委托代理关系的凭证。在买卖合同的当事人因故不能直接参与合同签订时，须由当事人签署授权委托书并加盖单位公章，才能发生委托代理的效力。授权委托书应该记载代理人的名称或姓名、代理事项、代理的权限、代理权的有效期限和委托日期等，代理人凭授权委托书取得代理签订买卖合同的资格。对于对方业务员或经营管理人员代理其单位签订买卖合同的，应注意了解对方当事人的授权委托情况，包括授权范围、授权期限、介绍信的真实性；对于非法定代表人的高级管理人员，如副总经理、副董事长等，应了解其是否具有代表权，才能避免无权代理的情形。

（二）必须在授权范围签订买卖合同

被代理人对其代理人在授权委托的权限范围内的民事行为承担法律后果。代理人在授权委托权限范围外所为的民事行为或在代理权终止后以被代理人名义所为的民事行为，均属于无权代理，未经被代理人依法追认，对被代理人不产生法律效果。代理人超越代理权或在代理权终止之后以被代理人名义签订的买卖合同，非经被代理人依法追认，对被代理人不产生法律效果，由代理人承担法律后果。

（三）代理人必须以被代理人的名义签订买卖合同

被代理人为了实现自己的经济目的，委托代理人代表自己实施签订买卖合同的法律行为，代理人以自己的名义或其他人的名义签订的买卖合同，对被代理人不产生直接的法律效力。因此，为实现被代理人签订买卖合同的目的，代理人必须以被代理人的名义签订买卖合同，由此产生的合同权利义务由被代理人承担。

可见，代理人正确行使代理权，有利于切实维护被代理人的合法权益，确保买卖合同具备正当的法律效力。代理人应谨慎、勤勉地行使代理权，要认真履行被代理人所赋予自己的代理职责，具体来说就是要做到：除征得被代理人同意，不得再转托他人进行代理；不得接受除正常报酬以外的其他利益，尤其是不得为了牟取其他利益而损害被代理人的正当利益；当代理活动需要使用被代理人的财产时，代理人有义务负责并管理好被代理人的财产。代理人不履行勤勉义务，疏于处理代理事务，给被代理人造成损失的，由代理人予以赔偿；代理人与第三人恶意串通，损害被代理人利益，被代理人因此受到损失的，由代理人和第三人负连带赔偿责任。

本章小结

签约是商务谈判取得成果的标志，其作用不可忽视。谈判签约明确了谈判双方各自的权利和义务，同时也为今后的合同履行提供了一个法律保护的标准。签约工作的好坏关系到整个谈判的成败。本章详细介绍了买卖合同签订的相关知识。

练习与思考

一、案例分析题

甲农场派人到乙饲料公司联系购买家禽饲料，乙饲料公司的负责人当即从储备库中拿出相应的样品，并出具质量检测部门对本公司产品的质量检测报告的复印件。甲农场相关人员在看过有关资料及进行现场考察后，与饲料公司签订了金额为 6 000 元的家禽饲料买卖合同。过了一段时间，甲农场收到乙饲料公司派发的家禽饲料，甲农场的负责人在收货验收时却惊奇地发现这批货的质量与合同中规定的相差甚远，于是要求退货。但乙饲料公司声称是按照样品标准发货的，坚决不同意退货。双方争执不下，甲农场随即向人民法院提起诉讼。经法院及相关质检部门共同努力，发现乙饲料公司所提供的样品符合合同中的规定，但所发货与样品不符，而且其出具了假的质检报告。

问题：你认为该买卖合同是否有效？买卖双方可以采取哪些措施使不利后果降至最低？

二、实训题

一家公司的办公楼要进行装修，准备购买一批空调，已经选好国内某知名品牌空调30台，要签订空调买卖合同，请所有学员草拟一份空调买卖合同。

三、复习思考题

1. 签订买卖合同应遵循哪些基本原则？
2. 买卖合同应该具备的主要条款有哪些？具体要求有哪些？
3. 要约与承诺的构成条件有哪些？
4. 买卖合同代理签订过程中有哪些注意事项？

参考文献

[1] 王国梁．推销与谈判技巧．北京：机械工业出版社，2003.
[2] 邱训荣．推销技巧．南京：东南大学出版社，2004.
[3] 韩伟．现代推销学．北京：科学出版社，2004.
[4] 李先国．销售管理．北京：中国人民大学出版社，2004.
[5] 易开刚．现代推销学．上海：上海财经大学出版社，2004.
[6] 何静．现代推销理论与实务．北京：中国物资出版社，2004.
[7] 崔平．推销学．北京：机械工业出版社，2005.
[8] 陈企华．最成功的推销经验．北京：中国纺织出版社，2003.
[9] 刘睿．销售心经．哈尔滨：哈尔滨出版社，2005.
[10] 李志敏．优效销售．北京：中国商业出版社，2005.
[11] 邹东和．金牌推销员速成技巧．北京：中国商业出版社，2004.
[12] 扬・瓦格尔．绝对成交的推销技巧．北京：民主与建设出版社，2004.
[13] 王孝明．推销实战技巧．北京：经济管理出版社，2004.
[14] 吴健安．现代推销理论与技巧．北京：高等教育出版社，2005.
[15] 吴之为．现代推销学．北京：首都经济贸易大学出版社，2002.
[16] 吴金法，李海琼．现代推销理论与实务．大连：东北财经大学出版社，2003.
[17] 崔利群，苏巧娜．推销实务．北京：高等教育出版社，2002.
[18] 王海云．商务谈判．北京：北京航空航天大学出版社，2003.
[19] 马克态．商务谈判——理论与实务．北京：中国国际广播出版社，2004.
[20] 戴永良．商业谈判要领．北京：中国戏剧出版社，2001.
[21] 孙庆和，张福春．实用商务谈判．北京：企业管理出版社，2005.
[22] 周晓琛，张晓月，辛天．商务谈判理论与实战．北京：知识产权出版社，中国水利水电出版社，2004.

［23］石永恒．商务谈判精华．北京：团结出版社，2003.
［24］魏炳麒．商务谈判实务．北京：中国劳动社会保障出版社，2004.
［25］刘文广，张晓明．商务谈判．北京：高等教育出版社，2001.
［26］侯铁珊，等．推销原理与技巧．大连：大连理工大学出版社，2004.
［27］李桂荣．现代推销学．北京：中国人民大学出版社，2003.
［28］陈企华．新推销员必读全书．北京：中国纺织出版社，2002.
［29］祝铭山．购销合同纠纷．北京：中国法制出版社，2003.
［30］郑国生，肖汉奇．新经济合同法实用教程．北京：中国法制出版社，1995.
［31］沈关生．买卖合同案例评析．北京：中国政法大学出版社，1994.
［32］翟希贤．购销合同的应用与管理．北京：北京物资出版社，1984.
［33］孙艺军．买卖合同实务．北京：中国政法大学出版社，1995.
［34］段庆余．买卖合同．北京：中国经济出版社，1994.
［35］杨晶．商务谈判．北京：清华大学出版社，2005.
［36］丁建忠．商务谈判教学案例．北京：中国人民大学出版社，2005.
［37］宫捷．现代商务谈判．青岛：青岛出版社，2004.
［38］周琼，吴再芳．商务谈判与推销技术．北京：机械工业出版社，2005.
［39］吴健安．实用推销学．北京：中国商业出版社，1996.
［40］王丽娟，等．谈判技能．北京：企业管理出版社，2004.
［41］海因茨·于尔根·赫尔茨利布．谈判指导．北京：中国劳动社会保障出版社，2004.
［42］劳动和社会保障部教材办公室．商务谈判实务．北京：中国劳动社会保障出版社，2004.
［43］石永恒．商务谈判与实务案例．北京：机械工业出版社，2009.
［44］朱春燕．商务谈判案例．北京：清华大学出版社，2011.
［45］张迺英．推销与谈判．上海：同济大学出版社，2012.
［46］杨捷，陈瑛．推销与谈判技巧．北京：科学出版社，2011.
［47］郭伟刚．推销与谈判．杭州：浙江工商大学出版社，2011.

图书在版编目（CIP）数据

推销与谈判技巧/安贺新主编．—4版．—北京：中国人民大学出版社，2018.1
21世纪高职高专规划教材．市场营销系列
ISBN 978-7-300-25274-2

Ⅰ.①推… Ⅱ.①安… Ⅲ.①推销-高等职业教育-教材②贸易谈判-高等职业教育-教材 Ⅳ.①F713.3
②F715.4

中国版本图书馆CIP数据核字（2017）第313464号

“十二五”职业教育国家规划教材
经全国职业教育教材审定委员会审定
普通高等教育“十一五”国家级规划教材
21世纪高职高专规划教材·市场营销系列
推销与谈判技巧（第四版）
主　编　安贺新
Tuixiao yu Tanpan Jiqiao

出版发行　中国人民大学出版社
社　　址　北京中关村大街31号　　　**邮政编码**　100080
电　　话　010－62511242（总编室）　　010－62511770（质管部）
　　　　　010－82501766（邮购部）　　010－62514148（门市部）
　　　　　010－62515195（发行公司）　　010－62515275（盗版举报）
网　　址　http://www.crup.com.cn
　　　　　http://www.ttrnet.com（人大教研网）
经　　销　新华书店
印　　刷　中煤（北京）印务有限公司　　**版　　次**　2006年2月第1版
规　　格　185 mm×260 mm　16开本　　　2018年1月第4版
印　　张　17　　　　　　　　　　　　**印　　次**　2019年8月第3次印刷
字　　数　402 000　　　　　　　　　　**定　　价**　39.00元

21世纪高职高专规划教材
市场营销系列

书名	作者
市场营销：理论、案例与实训（第三版）	杨　勇
消费者行为分析与实务（第三版）	王生辉
推销与谈判技巧（第四版）	安贺新
市场营销策划（第三版）	王　方
公共关系原理与实务（第四版）	蒋　楠
商务礼仪（第三版）	周朝霞
市场调查与预测（第三版）	柴庆春
国际市场营销综合实训（第二版）	李海琼
广告原理与实务	韩翠兰
现代市场调查与预测：理论、实务与技能实训	赵　轶
营销心理学	李海凤
营销策划实训（第二版）	周雪梅
商务沟通与交流（第二版）	莫林虎
市场营销调研实务	马晓珉
营销策划基础	秦宗槐
商品学基础（第二版）	刘清华
商务谈判理论与实训	袁雪峰
营销技能综合实训	陈民利
市场营销（第二版）	勾殿红
推销实务与技巧（第三版）	谢和书
客户关系管理	丁建石
市场调查与预测（第二版）	王若军

本书配备教学资源，
请登录中国人民大学出版社官网
（www.crup.com.cn）免费下载。

ISBN 978-7-300-25274-2
9 787300 252742

策划编辑　胡连连　责任编辑　王慧丽　封面设计　许　广

定价：39.00元